村元健一著

漢魏晋南北朝時代の都城と陵墓の研究

汲古叢書135

汲古書院

漢魏晋南北朝時代の都城と陵墓の研究　目次

序　章…… 3
第一篇　漢の都城と陵墓…… 9
第一章　前漢長安の変容…… 11
はじめに…… 11
第一節　始皇帝期の秦の咸陽…… 12
第二節　漢の宮城建設――高祖期…… 15
第三節　都城長安の成立――恵帝～景帝期…… 20
第四節　漢家の都の完成――武帝～宣帝期…… 26
第五節　漢家の都の変容と都市長安の完成――元帝～哀帝期…… 29
第六節　儒家的天子の都を目指して――平帝～王莽期…… 33
第七節　長安の東方の景観について…… 40
おわりに…… 43
第二章　前漢皇帝陵の再検討――陵邑、陪葬の変遷を中心に――…… 52
はじめに…… 52

第一節　陵邑制度の変遷……53
第二節　陪葬制度の変遷……65
一、親属について　二、臣僚について　三、陪葬以外に皇帝陵付近に埋葬された事例
第三節　陵邑、陪葬両制度の変遷からみた政治的建造物としての皇帝陵……82
おわりに……86
第三章　前漢諸侯王墓の変遷と諸侯王……94
はじめに……94
第一節　諸侯王墓の集成……96
第二節　各王墓遺跡の検討……97
一、楚王墓　二、梁王墓　三、江都王墓　四、諸侯王墓の構造
第三節　諸侯王墓造営に対する規制とその意義……112
一、景帝中二年の規制　二、封国における諸侯王
おわりに……123
第四章　前漢諸侯王墓と諸侯王の自殺……147
はじめに……147
第一節　被葬者の特異性が指摘される諸侯王墓……148
一、江蘇省徐州獅子山漢墓　二、山東省長清双乳山漢墓　三、山東省章丘市危山漢墓
第二節　簸箕山漢墓の発掘……151

第三節 発掘された墓からうかがえる被葬者の状況……153
第四節 不自然死を遂げた諸侯王の埋葬……156
第五節 埋葬後の墓……163
おわりに……165
第五章 後漢雒陽城の南宮と北宮の役割について……169
はじめに……169
第一節 後漢雒陽復原案の検討……170
第二節 崇徳殿の位置について……176
第三節 後漢雒陽城の南北宮について……180
一、南宮 二、北宮 三、宮城周辺の官署 四、礼制建築
第四節 後漢雒陽城と儒教的礼制の関わりおよび南北宮の役割について……193
おわりに……199
第六章 後漢皇帝陵の造営……206
はじめに……206
第一節 後漢皇帝陵の研究と遺跡の現状……206
第二節 陵墓の立地……210
第三節 陵園の構造……211
第四節 後漢皇帝陵の墳丘……216

第五節　後漢皇帝陵の造営の意図……218
第六節　墓によるヒエラルキーの可視化……222
おわりに……226
第七章　後漢の謁陵儀礼……238
はじめに……238
第一節　謁陵儀礼の詳細……239
第二節　後漢皇帝陵の実態……242
第三節　謁陵と宗廟との問題……244
一、謁陵儀礼の実際　二、謁陵と儒教的礼制　三、原陵謁陵の目的
おわりに……255
第二篇　魏晋南北朝期の都城と陵墓……261
第一章　曹魏西晋の皇帝陵……263
はじめに……263
第一節　西高穴二号墓の調査成果……264
第二節　曹操以後の曹魏の陵墓……268
第三節　曹魏の陪葬と謁陵……275
第四節　西晋皇帝陵……278

第五節　西晋の謁陵と陪葬……283
第六節　西晋皇帝陵とその他の西晋墓との比較……285
おわりに……287
第二章　東晋南朝の皇帝陵の変遷……292
はじめに……292
第一節　東晋の陵墓……294
一、陵墓の分布　二、陵墓の構造　三、東晋の謁陵　四、東晋の陪葬　五、小結
第二節　宋の陵墓……305
一、陵墓の分布　二、陵墓の構造　三、宋の謁陵と陪葬　四、小結
第三節　南斉の陵墓……314
一、陵墓の分布　二、陵墓の構造　三、南斉の謁陵　四、小結
第四節　梁の陵墓……320
一、陵墓の分布と構造　二、梁の謁陵　三、皇基寺について　四、小結
第五節　陳の陵墓……326
おわりに……329
第三章　北魏永固陵の造営……339
はじめに……339
第一節　鮮卑の葬俗……341

第二節　厚葬批判の変化……343
第三節　永固陵の造営……349
第四節　鮮卑の墳丘墓造営……358
おわりに……360
第四章　北朝鄴城の復原研究……367
はじめに……367
第一節　鄴城の調査成果……368
一、鄴北城の調査成果　二、鄴南城の調査成果
第二節　鄴南城宮城の復原……373
第三節　諸殿の機能について……385
第四節　鄴城の評価について……390
おわりに……396
第五章　北斉の晋陽――鄴との比較を中心に――……416
はじめに……416
第一節　晋陽の構造……417
第二節　北朝期晋陽の変遷……422
一、東魏期　二、文宣帝期　三、孝昭帝期　四、武成帝期　五、後主期
第三節　晋陽周辺の景観……425

第四節　離宮・行台と晋陽……428
おわりに……429
第六章　北朝長安の都城史上の位置づけについて……436
はじめに……436
第一節　北朝長安の先行研究……437
第二節　北朝長安の調査成果……438
第三節　典籍史料から見る北朝長安の変化……443
第四節　都城周辺の景観の問題――皇帝陵の規模と立地とのかかわり――……447
おわりに……450

第三篇　複都制と宮城の変遷……459
第一章　中国複都制における洛陽……461
はじめに……461
第一節　秦と前漢の洛陽……463
第二節　王莽の複都構想……466
第三節　北朝と隋における複都制……468
第四節　複都制下における洛陽の意味――おわりにかえて――……472
第二章　魏晋南北朝時代の宮城の変遷――隋大興宮成立の歴史的背景――……478

はじめに……478
第一節　隋大興宮にいたる中国宮城の変化……479
一、秦・前漢の宮城　二、後漢の宮城　三、曹魏・西晋の宮城
四、東晋・南朝の宮城　五、北朝の宮城
第二節　宮城門の儀礼の場としての成立……484
第三節　魏晋南北朝時代の昭陽・顕陽二殿について……489
おわりに……495
第三章　隋の大興、洛陽の二つの宮城……516
はじめに……516
第一節　大興宮の成立と特長……516
第二節　洛陽紫微宮の成立と特長……520
第三節　両京の共通点と相違点……525
第四節　隋の両宮城の画期性……532
おわりに……536
終　章……547
初出一覧……553

あとがき……555
索引……*1*

漢魏晋南北朝時代の都城と陵墓の研究

序　章

中国の宮城と皇帝陵は、皇帝の生前と死後の居所として造られた。中国の歴史を二〇〇〇年以上にわたり規定した皇帝制度が始まった秦代から、すでにこの二つの建築物の造営は皇帝により極めて重視されていた。始皇帝により統一帝国の真の中心となるべく建設が始められた阿房宮、そして自身の死後の宮殿として築かれた驪山である。文字通り空前絶後の規模を誇る巨大建造物の造営は、統一された巨大帝国の経済力と、それを動員できる官僚機構があって初めて可能であり、統一帝国の力を如実に示すものである。一方で、あまりに肥大化した工事により、国そのものが滅亡に至ったことも周知の事実である。阿房宮の様子を見ておこう。『史記』巻六・秦始皇本紀に、

三十五（前二一二）年……是において始皇以爲らく、咸陽、人多く、先王の宮廷小さし。吾れ聞く、周の文王は豐に都し、武王は鎬に都すと。豐鎬の閒、帝王の都なり。乃ち朝宮を渭南上林苑中に營作す。先に前殿を阿房に作る。東西五百歩、南北五十丈、上は萬人を坐す可し、下は五丈の旗を建つ可し。周馳は閣道と爲し、殿下自り直ちに南山に抵たる。南山の顚を表し以て闕と爲す。復道を爲り、阿房自り渭を渡り、之を咸陽に屬ね、以て天極の閣道の漢を絕ち營室に抵るを象るなり。阿房宮未だ成らず。成らば、更めて令名を擇び之を名づけんと欲す。宮を阿房に作る、故に天下、之を阿房宮と謂う。隱宮徒刑の者七十餘萬人、乃ち分かちて阿房宮を作り、或いは麗山を作らしむ。北山の石椁を發し、乃ち蜀・荊の地の材を寫し皆な至る。關中、宮を計ること三百、關外は四百餘なり。是において石を東海上、朐界中に立て、以て秦の東門と爲す。

とある。阿房宮前殿の巨大さを窺うことができるが、従来、渭水北岸に展開していた咸陽の対岸にあたる渭南での新宮造営は、秦の都城の姿そのものを大きく変える意図があった。渭南の阿房宮は統一王朝の新たな中心であり、そこから渭水をまたいで旧都咸陽と連絡して一体の都城となる。その姿は、まさに天体を地上に再現したものであり、主である皇帝の支配の正当性を、都城や宮殿建築の壮大なスケールによって万人に承服させるものであった。

宮城と対になる陵墓造営も皇帝の誕生とともに一挙に巨大化した。先に引いた始皇本紀に阿房宮と麗山の造営がセットとなって行われたことを記すのは象徴的である。始皇帝の陵墓造営の様子も『史記』巻六・始皇帝本紀に詳しい。

始皇、初め即位するや、酈山を穿治す。天下を幷せるに及び、天下の徒、送詣すること七十餘萬人、三泉を穿ち、銅を下して槨を致し、宮觀百官奇器珍怪、徙し臧して之を滿す。匠をして機弩矢を作らしめ、穿ち近づく所の者有らば輒ち之を射る。水銀を以て百川江河大海を爲り、機もて相い灌輸せしむ。上は天文を具え、下は地理を具う。人魚の膏を以て燭と爲し、滅せざること之を久しうするを度るなり。二世曰く「先帝の後宮の子有るに非ざる者、出すは宜しからず」と。皆な死に從わしめ、死す者、甚だ衆し。葬既にして下り、或もの言いえらく「工匠は機を爲り、臧皆な之を知る、臧重ければ卽ち泄れん」と。大事畢りて、已に臧すれば、中羨を閉め、外羨門を下し、盡く工匠臧する者を閉め、復た出ずる者無し。草木を樹え以て山を象る。

この荒唐無稽とも思われる描写の数々は、近年の発掘調査の進展により、決して絵空事でないことが明らかになりつつある。陵墓の圧倒的な規模と、そこに埋蔵されるためだけにつくられた副葬品の数々を目の当たりにすると、動員された労力、資力のすさまじさに圧倒されるほかない。

このように、中国に皇帝制度が誕生した最初の段階で、皇帝の生前と死後を荘厳する都城と陵墓はその巨大な姿を現した。ごくありふれた言い方ながら、こうした巨大建造物の造営は、皇帝権力を可視的なものとし、見る者を圧伏する目的を持つ。当然ながら、これらの建造物は王朝毎に姿を変える。建造物に与えられる役割も王朝毎に異なるのである。中国で年々調査が進展している考古資料を用い、現地踏査による都城や皇帝陵の遺構の分析を通じ、各王朝の王権や王朝の拠る所の正統性を明らかにするのが本書の目的である。

しかし、都城、皇帝陵の造営は、皇帝制度とともに大きく変化しながらも、最後の王朝の清まで連綿と続き、皇帝陵に至っては袁世凱の墓までもその研究対象としなければならない。長期にわたる中国の歴史を、例え限定的なテーマとはいえ、通史的に捉えることは著者の手に負えるものではない。本書で取り扱う時代は前漢以降、南北朝時代までとする。このように時代を設定するのは以下の理由による。

第一に、考察の対象を前漢からとしたのは、前漢が初めて長期にわたり存在した統一帝国だからである。諸制度の多くが秦で創始されたものとはいえ、秦では分析の対象となる皇帝陵は一基しかなく、宮城も未完のままであり、十分な考察の対象となりえない。対して前漢では、一一基の皇帝陵に加えて数多くの諸侯王墓も調査されており、都城長安の宮城の調査も進展し、考古資料の蓄積は豊富である。一方、時代の下限を唐以前としたのは、隋までの長期にわたる南北の分裂と非漢族の華北流入により、多様な制度が創始、運用された時代だからである。王朝の分裂を再統一した隋・唐王朝は、漢とは様々な点で異なる王朝であり、都城も皇帝陵もその姿を新たなものとしている。それらの実態について、都城については妹尾達彦氏、皇帝陵は来村多加史氏にそれぞれ代表される先学の研究によって明らかにされているところである。漢の滅亡後、いかなる変遷を経て唐に至るのか、その過程を明らかにするという意味で時代を区切った。つまり、前漢、後漢を経て形成された漢制ともいうべきものが、やがて変容して再構築される過程を取り扱うことになる。

第二点目は儒教と王朝の関わりである。儒教が前漢、後漢を経て統治イデオロギーとなる過程で、都城や陵墓の在り方にも大きな影響を及ぼすことは容易に予想されることである。一方で、西晋以降の北族の華北進入と仏教の普及により、儒教一尊は大きく動揺し、また経典の解釈にも違いが見られるようになる。唐になり、そうした流れは止揚され、王朝による正統な解釈が策定されるが、それ以前において、都城や皇帝陵の儒教との関わりがどのような形で立ち現れ、変容するのか、その変化が最も劇的に現れることが予想される時代と考えることができる。

そして三点目が、当該期の考古資料が近年、各段に増えていることである。もとより典籍史料や絵図などにより具体的に都城や陵墓の姿が分かればよいが、それは望むべくもなく、正史あるいは地誌の類をひも解いても、そこから得られる情報は断片的である。一方で発掘については調査の精度に大きな差があり、その使用には時として文献史料以上に注意を要することもあるが、具体的な姿を我々に示すという点で、一級の資料であることは間違いない。調査資料の量的な問題では、北宋以降に比べ、唐以前、さらに言えば、本書が取り扱う漢代から南北朝時代は飛躍的に充実してきており、そうした資料を整理し新たな都城史、陵墓史を描く必要性が出ている。このように膨大な考古資料を活用できるのが当該期の大きな特徴であろう。

以上の三点から、対象とする時代を漢代から南北朝期までとした。比較的長い期間を扱うため、本書では以下の三篇に分けることにした。

第一篇は漢代を取り扱う。周知のように前漢と後漢では儒教の取り扱いが大きく異なり、礼制に直結する都城プランと皇帝陵の姿は、王朝中枢への儒教の浸透により大きな変容を遂げる。統治体制の範の多くを秦にとった前漢と、建国の当初から儒教を意識した後漢とでは、同じ漢であっても礼制の在り方は大きく異なる。そうした違いが両王朝の都城、陵墓にどのように現れ、どのように王朝の正統性に結びつき、そして以後の王朝に継承されたのかを明らかにする。

第二篇は魏晋南北朝期を扱う。分裂期であり、しかも異なる民族による王朝が陸続と生まれたこの時期は、都城や陵墓も数多く生まれ、それぞれ独自性を持つ建築として立ち現れた。それらの共通点と、相違点を明らかにすることは後代への継承を考えるうえでも重要だが、何よりもそれを生み出した王朝がどのような体制を目指していたか、何に支配の正統性を求めたのかが顕著に表れるのではないだろうか。そうした見通しの下、それぞれの王朝の都城、陵墓に考察を加える。

第三篇は第一、二篇で取り上げた宮城に関しての総括的な論考とそれを受けて隋代について論及したもので構成した。個別研究を受けての総合化を試みたものである。

都城・陵墓の研究については、中国史から離れ、日本古代史、考古学を見ると、国家体制を研究する上で不可欠な分野と位置付けられ、その研究の蓄積は膨大なものとなっている。日本での精緻な考古調査に基づく遺構の変遷、土器編年による細かな時期区分は、こうした研究を支えるものであり、他に例を見ない極めて細かな研究を可能にしている。中国でも近年、発掘調査の増加に伴い、当該分野の研究の活性化が認められるが、日本における中国史研究では決して注目される分野とは言えない。その一方で、古代日本の都城研究では、東アジア的な視点は不可欠なものとなっている[1]。本書は、こうした日本史研究の状況も踏まえ、都城と陵墓という二つの建造物から中国諸王朝の特性を明らかにしようとする試みでもある。

注

(1) 例えば都城の研究で、東アジア的な視点でとらえた専著・論集には近年のものだけでも以下のものを挙げることができる。〔橋本義則編 二〇一一〕〔積山洋 二〇一三〕〔新宮学編 二〇一四〕。

【引用・参考文献】

新宮学 編 『近世東アジア比較都城史の諸相』白帝社、二〇一四

金子修一　『古代中国と皇帝祭祀』汲古書院、二〇〇一
　　　　　『中国古代皇帝祭祀の研究』岩波書店、二〇〇六
来村多加史　『唐代皇帝陵の研究』学生社、二〇〇一
姜波　『漢唐都城礼制建築研究』文物出版社、二〇〇三
積山洋　『古代の都城と東アジア――大極殿と難波京』清文堂出版、二〇一三
妹尾達彦　『長安の都市計画』講談社、二〇〇一
陳戍国　『秦漢礼制研究』湖南教育出版社、一九九三
　　　　『魏晋南北朝礼制研究』湖南教育出版社、一九九五
　　　　『中国礼制史――隋唐五代巻』湖南教育出版社、一九九八
橋本義則 編　『東アジア都城の比較研究』京都大学学術出版会、二〇一一
松本保宣　『唐王朝の宮城と御前会議――唐代聴政制度の展開――』、二〇〇六a
　　　　　「唐代前半期の常朝――太極宮を中心として――」『東洋史研究』第六五巻第二号、二〇〇六b
吉田歓　『日中宮城の比較研究』吉川弘文館、二〇〇二
楊寛　（西嶋定生監訳、尾形勇・太田侑子訳）『中国皇帝陵の起源と変遷』学生社、一九八一
　　　『中国古代陵寝制度史研究』上海古籍出版社、一九八五
　　　（西嶋定生監訳、尾形勇・高木智見訳）『中国都城の起源と発展』学生社、一九八七
　　　『中国古代都城制度史研究』上海古籍出版社、一九九三
劉慶柱　『古代都城与帝陵考古学研究』科学出版社、二〇〇〇
渡辺信一郎　『天空の玉座　中国古代帝国の朝政と儀礼』柏書房、一九九六
渡邉義浩　『後漢国家の支配と儒教』雄山閣出版、一九九五

第一篇　漢の都城と陵墓

第一章　前漢長安の変容

はじめに

最初の統一帝国である秦が創出し、前漢が継承、確立させた官僚制度をはじめとする統治機構が、後世の中国王朝に与えた影響は極めて大きい。一方で前漢は、秦と同様に国家の統治理念として儒教を採っておらず、礼制面で皇帝の権威をいかに維持したかは、なお不明な点が多い。その問題は都城にも顕著に現れており、極めて不規則な形状をした漢の長安の姿は、後世の計画的な中国都城のあり方とは大きく様相を異にしている。

周知のように、前漢の長安はまず宮城が造られ、その後、城壁の築造を経て、次第に都市としての機能を備え、最終的には城壁内の大部分を宮城が占める極めて特異な形態となった。この長安の独特の形状についてはすでに相当な研究の蓄積を有しており、ほぼ議論は出尽くした感もある[1]。近年、最も明確に長安の歴史的意義を説いたのは佐原康夫氏である〔佐原康夫　一九九五、一九九九〕。佐原氏は秦の咸陽と漢の長安が「皇帝の都は如何にあるべきか」という問題に最初に直面した都市であることに着目し、漢初は周囲に歴代皇帝陵を配した「漢家の都」であり、武帝期以降、儒教の浸透により儒教的な「天子の都」の枠内に押し込められたとする。また、陳力氏は漢の長安を次の三期に分けて考察し、その発展と変容を以下のように詳細に跡付けている〔陳力　二〇〇五〕。

第一期：高帝～景帝期＝空間構造の形成期

第二期：武帝～哀帝期＝儒教の影響による空間構造の改造試行期

第三期：王莽＝儒教の理想都市の形成。

この三期の分期を通じて長安は「自然形成都市」から「儒教的な都市」へと変化したと論じる。これらの研究が明らかにしているように、長安は極めて不規則な都市として出発し、最後に儒教の影響を強く受けた都城へと変化している。本章では佐原氏、陳氏の研究の成果に拠りつつ、長安の変遷を①皇帝の権威を示す空間としての変遷と②都市としての変遷の二つの軸に沿って追っていき、その最後の段階で王莽がこの都城を新たな王朝の都としてどのように装飾しようとしていたのかについて考察したい。なお、①についてはすでに佐原氏の優れた研究があり、本章の叙述にあたっても、佐原氏の使われた「漢家の都」「天子の都」という用語を使い、前者を「劉氏の権威高揚を目的としてつくられた都城」とし、後者を「儒教的礼制に則った都城」すなわち『周礼』に見られるような計画的な都城と、南北に整然と配された殿舎から構成される宮城をもつものと定義づけておく。(2)

第一節　始皇帝期の秦の咸陽

すでに指摘されているように、漢の長安を説くには秦の都城のあり方を明らかにしておく必要がある。(3)それは中国で最初の統一帝国の都がどのように構想されたか、という点に加え、物理的に、漢の長安が秦の咸陽の故地に築かれたことにもよる。

咸陽は戦国期以来の秦の都であった。咸陽が置かれたのは渭水の北岸であり、現状の地形から見ても、河岸段丘の発達により南岸に比べ変化に富む地形だったと考えられる。現在では、渭水の河道が北移したために、秦の咸陽についてはわずかに一部の宮殿跡が発掘されているだけで城壁も発見されておらず、都城の全容は解明されていない(4)。しかし、『史記』巻六・秦始皇本紀には、始皇帝が統一後に旧来の咸陽を大幅に拡張し、史上初の帝都にふさわしい壮大な規模に改造しようとしたことが記されており、始皇帝の造都構想をうかがうことができる。そこで、本節ではまず『史記』の記述によりながら、秦の咸陽の様子を概観していくことにしたい。

関東六国の併合が進む中で、咸陽に現れた最初の変化は、滅ぼした国の宮殿と同じものを咸陽に設けたことである。秦始皇本紀には、

始皇帝二十六（前二二一）年……天下の豪富を咸陽に徙すこと十二萬戸。諸廟及び章臺、上林は皆な渭南に在り。秦、諸侯を破る毎に、其の宮室を寫放し、之を咸陽北阪上に作る。南は渭に臨み、雍門自り以東、涇、渭に至るまで、殿屋、複道、周閣相い屬なる。得る所の諸侯の美人、鍾鼓、以て充てて之に入らしむ。

とある。ここに記されたように、「咸陽北阪上」に旧六国の宮室を模倣した建物をつくっている。「北阪上」とあることから、咸陽原の高所を指すと思われ、かなり遠方からこの建物を望見することができたと考えられる。この建物群は、佐原氏が指摘するように、六国併合を強くアピールすることを目的としたものであろう〔佐原康夫 一九九五、一九九九〕。この時点で、渭水南岸には諸廟や章台、上林苑が存在するものの、都城の中枢は旧来からの渭水北岸であったと思われる。また、この史料からは統一直後、咸陽に一二万戸もの大規模な徙民を行っていることが分かるが、その徙民先も旧来の咸陽およびその周辺と想定される。おそらく、徙民による人口の増加も後の渭南への都城拡張の大きな要因になったのであろう。

渭水南岸での本格的な都城づくりは統一から一〇年後である。始皇本紀の記述を見ておこう。

三十五（前二一二）年……是において始皇以爲らく、咸陽、人多く、先王の宮廷小さし。吾れ聞く、周の文王は

豐に都し、武王は鎬に都すと。豐鎬の閒、帝王の都なり、と。乃ち朝宮を渭南上林苑中に營作す。先に前殿を阿房に作る。東西五百歩、南北五十丈、上は萬人を坐す可し、下は五丈の旗を建つ可し。周馳は閣道と爲し、殿下自り直ちに南山に抵たる。南山の顚を表し以て闕と爲す。復道を爲り、阿房自り渭を渡り、之を咸陽に屬ね、以て天極の閣道もて漢を絕ち營室に抵るを象るなり。阿房宮未だ成らず。成らば、更めて令名を擇び之を名づけんと欲す。宮を阿房に作る、故に天下、之を阿房宮と謂う。隱宮徒刑の者七十餘萬人、乃ち分かちて阿房宮を作り、或いは麗山を作る。北山の石椁を發し、乃ち蜀・荊の地の材を寫し皆な至る。關中、宮を計ること三百、關外は四百餘なり。是において石を東海上、朐界中に立て、以て秦の東門と爲す。

旧来の咸陽は渭水北岸に中心が位置していたが、周の王都を意識して渭南に新たな朝宮を築いて、ここを新たな都城の中心とし、渭北とは復道で連結し、天極星が閣道により天の川を渡ることに準えたという。壮大な始皇帝の都城の構想の一端が窺える史料である。阿房宮の着工は実際にはさらに早く、遅くとも二八年には開始されている[5]。ここで注目したいのは前殿の規模が「東西五百歩、南北五十丈、上可以坐萬人、下可以建五丈旗」とあり、現在の数値に直すと東西約六七五m、南北約一一三mと極めて大きいことである。調査された前殿の基壇の規模はさらに大きなもので、東西一二七〇m、南北四二六m、残高九mである[6]。戦国各国の宮殿は、燕の下都、趙の邯鄲、斉の臨淄の遺跡からも分かるように、巨大な版築基壇の上に建物を築く台榭建築であり、訪れるものを圧倒する規模を持っていた。秦の阿房宮前殿は、これら東方六国の宮殿の規模をはるかに超えるものであった。この事実は咸陽住民にも北阪上に築かれた六国の宮殿との対比により明瞭に示されたのである。始皇帝は正殿の規模によって、統一帝国と皇帝の権威を具体的に示そうとしていたのである。

以上のように、秦では宮殿の巨大さを利用して、王朝の正統性と皇帝の権威を極めて直接的、可視的に示していたのである。

第二節　漢の宮城建設——高祖期

前漢が秦末の混乱を収めたとき、秦の咸陽はすでに大きな破壊を経ていた[7]。高祖が当初、咸陽ではなく秦の旧都・櫟陽に都を置いたことがそれを物語っている。その後、比較的破壊の少なかった興楽宮を宮城とし、ようやく本格的な都城の建設にとりかかる。それは項羽を倒し、皇帝に即位してすぐのことであり、長安は新たな帝国の都城となったのである。その場所は始皇帝が統一帝国の中心と考えていた渭南である（図一）。『漢書』巻一下・高帝紀下には（以下、出典を明示しないものはすべて漢書）、

（高祖七（前二〇〇）年）二月、長安に至る。蕭何、未央宮を治め、東闕・北闕・前殿・武庫・大倉を立つ。上、其の壮麗なるを見、甚だ怒り、何に謂いて曰く「天下匈匈とし、勞苦すること數歳、成敗未だ知る可からず、是れ何ぞ宮室を治むるに度を過ぐるや」と。何曰く「天下方に未だ定らず、故に因りて以て宮室を就《な》す可し。且つ夫れ天子は四海を以て家と爲し、壮麗せしむるに非ざれば以て威を重くすること亡し、且つ後世をして以て加うる有ること亡からしむなり」と。上、説ぶ。櫟陽自り徙り長安に都す。

とある。未央宮造営を記した史料だが、当事、宮城が皇帝の居所としていかなる役割を期待されていたかが明確に示されている。未央宮を壮麗に造り上げた蕭何の意図とは「夫れ天子は四海を以て家と爲し、壮麗せしむるに非ざれば以て威を重くすること亡し」という点にある。宮城正殿である前殿を壮大なものにし、その規模により臣下を圧伏するという意図は秦の阿房宮と共通するものといえよう。現在でも残る未央宮前殿遺跡は、龍首原の中の高地を利用し

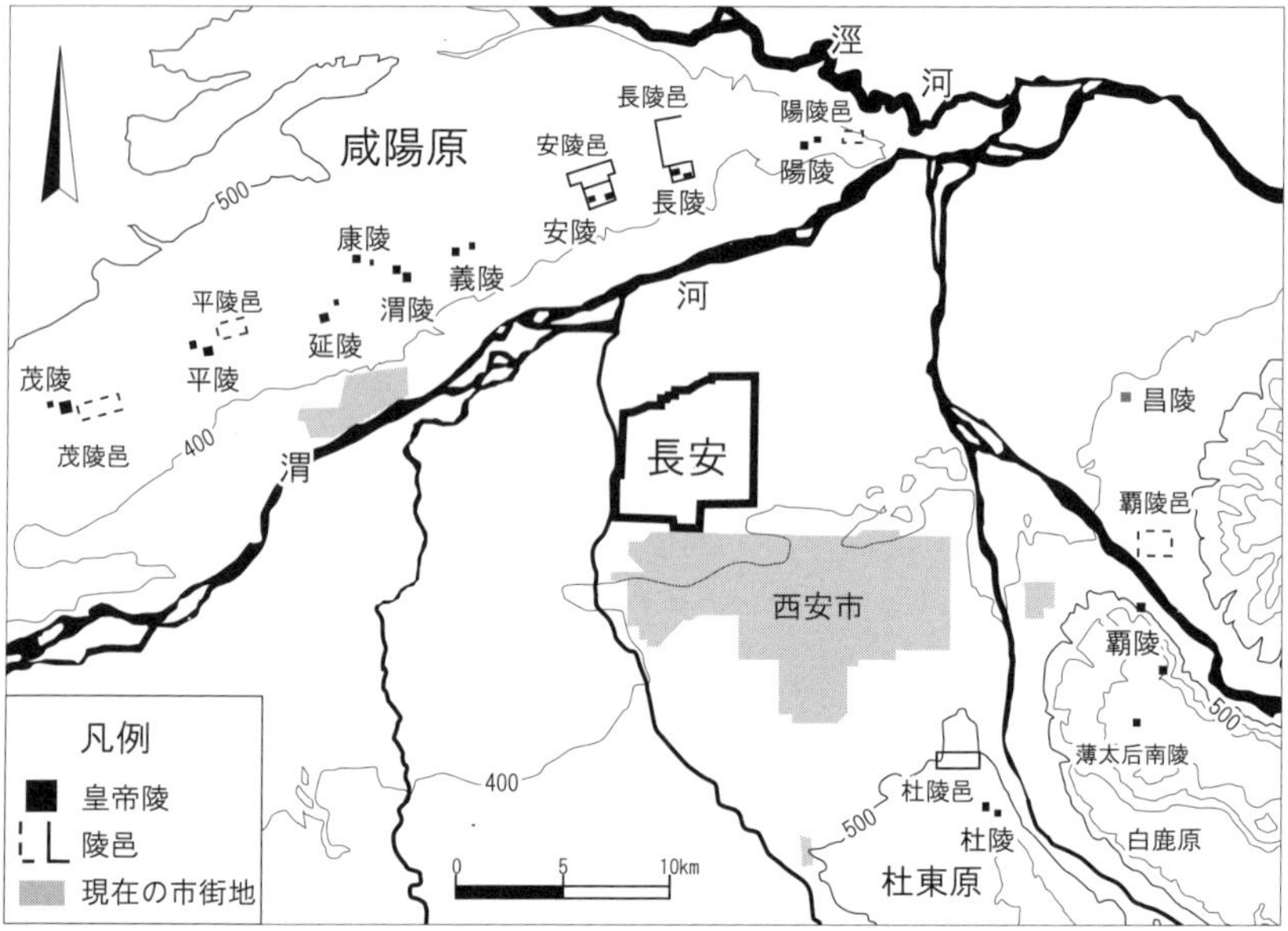

図一　前漢長安と皇帝陵

て基壇としており、最高所で高さ一五mである。規模は南北四〇〇m、東西二〇〇mで、基壇上に東西棟の巨大な宮殿を三棟、南北に立ち並べた宮殿群である。[8] 宮殿を訪れる者は南から次第に高みで待つ皇帝に近づくことになり、前殿の規模と高さにより相当な威圧感を受けたであろう。『三輔黄図』によれば前殿の高さは三五丈（約八〇m）という驚くべき規模となる。[9] 巨大な基壇の上に高く聳えた前殿は宮城外からも皇帝の威信を示す建造物として眺めることができたはずである。ここに壮大な前殿を中心に北闕、東闕を設けた漢の宮城が姿を現したのである。[10] この未央宮は南向する前殿を中心にした計画的な殿舎配置に思えるが、『周礼』型の宮城と決定的に異なるのは殿舎と宮城の方向が異なることである（**図二**）。前殿基壇上に聳える殿舎群がすべて南向しているのに対し、宮城では門に闕が設けられたのは東門と北門であり、この二門が宮城の正門となる。中心殿舎と宮城の正面の不一致は、漢代を通じて変更されることはなく、そのため、未央宮は前殿と宮城を貫く一本の軸線をもたない設

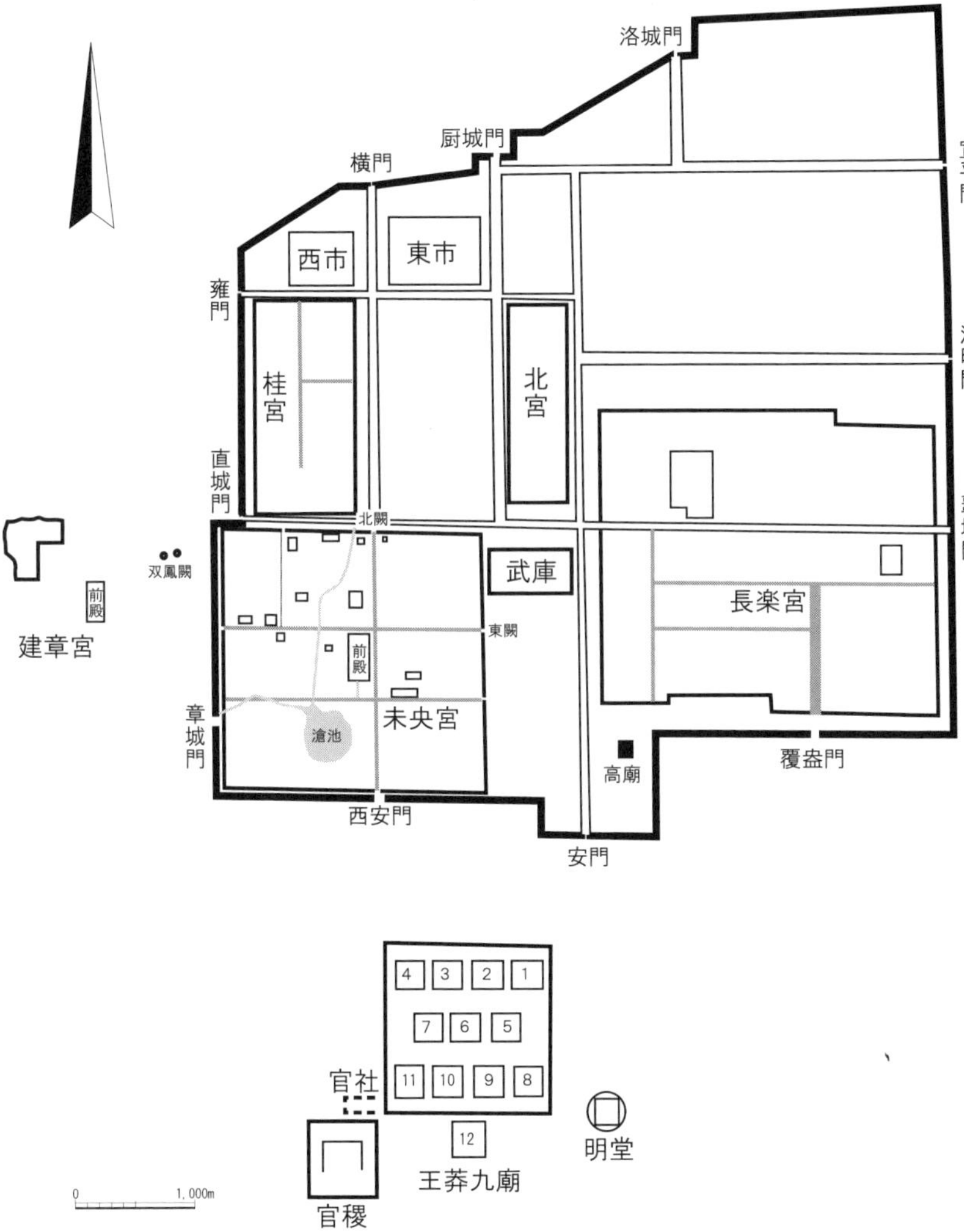
洛城門
厨城門
横門
宣平門
西市
東市
雍門
清明門
桂宮
北宮
直城門
覇城門
北闕
双鳳闕
前殿
建章宮
武庫
長楽宮
東闕
前殿
章城門
未央宮
滄池
高廟
覆盎門
西安門
安門
4
3
2
1
7
6
5
11
10
9
8
官社
12
明堂
王莽九廟
0
1,000m
官稷

図二　前漢長安

計となっているのである。[11]

高祖期の長安には、未央宮の北に北宮も造営された。[12]その規模は明らかでないが、長楽宮、未央宮と並んで三つの宮城が隣接して築かれたことになり、これが高祖期の長安中枢部の景観ということになる。さらに未央宮の北、渭水北岸の咸陽原の高地には高祖の長陵が築かれていた（図一）。高祖生前中には墳丘が築かれることはないが、埋葬後に山のように巨大な墳丘が築かれ、その姿は長安からも仰ぎ見ることができ、壮麗な未央宮と並んで皇帝の威信を示す建造物となる。注目したいのはその場所である。長陵は咸陽原の高所に築かれているが、河岸段丘を形成する渭水北岸にあっては、秦の咸陽宮殿区よりさらに一段高い場所である。秦の宮殿跡を見下ろす位置に漢は皇帝の陵墓をつくり、天下が高祖とその子孫である劉氏のものであることを強く印象づけようとしたと考えられるのである。

一方で都市としての長安はどうだったのであろうか。高祖が長安を築いた渭水南岸地域は、秦の広大な上林苑や離宮が広がり、さらに阿房宮が築かれた場所であった。こうした秦末の状況を見る限り、人が集住する都市的空間を想定するのは難しい。しかし居住空間は存在しており、漢都の名前の起源となった長安郷のほかに陰郷、建章郷の存在が想定される〔王学理　一九九九〕。近年、漢長安城東壁の東側にある尤家荘では「千をもって数える」戦国期から前漢初期にかけての墓が見つかっており、侯寧彬氏は戦国時代から渭南地域に人が住んでいた可能性を指摘している。[13]ただ、始皇帝が渭北の咸陽が狭小となったため、渭南への拡張を大規模に行ったという経緯を踏まえると、渭南が十分に都市的様相を示していたとは考えにくい。

漢が都市として長安の整備を始めたのは、『史記』巻二二・漢興以来将相名臣年表によれば、長安（当初は長楽宮）への遷都前年の高祖六年である。すなわち、

大市を立つ。更めて咸陽を命じて長安と曰う。

とあるように、市を設けることから始まる。急速に増大する人口に対処するため、政権による市場の整備が急務だったのであろう。この状況から、遷都時でも渭南は十分に都市的な様相を呈しておらず、遷都の年に高祖が渭北にある秦の旧都咸陽を長安に組み込んだのは、[14]長安を都市として充実させる意図があったためと考えるのが自然であろう。

このように旧来の居住区を取り込むほかに、漢初においては長安に徙民を行っている。巻一下・高帝紀下には、

高祖十二（前一九五）年三月、詔して曰く「吾れ立ちて天子と爲り、帝たりて天下を有つこと十二年にして今にいたる。天下の豪士・賢大夫と共に天下を定め、同に之を安輯す。其れ功有る者、上は之を王に致し、次は列侯と爲し、下は乃ち邑を食ましむ。而して重臣の親、或いは列侯と爲し、皆な自ら吏を置き、賦斂を得しむ。女子は公主とす。列侯と爲り邑を食む者は、皆な之に印を佩び、大第室を賜う。吏二千石、之を長安に徙し、小第室を受く。蜀漢に入り三秦を定む者は、皆な世世復す。吾、天下の賢士・功臣に負い亡しと謂う可きか。其れ不義有り天子に背き擅ままに兵を起す者は天下と共に伐ちて之を誅せ。天下に布告し、朕が意を明知せしめよ」と。

とあり、列侯に長安に邸宅を与えて住まわせた他、二千石の高官も長安に徙し、やはり邸宅を割り当てている。この他、皇帝により移住させられた例も見える。巻四三・朱建伝に、

朱建は楚の人なり。故と嘗て淮南王黥布の相と爲るも、罪有りて去り、後、復た布に事う。布の反せんと欲せし時、建に問うに、建、諫めて之を止むも、布、聽かず、梁父侯を聽き、遂に反す。漢既に布を誅すに、建の之を諫めるを聞き、高祖、建に號平原君を賜い、家は長安に徙せしむ。

とあることや、巻四六・石奮伝には、

其の家を長安中戚里に徙す。姊の美人と爲る故を以てなり。

とある。石奮の長安での居地が「戚里」とよばれる里であることが分かるが、顔師古はこれを、

上に姻戚有る者は則ち皆な之に居す。故に其の里を名づけ戚里と爲す。

と解しており、従いたい。朱建らの居地が長安のどこかは具体的に分からないが、戚里については未央宮の北隣とする説もあるように〔史念海　一九九六〕、未央宮周辺と考えられよう。このように皇帝に近い人々を長安に住まわせることも都市を充実させる手段であったと思われる。本篇第二章で述べるように、長安の整備と平行して高祖の陵墓・長陵に新たにつくられた陵邑への徙民が行われている。徙民によって長安近郊に新たな都市をつくり、首都圏を充実させていったのである。

以上のように、高祖期にはまず宮城の整備から着手され、前漢を通じて使われる二大宮殿である長楽宮、未央宮と北宮が築かれている。また、高祖の陵地は未央宮の北方、渭水対岸の咸陽原の高所に設定され、陵邑が置かれた。こうして皇帝劉氏の権威を巨大な建造物で示す「漢家の都」としての中核は整えられた。しかし、その一方で、長安が築かれた場所は秦代では居民も多くなく、離宮が広がるものの、城壁もない状況であった。秦末の混乱を経て新たに築かれた長安は、都市としてはようやく住民を集め、その体裁を整えつつあった段階だったのである。したがって、この時期の長安の景観は複数の宮城を中心に、その周囲に列侯、二千石の邸宅が並ぶものであり、住民の大部分は渭水を隔てた北岸の旧咸陽城にいたのである。渭水両岸を結ぶことで都市として機能させるこのプランは、まさに始皇帝の帝都構想を継承したものであった。

第三節　都城長安の成立——恵帝～景帝期

恵帝が即位すると直ちに長安の城壁修築が行われる。恵帝五（前一九〇）年まで断続的に工事が行われ、長安は他の都市と同様に城壁で囲まれた姿となったのである(15)。また、城壁の完成の翌年には新たに西市が設けられている(16)。長安の南城壁は長楽、未央の両宮城に近接して築かれ、北城壁は長安の北を流れていた泬水支流や渭水にそって築かれた。結果、都市のプランは未央と長楽の二宮城を南端に配し、住民の居住域を北側に設定したことになるが、すでに宮城の南、西は上林苑であり、居住域を設定するとすれば両宮の東か北しかありえない。こうした状況に加え、付近で唯一の都市的空間である渭北の旧咸陽区との連絡を重視したために、城壁を北に延ばしたのであろう。長安北城壁が河道に沿って屈曲しているのは、旧咸陽地区との連絡を重視し、河道のぎりぎりまで城壁で取り囲もうとした結果と見られる。渭水をまたぐ横橋に近い長安北西地区に市が設けられたのは、こうした状況をふまえると当然の結果といえる。こうして漢末にいたるまで継承される長安城の輪郭が形成されたわけだが、この時点で宮城は高祖期を継承して長楽、未央、北の三宮であり、また北宮は武帝期に大規模な改修を受けていることから、さほどの規模とは考えられず、城内における宮城の比率は、武帝期以後に比べはるかに低いものであった。

次に、この時期の都市長安の様子を、住民層を手がかりに考えていきたい。この時期の関中徙民は主に陵邑に対して行われており、本篇第二章で述べるように史料上では文帝覇陵以外は恵帝安陵、景帝陽陵への徙民が確認できる。まとまった徙民とは全く様相を異にするが、長安にも徙民などによる人口流入は認められる。以下、やや煩雑になるが、個々に見ていくことにしよう。

建国の功臣夏侯嬰の長安の居地について、巻四一の伝に、

嬰、上の初めて沛に起つより、常に太僕と爲り従い、高祖の崩に竟り、太僕を以て惠帝に事う。惠帝及び高后、嬰の孝惠・魯元を下邑に閒に脱するを徳とし、乃ち嬰に北第第一賜い、曰く「我に近くせよ」と。以て尊ぶことを異にす。

とある。北第について、顔師古が

北第は北闕に近き第にして、嬰は最第の一なり。故に張衡西京賦に云う「北闕の甲第、道に當りて直ちに啟く」と。

と述べるように、未央宮の北闕に近い場所にある邸宅であると思われる。このように下賜される第宅と宮城の距離が皇帝の信任の厚さを示していたのである。

また、潁陰の灌夫は、潁陰侯灌何に従軍して呉楚の乱の鎮圧にあたり、その活躍により乱の終息後、郎中将となっている。その後は巻五二・灌夫伝によれば、

數歳にして、法に坐して去る。長安中に家居するも、諸公の稱せざるは莫く、是に由り復た代の相と爲る。（武帝即位後）……夫を徙して燕の相と爲すも、數歳にして、法に坐し免ぜられ、長安に家居す。

とあるように、法に座した後も潁陰に戻らず長安に留まっていたことが分かる。結局、灌夫は潁陰には強い影響力を持ちつつ長安を生活の拠点とし、最後は長安で刑死することになる。

外戚の長安居住を示す例として文帝皇后竇氏の弟、広国の場合を見てみよう。巻九七上・外戚・孝文竇皇后伝によると、幼いころ人に売られ姉と生き別れた竇広国は、主家に従い長安に来たところ、皇后の弟であることが分かり、

是において竇皇后、之を持して泣き、侍御の左右も皆な悲しむ。乃ち厚く之に賜い、長安に家せしむ。

とあるように、長安に住むことになった。その場所はおそらく戚里であろう。

以上のように、この時期は長安への大規模な徙民こそ見られないものの、皇帝の寵愛をうけた功臣や外戚などが邸宅を賜っていたことは、高祖期と同じ状況である。これに加えて長安には漢初からの列侯が数多く留まっていた。文帝紀には、早くも文帝二（前一七八）年に、

詔して曰く「朕聞くならく、古は諸侯の國を建つるもの千餘、各おの其の地を守り、時を以て入貢し、民は勞苦せず、上下驩欣し、徳を違うこと有る靡し、と。今、列侯多く長安に居し、邑遠く、吏卒、給輸するに費苦しく、而して列侯もまた其の民を教訓する繇り無し。其れ列侯をして國に之かしめよ。吏と爲る及び詔して止まる所の者は太子を遣せ」と。

とあるように列侯の就国が促されているが、ほとんど実効性がなかったようであり、武帝初年にも列侯の未就国が問題となっている[17]。このことから、長安に列侯とその配偶者である公主が多く居住していたことが分かる。これに関連して宣帝元康四（前六二）年の漢初列侯の復家の状況を見てみたい。この年、絶家していた列侯の子孫を探し復家させており、探し出された子孫の居地と初封の時期をまとめたのが**表一**である。居地の判明する一二二の事例のうち、長安が三九件と群を抜いて多い。この状況から考えると列侯の多くが後に移動しているとはいえ、一族を長安に留めていたものが多かったことを示していると考えてよいのだろう。この傾向から列侯ないしその一族が長安居民に含まれていたことが分かる。

表一　宣帝元康四年
列侯復家者居地

復家者居地	復家数		
陵邑	45	長陵	10
		安陵	2
		覇陵	5
		陽陵	12
		茂陵	11
		雲陽	2
		平陵	2
		杜陵	1
長安	39		
封地	11		
関係不明	26		
不明	1		
合計	122		

列侯内訳		
封建時期	列侯数	居地が分かる者
高帝期	147	117
恵帝期	3	3
高后期	12	2

また居住民の増加は発掘の成果からも窺うことができる。長安東側および東南方の龍首原では、近年、相次いで多数の漢墓群が発掘され、その成果が公表されている〔侯寧彬 二〇〇四〕。その中で、近年、資料が公刊された西北医療廠墓群、陝西省交通学校墓群、雅貨城市花園墓群の発掘成果を見てみよう〔西安市文物保護考古所

一九九九〕〔西安市文物保護考古所・鄭州大学考古専業 二〇〇四〕。いずれも漢長安の東壁に近く、宣平門以南に分布し、漢代の最初期に営まれた墓群である。これらの墓群には突出して巨大な墓はなく、いずれも中小型墓であり、被葬者は長安の住民と考えて問題ない。興味深いのは、大部分が文景～武帝期初期に営まれた墓が核となって墓群を形成していることである。この状況からも本期において長安に住み埋葬される人々の増加と、都市としての長安の充実を窺うことができよう。

以上のように、この時期の都市長安は、新たに築かれた城壁内に貴顕を中心として次第に住民を増加させ、その内実を豊かなものとしていったのである。

それでは、「漢家の都」としての長安はどのような段階となっていたのであろうか。宮城については高祖以降、大きな造営は行われていない。しかし城内には太上皇廟に加えて新たに高廟、そして恵帝廟が築かれた。高祖廟については『西漢会要』巻一二・礼六に引く『漢旧儀』に、

高祖は蓋地六頃三十畝四歩、祠内は九旗を立つ。堂下の千石鐘十枚を撞かば、聲、百里に聞こゆ。

とあり、その大きさを知ることができる。また、高祖廟は安門大街の東、長楽宮の西南にあったと思われ、その中心建築と思われる建築遺構は東西六九m、南北三四mという堂々たる規模である〔劉慶柱・李毓芳 二〇〇三〕。太上皇廟も二重の壁に囲まれ、その間に内史府が設けられていることを考えると、相当な規模であったと推測される[18]。

また、城外には引き続き巨大な陵墓が相次いで築かれ、陵邑も形成された。この時期の恵、景の二帝陵は高祖と同様、渭北の咸陽原上、長陵の西、東に築かれ、長安からの眺望を重視した立地となっている。文帝の覇陵は長安東南郊、滑南の白鹿原に築かれており、しかも墳丘をもたない自然の崖面を利用したもので、他の皇帝陵とは趣を異にするが、皇后竇氏の陵は他の皇帝陵と同様に巨大な規模で台地上に屹立している。このように、この時期の皇帝陵はい

ずれも高祖の長陵造営の意図を忠実に継承したものといえ、その結果、長安は歴代の劉氏皇帝の陵墓に取り囲まれる特異な景観を持つ都市となっていったのである。

また長安周辺が劉氏および外戚の墓地であることが強く意識されるようになる。例えば巻三八・高五王・趙幽王劉友伝には、

遂に幽死す。民の禮を以て之を長安に葬る。

とある。また、もとの景帝皇后薄氏は、

立ちて六年、薄太后崩じ、皇后廢せらる。廢後四年にして薨じ、長安城東、平望亭の南に葬る。

とあり、やはり長安東郊に埋葬されている。この時期から長安近郊では比較的大型の墓が確認されるようになる。例えば長安東郊で発見された木槨墓は、一槨両棺であることや、副葬された青銅器、玉器の質や量から一般の墓とは考えられないが、青銅器に「竇氏」の銘文があることから、文帝外戚竇氏一族の墓である可能性が極めて高い〔西安市文物保護考古所 二〇〇四b〕。また、長安城外東南で見つかった棗園村一号墓は、スロープ状の墓道を持つ大型竪穴墓であり、玉衣片の出土から考えて高位の人物の墓と考えられる〔西安市文物保護考古所 二〇〇三〕。以上の状況から長安近郊が劉氏および外戚あるいは列侯などの墓地となっていたことが分かるが、それを端的に示すのが、呉王劉濞の次の言葉である。巻三五・呉王劉濞伝によれば、長安で文帝皇太子〔後の景帝〕により呉王太子が殺害され、その遺体が呉に送られてきたところ、

呉王慍りて曰く「天下は一宗、長安に死すれば卽ち長安に葬れ。何ぞ必ずしも來り葬らんや」と。復た喪を遣し長安に之き葬らしむ。

とあるように、強く長安での埋葬を主張し、結局はそのとおり行われている。これまで調査が進んでいる前漢諸侯王

墓の事例を見ると、諸侯王やその一族は封国に埋葬されるのが通例であり（本篇第三章参照）、呉王の処置は異例である。ここで呉王が太子の長安埋葬の理由としたのが「天下一宗」であることであり、劉氏の支配する王朝である以上、諸侯王の太子という理由だけで、その封国に埋葬される必要はなく、「漢家の都」である長安で死去したのだからそこに埋葬されて問題はないということになろう。つまり劉濞にとって長安が天下の中心であるとともに劉氏の根拠地であると認識されていたことを明確に示しているのである。

以上のように、この時期の長安は城壁を築き都市としての景観を整えた。また新たな宮城造営はないが、廟や陵墓を造営することで「漢家の都」としての威容を増し、その意識が定着した時期であった。一方で、長安への大規模な徙民はないが、皇帝に近い功臣や外戚さらに列侯などが長安に移住するなど、高祖期と同様の傾向も認められる。

第四節　漢家の都の完成――武帝～宣帝期

武帝期になると長安の改造が活発となるが、それは都市構造の変革を目指したものではなく、皇帝あるいは武帝個人の権威を示す建造物の造営に終始する。そのことは城内での新規の宮城の建設と城外の建章宮の建設に象徴される。本節ではまず「漢家の都」の完成する姿を見ていきたい。

武帝期には未央宮にも大規模な建物が相次いで建てられるようになるが[19]、武帝の土木工事で最大のものは長安城西の建章宮造営である。建章宮は太初元（前一〇四）年二月に造営が始まったが[20]、前殿と高大な鳳闕を設け、前殿の規模は未央宮前殿に匹敵ないしそれを凌ぐ規模であった[21]。宮城建設の太初元年という年を考えると、歴代の宮城である未央宮を凌駕する新たな宮城を築くことで、武帝により漢が新生したことを明確に示す意図があったのであろう。

『三輔黄図』巻之三・建章宮によれば宮内には神仙思想に基づいた高大な建築が多く、この宮城が武帝の個性の強い影響下に築かれたことを物語っている。新たに築かれた宮城が、このように皇帝の嗜好を色濃く反映した巨大建造物であったことは「漢家の都」という側面が頂点に達したことを象徴するものである。

また、武帝期には長安城内にも大きな改造が行われた。その最たるものは桂宮の造営である。桂宮は『三輔黄図』によれば太初四（前一〇一）年秋に造営された。[22] その場所は直城門大街を隔てて未央宮と、そして長安西城壁を隔てて建章宮と相対する位置であった。[23] また、明光宮も同じ時期に着工され、その場所は『三輔黄図』によれば「長樂宮の後に在り、南は長樂宮と相い連續す」とあり、長楽宮の北側、清明門大街の付近にあったと考えられるが、宮址はまだ発見されていない。このほか、高祖の時に修築された北宮に対し大規模な改造を行っている。[24]

このように、長安城内にも大規模な宮城の造営が推し進められ、長安は恵帝以来の姿を大きく変えることになった。この時点で宮城は長安城内のおよそ半分を占め、宮城の対都城面積比率は漢代を通じて最大となったのである。

さらに郊外の皇帝陵を見ると、武帝の茂陵は歴代の皇帝陵と同様、渭北の咸陽原に築かれるが、その場所ははるか西である。茂陵が何故、突然、はるか西に築かれたのか理由は定かでないが、長安と陵墓・陵邑がセットとなった「漢家の都」のさらなる西への拡張を意図したものではないかと思われる。結果的に前漢皇帝陵では茂陵が最西端を占めることになり、続く昭帝平陵はその東隣に築かれる。また宣帝杜陵は渭北でなく渭南の杜東原に築かれたが、その立地はこれまでの帝陵と同様、段丘縁辺で長安からの眺望を意識した選地となっている。武帝期から宣帝期にかけては陵邑も継続的に建設され、そこにはこれまで見られなかった官僚層が徙民されるようになる。さらに皇帝代位の度に陵邑居住の官僚は新帝の陵邑に移住することになり、皇帝陵が、官僚との君臣結合を確認する制度を支える重要な舞台となっている（本篇第二章）。こうした皇帝陵の造営や陵邑制度の整備も長安が「漢家の都」として完成したことを示すものと言えるだろう。

一方、都市としての長安は、この時期、前代からの都市の発展の流れを受け、さらに武帝期の経済活動の活性化により一層充実していったようである。例えば、長安を拠点とする大商人がこの時期に確認されるようになる。巻五九・張湯伝には、

（張湯）始め小吏と爲り、乾沒し、長安の富賈田甲、魚翁叔の屬と交私す。

とあり、長安の富商として田甲、魚翁叔という名前が挙がっている。流入する人口により経済活動が活発となった一つの指標になると思われる。一方で、こうした状況は治安の悪化をもたらした。宣帝期のこととして、巻七六・張敞伝には、

京師寖廢し、長安の市、偷盜尤も多く、百賈これに苦しむ。上、以て（張）敞に問うに、敞、以爲らく、禁ずべし、と。敞既に事を視、求めて長安の父老に問うに、偷盜の酋長數人、居するに皆な溫厚、出ずるに童騎を從え、閭里以て長者と爲す。

とあり、市の秩序が「偷盜」により乱されていたこと、さらにその「酋長」が「長安の父老」とつながりのある人物であり、父老が彼らの日常をも承知していたことが記される。ここに王朝側が関知できない都市民の紐帯が出来ていたことが示されている。つまり、漢初に徙民などによって充足されてきた長安住民の間に独自の共同体が生まれていたことが明らかなのである。このように都市としての長安も成熟したものとなっていたのである。

この時期の長安の人口については、武帝期末の戻太子の乱での丞相軍との激しい市街戦の結果などからうかがうことができる。巻六・武帝紀に、

（征和二（前九一）年）秋七月、按道侯韓說、使者江充等、蠱を太子宮に掘る。壬午、太子、皇后と謀り（江）充を

斬り、節を以て兵を發し、丞相劉屈氂と大いに長安に戰う。死す者數萬人。

と記されており、数万人の死者があったことを記す。この数字には軍兵のほかに居民の被害者の数を含むものであろう。また、巻七一・雋不疑伝には、

始元五（前八二）年、一男子有り、黃犢車に乘り、黃旐を建て、黃襜褕を衣、黃冒を著、北闕に詣り、自ら衞太子と謂う。公車以て聞す。詔して公卿・將軍・中二千石をして雜めて識視せしむ。長安中の吏民、聚まり觀る者數萬人。

とあるように、見物人が数万人にも膨れ上がったといい、長安の人口の多さを示す史料といえるだろう。

以上のように、この時期に皇帝劉氏の権威を示す宮城、皇帝陵はいずれも最も規模も大きく、整備されたものとなり、「漢家の都」としての長安は完成する。一方で都市としての長安は城内の宮城造営や武帝末期の戾太子の乱による市街戦を経ても、さらに発展していくことになる。

第五節　漢家の都の変容と都市長安の完成——元帝～哀帝期

宣帝が崩じ、儒学に関心を寄せる元帝が即位したことは漢の諸制度に大きな影響を与えたが、それは長安にも反映されている。長安の宮城については武帝期以降、大きな変化は認められないものの、廟や郊祀、陵墓についてはこの時期、儒家の礼制への転換が図られたことによる改変が著しい。それぞれについてその改変を追いたい。

廟については元帝の廟制改革により、儒家的礼制に則っていない太上皇廟や恵帝廟は永光五（前三九）年に壊されている。既述のように前漢の太上皇廟や高祖廟は相当な広さを持つ建築物であり、歴代の皇帝廟もそうした規模を踏襲

していたと考えられる。なかでも太上皇廟、高祖廟、恵帝廟は長安城内に築かれており、文帝廟以下の諸帝の廟が長安城外にあるのとは異なり、長安では宮城と並んで「漢家の都」であることを示す重要な建造物であった。そのような太上皇廟、恵帝廟が非儒学的という理由で破壊されることについては、当の元帝にも相当な葛藤があったようである。そのため太上皇廟は建昭五（前三四）年に、恵帝廟は竟寧元（前三三）年に復興されるが、元帝の崩御をうけて同年に再度破壊されている。太上皇廟はその後、成帝の河平元（前二八）年に再度復興されるが、恵帝廟はついに復されることがなかった。目まぐるしく方針が転換される毎に、長安城内に広大な面積を占めていた漢の廟が破壊と復興を繰り返すことは、儒家的礼制への転換を意図するものとはいえ、長安住民にとっては漢家の動揺と捉えられただろう。

陵邑については元帝の永光元（前四三）年、これまで太常の管轄を改め、三輔に属するようにし[25]、同四（前四〇）年には新規の陵邑建設は廃された[26]。この一連の改革により陵邑は一般の県城となり、また陵邑建設に伴う大規模な関中への徙民が中止されたことにより、長安周辺での人口の大きな変動も止まることになった。同時に、新帝の陵邑造営にともなう官僚の移住もなくなったため、人の動きも固定されることになったのである[27]。ただし、元帝による陵邑の廃止が以後の制度となったかといえばそうではなく、成帝は最終的には挫折するものの昌陵で陵邑を復活させている[28]。また哀帝も寿陵造営にあたっては「郡國の民を徙す勿かれ。自ら安んずるを得しめよ」と明言する必要があったのである。ただ、結果として元帝以降、陵邑が造られなくなったことは事実である。このため、以後、長安を目指して流入する人々に対しては、その受け皿としての機能は新たな陵邑が担うことはできず、既存の陵邑ないし長安が担うことになったと考えられる。

郊祀改革については、成帝が初めて長安での南北郊祀を取り入れる。即位翌年の建始元（前三二）年一二月、これまでの甘泉、汾陰の郊祀を罷め、長安に南北郊をつくり、翌年正月に南郊で、三月には北郊で郊祀を行っている。しかし、南北郊は永始元（前一六）年に廃され、甘泉、汾陰での郊祀が復活した。その後、綏和二（前七）年、成帝が崩じた直後、皇太后により南北郊に戻されるが、哀帝即位により再び南北郊は廃される。再度の復活は平帝期、王莽主導による。南郊は都城の南に、北郊は北に設けられるため、後世、南北郊の設置は、宮城から南北郊までの道路の整備など、都城の南北向軸線の形成に極めて重要な意味を持つが、成帝による南北郊祀の創設にともなって、未央宮や長安の平面プランが改変された形跡は見られない。短期間でもとの甘泉、汾陰の郊祀に戻されるため、都市の改変を伴うまでには至らなかったのであろう。

以上、廟、陵、郊祀と礼制に関わる改変を見てきたが、次に都市長安の変化を見ていきたい。注目したいのは新たな陵邑造営の中止が、都市としての長安にさらなる発展をもたらしたことである。この時期から長安商人の活躍は、漢初の陵邑の商人を凌ぐようになった。すなわち巻九一・貨殖伝に、

關中の富商大賈、大氐、盡く諸田、田牆・田蘭なり。韋家・栗氏・安陵の杜氏もまた鉅萬。前の富者既に衰え、元・成より王莽訖で、京師の富人は杜陵の樊嘉、茂陵の摯網、平陵の如氏・苴氏、長安の丹の王君房・豉の樊少翁・王孫大卿、天下の高訾爲り。樊嘉は五千萬、其の餘は皆な鉅萬なり。王孫卿、財を以て士を養い、雄桀と交わる。王莽以て京司市師と爲す。漢の司東市令なり。

とあるように、武帝以降の比較的新しい陵邑の商人とならんで長安の商人が大きな力を持つようになっていたのである。このような状況は、巻七六・王尊伝に、

長安の宿豪大猾、東市の賈萬、城西の萬章、翦の張禁、酒の趙放、杜陵の楊章等皆な邪と通じ黨を結び、姦軌を挾養し、上は王法を干し、下は吏治を亂し、幷兼役使し、小民を侵漁し、百姓の豺狼爲り。

と記された長安の治安の悪化も生み出したと思われるが、いずれも長安での経済活動の活性化と都市としての長安の

繁栄を示す史料と考えたい。

以上見てきたこの時期の長安の特徴をまとめておこう。廟、郊祀、陵邑の改変はいずれも儒家的礼制に基づくものであり、元帝、成帝は特に儒学への傾斜を強め、儀礼や王朝の正統性を新たに儒学に求めようとしていた。そのため、非儒学的な建造物である長安城内の太上皇廟や恵帝廟は壊されることになったのである。劉氏を祀る広大な廟の破壊は「漢家の都」の変貌を象徴しており、廟の破壊と再建の繰り返しは、長安の人々には漢家の動揺と映った可能性がある。また成帝期には長安の南北で郊祀が行われるようになり、都城の南北に新たな重要な祭祀空間が設けられ、その結果、長安に初めて南北軸を意識させることになったのは重要である。ただ、南北郊は哀帝に継承されなかったこともあり、長安に与えた影響はこの時点でさほど大きくない。城外でおこった陵邑をめぐる改革は長安に大きな影響を与えた。陵邑の新たな造営が中止されたことにより、これまで長安を囲み首都圏を構成していた都市が増えることはなくなった。同時に太常所管の陵邑が三輔に移管されたことにより、「奉陵」により漢皇帝と密接にかかわっていた陵邑が一般の県城となり、事実上、長安は陵邑から切り離された一都市となった。また、新規の陵邑造営による陵邑間の官僚の移住ということもなくなり、高官と皇帝陵との繋がりが希薄となる。このような状況は、長安と皇帝陵に奉ずる「陵邑」との複合体としての「漢家の都」のあり方に大きな改変を迫るもので、長安のみとなった都の姿は「漢家の都」としての威容が大きく削がれたものとなったのである。

都市の発展という観点からこの時期の長安を見ると、長安と密接に関連し、都市機能の一部を担っていた陵邑の役割の変化や、新規の陵邑建設の凍結によって、長安の都市機能は飛躍的に高まり、経済的に大きな力を持つようになったのである。

第六節　儒家的天子の都を目指して——平帝〜王莽期

この時期、終始実権を握っていたのは王莽である。『周礼』に依拠した国家建設を目指した王莽は、儒学に基づく礼制を積極的に取り入れ、その結果、長安の周囲には様々な礼制建築が立ち並ぶようになる。この点はこれまで儒教的都城への変革として評価されてきた点であるが、果たして王莽がどの程度の都市改造に成功したのか、その点を改めてみていくことにしたい。

礼制建築などの造営は儒教的な為政者の正統性に関わる問題であるが、その点を考察する前に、本章で取り上げている都市としての長安の発展を見ておくことにしたい。すでに哀帝期までに、都市としての長安はこれまでの歴史の中で最も活発な時期を迎えていたと考えられる。元始二（二）年時点での戸口の記録が地理志に載せられており、顔師古によればこの時点の戸口が漢の極盛だったという。人口を見ることも都市の発展を見ていく上で重要であるため、やや煩雑ではあるが、この時点の三輔と長安および主陵邑の戸口数を挙げておこう。なお、この数値は当然ながら城内だけのものではないが、各県の規模を比較する上で有効であろう。

京兆尹　十二県　戸十九万五千七百二、口六十八万二千四百六十八
　長安　戸八万八百　口二十四万六千二百（一戸あたり約三人）
左馮翊　二十四県　戸二十三万五千百一、口九十一万七千八百二十二
　長陵　戸五万五十七　口十七万九千四百六十九（一戸あたり約三・五人）
右扶風　二十一県　戸二十一万六千三百七十七　口八十三万六千七十

茂陵　戸六万千八十七　口二十七万七千二百七十七（一戸あたり約四・五人）

しばしば指摘されるように、人口は長安よりも茂陵のほうが三万人以上も多いことになるが、逆に戸数は長安のほうが二万近くも多く、一戸あたりの平均口数に差が見られる。これは小家族の多い長安のより都市的な姿を示すものかは明らかでないが、口数として統計される数だけでも長安は有数の規模を持つ都市となっており、これに長安に生活しながら本籍を持たない軍や官僚の数を加えると、数字に表れない長安の都市民の数は、地理志の数字を大きく上回るものとなる。したがって、ここでは人口数よりも長安の都市としての発展を確認することにしておきたい。(29) なお、人口増加に関連したこの時期の長安への改造は、巻一二・平帝紀に、

元始二（二）年……又た五里を長安城中に起す、宅二百區、以て貧民を居らしむ。

とあり、城内に新たに貧民の居住域を設けたことが認められる程度である。

さて、次に元帝から始まる儒教化の流れを受けて「漢家の都」がどのように変容したかを見ていきたい。哀帝期に廃された南北郊祀は元始五（五）年に復活し、長安では再び南北軸が重視されるようになる。同年には前年の王莽の建議により長安の南に造営された明堂で祫祭が行われている。(30) 長安での明堂造営は武帝が果たせなかった事業であった。また明堂が築かれたことにより、南郊とあわせて長安城の南が礼制施設の集中する地域となったのである。

しかし、漢は長安をここまで改造したのち、王莽に簒奪されて滅亡し、長安は新の都常安となる。即位当初の王莽による新たな改変は、宮殿や城門名を儒学の徳目にそった名称に改めたことであった（表二）。これ以外には未央宮の宮殿配置や長安の街路などを、『周礼』の宮城や都城の姿に近づけようとするような大規模な改変は行っていない。王莽が長安で行った造営の中で最も注目されるものは、城内ではなく、城外で行った九廟造営である。まずはその経緯を見ていきたい。巻九九下・王莽伝下によれば、

表二　王莽による長安の改名

改名対象			漢名	王莽の改名	備考	出典
宮城			明光宮	定安館	平帝皇后が定安太后とされ、その居所となったため	漢書王莽伝中
宮城			長楽宮	常楽室		漢書王莽伝中
宮城			未央宮	寿成室		漢書王莽伝中
宮殿			前殿	王路堂	服虔曰、如言路寝也	漢書王莽伝中
都城			長安	常安		漢書王莽伝中
城門	東壁	南第一	覇城門	仁寿門無疆亭		三輔黄図
		第二	清明門	宣徳門布恩亭		三輔黄図
		北第一	宣平門	春王門正月亭		三輔黄図
	南壁	東第一	覆盎門	永清門長茂亭		三輔黄図
		第二	安門	光礼門顕楽亭		三輔黄図
		西第一	西安門	信平門誠正亭		三輔黄図
	西壁	南第一	章城門	万秋門億年亭		三輔黄図
		第二	直城門	直道門端路亭		三輔黄図
		北第一	雍門	章義門著誼亭		三輔黄図
	北壁	東第一	洛城門	進和門臨水亭		三輔黄図
		第二	厨城門	建子門広世亭		三輔黄図
		西第一	横門	朔都門左幽亭		三輔黄図

地皇元（二〇）年……城西苑中建章・承光・包陽・大臺・儲元宮及び平樂・當路・陽祿館・凡十餘所を壞し徹し、其の材瓦を取り、以て九廟を起こす。……九廟、一は黃帝太初祖廟と曰い、二は帝虞始祖昭廟と曰い、三は陳胡王統祖穆廟と曰い、四は齊敬王世祖昭廟と曰い、五は濟北愍王王祖穆廟と曰う。凡そ五廟、墮さざると云う。六は濟南伯王尊禰昭廟と曰い、七は元城孺王尊禰穆廟と曰い、八は陽平頃王戚禰昭廟と曰い、九は新都顯王戚禰穆廟と曰う。殿は皆な重屋なり。太初祖廟は東西南北各おの四十丈、高さ十七丈、餘廟は之を半ばす。銅の薄櫨を爲り、飾るに金銀琱文を以てし、百工の巧を窮極す。高きを帶び下を增し、功費は數百鉅萬、卒徒の死す者萬もて數う。

とある。長安では武帝以降、絶えてなかった大規模な土木工事である。しかも九廟は、武帝の宮城として「漢家の都」象徴をしていた建章宮の建物を取り壊し、その資材を用いて建てられており、王莽が漢に取って代わったことを象徴的に示すものであった。この王莽の九廟と思われる大規模な建物群が長安の南で発見されている〔中国社会科学院考古研究所 二〇〇三〕。建物群はほぼ同じ規模の建築址が一一基（一〜一一号建築址）、整然と配されており、それが壁により囲繞されている。さらにその区画の南側に一際大きな建物が一基（一二号建築址）あり、これを加えて合計一二基の建物群から構成されている。出土する遺物は前漢末期のものであり、王莽の九廟の遺跡と考えられている。やや詳しく建物を見ていきたい。一〜一一号建築址の規模と形状はほぼ同じである。遺存状態の良好な三号建築址を例にすると、建物は一辺二七四mの方形の墻により囲まれている。囲墻の各辺中央には門を設けている。壁に囲まれた中央には中心建築がある。中心建築は方形の基壇とその四辺と四隅に附属施設を設けた複雑な構造だが、周囲の散水の長さが一辺五四・五mとなり、建物のおおよその規模をうかがえる。中央の基壇は削平されているが元来は高大な建造物だったと想定される。そのためこれらの建物群は遠くから見てもその威容を誇っていたものと思われる。

漢の廟が城内、城外に無数に築かれ、元帝期に大きな論争を呼び起こした点と比べると、王莽の廟は、一箇所に集中して築かれ、廟数も儒家的礼制にそって九廟としているなど儒教を意識して築かれたものとなっている(31)。祖先崇拝を重視する儒教では宗廟は極めて重要な施設である。王莽が廟の建設を重視したことはその点からも容易に想定できるが、彼の漢廟への処置や、九廟造営を見ると、王莽が自らの王朝の正統性獲得のために廟を巧みに利用していたことが分かる。以下にその過程を見ていくことにしよう。

漢から禅譲された直後の王莽は、高祖廟を保全し、前の王朝を尊重する立場を示す。巻九九中・王莽伝中に

漢の高廟を以て文祖廟と爲す。莽曰く「予の皇始祖考虞帝、嬗を唐に受く。漢氏の初祖は唐帝、世、傳國の象有り、予復た親しく金策を漢高皇帝の靈に受く。惟れ前代を褒厚するを思い、何ぞ忘るる時有らん。漢氏の祖宗七

有り、禮を以て廟を定安國に立つ。其の園寝廟の京師に在るは、罷むこと勿く、祠薦すること故の如くせよ。予は秋九月を以て親しく漢氏の高・元・成・平の廟に入らん。諸劉は屬籍を京兆大尹に更め、其の復を解くこと勿く、各おの厥の身を終らせ、州牧數しば存問し、侵冤有らしむこと勿かれ」

とあることがそれを示している。ところが、その後、地皇二（二一）年、

又た漢高廟の神靈を感じ、虎賁の武士を遣し高廟に入り、剣を抜き四面提撃し、斧もて戸牖を壊し、桃湯・赭鞭もて屋壁を鞭灑せしむ。輕車校尉をして其の中に居らしめ、又中軍北壘をして高寝に居らしむ。

とあるように、高廟・高寝を辱めるという行為にでている。さらにそれに先立つ同年正月には王莽の妻、太子臨、新遷王安、孫の公明公壽の相次ぐ死を受け、

旬月にして四たび喪す。莽、漢の孝武、孝昭の廟を壊し、分かち子孫を其の中に葬る。

とあるように、武帝、昭帝廟を破壊し、王氏の墓地としたのである。前漢皇帝廟の破壊が相次いでいるが、これ以前にはわずかに王莽即位前年の元帝廟の破壊が確認できるだけである[32]。それが地皇二年に連続して漢の廟を破壊するのは、地皇元年の王莽九廟の造営と密接に関わる。王莽はこれまでは漢からの禅譲を自らの王朝の正統性の根拠とし、そのため漢廟も保全していたが、すでに新室の廟が完成し、ここに漢からの完全な決別を意図するようになったと考えられるのである。それは各地におこる反乱がいずれも復漢を標榜していることに対する反発であったと思われる。王莽が自らの正統性を示すものとして築いたもの、それが壮大な規模を誇る九廟であった。かつて蕭何が未央宮で、武帝が建章宮で行った建築による権威の顕示という方法を、結局、王莽も繰り返すことになったのである。それは建章宮あるいは漢帝の廟を破壊するという否定的な力を伴ったものであった。儒教的な都市づくりをめざしたと思われる王莽も、巨大建造物造営という前漢と同じ権威の誇示の方法からは遂に逃れることはできなかったのである。

それでは王莽の都城構想とはどのようなものだったのであろうか。新が短期間で崩壊したため、その全容は不明のままであるが、王莽は長安一カ所に限定されない都城構想を抱いていた。巻九九中・王莽伝中によれば、早くも始建国四（後一二）年には、

昔、周の二后受命するが故に東都・西都の居有り。予の受命も、蓋しまた之の如し。其れ洛陽を以て新室東都と爲し、常安を新室西都と爲せ。

とあるように、常安すなわち長安と洛陽を東西の都とする両都構想を明らかにしている。おそらくは周の二都すなわち豐鎬からなる宗周と、東方支配の拠点となった成周を意識してのことであろう。王莽の両都構想はその後、実現に向けて動き、翌年には長安で遷都の噂が広まっている。王莽はこれを打ち消さず、明確に洛陽重視と遷都の意思を伝えている。[33] さらに翌年の天鳳元（一四）年には洛陽での都城造営が開始されている。すなわち、

莽曰く「群公、群牧、群司、諸侯、庶尹、願わくは力を盡くし相い帥いて兆民を養牧し、以て予に稱わんと欲し、此れ繇り敬んで聽き、其れ之に勗めよ。食言すること毋かれ。更に天鳳七年、歳は大梁に在り、倉龍庚辰なるを以て、巡狩の禮を行わん。厥の明年、歳は實沈に在り、倉龍辛巳ならば、土の中雒陽の都に即かん」と。乃ち太傅平晏、大司空王邑を遣し雒陽に之き、宅兆を營相し、宗廟、社稷、郊兆を圖り起こせしむと云う。

と王莽伝に記すとおりである。この雒陽（洛陽）とは現在の「漢魏洛陽城」であり、前漢時にはすでに南北約四km、東西二・五kmの広大な規模を持つ都市であった。[34] 洛陽は前漢でも東方支配の要地であり、漢初に洛陽定都が議論されてはいるが、別都という扱いはうけていない。王莽はこの都市を都とすべく着工したのである。これは洛陽一帯が中原の中央に位置するということに加え、周の成周の故地とされていたことも理由であるが、何よりも長安が儒家の理想とする都の姿とはあまりに乖離していたという現実があったと思われる。その点についてはすでに元帝期に議論さ

れている。すなわち巻七五・翼奉伝には、

「……如し當今に處せしむるに、此の制度に因らば、必ずや功名を成すこと能わず。天道に常有るも、王道に常亡し、常亡きは應に常有る所以なり。必ずや非常の主有り、然る後に能く非常の功を立つ。臣願わくは陛下、都を成周に徙し、左は成皐に據り、右は黽池を阻み、前は崧高に鄉い、後は大河を介し、滎陽を建て、河東を扶け、南北千里以て關と爲し、而して敖倉に入らん。地の方百里は八、九、足るに自ら娛しむを以てす。東は諸侯の權を厭え、西は羌胡の難を遠ざくれば、陛下、己を共《つつ》しみ爲す亡し。成周の居を按じ、盤庚の徳を兼ね、萬歳の後、長く高宗と爲らん。漢家の郊兆・寢廟・祭祀の禮は多く古に應ぜず、臣奉誠に亶だ居して改作し難し。故に願わくは陛下、都を遷し本を正さんことを。衆制皆な定まり、復た宮館を繕治する亡く、不急の費、歳ごとに一年の畜を餘す可し。……」と。書奏せられ、天子、其の意を異とし、答えて曰く「奉に問う、今園廟七有り、東徙を云うは、狀、何如」と。奉、對えて曰く「昔、成王、洛に徙り、般庚、殷に遷り、其の避就する所は、皆な陛下の明知する所なり。聖明有るに非ざれば、天下の道を一變すること能わず。臣奉、愚戇狂惑なるも、唯だ陛下、裁き赦されんことを」と。

とある。明確に述べられているように、「漢家の郊兆・寢廟・祭祀の禮は多く古に應ぜず」という状況で、儒家的礼制との乖離は顕著であり、それを正すためには、「臣奉誠に亶だ居して改作し難し。故に願わくは陛下、都を遷し本を正さんことを」、すなわち新たに遷都し都を作り直すしか方法がないとまで言い切っているのである。その遷都先とは洛陽に他ならない。この翼奉の考えは儒家官僚に共有されるものと思われ、王莽の都城構想も正しくこの系譜に連なるものである。

こうした考えもあったためか、王莽は長安南方の礼制建築の造営に注力し、都市そのものや宮城に対しては大規模な改造は行っていない。既述したように建章宮の建物を破却し、その部材を用いて壮麗な九廟をつくったことは、この時点での儒教の礼制による正統性を打ち出すことの限界を示すと同時に、巨大な建物による権威の誇示という漢が採った手法に結局は頼らざるをえなかった状況、すなわち長安が「漢家の都」であったことを示すものと言えるだろう。少なくとも長安の住民に対して為政者の権威や権力を示すには、儒教的礼制よりも巨大な建造物の造営のほうが効果的だったのである。このように、長安は最終的に儒教的な「天子の都」とはなることができなかったのである。

第七節　長安の東方の景観について

本章を終える前に、論じ切れなかった問題についてふれておきたい。それは長安の郭の有無と都城の東面の景観である。漢の未央宮が東と北を向いていたことは門闕が置かれたことから明らかであるが、都城の正面については、東面北端の宣平門が東都門と呼ばれていたこと、さらにそれに「東郭門」が付随していることから考えると、東側を強く意識していたと考えられる。[35] この宣平門外の東郭門の存在から、長安の郭の存否について郭を想定する楊寛氏とそれを否定する劉慶柱氏の論争があった〔楊 一九八四、一九八九〕〔劉 一九八七、一九九二〕。郭の有無については近年の発掘の結果、長安東郊に大規模な墓地が広がることから、居住域としての郭が存在することは否定された。しかし、昌邑王劉賀が長安入城の前に、「広明東都門」まで到達した際に、この門が「長安東郭門」であることから哭することが求められたこと、さらにその後「城門」に至って、哭を求められながら、ようやく未央宮の東闕で哭したという記述から、長安東城外に「郭門」と呼ばれる施設があったことは確かである。[36] この「広明」については巻六二・霍光伝の顔師古注に「広明は亭名なり」とある。王先謙はさらに「広明亭は長安城東、東都門外に在り」としている。

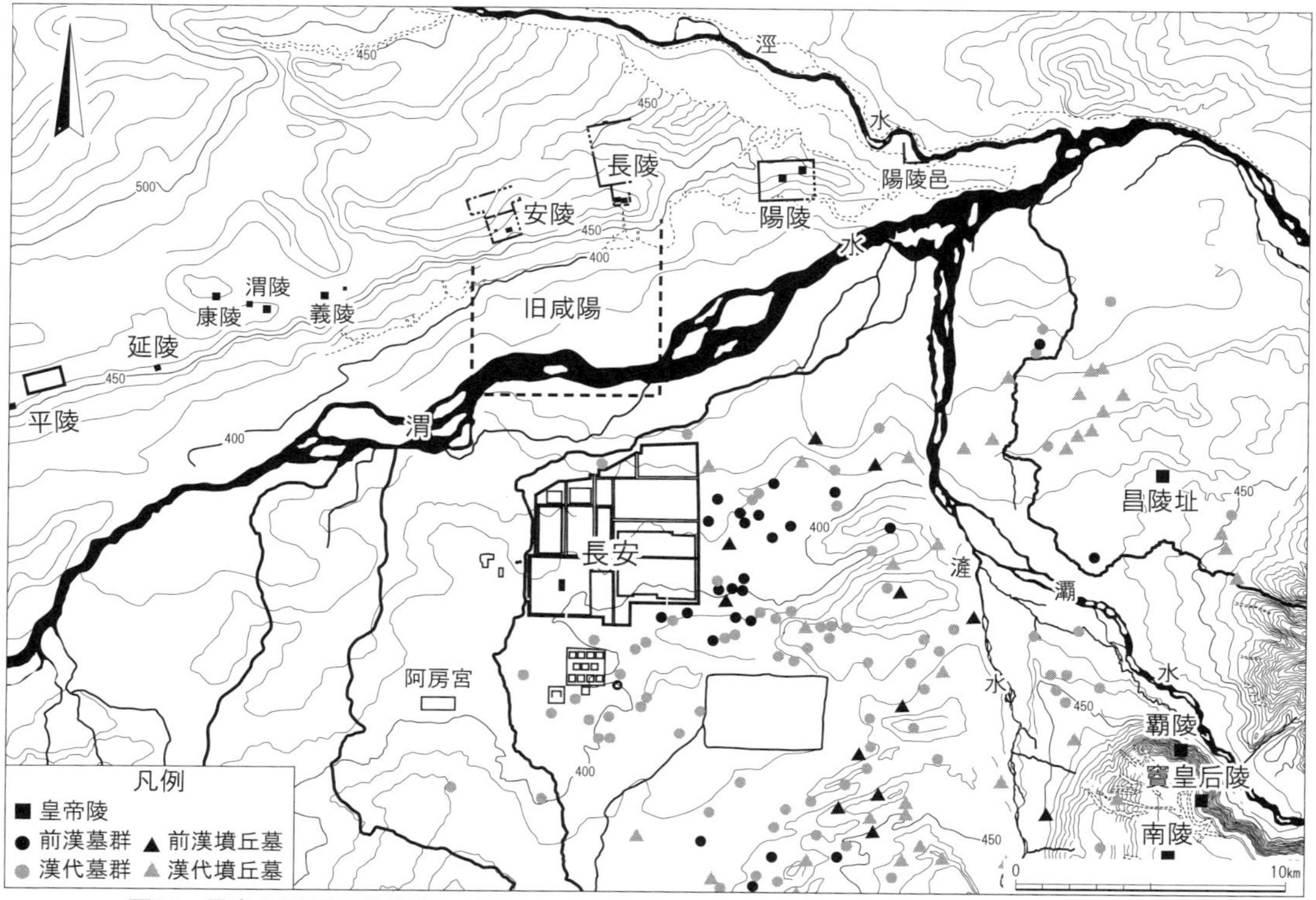

図三　長安と周辺の漢墓群　標高は原図の「90m」を現代の図を参考に「400m」に読み替えている。

『三輔黄図』には「東都門より外郭亭に至るまで十三里」とあり、長安への街道上で都城に最も近い亭を郭としていたのであろう。このことから、漢代の郭が居住域の郭ではないことは明らかである。

さて、ここで指摘しておきたいのは、長安の正門ともいうべき宣平門周辺が墓地であり、東方からの長安入城の主幹線が長安の直前で墓地を通過するという事実である（図三）。すでに述べたように長安東城壁外は前漢初期から継続的に墓地が築かれ、それが東へと拡がっていく傾向を示している。なかでも宣平門の東には大型の墳丘を有する青西漢墓〔国家文物局 一九九八〕、南北約三〇m、東西二三mの覆斗形の墳丘を持つ徐家漢墓〔国家文物局 一九九八〕などの現在でも地上に痕跡を残す大墓のほかに、すでに発掘された前漢後期の積沙墓〔陝西省考古研究所 二〇〇三〕など比較的大きな墓が東西に分布する地域である。また、夏侯嬰の墓について『史記索隠』は、

姚氏云く「三輔故事に曰く『滕文公の墓は飲馬橋東大道の南に在り、俗に之を馬冢と謂う』と。博物志に曰く『公卿、嬰の葬を送り、東都門外に至るに、馬行かず、地に踣れ悲鳴す。石槨を得るに、銘有りて曰く「佳城鬱鬱とし、三千年にして白日見る、吁嗟、滕公、此の室に居らん」と。乃ち之に葬る』と」。

と記す。飲馬橋は『三輔黄図』によれば、「宣平城門外に在り」とあり、まさに大墓が分布する地域である。『博物志』の記述内容は、すべてを史実とは考えにくいが、宣平門外に大墓が分布することを踏まえて作られた話であることは認めることができ、列侯などが宣平門外に埋葬されていたことを示す史料として評価できるのである。このように考えると、都城長安の正面である東方を飾る景観は、大墓が累々と並ぶものであり、現代の感覚からすればかなり異様である。しかしこの地に葬られたのが列侯だとすれば、墓地は比較的大きく、計画的に配され、墓園内に植樹された緑の多い景観だということもできよう。ちょうど歴代皇帝陵の東方に陪葬墓群が規則的に並ぶのと同じような景観だったのである。生の空間である都城長安の正面が死者の空間である皇帝陵と同様に、臣下の墓により飾られてい

たことは、長安の景観として記憶しておくべきものであろう。

おわりに

最後に本章で述べたことをまとめておきたい。長安を通時的に考える軸として、①皇帝の権威を示す空間としての変遷、②都市としての変遷を設定した。②から述べると、都市としての長安は漢初から成長を持続し、元帝期に都城と陵邑の位置づけが大きく転換した後も、その発展は継続、もしくはより一層加速し、漢末を迎えることになる。元帝期の陵邑改革は、長安周辺の新規都市建設と官僚など富裕層の大規模な移動を止めることとなり、その結果、漢初の陵邑は活気を失うが、長安は逆に流入人口の集中などにより、成長が持続することになるのである。

一方、①については、漢の長安は皇帝劉氏の権威を示す「漢家の都」として出発し、それは武帝期でピークを迎える。元帝以降は儒教的な「天子の都」への変身を模索するが、最終的には挫折する。その理由は儒家的礼制に則った都市に改めるには、あまりに長安が劉氏の権威誇示を目的として築かれた特異な都城であったことが理由であった。

①についてより詳しく見ていこう。漢初では、劉氏の権威を具現したのは、壮麗に築かれた未央宮であった。その後、長安は周辺に築かれた陵邑と密接に関連し、巨大な首都圏を構成するようになる。武帝期には長安のはるか西方に茂陵が造営され、陵邑と一体化した漢の首都圏は、飛躍的に西方に拡大することになった。また武帝期には建章宮、桂宮造営により、「漢家の都」としての長安の宮城面積は最大となった。この状況は宣帝期まで継続し、「漢家の都」としての最盛期の姿となった。元帝期以降、儒教化の進展とともに「天子の都」としてのあり方が模索されるようになり、長安および周辺での大規模な宮城造営は見られなくなり、さらには陵邑の新規造営中止と既存の陵邑の県化に

より、長安と陵邑から構成された壮大な「漢家の都」は分断される。城壁内の長安の姿に大きな変化はないが、城壁外に拡大されていた壮大な都の規模は大きく変容したのである。

しかし、「天子の都」への変身は困難を極める。漢の長安は、未央宮前殿に代表されるような建物の巨大さによって皇帝の権威権力を具体化し、王朝の正統性を示していた。その背景に思想や理念は見られない。そのため、長安の都城、宮城は巨大建造物が無秩序に並んでおり、整然とした「天子の都」の姿とはかけ離れたものであった。

この難問に元帝、成帝も取り組むが、最も熱心だったのが王莽である。しかし、王莽の長安に加えた改変を見ていくと、宮殿や門名の儒教的名称への変更以外は、南北郊の設置、明堂の建設、九廟の造営など、いずれも城内ではなく、城外での建設に終始しており、都城—宮城—正殿を貫く明確な中軸線の形成などは行なわれていない。しかも南北郊は成帝期に初めて置かれ、後に廃されていたものを復活させたにすぎない。また、新の象徴ともいえる九廟造営は、一見、儒家的礼制に則ったものだが、その規模と、資材を建章宮を解体して確保したという過程を重視するならば、結局は王莽も漢と同様、巨大な建造物で自らの正統性を示そうとしたことになる。また、王莽には長安、洛陽の両都構想があったが、実際には、長安の改造をあきらめ、洛陽に儒教的な新たな都城を築くことを意図していたものと思われる。王莽が長安の問題としたことは、すでに元帝期に翼奉により指摘されていたことだった。結果として、前漢長安城はあまりに「漢家の都」という一面が大きくなったため、儒教的な「天子の都」の姿とは乖離しており、これを大きく改造することは王莽でも不可能であり、新たな都、洛陽を構想しなくてはならなかったのである。前漢長安の「漢家の都」は後漢以降にその姿を整える儒教的な「天子の都」とは大きくかけ離れたものだったのである。

注

（1）漢の長安の研究の代表的なものとして〔佐藤武敏 一九七一〕や〔劉慶柱・李毓芳 二〇〇三〕があり、中国での主な研究を集めたものに〔中国社会科学院考古研究所漢長安城工作隊・西安市漢長安城遺址保管所 二〇〇六〕がある。また〔鶴間和幸 一九九一〕には、長安城に関する主要文献目録が付されている。

（2）いわゆる『周礼』型と呼ばれる都城については考工記にまとまった記載があるが、宮城については断片的な記述しかなく、様々な形での復原が可能となる。各説に共通する理解では、南北に主要な宮殿や門を配した重層的な構造の宮城となり、本章でもそのように理解しておく。『周礼』型都城については〔貝塚茂樹 一九七六〕〔賀業鉅 一九八五〕を参照。

（3）秦の咸陽のプランを漢の長安が継承したことについては〔池田雄一 一九七五〕や〔鶴間和幸 一九九一〕および佐原氏、陳力氏の前掲論文でも指摘されている。また〔村松弘一 一九九九〕は都市水利という観点から両都の継承を説いている。

（4）咸陽城については〔王学理 一九九九〕により近年の調査成果と研究の到達点を知ることができるが、都城全体のプランについて未解明の部分が残されている。

（5）『史記』巻一五・六国年表には「二十八（前二一九）年　爲阿房宮」とある。

（6）阿房宮前殿基壇の調査成果は、〔中国社会科学院考古研究所・西安市文物保護考古所　阿房宮考古工作隊 二〇〇五〕に報告されている。この調査では、基壇に焼けた痕跡がなかったこと、基壇上面から瓦当や礎石など建築に伴う遺物が出土しなかったことから、阿房宮は秦末に焼けておらず、前殿を含む建物も未完成であったと結論づける。調査は基壇上を広範囲にボーリング調査し、基壇の東西、南北中央にトレンチを入れていることから、遺構の概要は把握できているものと考えるが、現状のデータだけから、基壇上面に全く建物がなかったと結論づけるには慎重でありたい。基壇上面の地層の堆積を見ると、基壇の版築土を覆う地層は現代耕土であり、秦代の包含層がまったく遺存しなかったことから、基壇上面がかなりの削平を受けていると考えられるからである。ただ、本章の論旨からは、前殿が未完成であっても、ここに規模の大きな建造物が構築、もしくは構築されようとしていたことを確認できれば問題はない。なお、この広大な基壇上では北縁で城壁が検出されており、かつては同様の遺構が基壇上面の東西縁にあったということから、これを城壁で囲まれた「阿城」としている。基壇の規模と城壁の存在から考えるならば、この基壇は単一の宮殿の基壇ではなく、宮城あるいは漢の未央宮前殿と同様の宮殿群の基壇と見なすべきであろう。

（7）有名な史料だが、『史記』巻七・項羽本紀には以下のようにある。
居數日、項羽引兵西屠咸陽、殺秦降王子嬰、燒秦宮室、火三月不滅、收其貨寶婦女而東。人或說項王曰「關中阻山河四塞、地肥饒、可都以霸」。項王見秦宮皆以燒殘破、又心懷思欲東歸、曰「富貴不歸故鄉、如衣繡夜行、誰知之者」。說者曰「人言楚人沐猴而冠耳、果然」。項王聞之、烹說者。

注意を要するのはここで焼かれたのは「秦宮室」であることで、咸陽の都市部がどの程度被害を受けたかは明確に記されていない。しかし、項羽封建の三秦の各都や漢の初期の都が咸陽を避けていることを考えるならば、相当の被害を受けたものと考えるべきであろう。

（8）未央宮前殿の調査については〔中国社会科学院考古研究所　一九九六〕を参照。基壇上の建物については楊鴻勲氏による復原案が提示されている〔楊鴻勲　二〇〇一〕。

（9）『三輔黄図』巻二・漢宮に「未央宮周廻二十八里、前殿東西五十丈、深十五丈、高三十五丈」とある。

（10）なお『史記』巻二二・漢興以来将相名臣年表によれば、高祖七年の櫟陽からの遷都先は長安の長楽宮であり、未央宮完成は二年後の高祖九年である。

（11）未央宮の宮城門については調査の結果、北宮墻に二門、東西南の各面にはそれぞれ一門が発見されている。宮城内の主要道路は、南門と東側の北門を結ぶ道路が、前殿の東側を通過し、宮城を南北に貫いている。東西方向の主要道路は二本あり、北側の道路が東西の宮門を結び、前殿の北側を通る。これと平行して前殿の南を通る道路がある。このような配置のため、宮城正門である北門および東門から前殿にいたるには、直接前殿の南に到達することはできず、何度か道を曲がる必要がある。なお、北闕と東闕の違いについては、巻一下・高祖紀下の顔師古注に「未央殿雖南嚮、而上書奏事謁見之徒皆詣北闕、公車司馬亦在北焉。是則以北闕爲正門、而又有東門、東闕。至於西南兩面、無門闕矣。蓋蕭何初立未央宮、以厭勝之術、理宜然乎」とあり、北闕に公車司馬が置かれ、上書、謁見などの取次ぎが行われたことを記す。実際、北闕は人の集まる場所であり、そのため、誅殺された南越王や楼蘭王などの首が曝されている（巻六・武帝紀や巻七・昭帝紀など）。また、北闕前に功臣や寵臣の第宅が設けられたのも北闕が正門であったためであろう〔巻四一・夏侯嬰伝、巻九三・佞臣・董賢伝〕。一方の東闕は巻二七上・五行志上に、「劉向以爲東闕所以朝諸侯之門也、罘思在其外、諸侯之象也」とあるように諸侯入朝に用いられた。昌邑王劉賀が未央宮に入る際も東門を用いている〔巻六三・武五子伝〕。北、東の二門に対し、南、西門については使用状況が分からないが、造営当初から未央宮の正門として北と東の二門が位置づけられていたことは闕が設けられていることから明らかであり、そのプランが漢代を通じて踏襲されていたことが上述の門の使用状況から分かる。なお、漢の長安については周辺遺跡の位置関係から、壮大な南北軸が設定され計画性を有する都市とみる見解もあるが〔黄曉芬二〇〇六〕、如上の未央宮の構造や、本章で述べるような都城成立過程の段階性を考えると、首肯しかねる。

(12) 北宮の『史記』『漢書』での初出は恵帝皇后が呂氏誅滅ののち廃されて北宮におかれたという記事だが、『三輔黄図』には「高帝時制度草創、孝武增修之、中有前殿、廣五十歩、珠簾玉戸如桂宮」とあり、北宮が高祖期から存在し、武帝期に拡張されたと記す。遺跡の調査では、武庫跡の北方、つまり未央宮東北で宮城が発見され、北宮と考えられているが造営年代までは明らかでない〔中国社会科学院考古研究所漢城工作隊 一九九六〕。

(13) 〔侯寧彬 二〇〇四〕による。〔王学理 一九九九〕も尤家荘墓群について言及し、戦国期の墓として八～九百基という数字を挙げている。尤家荘墓群については〔陝西省考古研究所 二〇〇六〕〔陝西省考古研究院 二〇〇八〕参照。漢長安東側の龍首原ではほかにも潘家村、喦家寨で秦墓が見つかっている〔西安市文物保護考古所 二〇〇四a〕。

(14) 巻二八上・地理志上には、「渭城、故咸陽、高帝元年更名新城、七年罷、屬長安。武帝元鼎三年更名渭城」とあり、旧咸陽が前漢武帝期まで長安県に属していたことが分かる。すでに佐原氏、陳氏ともこの点を指摘している。

(15) 巻二・恵帝紀および『三輔黄図』。

(16) 巻二・恵帝紀の六年条に、「起長安西市、修敖倉」とある。

(17) 巻五二・田蚡伝に「諸外家爲列侯、列侯多尚公主、皆不慾就國、以故毀日至竇太后」とある。

(18) 巻四九・鼂錯伝に「内史府居太上廟堧中、門東出、不便、錯乃穿門南出、鑿廟堧垣」とある。

(19) 文帝期と元帝期の宮城の違いは元帝期に翼奉が総括している。巻七五・翼奉伝には以下のようにある。

臣聞昔者盤庚改邑以興殷道、聖人美之。竊聞漢德隆盛、在於孝文皇帝躬行節儉、外省繇役。其時未有甘泉、建章及上林中諸離宮館也。未央宮又無高門、武臺、麒麟、鳳皇、白虎、玉堂、金華之殿、獨有前殿、曲臺、漸臺、宣室、溫室、承明耳。孝文欲作一臺、度用百金、重民之財、廢而不爲、其積土基、至今猶存、又下遺詔、不起山墳。故其時天下大和、百姓洽足、德流後嗣。

(20) 巻六・武帝紀。
(21) 巻二五・郊祀志に、「於是作建章宮、度爲千門萬戶。前殿度高未央。其東則鳳闕、高二十餘丈」とあり、『三輔黄図』巻二・漢宮には建章宮「前殿下視未央」とある。
(22) 『玉海』巻一五六・宮二に引く『三輔黄図』に「桂宮漢武帝太初四年秋起」とある。
(23) 桂宮については〔中国社会科学院考古研究所・日本奈良国立文化財研究所 二〇〇七〕参照。
(24) 『三輔黄図』巻二・漢宮「高帝時制度草創、孝武增修之」。
(25) 巻一九上・百官表上、奉常の項。
(26) 巻九・元帝紀。
(27) 武帝期以降、陵邑の二千石官僚は新帝の即位に従って新帝の陵邑に移ることになっていた。詳細は本篇第二章参照。
(28) 成帝の昌陵については巻一〇・成帝紀および巻七〇・陳湯伝参照。
(29) 茂陵については、『史記』呂不韋伝の索隠に「武昭宣三陵、皆三万戸」とある。この数字がいつの時期のものを反映したかは不明で、宣帝期以降としか分からない。仮に宣帝期としても、茂陵は漢末までのわずかな期間に戸数が倍増したことになる。ただし前漢全体を見ると、人口は武帝期の停滞期をはさんで増加傾向にある〔葛剣雄 一九八六〕。
(30) 巻一二・平帝紀。
(31) 「王莽九廟」と記されながら、検出された建物址は一二基である。王莽伝に記されない残りの三基については帝嚳や斉王の田和、田建の廟に当てる説がある。詳しくは〔中国社会科学院考古研究所 二〇〇三〕参照。
(32) 巻九八・元后伝に、「初、莽爲安漢公時、又諂太后、奏尊元帝廟爲高宗、太后晏駕後當以禮配食云。及莽改號太后爲新室文母、絕之於漢、不令得體元帝。墮壞孝元廟、更爲文母太后起廟、獨置孝元廟故殿以爲文母篹食堂、既成、名曰長壽宮。以太后在、故未謂之廟。莽以太后好出遊觀、乃車駕置酒長壽宮、請太后。既至、見孝元廟廢徹塗地、太后驚、泣曰「此漢家宗廟、皆有神靈、與何治而壞之。且使鬼神無知、又何用廟爲。如令有知、我乃人之妃妾、豈宜辱帝之堂以陳饋食哉」。私謂左右曰「此人嫚神多矣、能久得祐乎」。飲酒不樂而罷」とある。

(33) 巻九九中・王莽伝中に「始建國五（一三）年……是時、長安民聞莽欲都雒陽、不肯繕治室宅、或頗徹之。莽曰「玄龍石文曰『定帝德、國雒陽』。符命著明、敢不欽奉。以始建國八年、歲纏星紀、在雒陽之都。其謹繕脩常安之都、勿令壞敗。敢有犯者、輒以名聞、請其罪」とある。

(34) 漢代の洛陽については〔王仲殊 一九八四〕〔銭国祥 二〇〇二〕および本篇第五章参照。

(35) 『三輔黄図』の記述による。

(36) 巻六三・武五子・昌邑哀王劉髆伝。

【引用・参考文献】

池田雄一 「秦咸陽城と漢長安城――とくに漢長安城建設の経緯をめぐって――」『中央大学文学部紀要』史学科二〇（後、〔池田 二〇〇二〕所収）、一九七五
『中国古代の聚落と地方行政』汲古書院、二〇〇二
王学理 『咸陽帝都記』三秦出版、一九九九
王仲殊 『漢代考古学概説』中華書局、一九八四
賀業鉅 『考工記営国制度研究』中国建築工業出版社、一九八五
貝塚茂樹 「朝と闕」『中国の古代国家』、一九七六
葛剣雄 『西漢人口地理』人民出版社、一九八六
黄曉芬 「漢長安城建設における南北の中軸ラインとその象徴性」『史学雑誌』一一五巻一一号、二〇〇六
侯寧彬 「西安地区漢代墓葬的分布」『考古与文物』二〇〇四年五期、二〇〇四

国家文物局『中国文物地図集　陝西分冊』西安地図出版社、一九九八
佐藤武敏『長安』近藤出版社（後、講談社学術文庫、二〇〇四）、一九七一
佐原康夫「都城としての漢長安城」『日本中国考古学会報』五号（後、〔佐原　二〇〇二〕所収）、一九九五
「漢長安城の成立」礪波護編『中国歴代王朝の都市管理に関する総合的研究　平成八～一〇年度科研費基盤研究Ａ一報告』（後、〔佐原　二〇〇二〕所収）、一九九九
『漢代都市機構の研究』汲古書院、二〇〇二
史念海『西安歴史地図集』西安地図出版社、一九九六
西安市文物保護考古所『西安龍首原漢墓』西北大学出版社、一九九九
「西安北郊棗園大型西漢墓発掘簡報」『文物』二〇〇三年一二期、二〇〇三
『西安南郊秦墓』陝西人民出版社、二〇〇四ａ
「西安東郊西漢竇氏墓（Ｍ三）発掘報告」『文物』二〇〇四年六期、二〇〇四ｂ
西安市文物保護考古所・鄭州大学考古専業『長安漢墓』陝西人民出版社、二〇〇四
銭国祥「漢魏洛陽故城沿革与形制演変初探」『二一世紀中国考古学与世界考古学』中国社会科学出版社、二〇〇二
陝西省考古研究院『西安尤家荘秦墓』陝西科学技術出版社、二〇〇八
陝西省考古研究所「西安北郊漢代積沙墓発掘簡報」『考古与文物』二〇〇三年五期、二〇〇三
『西安北郊秦墓』三秦出版社、二〇〇六
中国社会科学院考古研究所『漢長安城未央宮』中国大百科全書出版社、一九九六
『西漢礼制建築遺址』文物出版社、二〇〇三
中国社会科学院考古研究所漢城工作隊「漢長安城北宮的勘探及其南面磚瓦窯的発掘」『考古』一九九六年一〇期、一九九六
中国社会科学院考古研究所漢長安城工作隊・西安市漢長安城遺址保管所『漢長安城遺址研究』科学出版社、二〇〇六
中国社会科学院考古研究所・西安市文物保護考古所　阿房宮考古工作隊「阿房宮前殿遺址的考古勘探与発掘」『考古学報』二〇〇

五年二期、二〇〇五
中国社会科学院考古研究所・日本奈良国立文化財研究所『漢長安城桂宮』文物出版社、二〇〇七
陳力　「漢長安空間構造の移り変わり」『アジア遊学七八　特集中国都市の時空世界』、二〇〇五
鶴間和幸　「秦漢比較都城論――咸陽・長安城の建設プランの継承」『茨城大学教養部紀要』第二三号、一九九一
村松弘一　「中国古代関中平原の都市と環境――咸陽から長安へ――」『史潮』第四六号、一九九九
楊寛　「西漢長安布局結構的探討」『文博』一九八四年創刊号、一九八四
「西漢長安布局結構的再探討」『考古』一九八九年四期、一九八九
楊鴻勲　『宮殿考古通論』紫禁城出版、二〇〇一
劉慶柱　「漢長安城布局結構弁析――与楊寛先生商榷」一九八七年一〇期、一九八七
「再論漢長安城布局結構及其相関問題――答楊寛先生」『考古』一九九二年七期、一九九二
劉慶柱・李毓芳　『漢長安城』文物出版社、二〇〇三

【図出典】

図一・劉慶柱・李毓芳（来村多加史訳）『前漢皇帝陵の研究』学生社、一九九一　所掲図をトレース
図二・〔劉慶柱・李毓芳二〇〇三〕所掲図をトレース
図三・陸地測量部五万分の一地形図「臨潼県」「滻湖鎮」「草灘鎮」「西安」「咸陽県」「斗門鎮」を基に作成

第二章　前漢皇帝陵の再検討
――陵邑、陪葬の変遷を中心に――

はじめに

前漢皇帝陵は都城・長安を囲むように台地上に屹立する（図）。現在でも地上に壮大な墳丘とそれを囲む方形の陵園が良好に残されており、周囲には陵園に附属する建築遺構や、数多くの陪葬墓などが確認されている。これらの陵墓に対しては、考古調査が進行し、文帝の覇陵を除いて現在では前漢を通じて皇帝陵の様相を知ることができる。(1) 一方で、典籍史料の中で前漢皇帝陵についてふれたものも少なくはなく、文献の上からもある程度皇帝陵の姿を復原することは可能である。その点で、前漢皇帝陵は発掘資料と文献史料の双方から分析を加えることのできる興味深い資料といえる。これまでも前漢皇帝陵に対しては文献・考古の双方の立場で、様々な角度から研究されてきた。発掘調査の進展をうけて、考古学の関心は、陵墓の被葬者の比定から、陵園の復原的研究に移行し、現在、皇帝陵全体の復原的研究はかなり詳細なものとなってきている。(2) 一方、日本でも早くから文献史料をもとに、主として陵邑と徙民政策を中心に、その政治史的な意味が問われてきた。(3) しかし、残念ながらその後の目覚しい発掘成果は十分に取り入れられることはなく、現状では前漢皇帝陵についての研究は決して盛んとはいえない。そこで、近年の発掘成果をとりいれることで前漢皇帝陵の再検討を行うことが、本章の試みの一つである。そしてもう一点、政治的建造物として皇帝陵がどのように機能していたのかという点について、本章では前漢に特徴的な陵邑制度と陪葬制度の変遷を通じて、

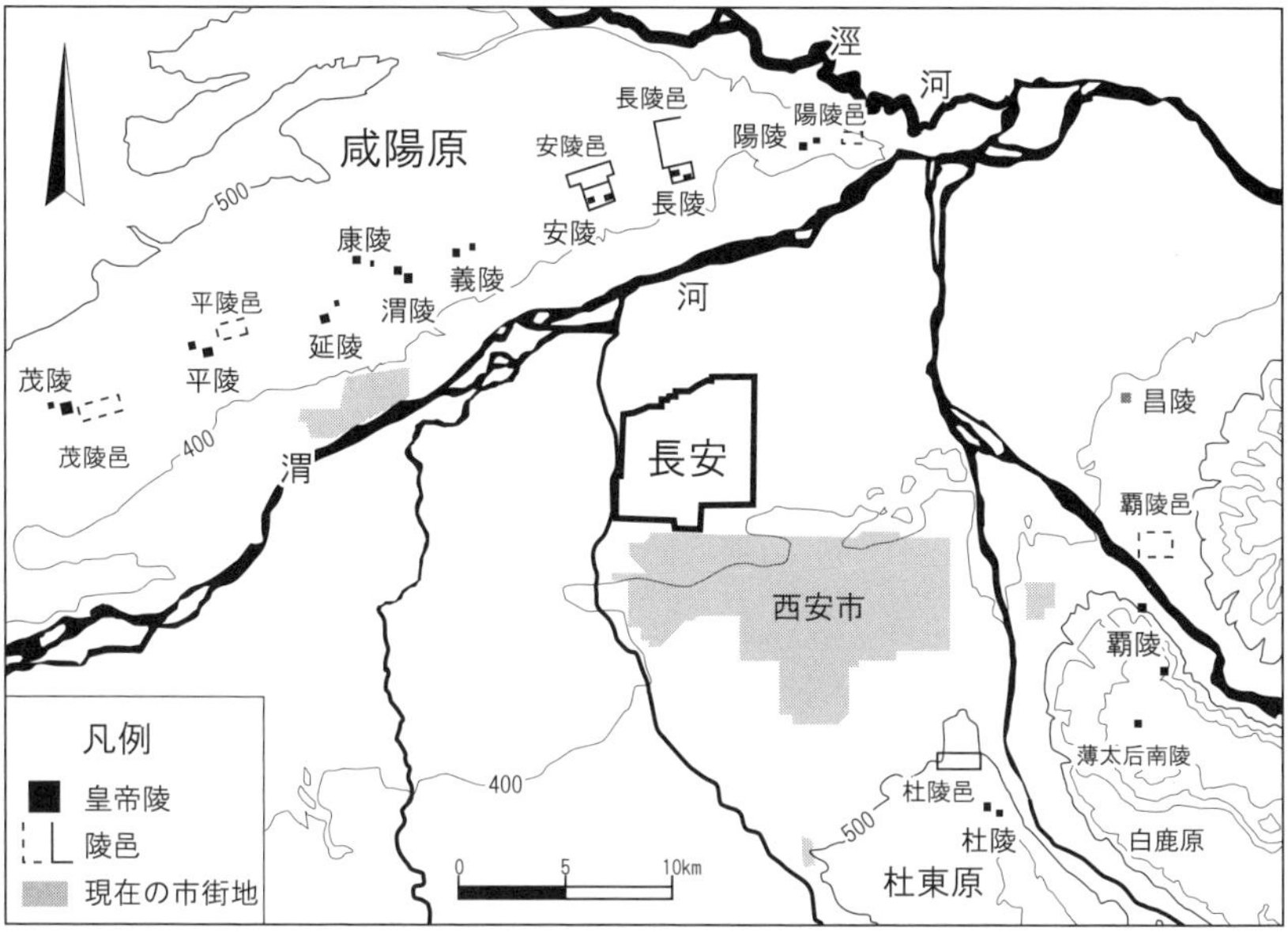

図　前漢皇帝陵分布図

検討を加えていくことにしたい。

なお、前漢皇帝陵の比定については、現在では『水経注』の記載に基づくものが広く行われている。皇帝陵遺跡の調査が進んだ現在でも、この比定を修正する状況は生じておらず、本章でもこの比定にそって叙述することにしたい(4)。

第一節　陵邑制度の変遷

前漢皇帝陵が後世の皇帝陵と比べて特異な点の一つに宣帝までの各陵に陵邑が附属していることが挙げられる。前漢の陵邑制の淵源は秦の始皇帝陵の驪邑、さらには戦国秦の東陵の芷陽に求めることができる(5)。特に驪邑は皇帝陵の制度とともに前漢陵邑の直接モデルになったと考えられる。前漢の制度の多くが秦制を継承したのと同様、陵邑制度も秦を踏襲したものなのである。陵邑の造営には二つのパターンが考えられる。一つは新規に都市を建設したもので、高帝長陵、武帝茂陵、昭帝平陵がこれに当る。もう一つは従来からある居住域を陵邑としたもので、景帝陽陵（故の弋陽）、文帝覇陵（故の芷陽）、宣帝杜陵（故の杜伯国、杜県）である（以上、『漢書』地理志による）。このため、『漢書』では、当該陵邑成立以前にもかかわらず「杜陵人」「遷杜陵」などの表記が見られるが、言うまでもなく杜陵の前身、杜県を指している。また、恵帝安陵も古くからある居住域ないしその遺跡を利用しているようである〔劉慶柱・李毓芳　一九八七〕。いずれの場合も大規模な徙民が行われた結果、従来の規模をはるかに超える都市に改変された点は同じである。徙民により、都城の周囲に都市を建設し、首都圏の強化を図ることは、関東に潜在的な力をもつ旧六国の勢力が残っている状況下で、前漢王朝にとっては喫緊の課題であり、陵邑の設置はその有効な対策と考えられたのである。前漢の陵邑設置については、前漢の皇帝支配の実体を明らかにする格好の素材として、特に徙民対象の分析を中心として、研究が蓄積されている(6)。陵邑の設置がいわゆる彊幹弱枝政策の一環であることは、『漢書』巻二八下・地理志下に次のように記されている。

漢興り、都を長安に立て、齊の諸田、楚の昭、屈、景及び諸功臣の家を長陵に徙す。後に世世、吏二千石、高訾富人及び豪桀幷兼の家を諸陵に徙す。蓋し亦た彊幹弱支を以てし、獨だ山園を奉ずるが爲に非ざるなり。

皇帝の陵墓に奉仕するという名分のもと、数万人の人口をもつ都市が長安の周囲に建設され、広大な首都圏を形成したのである。その意義についてはこの史料でほぼ言い尽くされている。また、この史料からは徙民の対象が変化していたことを読み取ることもできよう。建国から一〇〇年以上にわたって営々と築かれてきた陵邑がどのように変遷したかを解明できれば、前漢の皇帝が陵邑建設に何を期待したのかを明らかにすることも可能であろう。そこで、本節では陵邑の徙民を分析し、その対象の変化を跡付けることにする。

前漢の陵邑は高帝長陵以下宣帝杜陵までの七都市が建設され、成帝昌陵邑が未完に終わっている。各陵邑への徙民記事を『漢書』から抜粋したものが**表一**、陵邑の住人を一覧にしたものが**表二**である。文帝の覇陵については史料がないが、この表を見ると、徙民の対象が時代とともに変化していることが理解できる。高帝長陵の場合、その徙民の目的は、建国草創のことであり、旧六国内に潜在的な力を持つ斉の田氏、楚の昭、屈、景氏を在地から切り離すことにあった（史料1）。同時に移された功臣も、その多くが関東出身者であることを考えるならば、この処置も彼らを郷里から切り離し、漢の都となった関中に定住させることが目的だったのである。劉邦に従った功臣の多くに帰郷の思いが強かったことは『漢書』巻四〇・張良伝にもみえることだが[7]、そうした思いを絶つことも、課せられた役割だったのである。このように、長陵は関東有力者の関中への強制的な移住を伴なってつくられた陵邑だったと言える。恵帝安陵、文帝覇陵の様子は明らかでないが、景帝陽陵では「徙民を募り、銭二十萬を賜う」とあるように（史料3）、強制的な印象は薄れている。ところが武帝の茂陵になると再び様子が変わる。『漢書』巻六四・主父偃伝では、陵邑への徙民を（史料7）のように述べる。長陵の時と同様、彊幹弱枝を説いたものだが、長陵の場合、徙民の対象が潜在的な影響力を持っていた旧六国の王族貴族だったのに対し、ここでは代わって豪族層となっている。茂陵へは建元三（前一三八）年、元朔二（前一二七）年に徙民しているが、後者ではその対象は豪族と富家であった（史料4、5）。

ところが、太始元（前九六）年の徙民対象として「吏民」が見られ（史料6）、宣帝の本始二（前七二）年の昭帝平陵への徙民にも「吏民」が確認できる（史料13）。「吏民」が具体的に何を示すのかは不明だが、宣帝杜陵ではその対象を、訾百万以上の富家に加え、「丞相、将軍、列侯、吏二千石」と明確に規定している（史料15）。王朝の中枢の高位の官人が皇帝の寿陵の造営と同時に、その陵邑へ移住させられたのであり、徙民の対象の変化に伴い、陵邑の性格も漢初とは大きく変容したと考えることができよう。先に挙げた地理志下の中に、「後に世世、吏二千石、高訾富人及び豪桀幷兼の家を諸陵に徙す」とあり、徙民の対象が変化したことを記しているが、杜陵での徙民の対象の変化はこの記載と合致するものである。この変化がいつごろ生じたかについては、後に触れることにしたいが、政権中枢の丞

表一　陵邑一覧

陵名	前身	史料	出展	備考	史料番号
高帝長陵		漢興、立都長安、徙齊諸田、楚昭、屈、景及諸功臣家於長陵。	巻二八下・地理志下		1
恵帝安陵	周の程邑（『太平寰宇記』）	徙關東倡優樂人五千戸以爲陵邑。善爲啁戲、故俗稱啁陵也。	恵帝紀注に引く関中記		2
景帝陽陵	故の弋陽（『漢書』地理志）	五年春正月、作陽陵邑。夏、募民徙陽陵、賜錢二十萬。	巻五・景帝紀		3
武帝茂陵		建元三年…賜徙茂陵者戸錢二十萬、田二頃。初作便門橋。	巻六・武帝紀		4
		元朔二年…夏、募民徙朔方十萬口。又徙郡國豪傑及訾三百萬以上于茂陵。	巻六・武帝紀		5
		太始元年…徙郡國吏民豪桀于茂陵、雲陵。	巻六・武帝紀	師古曰「此當言雲陽、而轉寫者誤爲陵耳。茂陵帝自所起、而雲陽甘泉所居、故總使徙豪桀也。鉤弋趙死婕妤死、葬雲陽、至昭帝即位始尊爲皇太后而起雲陵。武帝時未有雲陵」。	6
		又說上曰「茂陵初立、天下豪桀兼幷之家、亂衆民、皆可徙茂陵、內實京師、外銷姦猾、此所謂不誅而害除」。上又從之。	巻六四上・主父偃		7
雲陵		後元二年…追尊趙婕妤爲皇太后、起雲陵。	巻七・昭帝紀		8
		始元元年…夏、爲太后起園廟雲陵。	巻七・昭帝紀		9
		始元三年…秋、募民徙雲陵、賜錢田宅。	巻七・昭帝紀		10
		始元四年…徙三輔富人雲陵、賜錢、戸十萬。	巻七・昭帝紀		11
		昭帝即位、追尊鉤弋婕妤爲皇太后、發卒二萬人起雲陵、邑三千戸。	巻九七上・外戚傳上・孝武鉤弋趙婕妤		12
昭帝平陵		本始元年春正月、募郡國吏民訾百萬以上徙平陵。	巻八・宣帝紀		13
		（本始）二年春、以水衡錢爲平陵、徙民起第宅。	巻八・宣帝紀		14
宣帝杜陵	故の杜伯国（『漢書』地理志）	元康元年春、以杜東原上爲初陵、更名杜縣爲杜陵。徙丞相・將軍・列侯・吏二千石・訾百萬者杜陵。	巻八・宣帝紀		15
成帝昌陵		壬午、行幸初陵、赦作徒。以新豐戲鄉爲昌陵縣、奉初陵、賜百戸牛酒。	巻一〇・成帝紀		16
		（鴻嘉二年）夏、徙郡國豪傑貲五百萬以上五千戸于昌陵。賜丞相・御史・將軍・列侯・公主・中二千石冢地・第宅。	巻一〇・成帝紀		17
		是時起昌陵、作者數萬人、徙郡國吏民五千餘戸以奉陵邑。作治五年不成、乃罷昌陵、還徙家。（注）師古曰「初徙人陪昌陵者、令皆還其本居」。	巻二七・五行志上		18

表二　陵邑徙民者および住人一覧

陵名	人名	徙民理由	史料	出典	備考	史料
高帝長陵	田氏	斉の田氏	田蚡、孝景王皇后同母弟也、生長陵。	巻五二・田蚡伝		19
	田氏	斉の田氏	孝景王皇后、武帝母也。父王仲、槐里人也。母臧兒、故燕王臧荼孫也、爲仲妻、生男信與兩女。而仲死、臧兒更嫁爲長陵田氏婦、生男蚡、勝。	巻九七上・外戚伝・孝景王皇后		20
			初、皇太后微時所爲金王孫生女俗、在民閒、蓋諱之也。武帝始立、韓嫣白之。帝曰「何爲不蚤言」。乃車駕自往迎之。其家在長陵小市、直至其門、使左右入求之。家人驚恐、女逃匿。	巻九七上・外戚伝・孝景王皇后		21
	車千秋	斉の田氏	車千秋、本姓田氏、其先齊諸田徙長陵。千秋爲高寢郎。	巻六六・車千秋伝		22
	尚方禁		長陵大姓尚方禁少時嘗盜人妻、見斫、創著其頰。	巻八三・朱博伝		23
	施讎		施讎字長卿、沛人也。沛與碭相近。讎爲童子、從田王孫受易。後讎徙長陵、田王孫爲博士、復從卒業、與孟喜、梁丘賀竝爲門人。	巻八八・儒林伝・施讎		24
	王氏	功臣	孝宣王皇后。其先高祖時有功賜爵關內侯、自沛徙長陵。	巻九七上・外戚伝・孝宣王皇后		25
恵帝安陵	爰盎		爰盎字絲。其父楚人也、故爲羣盜、徙安陵。高后時、盎爲呂祿舍人。	巻四九・爰盎伝		26
	爰叔		安陵爰叔者、爰盎兄子也。	巻六五・東方朔伝		27
	馮氏		馮唐、祖父趙人也。父徙代。漢興徙安陵。唐以孝著、爲郎中署長、事文帝。	巻五〇・馮唐伝		28
	杜氏		關中富商大賈、大氐盡諸田、田牆、田蘭。韋家栗氏、安陵杜氏亦鉅萬。前富者既衰、自元、成訖王莽、京師富人杜陵樊嘉、茂陵摯網、平陵如氏、苴氏、長安丹王君房、豉樊少翁、王孫大卿、爲天下高訾。樊嘉五千萬、其餘皆鉅萬矣。王孫卿以財養士、與雄桀交、王莽以爲京司市師、漢司東市	巻九一・貨殖伝		29

				令也。	
30	文帝 霸陵	杜君敖		自哀、平閒、郡國處處有豪桀、然莫足數。其名聞州郡者、霸陵杜君敖、池陽韓幼孺、馬領繡君賓、西河漕中叔、皆有謙退之風。	巻九二・游俠伝・原渉
31	景帝 陽陵	周仁	（景帝郎中令）	仁爲人陰重不泄常衣弊補衣溺戲、期爲不潔清、以是得幸、入臥内。於後宮祕戲、仁常在旁、終無所言。上時問人、仁曰「上自察之」然亦無所毀、如此。景帝再自幸其家。家徙陽陵。上所賜甚多、然終常讓、不敢受也。	巻四六・周仁伝
32		張歐	（景帝九卿）	老篤、請免。天子亦寵以上大夫祿、歸老于家。家陽陵。子孫咸至大官。	巻四六・張歐伝
33		王溫舒		王溫舒、陽陵人也。少時椎埋爲姦。已而試縣亭長、數廢。數爲吏、以治獄至廷尉史。	巻九〇・酷吏伝・王溫舒
34		田延年	斉の田氏	田延年字子賓、先齊諸田也、徙陽陵。延年以材畧給事大將軍莫府、霍光重之、遷爲長史。	巻九〇・酷吏伝・田延年
35	武帝 茂陵	董仲舒	（景帝博士、武帝期は王国相）	年老、以壽終於家。家徙茂陵、子及孫皆以學至大官。	巻五六・董仲舒伝
36		司馬相如		相如既病免、家居茂陵。	巻五七下・司馬相如伝
37		杜周	（武帝の廷尉、執金吾、御史）	初、杜周武帝時徙茂陵、至延年徙杜陵云。	巻六〇・杜周伝
38		張孺	上谷太守	張敞字子高、本河東平陽人也。祖父孺爲上谷太守、徙茂陵。敞父福事孝武帝、官至光祿大夫。敞後隨宣帝徙杜陵。	巻七六・張敞伝
39		焦氏		先是、茂陵富人焦氏、賈氏以數千萬陰積貯炭葦諸下里物。昭帝大行時、方上事暴起、用度未辦。	巻九〇・酷吏伝・田延年
40		杜氏		關中富商大賈、大氐盡諸田、田牆、田蘭。韋家栗氏、安陵杜氏亦鉅萬。前富者既衰、自元、成訖王莽、京師富人杜陵樊嘉、茂陵摯網、平陵如氏、苴氏、長安丹王君房、豉樊少翁、王孫大卿、爲天下高訾。樊嘉五千萬、其餘皆鉅萬矣。	巻九一・貨殖伝

	郭解		及徙豪茂陵也、解貧、不中訾。吏恐、不敢不徙。衛將軍爲言「郭解家貧、不中徙」。上曰「解布衣、權至使將軍、此其家不貧」。解徙、諸公送者出千餘萬。	卷九二・游俠伝・郭解		41
	原氏	豪傑	原涉字巨先。祖父武帝時以豪桀自陽翟徙茂陵。	卷九二・游俠伝・原涉		42
	耿氏	二千石	耿弇字伯昭、扶風茂陵人也。其先武帝時、以吏二千石自鉅鹿徙焉。	『後漢書』・耿弇伝		43
	梁氏	貲千萬	梁統字仲寧、安定烏氏人、晉大夫梁益耳、即其先也。統高祖父子都、自河東遷居北地、子都子橋、以貲千萬徙茂陵、至哀、平之末、歸安定。	『後漢書』・梁統伝		44
	馬氏	二千石	馬援字文淵、扶風茂陵人也。其先趙奢爲趙將、號曰馬服君、子孫因爲氏。武帝時、以吏二千石自邯鄲徙焉。	『後漢書』・馬援伝		45
雲陵	黃霸	豪傑	黃霸字次公、淮陽陽夏人也、以豪桀役使徙雲陵。	卷八九・循吏伝・黃霸		46
昭帝平陵	朱雲		朱雲字游、魯人也、徙平陵。少時通輕俠、借客報仇。	卷六七・朱雲伝		47
	云敞		云敞字幼孺、平陵人也。師事同縣吳章、章治尚書經爲博士。	卷六七・云敞伝		48
	平氏	訾百萬	平當字子思、祖父以訾百萬、自下邑徙平陵。當少爲大行治禮丞、功次補大鴻臚文學、察廉爲順陽長、栒邑令、以明經爲博士、公卿薦當論議通明、給事中。	卷七一・平當伝		49
	韋賢		初、賢以昭帝時徙平陵、玄成別徙杜陵、病且死。	卷七三・韋玄成伝		50
	魏相		魏相字弱翁、濟陰定陶人也、徙平陵。少學易、爲郡卒史、舉賢良、以對策高第、爲茂陵令。	卷七四・魏相伝		51
	李尋		李尋字子長、平陵人也。治尚書、與張孺、鄭寬中同師。	卷七五・李尋伝		52
	鄭氏	訾	鄭崇字子游、本高密大族、世與王家相嫁娶。祖父以訾徙平陵。父賓明法令、爲御史、事貢公、名公直。崇少爲郡文學史、至丞相大車屬。	卷七七・鄭崇伝		53
	何氏	二千石	何竝字子廉、祖父以吏二千石自平輿徙平陵。竝爲郡吏、至大司空掾、事何武。	卷七七・何並伝		54

55		王嘉		王嘉字公仲、平陵人也。以明經射策甲科爲郎、坐戶殿門失闌免。	巻八六・王嘉伝	
56		張山拊		張山拊字長賓、平陵人也。事小夏侯建、爲博士、論石渠、至少府。	巻八八・儒林伝・張山拊	
57		竇氏	二千石	竇融字周公、扶風平陵人也。七世祖廣國、孝文皇后之弟、封章武侯。融高祖父、宣帝時以吏二千石自常山徙焉。	『後漢書』・竇融伝	宣帝期に平陵に徙民
58		魯氏	二千石	魯恭字仲康、扶風平陵人也。其先出於魯頃公、爲楚所滅、遷於下邑、因氏焉。世吏二千石、哀平閒、自魯而徙。	『後漢書』・魯恭伝	哀平帝期に平陵に移住
59		賈光	二千石	賈逵字景伯、扶風平陵人也。九世祖誼、文帝時爲梁王太傅。曾祖父光、爲常山太守、宣帝時以吏二千石自洛陽徙焉。	『後漢書』・賈逵伝	宣帝期に平陵に徙民
60		何比干	丹陽都尉	何敞字文高、扶風平陵人也。其先家于汝陰。六世祖比干、學尙書於朝錯、武帝時爲廷尉正、與張湯同時。湯持法深而比干務仁恕、數與湯爭、雖不能盡得、然所濟活者以千數。後遷丹陽都尉、因徙居平陵。	『後漢書』・何敞伝	注によれば平陵への移住は本始元年
61	宣帝 杜陵	蘇建		蘇建、杜陵人也。以校尉從大將軍青擊匈奴、封平尉爲遊擊將軍、從大將軍出朔方。	巻五四・蘇建伝	杜陵邑設置以前
62		張湯		張湯、杜陵人也。父爲長安丞、出、湯爲兒守舍。	巻五九・張湯伝	杜陵邑設置以前
63		張安世		張湯本居杜陵、安世武、昭、宣世輒隨陵、凡三徙、復還杜陵。	巻五九・張湯伝	
64		趙充国	後將軍	充國爲後將軍、徙杜陵。	巻六九・趙充国伝	
65		韋玄成		初、賢以昭帝時徙平陵、玄成別徙杜陵、病且死。	巻七三・韋玄成伝	
66		尹翁歸		尹翁歸字子兄、河東平陽人也、徙杜陵。翁歸少孤、與季父居。爲獄小吏、曉習文法。	巻七六・尹翁帰伝	
67		韓延壽		韓延壽字長公、燕人也、徙杜陵。少爲郡文學。父義爲燕郎中。	巻七六・韓延寿伝	
68		蕭望之		蕭望之字長倩、東海蘭陵人也、徙杜陵。家世以田爲業、至	巻七八・蕭望之伝	

			望之、好學、治齊詩、事同縣后倉且十年。			
	馮奉世		馮奉世字子明、上黨潞人也、徙杜陵。其先馮亭、爲韓上黨守。	巻七九・馮奉世伝	子の馮野王も杜陵に居住（同伝）	69
	王商		王商字子威、涿郡蠡吾人也、徙杜陵。商父武、武兄無故、皆以宣帝舅封。無故爲平昌侯、武爲樂昌侯。	巻八二・王商伝		70
	史丹		史丹字君仲、魯國人也、徙杜陵。祖父恭有女弟、太子良娣、產悼皇考。皇考者、孝宣帝父也。宣帝微時依倚史氏。	巻八二・史丹伝		71
	朱博		朱博字子元、杜陵人也。家貧、少時給事縣爲亭長、好客少年、捕搏敢行。	巻八三・朱博伝		72
	田何	斉の田氏	漢興、田何以齊田徙杜陵、號杜田生、授東武王同子中、雒陽周王孫、丁寬、齊服生、皆著易傳數篇。	巻八八・儒林伝	漢初に杜陵徙民	73
	黃霸	丞相	爲丞相後徙杜陵。	巻八九・循吏伝・黃霸		74
	陳遵		陳遵字孟公、杜陵人也。祖父遂、字長子、宣帝微時與有故、相隨博弈、數負進。及宣帝即位、用遂、稍遷至太原太守。	巻九二・游俠伝・陳遵		75
	廉范	豪宗	范字叔度、京兆杜陵人、趙將廉頗之後也。漢興、以廉氏豪宗、自苦陘徙焉。世爲邊郡守、或葬隴西襄武、故因仕焉。	『後漢書』廉范伝		76
成帝昌陵	辛慶忌	將軍	慶忌本狄道人、爲將軍、徙昌陵。昌陵罷、留長安。	巻六九・辛慶忌伝		77

相以下の官僚が、自ら仕える皇帝の寿陵の近傍につくられた陵邑に住むことを命じられ、その結果、官僚は宮内だけなく、休暇により帰宅したときですら常に皇帝の存在を意識せざるを得ない状況が生み出されたことになる[8]。皇帝側から見れば、官僚の生前の生活のすべてにわたって皇帝の存在を意識させ続けたということになろう。この点は、皇帝代位の際に、官僚群が新帝の陵に移住していたことからより明確となる。すなわち、『漢書』巻五九・張湯伝に、

張湯は本と杜陵に居す。（張）安世、武・昭・宣の世、輒ち陵に随い、凡そ三たび徙り、復た杜陵に還る。

とあるとおりである。注に引く服虔は、「事うる所の帝に随い、處を其の陵に徙すなり」と述べているが、まさにその通りであろう。同様の事例は、他にも巻六〇・杜周伝に、

初め杜周、武帝の時、茂陵に徙り、（杜）延年に至り杜陵に徙ると云う。

とあることや、巻七六・張敞伝に、

張敞字は子高、本と河東平陽の人なり。祖父の孺、上谷太守と爲り、茂陵に徙る。敞の父福、孝武帝に事え、官は光祿大夫に至る。敞、後に宣帝に隨い杜陵に徙る。

とあることからも窺うことができよう。なお、これらの史料から、陵邑に官僚を徙民させることは武帝期にすでに始まっていたことが分かる。ではその時期はいつまで遡ることができるのであろうか。

二千石以上の高官が陵邑に移住している事例では景帝陽陵の周仁と張歐の二例が最も古い（史料31、32）。周仁は景帝期の郎中令であり、張歐は本伝には「九卿」となったことしか記していないが、百官公卿表によれば景帝五～六年には奉常になっていることが明らかであり、また景帝元（前一五六）年に見える廷尉□歐とはおそらく張歐のことであろう。だが、本伝の記述を読む限り、張歐が陽陵に遷ったのは武帝期に降る可能性もあり、周仁の場合は不明である。この二人の経歴で目につくのは、二千石以上の高官であったことよりも、すでに太子時代から景帝に仕えており、個人的な繋がりが非常に強かったことである。とりわけ周仁の場合は景帝が二度も彼の家に来訪していることからもその点は明らかであろう。このように考えると、景帝期に陽陵への二千石の徙民は認められるものの、皇帝との個人的な繋がりによるものであり、制度としては確立していなかったことになる。景帝期を以上のように理解すれば、官僚を陵邑に徙民させることは武帝期から開始されたと考えて問題ないだろう。

ところで、官僚の陵邑への徙民を見てきたが、漢初において官僚が居住した場所はどこだったのであろうか。『漢書』巻一下・高帝紀下には、

（十二（前一九五）年）三月、詔して曰く「吾れ立ちて天子と爲り、帝たりて天下を有つこと十二年にして今にいたる。天下の豪士・賢大夫と共に天下を定め、同に之を安輯す。其れ功有る者、上は之を王に致し、次は列侯と爲し、下は乃ち邑を食ましむ。而して重臣の親は或いは列侯と爲し、皆な、自ら吏を置き、賦斂を得しめ、女子は公主とす。列侯と爲り邑を食む者は、皆な之に印を佩び、大第室を賜う。吏二千石、之を長安に徙し、小第室を受く。蜀漢に入り三秦を定む者は、皆な世世復す。……」

とあり、この史料から、漢初において長安が「吏二千石」の居住地とされていたことが見て取れる。また漢初の長安には列侯がかなり住んでいたことも分かっている。『漢書』巻四・文帝紀の次の就国記事はそのことをよく示す史料である。

二（前一七九）年冬十月、丞相陳平薨ず。詔して曰く「朕聞くならく、古は諸侯の國を建つること千餘、各おの其の地を守り、時を以て入貢し、民、勞苦せず、上下驩欣し、徳に違うこと有る靡し、と。今、列侯多く長安に居し、邑遠く、吏卒は給輸し費、苦しく、而して列侯も亦た其の民に敎訓するに繇る無し。其れ列侯をして國に之かしめ、吏爲る及び詔して止む所の者は、太子を遣せ」と。

このように列侯、官僚の多くが漢初において都城長安に居住していたものと思われる。しかし、恵帝期に長安城に城壁が築かれ、都城としての体裁を整えるにしたがい、人口も増加したのであろう。近郊に陵邑がつくられることは、増え続ける首都の人口を吸収するうえで必要な処置だったと考えられる。

以上のように、寿陵に設置された陵邑には、武帝期以降、その皇帝に仕える官僚が居住するように変化し、皇帝と

それに仕える官僚との君臣関係の強化に利用されていたのである。つまり、陵邑は、漢初の首都圏強化策として発案され、それが一定の成果を収めたのち、次に皇帝権安定のための装置として用いられたということになる。

しかし、陵邑は元帝期に突如として廃止される。その理由を元帝紀の記載から見ていきたい。

渭城の壽陵亭部の原上を以て初陵と爲す。詔して曰く「土に安んじ遷を重くするは、黎民の性なり。骨肉相附するは、人情の願う所なり。頃ごろ有司、臣子の義に縁り、奏して、郡國の民を徙し以て園陵を奉ぜんとす。百姓をして遠く先祖の墳墓を棄て、業を破り產を失い、親戚別離し、人に思慕の心を懷き、家に不安の意有らしむ。是れ東垂を以て虛耗の害を被り、關中に無聊の民有らしめ、久長の策に非ざるなり。詩に云わざるか『民亦た勞せり、小康すべきに迄る、此の中國を惠しみて、以て四方を綏んぜよ』と。今、爲る所の初陵は、縣邑を置く勿れ。天下をして咸な土に安んじ業を樂しみ、動搖の心有るを亡からしめよ。天下に布告し、之を明知せしめよ」と。

ここで述べられている廃止理由は、徙民によって、祖先の墳墓や親類と切り離された民が増加することは人情に背き、結果的に政権にとっても良くない、というものである。『詩経』を引用していることからも分かるように、極めて儒家的な観念によるものである。周知のように元帝期から儒家的な礼制の整備が推進されており、陵邑の廃止もその流れに沿ったものである〔藤川正敏　一九八五〕。この時期を境に前漢の皇帝制度は大きく変容する。その後、成帝が昌陵の造営を計画した際に、陵邑を設け、徙民を行うが、巨費を投じたにも関わらず、昌陵そのものの工事が中止されたことにより、陵邑は廃され、徙民された人々も元の居住地に戻されている（史料16～18）。以後、陵邑は設置されなくなった。この動きは皇帝支配のイデオロギーが、従来の可視的で直接的なものから、儒家的なものへと転換する流れと合致しているといえよう。

ところで、陵邑の建設は、官僚と皇帝との関係をその実生活において強めるだけでなく、死後にも影響を与えることになった。陵邑の付近に築かれ、皇帝陵につき従う陪葬墓がそれである。次節ではこの墓地について見ていくことにしたい。

第二節　陪葬制度の変遷

現在残る前漢皇帝陵の遺跡の周囲には累々と古墓が並んでいる。とりわけ、高帝長陵、景帝陽陵、武帝茂陵、宣帝杜陵に多い。(9) これらの墓は、皇帝に陪葬された人々の墓ということで陪葬墓と呼ばれている。しかし、景帝陽陵の調査で明らかなように、皇帝陵の周辺に築かれたのは功臣の墓だけでなく、その家族墓なども含まれている。また、功臣とは全く無縁の人々の墓もあることが『漢書』の記載から窺うことができる。さらに、「陪葬」ないし「陪陵」という言葉は前漢代の史料には出てこない。そこで、陪葬墓とは何かを明らかにしておくことにしたい。

前漢皇帝陵の周辺にどのような墓が計画的に配置されていたかを述べるのは、『続漢書』礼儀志下の劉昭注に引く『漢旧儀』である。

天子即位の明年、将作大匠、陵地を營む。用地七頃、方中は用地一頃。深さ十三丈、堂壇の高さ三丈。墳の高さ十二丈、武帝の墳の高さは二十丈。明中は高さ一丈七尺、四周は二丈、梓棺、柏黃腸題湊を內にし、次を以て百官藏し畢る。其れ四通羨門を設くるに、大車、六馬を容る。皆な之を內方に藏し、陟車石を外にす。外方立たば、先ず剣戸を閉め、戸に夜龍、莫邪劍、伏弩を設け、伏火を設く。已に陵を營まば、餘地は西園を后陵と爲し、餘地は婕妤以下と爲し、次は親屬、功臣に賜う。

ここでは、前漢皇帝陵の基本的な地区割が示されている。皇帝陵の西方に皇后陵が築かれ[10]、それ以外の場所に婕妤以下が埋葬され、その次に親属・功臣の墓地が割り当てられる。本章では、陪葬墓とはこの『漢旧儀』に記されたように、皇帝陵付近に築かれた墓で、皇帝から墓地を賜与された墓を指すものとして、検討を加えることにする。

まずは、『漢旧儀』に記された親属、功臣の具体的な事例を列挙することにしたい（表三）。その上で、陪葬以外に皇帝陵付近に埋葬された人々についても検討することにする。そうすることで陪葬の特徴が際立つと考えるからである。なお、前漢の陪葬墓については、後世の地方誌の記載に依拠して論じられることもあるが、ここでは『史記』『漢書』『後漢書』などを基本史料とし、後世の方志については検討の対象から外すこととする。

一、親属について

先に見た『漢旧儀』の記載にあるように、皇帝陵区はまず皇帝、次いで皇后の陵が設定されたのち、その余地を婕妤以下の後宮に割り当てられ、その後、親属、功臣と順次割り当てられていく。したがって、陵の中心は皇帝と皇后そして後宮の墓が占め、生前の宮城と同様に、皇帝を中心とした極めて私的な空間として設定されていたことになる。この点は秦の始皇帝陵と同じである[11]。ただし後宮のものでも、巻九九・外戚伝上によれば、

五官以下は司馬門外に葬る。

という規定があった。服虔は「陵上の司馬門の外」とする。現在、前漢皇帝陵の遺構では、皇帝陵や皇后陵を囲む「陵園」の各辺の中央に設けられた闕門を司馬門と解することが一般的である[12]。しかし、陵園内には皇帝、皇后以外は埋葬されておらず、陵園の門が司馬門とは考えにくい。近年の調査では、皇帝陵園・皇后陵園の双方を囲む外陵園とも呼ぶべき囲壁が各陵で検出されており、その外陵園に設けられた門こそが司馬門であろう。この司馬門の内が皇

帝の私的空間であり、後宮の五官以下の者や親属・功臣はその外側に墓地を賜ったと考えられる。

それでは皇帝陵に陪葬された親属にはどのような人々がいるのであろうか。まずは皇子、公主が挙げられる。皇子の場合、多くが諸侯王に封じられ、封国で埋葬されるが、(13)不幸にして就国前に死亡した場合、皇帝陵に埋葬された。その例が、宣帝の子である中山王劉竟である。『漢書』巻八〇・宣元六王伝・中山哀王劉竟は、

建昭四（前三五）年、邸に薨じ、杜陵に葬る。子無く、絶ゆ。

とあるように、父・宣帝の杜陵に埋葬されている。公主も皇帝陵に陪葬されることがあった。例えば、文帝覇陵に葬られた文帝娘の館陶公主（史料81）、茂陵に埋葬された景帝娘の平陽公主（史料87）、成帝延陵に埋葬された宣帝娘の敬武公主（史料105）がある。一見して明らかなように、必ずしも父帝の陵に陪葬されるのではない。後述するように、公主は列侯に嫁することが多いため、どの帝陵に陪葬されるかは夫がどの帝陵に葬地を賜与されるかにより決定されたと考えられる。ただし、何らかの理由で夫が長安以外に埋葬される場合、公主のみが単独で埋葬されることもあった。成帝の妹である潁邑公主を尚った杜業は、免官され就国し死去したが、その遺族が、先に長安に埋葬されていた潁邑公主と合葬されることを願いでている（史料107）。杜業が免官され就国したやや特異な事例ではあるが、公主が都長安の周辺、おそらくは帝陵に陪葬されることがあったことは認められよう。

二、臣僚について

臣下が皇帝から葬地を賜与されることは、『漢旧儀』の記事が参考となる。

丞相、病有らば、皇帝法駕もて親しく至りて病を問うに、西門従り入る。即ち薨ずれば、居を第中に移す。車駕往きて弔い、棺、斂具を賜い、銭、葬地を贈る。葬日、公卿以下會し送す。

この史料は丞相死亡の際の規定であり、これにより前漢の丞相が葬地を賜っていたことが分かる。墓地の場所については明確な記載がないが公卿以下が会送していることから、長安の近く、おそらくは皇帝陵の付近と考えられる。例えば、『後漢書』和帝紀の永元三（九一）年の記事には（史料79）のように、和帝が長陵東門から蕭何、曹参の墓を望見したとあり、同条の注には、

東観記曰く「蕭何墓は長陵東司馬門道北百歩に在り」と。廟記云く「曹参冢は長陵旁の道北に在り、蕭何冢に近し」と。

とあり、長陵周辺に二人の墓があったとする。言うまでもなく二人は漢建国の功臣であり相次いで相国、丞相となっており、『漢旧儀』の記載と照らしても皇帝陵付近に墓地を賜与される「功臣」「丞相」の条件に合致するものである。

以上のような規定があったことを確認したうえで、実際に『漢書』の中から、墓地の賜与を明記されたものを抽出し、皇帝陵付近に埋葬されたものの実態を検討することにしたい。やや煩雑となるが、**表三**からいくつかの事例を検討していくことにしたい。

陽陵に葬られた李蔡は『史記』巻一〇九・李将軍列伝によれば、文帝に仕え、のち景帝の時に官二千石にいたり、武帝の時に代相を経て元狩二（前一二一）年に丞相となる。「丞相」であることを理由に「冢地を陽陵に賜」っているのである（史料83）。武帝茂陵の着工が建元二（前一三九）年であり、茂陵に墓地を賜与されることも可能だったはずだが、この時期には現皇帝の陵墓に限定されず、既存の皇帝陵の付近に墓地を賜ることになっていたのであろう。

蘇建の場合は直接彼の葬地を示す史料はないが、李陵が蘇建の子の蘇武に語った言葉の中に、大夫人を葬送し陽陵に至ったとあり、蘇建の妻が陽陵に埋葬されていたことが分かる（史料84）。漢代では基本的に夫婦合葬であったことから、(14)建の墓も陽陵にあったと考えられよう。蘇建は杜県出身で武帝の時に平陵侯、衛尉になっており、列侯と二千

表三　皇帝陵付近に埋葬された人物　※人名の【　】は陪葬と見なさない。

埋葬地	人名	官職など	爵位など	史料	出典	備考	史料番号
高帝長陵	臧児		平原君	蚡至丞相、追尊王仲爲共侯、槐里起園邑二百家、長丞奉守。及平原君薨、從田氏葬長陵、亦置園邑如共侯法。	巻九七上・外戚伝・孝景王皇后	景帝王皇后の母。のち長陵田氏に嫁す。	78
	蕭何、曹参	相国、丞相	酇侯、平陽侯	（永元三年）十一月癸卯、祠高廟、遂有事十一陵。詔曰「高祖功臣、蕭、曹爲首、有傳世不絶之義。曹相國後容城侯無嗣。朕望長陵東門、見二臣之壠、循其遠節、每有感焉。忠義獲寵、古今所同。可遣使者以中牢祠、大鴻臚求近親宜爲嗣者、須景風紹封、以章厥功」。（注）東觀記曰「蕭何墓在長陵東司馬門道北百步」。廟記云「曹參冢在長陵旁道北、近蕭何冢」。	『後漢書』・孝和帝紀		79
文帝覇陵	董偃			董君之寵由是日衰、至年三十而終。後數歲、竇太主卒、與董君會葬於霸陵。是後、公主貴人多踰禮制、自董偃始。	巻六五・東方朔伝	館陶公主の寵愛を受ける	80
	館陶公主	（文帝娘）	（堂邑侯陳午の室）	董君之寵由是日衰、至年三十而終。後數歲、竇太主卒、與董君會葬於霸陵。是後、公主貴人多踰禮制、自董偃始。	巻六五・東方朔伝		81
	陳氏	武帝廃后	（館陶公主娘）	須坐淫亂、兄弟爭財、當死、自殺、國除。後數年、廢后乃薨、葬霸陵郎官亭東。	巻九七上・外戚伝・孝武陳皇后		82
景帝陽陵	李蔡	丞相	安楽侯	廣死明年、李蔡以丞相坐詔賜冢地陽陵當得二十畝、蔡盜取三頃、頗賣得四十餘萬、又盜取神道外壖地一畝葬其中、當下獄、自殺。	巻五四・李広伝		83
				初、武與李陵俱爲侍中、武使匈奴明年、陵降、不敢求武。久之、單于使陵至海上、爲武置酒設樂、因謂武曰「…孺卿從祠河東后土、宦騎與黃門駙馬爭船、推墮駙馬河中溺死、宦騎亡、詔使	巻五四・蘇建伝		84

陵	人物	官職	爵位	記事	出典		番号
武帝茂陵	蘇建	衛尉遊擊将軍	平陵侯	孺卿逐捕不得、惶恐飲藥而死。來時、大夫人已不幸、陵送葬至陽陵。子卿婦年少、聞已更嫁矣。獨有女弟二人、兩女一男、今復十餘年、存亡不可知。…」			
	霍去病	驃騎将軍	冠軍侯	去病自四年軍後三歲、元狩六年薨。上悼之、發屬國玄甲、軍陳自長安至茂陵、爲冢象祁連山。謚之幷武與廣地曰景桓侯。	巻五五・霍去病伝		85
	衛青	大将軍	長平侯	上乃詔青尙平陽主、與主合葬、起冢象盧山云。(注) 師古曰「在茂陵東、次去病冢之西、相併者是也」	巻五五・衛青伝		86
	平陽公主	(景帝娘、武帝姉)		上乃詔青尙平陽主、與主合葬、起冢象盧山云。(注) 師古曰「在茂陵東、次去病冢之西、相併者是也」	巻五五・衛青伝		87
	金日磾	車騎将軍	秺侯	初、武帝遺詔以討莽何羅功封日磾爲秺侯、日磾以帝少不受封。輔政歳餘、病困、大將軍光白封日磾、臥授印綬。一日、薨。賜葬具冢地、送以輕車介士、軍陳至茂陵、謚曰敬侯。	巻六八・金日磾伝		88
	霍光	大司馬大将軍	博陸侯	光薨、上及皇太后親臨光喪。太中大夫任宣與侍御史五人持節護喪事。中二千石治莫府冢上。賜金錢、繒絮、繡被百領。衣五十篋、璧珠璣玉衣、梓宮、便房、黃腸題湊各一具、樅木外臧椁十五具。東園溫明、皆如乘輿制度。載光尸柩以轀輬車、黃屋左纛、發材官輕車北軍五校士軍陳至茂陵、以送其葬。謚曰宣成侯。發三河卒穿復土、起冢祠堂、置園邑三百家、長丞奉守如舊法。	巻六八・霍光伝		89
				桀、安宗族既滅、皇后以年少不與謀、亦光外孫、故得不廢。皇后母前死、葬茂陵郭東、追尊	巻九七上・外戚		

陵	人物	官職	爵位	記事	出典	備考	番号
	敬夫人		（上官皇后生母）	曰敬夫人、置園邑二百家、長丞奉守如法。皇后自使私奴婢守桀、安冢。	伝・孝昭上官皇后	霍光娘	90
	【曹氏】			初、武帝時、京兆尹曹氏葬茂陵、民謂其道爲京兆仟。	卷九二・游俠伝・原渉	陪葬の可能性有り	91
	【原氏】	南陽太守		渉自以爲前讓南陽賻送、身得其名、而令先人墳墓儉約、非孝也。乃大治起冢舍、周閣重門。初、武帝時、京兆尹曹氏葬茂陵、民謂其道爲京兆仟。渉慕之、乃買地開道、立表署曰南陽仟、人不肯從、謂之原氏仟。	卷九二游俠伝第六二・原渉	原氏は茂陵の人。	92
	上官桀			桀、安宗族既滅、皇后以年少不與謀、亦光外孫、故得不廢。皇后母前死、葬茂陵郭東、追尊曰敬夫人、置園邑二百家、長丞奉守如法。皇后自使私奴婢守桀、安冢。	卷九七上・外戚伝・孝昭上官皇后	師古曰「廟記云上官桀、安冢竝在霍光冢東、東去夏侯勝冢二十步」	93
昭帝平陵	夏侯勝	太子太傅	関内侯	勝復爲長信少府、遷太子太傅。受詔撰尚書、論語説、賜黃金百斤。年九十卒官、賜冢塋、葬平陵。太后賜錢二百萬、爲勝素服五日、以報師傅之恩、儒者以爲榮。	卷七五・夏侯勝伝	（外戚傳の注）師古曰「廟記云上官桀、安冢竝在霍光冢東、東去夏侯勝冢二十步」	94
	【朱雲】			雲年七十餘、終於家。病不呼醫飲藥。遺言以身服斂、棺周於身、土周於冢、爲丈五墳、葬平陵東郭外。	卷六七・朱雲伝	朱雲は平陵の人。死は元帝以降。	95
	韋賢、韋玄成	丞相	扶陽侯	玄成爲相七年、守正持重不及父賢、而文采過之。建昭三年薨、謚曰共侯。初、賢以昭帝時徙平陵、玄成別徙杜陵、病且死、因使者自白曰「不勝父子恩、願乞骸骨、歸葬父墓」。上許焉。	卷七三・韋玄成伝		96
	金安上	建章衛尉	都成侯	後霍氏反、安上傳禁門闥、無內霍氏親屬、封爲都成侯、至建章衛尉。薨、賜冢塋杜陵、謚曰敬侯。	卷六八・金安上伝		97
				安世復強起視事、至秋薨。天子贈印綬、送以輕			

宣帝杜陵	張安世	大司馬衛将軍	富平侯	車介士、謚曰敬侯。賜塋杜東、將作穿復土、起冢祠堂。	巻五九・張安世伝		98
	劉竟		中山王	建昭四年、薨邸、葬杜陵、無子、絕。	巻八十・宣元六王伝・中山哀王劉竟		99
元帝渭陵	王鳳	大司馬大将軍	陽平侯	鳳薨、天子臨弔贈寵、送以輕車介士、軍陳自長安至渭陵、謚曰敬成侯。	巻九八・元后伝		100
	馮奉世	左将軍光禄勳		先將軍葬渭陵、哀帝之崩也、營之以爲園。於是以新豐之東、鴻門之上、壽安之中、地埶高敞、四通廣大、南望酈山、北屬涇渭、東瞰河華、龍門之陽、三晉之路、西顧酆鄗、周秦之丘、宮觀之墟、通視千里、覽見舊都、遂定塋焉。	『後漢書』馮衍伝		101
	王莽妻			是月、莽妻死、謚曰孝睦皇后、葬渭陵長壽園西、令永侍文母、名陵曰億年。	巻九九中・王莽伝中		102
成帝延陵	張禹	丞相	安昌侯	禹年老、自治冢塋、起祠室、好平陵肥牛亭部處地、又近延陵、奏請求之、上以賜禹、詔令平陵徙亭它所。曲陽侯根聞而爭之「此地當平陵寢廟衣冠所出游道、禹爲師傅、不遵謙讓、至求衣冠所游之道、又徙壞舊亭、重非所宜。孔子稱『賜愛其羊、我愛其禮』、宜更賜禹它地」。根雖爲舅、上敬重之不如禹、根言雖切、猶不見從、卒以肥牛亭地賜禹。	巻八一・張禹伝		103
	薛宣	丞相	高陽侯	初、宣後封爲侯時、妻死、而敬武長公主寡居、上令宣尙焉。及宣免歸故郡、公主留京師。後宣卒、主上書願還宣葬延陵、奏可。	巻八三・薛宣伝		104
	敬武公主	（宣帝娘）	（薛宣室）	初、宣後封爲侯時、妻死、而敬武長公主寡居、上令宣尙焉。及宣免歸故郡、公主留京師。後宣卒、主上書願還宣葬延陵、奏可。	巻八三・薛宣伝		105

	許氏	成帝廢后		長書有詩謾、發覺、天子使廷尉孔光持節賜廢后藥、自殺、葬延陵交道廄西。	巻九七下・外戚伝・孝成許皇后		106
不明	潁邑公主	（元帝娘）	（杜業室）	哀帝崩、王莽秉政、諸前議立廟尊號者皆免、徙合浦。業以前罷黜、故見闊畧、憂恐、發病死。業成帝初尚帝妹潁邑公主、主無子、薨、業家上書求還京師與主合葬、不許、而賜謚曰荒侯、傳子至孫絕。	巻六十・杜周伝		107
不明	翟方進	丞相	高陵侯	方進即日自殺。上祕之、遣九卿册贈以丞相高陵侯印綬、賜乘輿祕器、少府供張、柱檻皆衣素。天子親臨弔者數至、禮賜異於它相故事。謚曰恭侯。	巻八四・翟方進伝		108
不明	孔光	丞相	博山侯	光年七十、元始五年薨。莽白太后、使九卿策贈以太師博山侯印綬、賜乘輿祕器、金錢雜帛。少府供張、諫大夫持節與謁者二人使護喪事、博士護行禮。太后亦遣中謁者持節視喪。公卿百官會弔送葬。載以乘輿轀輬及副各一乘、羽林孤兒諸生合四百人輓送、車萬餘兩、道路皆舉音以過喪。將作穿復土、可甲卒五百人、起墳如大將軍王鳳制度。謚曰簡烈侯。	巻八一・孔光伝		109
哀帝義陵	董賢			詔將作大匠爲賢起大第北闕下、重殿洞門、木土之功窮極技巧、柱檻衣以綈錦。下至賢家僮僕皆受上賜、及武庫禁兵、上方珍寶。其選物上弟盡在董氏、而乘輿所服乃其副也。及至東園祕器、珠襦玉柙、豫以賜賢、無不備具。又令將作爲賢起冢塋義陵旁、內爲便房、剛柏題湊、外爲徼道、周垣數里、門闕罘罳甚盛。	巻九三・佞幸伝・董賢		110

石という立場から皇帝陵付近に埋葬されたと考えられるが、彼も武帝茂陵ではなく景帝の陽陵に埋葬されている。

茂陵付近に埋葬された者に衛青、霍去病、金日磾、霍光が確認できる（史料85、86、88、89）。衛青、霍去病は武帝の外戚であり、それぞれ大将軍・長平侯、驃騎将軍・冠軍侯である。いずれも武帝期に活躍し、武帝期に死去していることから、茂陵に埋葬されていることは理解しやすい。金日磾、霍光は上官桀と並んで武帝から昭帝の補佐を遺嘱されており、武帝の最末期に霍光は大司馬大将軍、金日磾は車騎将軍となっている。金日磾が死去したのは昭帝即位翌年の始元元（前八六）年九月であり、死の直前に秺侯に封ぜられていた。葬地が茂陵になったのは、彼が死去した時点でおそらく昭帝平陵はまだ着工していなかったということも大きな理由であろうが、[15] 次に述べる霍光と後述する上官桀の例から考えると、予め茂陵に葬地を賜与されていた可能性が高い。霍光の死は地節二（前六八）年であり、元康元（前六五）年の宣帝杜陵着工以前であるから杜陵に埋葬されることはなく、葬地の可能性があるのは茂陵、平陵となるが、武帝の最晩年に昭帝輔翼を命じられていることと、茂陵に陪葬された衛青、霍去病の一族であることから、茂陵が葬地となったと考えられる。

平陵に埋葬された夏侯勝（史料94）は昭帝・宣帝に仕えている。彼が平陵に埋葬された理由を考えるために、まず本伝から経歴を見ておこう。夏侯勝は昭帝期に博士から光禄大夫となり、宣帝即位後は太后上官氏（昭帝皇后）に『尚書』を授け、その後、長信少府となるが、本始二（前七二）年には武帝を誹謗したかどで下獄し、同四年に大赦により諫大夫給侍中に、その後、長信少府に復帰したのち太子太傅にいたり九〇歳で死去している。死去にあたり、「冢塋を賜り、平陵に葬られ」、「太后、錢二百萬を賜い、勝が爲に素服すること五日、以て師傅の恩に報ゆ」とある。第一節で検討したように、武帝期以降、通常、二千石の官は仕える皇帝に随って新たな陵邑に居を移すことになっていることから、秩二千石の官である長信少府や太子太傅であった夏侯勝も平陵から杜陵に移住していたはずである。

この点を明らかにするには、杜陵邑への徙民と夏侯勝の卒年の前後関係を確認しなければならない。なぜなら、彼が生きた武帝末から宣帝期にかけては、昭帝の夭逝や霍氏の専横などのため、皇帝陵や陵邑の着工時期に遅れが見られるからであり、宣帝杜陵の着工も即位後一〇年を経た元康元（前六五）年になってからである。したがって夏侯勝の卒年が杜陵着工の以前か以後かで、埋葬地の設定が変わる可能性がある。残念ながら夏侯勝の卒年は不明であるが、丙吉伝によると丙吉を博陽侯に封じる際に、宣帝が「太子太傅夏侯勝」に下問していることから、丙吉封侯の元康三（前六三）年には存命していたことは確かである。夏侯勝が官で死去しているため、元康三年以降の太子太傅を調べると、おおよその見当をつけることができる。しかし『漢書』百官表では五鳳二（前五六）年に太子太傅黄覇が御史大夫に転じる記事がでるまでは誰がこのポストについたか分からない。試みに黄覇の履歴を本伝によってみると、夏侯勝とともに下獄し、本始四年に赦された後、三年間揚州刺史となり、のち八年間は潁川太守を務め、その治績を帝に褒賞された後「数月にして」太子太傅となったとある。宣帝紀によれば潁川太守黄覇を褒賞したのが神爵四（前五八）年四月であるから、同年中に太子太傅に転じたと考えられよう。したがって、夏侯勝の卒年を前六三～五八年の間とすることができるのである。夏侯勝の卒年がおおよそ絞り込めたことにより、彼の死が、宣帝杜陵の着工と陵邑への徙民開始の年である元康元（前六五）年よりも数年後だということが明らかとなる。原則に随えば彼は杜陵に遷り、杜陵に埋葬されるはずなのである。それにも関わらず彼が平陵に葬られた理由を考えてみる必要があろう。彼が二千石になったのは宣帝初年の長信少府からであり、この時点で宣帝杜陵の陵邑はなく、昭帝の平陵に第宅をあてがわれたと思われる。当時、彼の官が長信少府という皇太后と最も密接にかかわる役職であること、さらにそれ以前に彼が上官氏に『尚書』を教授していたことを考えると、この時、すでに彼の葬地は、昭帝が眠り、やがて上官氏も合葬されることになる平陵であることはほぼ決定していたのではないだろうか。彼の死に際して皇太后が銭を賜い、喪に服していることを考えると、夏侯勝は最後に仕えた宣帝ではなく、以前からつながりが強かった上官氏との関係で葬地が決定されたと考えられるのである。これは皇太后と関わった特殊な事例とみなすことができるだろう。

宣帝杜陵に埋葬されたのは張安世、金安上である（史料97、98）。張安世は武、昭、宣帝に仕え、宣帝の信頼が厚く、富平侯、大司馬衛将軍として宮城の兵権を掌握しただけでなく領尚書事として王朝の中枢にいた人物である。金安上は、金日磾の甥であり、宣帝期に霍氏誅滅に功があり、都成侯に封じられ、建章衛尉となっている。彼らの居地は、張安世は杜陵であったことが明記されているが、金安上については不明である。ただ彼が建章衛尉であることを考えると、前節で見たように杜陵徙民の対象であり、杜陵に居していた可能性が高い。したがって、彼らは生前は杜陵に住み、死後も杜陵に葬られたことになる。特に金安上が、一族の金日磾が眠る茂陵ではなく、杜陵に埋葬された事実は、先にみた霍光が茂陵に葬られたことと対照的であり、血縁よりも、皇帝の恩寵を示す陪葬が重視されるようになったことを示す事例と位置づけることができる。なお、宣帝期に丞相となった韋賢が杜陵ではなく平陵に葬られているが（史料96）、老齢により丞相を免んじられたのが地節三（前六七）年であり、杜陵着工の元康元（前六五）年の前であったため、杜陵への移住も行われていなかったことによるものと考えられる。

以上の宣帝杜陵の事例を見れば、生前に二千石以上の官僚が陵邑へ移住させられており、死後はその付近に埋葬されることが原則となっていたと考えられる。本貫ないし居地と葬地との一致は漢代の人々にとって重要なことであるが、徙民により本貫・居地が変更されることで、この問題は形式的には解決されていたのである。さらにその地で、皇帝に近い高官だけが皇帝陵に陪葬される栄誉に浴することになり、その名誉は旧本貫の父祖の墓地と切り離される苦痛を克服するものだったのであろう。

ここまでは宣帝期までの陪葬の様子を見てきたが、元帝期に陵邑が廃止された後、陪葬制度はどのように変化したのであろうか。残された皇帝陵の遺跡を見ても、宣帝杜陵をピークとして元帝以降の帝陵付近の前漢墓の分布数は著しく減少しており、[16]また杜陵まで見られた東司馬門道にそった規則的な陪葬墓の分布は認められなくなる。[17]治世の短かった哀帝、平帝の場合は理解できるとしても、元帝、成帝の場合はやはり陵邑廃止との関連を考慮すべきであろう。この点に留意しつつ、引き続き**表三**によりながら元帝期以降の事例を見ていきたい。

成帝期に丞相となった張禹は、皇太子時代の成帝に論語を教授したことにより光禄大夫となり、後に丞相となった人物であり、成帝の張禹に対する信頼の厚さは外戚王氏の圧力を超えるものであった。この張禹が寿墓をつくろうとした際の記録が残されている（史料103）。これによれば、張禹が平陵肥牛亭部を墓地として欲した理由として、単にその地を好んだだけでなく、成帝の延陵に近かったことを挙げているが、陪葬であることを考えるなら、後者の理由は絶対条件であったはずである。この史料で注目されるのは、皇帝陵の立地が墓地として非常に良好な条件を備えていると考えられていたことが明らかになっていることである。同様のことは先にみた武帝期の李蔡の墓地転売の記事（史料83）からも読み取ることができるが、張禹の事例では、その点がより明瞭となっている。

張禹に代り丞相となった薛宣は、子の況の罪に坐し庶人となって東海郡に戻り死去した。薛宣は宣帝の娘である敬武長公主を妻としており、公主は薛宣失脚後も都に留まっていたが、宣が死ぬと、

主、上書し宣を還し延陵に葬ることを願う。奏して可とす。

とある（史料104）。敬武長公主が、父の宣帝や兄弟の元帝の陵ではなく、甥の成帝の陵域に埋葬されることを希望したのは、夫である薛宣が生前に成帝の丞相であったことが決定的な要因となっているのであろう。

薛宣の後に丞相となった翟方進は成帝から政策を批判され、自殺している。彼の死に対する皇帝の対応が、通例の丞相の葬儀とは異なるものであったことが特記されていることから、『漢旧儀』に記された規定以上の葬儀が行われ

たと思われる（史料108）。埋葬地は明記されていない。

翟方進に代った孔光も、どこに埋葬されたかは不明だが、将作大匠が復土を行い、王鳳の制度に準じて墳丘を造営していることを考えると（史料109）、葬地は長安付近と考えられ、成帝以降の皇帝陵の付近であったのであろう。

以上、元帝以降の丞相の事例を見てきたが、丞相が皇帝陵の付近に墓地を賜り、埋葬される陪葬制度は継続していたと考えることができる。それでは、丞相以外にいかなる人々が陪葬されていたのだろうか。元帝以降、丞相以外で帝陵付近に墓地を賜与されたことが確認できるのは、馮奉世（史料101）と王鳳（史料100）と哀帝期の董賢（史料110）の事例である。

馮奉世は宣帝の時に郎となり、光禄大夫、水衡都尉を歴任する。本伝に「杜陵に移住した」、とあるのはこの宣帝期のことであろう。元帝期に左将軍光禄勲で死去している。彼が居地の杜陵ではなく渭陵に埋葬されたのは、彼の娘が元帝の昭儀となっていたことと関係があると思われる。

王鳳は周知のように、元帝の外戚であり、陽平侯、大司馬大将軍として成帝期の政局を壟断した人物である。外戚、列侯・二千石以上の高官であり、皇帝陵に陪葬される資格は十分に備えている。なお、王鳳の後継となった王音、王商も死後の処遇は王鳳と同じであることから(18)、やはり渭陵に葬られたのであろう。渭陵は王氏の権力の源泉となった元帝皇后王氏が埋葬されるはずの場所であるため、外戚である王氏も渭陵に埋葬されることになったのであろう。

董賢の場合、哀帝が将作大匠に命じ、義陵の旁に董賢の墓を造らせているが、この時点で董賢は列侯ではなく、また官位も駙馬都尉侍中にすぎない。陪葬の資格を持たないものが陪葬された事例は、他に董偃の例があるだけだが（史料80）、董偃の場合は皇帝ではなく館陶公主の意向によるものであった。これに対し董賢の陪葬は、皇帝自らが寵臣を恣意的に陪葬させることを指示したものであり、制度の濫用と弛緩をそこに認めることができる。

以上のように、元帝期以降では、外戚を除いて丞相以外の官僚の陪葬は確認できず、二千石の陪葬が無くなった可能性が考えられる。その原因として、二千石を移住させていた陵邑の廃止を挙げることができる。

三、陪葬以外に皇帝陵付近に埋葬された事例

これまで見てきた例はいずれも朝廷の中枢にいた人々であるが、それ以外の人々で皇帝陵の付近に埋葬されたものも少なくない。

まずは陪葬者の家族が挙げられる。先にみた馮奉世の場合、『後漢書』馮衍伝によれば、馮奉世の墓地が後に哀帝義陵の陵域に取り込まれたため、馮氏が新たな墓地を探さざるをえなかったとある（史料101）。このことから、皇帝陵付近に墓地を賜った場合、当人だけでなく、その一族の墓地として相続されていったと考えられる。これは近年、調査が進んでいる陽陵陪葬墓区の調査成果とも合致する。陽陵では皇帝陵から東に伸びる司馬道に面した最も目立つ場所に大型墓が並び、その背後にいくつもの小型の墓が配されており、小型墓の時期は後漢中期にまで降るものもある。この成果から、司馬道に面した大墓が陪葬墓、その背後にある墓が陪葬者の子孫のものであり、陪葬墓を中心とした区画が陪葬者一族の塋域となっていたと考えられているが（馬永嬴ら 二〇〇二）、馮奉世の史料と合わせて考えると、妥当な見解であろう。また、先にみた王鳳以下の王氏が渭陵に埋葬されたという推定も、同様の理由からその蓋然性は極めて高いと考えられる。例えば王莽の妻は死後に渭陵に埋葬されているが（史料102）、これはやはり渭陵付近を王氏塋域にしていたことと関係があると見られる。したがって、漢初、遅くとも景帝陽陵以降、漢末にいたるまで、陪葬墓を中心としてそれぞれの一族の塋域が設定されていたことが分かるのである。

この他、見落としてはいけないのが陵邑住民の墓地である。陵邑の住人は一定の資格により徙された人々であるが、

すべての住民に墓地が賜与されるわけではなく、また陪葬でもない。しかし、墓地が陵邑の付近に営まれるために、遺跡としては皇帝陵付近に築かれた墓ということになり、陪葬墓との区別が困難になる可能性がある。『漢書』を見ても、明らかに墓地を賜与される資格がないにも関わらず、皇帝陵付近に埋葬されたものが認められる。有名なのは巻九二・游俠伝の原渉の父の墓である（史料92）。原渉は茂陵の人とあるが、これは祖父が武帝の時に「豪桀」であったため、陽翟から茂陵に徙されたことによる（史料42）。父は哀帝の時に南陽太守となり、南陽で死去したのち、茂陵に埋葬され、原渉により非常に豪奢な墓が造営されたという。原渉の祖父が茂陵に陪葬される理由はないことから、原氏塋域は陪葬墓地ではなく、陵邑住民の墓地にあったはずである。その地が移住後の原氏塋域となり、原渉の父の墓も営まれたのである。また、巻六七・朱雲伝によると、朱雲は平陵東郭外に埋葬されていたことが分かる（史料95）。以上のように皇帝陵に陵邑が伴う場合、陵邑の住人の墓が陪葬墓に近接して営まれた可能性が考えられるのである。ただし、残された遺構としてはともかく、漢代にあっては、陵邑住民の墓地と陪葬墓とは明瞭に区別されていたのであろう。

この点を知る手がかりとなるのが武帝～宣帝期にかけて活躍した張湯、張安世の父子の墓地である。張湯は杜県の出身であるが、武帝に仕えて茂陵に移住したのは先に見たとおりである。彼の官は武帝期に御史大夫にいたるが、朱買臣らに弾劾され自殺させられる。彼の埋葬については、『漢書』巻五九・張湯伝に記されている。

昆弟諸子、厚く湯を葬らんと欲す。湯の母曰く「湯は天子の大臣爲るも、悪言を被りて死す。何ぞ葬を厚くするや」と。載するに牛車を以てし、棺有りて椁無し。

この史料からは彼が質素に埋葬されたことが分かる。本来なら、張湯は茂陵に移住し、武帝の寵臣として活躍していたため、茂陵に陪葬されるはずであった。彼がどこに埋葬されたのかは不明だが、二〇〇二年に西安市長安区郭杜鎮で発見された前漢中期の墓（M二〇）から「張湯、張君信印」「張湯、臣湯」という印文のある二点の銅印が出土し、注目されている。墓はスロープ状の墓道を持つ簡素な土洞墓で、墓の規模と年代は張湯伝の記載と矛盾せず、報告者は御史大夫だった張湯の墓の可能性が高いとする〔西安市文物保護考古所 二〇〇四〕。この漢墓は杜県の後身である杜陵邑遺跡の南西方向にあり、陵県の住民の墓と考えることが可能である。報告者は張湯が死後に出身地の杜県の張氏塋域に帰葬された、と述べるのみだが、茂陵に移住していた張湯が茂陵に陪葬されなかった理由を考えてみる必要がある。張湯が本貫である杜県を離れ茂陵に移住したのは、武帝朝に二千石の高官となったためであり、居地も陪葬として与えられる葬地も湯と武帝との君臣関係によるものである。皇帝から死を賜ったことにより、この関係が断ち切られた以上、湯と茂陵に繋ぐものは無くなり、故地である杜県の張氏塋域に埋葬されたのだろう。

一方、張湯の子の張安世は、宣帝から葬地を「杜東」に賜っている。張安世は宣帝擁立に動き、宣帝朝では大司馬衛将軍に至っている。安世は第一節に見たように、仕えた皇帝に従い、杜県から茂陵邑、平陵邑を経て杜陵邑（すなわち杜県）へと三遷して故地に戻ってきたことが分かる。「杜東」に葬地を賜ったことは、とりも直さず宣帝杜陵への陪葬であるが、杜陵の陪葬墓群は杜陵邑の東方から北東方向に広がっており、その場所は、張湯が葬られた累代の張氏塋域とは東西に大きく隔たる。張安世は故地に戻りながら、張氏塋域に埋葬されず、別に墓地を与えられたことになるのである。このことから、陵邑住人の墓地と陪葬墓とが異なる場所に営まれていたことが明らかとなる(19)。

また、陪葬墓地内にありながら、陪葬と呼べない事例もある。上官桀・安父子の墓がその例となる。上官桀は武帝末に霍光とともに昭帝輔佐を命じられ、昭帝即位後は外戚として桑楽侯、車騎将軍となっている。後、霍光と反目し、昭帝の異母兄燕王旦と結んで霍光打倒をはかるが、事が露見し、族滅された。上官安の娘である上官皇后は年少で謀議にかかわりがなかったことと、霍光の外孫であったことから廃されることはなかった。さて、上官皇后の母親、す

なわち霍光の娘は、この事件の前にすでに死去していたが、その埋葬地に関して、巻九七・外戚伝・上官皇后伝には、

茂陵の郭の東に葬り、追尊して敬夫人と曰い、園邑二百家、長丞を置き奉守すること法の如くす。

とある（史料90）。茂陵邑は武帝陵の東方、霍去病墓の東に広がっている（陝西省考古研究院・咸陽市文物考古研究所・茂陵博物館 二〇一二）。陵邑の東にも陪葬墓が確認されており、それらが敬夫人の墓の候補となろう。すでに見てきたように、上官桀と並んで武帝から昭帝の輔佐を遺嘱された金日磾や霍光が茂陵に埋葬されていることから、上官桀も茂陵に陪葬されるはずだったのであろう。敬夫人墓は茂陵の陪葬墓群内に位置しており、いずれは夫である上官安が合葬されることになっていたと考えられることから、周辺が上官氏の塋域となっていたと考えられる（劉慶柱・李毓芳一九八七）。上官桀・安父子は誅殺されたにもかかわらず、この塋域に埋葬されたようである（史料93）。上官皇后伝によれば、先の敬夫人の記事に続けて以下のように記す。

皇后自ら私奴婢をして桀、安の冢を守らしむ。

状況から考えて予定されていた上官氏の塋域に埋葬された可能性があるが、当然ながら、陪葬ではなく、あくまで皇后が私人として行ったものだったのであろう。この場合、死去時に墓の工事がある程度進んでいれば、その墓に埋葬されることが可能だったことになる。漢代の喪葬で重要なのは、いかなる葬送儀礼が行われ、埋葬後に墓がどのように維持されていたかということだということは本書第一篇第四章で指摘しているが、上官父子の場合は墓地以外の葬送、守墓のいずれの点でも、陪葬という皇帝の恩典とは無関係なものとなったのである。

第三節　陵邑、陪葬両制度の変遷からみた政治的建造物としての皇帝陵

以上、前漢の陵邑制度と陪葬制度について、その変遷を中心に見てきた。本節では、両制度の変遷がどこまで明らかにできたのかをまとめ、さらにこの二つの制度がどのように関わっていたかを考察していきたい。

陵邑制度は前漢初期から元帝による廃止まで継続する。その役割は地理志に略述されているように、一義的には皇帝陵に奉仕するためであるが、実質的には首都圏強化を図るためのものである。しかし、徙民先がなぜ皇帝陵近辺に造られる陵邑である必要があったのかは必ずしも明確ではない。この点を考える上で興味深いのは、漢初期の高帝長陵と恵帝安陵の陵邑がいずれも陵園に接して北側に設けられていることである[20]。漢初の徙民は旧六国の貴族が中心となっていたが、彼らが住む都市に隣接して築かれる巨大な陵墓の姿は直接的に皇帝権力の大きさを具現化したものであった。それは皇帝の埋葬後、山のように巨大な墳丘が築かれることでさらに威圧的なものとなり、王朝が続く限りその姿は半永久的に維持され、陵邑住民は、常にその姿を仰ぎ見ることになる。漢初に皇帝陵の間近に陵邑が設けられたのはこうした視覚的な効果を強く意識した結果であろう。以後の陵邑の位置は、陵園と接することはなくなっていくが、皇帝陵付近に設けられることは変わらない。

陵邑への徙民対象の変遷を見ると、初期には功臣や旧六国の貴族だったが、やがて一定の資産を持つものと豪族へと変化し、最後に二千石の高官が加えられるようになる。二千石の高官の陵邑への遷徙は陽陵に萌芽が認められ、確立するのは武帝期である。また、武帝期以降、二千石の官僚が新帝の即位に伴い新たな陵邑に徙されることにより、君臣関係の更新が、居地の移動を通じて確認されたと考えられることは注目しておきたい。

陪葬制度について、前漢に特徴的なのは臣下の陪葬を行っていることであり、これは秦にはなかった制度である。それが創始された理由の一つは、皇帝以下、開国の功臣の多くが関東の出身者であり、都の長安が置かれた関中と何の関係もない人々だったということにある。政権の中枢を担うことになった彼らを、異郷の地である長安に繋ぎとめるためには、都城の周辺に、故郷に代る新たな墓地を設ける必要があったのである。新たに造られた陵邑の住民も皇帝陵の付近に埋葬されるが、功臣は陪葬されることで、皇帝陵にさらに近い場所に埋葬されたのである。また、皇帝陵は当時望みうる最高の墓地を占有しており、それに近接する陪葬墓も墓地としては、誰もが欲する場所であった。そのため、その一部を賜与されることは、陪葬者からすれば皇帝の恩恵となり、陪葬が君臣の繋がりを強める役割を担うことができたのである。そうした状況が陪葬墓地の付加価値を高め、その結果、李蔡による墓地の転売、張禹の平陵の土地の要求、哀帝の義陵建設にあたっての渭陵陪葬の馮氏の墓地の義陵への取り込みなどの事案が発生したのである。この陪葬墓のもつ墓地としての立地の好条件と、皇帝に死後も仕えるという栄誉こそが徙民以前のかつての本貫にある父祖の墓地と切り離される苦痛を補い、さらにはそれを克服するものだったのである。陪葬は一代で終わるが、その地は一族の新たな塋域となるため、墓地を賜与された臣下の一族は子々孫々にわたり皇帝との親密な関係を意識することになるのである。

陪葬制度の変遷を見ると、いくつかの画期を認めることができる。最初の画期は武帝茂陵である。武帝期以前の陪葬墓の被葬者を見ると、生前仕えた皇帝と陪葬された陵の皇帝とが必ずしも一致しない。その例は武帝期に丞相となった李蔡、あるいは衛尉となった蘇建であり、いずれも景帝陽陵に埋葬されている。ところが武帝期以後はこうした事例は少なくなり、夏侯勝のような例外はあるが、原則として仕えた皇帝の陵に陪葬される。このことは、陪葬が、武帝の長い治世の中で、皇室の劉氏ではなく、現在の皇帝のみへの求心力を高めるために利用されるようになったことを意味すると考えられる。その制度化を試みたのが、未完に終わった成帝の昌陵である。そこでは「丞相、御史、将軍、列侯、公主、中二千石」に宅地とともに冢地までも賜与されている。中二千石以上の高官が仕える皇帝の陵墓の陵邑に住み、死後もその地に埋葬されることが明確にされたのであり、ここに、官僚が現皇帝とあらゆる局面で結びつき、それが死後も固定され持続することが制度として確立したのである。しかし、昌陵は完成することはなく、昌陵邑に徙された人々も故地に還され、実現には至らなかった。ただ、成帝が目指したものは、すでに見たように宣帝の杜陵でかなりの程度実現されており、杜陵において陵邑と陪葬制度の完成形を認めることができよう。この両制度を通じて、宣帝杜陵は単に皇帝の埋葬地というだけでなく、皇帝に仕える官僚が住み、埋葬される場となり、皇帝と官僚との関係を可視的に示し、その紐帯を固定、強化する建造物となったのである。

陪葬制度の次の画期が元帝期であり、それは陵邑の廃止により生じたものである。元帝は、陵邑の廃止の理由として、徙民対象者が本貫から切り離されることの非道を訴えているが、一方で父祖の塋域と切り離す陪葬制度は存続しており、明らかな矛盾が認められる。この点について考察するために、再度、宣帝期までの状況をまとめておきたい。すでに宣帝期までには、官僚にとっては、自らが仕える皇帝の陵墓に陪葬されることが皇帝の恩寵を具体的に示す栄典であるという認識が出来ていたことに加え、陪葬墓の立地が、当時の人々が墓地として望む最高の地であるという実際的な価値が付加されていた。以上の二点によって、父祖の地から切り離される精神的な苦痛は和らげられていた。ただし、そうした認識が生じるためには、官僚の陵邑への徙民が制度として確立し、陵邑が官僚の新たな本貫ないし居地となっている必要がある。なぜなら、本貫地に埋葬されるのが漢代の人には原則であり、陵邑に近接した皇帝陵に陪葬されることは、本貫地ないし居地と葬地との一致となり、大きな抵抗はなくなるからである。その事を示す具体例が一族の眠る茂陵ではなく杜陵に埋葬された金安上であり、また付近に父祖の墓がありながら杜陵に陪葬された張安世の事例である。この二例は血縁よりも君臣関係が重視されたものと捉えることができよう。したがって、宣帝期までは陪葬の栄誉に浴することが、父祖の塋域に埋葬されることよりもはるかに魅力があり、また、本貫ないし居地がすでに陵邑に移っている以上、それは自然のことだったのである。

しかし、陵邑の廃止は、陵邑住民である二千石が陪葬される前提となっていた本貫・居地と葬地との一致という状況を壊すこととなった。そのため帝陵に陪葬される者は、親属、外戚以外にはわずかに丞相が確認できるだけとなった。また、前漢王朝の儒教化が進むにつれ、皇帝の恩寵による陪葬と、孝を媒介とする父祖の塋域への埋葬という葬地を巡る問題についても、後者の比重が大きなものとなっていった。本来は元帝渭陵に陪葬されるべき丞相の韋玄成が、それを拒み父韋賢の眠る平陵に埋葬されたのはその顕著な例である。つまり、儒教化の進展は直接的には陵邑制度の廃止をもたらしたが、陪葬制度にも間接的に大きな影響を与えたのである。さらに、皇帝の恩寵という陪葬の一側面だけが強まると、皇帝によって恣意的に制度が運用されることにもなる。哀帝期の董賢のように、本来陪葬の資格がないにもかかわらず、殊恩をもって墓が造営されたのはその最たるものである。このように、皇帝と官僚との君臣関係を強める役割を果たした陪葬制度は、存続はしているものの、前漢末にはかなり弛緩していた。その動きは、儒家的な考えを持つようになった官僚側と、恣意的な陪葬を行おうとする皇帝の双方から行われたのである。王朝の中枢に位置する官僚を住・葬の双方の場で皇帝に繋ぎとめる制度は、陵邑制度は消滅し、陪葬制度もそれに伴い形骸化したのである。

おわりに

以上をまとめると次のようになる。陵邑制度と陪葬制度という二つの制度の変遷を見ていくと、武帝期ごろからいずれの制度も二千石の高官を皇帝に繋ぎとめる役割を強めていく。やがて陵邑への官僚の移住、さらには皇帝の代わり毎に新帝の陵邑への移住を伴うようになり、官僚は現皇帝とのつながりを、あらゆる空間と時間で意識せざるをえなくなったのである。陪葬制度は武帝期以降、生前に仕えた皇帝の陵に陪葬されるという流れができ、それが宣帝期に確立する。宣帝期には高官は自ら仕える皇帝の陵墓の付近に住み、死後はその付近に埋葬され、特に恩寵のあったものが墓地としても優れた立地を有する陪葬墓に埋葬されたのである。こうして、陵邑制度と陪葬制度が一連ののとして機能することになり、この制度を通じて皇帝陵は官僚と皇帝との君臣関係を可視的に示す建造物となった。この流れを受け、より完成した姿を見せるはずだったのが成帝の昌陵なのである。前漢皇帝陵の壮大な規模が皇帝権力の強大さを示すということは言をまたないが、その皇帝陵を舞台として、官僚と皇帝が生と死の空間を共有するという陵邑、陪葬の両制度が機能することによって、皇帝陵はより強く政治色を帯びた建造物となったのである。

元帝の儒学への傾斜と儒学の素養をもつ官僚群の出現は、父祖の地と官僚を人為的に切り離す両制度とは鋭く対立するものであった。そのため、非儒学的でかつ経済的にも負担の大きかった陵邑がまず廃止されることになった。しかし、前漢代において儒学は絶対的な地位を確立しておらず、元帝期以降においても儒家的な規範と非儒学的な従来の礼制との間で大きなぶれが認められる。そうした状況の中、陪葬制度は継続されるが、官僚の新たな本貫・居地となる陵邑の存在は、陪葬制度にとっては制度成立の前提となっていたため、陵邑の廃止は陪葬制度を大きく変容させることになった。その結果、元帝以降、二千石の陪葬はなくなり、外戚と皇族のほかは僅かに丞相が認められるだけとなる。陪葬制度は形骸化し、皇帝の恣意による墓地の賜与、あるいは官僚側からの陪葬の拒否という事態も現れた。陵邑廃止による陪葬制度の形骸化は、可視的、直接的に君臣の繋がりを示していた従来の前漢の制度の終焉を意味したのである。

なお付言すると、陵邑、陪葬の両制度が最も完成した宣帝期には、葬送関係で注目すべき変化がもう一点ある。それは葬具の賜与である。葬送を通じての君臣関係を強化することは、墓地の賜与だけでなく、葬具の賜与を通じても行われたのだが、象徴的なのは東園秘器の賜与の史料上での初出が霍光であり（史料89）[21]、陪葬制度の確立とほぼ同時期であることである。この点からも、宣帝期には葬送を介して皇帝と官僚との繋がりを強めていたことが確認できるのである。

注

（1）前漢皇帝陵の調査成果は〔劉慶柱・李毓芳　一九八七〕にまとめられているが、その後、各陵の調査が大きく進展しているため、近年公表された調査成果を列挙しておく。皇帝陵のボーリング調査結果を報告したものに〔咸陽市文物考古研究所編　二〇一〇〕があり、恵帝安陵は〔陝西省考古研究所　二〇〇二〕、景帝陽陵は〔馬永嬴・王保平　二〇〇一〕〔漢陽陵考古陳列館　二〇〇四〕、武帝茂陵は〔陝西省考古研究院・咸陽市文物考古研究所・茂陵博物館　二〇一一〕、昭帝平陵は〔咸陽市文物考古研究所　二〇〇七ａ〕、宣帝杜陵は〔中国社会科学院考古研究所　一九九三〕、元帝渭陵は〔陝西省考古研究院・咸陽市文物考古研究所　二〇一三〕、成帝延陵は〔劉衛鵬・岳起　二〇〇九〕、哀帝義陵は〔陝西省考古研究院・咸陽市文物考古研究所　二〇一二〕、平帝康陵は〔陝西省考古研究院・咸陽市文物考古研究所　二〇一四〕の報文がある。

（2）前漢皇帝陵に対する総合的な研究としては〔劉慶柱・李毓芳　一九八七〕、および〔閻崇東　二〇〇七〕〔焦南峰　二〇〇六・二〇一三〕がある。

（3）代表的な研究に〔鎌田重雄　一九六二〕がある。ほかにも帝陵にかかわる論考は数多いが、ほとんどが後述する陵邑への徙民に関するものである。

（4）前漢皇帝陵の比定については、〔杜葆仁　一九八〇〕参照。前掲の〔劉慶柱・李毓芳　一九八七〕〔閻崇東　二〇〇七〕もこの比定に従っている。前漢皇帝陵の比定をめぐる混乱については〔鶴間和幸　一九八七〕参照。また〔王建新　二〇〇三〕は元帝渭陵以降の四陵について新たな比定を行なっているが、近年の調査成果をふまえると〔劉衛鵬・岳起　二〇〇八〕、従来の比定で問題はないと思われる。

（5）秦の陵邑については、〔袁仲一 二〇〇二〕参照。
（6）前漢の陵邑については徙民を中心に皇帝権力強化との関わりで論じられるものが多い。主な研究には、〔宇都宮清吉 一九五五〕〔鎌田重雄 一九六二〕〔藤川正敏 一九八五〕〔好並隆司 一九七八〕〔鶴間和幸 一九八〇〕〔岡田功 一九七八〕などがある。鶴間氏以外の研究が徙民の対象を主に分析しているのに対し、鶴間氏は徙民される側の豪族を中心に論じており、視座は異なっているが、皇帝権力の強化との関連で徙民を捉える点で一致する。
（7）『漢書』巻四〇・張良伝の、高祖が都を雒陽にするか長安にするかを群臣に諮った際の以下の記載が当時の人々の感情を伝えている。

劉敬說上都關中、上疑之。左右大臣皆山東人、多勸上都雒陽。

（8）漢代官吏の長安での勤務形態および休暇については〔大庭脩 一九八一〕を参照。
（9）これまで確認されている前漢陪葬墓の数は以下のとおりである。なお典拠を記さないものは、注（1）所掲の報文による。長陵：百以上〔石興邦ら 一九八四〕、安陵：一二基〔劉慶柱・李毓芳 一九八七〕、覇陵：不明、陽陵：墳丘のあったもの三五基、中・小型墓数千〔馬永嬴ら 二〇〇一〕、茂陵：一一三基、平陵：七二基？、杜陵：一〇七基、渭陵：三二基、延陵：一八基、義陵：一六基。以上の数値は墳丘の現存する墓、および付近の聞き取り調査などでかつて存在した墓を数えたものである。陽陵が突出して多いのは、陪葬墓区が全面的にボーリング調査された結果である。この数値は今後変わる可能性があるが、大型の漢墓の分布を知るうえでのおおよその目安となる。
（10）『漢旧儀』の「餘地爲西園后陵」は「西園を后陵と爲す」と解釈した。実際の前漢の陵墓を検討すると、皇帝陵の東側に皇后陵を造営する事例が多いが、皇后陵を西に置いている事例として昭帝平陵〔咸陽市文物考古研究所 二〇〇七a〕、元帝渭陵〔陝西省考古研究院・咸陽市文物考古研究所 二〇一三〕があり、武帝茂陵は皇后陵ではないが、李夫人墓とされる大冢が西にあり〔陝西省考古研究院・咸陽市文物考古研究所・茂陵博物館 二〇一一〕、西側に皇后陵を置くのは決して例外とは言えないようである。
（11）始皇帝陵は墓室を内外二重の陵園で囲んでいるが、陵園内で発見された陪葬墓は後宮のものなどごく親しい人物に限られると考えられる〔袁仲一　二〇〇二〕。

（12）〔劉慶柱・李毓芳　一九八七〕では陵園の四方の門を司馬門としながらも、この史料をもとに、さらに広範囲を象徴的に区画する施設が司馬門であったと考えている。

（13）前漢諸侯王墓については本書第一篇第三章参照。

（14）漢代の夫婦合葬については〔楊樹達　一九三三〕や〔李如森　一九九五〕を参照。

（15）昭帝平陵の着工の時期は『漢書』に見られない。昭帝即位直後には生母である趙氏のための雲陵造営が始まり、即位早々に平陵造営が始まった可能性は低いと思われる。

（16）注（9）参照。

（17）〔劉慶柱・李毓芳　一九八七〕及び注（1）各文献所掲の各陵の平面図を参照。

（18）『漢書』巻九八・元后伝参照。

（19）近年の調査で「西安市南郊鳳棲原」で大規模な列侯級の家族墓群が見つかり、出土遺物に「衛将長史」封泥があることから、張安世とその家族墓地の可能性が指摘されている〔張仲立・丁岩・朱艶玲　二〇一一〕。公開されている情報では、墓地の位置は長安区韋曲鎮の東原であり、宣帝杜陵陪葬墓群から西にかなり外れ、張湯墓とされるM二〇とは、同一の墓地内ではないが、比較的近いものと思われる。詳細な検討は調査報告の刊行を待ちたいが、この前漢墓群が張安世の墓だとすれば、皇帝から葬地を賜っても、杜陵の陪葬域とは異なる場所であり、「杜東」の指す範囲も再度検討が必要であろう。ただ、韋曲鎮の西方に位置する張湯墓M二〇とはやや距離があること、家族墓の周囲は壕によって明確に区画されていることから、杜県居民の墓とは隔絶したものであったとは言える。

（20）長陵邑については〔劉慶柱・李毓芳　一九八七〕。安陵邑は調査が進展し、安陵陵園と接して築かれていることが確認された。〔陝西省考古研究所　二〇〇二〕、および〔孫鉄山　二〇〇二〕参照。

（21）東園温明もしくは秘器とは、霍光伝の注に引く服虔の説として「東園處此器、形如方漆桶、開一面、漆畫之、以鏡置其中、以懸屍上、大斂幷蓋之」とある。埋葬に東園温明とよばれるものが下賜されるのは霍光が初見であり、以降、元帝期の孔覇（巻八一・孔光伝）、成帝期の翟方進（巻八四・翟方進伝）、孔光（巻八一・孔光伝）哀帝期の董賢（巻九三・佞幸伝）に見られる。なお、『二年律令』賜律には二千石以下の官が死去した場合の規定が見られる（二八一～二八四簡）ほか、爵位による棺槨の賜与規定がある（二八九簡）が、東園秘器などの特殊な例は記載されていない。『二年律令』については〔張家山漢墓竹簡整理小組編　二〇〇六〕および〔冨谷至編　二〇〇六〕を参照。

【引用・参考文献】

宇都宮清吉　「西漢の首都長安」『漢代社会経済史研究』弘文堂　所収、一九五五

閻崇東　『両漢帝陵』中国青年出版社、二〇〇七

袁仲一　『秦始皇帝陵考古発現与研究』陝西人民出版社、二〇〇二

王建新　「西漢後四陵名位考察」『古代文明』第二巻、二〇〇三

大庭脩　「漢代官吏の勤務と休暇」『秦漢法制史の研究』創文社、一九八一

岡田功　「前漢関中帝陵徙民再考――皇帝権力の一側面」『駿台史学』第四四号、一九七八

鎌田重雄　「漢代の帝陵」『秦漢政治制度の研究』日本学術振興会　所収、一九六二

咸陽市文物考古研究所　「西漢昭帝平陵鑽探調査簡報」『考古与文物』二〇〇七年五期、二〇〇七a
　「漢武帝茂陵鑽探調査簡報」『考古与文物』二〇〇七年六期、二〇〇七b
　『西漢帝陵鑽探調査報告』文物出版社、二〇一〇

漢陽陵考古陳列館　『漢陽陵考古陳列館』文物出版社、二〇〇四

焦南峰　「西漢帝陵考古発掘研究的歴史及収穫」『西部考古』第一輯、二〇〇六
　「西漢帝陵形制要素的分析与推定」『考古与文物』二〇一三年五期、二〇一三

西安市文物保護考古所　「西安市長安区西北政法学院西漢張湯墓発掘簡報」『文物』二〇〇四年六期、二〇〇四

石興邦・馬建熙・孫徳潤　「長陵建制及其有関問題――漢劉邦長陵勘察記存」『考古与文物』一九八四年二期、一九八四

陝西省考古研究所「西漢安陵調査簡報」『考古与文物』二〇〇二年四期、二〇〇二
陝西省考古研究院・咸陽市文物考古研究所「漢哀帝義陵考古調査、勘探簡報」『考古与文物』二〇一二年五期、二〇一二
「漢元帝渭陵考古調査、勘探簡報」『考古』二〇一三年一一期、二〇一三
「漢平帝康陵考古調査、勘探簡報」『文物』二〇一四年六期、二〇一四
陝西省考古研究院・咸陽市文物考古研究所・茂陵博物館「漢武帝茂陵考古調査、勘探簡報」『考古与文物』二〇一一年二期、二〇一一
孫鉄山「関于西漢安陵的新発現」『考古与文物』二〇〇二年四期、二〇〇二
中国社会科学院考古研究所編著『漢杜陵陵園遺址』科学出版社、一九九三
張家山漢墓竹簡整理小組編『張家山漢墓竹簡二四七号墓釈文修訂本』文物出版社、二〇〇六
張仲立・丁岩・朱艶玲「西安南郊鳳棲原西漢家族墓地」『二〇一〇中国重要考古発現』文物出版社、二〇一一
鶴間和幸「漢代皇帝陵・陵邑・成国渠調査記――皇帝陵の位置の比定と形式分類」『茨城大学教養部研究紀要』第一九号、一九八七
「漢代における関東・江淮豪族と関中徙民」『中嶋敏先生古稀記念論集』、一九八〇
杜葆仁「西漢諸陵位置考」『考古与文物』創刊号、一九八〇
冨谷至編『江陵張家山二四七号漢墓出土漢律令の研究』訳注篇、朋友書店、二〇〇六
馬永嬴・王保平『走近漢陽陵』文物出版社、二〇〇一
藤川正敏「陵墓制について」『漢代における礼学の研究　増訂版』風間書房　所収、一九八五
楊樹達『漢代婚喪礼俗考』商務印書館、一九三三
好並隆司「西漢皇帝支配の性格と変遷」『秦漢帝国史研究』未来社　所収、一九七八
李如森『漢代喪葬制度』吉林大学出版社、一九九五
劉衛鵬・岳起「咸陽塬上『秦陵』的発現和確認」『文物』二〇〇八年四期、二〇〇八

「陝西咸陽市西漢成帝延陵調査記」『華夏考古』二〇〇九年一期、二〇〇九
劉慶柱・李毓芳『西漢十一陵』陝西人民出版社、一九八七（邦訳　来村多加史訳 一九九一『前漢皇帝陵の研究』学生社）

【図出典】

図・〔劉慶柱・李毓芳（来村多加史訳）一九九一〕所掲図をトレース

第三章　前漢諸侯王墓の変遷と諸侯王

はじめに

一九九四年に発掘された徐州獅子山楚王墓の巨大な規模は、それまでの前漢諸侯王墓のイメージを描きかえるに十分なものであった。この王墓の発見は、付近で発見されていた獅子山兵馬俑坑の主墓を明らかにしたというだけにとどまらず、強大な力をもった前漢前期の劉氏諸侯王の墓の具体的な姿を提供した。この墓の発掘によって、ようやく前漢を通じての諸侯王墓の変遷を辿ることが可能となったのである。

諸侯王墓に関する先行研究を振り返ってみると、王墓の変遷を述べたもの〔西村俊範 一九七九〕〔兪偉超 一九八〇〕と、棺槨制度〔魯琪 一九七七〕〔単先進 一九八二〕、玉衣〔盧兆蔭 一九八一・一九八九〕、副葬された車馬〔高崇文 一九九二〕など王墓に関連する遺構、遺物から当時の葬制を復原しようとする試みの大きく二つに分けることが出来るが、資料の少ない状況下で研究対象は極めて限定されたものであった。近年では、諸侯王墓の資料を集成し、王墓の総合的な解釈を行おうという意欲的な研究も生まれている〔黄展岳 一九九八〕〔劉振東 一九九四・一九九九〕〔劉尊志 二〇一二〕。しかし、王墓を通じて漢王朝における諸侯王のあり方にまで踏み込むまでには至っておらず、また常に前漢・後漢の諸侯王墓が同時に取り扱われ、共通する「諸侯王墓」という規格を復原しようという傾向が強い。すでに盧兆蔭氏が説くように、玉衣だけに限定しても前漢期には厳密な階層性は見出しがたく〔盧 一九八二〕、儒学の浸透の度合いが大きく異なる前漢と後漢を同時に扱うことには問題が多い。

一方、前漢史の研究において諸侯王、郡国制度は重視された分野であった。王国の官制の実態〔鎌田重雄 一九六二〕〔柳春藩 一九八四〕〔紙屋正和 一九七四〕や版図〔王恢 一九八四〕に関する考証はすでに相当な成果をあげている。前漢における諸侯王自体の研究についても蓄積があるが、そこには一貫して中央からの視点、つまり皇帝の諸侯王国に対する抑圧や諸侯王の反乱のもつ意義が問われたのであり、一言でいえば、諸侯王を皇帝権力と対置させながら中央集権化を阻む要素として考えられるのが常である〔布目潮渢 一九五一・一九五三〕〔藤岡喜久男 一九五四〕〔紙屋正和 一九九〇〕〔浅野哲弘 一九九一・一九九二〕。これとは逆に、前漢を通して諸侯王が存続したことは、皇帝にとっても存在価値があったからであり、そうした諸侯王の積極的な面を評価しようという動きもあるにはあるが、資料上の制約からか、研究はさほど進展していないのが現状である(1)。相次いで発見された諸侯王墓の資料を見ると、単に抑制される一方であった存在と考えるのではなく、後者の視点こそ重要なものとなってくるように思われる。

現在にいたるまで、着実に蓄積されてきた前漢諸侯王墓の諸資料が、前漢史研究に体系的に取り入れられることはなかったが、その必要性を説いたのが尾形勇氏である。氏は、諸侯王墓遺跡を、文献史料を補い、あるいは検証するうえで重要な資料と見なし、遺跡から前漢諸侯王の再評価を行う必要のあることを指摘する〔尾形 一九九八〕。

本章では、この尾形氏の提言に沿いながら、改めて現時点における前漢諸侯王墓の資料を集成し、王墓遺構の変化を辿りながら、それが前漢諸侯王の存在形態の変遷とどのように対応しているかを明らかにしていきたい。

第一節　諸侯王墓の集成

漢代の諸侯王墓の資料についてはすでに劉振東氏、黄展岳氏による集成がある〔劉 一九九四、黄 一九九八〕。また、近年では劉尊志氏による網羅的かつ系統的な研究も出てきている〔劉尊志 二〇一二〕。こうした成果によりつつ、発掘調査された墓以外に周辺調査などにより前漢諸侯王墓であることがほぼ確実なものもふくめて一覧にした(2)（章末**表一**、**図一**）。この表では主に王墓の墓上建築、墳丘、陪葬墓などに着目しながら諸侯王国ごとにとりまとめ、各国内でおよそ造営年代ごとに並べている。なお、諸侯王関連では言及されることの多い南越王の広東象崗山漢墓、滇王の雲南石寨山漢墓はいずれも外藩の王墓であるため、表からは除外した。

表を見て明らかなことは、調査された王墓の多くが、武帝期以後のものであることである。つまり、漢の郡国制度の大きな転換点となった呉楚七国の乱以前の王墓はあまり発掘調査されていない。前期でも、七国の乱以前のものは、徐州楚王山漢墓は遺跡の分布調査が行われた程度であり、臨淄大武漢墓や章丘洛荘漢墓は陪葬坑が発掘されただけである。また趙王墓の可能性がある石家荘小沿村漢墓は、墓主の比定に問題があり、検討が必要である(3)。そのため、七国の乱以前で全貌が把握できるのは長沙象鼻嘴山漢墓と徐州獅子山漢墓だけとなるが、特に獅子山漢墓は劉氏諸侯王の王墓であり、また、墓の主体部が発掘されただけでなく、陪葬墓、陪葬坑も調査が行われており、前漢初期の諸侯王墓を知るうえで極めて貴重な資料である。

それでは、以下に調査事例が多く、王墓の変遷をある程度跡付けることができる楚と梁の王墓を中心に、諸侯王墓を検討していくことにしたい。

第二節　各王墓遺跡の検討

一、楚王墓

楚は劉邦の異母弟である劉交を始封とする。三代戊の時に呉楚七国の乱を起こし、王は自殺するが、王国は廃されることなく、劉交の子の礼を立てて存続する（以下、諸侯王の系図は章末**附図**参照）。宣帝の地節元（前六九）年に王の延寿が反乱を企てて自殺し、王国は一旦廃される。しかし黄龍元（前四九）年に宣帝は皇子の定陶王囂を楚に移封し、その王系が前漢末まで続く。このように、楚は一二代にわたって前漢を通じて存続した王国であり、そのために王墓の遺跡も多い。

前漢楚王墓の遺跡は楚の都城・彭城であった江蘇省徐州市で確認されている。すでに資料の公表されている獅子山、北洞山、亀山M二、東洞山（石橋）の王墓遺跡のほかに、元王劉交墓の可能性が高い楚王山遺跡、発掘資料は未公表ながらも前漢前期の王墓と目される駄籃山漢墓、前漢末の南洞山漢墓、臥牛山漢墓があり、その時期は前漢初年から前漢末におよび、他国よりもはるかに充実した資料を得ることができる。

王墓の位置を図示したのが**図二**である。図を見て明らかなように、楚の王城である彭城は周囲を丘陵に囲まれており、王墓はそうした丘陵を利用して築かれている。

これらの楚王墓の中で最も古いと考えられるのが徐州市の西郊、楚王山北麓に位置する楚王山漢墓である。この遺跡が漢墓であることは表採された瓦片などによって明らかであるが、より有力な根拠となっているのが『水経注』巻二三・獲水条の記載である。

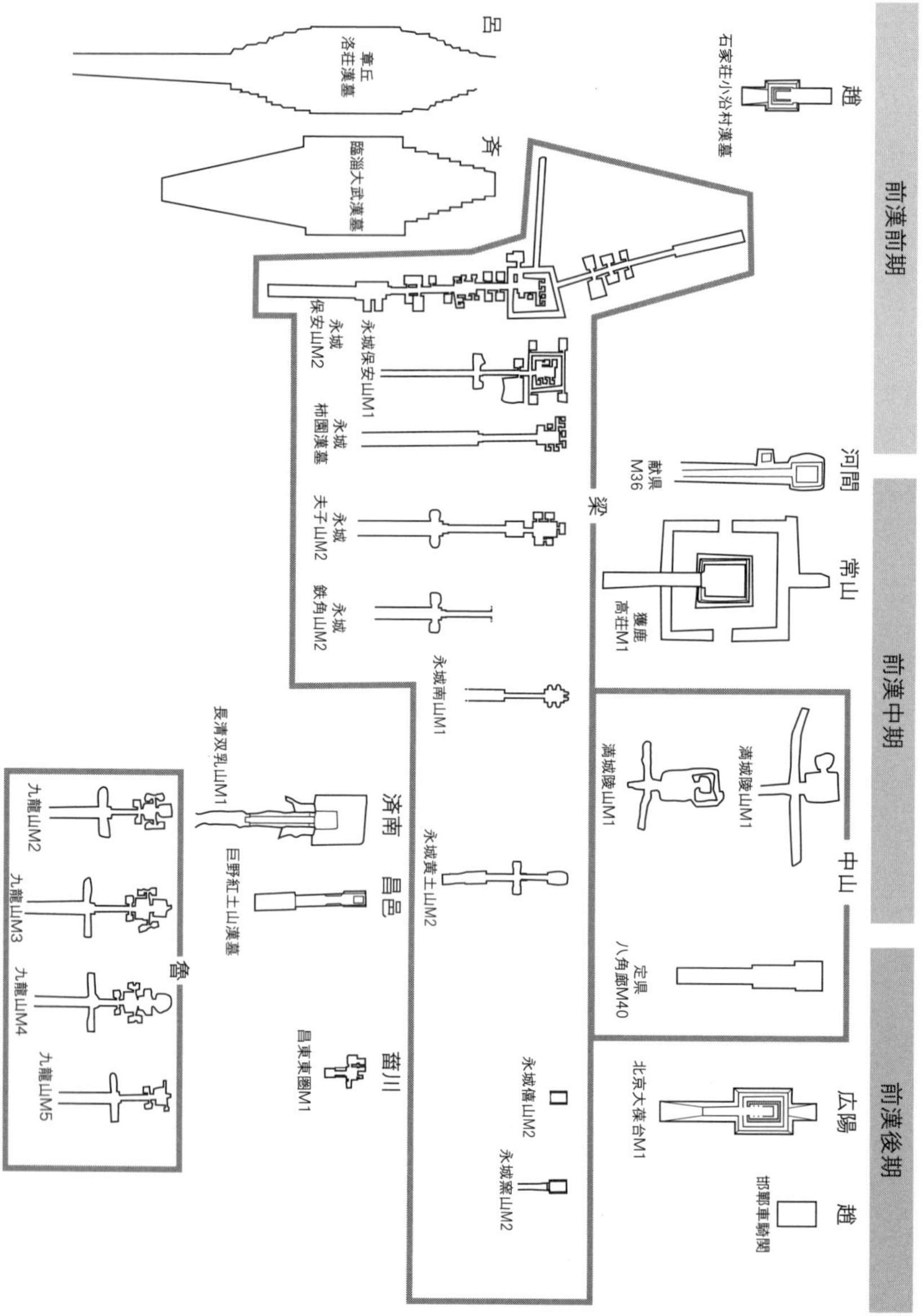
前漢前期
前漢中期
前漢後期
趙
石家荘小沿村漢墓
呂
章丘洛荘漢墓
斉
臨淄大武漢墓
永城保安山M2
永城保安山M1
永城柿園漢墓
永城夫子山M2
永城鉄角山M2
永城南山M1
永城黄土山M2
永城僖山M2
永城窯山M2
梁
河間
献県M36
常山
獲鹿高荘M1
満城陵山M1
満城陵山M1
中山
定県八角廊M40
広陽
北京大葆台M1
趙
邯鄲車騎関
長清双乳山M1
済南
巨野紅土山漢墓
昌邑
菑川
昌楽東圏M1
魯
九龍山M2
九龍山M3
九龍山M4
九龍山M5

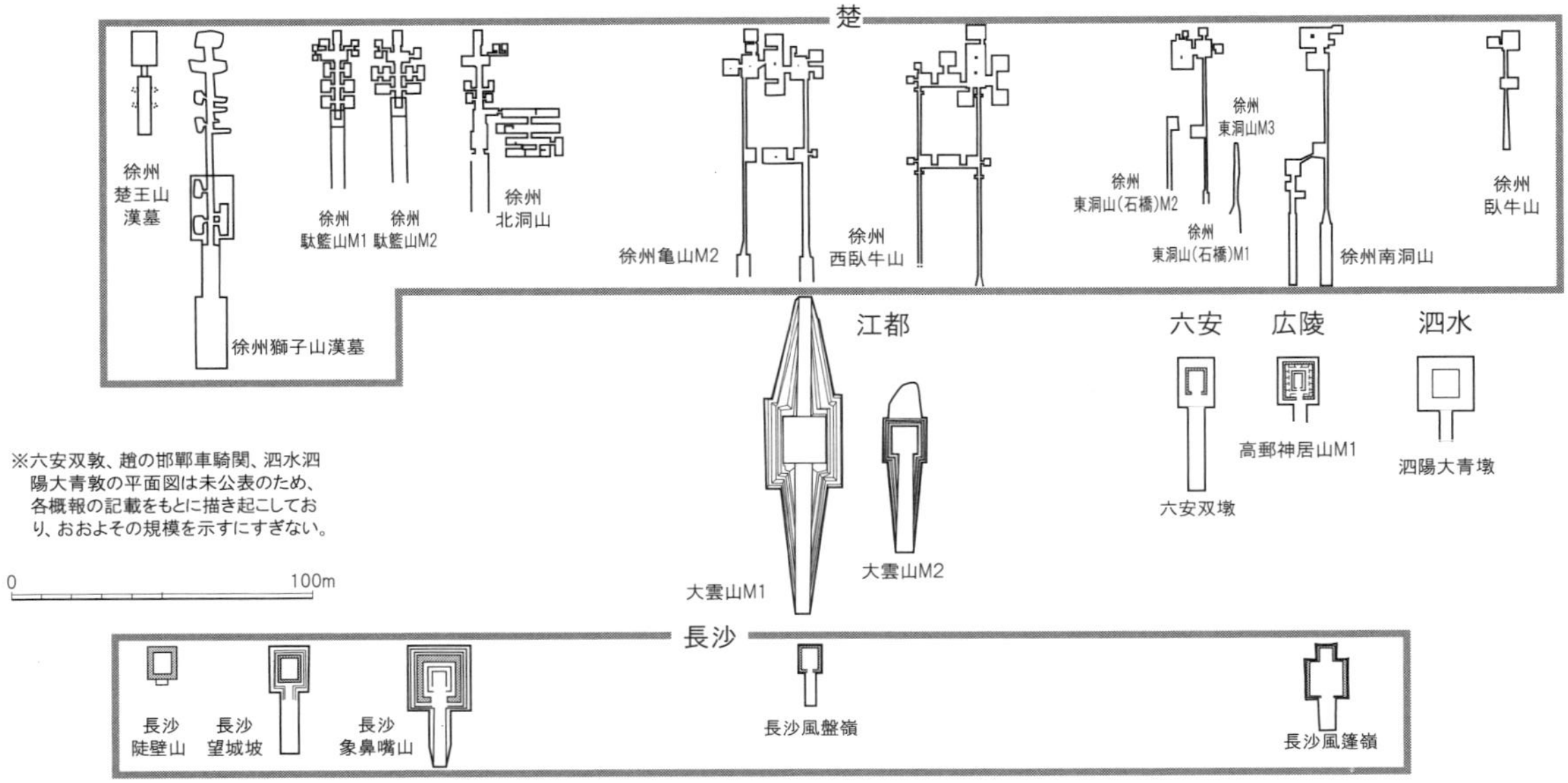

図一　前漢諸侯王墓平面図一覧

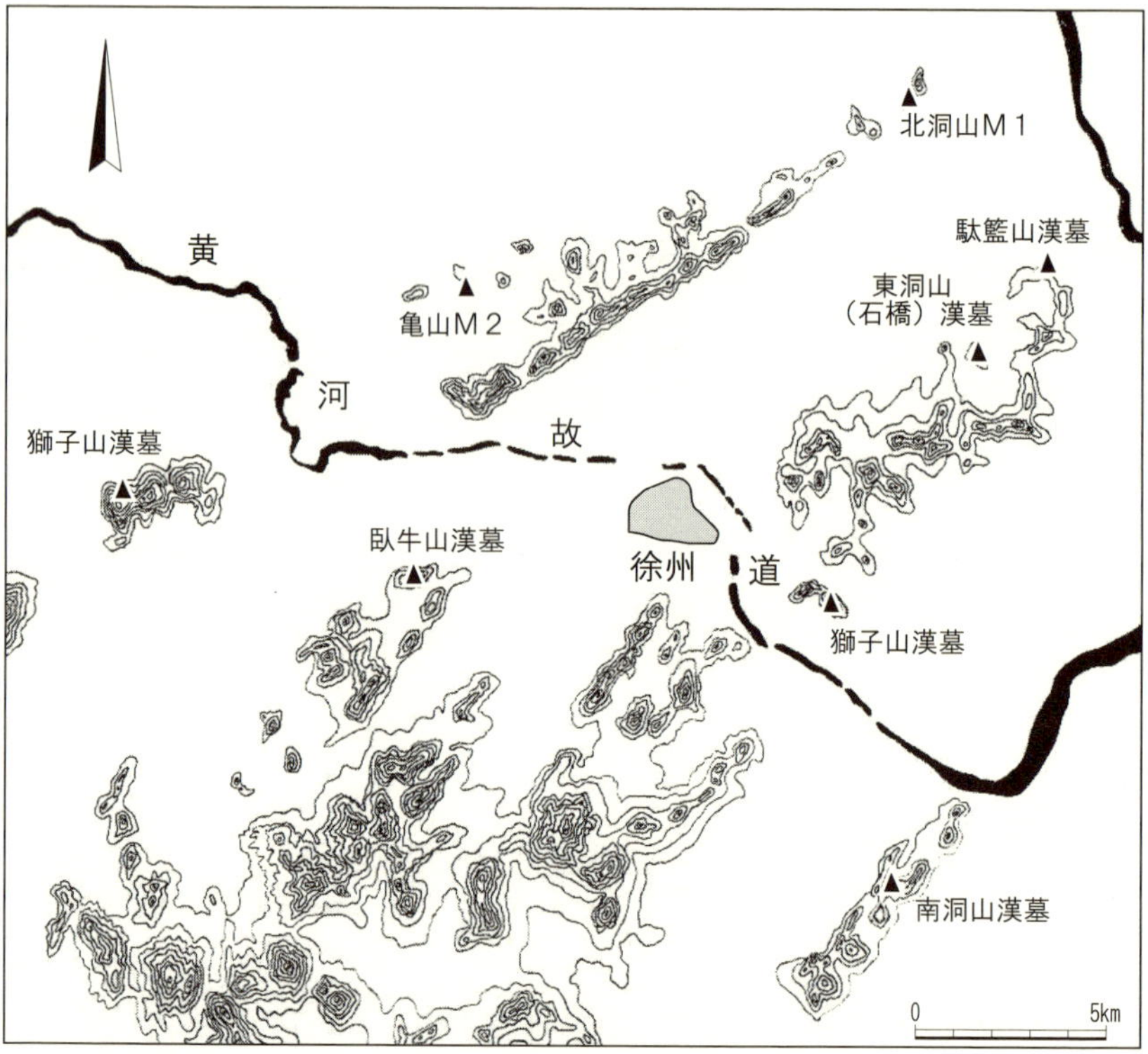

図二　徐州楚王墓分布図

> 獲水又た東して同孝山北を逕。山陰に楚の元王冢有り。上圓下方にして石を累みて之を爲る。高さ十餘丈、廣さ百許歩、十餘墳を經るに、悉く石を結ぶなり。

この史料によると、同孝山すなわち現在の楚王山の北麓に石を積みあげて築かれた「上円下方」の墳丘があり、規模は高さ二七m余、一辺が一六七m余であるという。王墓の周囲には他に一〇基あまりの墳墓が存在していたと記す。楚王山漢墓についてまとまった報告のある〔周学鷹 二〇〇二〕と〔江蘇省徐州博物館・劉照建・梁勇 二〇〇六〕によって遺跡の現状を見てみよう。主墓である一号墓は標高一九五・四mの楚王山主峰の北麓に位置し、高大な墳丘を築き[4]、その下に一墓室を築く。発掘はされていないが、一九九七年の盗掘後に行われた緊急調査での所見では、石質の山を穿った崖洞墓と思われる。一号墓の北側には高さ二〇mの墳丘を持つ大型の陪葬墓がある。一号墓に近接することから周氏は王后墓の可能性を指摘しており、妥当な解釈と思われる。一、二号墓の東には楚王山山麓に三基の墳丘があり、やはり陪葬墓と考えられるが、墳丘の形状が覆斗形で規模も比較的大きいことから、周氏は、墓主が王の家族である可能性が高いことを指摘する。この王墓遺跡は『水経注』の記載や、墓室の構造が後述する獅子山や北洞山漢墓に比べ明らかに古い形態を示すことから元王劉交墓の可能性が高い(5)。この段階で、山体を利用して墓を築くこと、王后とは異穴合葬であること、家族墓と思われる陪葬墓を有することなど、後出する楚王墓に踏襲されるプランが示されている。

獅子山漢墓は徐州の東郊に位置する。墓は標高六二・五mの獅子山に南面して築かれている。周囲の地形は獅子山の北西に銹球山が連なるため、南側に眺望が開けている。墓は獅子山の山塊自体を墓園(6)に取り込んでおり、山を掘り込んで王墓と陪葬墓を造営し、山上には墳丘を築く。また、周辺には瓦の散布地があることから、何らかの建築があったことが推測される。墓域は獅子山だけに限定されていない（図三）。北に接する羊亀山には王后の墓があり、西にある銹球山では宗族が陪葬されたと考えられる漢墓が二基発掘されている。また北方には官僚の陪葬墓群の存在も確認されている〔徐州漢文化風景園林管理処・徐州楚王陵漢兵馬俑博物館　二〇一一〕。さらに王と王后の埋葬された山塊の東西には兵馬俑坑や兵俑坑などの陪葬坑が配されており、壮大なプランを持つ王墓であったことが理解できる。なお墓主については呉楚七国の乱を起こした劉戊とも言われるが、ここでは夷王劉郢客か劉戊を墓主の候補とする報告に従い〔獅子山楚王陵考古発掘隊　一九九八〕、呉楚七国の乱以前に造営された墓であることだけを確認しておき、墓主の問題については本篇第四章で考察を加えることにする。

北洞山漢墓は海抜五四mの岩山を掘削して築かれている。元来は高大な墳丘があったが今は削平されてほとんど残

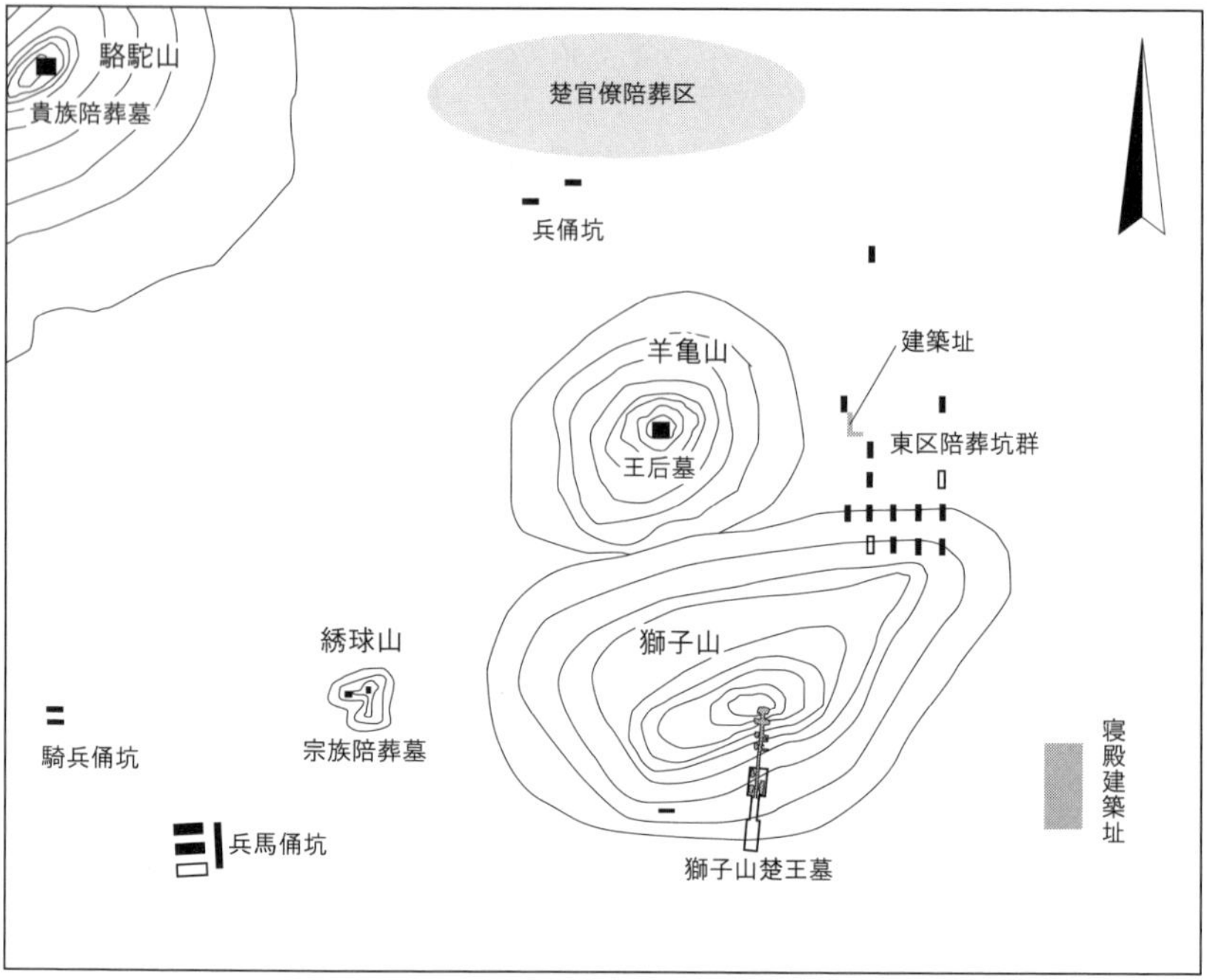

図三　獅子山楚王墓平面概略図

っていない。報告によると、時期についてはやや幅があり、被葬者の候補として夷王郢客、王戊、文王礼、安王道を挙げており、獅子山漢墓よりはやや時代の下る景帝から武帝期のものと考えられる。北洞山の北一〇〇mに位置する後楼山では陪葬墓と思われる小型の漢墓が発掘されている。墓主は玉製の覆面をして埋葬されていたことから王の親族であった可能性が高い。

亀山M二は、「劉注」と刻まれた金印が出土したことから襄王劉注の墓であることが確定している。この墓は標高三～四〇mの岩山である亀山を穿って築かれており、墳丘は未確認である。墓向は東であり、南北にほぼ同規模の墓が二基連なっている。M二の北側には、小型の一号墓が位置している。一号墓は一般の陪葬墓ではなく、王の一族のものと考えられる。

東洞山（石橋）漢墓は宣帝期の王墓遺跡である。墓主については楚王延寿ともいわれるが〔獅子山

楚王陵考古発掘隊 一九九八〕、現在の資料で墓主の比定は困難であり、ここでは前漢後期の王墓であることを確認しておけば十分である。この墓も岩山を穿った崖洞墓で、南北に三墓が並列し、北側の小型のものがM二、南側のものが王墓であるM一であり、さらに南に小型でかつ未完成のM三があり、M二に次ぐ王后墓とされる〔孟強 二〇〇三〕。山頂には墓祀に関わる遺構も確認されている。この墓は先の亀山M二と極めて似通った規模と構造であることが注目される。

墓室の平面プランを見ると、前漢前期の獅子山漢墓が卓越した規模を持ち、続く駄籃山、北洞山漢墓の二基がほぼ同じ規模・形状で、亀山M二以降の諸墓がほぼ同じ規格であるというように、いくつかのグループに分けることができる。特に、北洞山漢墓と亀山漢墓との間には画期を見出すことができる。亀山漢墓以降の各墓は細く長い墓道と、墓道の奥に前室を築き、後室をその側面に配置する平面プランの類似性は明らかである(7)。前漢代を通じて楚王墓の墓室の規模を見ると、段階的に小型化し、亀山漢墓以降は南洞山漢墓まで、ほぼ同じ規模を維持していることが分かる。このことから、宣帝期の楚王統の交替が王墓のプランに直接影響を与えていないことと、武帝期を境に王墓の規格がほぼ固定化するという傾向を認めることができるだろう。

また、陪葬墓を見てみると、官僚の陪葬が認められる獅子山と一族・妃妾の陪葬のみの可能性が高い北洞山、亀山M二に大きく分けることが可能である。

二、梁王墓

現在確認されている梁王墓遺跡は、文帝劉恒の皇子である孝王武を始封とする梁王のものである。孝王武は梁の懐王揖の死をうけて文帝一二（前一六八）年に淮陽から梁に移封され、その領域は、『漢書』巻四七・文三王伝に、天下の膏腴の地に居し、北は泰山を界とし、西は高陽に至るまで、四十餘城、大縣多し。

と記されるように広大で、しかも東方に広がる諸侯王国と西の長安との間に位置する極めて重要な場所を占めていた。孝王は、呉楚七国の乱では梁国の都城睢陽に反乱軍を引き付け、乱の鎮圧に貢献しており、景帝劉啓の同母弟であることもあって景帝朝では破格の待遇をうけていた。そのため、乱鎮圧後、諸侯王国に制約が加えられた中にあって、梁は富強を誇り、その様子は『漢書』文三王伝によると、

是において孝王、東苑を築くこと方三百餘里。睢陽城を廣げること七十里、大いに宮室を治め、復道を爲り、宮自り平臺に連屬すること三十餘里。

であったという。梁の財力も非常に豊かであり、同伝には、

孝王未だ死せざる時、財は鉅萬を以て計え、勝げて數う可からず。乃ち死するに、藏府の黄金を餘すこと尚お四十餘萬斤、他の財物、是に稱う。

と、その様子を述べている。

梁王墓は河南省永城県の芒碭山周辺にある保安山、夫子山、黄土山、僖山などの丘陵上に集中して営まれており、いずれも山頂に墳丘を築いている（**図四**）。なかでも保安山に築かれた二基の大墓は孝王武とその王后李氏の墓とされており、いずれも崖洞墓であり、構造は他に類例がないほど複雑である。墓は東向きで正面には寝園と思われる院落があり（**図五**）、その周囲には墓を維持するための吏員の官舎などがあったと思われる。保安山全体を園墻が囲繞する。墓園の内部にはいくつか陪葬墓が確認されている。主墓の北方には保安山M三〜五と編号された竪穴墓がある。発掘されたM三は、墳丘の高さは五m、墓壙の規模は四×二mと決して大きくはないが、金鏤玉衣が出土しており、被葬者は孝王の妃嬪と考えられている（河南省商丘市文物管理委員会・河南省文物考古研究所・河南省永城市文物管理委員会

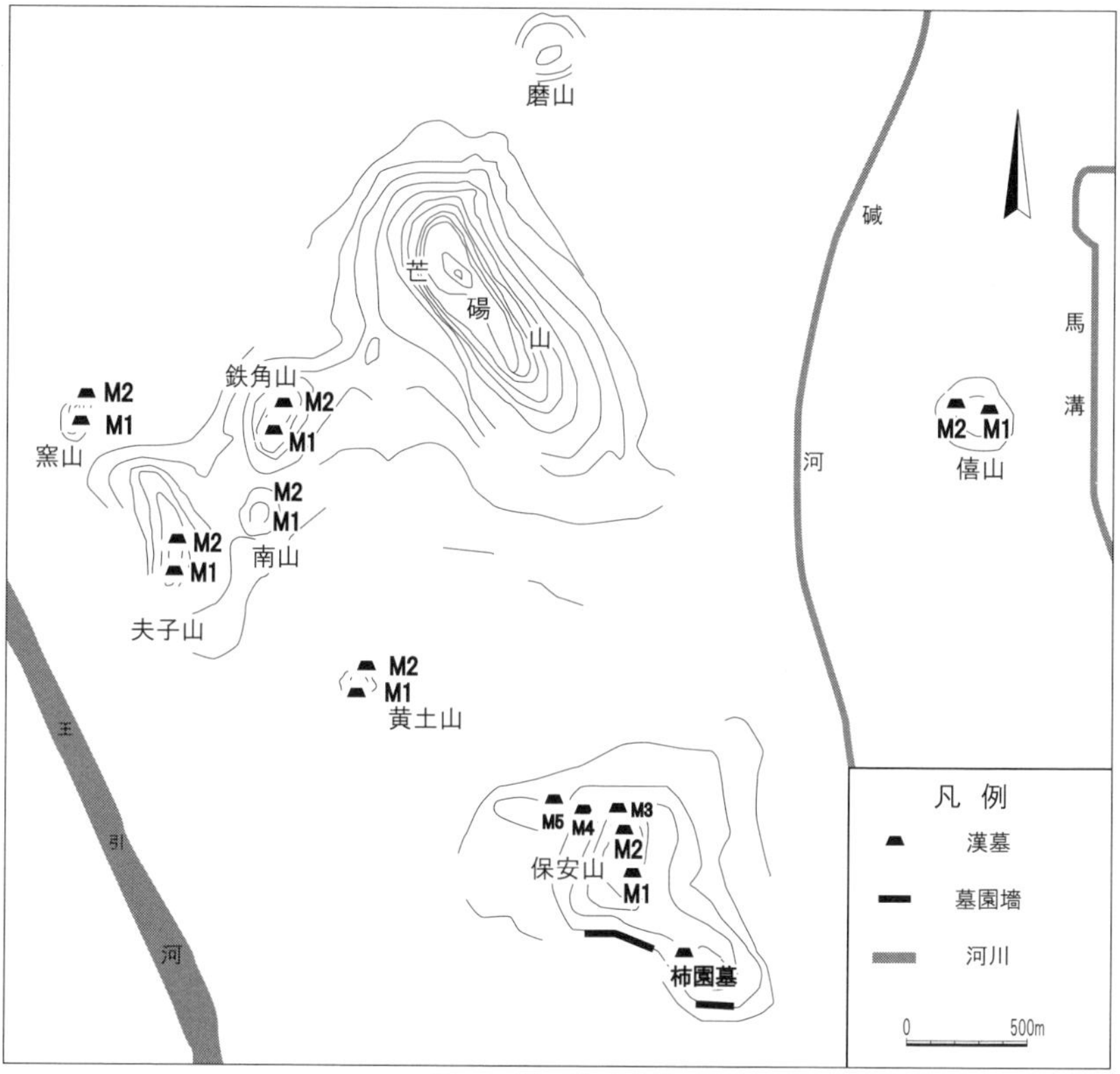

図四　梁王墓分布図

編 二〇〇一〕。M四、M五はそれぞれ高さ一〇mと八mの墳丘を持つ大型の崖洞墓である。未発掘であり、両墓の距離が四八mしかないことから、梁の貴族の夫婦異穴合葬墓と考えられているが〔河南省商丘市文物管理委員会・河南省文物考古研究所・河南省永城市文物管理委員会編 二〇〇一〕、孝王の墓園の中であり、後述の柿園漢墓と同じ立地であることから、M三ともども王の一族か妃嬪と見るべきであろう。もう一カ所は寝園の東側の縦穴土壙墓で、四基が調査されている。墓からは玉衣や玉製品などは発見されておらず、被葬者像に結びつく資料もないため、報告では官吏か妃嬪の可能性を指摘する〔河南省文物考古研究所 一九九六〕。墓園内に位置することから、後者の可能性が

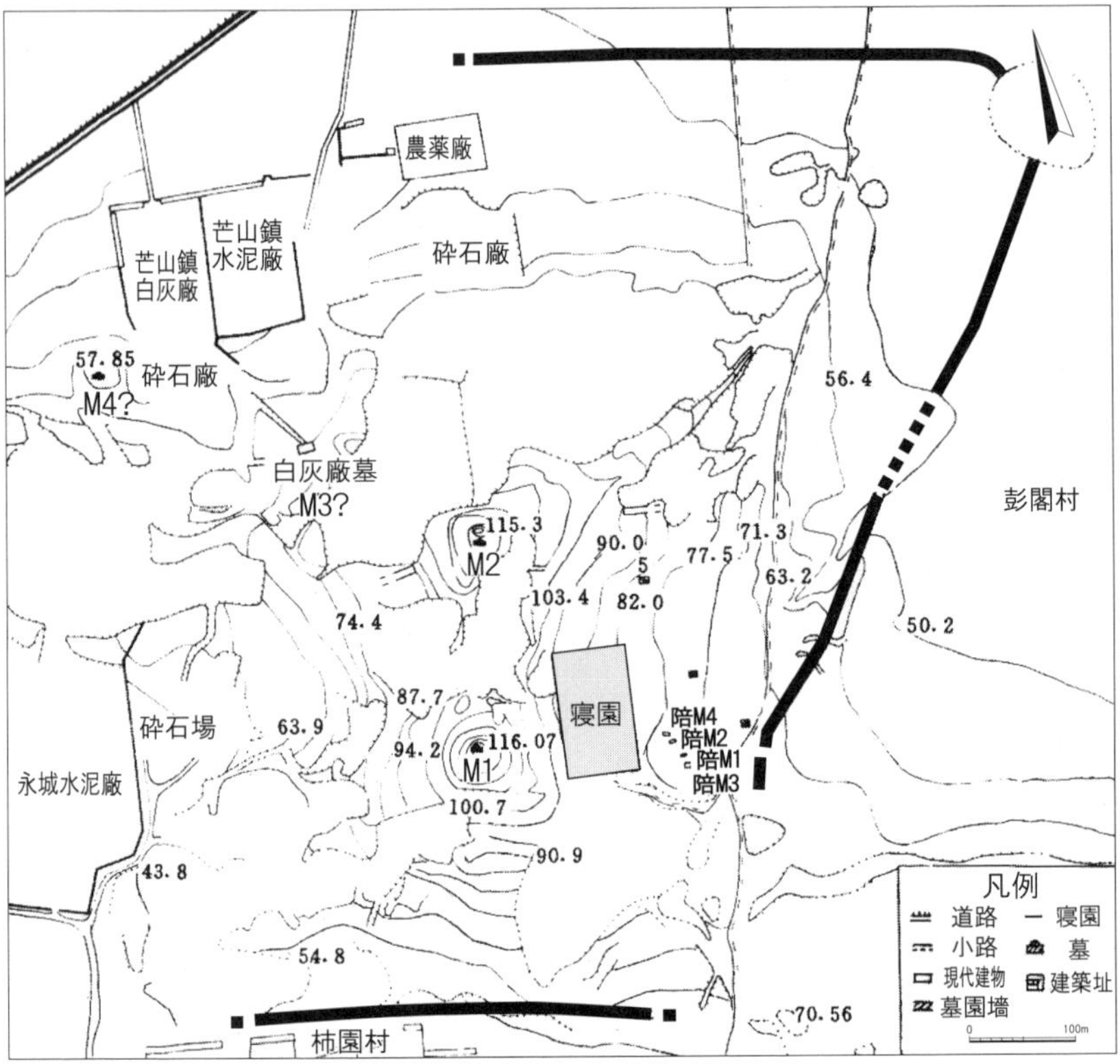

図五　保安山梁王墓園平面図

高いのであろう。

保安山に続く時期の大墓では柿園漢墓が調査されている〔河南省商丘市文物管理委員会など二〇〇一、以下「報告」と略〕。主室は九・五×五・五mの規模であり、主室の規模だけでいうならば保安山の二墓とさしたる違いはない。だが、墓園全体の規模は著しく縮小しており、保安山に寄り添うような小さなものとなっている。この墓の被葬者について、「報告」では孝王の子である恭王買もしくはその王后とするものの、孝王の妃嬪も排除できないとする。梁王墓は、通常、王と王后の墓が並置されるが、柿園ではこの墓が単独で存在していることや、単独丘陵を選地するのではなく保安山の支脈を墓園としているなど、王墓とするにはやや不自然な点がある。一方で保安山の孝王墓園とは別に墓園を造っていることは、孝王墓の大型陪葬墓である保安山M三～五が孝王墓園の内部にある在り様とも異なり、妃嬪が葬られた陪葬墓とするのも困難にしている。墓の規模から考えると、陪葬墓とするよりは王墓級とするほうが妥当であるが、劉瑞氏は墓主を佚名の孝王后とする〔劉瑞 二〇一〇〕。同一墓園の中に王后墓と同規模の大墓が築かれる例は、後述の江都易王墓にも事例があり、王后ではないにしても死後に后を追尊された人物も候補に含め、本章では王墓と見なさないでおく。

柿園墓に続くのが夫子山、鉄角山、南山、黄土山であり、いずれも保安山、柿園と同様の崖洞墓である。夫子山の墓主は「報告」では平王襄の可能性を指摘する。しかし、これを平王墓とすると、後続する王墓が、鉄角山、南山、黄土山の三カ所で確認されているのに対し、墓主の候補となる王が貞王無傷と敬王定国の二人だけとなり、王墓との対応が困難となる。夫子山以下の四カ所の墓の墓主については、恭王買から敬王までの四人の王を候補として考えるべきであろう。これらの王墓は、いずれも王后墓とセットとなり、それぞれ独立丘陵を墓園としており、山頂には墳丘を設け、保安山と同様、王墓としての外見を維持している。ただし、墓園の規模は縮小しており、墓室も保安山が回廊と多くの耳室を持つのに比べれば簡素なものとなっている。これは孝王没後に、梁が五分割されたことに関係しているのであろう。鉄角山は未調査で墓室の規模は不明だが、墓道の規模から考えて夫子山とさほど大きな差はないと思われる。そうすると、夫子山と鉄角山、南山と黄土山の二つのグループに分けることができ、楚の場合と同様、段階的に小型化していることが分かる。

僖山、窯山（「報告」ではそれぞれ夷王遂と荒王嘉を墓主の候補に挙げる）の時期になると墓室の小型化はさらに進み、構造は、崖洞墓ではなく、竪穴石室墓へと大きく変わる。一方で、墓の外見では、墳丘規模は従来の梁王墓と遜色なく、独立丘陵を墓園とする点も変わりはない。墓室構造の簡素化は認められるものの、外見上は従来の梁王墓の規模を維持したと見るべきであろう。

三、江都王墓

江蘇省盱眙県の大雲山で発見された前漢墓群は、墓群の構造と規模、そして出土遺物に「江都」銘があることから前漢江都王の墓とされ、遺物の年代観から景帝の皇子である易王非が墓主と考えられる(8)（図六）。遺跡周辺は激しく攪乱されているが、墓園は一辺四九〇ｍに復原でき、東側に道路幅四五ｍの道（東司馬道）があることから、東面していたと考えられる。しかし、司馬道につながる墓園の門址は未確認である。また寝殿に類する明確な建築址は未発見であり、現状では、東司馬道下で道路と方位を異にする排水溝が見つかっており、寝殿に類する建造物との関係が指摘されるのみである。

墓園の南東部に王墓であるＭ一があり、その東に王后墓と思われるＭ二がある。ここが墓園の中心である。Ｍ一の西約一四〇ｍにＭ二よりも規模の大きなＭ八があるが破壊がひどく、遺物もほとんどなく、造営の年代、墓主像につながる資料はない。李銀徳氏はこの墓も王后のものである可能性を指摘する〔李銀徳 二〇一三〕。各大墓には陪葬坑が付設される。墓園の北半は陪葬墓区であり、一一基の陪葬墓が規則的に配置されており、妃嬪の墓と考えられる。墓園外、東司馬道の北側で一六、一七号の二基の陪葬墓が見つかっている。一七号墓からは「郪義」「臣義」とある銅印が見つかっており、江都国の高級官僚の墓と考えられ、一六号はその夫人墓とされている〔南京博物院・盱眙県文広新局 二〇一三ｃ〕。

これまで景帝皇子の墓は、中山靖王劉勝の満城漢墓、常山憲王舜の墓と考えられる高荘漢墓があるが、墓園の全体の構成が分かる点で大雲山の調査の意義は大きい。また、これらの景帝皇子の墓がいずれも前漢前期の斉の大武漢墓

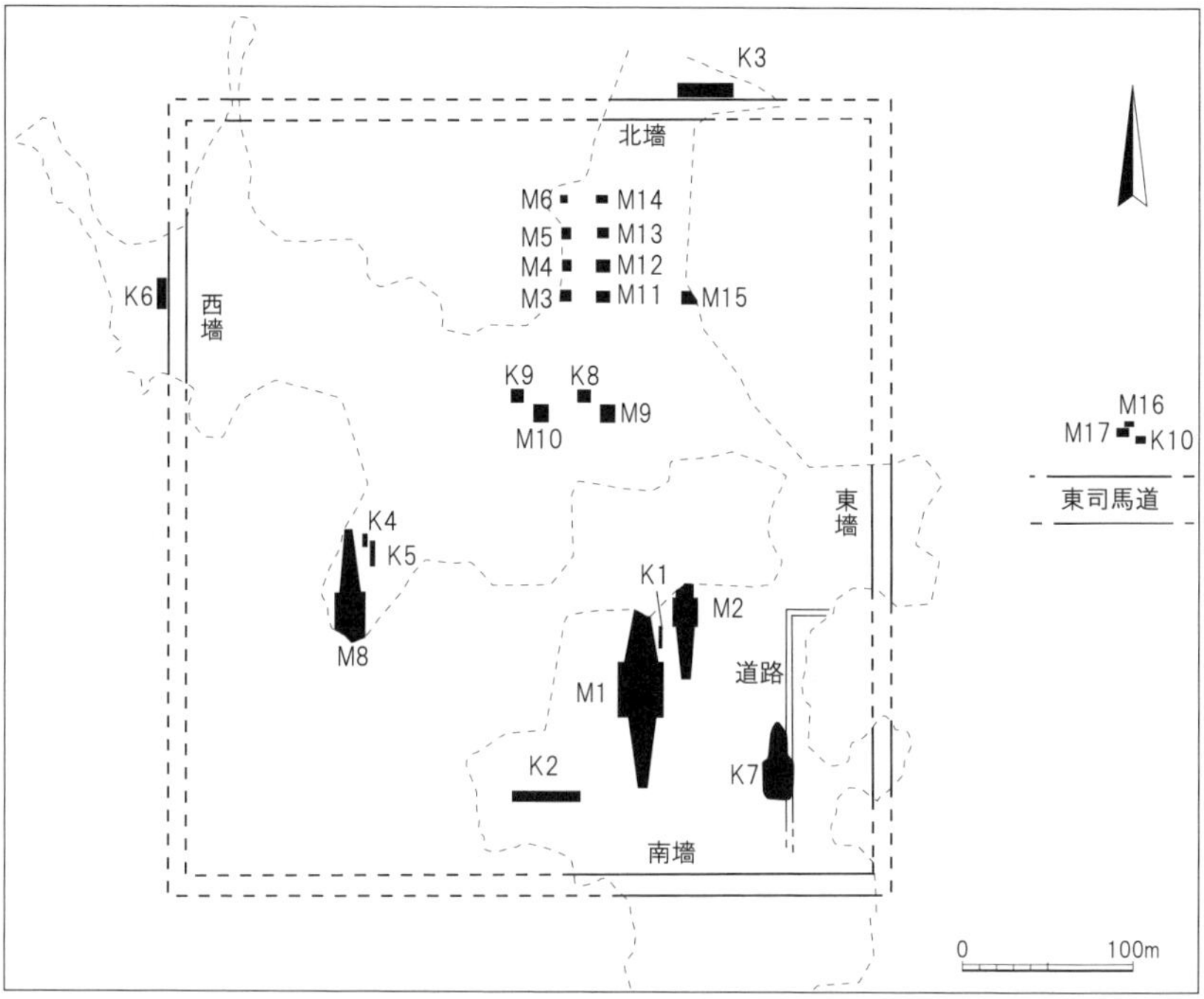

図六　大雲山江都王墓園平面図

や呂の洛荘漢墓に比べると小型化しているものの、宣帝期以降の諸侯王墓に比べるとはるかに規模も大きいことは留意される。墓園の構成を見ると江都王墓は、梁の孝王墓とされる保安山漢墓との類似点が多い。景帝の兄弟であった孝王武、武帝の兄弟であった劉勝、劉舜、劉非というように、皇帝兄弟は初封の諸侯王ということもあり、その墓が比較的大規模なものとなる傾向がある。ただし、それは次代以降には続かない。

四、諸侯王墓の構造

以上概観してきた楚と梁、江都の三例と、章末の**表一**に基づきその他の王墓を比較しながら、前漢の諸侯王墓のあり方をまとめておこう。

王墓の立地については、中山靖王劉勝の満城漢墓、そして常山国、梁国、江都国、広陵国の王墓群が王都から非常に離れた地に築かれているのが目を引く。中山国では、靖王以降の王は都城盧奴の近くに王墓を営むように変化する。[9] 広陵国は王墓が神居山と宝女墩の二カ所で発見されているが都城との距離は前者が四五㎞、後者が一八㎞と大きな隔たりがある。中山と広陵の二国は王墓区が移動し、王墓が都城に近接して築かれるようになったと考えることができる。江都国と常山国は二代で廃されるため、王墓区の移動を確認することができない。このように考えると梁国だけが歴代の王墓が都城から離れた地に築かれ続けたことになる。[10] ただし、諸侯王墓全体を見たとき、これらは少数であり、楚や長沙や魯のように都城の二〇㎞内外に位置するものが多い。葬送や墓祀のことを考えるならば、王都近郊に築くのが原則であったと考えられる。この点は前漢の皇帝陵と長安との関係とも共通する。

王墓は丘陵上を選択して築かれることが圧倒的に多い。これも前漢皇帝陵の立地と同じである。陵墓を仰ぎ見た時の視覚的な効果を狙ってのことであると考えられ、巨大な墳丘とあいまってその目的を達したことであろう。墳丘の造営は数多くの王墓で確認でき、とりわけ平地に築かれた中山王墓などでは、墓の荘厳化のためには欠かすことのできない要素だった。自然の丘陵を利用した場合は、墳丘を持つものと持たないものがあった。

墓の地表の施設は墳丘だけではなく、周囲には建造物が立ち並んでいた。このような建築遺構については、残念ながら不明瞭な点が多いが、全貌が判明している梁の保安山漢墓の祭祀建築遺構の構成を見ると〔河南省文物考古研究所一九九六〕、漢の宣帝の杜陵で確認された日常祭祀のための寝園遺構と同様であることから〔中国社会科学院考古研究所一九九三〕、寝殿と考えてよいようである。このような祭祀建築が確認された王墓は前漢を通して存在し、また各国のものにも見られることから、原則として王墓の近くには祭祀施設があったことを認めることができる。

王墓に奉仕するための奉邑の存在は、現在のところ遺構の検出は行われていないが、いくつかの史料よりその存在を確認することができる。すでに劉振東氏がその存在を指摘しているが、[11] ここでは『漢書』から王墓の奉邑の存在を

示す史料を挙げておきたい。巻三八・高五王伝に、

(齊)悼恵王の後は唯だ二國有るのみ。城陽、菑川なり。菑川の地は齊に比す。武帝、悼恵王の冢園の齊に在るが爲に、乃ち臨菑東、悼恵王冢園を圜む邑を割き、盡く以て菑川に予え、祭祀を奉ぜしむ。

とあるように、斉の悼恵王劉肥の墓園に隣接する邑を奉邑としたことが分かる。この事例は諸侯王が奉邑を置いたのではなく、皇帝が既存の邑を奉邑に設定した事例であるが、王墓に奉邑が置かれていたことを示す史料もある。武五子伝には、

有司、奏請すらく「……謚法に曰う『謚は、行の迹なり』と。愚、以爲らく親の謚は宜しく悼と曰い、母は悼后と曰い、諸侯王の園に比し、奉邑三百家を置かん……」と。

とある。これは宣帝が、武帝期の巫蠱の乱により非業の死をとげた父史皇孫劉進の墓の改築を議した時のもので、有司の奏上によると、諸侯王の墓の規範に則り、三〇〇家の奉邑が置かれたことが分かる。このことから、王墓の奉邑を設置することは漢初に限ったことではないことが判明する。

王墓の変遷を追ってみると、皇帝陵と同じ構成をもつ墓園の諸要素は保持されるものの、規模は景帝期を境に縮小を始め、武帝期を境として、以後は一段と縮小する。注目したいのは、単に王墓の規模が縮小するのではなく、武帝期以降の各諸侯王国内の王墓に規格性が強まることである。例えば、魯国の九龍山漢墓の場合、墓主の比定は困難であるが、発見された墓はいずれも同様の構造と規模のものとなっており、規格化していることが分かる。楚の場合でも亀山M二以後の各王墓の規模、構造は非常に似たものとなっている。また、諸侯王墓全体で見ても王墓の規模の格差は漢初に比べて少ないものとなっていることが理解できる。このことは、先に検討した楚や梁の崖洞墓だけではなく、竪穴式の墓壙をもつ墓でも確認できる。漢初の斉王墓と思われる臨淄の大武漢墓や呂王墓とされる章丘洛荘漢墓

の規模は圧倒的であるが、景帝期以降の墓では、これに匹敵する王墓を認めることはできない。近年、墓の規模と豊かな副葬品の数々で注目されている江都王墓の大雲山漢墓ですら、漢初の諸侯王墓との差は歴然としている。

それでは、このような墓の変化は諸侯王をめぐる動きとどのように対応しているのであろうか。次節で諸侯王の変遷を中心に、王墓の変化との関連を考察していきたい。

第三節　諸侯王墓造営に対する規制とその意義

一、景帝中二年の規制

前漢を通じての諸侯王の変化については、『續漢書』百官志の諸侯王の項がその概略を述べているので、ここで確認しておきたい。

漢、初め諸王を立つるは、項羽の立つる所の諸王の制に因る。地既に廣大にして、且に千里に至らんとす。又た其の官職は、傅は太傅爲り、相は丞相爲り、又た御史大夫及び諸卿有り、皆な秩二千石、百官は皆な朝廷の如し。國家は唯だ爲に丞相を置くのみにして、其れ御史大夫以下は皆な自ら之を置く。景帝の時に至り、吳・楚七國、其の國の大なるを恃み、遂に以て亂を作し、幾んど漢室を危くす。其の誅滅さるるに及び、景帝、之に懲り、遂に諸王をして民を治むるを得ざらしめ、內史をして民を治むるを主らしめ、丞相を改め相と曰い、御史大夫・廷尉・少府・宗正・博士の官を省く。武帝、漢の內史・中尉・郎中令の名を改むるも、而して王國は故の如し。員職は皆な朝廷の署と爲り、自ら置くを得ず。成帝に至り內史の民を治むるを省き、更めて相をして民を治めしめ、太傅は但だ傅と曰う。

漢の建国当初、漢廷と同様に百官を備え、広大な封土を持ち、半ば独立した存在であった諸侯王国だが、景帝期、御史大夫鼂錯により遂行された諸侯王削減政策、それに対する反発である呉楚七国の乱とその挫折が漢の郡国制の大きな変換点であったことは今さら言うまでもない。その後、急速に諸侯王の実権は奪われ、武帝期には推恩の令も出され、諸侯王抑制策は、制度面で一応の完成をみるにいたる。この時期には諸侯王はただ君臨するだけの存在となりつつあった。武帝の庶兄にあたる趙敬粛王劉彭祖と中山靖王劉勝の次の議論が当時の諸侯王の立場を物語ってくれる。『漢書』巻五三・景十三王伝には、

（中山王劉勝）常に趙王彭祖と相い非りて曰く「兄は王爲るも、專ら吏に代りて事を治む。王は當に日び音樂を聽き、聲色を御すべし」と。趙王も亦た曰く「中山王は但だ奢淫なるのみ。天子を佐け百姓を拊循せず、何を以て藩臣爲るを稱すか」と。

中山王のように音曲に耽溺し、政治から距離をおくことも諸侯王の姿であり、逆に趙王のように官僚のように政治に関わることも諸侯王のあるべき姿と思われていた。ただ、趙王彭祖は政治に意欲的だったように見えるが、自由にそれが行えたわけでなく、漢から派遣された官僚を脅迫、あるいは失脚させたうえで初めて可能だったことは注意すべきである。同時に、彼が関心を持ったのは王国の統治ではなく、いわば官僚の真似事にすぎないものであった[12]。この兄弟王の争いと、そこから窺うことのできる王達自身が理想とする諸侯王像から考えるならば、当時の諸侯王にかつてのような実権がなかったことは明らかである。

このように前漢の諸侯王のありかたの変換点となった呉楚七国の乱が、王墓のあり様にも何らかの影響を与えたであろうことは容易に推測できる。乱後に立て続けに出された王国規制政策の中に王墓に直接関わるものがある。『漢書』巻五・景帝紀には、

（中）二（前一四八）年春二月、令すらく、諸侯王の薨、列侯初めて封ぜられ及び國に之くは、大鴻臚、諡・誄・策を奏す。列侯の薨、及び諸侯の太傅の初めて除せられ官に之くは、大行、諡・誄・策を奏す。王薨ずれば、光祿大夫を遣し襚・祠・賵を弔し、喪事を視、因りて嗣を立てしむ。列侯薨ずれば、大中大夫を遣し祠を弔し、喪事を視、因りて嗣子を立てしむ。其れ葬るに、國に民を發し喪を輓くを得しめ、土を穿復し、墳を治むるに三百人を過ぐる無く事を畢らしめよ、と。

とある。この史料についてはいくつか問題がある。まず、大鴻臚は、『漢書』巻一九・百官公卿表によれば、

典客は、秦官なり。諸侯・歸義蠻夷を掌る。丞有り。景帝中六（前一四四）年、名を大行令と更め、武帝太初元（前一〇四）年、名を大鴻臚と更む。

とあるように、旧称を典客という。百官表の記載に基づけば、景帝中二年の時点では大鴻臚ではなく典客のはずである。また、大行すなわち大行令も行人のはずだが、ここでは混乱を避けるため、景帝紀の記載のまま大鴻臚、大行令を用いることにする。(13)また、策についての解釈もさまざまであり、応劭はこれを哀策とみなし、諸侯王が薨去すると、大鴻臚が諡と哀策と誄文を奏すると考える。これに対し、銭大昕は『二十二史考異』の中で、諡と誄は死者の用いるもの、策は初封のものが国に赴くさいに用いるものとみなしている。この解釈に従えば、諸侯王が薨去した際の諡、誄および列侯が最初に国に赴く際の策は、大鴻臚が奏する、ということになり、続く文章も、列侯が薨去した際の諡、誄と、諸侯の太傅が官に除せられた際の策は大行令が奏する、ということになる。応劭の説は一見理解しやすいが、「列侯初封及之国」「諸侯太傅初除之官」が解釈できなくなるため、銭氏の説に従うべきであろう。以上のように、この史料は諸侯王と列侯の死去や就国などにあたっての朝廷側の対応方法の差を表したものとなる。ここで記載された葬礼関連のことを整理すれば以下のようになる。

諸侯王の謚、誄の奏上…大鴻臚　諸侯王の葬儀に派遣されるもの…光禄大夫
列侯の謚、誄の奏上……大行令　列侯の葬儀に派遣されるもの……大中大夫

大行令が大鴻臚の属官であること、また百官公卿表によれば光禄大夫の官秩が比二千石、大中大夫が比千石であることからも分かるように、諸侯王と列侯では朝廷側の葬儀への関わり方に明確な差が設けられていたことが分かる。

続いて景帝中二年令の「其れ葬るに、國に民を發し喪を輓くを得しめ、土を穿復し、墳を治むるに三百人を過ぐる無く事を畢らしめよ」という史料にある「國」とは列侯国だけを指すのか、それとも諸侯王国と列侯国の双方を指すのかを検討したい。その点を明らかにする手がかりとして、墓壙の埋戻しや起墳にあたり認められた「三百人」という徴発の人数を取り上げ、列侯国の戸数と比較してみたい。

列侯国の戸数についてはかなりのばらつきがあるが、布目潮渢氏の統計によれば平均二〇〇〇戸であったという〔布目　一九五五〕。試みに景帝中二年に近い時点での侯国で戸数の少ないものを挙げると、文帝後三（前一六一）年に封建された故安侯申屠嘉が五〇〇戸、景帝中三（前一四七）年の容城侯徐盧が七〇〇戸であり(14)、列侯だけに限るならば、造墓に際しての徴発人数の上限が三〇〇人というのが如何に過大な数字であるかが明らかとなろう。このことから、この史料は列侯だけを対象にしたものではなく、諸侯王、列侯の両方にかかるものとするのが妥当と思われる。

中二年の詔書をこのように考えるならば、この時点で漢が差別化を図ったのは諸侯王、列侯の死に対しての皇帝側の対応に限定されており、王国、侯国が主体的に行う造墓――史料に則して具体的に述べるならば、喪車の牽引、墓壙の掘削および埋め戻し、墳丘造営――については、厳密に差別化を行うのではなく、徴発人数の上限が三〇〇人という一定の枠内で各国の裁量に任せていたことになる。つまり、この時点では、墓の規模の大小、少なくとも諸侯王と列侯墓間の規模の格差については一切問題にしていないことになる。

それでは、この景帝中二年の規制以前の諸侯王墓造営にどれほどの人員を要したのであろうか。このことに関してはなお不明な点が多いが、例えば高帝紀には戦国斉国の王族である田横が死去した際に、

上（高帝）其（田横）の久しく亂を爲すを恐れ、使者を遣し横を赦して曰く「横來らば、大は王、小は侯とせん。來らざれば且に兵を發し誅を加えん」と。横懼れ、傳に乘じ雒陽に詣るも、未だ至らざること三十里にして、自殺す。上、其の節を壯とし、爲に流涕し、卒二千人を發し、王禮を以て葬る。

とあるように、「王礼」を用いたこの田横の葬儀には二〇〇〇人が動員されたことが分かる。また、比較の材料として定陶王から漢の皇帝となった哀帝劉欣の母、丁氏の葬儀を哀帝紀から見てみよう。

（建平二（前五）年）六月庚申、帝太后丁氏崩ず。上曰く「朕聞くならく夫婦は一體と。詩に云う『穀きては則ち室を異にするも、死すれば則ち穴を同じくす』と。昔、季武子寝を成さんとするに、杜氏の殯、西階の下に在り、合葬を請いて之を許さる。附葬の禮、周より興る。『郁郁乎として文なるかな。吾れ周に從わん』と。孝子の亡に事うること存に事うるが如し。帝太后宜しく陵を恭皇の園に起こすべし」と。遂に定陶に葬る。陳留、濟陰、近き郡國の五萬人を發し土を穿復せしむ。

丁氏は王太后としてではなく、皇太后として葬られたのであり、皇帝陵と同規模の陵墓造営に要する人数が五万という途方もない規模であったと考えられる。[15] 以上の二例と比較すれば、三〇〇〇人という数がいかに大きな制約であったかが容易に理解できよう。

調査された前漢初期の諸侯王墓は確かに巨大なものが多い。中でも呂の洛荘漢墓や斉の大武漢墓の巨大さは他の諸侯王墓を圧倒する。また楚の獅子山漢墓も呂や斉の王墓とは形態はかなり異なるが、壮大な規模を有していることから、造墓にあたってかなり大規模な徴発が行われたことは容易に想像がつく。しかし、反面、ほぼ同時期の長沙王墓

と思われる象鼻嘴山漢墓や漢初の諸侯王墓である可能性がある石家荘小沿村漢墓を同様の構造をもつ大武漢墓と比べると、その規模の違いは歴然としている。このように、この時期の諸侯王墓が全て巨大であったわけでなく、ましてや「諸侯王墓」クラスという規格の存在も想定できない。そのため、前漢初では、諸侯王墓の造営にあたっては、徴発人数や、王墓の規模に制約はなく、国力をそのまま反映するかたちで王墓を造営することができたと考えられる。

一方、景帝中二年の規制後に築かれた墓はどうであったのだろうか。**図一**を見れば明らかなように墓室の規模に限れば、前漢前期の呂の洛荘漢墓や斉の大武漢墓のように突出して巨大な王墓の造営は行われなくなり、一様に縮小する。しかし、それを単に規制だけの原因と見なしてよいのであろうか。

おそらく、規制が出される前後には諸侯王国はかつてのような大墓の造営が不可能となっていたと考えられる。それは広大な封土を領有した諸侯王国に対する漢の削藩政策の結果である。数郡にまたがることが多かった王国の封土は、相次ぐ削減あるいは分割によりほぼ一郡の規模となり、前漢末に至ることになる。多大な経費を必要としたであろう王墓の造営にも当然そうした王国の変化が反映されるはずである。

例えば、楚の場合、最初の封国は薛、東海、彭城の三郡であった。しかし、三代劉戊の行為に問題があったため薛、東海の二郡が削られることになり、これが楚を呉とともに反乱へとかりたてる原因となる。劉戊が自殺したあと、漢は元王交の子である礼を王として楚を存続させるが、その封土は一郡にすぎなかった。このように王国の経済力は大幅に削減されていたため、王墓の造営にも多大な影響が出るはずであり、規制を受けるまでもなく、漢初のような大墓造営は事実上困難となっていたのである。

さきに検討した梁の場合も状況は同じである。梁の孝王と王后の墓とされる保安山漢墓はかなり巨大な規模を有している。梁の孝王の没年は景帝の中六（前一四四）年であり、規制のあった中二年以降であるが、王墓が王の生前に築かれるものであったこと、さらには孝王が景帝の同母弟であり、また呉楚七国の乱平定の功により殊遇を得ていたことを考えると、到底、他の諸侯王と同日に語ることはできず、保安山漢墓の巨大さはそうした状況を反映したものなのであろう。しかし、梁は孝王の死後、梁、済川、済東、山陽、済陰の諸国に分けられたため梁の国力は大きく削がれることになった。そのため、梁も他の諸侯王国と何ら変わることのない国となったのである。保安山漢墓以後の梁王墓の墓園が縮小しているのは、そうした状況を反映しているのである。

景帝中二年の王墓規制とはこうした諸侯王の経済力低下を前提に行なわれたものであった。このように考えるならば、この規制は王墓の巨大化を防ぐ意味を持つと同時に、大幅に封土が削減され、従来の経済力を維持できない各諸侯王国の現実に即したものであったとも言える。これによって、巨大な墓を築くことができない諸侯王たちも、規制の範囲内で王の体面を保つには十分な規模の王墓を営むことができたのである。

先に第二節で指摘したように、諸侯王墓の規模が武帝期を境に一層の規格化が進むのは、推恩の令により、代を重ねるごとに諸侯王の封土と経済規模が縮小するという背景があってのことなのである。梁に見られたように、墳丘や王墓の立地など墓の外見に関わることは、一定の規模を維持しつつも、墓室は段階的に縮小していく。一方で、武帝期には武帝の兄弟である常山憲王劉舜の高荘漢墓、江都易王劉非の大雲山M一のように同時期の諸侯王に比べ規模がやや大きいものが築かれる。これは先の景帝と梁孝王との関係と同じく、皇帝の兄弟というのがその理由であり、初封の王ということにもよる。中山国の靖王劉勝の満城漢墓も後の中山王墓に比べての立地、構造の特異性も、同様の文脈で解釈ができる。

諸侯王の規格化に関しては、非業の死を遂げた宣帝の父史皇孫劉進の墓をめぐる宣帝期の史料が興味深い。すでに一部を引用しているが、改めて『漢書』巻六三・武五子伝を見ると、有司、奏請すらく「……謚法に曰う『謚は、行の迹なり』と。愚、以爲らく親の謚は宜しく悼と曰い、母は悼后と曰い、諸侯王の園に比し、奉邑三百家を置かん。故の皇太子は謚して戾と曰い、奉邑二百家を置き、史良娣は戾夫人と曰い、守家三十家を置かん。園に長・丞を置き、周衞奉守すること法の如くせん」と。湖閿鄉邪里聚を以て戾園と爲し、長安白亭東を戾后園と爲し、廣明成鄉を悼園と爲す。皆な改葬す。

とある。この史料からは、死者の地位と墓の規模との間に相関性が生じていたこと、また「諸侯王の園に比し、奉邑三百家を置かん」とあることも注目したい。武帝期以降の諸侯王墓の規格化が進行する傾向を考えるならば、この時期に「諸侯王墓級」というべき規格が存在していたことも推測されるのである。

二、封国における諸侯王

以上のように、武帝期以降に見られる諸侯王墓の縮小化の原因は、漢初から行われた諸侯王削藩政策と、武帝期の推恩の令の結果であるとすることができる。景帝中二年の規制は、単なる王墓造営の規制ではなく、一定の王墓の規模を保障するための施策ともみなすこともできよう。ところで、漢初の諸侯王墓の中に突出して巨大な規模をもつものがあることの理由を、単に諸侯王国の経済力だけに求めてよいのであろうか。豊かな経済力は、大墓を作りえた条件の一つではあっても積極的に造営したことの理由とはならない。その点を明らかにするためには、諸侯王国が設置された関東すなわち旧戦国六国地域とのかかわりを無視することはできない。

漢帝国が樹立された当初、関東には依然として戦国旧六国への強い思慕があったことは、秦末の反乱期に多数の旧王族貴族が担ぎ出されたことや、高祖による関中徙民に端的に表れている。このような状況の下、漢初の封建により王国が置かれた地域にとっては、漢の一諸侯国ではあっても旧六国の再興と認識されていた可能性が高い。とりわけ、斉のように王都や封域が戦国のそれと重なる地では、戦国斉を継承するものと受け取られたと考えられる。そのことは斉王劉肥の封建にあたり、

高祖六（前二〇一）年立ち、七十餘城を食む。諸民の能く齊言する者は皆な齊に與う。

と高五王伝に記すように、斉語を話すものは斉の領域に含まれるようになったことから、斉の領域画定にあたって戦国以来の文化的伝統と連続性が考慮されていたことがうかがえる。このような考えは諸侯王の中にも自覚するものがおり、時代は下るが武帝の皇子、燕王劉旦は、

「寡人は先帝の休徳を賴り、北藩を奉ずるを獲、親しく明詔を受け、吏事を職し、庫兵を領し、武備を飭す。任重く職大にして、夙夜兢兢とするも、子大夫、將に何を以て寡人を規し佐くるや。且つ燕國は小なりと雖も、成周の建國なり。上は召公より、下は昭、襄に及ぶまで、今に千載、豈に賢無しと謂う可きか。……」

と述べており（『漢書』武五子伝）、彼が周の召公以来の燕の継承者であることを自負していたことが分かる。このことから、漢の諸侯王は戦国期の諸王を意識し、さらに封国の中に残る彼らの王墓をも意識する必要が生じたのである。そのため、戦国各国の造墓の方法も諸侯王国に継承されることになる。その点は、とりわけ自然環境に強く制約される墓室の構築方法に現れており、〔兪偉超　一九八〇〕が長沙地域の諸侯王墓が戦国楚墓の系譜に連なることを指摘しているが、正にそのとおりであろう。しかし、次第に諸侯王の実権が剝奪され、事実上の郡県制が確立されるころには、関東の人々の帰属意識も旧六国ではなく、漢へと移っていたものと考えられる。縮小された墓、すなわち爵制に規制され、天子である漢皇帝の下に明確に位置付けられた諸侯王の墓の出現は、次第に王国の人々の帰属意識が「諸侯王」から漢皇帝へと変化していったことに対応していると考えられるのである。

こうした意識の変化を促進させることになったのが官制の変化である。呉楚七国の乱以前は、諸侯王は丞相以外の

諸官を自ら任命することができたが、乱後は主要官僚の任命権は漢に回収される。陪葬墓の変化はその状況を反映している。陪葬という行為が死後も君主に仕えることを意味し、また君主の信任厚いもののみに許された特権であったことを考えると、君臣関係を強化するうえで重要な役割を持っていたと考えられ、その消長に諸侯王と王国官吏の関係が表れると考えられる。

現在、陪葬墓が確認されているのは、章末**表一**によれば、中山の満城漢墓、済南の危山漢墓、梁の保安山漢墓、夫子山漢墓、黄土山漢墓、僖山漢墓、楚の楚王山漢墓、獅子山漢墓、北洞山漢墓、亀山二号漢墓、江都の大雲山漢墓、広陵の宝女墩漢墓である。このうち、発掘されたものは、獅子山漢墓の陪葬墓群、北洞山漢墓の後楼山漢墓、亀山二号漢墓の亀山一号漢墓、保安山漢墓のM三～五と小型陪葬墓、黄土山漢墓の黄土山M三、僖山漢墓の僖山M三、大雲山漢墓の墓園内外の陪葬墓群、宝女墩漢墓のM一〇四・一〇五である。陪葬墓の墓主について、楚王墓を分析した葉継紅氏が、武帝期を境に、それ以前の獅子山漢墓には后妃以外に臣下の陪葬が認められるのに対し、以後の楚王墓である亀山M二では、陪葬が楚王の一族に限定されていることを指摘しているのが注目される〔葉継紅　一九九六〕。官僚の陪葬という点では、武帝期の江都国の大雲山が後出するもので、それ以降の陪葬は妃嬪を中心とするものとなる。つまり、武帝期より後の諸侯王墓には臣僚の陪葬がないと考えられるのである。

本節の最初に挙げた『続漢書』の記載に明らかなように、呉楚七国の乱以前では諸侯王は、丞相以外の諸官を自らの権限で任命できたが、乱以降、任命権が大幅に削減されている。諸侯王墓に陪葬される人々が、漢初は王の一族と妃嬪の他、王国の官僚であったが、後に一族と妃妾に限定されていくという事象は、まさにこうした変化と対応しているのであり、前漢の皇帝陵が宣帝までは周囲に功臣や官僚を陪葬させていたのとは対照的である〔本篇第二章参照〕。もっとも王国の官僚も前漢初とは違い、諸侯王への忠誠心はなく、当然、陪葬が許されることを名誉と思うこともなかった。『漢書』巻四四・淮南衡山済北王伝に記された次の事件は象徴的である。武帝のとき、淮南王劉安の太子遷が廷尉により取り調べをうけることになったが、その際の王国官僚の対照的な行動が認められる。

會たま詔有り即ち太子を訊う。淮南の相、壽春丞の太子を留め逮し遣さざるを怒り、不敬を劾す。王、相に請うも、相は聽かず。

王の意をうけ太子を匿おうとした寿春丞に対して、王国の相は漢の意向に沿って行動したのである。漢に任命される王国の相は、当然ながら諸侯王ではなく、漢の皇帝との間にこそ君臣関係が生じている。そのことは諸侯王も自覚するところであった。満城漢墓の墓主である中山靖王勝の次の有名な史料から当時の王の置かれた状況を見ておく。『漢書』巻五三・景十三王伝には、

天子（武帝）置酒するに、（中山王劉）勝、樂聲を聞きて泣く。其の故を問うに、勝對えて曰く「……臣聞くならく、社の寃は灌がれず、屋の鼠は熏されず、と。何となれば則ち託する所が然らしむるなり。臣、薄なりと雖も、肺附を蒙むるを得、位は卑なりと雖も、東藩と爲るを得、屬は又た兄と稱さる。今、羣臣、葭莩の親、鴻毛の重有るに非ざるに、羣臣黨議し、朋友相い爲し、夫の宗室をして擯卻し、骨肉をして冰釋せしむ。……」と。是に吏の侵す所を以て聞す。是に上、乃ち諸侯の禮を厚くし、有司の諸侯の事を奏する所を省き、親に親しむの恩を加えしむ。

このように緊迫した関係にある諸侯王とその官僚たちとの関係をみるならば、主従の紐帯を強めることを目的とした陪葬が行われなくなったのは当然のことであろう。このように王国の陪葬制度は武帝期を境とし、以後は王国官僚の陪葬は認められなくなるのである。

おわりに

以上のように、前漢諸侯王墓を集成し、その資料の分析を通して、漢の諸侯王について考察してきた。本章で論じたことをまとめるとともに、墓から見た諸侯王の変化を述べて終えることにしたい。

前漢の郡国制の大きな変換点であった呉楚七国の乱は諸侯王墓にも影響を与えている。漢初は国力を反映した大墓を造営していた諸侯王であるが、乱後には王墓は小型化を始めており、それは実権を奪われた諸侯王の姿を反映したものであろう。しかし、王墓は段階的に縮小しつつも一定の規模を保ちながら漢末まで造営され続けるのである。漢皇帝にとっては、諸侯王の実権を奪いながらも、同じ劉氏であり、また天子に次ぐ爵位を有する諸侯王の尊厳性までを奪うことは決して望むところではなかった。武帝までの皇帝の兄弟王が依然として大型の墓を築けるのがその証左となる。漢としては諸侯王は王国民から尊崇される存在でなければならない。しかし、それはその土地に確固たる地盤を有する王としてではなく、漢皇帝＝天子に次ぐものとしての尊貴であり、諸侯王の背後に漢皇帝を意識させねばならなかった。景帝中二年の規制が王・侯の葬儀に対する皇帝の対処方法に限って違いを明確にした理由とは、王・侯に爵制上の上下を明示することにあり、王あるいは侯が自らの尊厳性を誇示する大墓の造営については上限―すなわち皇帝陵より下位に序列されることが明らかであれば問題にならなかった。同時に、王墓の在り方は決して諸侯王の権威を奪うものではなく、縮小された諸侯王の財政で、一定の規模を維持することが必要なのであり、その大枠を決めたものだったのである。楚王墓の変遷に認められるように、壮大な規模と独創的な配置を持つ獅子山漢墓から、縮小した規模と画一化した構造をもつ亀山M二、東洞山（石橋）、南洞山へと変化した理由はこのように解釈できよう。

しかし、実権を奪われた諸侯王がいつまでも王国内で尊厳性を維持することは困難であった。陪葬墓の墓主の構成の変化からも分かるように、それはまず王国の官僚に現れ、やがて諸侯王治下の人々へと広がっていたと思われる。その状況を『漢書』諸侯王表は次のように総括している。

哀、平の際に至り、皆な繼體の苗裔にして、親屬は疎遠、帷墻の中に生き、士民の尊ぶ所と爲らず、勢は富室と異なる亡し。

この史料は、一定の規模の王墓を築くことができながらも、もはや尊崇されることのない王の存在と、爵制を有効に機能させることにできない漢皇帝＝天子の否定をも表しており、まさに前漢王朝そのものの衰亡を端的に表現しているのである。

注

（1）五井直弘氏は諸侯王国が前漢末まで存続したことは、前漢王朝に何らかの意図があったことを裏付けるものとして諸侯封建の積極的な面の評価の必要性を説く〔五井　一九五〇〕。保科季子氏は、高祖の皇帝即位に際して諸侯王の推戴という手続きを踏んだことを重視し、諸侯王存続を前漢皇帝権の根源と絡めて論じる〔保科　一九九八〕。また、杉村伸二氏も前漢王朝が郡国制を採用した意義を積極的に評価すべきことを指摘し、単線的な郡国制から郡県制への移行ではなく、「郡国制の整備」という視点から漢代の統治機構の変化を考察すべきことを指摘しており、示唆に富む〔杉村　二〇〇五〕。

（2）表の作成にあたっては、王の没年は墓主が判明しているものは極力それを記入するようにした。なお前漢前、中、晩期の三区分は各報告に基づくもので、概ね前期が高帝～景帝、中期が武帝～昭帝、後期が宣帝以後に相当する。被葬者の項の斜体字は劉氏以外の異姓諸侯を表す。

（3）発掘簡報では「長耳」と釈読できる銅印を根拠にこの墓を趙景王張耳のものとしているが、孫貫文・趙超氏らは「長」「張」の二字が人名では通用された例がないこと、出土遺物に戦国期のものがあることを根拠に、この墓を張耳墓であるとする説を退ける〔孫貫文・趙超　一九八一〕。張耳は咸陽原の高祖劉邦の長陵に陪葬されたという史料もあることから〔『史記』巻八九・張耳陳余列伝の集解に引く『関中記』〕、小沿村漢墓を張耳墓とするにはなお検討が必要である。

（4）楚王山漢墓の墳丘規模については、高さおよそ五〇ｍという記録があったが〔徐州市文物管理委員会辦公室　一九八八〕、〔江蘇省徐州博物館・劉照建・梁勇　二〇〇六〕によれば、全体高は五四・〇八ｍだが、盛土は高さ七ｍということであり、自然地形を利用しつつ造成していたことが分かる。

（5）楚王山漢墓の被葬者が劉交であるとの見解は、近年では徐州の楚王墓を総合的に研究した周学鷹氏〔周　二〇〇一〕や劉尊志も是認している〔劉尊志　二〇一一〕。しかし劉照建氏は墓室の構造から前漢初期の墓とは考えられず、前漢末の墓とする〔劉照建　二〇一三〕。最終的な結論は正式な発掘調査を待ったうえでの判断となるが、現在得られる情報の中で、楚王山漢墓墓室のアーチ状の屋根の構造の問題等、劉照建氏の説にも考慮すべき点はあるが、楚王墓の中で楚王山漢墓の構造は極めて特異であり、また墓園の規模や墳丘規模が大きいことから、前漢末の諸侯王墓とは考えにくく、劉交墓として問題ないものと考える。なお、二〇〇〇年以降、徐州の諸侯王墓に関する研究成果の発表は急速に増加しているが、周氏および両劉氏の論考は近年の研究の概要を把握する上でも極めて有用である。

（6）本章では王墓を構成するいくつかの施設を述べる際、墓園、墓域という概念を用いる。これらは皇帝陵の構成に関する陵園、陵域という語を援用したものである。すなわち墓域とは墓の主体部を中心に寝園を包括する区画で、通常、墻で囲繞されることが多い。墓域とは、墓園の外側に広がる関連施設の分布地域のことで、陪葬墓、陪葬坑、奉邑からなる。ただし、梁の保安山漢墓のように、墓園と墓域が重なる事例もある。なお諸侯王の墓は、後漢では陵と称する事例があるが、前漢では陵と呼んだことは確認できないため、本章では「墓」で呼称を統一している。

（7）詳細な資料は公表されていないが、南洞山漢墓の構造と規模も亀山M二、東洞山（石橋）に近いことが推測できる。閻孝慈氏によると墓は全長八〇ｍで、各部の規模は露天墓道が長さ九ｍ、幅三・四ｍ、墓道は長さ五〇ｍ、幅一・三ｍで、奥に主室がある。主室は前室、後室、そして東側室から構成される〔閻孝慈 一九八八・一九九六〕。ただ盗掘がひどく、時期を決定する遺物はなかったという。葉継紅氏は、南洞山漢墓を臥牛山漢墓との類似性から元帝期以降のものとする〔葉継紅 一九九六〕。すくなくとも、北洞山漢墓よりは後出のものであることは確かであろう。

(8) これまで江都易王劉非の墓は江蘇省儀征市張集の廟山漢墓とする説が有力であったが〔南京博物院・儀征博物館籌備辦公室 一九九二〕〔江蘇省地震局分析中心一九九二〕〔尤振堯 一九八二〕、大雲山漢墓の発見により改められることになった。ただし、廟山漢墓は海抜四六・九mの廟山山頂に築かれ、規模は墳丘で南北五五m、東西四〇mであり、墓壙は上辺で南北三二m、東西一八mと大規模なものである。付近に陪葬墓と考えられる団山漢墓があることを考えると、諸侯王墓の可能性のある遺跡として引き続き注意すべきであろう。

(9) 中山の都城盧奴すなわち現在の河北省定県の郊外には、すでに発掘された哀王昌もしくは穅王昆移の墓と思われる三盤山漢墓、懐王劉脩のものと考えられる八角廊M四〇があり、ほかに孝王劉興のものと思われる陵北村漢墓がある。また『水経注』滱水の条では、盧奴付近の情景を、

滱水又東逕京丘北、世謂之京陵。南對漢中山頃王陵、滱水北對君子岸、岸上有哀王子憲王陵、坎水有泉源、積水亦曰泉上岸。滱水亦東逕白土北、南即靖王子康王陵、三墳竝列者是。……滱水又東逕漢哀王陵北、冢有二墳、故世謂之兩女陵非也。哀王是靖王之孫、康王之子也。

と記述し、王墓が集中していたことが理解できる。ただ、『水経注』には中山王の系譜に混乱があり、墓主の比定の際は注意しなくてはならない。ともあれ、中山王の多くが王都近郊に葬られたのに対してなぜ靖王だけが遠く離れた地に葬られたのかは不明である。

(10) 歴代梁王の墓地が都城から離れた場所に築かれた理由について、閻道衡氏は、この地が崖墓を営むのに適した地であったことを挙げている。そしてこの地の最高峰である芒碭山が選ばれなかった理由について、漢の高祖劉邦が逃亡生活を送った地であり、前漢代に高祖廟があったこと、山麓に秦末の反乱の火蓋を切った陳勝の墓があることを挙げている〔閻道衡 一九九六〕。氏が指摘する岩山の存在は、この地に王墓が築かれた有力な根拠にはならないが、芒碭山山頂に王墓が営まれな

かったとした理由こそ、王墓選地の際に重要な要因になった可能性がある。芒碭山主峰山頂からは梁王墓に先行する漢代の大型の建築遺跡が検出されており、廟などの祭祀遺跡の可能性が指摘されている〔張志清 二〇〇七〕。このように梁国内において芒碭山が高祖の事跡に関わる重要な場所と認識され、それを中心に王墓群が形成された可能性がある。

(11) 劉振東氏は、前漢の諸帝に陵邑が置かれたこと、また博陸侯霍光の墓に奉邑があったことを根拠に諸侯王にも奉邑があったとする〔劉振東 一九九四〕。

(12) 趙王劉彭祖については『漢書』巻五三・景十三王伝参照。

(13) 典客の名称の変遷について百官表と景帝紀のいずれの記事を是とするかは議論のあるところであるが、〔熊谷滋三 二〇〇一〕は景帝紀の記載を誤りとしつつ、大鴻臚とその属官の大行令の職制と名称の変化を論じる。

(14) これらの戸数は『漢書』巻一六・高恵高后文功臣表と巻一七・景武昭宣元成功臣表に基づく。なお、故安侯は景帝の前三(前一五四)年に子の申共が襲封しているため、景帝中二年の時点では存続している。

(15) 丁太后陵と思われる大墓が山東省定陶県で調査されている。霊聖湖M二と編号された前漢末の墓で、墳丘は、現存径で一〇〇m、残高は八mある。墓壙は南北二八・四六m、東西二七・八四mで、東側に墓道を持つ甲字形墓である。地表から五・五mの深さに黄腸題湊で囲まれた墓室を築く〔山東省文物考古研究所・荷沢市文物管理所・定陶県文管所 二〇一二〕。墓の規模、構造、年代観から、この墓を丁太后と見なすことは妥当と考えられる。当墓の規模は前漢皇帝陵に比べれば小さいが、前漢末の諸侯王墓よりは大きなものである。

【引用・参考文献】

浅野哲弘　一九九一「前漢景帝の対諸侯王政策に対する一考察――梁王武の擁立事件を中心に」『立正大学大学院年報』九、一九九二「漢代の対諸侯王政策の一考察――左官・附益・阿党の法の制定者をめぐって」『立正大学大学院年報』一〇、一九九二

韋正・李虎仁・鄒厚本「江蘇徐州獅子山西漢墓的発掘与収穫」『考古』一九九八年八期、一九九八

濰坊市博物館・昌楽県文管所「山東昌楽東圏漢墓」『考古』一九九三年六期、一九九三

閻孝慈「徐州的漢代王侯墓」『徐州師範学院学報（哲学社会科学版）』一九八八年一期、一九八八

「論徐州的西漢楚王墓」『両漢文化研究』文化美術出版、一九九六

閻道衡「永城芒山柿園村発現梁国国王壁画墓」『中原文物』一九九〇年一期、一九九〇

「従芒碭山梁国王陵墓地論西漢王陵制度」河南省文物考古学会編『河南文物考古論集』河南人民出版社、一九九六

王恢『漢王国与諸侯国之演変』国立編訳館中華叢書編審委員会、一九八四

汪景輝・楊立新「安徽六安双墩一号墓漢墓」国家文物局『中国重要考古発現二〇〇六』文物出版社、二〇〇七

王守功「危山漢墓――第五処用兵馬俑陪葬的王陵」『文物天地』二〇〇四年二期、二〇〇四

王冰「高郵天山漢墓墓主考辨」『文博』一九九九年二期、一九九九

尾形勇「諸侯王たちの世界――発掘された前漢の王墓」『立正史学』八四、一九九八

何旭紅「湖南望城風篷嶺漢墓年代及墓主考」『文物』二〇〇七年一二期、二〇〇七

河南省商丘市文物管理委員会・河南省文物考古研究所・河南省永城市文物管理委員会編『芒碭山西漢墓梁王墓地』文物出版社、二〇〇一

河南省文物考古研究所『永城西漢梁国王陵与寝園』中州古籍出版社、一九九六

河南省文物考古研究所・永城市文物旅游管理局『永城黄土山与酇城漢墓』大象出版社、二〇一〇

河北省博物館ら「定県四〇号漢墓出土的金縷玉衣」『文物』一九七六年七期、一九七六

河北省文物管理処「河北省三十年来的考古工作」『文物考古工作三十年』文物出版社、一九七九

河北省文物研究所「河北定県四〇号漢墓発掘簡報」『文物』一九八一年八期、一九八一

河北省文物研究所・滄州市文物管理処・献県文物管理所「献県第三六号漢墓発掘報告」『河北省考古文集』東方出版社、一九九八

河北省文物研究所・鹿泉市文物保管所『高荘漢墓』科学出版社、二〇〇六

鎌田重雄『秦漢政治制度の研究』日本学術振興会、一九六二

紙屋正和　「前漢諸侯王国の官制――内史を中心にして」『九州大学東洋史論集』三、一九七四
「前漢後半期における郡・国への規制の強化」『古代文化』四二―七、一九九〇
邱永生・徐旭　「徐州市駄籃山西漢墓」『中国考古学年鑑一九九一』文物出版社、一九九二
熊谷滋三　「前漢の典客・大行令・大鴻臚」『東洋史研究』第五九巻第四号、二〇〇一
厳大勇編　『南京博物院建院七〇周年特展　泗水王陵考古』王朝文化芸術出版社、二〇〇三
五井直弘　「中国古代帝国の一性格――前漢における封建諸侯について」『歴史学研究』一四六、一九五〇
呉敢・及巨濤編　『徐州文化大観』文匯出版社、一九九五
高崇文　「西漢諸侯王墓車馬殉葬制度探討」『文物』一九九二年二期、一九九二
高崇文ら（編者不明）「泗陽大青墩漢墓論証会紀要」『東南文化』二〇〇三年四期、二〇〇三
江蘇省徐州博物館・劉照建・梁勇　「徐州市銅山県楚王山漢墓群考古調査」『漢代考古与漢文化国際学術検討会論文集』、二〇〇六
江蘇省大青墩漢墓連合考古隊　「泗陽大青墩泗水王陵」『東南文化』二〇〇三年四期、二〇〇三
江蘇省地震局分析中心　「儀征張集廟山団山漢墓区的ＧＰＭ勘査」『考古学報』一九九二年四期、一九九二
黄展岳　「漢代諸侯王墓論述」『考古学報』一九九八年一期、一九九八
国家文物局　『中国文物地図集・河南分冊』中国地図出版社、一九九一
湖南省博物館　「長沙象鼻嘴一号西漢墓」『考古学報』一九八一年一期、一九八一
崔大庸　「洛荘漢墓陪葬坑出土封泥及墓主初考」『中国文物報』二〇〇〇年六月二一日、二〇〇〇
「洛荘漢墓――山東考古大発現」『中国国家地理』二〇〇一年八期、二〇〇一
崔大庸・房道国・寧蔭堂　「章丘発掘洛荘漢墓」『中国文物報』二〇〇〇年六月七日、二〇〇〇
崔大庸・房道国・高継習・王金貴・孫濤　「洛荘漢墓又出精美楽器」『中国文物報』二〇〇〇年一〇月一一日、二〇〇〇
山東省菏沢地区漢墓発掘小組　「巨野紅土山西漢墓」『考古学報』一九八三年四期、一九八三
山東省文物考古研究所・荷沢市文物管理所・定陶県文管所　「山東定陶県霊聖湖漢墓」『考古』二〇一二年七期、二〇一二

山東省博物館「曲阜九龍山漢墓発掘簡報」『文物』一九七七年一一期、一九七七
山東省臨淄市博物館「西漢斉王墓随葬器物坑」『考古学報』一九八五年二期、一九八五
山東大学考古系・山東省文物局・長清県文化局「山東長清県双乳山一号漢墓発掘簡報」『考古』一九九七年三期、一九九七
獅子山楚王陵考古発掘隊「徐州獅子山西漢楚王陵発掘簡報」『文物』一九九八年八期、一九九八
周学鷹『徐州漢墓建築――中国漢代楚（彭城）国墓葬建築考』中国建築工業出版社、二〇〇一
徐州漢文化風景園林管理処・徐州楚王陵漢兵馬俑博物館『獅子山楚王陵』南京出版社、二〇〇一
徐州市文物管理委員会辦公室編『徐州文物古迹簡編』、一九八八
徐州博物館「徐州石橋漢墓清理報告」『文物』一九八四年一一期、一九八四
「江蘇銅山県亀山二号西漢崖洞墓材料的再補充」『考古』一九九七年二期、一九九七
徐州博物館・南京大学歴史系考古専業「徐州北洞山西漢墓発掘簡報」『文物』一九八八年二期、一九八八
『徐州北洞山西漢楚王墓』文物出版社、二〇〇三
邵建白「安徽六安城東西漢車馬坑清理簡報」『文物研究』三期、一九八八
杉村伸二「郡国制の再検討」『日本秦漢史学会報』第六号、二〇〇五
済南市考古研究所・山東大学考古系・山東省文物考古研究所・章丘市博物館「山東章丘洛荘漢墓陪葬坑的清理」『考古』二〇〇四年八期、二〇〇四
石家荘市図書館文物考古小組「河北石家荘市北郊西漢墓発掘簡報」『考古』一九八〇年一期、一九八〇
石家荘市文物保管所・獲鹿県文物保管所「河北獲鹿高荘出土西漢常山国文物」『考古』一九九四年四期、一九九四
薛玉川・申慧玲・薛東亮「邯鄲歴史文化遺産総述」邯鄲市文物保護研究所編『追溯与探索――紀念邯鄲市文物保護研究所成立四十五周年学術研討会文集』科学出版社、二〇〇七
単先進「西漢『黄腸題湊』葬制初探」『中国考古学会第三次年会論文集』文物出版社、一九八一
曹硯農・宋少華「長沙発掘西漢長沙王室墓」『中国文物報』一九九三年八月二二日、一九九三

孫貫文・趙超「由出土印章看両処墓葬的墓主等問題」『考古』一九八一年四期、一九八一

大葆台漢墓発掘組・中国社会科学院考古研究所『北京大葆台漢墓』文物出版、一九八九

中国社会科学院考古研究所『漢杜陵陵園遺址』科学出版社、一九九三

中国社会科学院考古研究所・河北省文物管理所『満城漢墓発掘報告』文物出版社、一九八〇

長沙市文化局文物組「長沙咸家湖西漢曹⿰女巽墓」『文物』一九七九年三期、一九七九

長沙市文物考古研究所・長沙簡牘博物館「湖南長沙望城坡西漢魚陽墓発掘簡報」『文物』二〇一〇年四期、二〇一〇

長沙市文物考古研究所・長沙市望城区文物管理局「湖南長沙風盤嶺漢墓発掘簡報」『文物』二〇一三年六期、二〇一三

長沙市文物考古研究所・望城県文物管理局「湖南望城風篷嶺漢墓発掘簡報」『文物』二〇〇七年一二期、二〇〇七

張志清「河南永城漢代礼制建築基址」『中国重要考古発現二〇〇六』文物出版社、二〇〇七

鶴間和幸「漢律における墳丘規定について」『東洋文化』六〇、一九八〇

鄭清森「永城清理僖山二号漢墓」『中国文物報』一九九六年一〇月二〇日、一九九六

道衡「永城僖山又発現一座漢玉衣墓」『中国文物報』一九九五年九月二四日、一九九五

南京博物院「『銅山亀山二号西漢崖洞墓』一文的重要補充」『考古学報』一九八五年三期、一九八五

南京博物院・儀征博物館籌備辦公室「儀征張集団山西漢墓」『考古学報』一九九二年四期、一九九二

南京博物院・盱眙県文広新局「江蘇盱眙県大雲山漢墓」『考古』二〇一二年七期、二〇一二

「江蘇盱眙県大雲山西漢江都王陵二号墓発掘簡報」『考古』二〇一三年一期、二〇一三a

「江蘇盱眙県大雲山西漢江都王陵一号墓」『考古』二〇一三年一〇期、二〇一三b

「江蘇盱眙県大雲山西漢江都王陵東区陪葬墓」『考古』二〇一三年一〇期、二〇一三c

「江蘇盱眙大雲山江都王陵M九、M十発掘簡報」『東南文化』二〇一三年一期、二〇一三d

「江蘇盱眙大雲山西漢江都王陵北区陪葬墓」『考古』二〇一四年三期、二〇一四

南京博物院・銅山県文化館「銅山亀山二号西漢崖洞墓」『考古学報』一九八五年一期、一九八五

南京博物館「銅山小亀山西漢崖洞墓」『文物』一九七三年四期、一九七三
西村俊範「漢代大型墓の構造」『史林』第六二巻六号、一九七九
布目潮渢「呉楚七国の乱の背景」『和田博士還暦記念東洋史論叢』、一九五一
「前漢の諸侯王に関する二、三の考察」『西京大学学術報告人文』三、一九五三
「前漢侯国考」『東洋史研究』第一三巻五号、一九五五
藤岡喜久男「推恩の令」『北大史学』二、一九五四
保科季子「前漢後半期における儒家礼制の受容――漢的伝統との対立と皇帝観の変貌」『歴史と方法三　方法としての丸山眞男』青木書店、一九九八
無名氏「江蘇高郵発掘一座大型漢墓」『人民日報』七月一八日、一九八〇
山田勝芳「中国古代の墳丘規定と新出漢簡」『東北大学日本文化研究所研究報告』三二、一九九六
兪偉超「漢代諸侯王与列侯墓葬的形制分析――兼論『周制』『漢制』与『晋制』的三階段性」『中国考古学会第一次年会論文集』文物出版社（後、同氏『先秦両漢考古学論集』文物出版社所収、一九八五）、一九八〇
尤振堯「江蘇漢代諸侯王国・侯国的考古発現及其歴史価値（上）」『南京博物院　建院六十周年紀念文集』、一九八二
葉継紅「試談徐州西漢楚王墓的形成与分期」『両漢文化研究』文化美術出版、一九九六
揚州博物館・邗江県図書館「江蘇邗江県楊寿郷宝女墩新莽墓」『文物』一九九一年一〇期、一九九一
李永山「邯鄲地区古代墓葬形制述略」邯鄲市文物保護研究所編『追溯与探索――紀念邯鄲市文物保護研究所成立四十五周年学術研討会文集』科学出版社、二〇〇七
李欣『探墓手記――老山漢墓考古発掘全景紀実』中国青年出版社、二〇〇一
李銀徳「江蘇西漢諸侯王陵墓考古的新進展」『東南文化』二〇一三年一期、二〇一三
劉慶柱・李毓芳『西漢十一陵』陝西人民出版社（来村多加史訳一九九一『前漢皇帝陵の研究』学生社）、一九八七
柳春藩『秦漢封国食邑賜爵制』遼寧人民出版社、一九八四

劉照建　「徐州西漢前期楚王墓的序列、墓主及相関問題」『考古学報』二〇一三年二期、二〇一三
劉振東　「漢代諸侯王、列侯墓的地面建制――漢代王、侯墓制研究之一」『漢唐与辺疆考古研究』第一輯、科学出版社、一九九四
　　　　「中国古代陵墓中的外蔵椁――漢代王、侯墓制研究之二」『考古与文物』一九九九年四期、一九九九
劉瑞　「河南永城保安山柿園漢墓墓主考」『考古学集刊』第一八集、二〇一〇
劉尊志　「徐州両漢諸侯王墓研究」『考古学報』二〇一一年一期、二〇一一
　　　　『漢代諸侯王墓研究』社会科学文献出版社、二〇一二
梁白泉　「高郵天山一号漢墓発掘側記」『文博通訊』三二、一九八〇
魯琪　「試談大葆台西漢墓的『梓宮』『便房』『黄腸題湊』」『文物』一九七七年六期、一九七七
盧兆蔭　「試論両漢的玉衣」『考古』一九八一年一期、一九八一
　　　　「再論両漢的玉衣」『文物』一九八九年一〇期、一九八九
孟強　「徐州東洞山三号漢墓的発掘及対東洞山漢墓的再認識」『東南文化』二〇〇三年七期、二〇〇三

【図出典】

図一・筆者作成
図二・陸地測量部五万分の一地形図「銅山」「三堡」「劉套」「蕭県城」を基に作成
図三・〔徐州漢文化風景園林管理処・徐州楚王陵漢兵馬俑博物館　二〇一一〕所掲図を基に作成
図四・〔河南省商丘市文物管理委員会・河南省文物考古研究所・河南省永城市文物管理委員会編　二〇〇一〕所掲図を基に作成
図五・〔河南省文物考古研究所　一九九六〕所掲図に一部加筆
図六・〔南京博物院・盱眙県文広新局　二〇一三〕所掲図をトレース

附図　前漢諸侯王系図

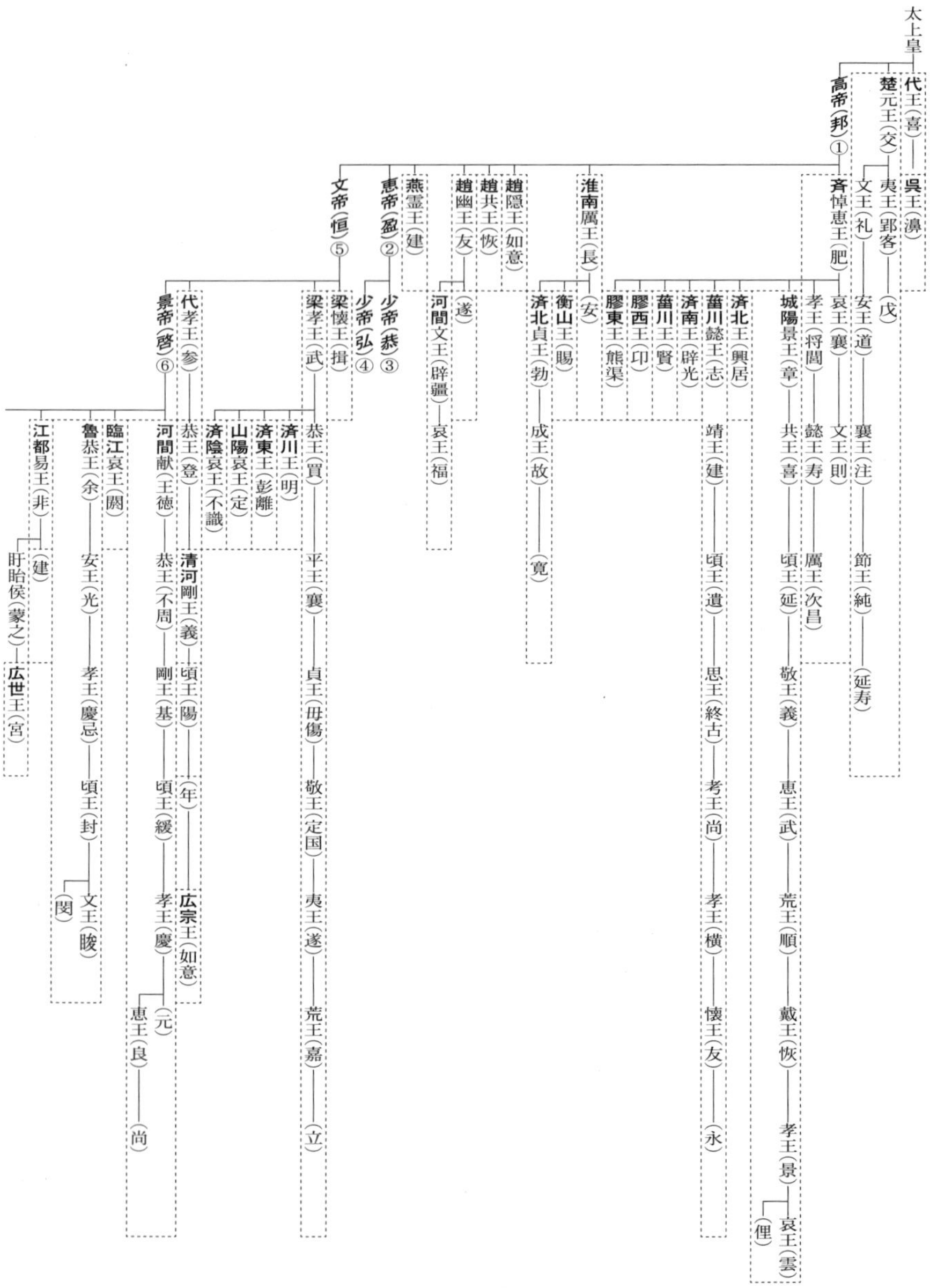
太上皇
代王(喜)——呉王(濞)
楚元王(交)
夷王(郢客)——(戊)
文王(礼)——安王(道)——襄王(注)——節王(純)——(延寿)
高帝(邦)①
斉悼恵王(肥)
哀王(襄)——文王(則)
孝王(将閭)——懿王(寿)——厲王(次昌)
城陽景王(章)——共王(喜)——頃王(延)——敬王(義)——恵王(武)——荒王(順)——戴王(恢)——孝王(景)——哀王(雲)
(俚)
済北王(興居)
菑川懿王(志)——靖王(建)——頃王(遺)——思王(終古)——考王(尚)——孝王(横)——懐王(友)——(永)
済南王(辟光)
菑川王(賢)
膠西王(卬)
膠東王(熊渠)
淮南厲王(長)——(安)
衡山王(賜)
済北貞王(勃)——成王(故)——(寛)
趙隠王(如意)
趙共王(恢)
趙幽王(友)——(遂)
河間文王(辟彊)——哀王(福)
燕霊王(建)
恵帝(盈)②
少帝(恭)③
少帝(弘)④
文帝(恒)⑤
梁懐王(揖)
梁孝王(武)
恭王(買)——平王(襄)——貞王(毋傷)——敬王(定国)——夷王(遂)——荒王(嘉)——(立)
済川王(明)
済東王(彭離)
山陽哀王(定)
済陰哀王(不識)
代孝王(参)——恭王(登)——頃王(陽)——(年)
清河剛王(義)
広宗王(如意)
景帝(啓)⑥
河間献(王徳)——恭王(不周)——剛王(基)——頃王(緩)——孝王(慶)——(元)
恵王(良)——(尚)
臨江哀王(閼)
魯恭王(余)——安王(光)——孝王(慶忌)——頃王(封)——文王(睃)
(閔)
江都易王(非)——(建)
盱眙侯(蒙之)——広世王(宮)

凡例
①…皇帝即位順　**代**…王国名　（　）…諱
※本系図は『漢書』巻一四・諸侯王表に基づく
※系譜の横列の左右は長幼を表すものではない。

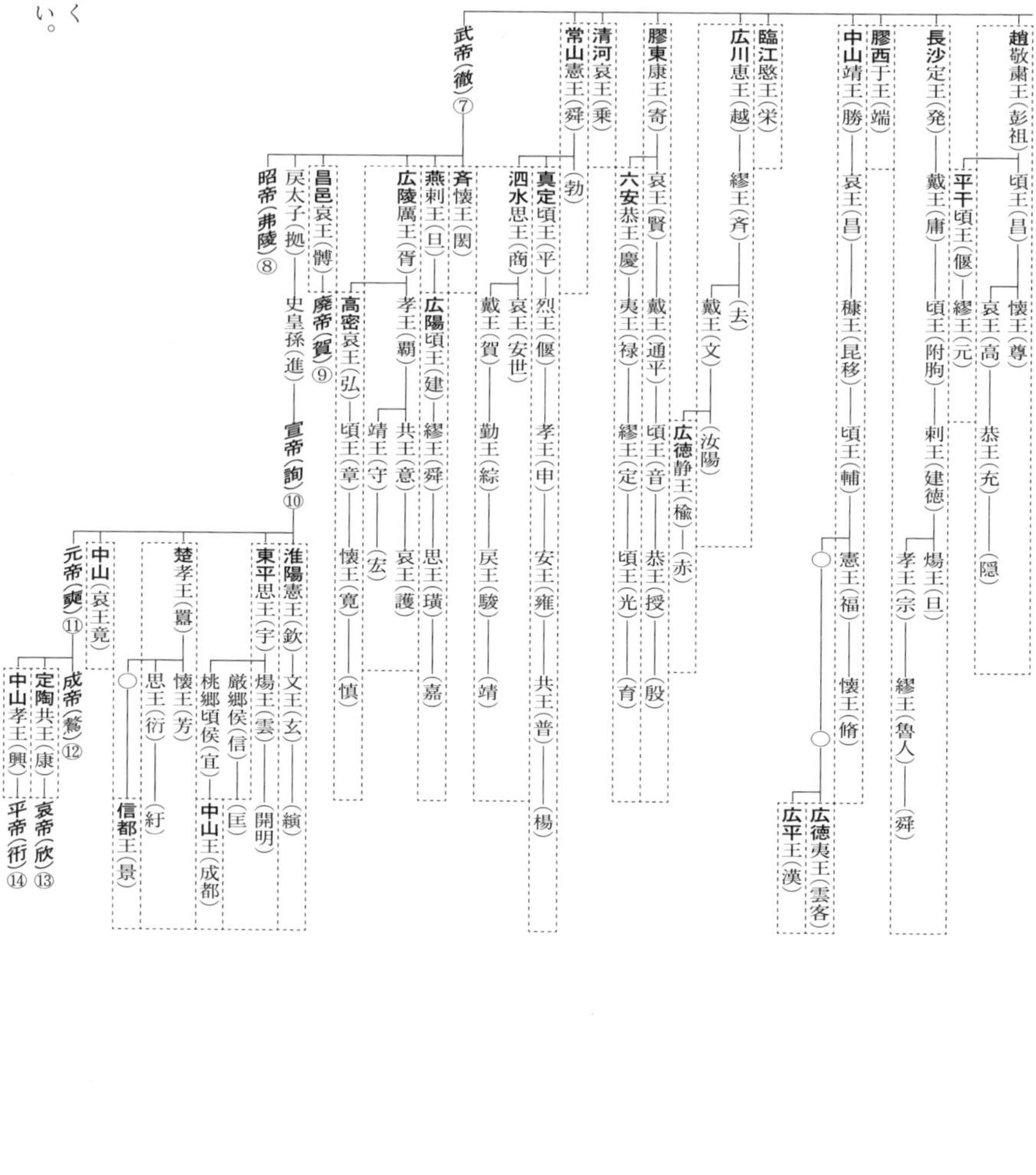

表一　諸侯王墓一覧

王国	国都（今名）	被葬者	王没年	王墓遺跡	墓の形態	玉衣	王墓の位置	墳丘の有無	墳丘高m	墳丘平面m	祭祀建築	陪葬	備考	出典
広陽	薊（北京）	頃王劉建	元帝初元4（前45）	北京大葆台M1	竪穴題湊	有	北京の西南15km		7	南北90、東西50.7				大葆台漢墓発掘組・中国社会科学院考古研究所『北京大葆台漢墓』文物出版、1989年
		頃王后	元帝初元4前後	北京大葆台M2	竪穴題湊	有	北京の西南15km		7	東西50				大葆台漢墓発掘組・中国社会科学院考古研究所『北京大葆台漢墓』文物出版、1989年
		広陽王后	前漢後期	北京老山漢墓	竪穴題湊									李欣『探墓手記—老山漢墓考古発掘全景紀実』中国青年出版社、2001年
趙	邯鄲（邯鄲）	*景王張耳？*	高祖5（前202）	河北石家荘小沿村	竪穴題湊		漢の真定県西南4km		15		西に瓦散布			石家荘市図書館文物考古小組「河北石家荘市北郊西漢墓発掘簡報」『考古』1980年1期
		某趙王	前漢末	河北車騎関M1	竪穴石室題湊	？	邯鄲西南15km	有	「高大」	「高大」				薛玉川・申慧玲・薛東亮「邯鄲歴史文化遺産総述」、李永山「邯鄲地区古代墓葬形制述略」（いずれも邯鄲市文物保護研究所編『追溯与探索——紀念邯鄲市文物保護研究所成立四十五周年学術研討会文集』科学出版社、2007年）
		某趙王后？	前漢末	河北車騎関M3	？	？	邯鄲西南15km						M1の北に並列し、やや小型。	薛玉川・申慧玲・薛東亮「邯鄲歴史文化遺産総述」、李永山「邯鄲地区古代墓葬形制述略」（いずれも邯鄲市文物保護研究所編『追溯与探索——紀念邯鄲市文物保護研究所成立四十五周年学術研討会文集』科学出版社、2007年）
		靖王劉勝	武帝元鼎4（前113）	河北満城陵山M1	崖洞	金鏤	盧奴の北40km	依山			山頂に有	12基		中国社会科学院考古研究所・河北省文物管理所『満城漢墓発掘報告』文物出版社、1980年

中山	盧奴（定県）	靖王后竇綰	劉勝よりやや遅い	河北満城陵山M2	崖洞	金鏤	定県の北40km	依山			山頂に有			中国社会科学院考古研究所・河北省文物管理所『満城漢墓発掘報告』文物出版社、1980年
		哀王昌か穣王昆侈	武帝元鼎元(前116)か武帝征和４（前89)	河北定県三盤山M120～122	竪穴		定県付近							河北省文物管理処「河北省三十年来的考古工作」『文物考古工作三十年』文物出版社、1979年
		懐王劉脩	宣帝五鳳3（前55)	河北定県八角廊M40	竪穴題湊	金鏤	定県西南4km		16	直径90	陵園有り			河北省博物館ら「定県40号漢墓出土的金鏤玉衣」『文物』1976年7期、河北省文物研究所「河北定県40号漢墓発掘簡報」『文物』1981年8期
		孝王劉興	綏和2(前7)	河北省定県陵北村大漢墓						直径200	有？		未発掘。	河北省文物研究所「河北定県40号漢墓発掘簡報」『文物』1981年8期
常山	元氏	憲王劉舜	武帝元鼎3(前114)	河北獲鹿高荘M1	竪穴石槨		北西約46km	「霊台」という墳丘	残高2.4				緊急発掘	石家荘市文物保管所・獲鹿県文物保管所「河北獲鹿高荘出土西漢常山国文物」『考古』1994年4期、河北省文物研究所・鹿泉市文物保管所『高荘漢墓』科学出版社、2006年
		憲王后		河北獲鹿高荘M2										河北省文物研究所・鹿泉市文物保管所『高荘漢墓』科学出版社、2006年
河間	楽成（献県）	河間王の王后	前漢前・中期	河北献県M36	竪穴木槨		楽成から9kmほどか	同墳あり	6	南北117、東西123			同墓の南40mに大墓有。同墳異穴合葬墓	河北省文物研究所・滄州市文物管理処・献県文物管理所「献県第36号漢墓発掘報告」『河北省考古文集』東方出版社、1998年
斉	臨淄（臨淄）	哀王劉襄	文帝元（前179)	山東臨淄大武漢墓	竪穴		臨淄の南23km		24	250		陪葬坑5基	墓室未発掘	山東省臨淄市博物館「西漢斉王墓随葬器物坑」『考古学報』1985年2期

王国	国都（今名）	被葬者	王没年	王墓遺跡	墓の形態	玉衣	王墓の位置	墳丘の有無	墳丘高m	墳丘平面m	祭祀建築	陪葬	備考	出　典
済南	東平陵（章丘の西）	劉辟光	景　帝3（前154）	山東章丘危山漢墓	竪穴		東平故城の南南東10km		7			陪葬坑4基以上、陪葬墓10基以上		王守功「危山漢墓ー第五処用兵馬俑陪葬的王陵」『文物天地』2004年2期
済北	盧（長清の南）	劉胡か寛	武帝天漢3（前98）か後元2（前87）	山東長清双乳山M1	竪穴		盧城の南5km	依山し墳丘を築く	12	一辺65			2墓並列	山東大学考古系・山東省文物局・長清県文化局「山東長清県双乳山一号漢墓発掘簡報」『考古』1997年3期
昌邑	昌邑（昌邑集村）	哀王劉髆	武帝後元2（前87）	山東巨野紅土山	竪穴洞室		昌邑の東北13km	依山し墳丘を築く	10.2	直径50～55				山東省菏沢地区漢墓発掘小組「巨野紅土山西漢墓」『考古学報』1983年4期
魯	魯（曲阜）	魯王か王后	元光6（前129）～建平3（前4）	山東曲阜九龍山M2	崖洞		曲阜の南9km	依山						山東省博物館「曲阜九龍山漢墓発掘簡報」『文物』1977年11期
		魯王か王后	元光6（前129）～建平3（前4）	山東曲阜九龍山M3	崖洞	有	曲阜の南9km	依山						山東省博物館「曲阜九龍山漢墓発掘簡報」『文物』1977年11期
		魯王か王后	元光6（前129）～建平3（前4）	山東曲阜九龍山M4	崖洞		曲阜の南9km	依山						山東省博物館「曲阜九龍山漢墓発掘簡報」『文物』1977年11期
		魯王か王后	元光6（前129）～建平3（前4）	山東曲阜九龍山M5	崖洞		曲阜の南9km	依山						山東省博物館「曲阜九龍山漢墓発掘簡報」『文物』1977年11期
菑川	劇（寿光）	菑川王后	宣・元帝期	山東昌東東圏M1	竪穴洞室		昌楽県の東6km	山頂	5	直径29				濰坊市博物館・昌楽県文管所「山東昌楽東圏漢墓」『考古』1993年6期
		菑川王？	宣・元帝期	山東昌東東圏M2	竪穴洞室		昌楽県の東6km	M１と同墳か					未発掘	濰坊市博物館・昌楽県文管所「山東昌楽東圏漢墓」『考古』1993年6期
														崔大庸・房道国・寧蔭堂「章丘発掘洛荘漢墓」『中国文物

呂	東平陵（章丘の西）	*粛王呂台*	高后2（前186）	山東省章丘市棗園鎮洛荘村	竪穴		東平陵故城の東6km		約20	一辺約200		陪葬坑20基。11号車馬、12・15号木俑、13号牛、14号楽器、16号俑、17～20は小型で馬、馬具。	14号では編鍾出土	報』2000年6月7日　第45期、崔大庸「洛荘漢墓陪葬坑出土封泥及墓主初考」『中国文物報』2000年6月21日第49期、崔大庸・房道国・高継習・王金貴・孫濤「洛荘漢墓又出精美楽器」『中国文物報』2000年10月11日第80期、崔大庸「洛荘漢墓—山東考古大発現」『中国国家地理』2001年8期、済南市考古研究所・山東大学考古系・山東省文物考古研究所・章丘市博物館「山東章丘洛荘漢墓陪葬坑的清理」『考古』2004年8期
梁		孝王劉武	景帝中元6（前144）	河南永城芒碭山保安山M1	崖洞		商丘県（睢陽）の東88km芒碭山	依山し墳丘を築く	10		有り	保安山M3～M5、小型陪葬墓4基（陪M1～M4）		河南省文物考古研究所『永城西漢梁国王陵与寝園』中州古籍出版社1996。河南省商丘市文物管理委員会・河南省文物考古研究所・河南省永城市文物管理委員会『芒碭山西漢梁王墓地』文物出版社、2001年
		孝王后李氏	武帝元朔年間	河南永城芒碭山保安山M2	崖洞	有	商丘県（睢陽）の東88km芒碭山	依山し墳丘を築く	1	南北60、東西50	有り	陪葬坑2基		河南省文物考古研究所『永城西漢梁国王陵与寝園』中州古籍出版社1996。河南省商丘市文物管理委員会・河南省文物考古研究所・河南省永城市文物管理委員会『芒碭山西漢梁王墓地』文物出版社、2001年
		孝王后妃？	景帝～武帝早期	河南永城芒碭山柿園村	崖洞		商丘県（睢陽）の東88km芒碭山	依山	4	100m四方	墓園有り	墓園内外に小型竪穴石棺墓あり	主室に四神（玄武なし）の壁画	閻道衡「永城芒山柿園村発現梁国国王壁画墓」『中原文物』1990年1期、河南省商丘市文物管理委員会・河南省文物考古研究所・河南省永城市文物管

王国	国都（今名）	被葬者	王没年	王墓遺跡	墓の形態	玉衣	王墓の位置	墳丘の有無	墳丘高m	墳丘平面m	祭祀建築	陪葬	備考	出典
梁	睢陽（商丘）													理委員会『芒碭山西漢梁王墓地』文物出版社、2001年
		某梁王	前漢中期	河南永城芒碭山夫子山M1	崖洞	有	商丘県（睢陽）の東88km芒碭山	依山し三段の墳丘。	4	南北12×東西8		大型陪葬墓M3、陪葬坑1	未発掘	河南省商丘市文物管理委員会・河南省文物考古研究所・河南省永城市文物管理委員会『芒碭山西漢梁王墓地』文物出版社、2001年
		某王后	前漢中期	河南永城芒碭山夫子山M2	崖洞		商丘県（睢陽）の東88km芒碭山	依山し墳丘を築く				陪葬坑1基	文三王伝の平王后任氏は梟首されており、当墓の被葬者ではない。	河南省商丘市文物管理委員会・河南省文物考古研究所・河南省永城市文物管理委員会『芒碭山西漢梁王墓地』文物出版社、2001年
		某梁王	前漢中期、夫子山に後出	河南永城芒碭山鉄角山M1	崖洞		商丘県（睢陽）の東88km芒碭山	依山し墳丘を築く	6	南北70×東西60			未発掘	河南省商丘市文物管理委員会・河南省文物考古研究所・河南省永城市文物管理委員会『芒碭山西漢梁王墓地』文物出版社、2001年
		某王后	前漢中期、夫子山に後出	河南永城芒碭山鉄角山M2	崖洞		商丘県（睢陽）の東88km芒碭山	依山し墳丘を築く	4.5	南北50×東西40			未発掘	河南省商丘市文物管理委員会・河南省文物考古研究所・河南省永城市文物管理委員会『芒碭山西漢梁王墓地』文物出版社、2001年
		某梁王	前漢中期、鉄角山に後出	河南永城芒碭山南山M1	崖洞		商丘県（睢陽）の東88km芒碭山	依山し墳丘を築く	7	直径60		陪葬坑1基	未発掘	河南省文物考古研究所『永城西漢梁国王陵与寝園』中州古籍出版社、1996年、河南省商丘市文物管理委員会・河南省文物考古研究所・河南省永城市文物管理委員会『芒碭山西漢梁王墓地』文物出版社、

														2001年
梁		某王后	前漢中期、鉄角山に後出	河南永城芒碭山南山M2	崖洞		商丘県（睢陽）の東88km芒碭山	依山し墳丘を築く					未発掘	河南省文物考古研究所『永城西漢梁国王陵与寝園』中州古籍出版社、1996年
		梁王か王后	前漢中期	河南永城芒碭山黄土山M1	崖洞	有	商丘県（睢陽）の東88km芒碭山	依山し墳丘を築く	10	南北70×東西25		黄土山M3	未発掘	河南省商丘市文物管理委員会・河南省文物考古研究所・河南省永城市文物管理委員会『芒碭山西漢梁王墓地』文物出版社、2001年
		梁王か王后	前漢中期	河南永城芒碭山黄土山M2	崖洞	有	商丘県（睢陽）の東88km芒碭山	依山し墳丘を築く	8					河南省文物考古研究所・永城市文物旅游管理局『永城黄土山与酇城漢墓』大象出版社、2010年
		夷王劉遂	前漢中晩期	河南永城芒碭山僖山M1	竪穴	金鏤	商丘県（睢陽）の東88km芒碭山	依山し墳丘を築く	8	東西80×南北50		僖山M3？		河南省文物考古研究所『永城西漢梁国王陵与寝園』中州古籍出版社、1996年 河南省商丘市文物管理委員会・河南省文物考古研究所・河南省永城市文物管理委員会『芒碭山西漢梁王墓地』文物出版社、2001年
		夷王后	前漢中晩期	河南永城芒碭山僖山M2	竪穴	玉璧再利用	商丘県（睢陽）の東88km芒碭山	依山し墳丘を築く	4	M1と一体				
		荒王劉嘉	前漢中晩期	河南永城芒碭山窯山M1	竪穴	金鏤	商丘県（睢陽）の東88km芒碭山	依山し墳丘を築く	10	南北80×東西50				河南省商丘市文物管理委員会・河南省文物考古研究所・河南省永城市文物管理委員会『芒碭山西漢梁王墓地』文物出版社、2001年
		荒王后	前漢中晩期	河南永城芒碭山窯山M2	竪穴	有	商丘県（睢陽）の東88km芒碭山	依山し墳丘を築く	8	M1と一体？				河南省商丘市文物管理委員会・河南省文物考古研究所・河南省永城市文物管理委員会『芒碭山西漢梁王墓地』文物出版社、2001年

王国	国都（今名）	被葬者	王没年	王墓遺跡	墓の形態	玉衣	王墓の位置	墳丘の有無	墳丘高m	墳丘平面m	祭祀建築	陪葬	備考	出典
楚	彭城（徐州）	元王劉交？	孝文元（前179）	江蘇徐州楚王山漢墓	崖洞？		徐州の西10km	有	7(山と合わせると54.08m)	南北54当時×50	墓垣あり。寝園らしき遺構あり	陪葬墓4基	未発掘。水経注に記載	周学鷹『徐州漢墓建築―中国漢代楚（彭城）国墓葬建築考』中国建築工業出版社、2001年、江蘇省徐州博物館・劉照建・梁勇「徐州市銅山県楚王山漢墓群考古調査」『漢代考古与漢文化国際学術検討会論文集』2006年
		楚王（劉郢客か劉戊）	前漢前期	江蘇徐州獅子山	崖洞	金鏤	徐州の東3km	有			西斜面に有	陪葬墓（綉球山M1、M2）、駱駝山、官僚陪葬墓区、陪葬坑		韋正、李虎仁、鄒厚本「江蘇徐州獅子山西漢墓的発掘与収穫」『考古』1998年8期、獅子山楚王陵考古発掘隊「徐州獅子山西漢楚王陵発掘簡報」『文物』1998年8期。徐州漢文化風景園林管理処・徐州楚王陵漢兵馬俑博物館『獅子山楚王陵』南京出版社、2011年
		楚王	前漢前期	江蘇徐州駄籃山M1	崖洞		徐州の東9km							邱永生・徐旭「徐州市駄籃山西漢墓」『中国考古学年鑑1991』文物出版社、1992年、葉継紅「試談徐州西漢楚王墓的形成与分期」、閻孝慈「試徐州的西漢楚王墓」（いずれも『両漢文化研究』文化美術出版、1996年）
		楚王后	前漢前期	江蘇徐州駄籃山M2	崖洞		徐州の東9km							邱永生・徐旭1992「徐州市駄籃山西漢墓」『中国考古学年鑑1991』文物出版社、閻孝慈「徐州的漢代王侯墓」『徐州師範学院学報（哲学社会科学版）』1988年1期、閻孝慈「試徐州的西漢楚王墓」、葉継紅

楚

											「試談徐州西漢楚王墓的形成与分期」（いずれも『両漢文化研究』文化美術出版、1996年）
安王劉道？	前漢前～中期	江蘇徐州北洞山M1	崖洞	金鏤	徐州の北10km	有	（残4.85m）			后楼山漢墓		徐州博物館ら「徐州北洞山西漢墓発掘簡報」『文物』1988年2期、徐州博物館・南京大学歴史学系考古専業『徐州北洞山西漢楚王墓』文物出版社、2003年
襄王劉注	武帝元鼎元（前116）	江蘇徐州亀山M2	崖洞		徐州の西北6km	依山				亀山M1		南京博物院、銅山県文化館「銅山亀山二号西漢崖洞墓」『考古学報』1985年1期、南京博物院「『銅山亀山二号西漢崖洞』一文的重要補充」『考古学報』1985年3期、徐州博物館「江蘇銅山県亀山二号西漢崖洞墓材料的再補充」『考古』1997年2期
襄王后	劉注前後	江蘇徐州亀山M2	崖洞		徐州の西北6km	依山						南京博物館「銅山小亀山西漢崖洞墓」『文物』1973年4期
楚王		江蘇徐州西臥牛山	崖洞	金鏤？	徐州の西4.5km	依山					半両銭出土	李銀徳「江蘇西漢諸侯王陵墓考古的新進展」『東南文化』2013年1期
楚王后		江蘇徐州西臥牛山	崖洞		徐州の西4.5km	依山						李銀徳「江蘇西漢諸侯王陵墓考古的新進展」『東南文化』2013年1期
楚王（劉延寿？）	宣帝前後	江蘇徐州東洞山（石橋）M1	崖洞	有？	徐州の東6km	依山			洞山山頂に有		墓の南で玉衣片採集	徐州博物館「徐州石橋漢墓清理報告」『文物』1984年11期
楚王后	宣帝前後	江蘇徐州東洞山（石橋）M2	崖洞		徐州の東6km	依山			洞山山頂に有			徐州博物館「徐州石橋漢墓清理報告」『文物』1984年11期

王国	国都（今名）	被葬者	王没年	王墓遺跡	墓の形態	玉衣	王墓の位置	墳丘の有無	墳丘高m	墳丘平面m	祭祀建築	陪葬	備考	出典
楚		楚王后	宣帝前後	東洞山M3	崖洞		徐州の東6km	依山					未完。M2に後出	孟強「徐州東洞山三号漢墓的発掘及対東洞山漢墓的再認識」『東南文化』2003年7期
		楚王		江蘇徐州南洞山漢墓	崖洞		徐州の東南6km	依山						閻孝慈「徐州的漢代王侯墓」『徐州師範学院学報（哲学社会科学版）』1988年1期。「試徐州的西漢楚王墓」『両漢文化研究』文化美術出版1996年
		劉紆	王莽期	江蘇徐州臥牛山漢墓	崖洞		徐州の西4.5km	依山						閻孝慈「徐州的漢代王侯墓」『徐州師範学院学報（哲学社会科学版）』1988年1期、「試徐州的西漢楚王墓」『両漢文化研究』文化美術出版、1996年
江都	広陵（揚州）	易王劉非	武帝元朔2(前127)	江蘇大雲山M1	竪穴題湊	金鏤	広陵から北西に83km	山頂、有	残8	南北200	墓園あり	墓園内外に陪葬墓、陪葬坑有り		南京博物院・盱眙県文広新局「江蘇盱眙県大雲山西漢江都王陵一号墓」『考古』2013年第10期
		易王后	M1より古い。前129年かやや後	江蘇大雲山M2	竪穴	金鏤	広陵から北西に83km	山頂、有	残14	南北200 M1の封土に埋められる	M1と墓園共有	墓園内外に陪葬墓、陪葬坑有り		南京博物院・盱眙県文広新局「江蘇盱眙県大雲山西漢江都王陵二号墓発掘簡報」『考古』2013年第1期
広陵	広陵（揚州）	厲王劉胥か孝王覇	宣帝五鳳4（前54）か建昭5（前35）	江蘇高郵神居山（天山）M1	竪穴題湊		広陵の西北45km		5～6		周囲に瓦散布			「江蘇高郵発掘一座大型漢墓」『人民日報』1980、7、18、梁白泉「高郵天山一号漢墓発掘側記」『文博通訊』32、1980年、王冰「高郵天山漢墓墓主考辨」『文博』1999年2期
		厲王后	宣帝五鳳4前後	江蘇高郵神居山（天山）M2	竪穴題湊		広陵の西北45km							「江蘇高郵発掘一座大型漢墓」『人民日報』1980、7、18。梁白泉「高郵天山一号漢墓発掘側記」『文博通訊』32、1980年

		靖王守？		江蘇邗江宝女墩	不明	不明	広陵の西北18km	有	12	南北100		宝女墩M104、105	主墓は存在が予想されるのみ	揚州博物館・邗江県図書館「江蘇邗江県楊寿郷宝女墩新莽墓」『文物』1991年10期
泗水	凌城（泗陽）	勤王綜か戻王駿	前漢後期	江蘇大青墩漢墓	竪穴題湊	無	凌城の北5km	有	8.5	直径90		陪葬坑と陪葬墓有	同穴合葬。周辺5組の王墓群	江蘇省大青墩漢墓連合考古隊「泗陽大青墩泗水王陵」『東南文化』2003年4期、「泗陽大青墩漢墓論証会紀要」『東南文化』2003年4期、厳大勇編『南京博物院建院70周年特展 泗水王陵考古』王朝文化芸術出版社、2003年
六安	六（六安）	共王劉慶	昭帝期	安徽六安双墩M1	竪穴木槨		六安東北約10km	有	10	直径55	東北角に瓦当散乱	西に3基の墓と陪葬坑3基		汪景輝・楊立新「安徽六安双墩一号墓漢墓」国家文物局『中国重要考古発現2006』文物出版社、2007年
		恭王后		安徽六安双墩M2	竪穴題湊		六安東北約10km	有					未発掘	汪景輝・楊立新「安徽六安双墩一号墓漢墓」国家文物局『中国重要考古発現2006』文物出版社、2007年
		某六安王	前漢前・中期	安徽六安県城東涑郷	不明		六安の附近		15			車馬坑1以上	車馬坑のみ確認。附近墓群	邵建白「安徽六安城東西漢車馬坑清理簡報」『文物研究』3期、1988年
長沙	臨湘（長沙）	*靖王呉著か定王劉発*	前漢前期	湖南長沙咸嘉湖象鼻嘴山	竪穴題湊			山頂、有						湖南省博物館「長沙象鼻嘴一号西漢墓」『考古学報』1981年1期
		呉姓長沙王后曹嫘	前漢前期	湖南長沙咸嘉湖陡壁山	竪穴題湊			山頂、無						長沙市文化局文物組「長沙咸家湖西漢曹嫘墓」『文物』1979年3期
		呉姓長沙王后魚陽	前漢前期	湖南長沙咸嘉湖望城坡古墳坑M1	竪穴題湊							陪葬坑3		長沙市文物考古研究所・長沙簡牘博物館「湖南長沙望城坡西漢魚陽墓発掘簡報」『文物』2010年4期

王国	国都（今名）	被葬者	王没年	王墓遺跡	墓の形態	玉衣	王墓の位置	墳丘の有無	墳丘高m	墳丘平面m	祭祀建築	陪葬	備考	出　典
長沙		某長沙王か王后	前漢前中期	湖南長沙風盤嶺M1	竪穴題湊			小丘頂部、有						長沙市文物考古研究所・長沙市望城区文物管理局「湖南長沙風盤嶺漢墓発掘簡報」『文物』2013年6期
長沙		煬王劉旦～穆王劉魯人の后張氏	前漢後期	湖南長沙望城風篷嶺	竪穴題湊	金鏤								長沙市文物考古研究所・望城県文物管理局「湖南望城風篷嶺漢墓発掘簡報」『文物』2007年12期、何旭紅「湖南望城風篷嶺漢墓年代及墓主考」『文物』2007年12期

※斜体は異性諸侯王

第四章　前漢諸侯王墓と諸侯王の自殺

はじめに

本篇第三章で集成したように、前漢諸侯王墓をめぐっては注目すべき調査成果が相次いでいる。これらの発掘成果は文献史料あるいはその他の文字資料からもうかがうことのできない、前漢における諸侯王のありかたを示す格好の情報を提供してくれる。

しかし、それぞれの発掘報告書に目を通すと、被葬者の比定にあたっての基準にしばしば混乱が認められる。被葬者の特定は直接、墓主の名に繋がる文字資料が出土すれば容易だが、前漢ではそうした事例はまれで、出土遺物から年代を絞り込み、該当する時期、地域に在位した王を被葬者の候補に挙げる手法をとらざるをえない。それに加えて有力な手がかりを与えてくれそうな要素が、諸侯王達の死に方である。自然死以外の死、例えば自殺や反乱による敗死などを遂げた王が、通常の葬送儀礼により埋葬されたのか、されなかったとすれば、どのように葬られたか、ということである。発掘された墓葬資料にも明らかに通常の埋葬状況と異なる事例がすでにいくつか報告されている。異常な死を遂げた諸侯王の墓のあり方が明らかにできれば、被葬者の特定に繋がる明確な基準を提示できるだけでなく、当時の諸侯王をめぐる処遇も明らかにできると思われるのである。同時に、死者に対する処遇は諸侯王だけでなく、皇帝、とりわけ漢以降に増加する追諡皇帝や廃帝などの埋葬についても一定の基準を示してくれるものと期待できるのである。

本章ではこうした問題意識をもちつつ、近年、被葬者が問題とされているいくつかの諸侯王墓を具体的に取り上げ、異常死を遂げた王達がどのように扱われたのかを、発掘資料と史料の双方から検討を加えることにしたい。

第一節　被葬者の特異性が指摘される諸侯王墓

まずは問題となる個々の具体的な諸侯王墓の事例を概観しておきたい。

一、江蘇省徐州獅子山漢墓

獅子山漢墓は徐州市の東側の獅子山という標高六二・一五ｍのなだらかな丘陵全体を墳墓とした巨大な王墓である（獅子山楚王陵考古発掘隊 一九九八、韋正ら 一九九八ａ、ｂ）。墓の構造は、スロープ状の墓道を築き、その奥に横穴の墓室を設けたものとなっている（**図一**）。墓の規模から見て、徐州近郊でこれまでも発見されている楚王墓の一つであることは間違いなく、墓の構造や遺物の年代観から前漢の前期に相当する。また、墓の周囲には兵馬俑坑や陪葬墓群をもち、広大な墓域をもつ墓である。これはまさに半独立の体制を有した景帝以前の諸侯王墓の姿である。

一方で、この墓については、やや特異な点があることが発掘当初から報告されている。一つは壁面の仕上げが非常に粗雑なことで、墓室全体の仕上げが行われていない未完成のものである可能性があること。そして、通常、墓の後室に安置されるべき墓主が前室で発見されたこと。これらの事象から、墓主が何か突発的な事件により慌しく埋葬されたと推測され、それにより墓主を、景帝三（前一五四）年に呉楚七国の乱を起こし敗死した劉戊（楚元王劉交の孫）

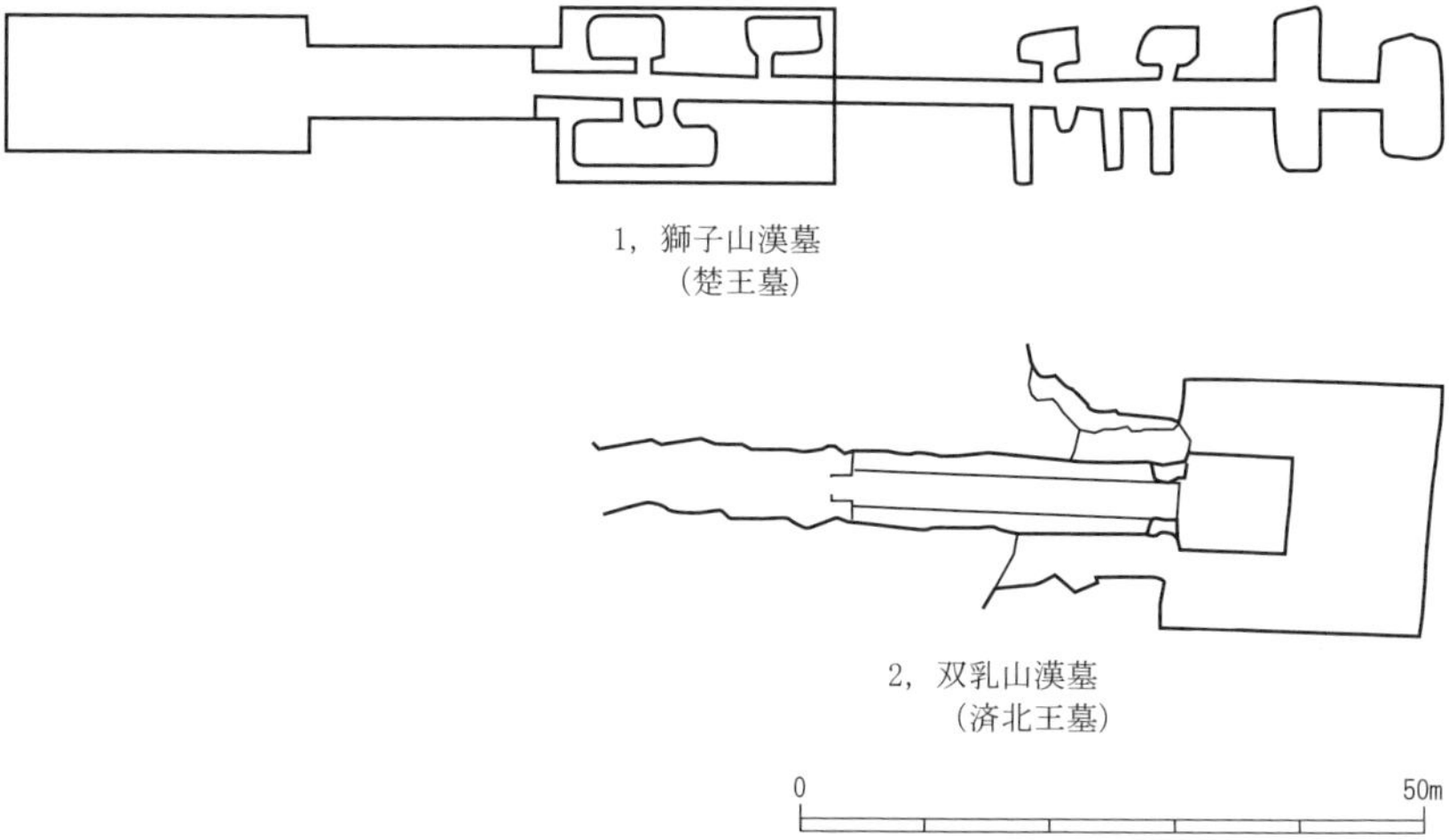

図一　獅子山漢墓・双乳山漢墓平面図

とする有力な説が導き出された。

獅子山漢墓の墓主を劉戊に比定する意見は発掘担当者が唱えたことにもよるが、何よりも反逆の王という、その話題性も手伝って、広く認知されているかのようである。しかし、簡報〔獅子山楚王陵考古発掘隊　一九九八〕では、被葬者の比定に慎重であり、劉戊かその前の劉郢客としている。また、簡報などの報告が出された直後から、墓主を劉戊とすることには否定的な意見も出され、いまだに結論は出ていない[1]。

この論争の争点を見ると、劉戊説を主張する人々が依拠するのは、墓の構造の不自然さだけだということである。その結論の前提とあるべき、「反乱を起した諸侯王がどのように埋葬されたのか」という大きな問題が全く考慮されていない。また、被葬者が金縷玉衣をまとい、玉を象嵌した棺に葬られていた事実や〔李春雷　一九九九〕、副葬されている玉器の質も非常に高いことも、被葬者像を絞る上で無視できぬ重要な要素である。

二、山東省長清双乳山漢墓

双乳山漢墓は、双乳山山頂に巨大な竪穴を穿って築かれた王墓である〔山東大学考古系など 一九九七〕〔王永波ら 二〇〇一〕〔王永波 二〇〇五〕。墓の規模は大きいがその反面、壁面の処理がやや粗雑という特徴も見られる（図一）。また未盗掘にもかかわらず、副葬品の質量ともに、他の諸侯王墓に比べて著しく劣っていた。何よりも墓主が玉衣を纏わず、玉マスクだけであったことも注目された。墓は立地から考えて前漢の済北王のものであることは間違いなく、出土遺物の年代観は武帝期後半から昭帝初年であることから、その間に死亡している成王劉胡かその子の寛と考えられた。報告では、墓が未完成な状態や、副葬品が貧弱なことから、自殺した劉寛が墓主であると結論づけている〔山東大学考古系など 一九九七〕。

三、山東省章丘市危山漢墓

海抜二〇五mの危山山頂に位置する王墓で、二〇〇二年に陪葬坑が発掘された〔王守功 二〇〇四〕。詳細はまだ報告されていないが、断片的な報道からは、丘陵の頂部に高さ七mの墳丘を築いた典型的な諸侯王墓であることが分かる。墓室は未発掘だが、付近から兵馬俑坑や車馬坑が見つかっていることから、相当な墓域をもつ墓であったことが分かる。墓の所在地から、墓主は前漢の済南王と考えられ、陪葬坑出土遺物の年代観は前漢前期となる。そうすると、呉楚七国の乱を起こした劉辟光が墓主とならざるをえない。反乱を起こした諸侯王墓の発見であり、詳細な報告が待ち望まれる。

以上の事例では、墓の規模では徐州獅子山漢墓と章丘の危山漢墓は周囲に陪葬坑を設け、広大な墓域を有するなどの共通点が見られ、前漢前期の強大な諸侯王の権限を窺わせるものである。双乳山漢墓は、時期が武帝期のため、前漢初期の諸侯王墓に比べ、規模の縮小が進んでいるが、それにもまして注目されるのは、玉衣を着用していないこと、副葬品の少なさの二点である。仮に、双乳山漢墓の墓主を劉寛、獅子山漢墓の墓主を劉戊とした場合、同じく自殺した王でありながら、埋葬方法に大きな隔たりがあることになる。

この点を明らかにするうえで、極めて重要な発掘調査が行われ、その成果が公表されている。宛朐侯劉埶の墓とされる簸箕山三号墓である。

第二節 簸箕山漢墓の発掘

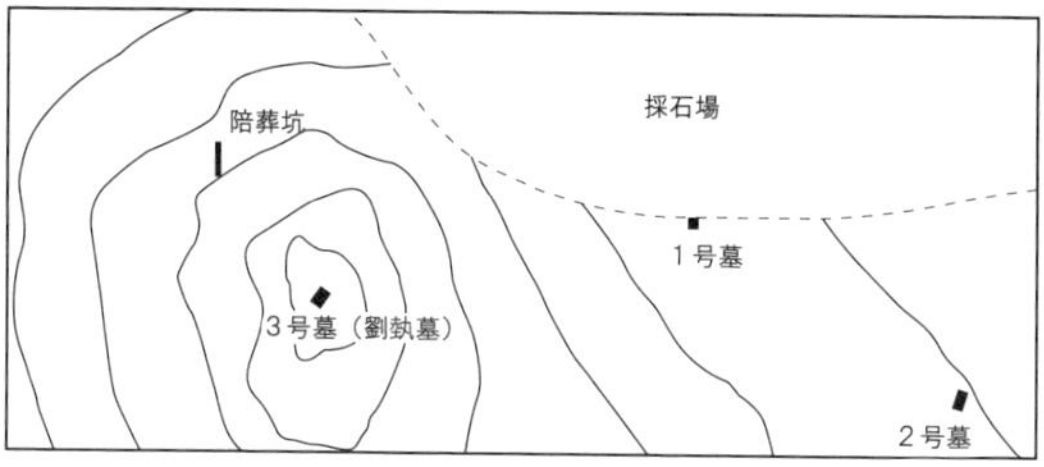

図二 簸箕山漢墓（劉埶墓）平面図

一九九四年に徐州市北郊で発掘調査された簸箕山三号墓（以下、簸箕山漢墓）は、幸いにも未盗掘であった〔徐州博物館 一九九七ａ〕。出土した金印には「宛朐侯埶」という印文があり、これにより墓主が劉埶であると特定された。劉埶の事跡を見る前に詳しく墓の規模を見ることにしよう（図二）。

墓は標高八六・九ｍの簸箕山の頂部に築かれている。丘陵の北側には陪葬坑が見つかっており、広い墓域を有していたことが分かる。墓室は竪穴で穴の底部を墓室としている。注目されるのは、竪穴の壁面に水平方向に掘削しようとした痕跡が認められたことである。徐州周辺では岩盤を掘り込んだ同様の竪穴墓が見つかっているが、形態にはいくつかの種類が見られる（図三）。比較的大きな竪穴墓は竪穴の底部から水平方向に横穴を掘削し、そこを墓室とするものである。簸箕山漢墓で見つかった痕跡は、この横穴を掘削しようとして放棄された可能性が高いと報告されている。主室が未完成でありながら、陪葬坑などがすでに完成していたことを考えると、墓が生前から作られる寿墓であるため、陪葬坑な

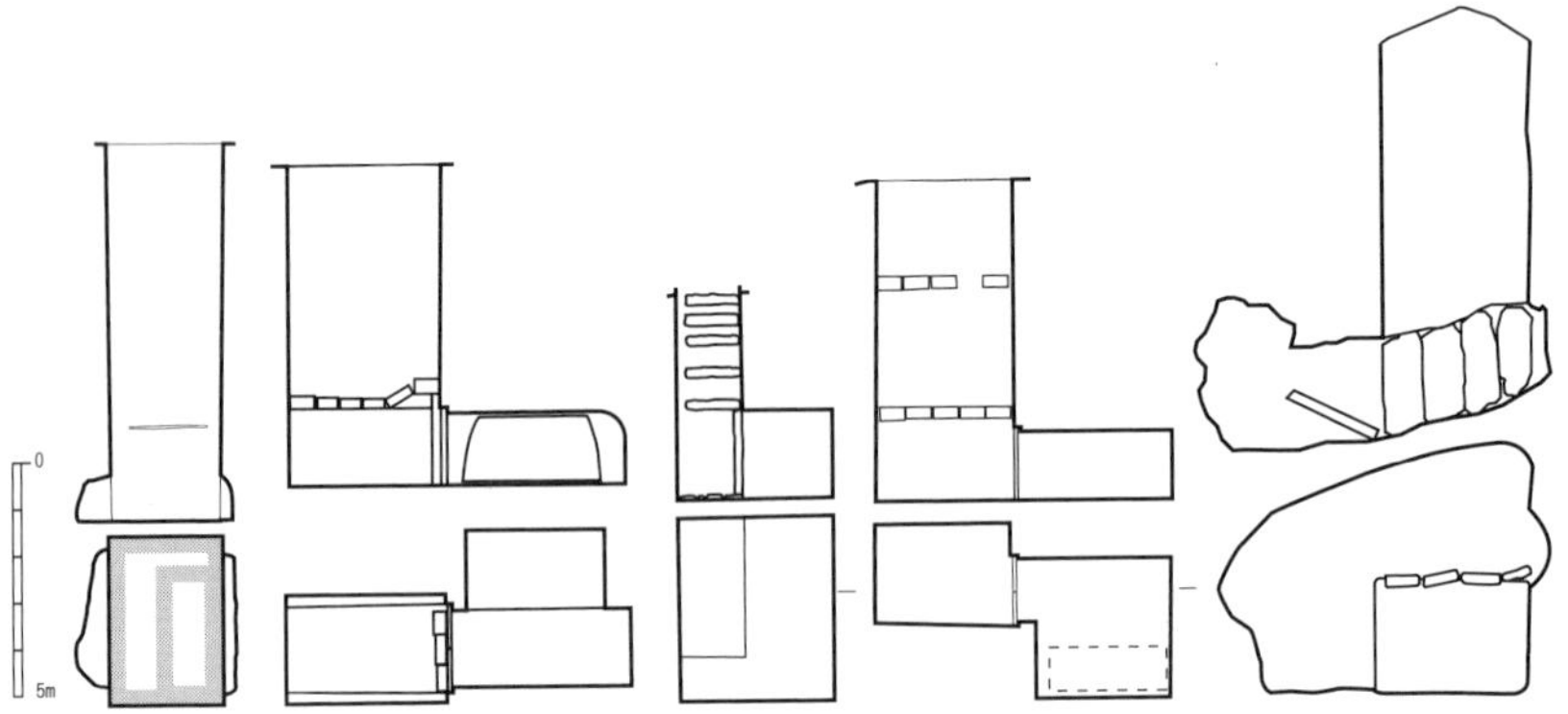

1，簸箕山３号漢墓（劉埶）　2，後楼山1号漢墓（楚王一族か）　3，碧螺山５号漢墓　4，韓山１号漢墓（劉婞 楚王一族か）　5，亀山１号漢墓（楚王一族か）

図三　徐州周辺の楚王室に関わる竪穴墓

どの附属施設の中には工事が完成しているものもあったが、全体としては未完成であった。墓主は未完成の墓室に埋葬されたということになろう。

また、王子侯であった劉埶が玉製品をほとんど伴わずに葬られたことも注目される。列侯クラスが必ずしも玉衣を着用する必要はないが、ほぼ同じ時期の楚の王族と思われる竪穴墓の墓主が、玉衣（劉和墓（耿建軍ら 一九九六）、碧螺山M五（徐州博物館 二〇〇五）、後楼山M四（徐州博物館など 二〇〇三））もしくは玉マスク（韓山M一（徐州博物館 一九九七b）、子房山M三（徐州博物館 一九八〇）、後楼山M一（徐州博物館 一九九三）、後楼山M五劉涇墓（徐州博物館など 二〇〇三））を着用していることを考えると、明らかに格が下げられたと考えられるのである。このように墓が複雑な事象を見せることは、墓主の事跡が関係している。

劉埶は前漢の楚の元王劉交の庶子で、景帝元（前一五六）年に宛朐侯に封じられた。その後、楚王劉戊が起した呉楚七国の乱に加担し、乱が鎮圧された後も存命していたが、その後の処遇をめぐっては記録に混乱が見られる。『史記』巻一一・孝景本紀には

三（前一五四）年……六月乙亥、亡軍、及び楚元王の子埶等の謀反に與る者を赦す。

とあり、『漢書』巻五・景帝紀でも

……楚元王の子蓺等、（呉王劉）濞等と逆を爲すも、朕、法を加うるに忍びず、其の籍を除き、宗室を汚さしむることなかれ。

とあるように、宗籍を剝奪されたことが記されるのみである。しかし、『漢書』巻一五上・王子侯表上には、

四月乙巳封ず。三年、反き誅せらる。

とあるように、誅されたとある。発掘された遺骨の鑑定から、墓主は三〇歳前後の男性とされていることから、自然死ではない可能性が高い。

史料と発掘成果を合わせると、以下のように考えることができる。劉埶は呉楚七国の乱に加担し、乱後、何らかの理由で三〇歳前後の若さで死去した。その後、墓に葬られるが、その墓は未完成であった。また墓室の造り方だけでなく、副葬品の質や量も、列侯の墓や徐州近郊で発見される楚王一族の墓に比べると明らかに見劣りのするものである。こうしたことから、劉埶には列侯としての通常の埋葬は許されなかったと考えられる。しかし、反乱に加担したものでありながら生前に築いていた墓に埋葬されていたという事実は注目される点である。

第三節　発掘された墓からうかがえる被葬者の状況

以上の墓を検討するにあたり、以下の二点に留意したい。一点目は墓の構造とその造りの精度である。通常ならば完成した墓室に葬られるが、突発的な死の場合、墓が未完成であったり、著しく造りが粗雑である可能性がある。二点目は葬具や副葬品の質と量である。一部は生前に陪葬坑に納められたと思われるが、その多くが墓主の死後に墓室

内に納められたと思われる。とりわけ墓主の遺体を納める棺などの葬具は、被葬者の地位と葬儀の具体を示す資料といえるだろう。以上の墓室の規模・仕上げと副葬品の質と量を中心としながら、先に触れた諸侯王墓を籔箕山漢墓と比較しながら見ていくことにしたい。

まずは双乳山漢墓である。被葬者の候補となっている劉寛は、姦淫と皇帝を呪った疑いで皇帝から詰問され、自殺している。その墓の状況を、籔箕山漢墓と比較した場合、墓が未完成であること、墓主の葬具や副葬品の質と量が他の諸侯王墓と比べて著しく見劣りがすることなど、共通する点が多い。したがって、双乳山漢墓の被葬者は、通常の諸侯王の礼で埋葬を行われたものではなく、何らかの異常性を感じさせるものである。そうした点から、被葬者は発掘報告者が指摘するように自殺した劉寛である可能性が高いと言える。

済南王劉辟光が墓主と思われる危山漢墓は、残念ながら主体部が未発掘であり副葬品の多寡や墓室の作りなどは分からない。周辺に陪葬坑を持つことなどは、通常の諸侯王墓と全く同じであり、現時点では、外見上、この墓から何ら異常性を感じ取ることはできない。陪葬坑が設けられているのは、先に見た籔箕山漢墓と同様であり、問題となるのは墓室がどのような状況で、被葬者がどのような葬具を身に付け、副葬品の質と量がどの程度あるかということである。おそらくは双乳山漢墓と同様に何らかの異常性があるものと予測されるが、今後の調査を待たざるを得ず、ここでは、漢に対する反逆を起したものの墓が、埋葬当時はともかく、遺跡としての外見上、他の諸侯王墓とほとんど変わりのない墓に埋葬されていることを確認しておくだけにしたい。

獅子山漢墓は、墓に一部未完成の点があることは劉埶墓に共通する。しかし、出土品を見た場合、墓主が金縷玉衣をまとい、巨大な玉棺に玉枕を用いていること、副葬された玉製品に精緻なつくりのものが多いこと、また陪葬者が存在することなど、他の諸侯王墓と比べてもまったく遜色がない。このことはこの墓が仕上げなどに未完成の部分があるものの、通常の諸侯王の葬儀が行われたことを示している。こうした点から考えると、墓主を呉楚七国の乱を起こした劉戊とは考えにくく、戊の父である夷王郢客である蓋然性が高い。墓室の仕上げの一部に粗さが残るのは、四年という在位期間の短さによるものであろう。

以上のことから、次の点が明らかとなる。一点目は、諸侯王や列侯が反乱を起した場合でも、埋葬は行われていたことである。また、墓の規模も相当な大きさを有するものがある。これは、当時の習慣から考えて、墓が寿墓であり、死去した時点ですでにある程度の形が出来ていたことによるだろう。当然、予期せぬ最期を迎えると、墓は未完成なものとならざるをえない。しかし完成、未完成にかかわらず、墓主は自ら築いていた墓に埋葬されたと考えられるのである。

二点目は副葬品の質と量である。簸箕山漢墓の場合、列侯の墓にしては副葬品に玉製品が少なく、また葬具も玉衣や玉マスクを伴わないなど不自然な点が目立つ。同様のことは双乳山漢墓にも言えることである。一方で獅子山漢墓からは他の諸侯王墓と比べても全く遜色のない質の副葬品が見つかっており、盗掘を受けてはいたが、残された玉製品の量も相当なものであった。このことから、前二者については、通常の葬送儀礼が行われなかったことが推測されるのである。

それでは、劉埶、劉寛そして劉辟光はなぜこのような埋葬をされたのであろうか。次節ではその点を明らかにしていきたい。

呉楚七国の乱などの反乱を起したものは大逆にあたり、漢律では、連坐する「父母妻子同産」は皆、棄市とされ（『漢書』巻五・景帝紀如淳注）、本人は腰斬とされた。(2) 諸侯王で反乱を起したもの、あるいは企てたものは史書に散見されるが、彼等の多くが刑の執行の前に自殺している（表）。そのため、反乱を起した諸侯王の埋葬を考えるにあたっては、自殺した諸侯王がどのように埋葬されたのかを明らかにしていきたい。

第四節　不自然死を遂げた諸侯王の埋葬

漢代の自殺については、すでに鎌田重雄氏が官僚の自殺を検討し、その意味については、皇帝が大官を処分するときは刑死させるのではなく、自殺を促すことで刑辱が及ぶことを回避せしめることを第一の目的とした、倫理的な処置とする〔鎌田重雄　一九六二〕。冨谷至氏は、自殺にはそうした倫理的な意味以外に、裁判前に主犯者が死亡することにより、縁坐者に罪が及ぶことを回避しようとする極めて現実的な意図が働いていたとする〔冨谷至　一九九八〕。

実例に照らしてみても、例えば武帝の子である燕王劉旦のように、謀反が発覚して自殺し、国が除かれながら、後に太子であった劉建が広陽国に封ぜられているように、太子に縁坐が及んでいなかった。前漢で自殺した諸侯王の事例を検討すると、元の太子やその他の子が後に王として封建されていることがしばしば認められる。そのため、自殺により子供などに縁坐が及ぶことを防いだことは明らかであるが、自殺することによって本人の遺体の処置にも何らかの影響を与えたとは考えられないだろうか。

自殺した諸侯王の処置をめぐっては、武帝の子の広陵厲王劉胥の場合が興味深い。劉胥は宣帝を呪詛し、五鳳四（前五四）年に自殺している。『漢書』巻六三・武五子伝には、

（廣陵王劉）胥、太子霸に謂いて曰く「上、我を遇すること厚きも、今、之に負くこと甚し。我死さば、骸骨當に暴かるべし。幸にして葬るを得ば、之を薄くし、厚くすること無かれ」と。即ち綬を以て自ら絞れ死す。及び八子郭昭君等二人、皆自殺す。天子、恩を加え、王の諸子を赦し皆庶人と爲し、謚を賜い厲王と曰う。

と記す。死後に予想される最悪の処置として、葬られることもなく遺体が野ざらしということもありえるとしながらも、この発言は埋葬されることを想定しつつなされているようである。幸いに、彼は謚号も賜っているため、遺体は野ざらしではなく、埋葬されたのであろう。しかし、具体的にどのような墓に、どのように埋葬されたかは分からない。

異常死を遂げた王の埋葬については、文帝期の淮南王劉長の処置がその点を考えるうえでさらなる手がかりを提供してくれる。『漢書』巻四四・淮南衡山済北王列伝によると、淮南王劉長は文帝の異母弟にあたるが、謀反が発覚し、丞相と典客により審理された結果、棄市に相当するとされた。しかし殺すことを躊躇した文帝により、王を廃され蜀に配流されることになったが、移送中に食を絶ち自殺したことが雍で発覚する。同伝にはこれをうけて、文帝は、

乃ち列侯を以て淮南王を雍に葬り、守冢三十家を置く。

という処置をとった。このように王の死後の扱いが皇帝の恣意に左右されるものであることは注意を要するが、ともかくも劉長は列侯の格式で、死去した雍に埋葬されたのである。その後、斉王劉肥の孫にあたる城陽王喜を淮南に遷して淮南国を復活させると、長を追尊して厲王と謚し、

園を置くこと諸侯の儀の如くす。（同伝）

とあるように、王として墓の整備が行われたことが分かるのである。以上のことから、劉長は死去した場所の雍で埋葬され、後に王の謚号を与えられると王墓として整備されたのである。謀反を起し、自殺した王が埋葬されていたと

表　自殺した前漢諸侯王一覧

王名	原因	死亡方法	時期	死後の処置など	『漢書』出典
燕王定国	禽獣の行いがあり、誅殺に値するとされる。	自殺	元朔二年	国除。哀帝の時、敬王沢の玄孫帰生を営陵侯とする。	荊燕呉伝
膠西王卬	呉楚七国の乱	自殺	景帝三年		荊燕呉伝
膠東王雄渠	呉楚七国の乱	自殺	景帝三年		高五王伝、景帝紀
淄川王賢	呉楚七国の乱	自殺	景帝三年		高五王伝、景帝紀
済南王辟光	呉楚七国の乱	自殺	景帝三年		高五王伝、景帝紀
楚王戊	呉楚七国の乱	自殺	景帝三年	平陸侯劉礼（戊の叔父）をたて楚王とする。	楚元王伝
楚王延寿	広陵王を帝位につけようとする。	自殺	地節元年	国除。	楚元王伝
趙幽王友	呂后により幽閉され死去。	幽死	呂后七年	庶民の礼で葬られる。呂后の死後、文帝の時、子の遂が趙王に。	高五王伝
趙王遂	呉楚七国の乱	自殺	景帝三年	国除。	荊燕呉伝、高五王伝
趙供王恢	王后の呂氏に妾を殺され悲しんで自殺。	自殺	呂后七年	呂后により継嗣を廃される。	高五王伝
済北王興居	反乱をおこし敗れ捕虜となる。	自殺	文帝三年	国除。	高五王伝
斉孝王将閭	呉楚七国の乱に通じた容疑で軍を向けられたため、服毒自殺。	自殺	景帝三年	孝王が自発的に乱に参加しようとしなかったことを認め、太子寿を王とする。	高五王伝
斉厲王次昌	国相主父偃により姉との姦通を取り調べられ、服毒自殺。	自殺	元朔二年	国除。ただし悼恵王墓の祭祀は淄川王が行う。	高五王伝
淮南厲王長	棘蒲侯柴武の太子と共謀し、謀反したが、発覚。丞相と典客が審理し、棄市を求刑。再度列侯と二千石に審理させるも法のとおりの処分を決める。文帝は死罪を赦し、王位を廃し、有司の意見に従い、蜀へ配流。その途中、絶食して死亡。	自殺	文帝六年	列侯の葬で雍に葬る。守冢三十家。のちに城陽王喜を淮南王とし、長に厲王の諡号を贈り、諸侯のように陵園を置いた。	淮南衡山済北王伝
淮南王安	謀反が発覚。漢使の到着前に自殺。	自殺	元狩元年	国除。	淮南衡山済北王伝
衡山王賜	謀反が発覚。中尉、大行が取り調べを行い、上奏、再度、宗正と大行が取り調べようとしたが、自殺。	自殺	元狩元年	国除。密告した太子は謀反の罪は赦されたが、姦淫で棄市。	淮南衡山済北王伝
済北王寛	姦淫と呪詛の容疑で、大鴻臚により取り調べら	自殺	後元二年	国除。	淮南衡山済北王伝

	れることになるが、その前に自殺。				
梁王立	平帝の外戚中山の衛氏と通じたことにより廃され庶民となり、漢中郡に遷され、自殺。	自殺	元始三年	国除。二年後に孝王の玄孫の曾孫の卒史音を梁王とする。	文三王伝
臨江閔王栄	廟の壖地を侵した罪で、召され、中尉府で審問。自殺。	自殺	景帝中二年	藍田に葬られ、数万の燕が土を加え塚の上に置いたという。子が無く、国除。	景十三王伝
江都王建	謀反の罪で、列侯、二千石、博士が評議し、誅殺を要請。宗正と廷尉が取り調べようとするが、自殺。	自殺	元狩二年	后の成光らは棄市。国除。後、平帝の時、建の弟盱眙侯の子の宮が広陵王となる。	景十三王伝
広川王去	悖虐の罪で誅殺が請われたが、王位を廃し、上庸に遷され、湯沐邑百戸を与えられたが、途中で自殺。	自殺	本始四年	后の昭信は棄市。国除。のち宣帝地節四年に去の兄文を王とする。	景十三王伝
燕剌王旦	反乱が発覚し漢からの使者が到着すると綬で首をつり自殺。后や夫人など二十余名が後を追う。	自殺	元鳳元年	恩を加え、太子建を赦して庶民とし、旦に謚号剌を賜る。	武五子伝
広陵厲王胥	巫女に呪詛させたことで廷尉、大鴻臚に尋問され、綬で自殺。	自殺	五鳳四年	死後、恩を加えられ、王の諸子は赦され庶民に。謚号は厲王とされる。	武五子伝
東平煬王雲	皇帝を呪詛。有司は誅殺を請うが、王を廃し、房陵に遷すことになる。雲は自殺し、王后の謁は棄市。	自殺	建平三年	国除。のちの元始元年、雲の太子だった開明を立て東平王とする。	宣元六王伝

いうことを確認しておきたい。

また、臨江王劉栄は、封国で廟の壖地を侵して宮殿を造ったために長安に召還されたが、そこで自殺している。彼は封地ではなく長安南東の藍田に埋葬された（『漢書』巻五三・景十三王伝）。景帝の元太子という特異な立場にあった栄だけに、その死から埋葬までにはやや特殊な事情を考えるべきかもしれないが、淮南王長の場合と同様に、自殺した王が埋葬されていたことを確認しておく。

以上の検討から、具体的な状況は不明だが、自殺した王が何らかの形で埋葬されたということが分かるのである。しかし、ここで例に挙げた淮南王劉長、臨江王劉栄の事例がいずれも封地とは全く無縁の場所で死去し、その地もしくはその付近で埋葬されているのであり、自殺の事例としては圧倒的に多数を占める封国で死去した諸侯王がどのように埋葬されたかは明らかでない。この点については具体的な状況を示す史料がほとんどないため、発掘資料に頼らざるをえないが、その前に前漢の諸侯王達がどのように葬送されていたかを明らかにしておく必要があろう。

前漢初期に諸侯王が巨大な封地と権限を有したことはすでに指摘されていることだが、その傾向は、本篇第三章で述べたように諸侯王墓の規模にも如実に現れている。しかし、諸侯王への統制が強化されるにつれ、彼等の遺体の処置にも漢の強い掣肘が加えられるようになった。『漢書』巻五・景帝紀には、

(中)二(一四八)年春二月、令すらく「諸侯王の薨、列侯の初めて封ぜられ、及び國に之くは、大鴻臚、諡・誄・策を奏す。列侯の薨、及び諸侯の太傅の初めて除せられ官に之くは、大行、諡・誄・策を奏す。王薨ずれば、光祿大夫を遣し襚・祠・賵を弔し、喪事を視、因りて嗣子を立てしむ。列侯薨ずれば、大中大夫を遣し祠を弔し、喪事を視、因りて嗣を立てしむ。其れ葬るに、國に民を發し喪を輓くを得、土を穿復し、墳を治むるに、三百人を過ぐること無く、事を畢らしめよ」と。

とあるように、諸侯王の葬事にあたっては、光禄大夫が派遣され、弔問させるとともに葬送の監督を行わせていたのである。列侯も同様、大(太)中大夫が派遣されるようになった。皇帝に近侍するこれらの大夫が派遣されることは、(3)諸侯王の薨じた後の葬送儀礼が、中央からの強い監視下で執行されたことが窺えよう。そこに、王国側の意思が入る余地はなかった。どのような死に方をしたにせよ、皇帝の意図が王の葬儀にまで貫徹されていたのである。それでは、次にこうした強い掣肘の下で、自殺した王達がどのように葬られていたかを、発掘資料を基に考えていきたい。

ここで再度、宛朐侯劉埶の場合を見てみよう。まずは、彼の死に方である。既述のように、史料に示された情報が錯綜しているが、出土した遺骨は彼が極めて若くして死亡したことを示している。『漢書』王子侯表に示された「誅」

という記載から、おそらくは誅殺されたのであろう。しかし、これまで見てきたように、諸侯王でも刑死されることが稀であったことを考えれば、誅とはいっても、自殺であった可能性がより高いと思われるのである。『漢書』巻五・景帝紀の記載では、

「……楚元王の子蓺等、（呉王劉）濞等と逆を爲すも、朕、法を加うるに忍びず、其の籍を除き、宗室を汚さしむることなかれ」と。平陸侯劉禮を立て楚王と爲し、元王の後を續がしむ。

とある。単に劉埶だけの処置ではないこと、一連の処置として劉埶の兄弟である礼を立て楚王国の存続を認めていることから、刑死とは考えにくい。この事実と『漢書』王子侯表に誅殺と書かれていることを合わせれば、劉埶の死は自殺と考えるのが最も整合的であろう。この推測が正しければ、簸箕山漢墓は謀反を起しながら自殺した列侯墓の事例となるのである。簸箕山漢墓が列侯に相応しい葬具や副葬品がないにもかかわらず、その選地は独立丘陵の頂部を占め、周囲に陪葬坑を設けるなど、列侯の墓として相応しいものとなっている。その理由は、これが寿墓であり、生前にすでに着工していたからと解釈できる。墓室の側壁に認められた工事途中を示す痕跡は肝心の墓室が未完成でありながら、埋葬されたことを示している。そして貧弱ともいえる葬具や墓室に納められた副葬品は、葬送に際し、通常の列侯として埋葬されなかったことを表している。墓の規模が一見、列侯として相応しいものでありながら、その出土遺物が少ないことはこうした理由によるのであろう。

双乳山漢墓の墓室や副葬品の埋納状況は、既述のように簸箕山漢墓と同様であることから、この墓は済北王劉寛のものである可能性は極めて高い。済南王劉辟光の墓の可能性が高い危山漢墓も、墓室の発掘調査が行われていないため推測にすぎないが、この事例に合致するのであろう。以上の発掘事例から考えて、自殺した諸侯王は、生前築いていた寿墓に埋葬されたと思われる。しかし、葬具あるいは副葬品はまったく事情が異なるのである。発掘調査では、

それは出土遺物の多寡と質の差異として現れるのである。

謀反を起した王侯がこのような墓に葬られるのは、彼らが自殺した結果と考えられる。冨谷氏が指摘するように、自殺は一族への罪の波及を防ぐ意味があった。それに加えて自らの遺体の処置にも大きな影響を与えたのである。諸侯王ではないが、哀帝の寵愛を一身に受けた董賢の墓と埋葬のされ方は、自殺した諸侯王の埋葬を考える上でも示唆に富む。彼は生前から殊遇を受けていたが、哀帝はその待遇を死後にも約束しようとした。すなわち、生前から帝の寿陵の近くに壮大な寿墓を築くことを許しており、また葬具も予め賜与していた。以下はすべて、『漢書』巻九三・佞幸伝からの引用である。

及び東園祕器、珠襦玉柙に至りては、豫め以て賢に賜い、備具せざるは無し。又た将作をして賢が爲に冢塋を義陵の旁に起てしむ。内は便房、剛柏題湊を爲り、外は徼道を爲り、垣を周らすこと數里、門闕罘罳は甚だ盛んなり。

このように、寿墓は墓園をめぐらし、墓室内には特に題湊を設けるなど最高のクラスのものとされ、さらに玉衣などの葬具も全て予め揃えられていたのである。しかし、哀帝が崩ずると、王莽らにより弾劾され、自殺に追い込まれる。死後にその墓に葬られるが、その葬儀は、

家、惶恐し、夜、葬る。

とあるように、賢の父である恭によって、まるで隠れるかのように行われたのである。しかし埋葬されたのち、その死に疑問を感じた王莽が棺を発いて確認しようとするが、その時に口実とされたのが、生前に用意されていた棺や玉衣であった。すなわち、

（王）莽、復た大司徒（孔）光を風して奏せしむ。「……（董）賢自殺し辜に伏すも、死後、父恭等、過を悔いず、

乃ち復た沙を以て棺に四時の色を畫き、左は蒼龍、右は白虎、上は金銀の日月を著す。玉衣、珠璧の以て棺するは、至尊も以て加うる無し……」。

とあり、その後、実際に賢の墓は発かれるのである。この事件は、哀帝の寵愛を受けた董賢への王氏の報復という極めて政治的な動きの中で生じたものであるが、葬送に関していくつかの知見を得ることができる。一点目は、すでに生前に準備されていた墓や皇帝から賜っていた棺や玉衣などの葬具は当初そのまま使用されていたこと。二点目は葬儀が異様なほど速やかに、しかも夜に行われる状況であったこと。三点目は、董賢の死を確認したいという王莽による口実とはいえ、賢の棺や玉衣が問題として提起されたこと。以上の三点である。この董賢の事件は、王莽の執拗な追及がなければ、という仮定が必要なものの、自殺を遂げた者が生前築いていた墓に、予め用意されていた葬具により埋葬されたこと、そして通常の葬儀は行えなかったことを示している。同時に、華美な葬具が問題提起されているように、墓以外の葬具、あるいは副葬品など埋葬時に墓に納められるものは、何らかの変更が加えられるべきものだったのであろう。

以上のように自殺した者は、寿墓に葬られることができたが、身につける葬具や葬送儀礼などが通常とは異なるものであったことが明らかとなった。それでは、自殺し、寿墓に埋葬された諸侯王は、死後にはどの点で自然死した諸侯王と差別化されたのであろうか。節を改めて考察したい。

第五節　埋葬後の墓

遺体が埋葬された後の墓は、祖先祭祀の場として廟と並んで重視される。また祭祀のためには恒常的な墓の維持管理が必要であった。ここでは、諸侯王墓の祭祀と管理についていくつかの事例を見ていこう。一つは先に見た文帝期の淮南王劉長の事例である。史料はすでに挙げたので、ここでその処置を時系列で述べると以下の通りである。

①蜀に配流中に、雍で餓死したことが発覚。

②その場で列侯として埋葬され、守冢三十家が置かれた。

③淮南国が復活すると、長に厲王と諡し、墓園を諸侯と同じように設けた。

死後に再度諸侯王と認められ、それに伴い墓も相応しい規格とされたのである。しかしここで注意しておきたいのは、劉長が葬られた雍の地が封地とは全く無関係の場所であり、しかも蜀への配流中に葬られたということである。いかに列侯の格式で埋葬されたとはいえ、急死を遂げた場所に相当な規模の墓を築くのは困難であり、ここでいう列侯の格式での埋葬とはその葬送儀礼を指したものであろう。もう一点は、後に厲王と諡されたのちに諸侯王として墓に加えられた改変とは、地上施設である墓園の設置であり、遺体が埋葬されている墓室の改変ではなく、改葬でもなかったということである。

以上のことから、漢代の死者の処置について重視されていたことは、死後に如何に墓の管理が継続的、組織的に行われるかということであり、さらに如何なる祭祀が行われたかということである。廟だけでなく、墓も祖先祭祀の場として重視されたことは言うまでもないが、封地の変化が激しい諸侯王でも特に重視された。それは、漢初以来の歴史を誇る斉国が厲王次昌の自殺により国が除かれると、祭祀が絶えることになる悼恵王墓の祭祀を一族の淄川王に継続させたということを見ても明らかである(4)。

このように墓のどういう側面が被葬者の地位を示しえたか、ということを検討すると、発掘調査で往々にして問題とされる墓室の規模以上に重要なものがある、ということになる。諸侯王が罪を得ても自殺すれば、生前に造営を始めていた寿墓に葬られる。そのため、王号を剥奪された者が諸侯王並みの墓に葬られることは十分にあり得るのである。死者の生前の地位を示すのは埋葬までの葬送儀礼であり、とりわけそこで披露される葬具、葬列の規模が、開放された空間内で広く人々に示されたのである。漢から派遣された光禄大夫が監視したのはまさに、葬送のこの部分である。そして今ひとつは葬られた墓がどのような祭祀を受け、維持されるかという問題である。如何に大きな墓室を持った墓であっても、そこに「王」として葬られず、そのような祭祀を受けなければ、それは社会的な地位を表象するものとしては、何の価値も持たない。先に見たように墓園、奉邑が置かれ、諸侯としての継続的な祭祀が行われることで、初めて諸侯王の身分で埋葬されていると言えるのである。

おわりに

以上、近年発掘された注目される漢墓の発掘成果をもとに、謀反を起し、自殺した前漢諸侯王の遺体の処置を見てきた。原則的には王の自殺により国は絶たれるが、太子をはじめとする子が殺されることはなく、庶人に落とされるのみである。後に、元の太子などが王として封建される事例も多い。自殺した王には諡号が贈られることもあり、死後は遺体が放置されるのではなく、埋葬されたのである。こうした点から、自殺によって、一族への連坐を防ぐとともに、自らの遺体も埋葬が許されたということが言えるのである。

墓主が諸侯王として埋葬され、死後もその待遇を受けたか否かは、最初に葬儀から葬送にいたる段階で示される。とりわけ景帝中二年以降は、諸侯王の葬儀には皇帝の側近である光禄大夫が派遣されることになり、規制がより強化された。また王墓は皇帝陵と同様に奉邑や墓園が設けられ、日々の管理警備とともに、定期的な祭祀が行われたのである。以上の点を考慮するならば、発掘報告書で問題とされる墓室の規模は直接的に死者の地位を示すものとは必ずしもいえない。諸侯王墓は生前に築かれる寿墓であり、墓穴さえあれば謀反をした王もそこに葬られるからである。死者の生前の地位を示すものは、地下の墓室ではなく、葬具や副葬品の質と量であり、地上の建造物と、その維持管理そしてそこで行われる祭祀だったのである。

この点から述べるならば、獅子山漢墓の墓主は、墓園の構造、葬具、副葬品の質と量から劉戊とは到底考えられず、楚の夷王劉郢客の可能性が高い。また双乳山漢墓の墓主は従来から言われているように劉寛であり、発掘されていない危山漢墓の墓主は劉辟光以外に候補はなく、だとすれば墓室や副葬品の状況は双乳山漢墓のように通常の諸侯王墓に比べ著しく見劣りがするものであることが予想されるのである。

続々と発掘される前漢諸侯王の墓は、その壮大な地下の墓室に注目が集まってしまうが、被葬者の推定にあたっては、副葬品は言うにおよばず、寝殿・墓園などの地上構造物の検討も行うことが不可欠である。また、発掘された遺構をどのように前漢史の中に位置づけるかということも検討する必要があろう。史料が少ないそれぞれの諸侯王の最期について、墓葬は得がたい資料を提供し、王の遺体の処置をめぐる、漢の諸侯王対策の一班を明らかにする手がかりとなるのである。

注

（1）獅子山の被葬者については遺物の年代観から、劉郢客、劉戊、劉礼、劉道が候補として挙げられるが、とりわけ劉郢客、劉戊をめぐって論争が続いている。〔獅子山楚王陵考古発掘隊　一九九八〕では被葬者を劉郢客か劉戊としており、墓主の断定には慎重であるが、同時期に発表された〔韋正ら　一九九八a、b〕では、劉戊の可能性が高いとしている。〔劉瑞　二〇〇二〕は、被葬者をめぐる論争の経緯をまとめるとともに、劉戊説に反対し、劉郢客を墓主とした有力な論考である。また、梁勇氏も建築学の面から獅子山漢墓の被葬者を劉郢客としている〔梁勇 二〇〇一〕。

（2）程樹徳『九朝律考』巻一漢律考三律文考参照。

（3）漢の大夫については〔米田健志 一九九八〕参照。

（4）『漢書』巻三八・高五王伝に、

（齊）悼惠王後唯有二國、城陽、菑川。菑川地、比齊、武帝爲悼惠王冢園在齊、乃臨菑東圜悼惠王冢園邑盡以予菑川、令奉祭祀。

とある。

【引用・参考文献】

韋正・李虎仁・鄒厚本　「江蘇徐州市獅子山西漢墓的発掘与収穫」『考古』一九九八年八期、一九九八ａ
「徐州獅子山西漢墓発掘紀要」『東南文化』一九九八年三期、一九九八ｂ
王永波　『長清西漢済北王陵』生活・読書・新知三聯書店、二〇〇五
王永波・張志・靖立軍　「双乳山漢墓与武帝鋳造幣」『中原文物』二〇〇一年三期、二〇〇一
王守功　「危山漢墓――第五処用兵馬俑陪葬的王陵」『文物天地』二〇〇四年二期、二〇〇四
鎌田重雄　「漢代官僚の自殺」『秦漢政治制度の研究』日本学術振興会、一九六二
耿建軍・盛儲彬　「徐州漢皇族墓出土銀縷玉衣等文物」『中国文物報』一九九六年一〇月二〇日、一九九六
崔大庸　「洛荘漢墓　山東考古大発現」『中国国家地理』二〇〇一年八期、二〇〇一
山東大学考古系・山東省文物局・長清県文化局　「山東長清双乳山一号漢墓発掘簡報」『考古』一九九七年三期、一九九七
獅子山楚王陵考古発掘隊　「徐州獅子山西漢楚王陵発掘簡報」『文物』一九九八年八期、一九九八
徐胡平　『泗水王陵出土　西漢木雕』天津人民美術出版、二〇〇三
徐州博物館　「江蘇徐州子房山西漢墓清理簡報」『文物資料叢刊』四、一九八〇
「徐州後楼山西漢墓発掘報告」『文物』一九九三年四期、一九九三

「徐州西漢宛朐侯劉埶墓」『文物』一九九七年二期、一九九七ａ
「徐州韓山西漢墓」『文物』一九九七年二期、一九九七ｂ
「徐州碧螺山五号西漢墓」『文物』二〇〇五年二期、二〇〇五
徐州博物館・南京大学歴史学系考古専業　『徐州北洞山西漢楚王墓』文物出版社、二〇〇三
済南市考古研究所・山東大学考古系・山東省文物考古研究所・章丘市博物館　「山東章丘市洛荘漢墓陪葬坑的清理」『考古』二〇〇四年八期、二〇〇四
張金萍・張蔚星　「木胆抽象与拙朴的漢代木雕－西漢泗水国王陵出土」『文物天地』二〇〇四年一期、二〇〇四
冨谷至　「漢の縁坐制――その廃止と変遷――」『秦漢刑罰制度の研究』同朋舎、一九九八
南京博物院　「銅山小亀山西漢崖洞墓」『文物』一九七三年四期、一九七三
米田健志　「漢代の光禄勳――特に大夫を中心として」『東洋史研究』第五七巻第二号、一九九八
李春雷　「江蘇徐州獅子山楚王陵出土鑲玉漆棺的推理復原研究」『考古与文物』一九九九年一期、一九九九
劉瑞　「獅子山楚王陵墓主考略」『文博』二〇〇二年六期、二〇〇二
梁勇　「従西漢楚王墓的建築結構看楚王墓的排列順序」『文物』二〇〇一年一〇期、二〇〇一

【図出典】

図一・〔韋正・李虎仁・鄒厚本　一九九八ａ〕〔山東大学考古系・山東省文物局・長清県文化局　一九九七〕所掲図をトレース
図二・〔徐州博物館　一九九七ａ〕所掲図をトレース
図三・〔徐州博物館　一九九三、一九九七ａ、一九九七ｂ、二〇〇五〕〔南京博物院　一九七三〕所掲図をトレース

第五章　後漢雒陽城の南宮と北宮の役割について

はじめに

後漢は建国当初から儒教を重視した王朝であり、その都城である雒陽[1]にも儒教的礼制の影響があり、中国都城史上の大きな画期となることが予測できる。しかし、後漢の雒陽を研究する上で二つの問題がある。一点目は、文献史料が極めて少ないことである。もとより『後漢書』『東観漢記』などの史書の雒陽に関する記述は極めて断片的であり、前漢長安の『三輔黄図』のように都城の具体的な姿を記した典籍は伝わらない。後漢から魏晋期の洛陽の様子を記した『洛陽記』や『洛陽宮殿簿』などはすべて散逸しており、佚文からは後漢から西晋にかけてのどの時期の都城の様子を記したものかは明確にできない。

二点目は、こうした文献史料の欠を補うことが期待される考古資料も不足していることである。後漢雒陽城は後漢末に壊滅したのち、曹魏、西晋の都城として復興し、西晋末の再度の破壊を経て北魏の都城として再建され、その荒廃の後、北周期に宮城が修築されたという歴史を持つ。そのため現在確認される遺跡は、その最後の姿である北周ないし北魏のものであることになる。また現地表面から各時代の遺構面までの深さはあまりなく、後漢期の遺構が残されている場所は極めて少ない。都城史上、重要な位置を占めながら、後漢雒陽の宮城の遺構は殿舎址も宮城壁すらも全く発見されておらず、そのため宮城の位置など都城の平面形態の復原すら十分に行えていない状況である。

本章では、まず先学の後漢雒陽城復原案の検討を行ったうえで、南北宮の役割および儒教礼制と都城との関わりを中心に検討し、後漢雒陽の都城史上での位置づけを行うことを目的とする。なお、史料引用にあたり『後漢書』からの場合は特に書名を記さない。

第一節　後漢雒陽復原案の検討

後漢雒陽の平面形を復原した早い時期のものに『元河南志』所収の「後漢城図」がある（図一）。南北に長い雒陽城内に、南宮と北宮が配列される。南北宮には各面に一門ずつ設けられ、南北門を結ぶ線上に主要殿舎と門を配列する。南宮東門の東には司徒、司空、太尉の三公府が東西に並ぶ。北宮の北東には太倉と武庫が、南東には永安宮が置かれている。この図は現地の調査等に基づいて作成されたものではなく、残された史料をもとに作成されたと考えられるが、現在に至るまでの後漢雒陽のイメージを決定的なものとしている。

王仲殊氏の復原案は初めて漢魏洛陽故城の調査成果に基づいたものである（図二a）（王仲殊 一九八四）。ただし考古調査で明らかとなったのは、遺跡の中で最も新しい北魏北周期のものである。氏が注目したのは城内の道路で、その位置は後漢のものを踏襲しているとし、不自然な屈曲は南北両宮を避けた結果と考えた。これにより未だ検出されていない後漢南北両宮の位置を復原したのである。以後、王氏復原案は最も有力な案となっている。

一九九〇年代に入り再び活発化した漢魏洛陽城の調査成果を基に、銭国祥氏は王氏の復原案の修正を行った（図二b）（銭国祥 二〇〇二・二〇〇三）。最も重要な変更点は南宮南壁の位置を雒陽城の南城壁の近くに復原したことである。これは雒陽南城壁の正門である「平城門」が南宮の門でもあるという『続漢書』百官志の記述を勘案してのものであ

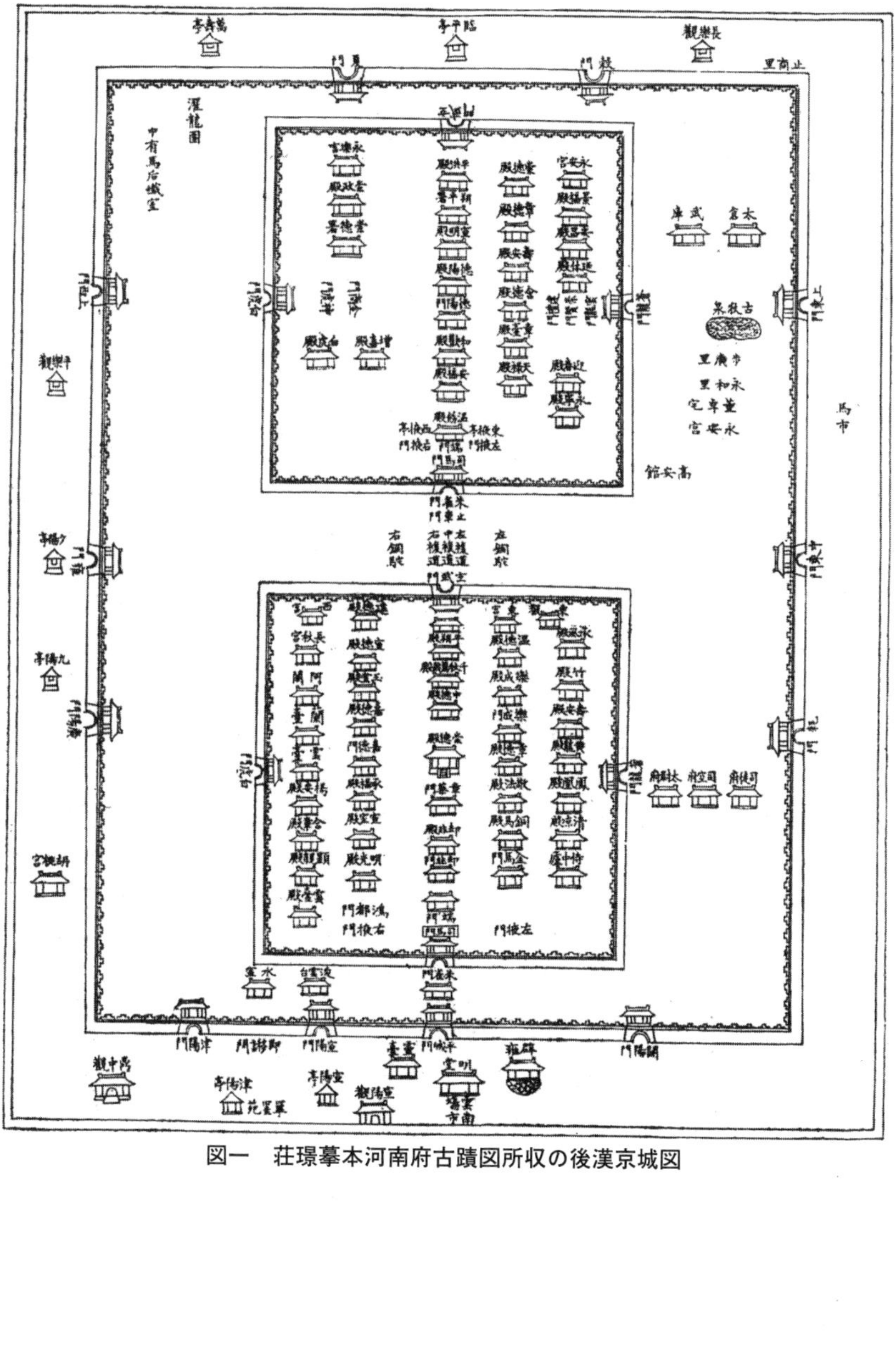

図一　荘璟摹本河南府古蹟図所収の後漢京城図

り、決して後漢雒陽の宮城遺構が検出されたことによるものではない。したがって銭氏の復原案も、考古学的な成果は王氏が用いた資料と同じであり、典籍史料のより深い読み込みにより導き出された修正案なのである。

王氏・銭氏の復原は『元河南志』の復原図に連なるものだが、これらの復原案とは全く異なる図も提示されている。その一つが馬先醒氏によるものである（図二c）〔馬先醒　一九八〇〕。馬氏は南北宮の場所を特定するに際し、『後漢書』光武帝紀の注に引く蔡質『漢典職儀』の、

> 南宮より北宮に至るまで、中央に大屋、複道三道を作り、行くに天子は中道従りし、従官は左右を夾む。十歩ごとに一衞なり。兩宮相い去ること七里。

という記載を重視する。南北九里しかない雒陽城内で七里の距離をおいて南北二宮を設けようとすれば、両宮は雒陽城の南北両端に置かざるを得なくなる。そのため馬氏の復原案は『元河南志』の後漢城図とも王・銭氏の復原とも大きく異なるものとなっている。

張鳴華氏の復原案は、これまでの諸説が南宮と北宮と別の宮城を復原していたことに異を唱える。すなわち、南北宮は連接された宮城で、その位置は魏晋北魏の宮城と同じとする（図二d）〔張鳴華　二〇〇四〕。これは『三国志』魏書・文帝紀の裴松之注に、

> 明帝の時に至り、始めて漢南宮崇德殿の處に太極、昭陽の諸殿を起こす。

とあるように、曹魏洛陽の太極殿が後漢南宮の崇徳殿の位置を踏襲したものという記述を重視した結果である。曹魏太極殿の位置は北魏・北周太極殿に踏襲され、その遺構は発掘調査により判明している〔中国社会科学院考古研究所洛陽漢魏故城隊　二〇一四〕。太極殿は北魏宮城の南部にあり、太極殿北方にある東西道路により宮城全体が大きく南北に分けられており〔中国科学院考古研究所洛陽工作隊　一九七三〕、太極殿のある宮城南半を南宮、道路以北を北宮と解すれ

ば、裴注の記述にそった解釈が可能となる。

以上のような複数の復原案は『元河南志』所収の「後漢城図」―王氏説―銭氏説〔以下第一案〕、これとは全く異なる馬氏〔第二案〕と張氏〔第三案〕の三案に分けることができる。これら三つの説が生じる理由は、後漢雒陽城の南北宮の位置を決める上で重要な史料である蔡質『漢典職儀』と『三国志』文帝紀の裴注の記述の矛盾による。第二案の馬氏は『漢典職儀』の記載を重視して裴注を退け、第三案の張氏はその逆となる。第一案にいたっては『漢典職儀』の「両宮相去七里」の「七里」を「一里」の誤記とし、裴注の「漢南宮」は「北宮」の誤記として、双方の史料に誤りがあるものとして、両史料を整合させようとする。通説とも言える第一案が史料解釈上、最も強引な操作を行っていることになるのである。しかし、『漢典職儀』と『三国志』の記載が矛盾する以上、史料の誤記も考慮しなければならない。そこで各説について個別にその問題点を見ていくことにしたい。

まずは最も特異な第三案を検討しよう。本案の独自なところは魏晋北魏の宮城がそのまま後漢の宮城と同じという点にある。しかし、近年の発掘調査により、北魏宮城の南の正門である閶闔門が曹魏までしか遡らないことが明らかとなり〔中国社会科学院考古研究所洛陽漢魏故城隊 二〇〇三〕、漢魏故城の宮城の変遷では、後漢と曹魏の間に大きな断絶があることが確実なものとなった。したがって張氏の説は遺構の調査により否定されたことになる。

次に第一案と第二案のいずれが妥当かを検討したい。『三国志』魏書・文帝紀の裴松之注の、「至明帝時、始於漢南宮崇徳殿處起太極、昭陽諸殿」という史料について、第一案は「南宮」を「北宮」の誤りとし、第二案ではこの史料を無視する。この点について、〔渡辺信一郎 二〇〇〇〕も指摘するように、『文館詞林』巻六九五「魏曹植毀鄄城令」には、

朱雀を夷げて閶闔を樹て、徳陽を平げて泰極を建つ。

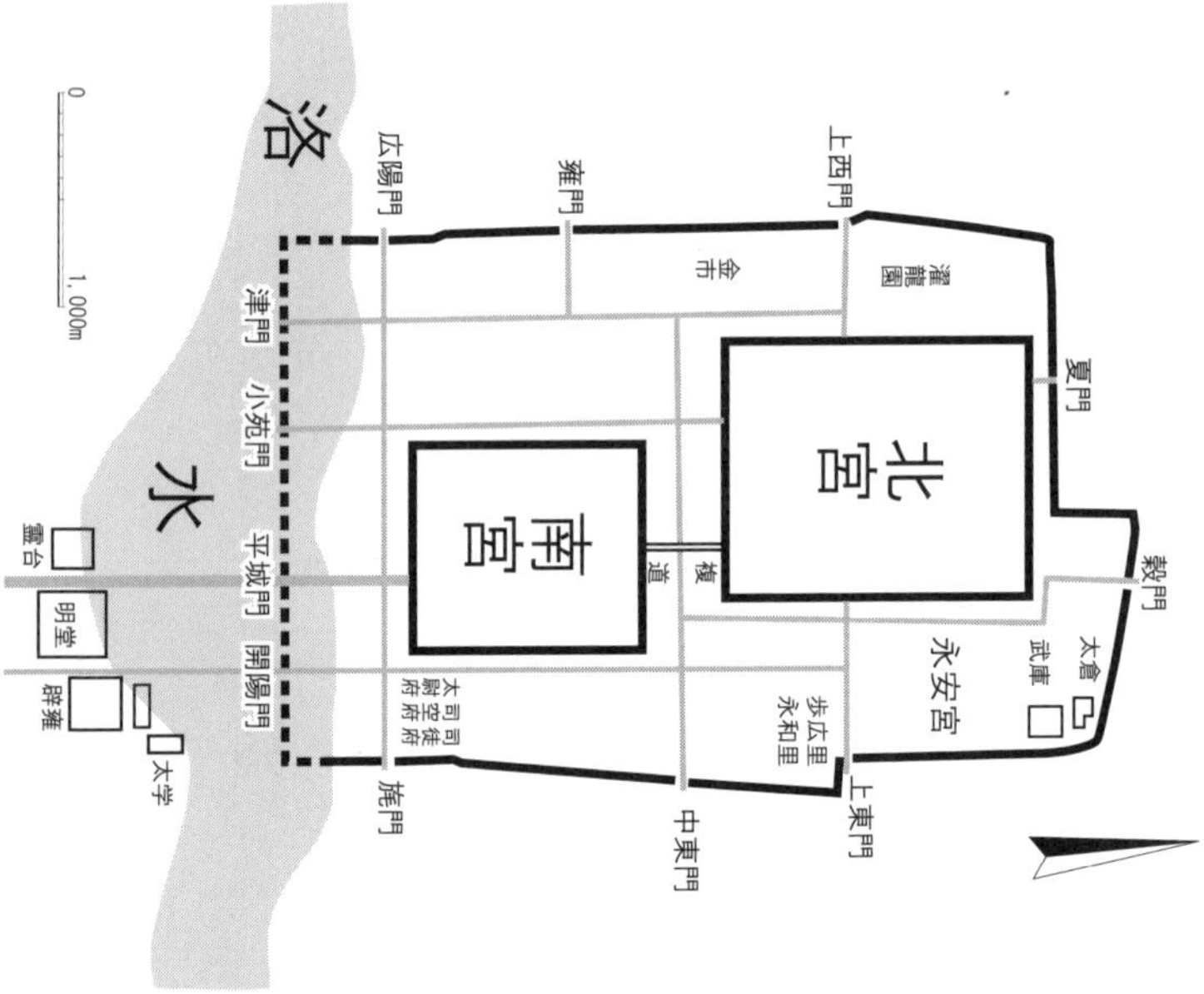

図二a　王仲殊復原案

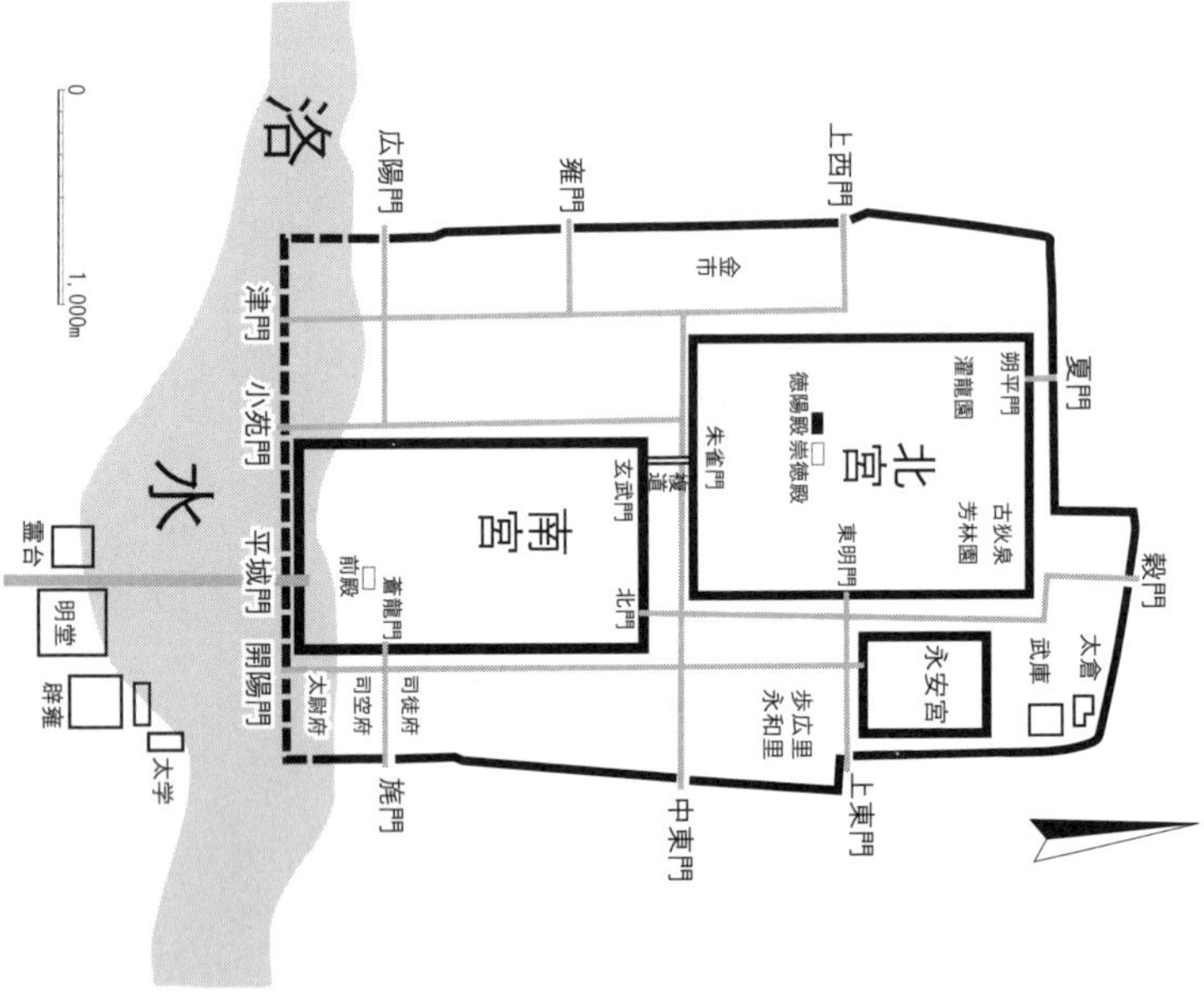

図二b　銭国祥復原案

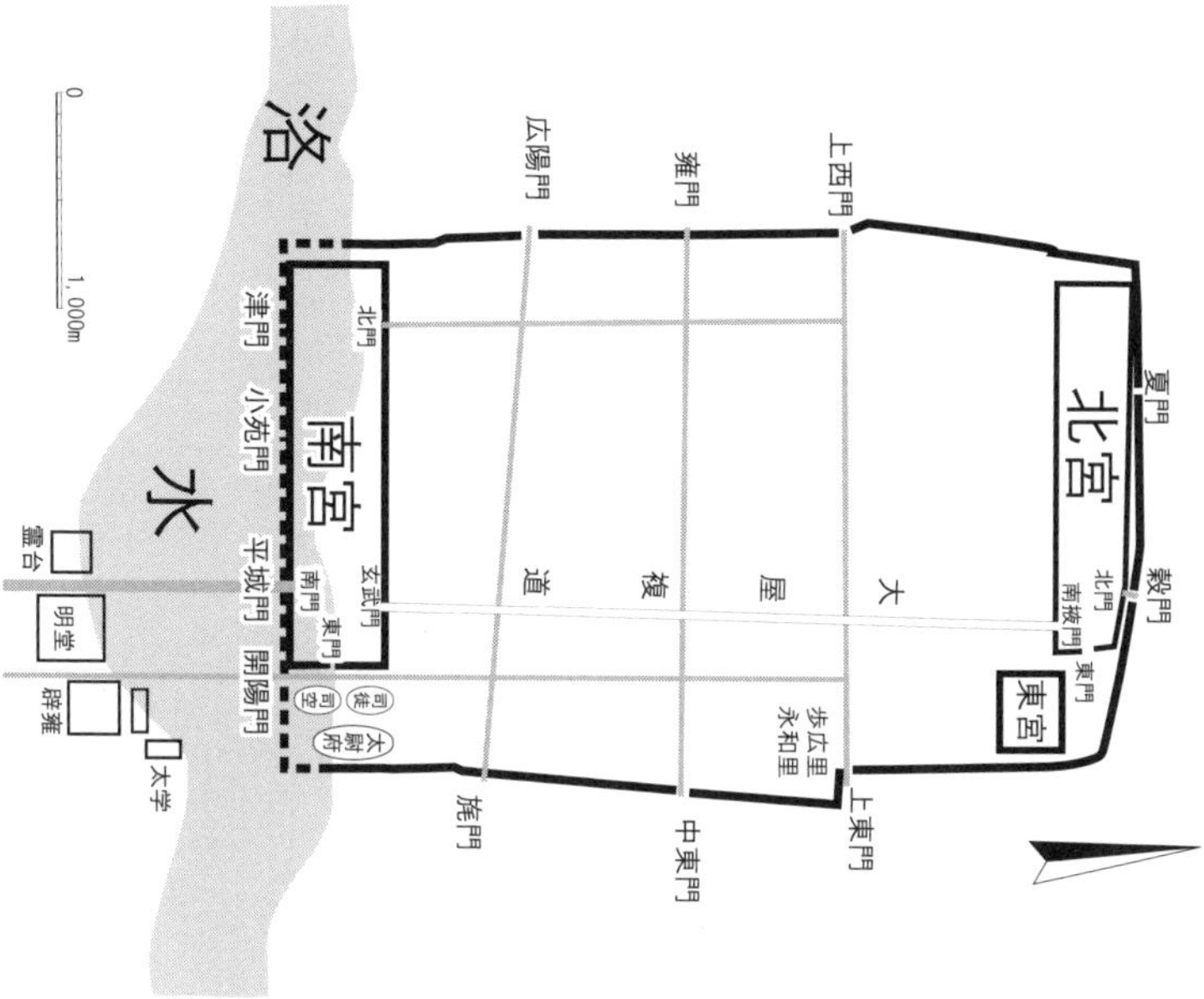

図二c　馬先醒復原案

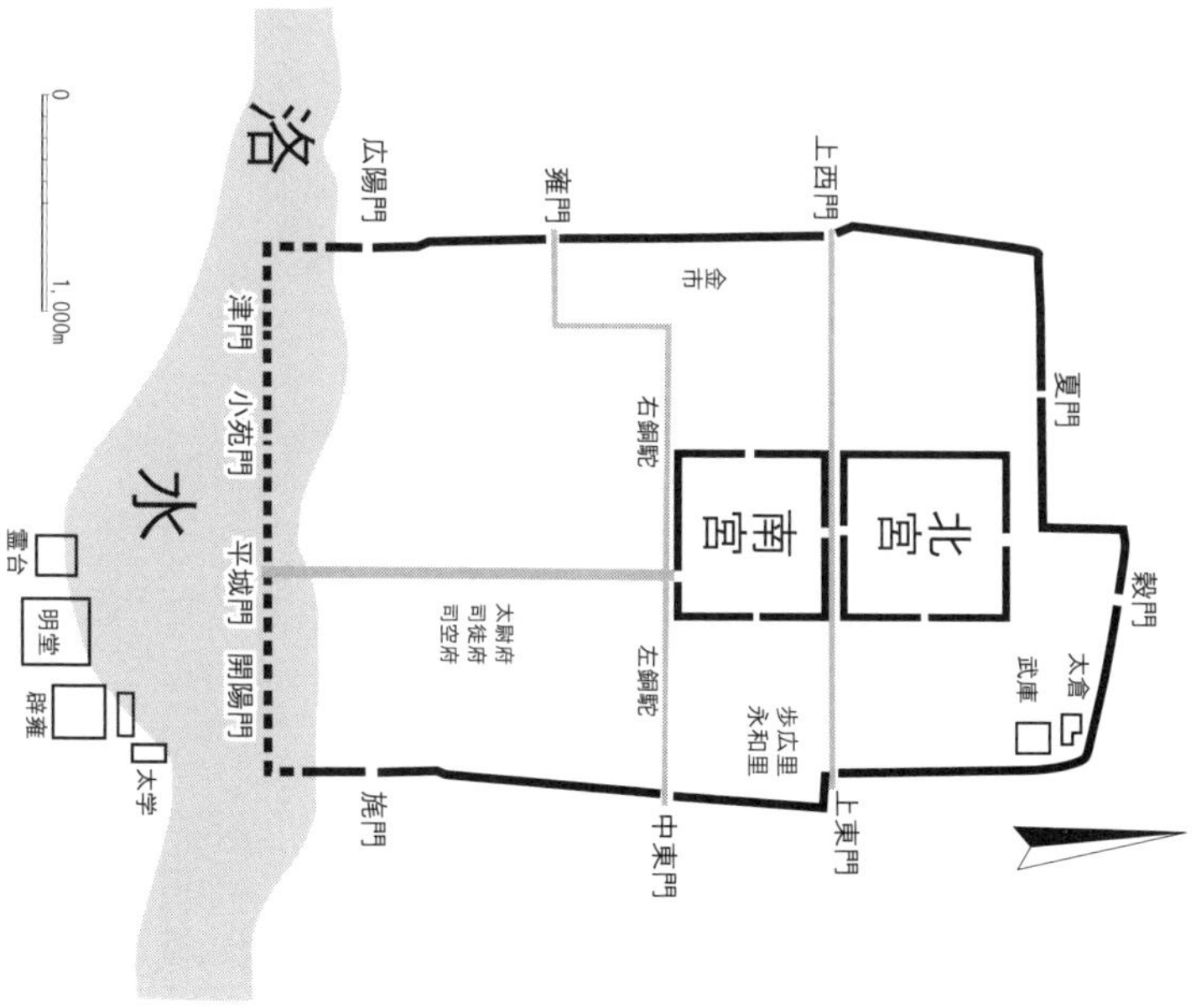

図二d　張鳴華復原案

図二　後漢雒陽の諸復原図

とあり、北宮の徳陽殿の故地に太極殿を建てたことを記す。ただし、後漢の朱雀闕と曹魏の閶闔門が同一箇所でないことは明らかとなっており、この史料は厳密な意味で門や殿舎の場所の継承を記しているのではなく、後漢北宮に曹魏洛陽宮が築かれたことを述べていると解すべきだろう。(2) 第二案では魏晋北魏の太極殿址は南北両宮の宮外となり、この史料と整合しない。また、第二案では、『漢典職儀』を重視した結果、両宮の南北の長さは最大でも一里、つまり四〇〇m余りとなり、あまりに小規模に過ぎることも問題となる。

以上の点から、筆者は第一～三案の中では第一案、その中でも王氏説を発展させた銭氏の説が最も妥当と考える。しかし、銭氏の案にも一部に修正が必要と思われる。以下では後漢雒陽の復原作業を行った後、南北両宮がどのように機能していたのかを見ていくことにするが、その前に雒陽の中でも重要な殿舎である崇徳殿の位置について考察を加えておきたい。この殿舎の位置が南北宮のいずれに属するか最も議論が分かれているからである。

第二節　崇徳殿の位置について

崇徳殿は後に見るように皇帝の即位や殯が行われる宮殿で、その重要性は北宮の徳陽殿に比肩する。従来、この宮殿は南宮の正殿とされることが多かった。(3) しかし、この崇徳殿が南北いずれの宮城にあったのかは『後漢書』『東観漢記』には明記されておらず、他の史料でも記述が異なる。崇徳殿が南宮にあったとするのは、『後漢書』蔡邕伝の注に引く『洛陽記』の、

南宮に崇徳殿、太極殿有り。西に金商門有り。

という記述である。また、先に取り上げた『三国志』魏書・文帝紀の裴注の「至明帝時、始於漢南宮崇徳殿處起太極、

昭陽諸殿」は、太極、昭陽殿の場所と南宮との位置関係は明らかに誤りであるが、崇徳殿が南宮にあったことを示す史料と言えるだろう。

一方で北宮にあったことを示唆するのは、三国呉の薛綜である。『文選』巻三・張衡『東京賦』の注には次のようにある。

崇徳は東に在り、徳陽は西に在り。相い去ること五十歩。

徳陽殿が北宮にあったことは明らかであるから、薛綜に従えば崇徳殿は北宮にあり、徳陽殿の東に建っていたことになる。銭国祥氏の復原案はこの史料に依ったものである。

このように後漢滅亡後、早い段階で崇徳殿の場所は不明となっていた。そのため、後漢雒陽について最もまとまった記述をしている『元河南志』もこの混乱をそのまま引き継いでいる。すなわち「後漢城闕古蹟」には、南宮の殿舎に崇徳殿を挙げ、注に「宮之正殿」とする一方で、北宮にも崇徳殿を記し、注に、

亦た明帝造る。薛綜曰く崇徳は東に在り、徳陽は西に在り。相い去ること五十歩。

と先の『東京賦』注を引いているが、同名の殿舎が南北宮に存在することについては言及していない。

このように崇徳殿の位置については混乱があるが、順帝の即位に関する史料を見ていくとその場所を特定することが可能である。安帝の皇太子だった順帝は、一度、太子を廃され済陰王となるが、安帝の後に即位した少帝（北郷侯）が一年も経たずに死去すると、宦官の孫程らに擁立され、皇帝に即位する。順帝即位は朝廷の実権を握っていた閻太后とその兄弟の閻顕ら外戚に対する孫程を中心とする宦官のクーデターであるが、その舞台に崇徳殿、徳陽殿が登場する。煩雑になるが、主に孫程伝の記述によってその過程を見ていくことにしよう。

二十七日に至り、北郷侯薨ず。閻顕、太后に白すらく「諸王子を徵し簡び帝嗣と爲さん」と。未だ至るに及ばず。

十一月二日、（孫）程、遂に王康等十八人と聚り西鍾下に謀り、皆な單衣を裁き誓を爲す。四日夜、程等、共に崇徳殿上に會し、因りて章臺門に入る。時に江京、劉安及び李閏、陳達等、倶に省門下に坐す。程、王康と共に就きて京、安、達を斬る。李閏の權埶、積りて省内の服する所と爲るを以て、引きて主と爲さんと欲し、因りて刄を擧げ閏を脅して曰く「今當に濟陰王を立てんとす、搖動するを得る無かれ」と。閏曰く「諾」と。是において閏を扶け起こし、倶に西鍾下に濟陰王を迎え之を立つ。是れ順帝爲り。尙書令、僕射以下を召し、輦の南宮雲臺に幸するに從う。程等省門を留守し、內外を遮扞す。

一〇月二七日の少帝崩御をうけ、一一月二日、孫程は王康らと「西鍾下」で謀議する。その後、四日に「崇徳殿上」に集まり「章臺門」に入り、江京ら閻太后派の宦官を襲擊した後、「西鍾下」で濟陰王を迎え皇帝に即位させ、直ちに南宮雲臺に移動し、守りを固めている。以上の一一月四日の記述で固有の名称として出てくる「崇徳殿」「章臺門」の場所は不明だが、濟陰王が皇帝位に即いた「西鍾下」に関しては、順帝紀に、

十一月丁巳、京師及び郡國十六の地震う。是の夜、中黃門孫程等十九人、共に江京、劉安、陳達等を斬り、濟陰王を徳陽殿西鍾下に迎え、皇帝の位に即かしむ。年十一。

とあるように、北宮の徳陽殿に附属するものであったことが分かる。このことから順帝即位の場が北宮であったことは明らかであるが、孫程らが決起の前に集まった崇徳殿の場所をどのように解すればいいのだろうか。仮に崇徳殿が南宮にあったとすると、決起した孫程らは、わざわざ離れた南宮に集まった上で、北宮の外から宮城内に入り、徳陽殿西鍾下で濟陰王を迎え、再び南宮に戻ったことになる。しかし章臺門は宮城門ではなく、宦官の守る宮内の門であることを勘案すれば(4)、孫程らが崇徳殿で集まってから順帝を擁立するまでは、同一の宮城内で行われたと考えたほうが史料上、整合的である。そうであるならば崇徳殿は北宮にあったと考えられるのである。

また、崇徳殿は、後漢末に政局を壟断した董卓が用いている。董卓は、北芒で雒陽から逃れてきた少帝と陳留王と会し、雒陽入城後、少帝廃位を企てる。董卓伝に、

明日、復た群僚を崇徳前殿に集め、遂に太后を脅し、少帝を廢するを策す。

とあるように、群臣との協議の場として崇徳殿が用いられている。また、同伝によればこの前日にも「因りて廃立を集議し、百僚大會す」とあるが、『後漢紀』巻二五・霊帝紀によれば、その舞台は崇徳殿であった。さらに少し時間を遡り、董卓が北芒から少帝らを連れ雒陽入城した際の状況を見ると、最初に入った宮殿が崇徳殿であった。『後漢紀』霊帝紀に、

是の日、崇徳殿に幸し、天下を大赦す。六璽を得るも、傳國璽を失う。

とあるとおりである。このように『後漢紀』の記述をふまえると、何進謀殺以後の一連の戦乱を経ても崇徳殿が重要な儀礼や大会を行う場所として使用できるものであったことが分かる。ところで、董卓入城直前に、宦官により謀殺された大将軍何進の復讐と宦官一掃を目指した袁術らにより、南宮は戦乱の舞台となって大部分が炎上している。(5) 崇徳殿が南宮にあり、延焼を免れていたとしても、わざわざ荒れた南宮で大会を行う必要はなく、やはり被害の少なかった北宮がその舞台となったと考えるほうが自然であろう。このように、崇徳殿が南宮ではなく、北宮にあったと考えると、何進殺害後の状況について『後漢紀』に、

進の部曲将呉匡、兵を将い外に在り、進の誅せらるを聞き、兵を将い入らんと欲すも、宮門閉ず。虎賁中郎将袁術、南宮青瑣門を焼き、以て珪等を迫出せんと欲す。珪等出でず、太后、天子、陳留王を持し北宮崇徳殿に幸す。

とある記述について、この史料の「北宮崇徳殿」は、『後漢書』霊帝紀に「北宮徳陽殿」とあることから、誤記とされているが、『後漢紀』の記載のままで何ら問題はないことになる。むしろ、先述した混乱収束後の董卓の行動を考

えると、この場合の避難先が北宮崇徳殿であるほうが、何進殺害後の混乱から少帝廃位までの舞台が整合的に理解できるのである。

なお、『元河南志』の南宮の崇徳殿に「南宮正殿」と注された点については、[6]何度も取り上げている『三国志』魏書・文帝紀の裴注の「至明帝時、始於漢南宮崇徳殿處起太極、昭陽諸殿」という記述の影響が大きいと思われる。この史料は南宮に崇徳殿があるとした古い史料だが、後漢の南宮と魏の太極殿の場所は異なっており、史料のどこかに誤りがあることになる。この点については、すでに銭氏らが指摘するように、「南宮」を「北宮」と解すれば矛盾なく解釈できる。このような混乱が生じた理由は、曹魏と西晋の時、太極殿のあった場所が南宮と呼ばれたことによるのであろう。『晉書』巻一〇二・劉聰載記には、

宣陽門陥ち、（王）彌、（呼延）晏、南宮に入り、太極前殿に升り、兵を縦ち大いに掠し、悉く宮人、珍寶を収む。

とある。魏晋期の洛陽には「北宮」という呼称もあり、[7]やはり南北宮が存在していたことになる。魏晋以降の洛陽宮城の考古調査では、宮城は単一であるが、太極殿の北方で宮城を東西方向の道路が貫いており、〔銭国祥 二〇〇二〕が指摘するように、これを境に南北宮と呼び分けていたと考えられよう。したがって、当然のことながら、魏晋期の南北宮と後漢のものとは全く異なるものだが、名称が同じであったがために、後世、混同されたのであろう。

以上のように、崇徳殿は南宮ではなく北宮にあったと考え、本章ではそれを前提に以下の叙述を進めることにする。

第三節　後漢雒陽城の南北宮について

本節では史料によりながら後漢雒陽城の南北宮に配置される殿舎の機能を確認し、両宮の後漢期の使用状況を見て

いきたい。

一、南　宮

雒陽南宮の造営は後漢以前に遡る。『漢書』巻一・高帝紀には、南宮で置酒したことが見え、前漢初期に南宮があったことが分かる(8)。また新代でも雒陽の重要な拠点であり、『漢書』巻九九下・王莽伝下には、

> 又た大将軍陽浚を遣し敖倉を守り、司徒王尋をして十餘萬を將い雒陽に屯し南宮を塡め、大司馬董忠をして士を養い射を中軍北壘に習わし、大司空王邑に三公の職を兼ねしむ。

とあり、前漢代を通じて南宮が雒陽で最も重要な地域と見なされていたことが分かる。

光武帝は建武元（二五）年、雒陽入城後、南宮却非殿に入り、ここで雒陽奠都を決めており(9)、却非殿が前漢ないし新代からの南宮の中心殿舎であったと考えられる。しかし、雒陽は前漢で有数の大都市であったとはいえ、都城ではない。王莽は長安、雒陽を西と東の都とする両都制を構想していたが、実現できないまま新が滅亡している〔本篇第一章〕。このような状況を考えると、統一帝国の宮城として南宮の規模は不十分であり、却非殿も宮城中で最も重要な前殿の役割を担わせることは困難だったのであろう。そのため、光武帝は建武一四（三八）年、南宮に前殿を築き、新たな宮城の中心殿舎としたのである(10)。

光武帝が行った南宮の改造で重要なものに平城門の建設がある。平城門とは雒陽城の南門であるが、同時に南宮の宮門と同一視されていた。この門が如何に重要であるかは、孝霊帝紀の注に明らかである。すなわち、

> 平城門、洛陽城の南門なり。蔡邕曰く「平城門は正陽の門なり。宮と連なり、郊祀法駕の従って出ずる所にして、門の最も尊き者なり」。

とあるように、雒陽城南の正門というだけでなく雒陽城の城門の中で最も重要な門と位置づけられていた。それはその位置と、郊祀の際に使用される門だったからである。同時に、平城門は「宮」すなわち南宮に連なる門であった。『続漢書』百官志二の衛尉の条の本注には、

本注に曰く南宮南屯司馬、平城門、北の宮門を主る。蒼龍司馬、東門を主る。玄武司馬、玄武門を主る。北屯司馬、北門を主る。

とあり、衛尉属官の南屯司馬が平城門を管轄していたことを記している。(11) 本注には続けて同様の構文で蒼龍司馬、玄武司馬、北屯司馬がそれぞれ南宮の各面の門を所管していたことを記していることから、南屯司馬管轄の平城門が宮城門と同等であったことが明らかとなる。さらに、『続漢書』百官志四の城門校尉の条の注に引く『漢官秩』には、

平城門は宮門爲り、候を置かず、屯司馬を置く、秩千石なり。

とあり、平城門が宮門と同じとみなされていたことがより明確になる。(12) この平城門の位置とその意味については第四節で改めて述べたい。

後漢雒陽の南宮で最も重要なのは以上の光武帝による前殿と平城門の設置であるが、後に述べる北宮との関連もあるため、他の主要な殿舎についても見ておきたい。

南宮の重要な殿舎に雲台がある。雲台は雒陽諸殿の中では比較的早く登場する殿舎であり、光武帝期にはすでに存在する。以下にその役割を見ておこう。

・臣僚引見　建武初め、徵して侍御史と爲り、河東都尉に遷る。雲臺に引見す。（樊曄伝）

光武聞きて之を嘉し、建武三（二七）年、徵して行在所に詣らしめ、雲臺に見え、虞令を拜す。（馮魴伝）

時に尙書令韓歆上疏し、費氏易、左氏春秋が爲に博士を立てんことを欲す。詔して其の議を下す。（建武）四（二八）年正月、公卿、大夫、博士を朝め、雲臺に見ゆ。（范升伝）

明年（建武二十（四四）年）夏、帝、風眩の疾甚し、後に（陰）興を以て侍中を領せしめ、顧命を雲臺廣室に受く。（陰興伝）

近臣の尙書以下、輦に從い南宮に到り、雲臺に登り、百官を召す。（孝順帝紀）

・太后幽閉　時に太后の父、大將軍（竇）武、宦官を誅するを謀る。而して中常侍曹節等、詔を矯り武を殺し、太后を南宮雲臺に遷し、家屬は比景に徙す。（桓思竇皇后紀）

雲台が頻出するのは光武帝期であり、いずれも臣僚の引見に用いられている。また建武四年の例のように公卿、大夫、博士を集め皇帝も交えた議論を行っている。このように雲台は皇帝の日常政務の場と考えられる。そのため光武帝が崩じたのち、明帝は本殿に功臣の図像を描かせたのである。(13)また霊帝期に竇太后が雲台に幽閉されたことからも、雲台が禁中もしくはそれに近い場にあったと考えられよう。

次に禁中の寝殿と考えられる諸殿について見ていきたい。玉堂は禁中の主要殿舎の一つである。以下に玉堂での主な記事を列記する。

・順帝崩御　（建康元（一四四）年）庚午、帝、玉堂前殿に崩ず、時年三十。（孝順帝紀）

・沖帝崩御　永嘉元（一四五）年春正月戊戌、帝、玉堂前殿に崩ず、年三歲。（孝沖帝紀）

・質帝崩御　（本初元（一四六）年）閏月甲申、大將軍梁冀、潛かに鴆弑を行い、帝、玉堂前殿に崩ず、年九歲。（孝質帝紀）

このように皇帝が崩御する殿舎ということは皇帝の日常起居の場、すなわち寝殿と考えられよう。(14)そのため、宦官の

玉堂署長が管理していた。『続漢書』百官志三の少府の条に、

黄門署長、畫室署長、玉堂署長各おの一人。丙署長七人。皆四百石、黄綬なり。本注に曰く、宦者なり。各おの中宮の別處を主る。

とあるとおりである。本注に「中宮の別處を主る」とあるのは、注意を要するが、中宮も含め禁中の諸殿は宦官が管理していたのである。玉堂は霊帝期には大規模な修復が行われている[15]。

玉堂と同じような役割が確認できるのが嘉德殿である。主な記事を列記すると以下の通りである。

・鄧太后の虞詡引見　後に羌、武都に寇す。鄧太后、詡の將帥の畧有るを以て、武都太守に遷さんとす。嘉德殿に引見し、厚く賞賜を加う。（虞詡伝）

・解犢亭侯夫人の居所　竇氏の誅さるるに及び、明年、帝、中常侍をして貴人を迎えしめ、幷せて貴人の兄寵を徵し京師に到らしむ。尊號を上り孝仁皇后と曰い、南宮嘉德殿に居らしむ。宮は永樂と稱す。（皇后紀・孝仁皇后紀）

・尚方監渠穆による何進斬殺　是に於いて尚方監渠穆、劍を拔き進を嘉德殿前に斬る。（何進伝）

・霊帝崩御　（中平六（一八九）年）丙辰、帝、南宮嘉德殿に崩ず、年三十四。（孝霊帝紀）

以上の記事から嘉德殿も寝殿であり、これらの史料からは皇太后に関わる殿舎であると考えることができよう。鄧太后の虞詡引見の記事で分かるように、安帝期には鄧太后の政務の場所として用いられており、霊帝期に霊帝生母である解犢亭侯夫人（孝仁皇后）の居所とされたのも、本殿のそうした機能と関係するのであろう。その場所については孝仁皇后紀の注に引く『洛陽記』に「嘉德殿は九龍門内に在り」とある。九龍門は禁中への入り口であった可能性もあろう。また『続漢書』五行志二に、

　中平二（一八五）年二月己酉、南宮雲臺災す。庚戌、樂成門災し、延べて北闕に及び、道を度り西のかた嘉徳、和歡殿を燒く。

とあり、この火災で南宮北闕が焼け、西に延焼し嘉徳殿が罹災していることから、本殿が南宮北部にあったことが分かる。その位置からも、本殿が宮城のかなり奥にある殿舎であったことが想定できる。

　以上のように、南宮には、光武帝が築き、雒陽の中心殿舎とした前殿だけでなく、皇帝あるいは皇太后の寝殿として機能した玉堂、嘉徳殿もあった。また、質帝、桓帝は南宮で即位しており、皇帝の即位儀礼も行うことが可能だった。[16]つまり南宮は宮城としての機能を完備していたのである。その上、南郊郊祀の法駕の出発地であり、雒陽において極めて重要な役割を担う宮城だったのである。

二、北宮

　北宮も南宮と同じく後漢以前に存在している。すなわち新末、雒陽から長安を目指した更始帝のこととして、劉玄伝に、

　（更始）二（二四）年二月、更始、洛陽自り西す。初め發し、李松奉引するに、馬、驚奔し、北宮鐵柱門に觸れ、三馬皆な死す。

とある。しかし新以前に雒陽北宮が史料上確認できるのはここだけであり、前漢代には南宮ほど重視されていなかったようである。そのため、光武帝期の北宮は、逸民列伝に、

　建武末、沛王輔等五王、北宮に居す。

とあるように、光武帝皇子の五王の居地として使われていた。先に南宮の項で見たように、光武帝が重視し整備した

のは南宮であり、北宮は新末以来の姿のままだったのであろう。

北宮の大規模な改造は明帝によって行われた。顕宗孝明帝紀に永平三（六〇）年のこととして、「是の歳、北宮及び諸官府を起こす」とあり、永平八（六五）年に、「冬十月、北宮成る」とあることから五年以上にわたる大規模な工事だったことが分かる。この時、宮の正殿として築かれたのが徳陽殿であり、正門として築かれたのが朱雀闕であった。この二つの建物については、『続漢書』礼儀志中の注に引く蔡質『漢儀』に詳しい。

徳陽殿、周旋萬人を容る。陛の高さ二丈、皆文石もて壇を作る。沼水を殿下に激す。畫屋、朱梁、玉階、金柱、刻鏤して宮掖の好を作り、廁うるに青翡翠を以てし、一柱に三帶、韜むに赤緹を以てす。天子、正旦の節、百僚を此に會朝す。偃師に到るより、宮を去ること四十三里、朱雀五闕、徳陽を望まば、其の上、鬱律として天と連なる。

また同じく注に引く『雒陽宮閣簿』には、

徳陽宮殿、南北行七丈、東西行三十七丈四尺。

と、その規模を記す。これらの史料から徳陽殿は、朱雀闕と同様、遠く離れた偃師からもその姿を望見することができる高大な宮殿であったことが分かる。このように壮麗かつ荘大な建造物は光武帝期の雒陽には存在しなかった。明帝による大規模な造営事業に反対したのが鍾離意である。

永平三（六〇）年夏旱す。而して大いに北宮を起こさんとす。意、闕に詣り冠を免ぎ上疏して曰く「伏して見るに、陛下は天時の小旱を以て、元元を憂念し、降りて正殿を避け、躬自ら克責す。而して比日密雲あるも、遂に大潤無し。豈に政の未だ天心に應ずるを得ざること有らんや。昔、成湯、旱に遭うに、六事を以て自ら責めて曰く『政は節ならざるや。人をして疾ましむるや。宮室榮んなるや。女謁盛んなるや。苞苴行わるるや。讒夫昌んなるや』と。竊かに見るに、北宮、大いに作られ、人は農時を失う。此れ所謂、宮室榮んなるなり。古より宮室の小狹を苦とするに非ず、但だ人の安寧せざるを患うのみ。宜しく且に罷止し、以て天心に應ずべし。臣意、匹夫の才を以て、行能有ること無きも、久しく重祿を食み、擢んでて近臣に備わり、比りに厚賜を受け、喜懼相い幷さる。愚戇の征營に勝えず、罪、萬死に當る」と。帝、策詔し報じて曰く「湯、六事を引くも、咎は一人に在り。其れ冠履し、謝すること勿かれ。比ごろ上天、旱を降し、密雲數しば會す、朕、戚然として慙懼し、嘉應を獲んことを思う、故に分布して禱請し、風雲を闚候し、北は明堂に祈り、南は雩場を設く。今又た大匠に敕して諸宮を作るを止めしめ、不急を減省す。庶くは災譴を消さんことを」と。詔して因りて公卿百僚に謝し、遂に時に應じ澍雨す。

この時は鍾離意の意見を受け入れる形で北宮の造営は一時止められるが、結局は壮大な宮城がつくり上げられた。同伝には、完成した徳陽殿に臨御した明帝の言葉として、

後に徳陽殿成り、百官大會す。帝、意の言を思い、公卿に謂いて曰く「鍾離尙書、若し在らば、此の殿は立たず」と。

とある。鍾離意が強硬に反対した壮麗壮大な宮殿が、こうして雒陽に出現したのである。以後、徳陽殿は朝賀[17]や臣僚の引見[18]の場として用いられ、まさに北宮の中心殿舎として機能する。

これ以外に徳陽殿の役割を考える上で重要と思われる記事を列挙しておきたい。

・順帝即位　（延光四（一二五）年十一月丁巳）是夜、中黃門孫程等十九人、共に江京・劉安・陳達等を斬り、濟陰王を徳陽殿西鍾下に迎え、皇帝の位に卽かしむ。年十一。（孝順帝紀）

・東廂での祈雨　是の歲（陽嘉三（一三四）年）河南、三輔大いに旱し、五穀災傷す。天子親自ら徳陽殿東廂に露坐し

雨を請う。又た司隷、河南に下し河神、名山、大澤を禱祀せしむ。（周挙伝）

・桓帝崩御（永康元（一六七）年）丁丑、帝、徳陽前殿に崩ず。年三十六。（孝桓帝紀）

順帝即位は、先に見たように宦官と外戚閻氏との対立という緊迫した状況の中で行われており、通常の即位儀礼とは全く異なる特殊なものだが、その場が徳陽殿附属施設であったことに、この殿舎の重要性が現われていると見なしてもいいだろう。なお桓帝崩御の場が徳陽殿となっているが、桓帝紀によれば、徳陽殿は桓帝の建和二（一四八）年に、また徳陽殿西閤は延熹八（一六五）年にそれぞれ炎上しており、桓帝が崩じたのは明帝造営の壮麗な徳陽殿ではない。したがって、この火災を機に徳陽殿の役割が変わったことも考えられよう。

次いで重要な宮殿は、先に見た崇徳殿である。本殿に関する史料は以下の通りとなる。

・殤帝の殯（延平元（一〇六）年）八月辛亥、帝崩ず。癸丑、崇徳前殿に殯す。（孝殤帝紀）

・安帝即位（延平元（一〇六）年）皇太后、崇徳殿に御し、百官皆な吉服し、羣臣位に陪う。引きて帝を拝し長安侯と爲す。……策を讀み畢らば、太尉、璽綬を奉上し、皇帝の位に卽く。年十三。（孝安帝紀）

・董卓の群臣引見　明日復た群僚を崇徳前殿に集め、遂に太后を脅し、少帝を廢するを策す。（董卓伝）

殤帝紀、董卓伝にあるように崇徳殿は崇徳前殿とも称された。崇徳殿は皇帝の殯や即位が行われる極めて重要な殿舎であったことがうかがえる。董卓が群臣を集め皇帝廃位を行ったのも、皇帝と皇太后の臨御のもとであったことは、本殿が皇帝政務の場としても重要であったことが分かる。なお、すでに第二節で見たように『東京賦』の薛綜注に「崇徳は東に在り、徳陽は西に在り、相い去ること五十歩」とあり、北宮の重要な殿舎が東西に並び建っていたことが分かる。『東京賦』によれば、この崇徳殿も明帝により新築ないし大幅な改築が行われており、「乃ち崇徳を新たにし、遂に徳陽を作る」とある。なお、この崇徳殿が徳陽殿と並ぶ北宮の中心殿舎であったため、桓帝期に徳陽殿が焼亡した後は、この殿が北宮の正殿として機能したとも考えられよう。

以上の二殿の他に重要な殿舎として章徳殿がある。本殿に関する史料を見ていきたい。

・章帝崩御　（章和二（八八）年）二月壬辰、帝章徳前殿に崩ず。年三十三。（粛宗孝章帝紀）

・和帝崩御　（元興元（一〇五）年）冬十二月辛未、帝、章徳前殿に崩ず。年二十七。（孝和帝紀）

・霊帝の宋氏立后　（建寧四（一七五）年）皇后初めて章徳殿に即位するに、太尉使持節もて璽綬を奉じ、天子臨軒し、百官位に陪う。皇后北面し、太尉、蓋下に住き東向し、宗正・大長秋西向す。（『続漢書』礼儀志中の劉昭注）

この史料からは皇帝寝殿としての機能だけでなく、立后儀礼も行える規模を有していたことが分かる。その位置については、皇后紀上・章徳竇皇后紀に、

粛宗先に后の才色有るを聞き、數しば以て諸姫傅に訊う。見ゆるに及び、雅にして以て美と爲し、馬太后もまた異とす。因りて掖庭に入り、北宮章徳殿に見ゆ。

とあるように、掖庭に入れられた竇氏を章徳殿で引見していることから北宮の中でもかなり私的性格の強い空間にあったと思われる。

北宮には以上の諸殿の他に、掖庭も設けられていた。孝霊帝紀に、

（光和四（一八一）年）閏月辛酉、北宮の東掖庭永巷署災す。

とあることから、その存在が窺える。また霊帝期には皇太后も北宮に居しており、『続漢書』五行志二に、

（光和）五（一八二）年五月庚申、徳陽前殿の西北、門内入る永樂太后宮署火す。

とあるように、霊帝期の皇太后宮は徳陽殿の西北に置かれていたことが分かる。

以上の諸殿を見ると、北宮も南宮と同様、朝政・儀礼の場としての徳陽殿・崇徳殿、寝殿としての章徳殿、そして掖庭があり、宮城としての機能は完全に備わっていたことが分かるのである。

このように後漢雒陽では宮城として完全な機能を備えた南北の二宮が並存し、後漢を通じて皇帝により使用された。これは前漢の長安に多くの宮城がありながら、その中心は常に未央宮だったことと大きく相違する。この点については第四節で改めて検討を加えたい。

三、宮城周辺の官署

後漢の官署の中で場所がある程度特定できるのは司徒、司空、太尉の三府だけである。これらは明帝の永平一五（七二）年に雒陽南城壁の最東の門、開陽門の内側に築かれた。[19] いずれも近接しており、それは『続漢書』百官志一・太尉条の注に引く『漢官儀』に、

張衡云く「明帝以爲らく「司馬（司徒の誤り）、司空府は已に榮えり。更めて太尉府を治めんと欲す」と。時に公は趙憙なり。西曹掾安衆の鄭均、素より名節を好む。以爲らく「朝廷新たに北宮を造り、官寺を整飭するも、旱魃、虐を爲し、民は命に堪えず、曾て殷湯六事、周宣雲漢の辭無し。今の府は本と館陶公主の第舍にして、員職既に少く、自ら相い受くるに足る」と。憙、表して之を陳ぶれば、即ち聽許せらる。其の冬、帝、辟雍に臨み、二府を歴するに、光觀して壯麗なるも、而して太尉府獨り卑陋なり。顯宗東顧して歎息して曰く「牛を椎し、酒を縱ままにするも、乞兒をして宰と爲す勿れ」と。時に憙の子世、侍中爲りて驂乘す。歸りて具さに之を白す。憙以て恨みと爲し、頻りに均を譴責す。均自ら劾去し、道に病を發し亡す」と。

とあるように、辟雍に臨んだ明帝が司徒、司空府を見、東にある太尉府と比較していることから明らかである。その

最西にあった司徒府については、『続漢書』百官志一・司徒の条の注に引く蔡質『漢儀』に、「司徒府は蒼龍闕と対す」とある。蒼龍闕は南宮東門であり、[20]南宮の東側に三府があったことが確認できるのである。

三公府が明帝期に築かれたことは『漢官儀』や『古今注』の記載からも明らかだが、それは北宮造営の目的と同様、都城雒陽の荘厳化を意図したものであった。そのため倹約に努めようとした鄭均の考えは明帝には通じることはなかったのである。なお、三公府が明帝期に整備された北宮の付近ではなく、南宮に隣接して築かれたことは、明帝期も引き続き南宮が機能し、重視されていたことを示すものであろう。

四、礼制建築

儒教思想に基づいた礼制建築が都城に築かれるのは前漢末であり、とりわけ王莽により精力的に進められた（本篇第一章）。後漢は雒陽奠都の当初から礼制建築の整備に力を入れる。奠都の三カ月後には、

（建武二（二六）年正月）壬子、高廟を起こし、社稷を洛陽に建て、郊兆を城南に立つ。

とあり、高廟、社稷を設けるとともに、城南に南郊を設けている。高廟と社稷の位置については不明だが、廟の西側に社稷があったようであり、『続漢書』祭祀志下には、

建武二年、太社稷を雒陽に立つ。宗廟の右に在り。方壇にして屋無く、牆門有るのみ。

とある。南郊の位置については、

（建武）二年正月、初めて郊兆を雒陽城南七里に制す。鄗に依り、元始中の故事を采る。

とあるように、雒陽城の南七里に設けられた。南郊への法駕の出発地である平城門の造営は建武十四（三八）年であり、[21]南宮前殿の造営も先に見たように建武一四年であることから明らかなように、宮城整備に先んじて礼制建築が備

えられていたのである。

以上の宗廟、社稷、郊祀の場という重要な儀礼の舞台整備に遅れて明堂が築かれる。光武帝紀の中元元（五六）年条に、

> 是の歳、初めて明堂・靈臺・辟雍及び北郊の兆域を起こし、圖讖を天下に宣布す。

とあり、中元元年に北郊とともに、明堂・霊台・辟雍のいわゆる三雍が整備されたことが分かる。[22] その造営は雒陽奠都からは約三〇年、南宮整備からでも一八年遅かったことになる。場所については、光武帝紀の注に引く『漢官儀』に、

> 明堂の四面、土を起し壍を作り、上は橋を作る。壍中は水無し。明堂は平城門を去ること二里所《ばか》りなり。天子出るに、平城門従りし、先に明堂を歴し乃ち郊祀に至る。

とあり、平城門外の南郊までの途次にあたる。明堂は発掘された結果、北魏に再建されているが、初建は後漢であることが明らかとなっている。[23] また、辟雍も光武帝紀の注に引く『漢官儀』に、「辟雍は明堂を去ること三百歩。車駕、辟雍に臨むに、北門従り入る」とあり、明堂の付近にあったことが分かる。[24] したがって、後漢の雒陽も、前漢末の長安と同じく、都城の南方に礼制建築が密集していたのである。

なお、北郊の場所については『続漢書』祭祀志中に、「北郊は雒陽城北四里に在り」とあるが、光武帝紀の注に引く『漢官儀』には、「北郊壇は城の西北角に在り、城を去ること一里所りなり」とあり、場所がやや異なる。いずれにしろ邙山上の高燥な場所に築かれたことになる。

こうして後漢雒陽周辺の最も重要な礼制建築は光武帝期で整備を終えている。時系列で整理すると、最初に宗廟・社稷・南郊が築かれ、その後、南宮の整備を経て城南に明堂・霊台・辟雍、そして北城外に北郊が築かれたことにな

る。

第四節　後漢雒陽城と儒教的礼制の関わりおよび南北宮の役割について

前節では後漢雒陽の南北宮および官署と礼制建築について概観した。本節ではその知見をふまえ、まず儒教的礼制と雒陽城の関係をさぐり、その上で南北二宮が雒陽城でどのように機能し、それがこの都城をどのように特徴づけたのかを明らかにしていきたい。

前節で述べたように、雒陽奠都直後に築かれたのは宗廟・社稷・南郊であった。宮城に大きな改変が加えられるのは建武一四（三八）年であり、南宮に前殿が築かれ、後漢の都城としての面目を新たにしていく。この時の光武帝の南宮整備の中で特に注目したいのは平城門の新設である。すでに述べたように、雒陽城南門の平城門は南宮南門と同様と見なされ、郊祀の際に使用され、雒陽諸城門中最重要とされた門であった。同年正月に南宮前殿が造営されていることから考えると、平城門の設置は、南宮前殿造営と一連のものと考えられる。また、これによって南宮から城南への開口部が新たにできたことになる。同時に、正殿と宮城と都城がいずれも南面する構造となった。これは、前漢長安の未央宮前殿が南面する一方で、宮城と都城が東面していたことと大きく異なる点である。

平城門は単に宮城と南郊とをつなぐ軸線を形成するだけでなく、その位置も非常に重要である。残念ながら雒陽城南城壁は洛水の河道の北移により破壊され存在せず、その門の位置は不明である。しかし、北魏期の南北方向の道路遺構から城門の位置を推定することが可能となる。王仲殊氏はこの方法によって先ず北魏洛陽城の城門の位置を復原し、次いで後漢雒陽の復原も行った。王氏復原案では北魏の平昌門が後漢の平城門の位置をそのまま踏襲したものとしている。したがって王氏とそれを継承した銭国祥氏の復原案では平城門は南城壁の中心からやや東に位置している。しかしながら『続漢書』百官志四・城門校尉の注に、「李尤銘に曰く『平城は午を司り、厥の位は中に處る』」とあるように、南面中央の門であることがふさわしい。それを示すように『水経注』巻一六・穀水条に、

穀水又た東して宣陽門の南を逕、故の苑門なり。……門の左は卽ち洛陽池の處なり。池東は舊平城門の在る所なるも、今は塞がる。

とある。『水経注』はこの後に穀水が東流して平昌門、開陽門の南を流れることを述べている[25]。つまり、『水経注』の記載によるかぎり、平城門の位置は北魏洛陽城の宣陽門と平昌門の間に位置することになり、まさに雒陽城の南城壁中心付近に築かれた城門であったことになる。光武帝は既存の城郭を利用しながらも、新たに南門を設けることで、明確に都城の正面を造りあげた。光武帝の都城造営を見ると、平城門の造営は南宮前殿や南郊の祭祀建築群と一連のものであることを勘案すれば、ここに南郊―平城門・宮門―前殿を結ぶ南北軸線の成立を認めて大きな問題はないだろう。このように正殿、宮城、都城の正面観を統一させ、それを南郊の礼制建築群と密接に関わらせる設計は中国の都城で初めての形態であり、続く魏晉北魏の洛陽だけでなく、以後の中国歴代の都城を規定する極めて重要な改変だったと言えよう（図三）。

さて、光武帝期には南宮が宮城として整備され、雒陽は都城としての景観を整えていく。一方、この時期の北宮は、少なくとも政治、儀礼空間とは無関係だったと思われる。次の明帝は、南宮に手を加えることはなく、北宮を全面的に改築し、徳陽殿や朱雀闕など、光武帝期に存在しなかった壮大な建築物を次々と建て、同時に三公府の改築も行っている。明帝は宮城と官署の大々的な整備により、光武帝とは異なった方法で雒陽の都城としての荘厳化を行ったのである。注目したいのは、北宮が、単に巨大な徳陽殿と朱雀闕から構成された朝会に特化された宮城ではなく、南宮

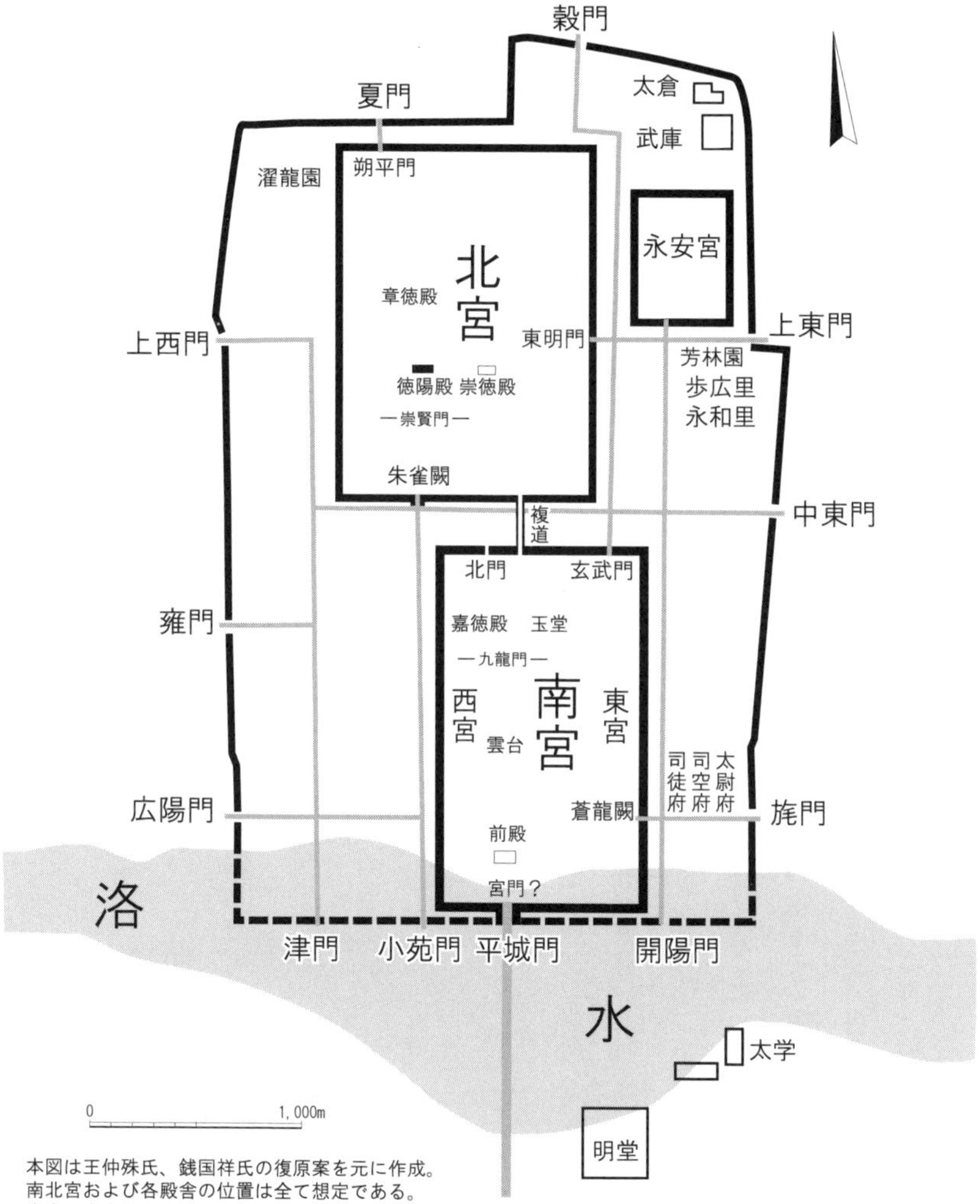

本図は王仲殊氏、銭国祥氏の復原案を元に作成。
南北宮および各殿舎の位置は全て想定である。
南宮の南宮門と平城門は同一の可能性もあり、南宮南墻と南城壁が重なる可能性もある。

図三　後漢雒陽復原案

と同様に寝殿や掖庭も備えた独立した宮城機能を有していたことである。このため、雒陽では同等の宮城が二つ存在したことになるのである。

この南北両宮を、明帝以後、歴代の皇帝がどのように使い分けていたかを明らかにするのは困難である。南宮が南郊と密接に関わって築かれたことを考えるならば、南郊郊祀との関わりにおいて南宮が重視されていたことは確実である。しかし、日常の皇帝の居所、あるいは政務や朝会の場は皇帝により変化したと見られる。

近年、李久昌氏がこの点について詳細な考察を行っている〔李久昌 二〇〇七〕。ここに李氏の整理にしたがって諸説を紹介すると以下の通りとなる。

① 南北宮には主副を付けられない〔周長山 二〇〇一〕。

② 南宮が主〔段鵬琦 一九八六〕。

③ 明帝以降は北宮が主〔傅熹年 二〇〇〇〕。

李氏自身の考えは①の周氏の考えに近い。この点を考えるために、皇帝の即位と崩御の場所を一覧にしたのが**表一**である。北宮で崩じたのは章帝、和帝、殤帝と桓帝の四帝である。また即位場所が判明しているのは四例だけで、質帝、桓帝の二帝が南宮、安帝、順帝が北宮となっている。ただし順帝は通常の即位ではない。李久昌氏が指摘するように後漢皇帝は先帝の柩前での即位が通常であり、即位時に柩が南北宮の間を移動することがないと仮定すれば、先帝の崩じた場所を新帝即位の場所とすることができる。即位場所が判明している四例もその仮定に矛盾はない。この表をもとに、皇帝の即位と崩御の場所が、その皇帝が主として用いた宮城だと仮定すると、各帝が主に使用した宮城は、光武帝・明帝＝南宮、章帝～安帝＝北宮、順帝～質帝＝南宮、桓帝＝北宮、霊帝＝南宮ということになる。このことから明らかなように、後漢を通じてどの宮城が重視されていたのか判断しがたい。

この点について李久昌氏の見解は興味深い。後漢後半以降、南宮が皇太后と外戚の拠点となり、それに対抗する皇帝と宦官が北宮に拠点を置き、両宮が対立する局面が見られるというものである。外戚と宦官が両宮によって対立した最も分かりやすい事例が順帝即位時の状況である。しかし、この時は、順帝が北宮から南宮に移って態勢を整え、外戚の閻顕らが北宮に拠ったことから考えると、李氏が言うように皇太后・外戚＝南宮、皇帝・宦官＝北宮と必ずしも固定的に捉えることはできない[26]。むしろ皇太后と皇帝は同じ宮城にいた可能性がある。例えば皇太后として沖帝、質帝、桓帝の各朝に臨朝した順烈梁皇后は南宮で崩じたと考えられるが[27]、沖帝、質帝ともに南宮で崩御している。つまり皇太后も皇帝と同様、南宮と北宮のいずれかを居城としたのであり、固定的に捉えることはできず、まして南北宮を対立的に捉えることもできない。

表一　後漢皇帝即位崩御場所一覧

	即位場所	崩御場所	備考
光武帝		南宮前殿（南宮）	
明帝		東宮前殿（南宮）	
章帝		章徳前殿（北宮）	
和帝		章徳前殿（北宮）	後漢紀は嘉徳殿に崩ずとする。
殤帝		崇徳前殿にて殯（北宮）	後漢紀は崇徳殿に崩ずとする。
安帝	崇徳殿（北宮）	行幸中	
少帝			
順帝	徳陽殿（北宮）→雲台（南宮）	玉堂前殿（南宮）	
沖帝		玉堂前殿（南宮）	
質帝	（南宮）	玉堂前殿（南宮）	
桓帝	（南宮）	徳陽前殿（北宮）	
霊帝		南宮嘉徳殿（南宮）	

したがって、後漢の南北宮の評価については、周長山氏の考えが実態に即しており、両宮には主従を付けがたいというのが妥当であろう。しかし、南宮が南郊郊祀の出発点であり、都城の儒教的礼制の中軸線上に築かれていることは後漢を通じて変わりがない。何よりも光武帝が築いた宮城という点で、後漢の歴代皇帝に重んぜられたと思われる。明帝が南宮を大改修せず、あえ

て北宮の修築を行ったのも、まさにこの点を重視したためであろう。いわば南宮は儒教的天子の宮城を具体化したものなのである。このように考えると、皇帝の権威の表出という点で考えるならば南宮が重視されたといえる。一方で、徳陽殿、朱雀闕を備えた壮麗な北宮は、元会儀礼などで皇帝の権力を視覚的に示す場であるとともに、豪壮な宮殿が建ち並ぶ未央宮を築いていた前漢の継承者であることを端的に示す場と言えよう。したがって、南北両宮の宮城としての役割に正副はないものの、南宮は儒教的天子の宮城、北宮は前漢を継承する漢皇帝の宮城というように、後漢皇帝のもつ二面性を可視的に表現していたと考えられるのである。

班固『東都賦』は明帝期の南北両宮が並び立つ雒陽を謳い上げた賦であり、奢侈に流れた前漢長安と対比し、雒陽の礼法に則った様子を賛美したものである。その結論は、

游俠踰侈、義を犯し禮を侵す。同じく法度を履み、翼翼濟濟たるに孰與ぞ。子、徒らに秦阿房の天に造るに習いて、京洛の制有るを知らず。函谷の闢す可きを識りて、王者の外無きを知らず。

という言葉につきる。その中で、明帝の宮城造営については、

然る後、周の舊を増し、洛邑を脩む。巍巍たるを扇し、翼翼たるを顯し。漢京を諸夏に光かし、八方を總べて之を極と爲す。是に皇城の內、宮室光明にして、闕庭神麗、奢も踰ゆる可からず、儉も侈る能わず。

とあり、「漢京を諸夏に輝かす」ものであり、しかも「奢は踰ゆる可からず、儉も侈る能わず」とされており、天子の都城雒陽は、班固の実際の思いはともかく、儒教的礼制の規範に収まるものとされていたのである。

したがって後漢雒陽は、宗廟、社稷さらに城南に明堂、霊台、辟雍、南郊などの礼制建築を備えた儒教的な都城であるが、それだけでなく儒教的な「節倹」に努める天子の都である必要があった。明帝の北宮造営は当時も奢侈に流れたものとの評価があったが、後漢を通じて前漢の未央宮、建章宮ほどの巨大な宮殿群が登場しなかったことは、儒

教的規範が豪奢な建築物造営の抑制に一定の実効性を持つものだったと言えよう。

おわりに

以上、後漢雒陽について、先学の研究の成果とその問題点を指摘し、改めて南北各宮の殿舎の役割を検討しながら後漢雒陽の画期性を考えてきた。改めてこれまで論じてきたことをまとめておきたい。

まず、後漢雒陽のこれまでにない特徴は、南北二宮がいずれも宮城としての機能を完備しており、後漢を通じて一方の宮城だけを偏重するということはなかったことである。これは多宮制をとった前漢が一貫して未央宮だけを正宮としていたこととは異なる事象である。しかし建国当初、光武帝にはそのような意図はなく、あくまで南宮を中心とした都城整備を行った。都城の南に礼制建築を配し、南宮に新たな王朝にふさわしい前殿を設け、南宮南門・平城門を都城南面の中央に設けた。儒教的礼制の最も重要な南郊郊祀への出発地を南宮とすることで、南郊—平城門・南宮門—南宮前殿という明確な軸線を設定したのである。同時に宮城前殿、宮城、都城がいずれも南面する構造となった。都城が礼制建築と一体の構想のもとに設計され、宮城には豪奢な殿舎もない儒教が理想とする天子の都城が造られたのである。

明帝はこの状況を大きく変える。南宮は継承するものの、新たに北宮を大規模に改変し、前漢の継承を標榜する後漢の新たな宮城にふさわしい規模とする。その象徴は高大な朱雀闕であり、正殿徳陽殿であった。以後、元日朝賀などの儀礼も徳陽殿で行われるようになる。しかし、北宮が南宮にとってかわって都城の中心宮城となったかといえばそうではなく、南北両宮が併用され続ける。

このように後漢の歴史の中で雒陽城は南北両宮が並びたち、その使用のされかたが複雑に変化しているために捉えにくい面が多いが、建国当初の最も単純な光武帝期の造都構想では南宮のみを中心とし、南北軸を明確に打ち出した都城であったといえる。前漢後半からの儒教思想重視の風潮を取り入れて王朝を正統化した後漢は、都城にも造営当初から南郊、明堂、霊台などの儒教的礼制建築を配し、重視したのである。その姿は都城造営段階から儒教思想を採り入れた初めての都城であり、光武帝による南宮だけの都城は奢侈に流れない儒教の理想的な天子の居城を体現したものであった。続く明帝が、典型的な儒教官僚である鍾離意の反対を押し切って北宮を拡張した結果、理想的な都城の姿はやや薄まるかに見えたが、『東都賦』に見られるように、依然として儒教的な規範内に収まるものと評価された。つまり、やや特異な形態ではあるが、都城のプラン、あるいは豪奢な建築を抑止したという点で、雒陽は前漢長安よりはるかに儒教の天子の都にふさわしい都城とされたのである。

注

（1）後漢雒陽には「雒陽」「洛陽」の表記があるが、本章では後漢は「雒陽」それ以外は「洛陽」とする。

（2）「魏曹植毀鄄城令」の引用箇所は楊晨『三国会要』巻七・方域中の洛陽宮の注にも引かれる。この史料で注意したいのは、『三国志』明帝紀では、太極殿の造営を青龍三年のこととするが、曹植はその三年前の太和六年に薨じていることである。この点については〔安田二郎 二〇〇六〕が指摘するように、太極殿造営の計画がすでに曹植存命中に出来上がっていたと捉えることも可能であろう。

（3）例えば〔楊寛 一九八七〕、〔李久昌 二〇〇七〕など、洛陽を取り扱った先行研究ではほとんどが崇徳殿を南宮の殿舎と解釈しているが、〔銭国祥 二〇〇三〕は北宮にあると考えている。

（4）孫程伝の注に、「東観記曰「程賦棗脯、又分與光、曰『以爲信、今暮其當著矣』。漏盡、光爲尙席直事通燈、解劍置外、持燈入章臺門、程等適入。光走出門、欲取劍、王康呼還、光不應。光得劍、欲還入、門已閉、光便守宜秋門、會李閏來、出光、因與俱迎濟陰王幸南宮雲臺」とある。

（5）南宮の被害について何進伝を挙げておく。「（何）進部曲將吳匡、張璋、素所親幸、在外聞進被害、欲將兵入宮、宮閤閉。袁術與匡共斫攻之、中黃門持兵守閤。會日暮、術因燒南宮九龍門及東西宮、欲以脅出讓等。讓等入白太后、言大將軍兵反、燒宮、攻尚書闥、因將太后、天子及陳留王、又劫省內官屬、從複道走北宮」。

（6）『資治通鑑』漢紀四三・孝安皇帝下の延光四年条、すなわち先に見た順帝即位前に孫程らが崇徳殿に会したことについて、胡注には「崇德殿在南宮。水經註、魏文帝於漢崇德殿故處起太極殿、蓋南宮正殿也」とあるように、確定的な史料に基づくものではなく、崇徳殿が南宮にあるという前提に立ち、その上でこの殿舎の役割りを検討した結果得られた見解であろう。

（7）『三国志』魏書・巻四・三少帝紀・斉王芳の嘉平六年、芳廃位の記事の裴注に引く王沈『魏書』に「皇太后（郭氏）還北宮、殺張美人及禺婉、帝恚望」とある。

（8）『漢書』巻一下・高帝紀下　帝置酒雒陽南宮。

（9）『後漢書』光武帝紀上　冬十月癸丑、車駕入洛陽、幸南宮却非殿、遂定都焉。

（10）『後漢書』光武帝紀下　（建武）十四年春正月、起南宮前殿。

（11）なお、この『続漢書』の史料について、中華書局標点本では「南宮南屯司馬、主平城門。（北）宮門蒼龍司馬、主東門」とし、「宮門」を南屯司馬から外し、また汲古閣本により、「宮門」の前の「北」を衍字とみなしている。前後の文章から判断して「宮門」あるいは「北宮門」は解釈が困難であるが、本章では、宮門を平城門と並べて南屯司馬に属するものと解した。また、『続漢書』百官志四・城門校尉では「雒陽十二門、其正南一門曰平城門、北宮門、屬衛尉」とあり、「北宮門」の解釈がやはり困難であるが、「其れ正南の一門は平城門と曰い、北は宮門、衛尉に屬す」と訓んでおきたい。

（12）『続漢書』五行志一に「永康元（一六七）年十月壬戌、南宮平城門屋自壞」とある記述も平城門を南宮の宮門と見なしていることを示す史料である。

（13）馬武伝に「永平中、顯宗追感前世功臣、乃圖畫二十八將於南宮雲臺、其外又有王常、李通、竇融、卓茂、合三十二人」とある。

(14) なお、挙げた史料にはいずれも「玉堂前殿」とあるが、ここでいう「前殿」は宮城の正殿という意味ではなく、物理的に前後に並列する殿舎のうち、前部にある宮殿のことである。玉堂後殿は、孝霊帝紀に「秋七月壬子、青虹見御坐玉堂後殿庭中」とある。

(15) 孝霊帝紀に「復修玉堂殿、鑄銅人四、黃鍾四、及天祿、蝦蟆、又鑄四出文錢」とある。

(16) 質帝紀に「及沖帝崩、皇太后與冀定策禁中、丙辰、使冀持節、以王青蓋車迎帝入南宮。丁巳、封爲建平侯、其日卽皇帝位、年八歲」とある。

また桓帝紀に「會質帝崩、太后遂與兄大將軍冀定策禁中、閏月庚寅、使冀持節、以王青蓋車迎帝入南宮、其日卽皇帝位、時年十五」とある。即位儀礼を行った殿舎名は記されていないが、南宮の諸殿を通覧すると、それは光武帝期に建設された前殿であろう。

(17) 徳陽殿での朝賀を記した史料として以下のものがある。『續漢書』礼儀志中に引く蔡質『漢儀』に「正月旦、天子幸德陽殿、臨軒。公、卿、將、大夫、百官各陪位朝賀。蠻、貊、胡、羌朝貢畢、見屬郡計吏、皆陛覲、庭燎。宗室諸劉親會、萬人以上、立西面」とある。また、『宋書』楽志一には「後漢正月旦、天子臨德陽殿受朝賀、舍利從西方來、戲於殿前、激水化成比目魚、跳躍嗽水、作霧翳」とある。

(18) 臣僚の引見については、儒林列伝・孔僖伝に「延光元年、河西大雨雹、大者如斗。安帝詔有道術之士極陳變眚、乃召季彥見於德陽殿、帝親問其故」とあり、また、黃瓊伝に「書奏、引見德陽殿、使中常侍以瓊奏書屬主者施行」とある。

(19) 『續漢書』百官志一・太尉の条の注に引く『古今注』に「永平十五年、更作太尉、司徒、司空府開陽城門內」とある。

(20) 『續漢書』百官志二・衛尉の条の本注に「南宮南屯司馬、主平城門、宮門。蒼龍司馬、主東門。玄武司馬。主玄武門。北屯司馬、主北門」とある。蒼龍司馬が所管する南宮東門が蒼龍闕であろう。なお北宮の東門を掌るのは東明司馬である。

(21) 『續漢書』百官志四の城門校尉の注に引く『古今注』に「建武十四（三八）年九月開平城門」とある。

(22) 光武帝紀同条の注には、禮圖又曰「建武三十一年、作明堂、上員下方。十二堂法日辰。九室法九州。室八窻、八九七十二、

法一時之王。室有十二戸、法陰陽之數」とあり、明堂の建設が中元元年の前年である建武三一年とするが、『後漢紀』でも中元元年としており、この年の完成と考えておく。

（23）後漢の明堂については漢魏故城の南にあり、すでに発掘調査がされている〔中国社会科学院考古研究所 二〇一〇〕。それによれば東西四一五m、南北残長四〇〇mの墻に囲まれた中に径六三～六四mの円形基壇がある。基壇の規模は前漢長安の明堂址に近似する。この遺構は西晋、北魏も明堂とされており、後漢のものを基礎として用いているようである。

（24）辟雍址も明堂遺構の東側で発見されており、後漢時代の創建で魏晋期に再建されたことが確認されている〔中国社会科学院考古研究所 二〇一〇〕。光武帝紀に記された礼制建築では霊台の遺構も明堂址の西側で発見されており、その位置は、桓譚伝の注に「陽衒之洛陽記曰『平昌門直南大道、東是明堂大道、西是靈臺』也」とあるのと一致する〔中国社会科学院考古研究所 二〇一〇〕。この文は現行の『洛陽伽藍記』には見られない。遺構として残る霊台は北魏期のものだが、それ以前の建物を修築しており、出土した瓦などの建築部材が後漢のものであることから、報告では初建を後漢代より降るものでないとする。しかし、『文選』巻一六・潘岳『閑居賦』の注に引く陸機『洛陽記』には、「辟雍在靈臺東、相去一里、倶魏武所徙」とあり、後漢末に曹操が辟雍と霊台を移築したことを述べており、この史料に基づけば、光武帝の築いた辟雍と霊台は調査されている遺構とは異なることになる。一方、『水経注』穀水条では「穀水又逕靈臺、北望雲物也。漢光武所築、高六丈、方二十歩」とあり、北魏期には北魏霊台を後漢光武帝創建とみなしていたことが分かる。発掘調査でも辟雍、霊台の両遺構が後漢であることは確認されるものの、年代の絞りこみまでは行えていない。本章では調査されている北魏の霊台が後漢末以降のものであることは認めつつ、それを後漢初に遡るものか否かの判断は留保し、後漢雒陽の南側に明堂と辟雍が築かれていたことを確認するに止めておく。

（25）『水経注』穀水条に、「穀水又東逕平昌門南、故平門也。又逕明堂北、漢光武中元元年立。……穀水又東逕開陽門南」とある。

（26）この間の双方の動きについては順帝紀、安思閻皇后紀、宦者孫程伝参照。

（27）皇后紀下には、梁皇后の崩御の数日前のこととして、「和平元（一五〇）年春、歸政於帝、太后寢疾遂篤、乃御輦幸宣德殿、見宮省官屬及諸梁兄弟」と記している。宣徳殿があった場所は明らかでないが、馬援伝に「建武四（二八）年冬、（隗）囂使（馬）援奉書洛陽。援至、引見於宣徳殿」とある。光武帝期の都城の中心は南宮であり、このことから宣徳殿が南宮にあったと考えられる。なお『元河南志』も宣徳殿は南宮にあったと考えている。

【引用・参考文献】

王仲殊　『漢代考古学概説』中華書局、一九八四

周長山　『漢代城市研究』人民出版社、二〇〇一

塩沢裕仁　「洛陽地区における魏晋南北朝隋唐期の遺跡と文物をめぐる状況」『唐代史研究』第九号、二〇〇六

銭国祥　「漢魏洛陽故城沿革与形制演変初探」『二十一世紀中国考古学与世界考古学』中国社会科学出版社、二〇〇二
　「由閶闔門談漢魏洛陽城宮城形制」『考古』二〇〇三年七期、二〇〇三

中国科学院考古研究所洛陽工作隊　「漢魏洛陽城初歩勘査」『考古』一九七三年四期、一九七三

中国社会科学院考古研究所　『漢魏洛陽故城南郊礼制建築遺址一九六二～一九九二年考古発掘報告』文物出版社、二〇一〇

中国社会科学院考古研究所洛陽漢魏故城隊　「河南洛陽漢魏故城北魏宮城閶闔門遺址」『考古』二〇〇三年七期、二〇〇三
　「河南洛陽市漢魏故城発現北魏宮城四号建築遺址」『考古』二〇一四年八期、二〇一四

中国社会科学院考古研究所洛陽漢魏城隊　「漢魏洛陽故城城垣試掘」『考古学報』一九九八年三期、一九九八

中国社会科学院考古研究所洛陽工作隊　「漢魏洛陽城南郊的霊台遺址」『考古』一九七八年一期、一九七八

張鳴華　「東漢南宮考」『中国史研究』二〇〇四年二期、二〇〇四

段鵬琦　「漢魏洛陽城的幾個問題」『中国考古学研究』人民出版社、一九八六

馬先醒　「後漢京師南北東宮之位置与其門闕」『中国古代城市論集』簡牘学会編輯部、一九八〇

傅熹年　『中国古代建築史　第二巻』中国建築工業出版社、二〇〇〇

安田二郎　「曹魏明帝の『宮室修治』をめぐって」『東方学』一一一輯、二〇〇六

楊寛　（西嶋定生監訳、尾形勇・高木智見共訳）『中国都城の起源と発展』学生社、一九八七

楊鴻勲　『宮殿考古通論』紫禁城出版社、二〇〇一
李久昌　『国家、空間与社会――古代洛陽都城空間演変研究』三秦出版社、二〇〇七
渡辺信一郎　「宮闕と園林――三～六世紀中国における皇帝権力の空間構成――」『考古学研究』第四七巻第二号（後、同氏『中国古代の王権と天下秩序――日中比較史の視点から』校倉書房　所収、二〇〇三）、二〇〇〇

【図出典】

図一・荘璟本河南府古蹟図「後漢京城図」高敏点校『河南志』中華書局、一九九四
図二・〔王仲殊　一九八四〕〔銭国祥　二〇〇二〕〔馬先醒　一九八〇〕〔張鳴華　二〇〇四〕所掲図をトレース
図三・著者作成

第六章　後漢皇帝陵の造営

はじめに

中国の皇帝陵研究において、後漢はその進展が大きく遅れている時代であった。前漢に比べて史料が多いにも関わらず、遺構の調査がほとんど進んでいなかったことによる。ところが二〇〇〇年代に入り、遺構の調査が本格化し陵墓の分布がほぼ明らかになったこと、開発に伴う発掘調査の増加により陵園の構造が明らかになったことから、近年は後漢皇帝陵に関する研究も大きく前進している。

後漢は建国当初から儒教を支配理念に取り込んだ王朝であり、また、その理念が広く為政者層に共有されていたという点でも、以後の王朝の支配形態の規範となった。その点で中国史上において極めて重要な位置を占めており、皇帝陵研究に関しても同様のことを考慮する必要がある。本章では、まずはここ数年で急速に進展した後漢皇帝陵の研究を概括した上で、この王朝の陵墓の特色を前漢と比較して論じていきたい。両者の差異を明らかにすることで後漢王朝の皇帝陵造営に込めた意味が明らかとなり、その特徴をより明瞭にできると考えるからである。

第一節　後漢皇帝陵の研究と遺跡の現状

後漢皇帝陵については『後漢書』の帝紀注や『続漢書』礼儀志の注に引く『古今注』『帝王世記』にまとまった記述がある（章末表一）。洛陽との位置関係から五基の皇帝陵からなる西北陵区、六基の東南陵区に大別される（ただし質帝静陵のみはやや外れた場所に位置する）。うち、邙山上の西北陵区については早くから着目されていたが、東南陵区は開発により削平されたと報告されていたこともあり、その調査は著しく立ち遅れていた(1)。以下、両陵区の現状を概観しておくことにする（図一）。

西北陵区は邙山上にあり、「大漢冢」「二漢冢」「三漢冢」の円形の墳丘が南北に並び、さらにその北の劉家井村に大規模な墳丘がある（劉家井大冢）。この劉家井大冢の付近では「熹平」の年号のある黄腸石が見つかっていることから、霊帝文陵の可能性が指摘されている（李南可　一九八五）。これまでの研究では、この四基の大墓を後漢皇帝陵として取り上げていた。これらの陵に加えて、やや西にある玉冢と護駕荘村の伝後唐明宗徽陵も後漢皇帝陵として取り上げられることがあったが、いずれも後漢のものとは異なる墳丘形状で、前者は平面円形であるが墳丘底径に対し墳丘高の高い北魏陵であり（洛陽市文物考古研究院　二〇一四ａ）、後者は裁頂方錐形で、伝承どおり五代の陵であろう。また、黄河の畔の鉄謝鎮にある光武帝原陵とされる「劉秀墳」については、後漢皇帝陵とする意見と、立地から考えて全く関係のない遺構として退ける意見とがあるが、私見ではこのマウンドを原陵とする根拠は無く(2)、本章では考察の対象から外しておく。

文献と地表に残された遺跡から皇帝陵の分布を論じるのはここまでが限界であったが、近年、邙山上では、古墓の分布調査ならびに高速道路の拡張工事に伴う発掘調査が行われ、その結果、大漢冢の東方から墳丘がほとんど削平された大規模な後漢墓が見つかった。うち朱倉村周辺の朱倉Ｍ七二二とＭ七〇七の二基は後漢皇帝陵である蓋然性が高く、逆にこれまで皇帝陵と考えられていた「三漢冢」は皇帝陵とは考えにくいとされるようになった。これにより

「大漢冢」「二漢冢」「劉家井大冢」「朱倉M七二二」「朱倉M七〇七」の五基が光武帝原陵、安帝恭陵、順帝憲陵、沖帝懐陵、霊帝文陵のいずれかに該当すると考えられるようになっている〔洛陽市文物考古研究院 二〇一四b〕。ただし、小型とはいえ「三漢冢」の立地は陪葬墓群とは明らかに異なり、皇帝陵ではないにしろ、皇帝に極めて近い人物の墓である可能性があり、以下の考察の際にはこの墓も加えて行うこととする。

一方の東南陵区では韓国河氏による現地踏査により、削平されたと考えられていた後漢皇帝陵の多くが現存していることが確認された〔韓 二〇〇五〕。また、ほぼ同時期に王竹林氏と趙振華氏による調査成果の報告もあり、大墓の位置は韓氏とは異なるものの、後漢皇帝陵の分布を提示している〔王・趙 二〇〇五〕。踏査だけではなく、一部の皇帝陵では発掘調査も行われるようになった。白草坡村東北で完全に削平された直径一二五ｍもの巨大な墳丘とその北東に位置する陵園が検出されている〔洛陽市第二文物工作隊ら 二〇〇七ａ〕。この大墓・白草坡北冢の南側の台地上の郭家嶺村、李家村付近にも直径一〇〇ｍ級の大規模な墳丘墓が四基、近接して分布しており、これら五基の大墓が後漢皇帝陵と考えることができる。また、やや南方にある、墳丘が大きく削られたM一〇五五、一〇七一、さらに谷を挟んで東側にあるM一〇七九も皇帝陵の候補に挙げることができよう。先に挙げた五基と、その南方の三基の計八基の大墓が、東南陵区にある明帝顕節陵、章帝敬陵、和帝慎陵、桓帝宣陵と章帝梁貴人〔和帝生母〕の西陵、安帝祖母の敬北陵のいずれかに該当するのであろう(3)。

このように後漢皇帝陵の分布はほぼ明らかになっている。以上の成果に、筆者が二〇〇九年三月に行った現地踏査の所見を加味し陸地測量部作成の地図にプロットしたものが**図一**であり、以下の検討は本図に基づくことにする。それでは、まずは皇帝陵の立地からその特徴を見ていくことにしたい。なお、陵の比定については諸説が出ているが、現状では各陵の相対年代の前後が分からず、この問題については本章では踏み込まず、調査の進展を待ちたい。

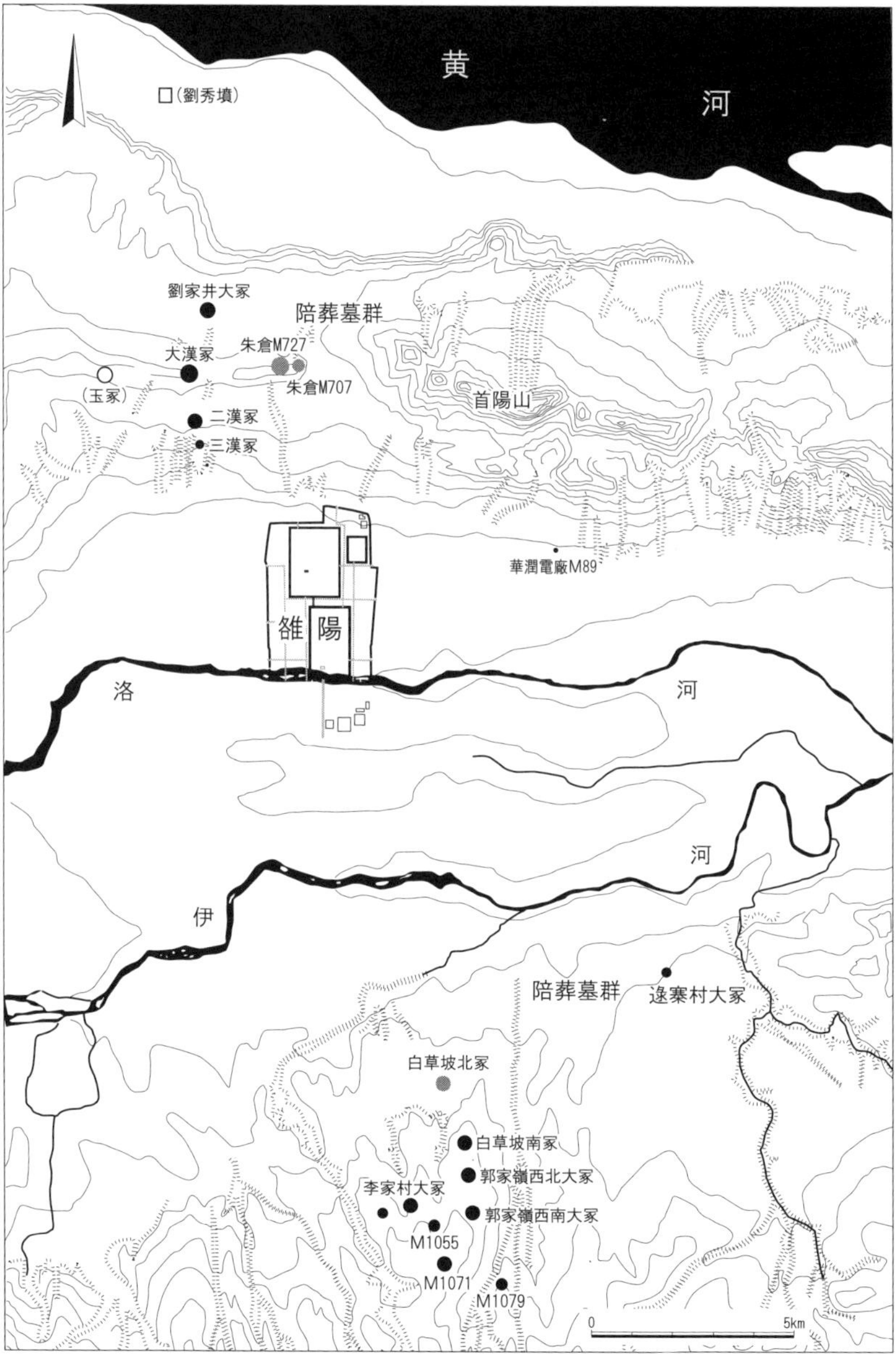

図一　後漢皇帝陵分布図

●墳丘現存の墓　　●墳丘が削平された墓

第二節　陵墓の立地

後漢皇帝陵立地を見ていくと、西北陵区は、南から北に三漢冢、二漢冢、大漢冢、劉家井大冢がほぼ一直線に並ぶが、大漢冢は邙山の東西に延びる脊梁上に位地し、諸陵中の最高所を占める。東にやや外れる朱倉村M七二二、M七〇七もこの脊梁上に位地する。この朱倉村から東、北に陪葬墓群が展開する。

一方の東南陵区は万安山の北麓から北に派生する尾根上に築かれており、特に郭家嶺村から白草坡村にかけては南北に一直線上に四基が並んでいるのは西北陵区とも共通する。ただし、白草坡南冢のすぐ北側で地形は北に一段下がっている。したがって削平された白草坡北冢は他の大冢よりも明白に一段下がった場所に立地していることになる。付近には皇帝陵よりもやや小型の墳丘が見られるが、数は少ない。陪葬墓群が集中するのは、台地を下りきった場所、皇帝陵群の北東方向の高崖村・閣楼村を中心とする一帯であり、西北陵区に比して高低差が顕著である。これらの後漢皇帝陵は〔茶谷満 二〇一三〕によれば、都城雒陽からの可視領域にほぼ全て収まることになる。

概観した各大冢を皇帝陵と見なし、それぞれの間隔を見ると、比較的密であることが分かる。例えば西北陵区では、陵区の中心にある大漢冢を起点とすると、二漢冢との距離は約九七〇m、劉家井大冢との間は約一四八〇m、朱倉M七二二号墓との距離は約一六〇〇mと非常に近い。東南陵区も同じで、中央の郭家嶺西北大冢を基準とすると、白草坡南冢まで九九〇m、郭家嶺西南大冢まで七七〇m、李家村大冢まで一四八〇mとなる。陵と陵の間には、大型の陪葬墓などはなく、寝園が配されるだけであり、互いの眺望は当時もよかったはずである。

一方、前漢皇帝陵は都城長安近郊の咸陽原、白鹿原、杜東原に築かれている。長安真北に築かれた高祖長陵以降、順次、長安を取り囲むように築かれ、最終的には長安の北と東を大きく囲むように配されることになった。都城と陵墓の距離は最も近い長陵で一〇km、最遠の武帝茂陵で二七kmである。距離は相当離れているが、長安未央宮前殿址に立てば各陵墓を見渡すことができたといい(4)、都城と陵墓が互いに見通せる距離と場所を選んでいる。この距離は陵邑設置にも関係しており、長陵から宣帝杜陵までの七陵に設置された陵邑は、長安を囲み都城と一体となって前漢の壮大な都城の一部となっていた〔本篇第一章〕。陵墓間の距離は咸陽原のものでは、高帝長陵と恵帝安陵間が約三四八〇m、長陵と景帝陽陵間が約五九八〇m、武帝茂陵と昭帝平陵間が約七〇〇〇mと各陵墓間は相当な距離があり、この間に陵邑と陪葬墓群が分布する。しかし元帝渭陵以降は陵邑の廃止、陪葬墓の減少に伴い、陵と陵の間は二〇〇〇～二九〇〇mと近接するようになる。後漢皇帝陵が密接して配される状況は、前漢元帝期以降の皇帝陵の在り方に近いといえるだろう。

第三節　陵園の構造

前漢の皇帝陵については、個々の陵にどのような施設があったかについてはまとまった史料はないが、門闕を備えた陵園、陵廟、寝殿、便殿などの祭祀施設があり、さらに陵を管理し警護するための官署が設けられていたことが分かる。陵の全貌が判明している景帝陽陵、宣帝杜陵では墳丘を中心に四方に門闕を備えた陵園を設け、さらに周囲に建物群を配しており、陵廟、寝殿、便殿と考えられている。ただし陵廟は元帝以降、廟制の改革により廃されている。

これに対し、後漢の皇帝陵は『続漢書』礼儀志下の劉昭注に引く『古今注』に各陵の施設についてまとまった記録がある。以下、その記載をまとめた章末**表一**に基づき陵のプランを概観しておきたい。陵の周囲は行馬で囲まれ、四方に司馬門を設ける。光武帝原陵だけは行馬ではなく垣で囲まれている。陵上の建物として各陵に共通するのは「寝殿」と「園寺吏舎」である。いずれも墳丘の東側に位置し、園寺吏舎は寝殿の北側にあったと記される。また明帝顕節陵、章帝敬陵、和帝慎陵、安帝恭陵、順帝憲陵には「石殿」「鍾虡」が行馬内にあった。石殿は明らかに寝殿とは別の建物であり、さらに寝殿よりも墳丘に近い場所にあったと考えられるが、その明確な用途は不明である。光武帝原陵以下、石殿が見られない陵もあることから、寝殿に比べて重要性の低い建物と考えられ、そのためか『後漢書』や『東観漢記』には石殿に関する記載は見られない。前漢皇帝陵と共通するのは墳丘と周囲に巡らされた陵園、祭祀の中心施設となる寝殿である。鍾虡の設置などは、すでに〔楊寛　一九八一〕が指摘するように後漢の上陵儀礼に関連する陵園の整備を示すものと考えられる。

調査された後漢皇帝陵の成果を参照しながら、陵の構造を見ていきたい。現時点の陵墓遺跡の主な成果をまとめたのが章末**表二**である。これまでのところ、ある程度陵園の状況が分かるものは、西北陵区の大漢冢〔洛陽市第二文物工作隊　二〇〇七〕（**図二**）、朱倉M七二二、M七〇七〔洛陽市文物考古研究院　二〇一四b〕（**図三**）、東南陵区の白草坡北冢〔洛陽市第二文物工作隊など　二〇〇七a〕（**図四**）である。これらの陵の調査成果を参考に墳丘を中心に周辺施設の様子を見ていこう。墳丘はいずれも円形であり、前漢皇帝陵が方形であるのとは異なる。墳丘の直径は八六m～一八五mと大型であるが、高さは二〇mに満たない。平面が円形で墳丘の外観もなだらかな曲線を描いており、地表から「突出した」印象は受けない。これに対し、前漢皇帝陵の墳丘は高さが二六～四六mあり、平面が四角形であることから、墳丘は明確な稜線をもって直線的に屹立しており、墳丘前に立った時には壁のように聳え立ち、見る者に威圧的な印象を与える。このように両漢皇帝陵の墳丘から受ける印象は、数値化された規模以上の違いがある。一方、陵園は、前漢皇帝陵では、墳丘を囲んで陵園墻が巡らされ、四方に闕を有する門を設けている。後漢では、陵園が「行馬」で

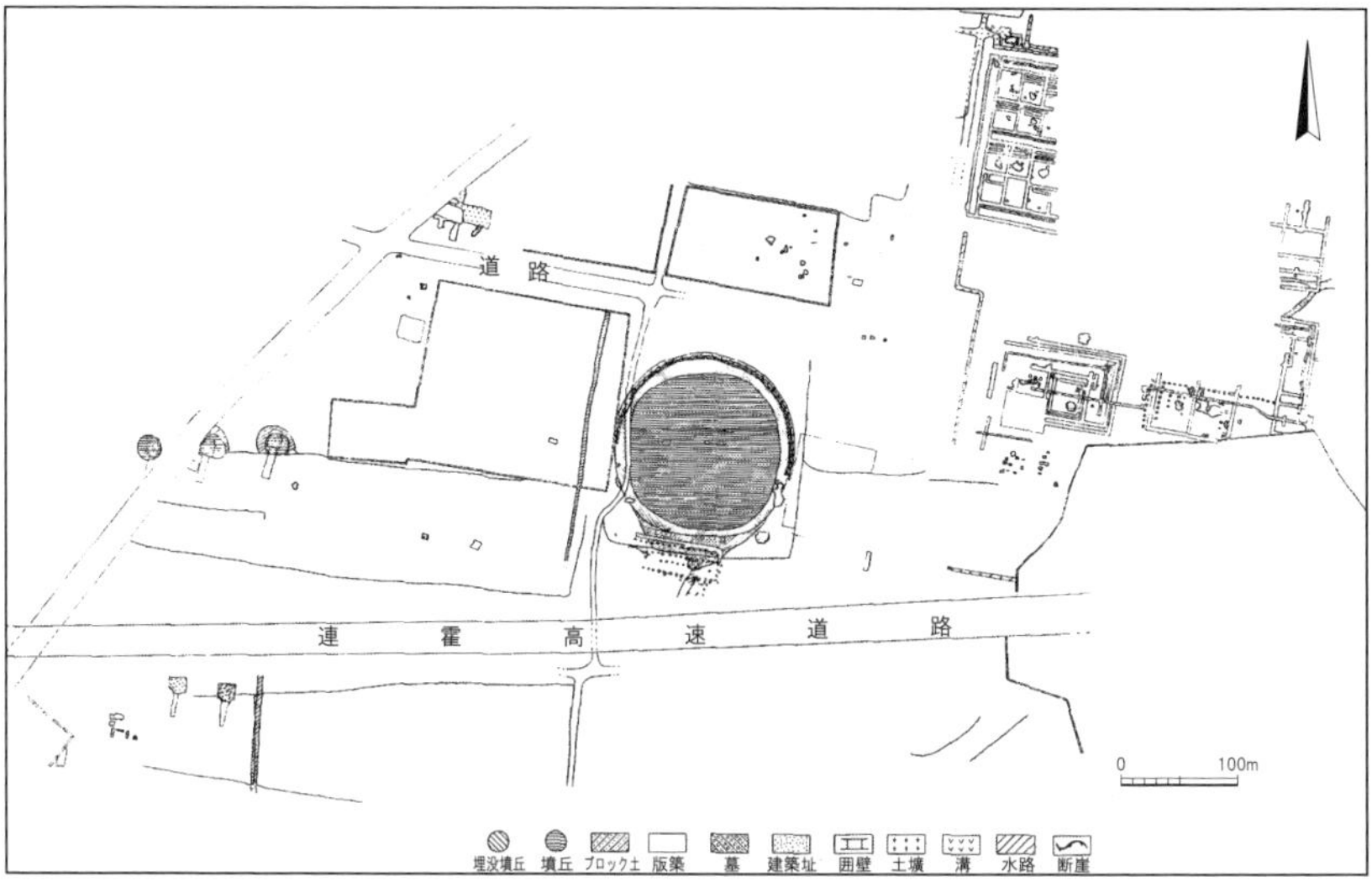

図二　大漢冢陵園平面図

あるため、墳丘周囲の囲繞施設は確認されていないものが多いが、朱倉M七二二は墳丘の西側と北側で陵墻の基礎が確認されている。寝園は、前漢では陵園の北か南に接して築かれている。後漢では、調査されているいずれの陵でも、墳丘の北東方向に寝殿と思われる大型の基壇があり、その北方ないし北東方向で小型の建物が密集する。小型建物は、白草坡北冢および朱倉M七二二・七〇七で発掘されており、甕や銅銭などの生活用具が出土していることから、「園省」や「園寺吏舎」と考えていいだろう。興味深いのは大漢冢墳丘の南側に接して東西約八〇m、南北約三〇mの建物址と思われる礎石状のものが図示されていることである。通常の後漢墓の構造から考えると、墳丘南側は墓道が築かれるところであるため、この遺構が陵に伴うものだとすれば埋葬後、墓道を埋め戻した後に築かれたものと思われる。この遺構についての調査成果は現在未公表であり、図面から読み取ることしかできないが、この建築址の主軸は北で東に一五度振れており、その方位は寝園建築や周囲の溝の方位と一致している。このことからこの遺構も皇帝陵に伴うものと考えていいだろう。『古今注』に記された建物で該当するものを探

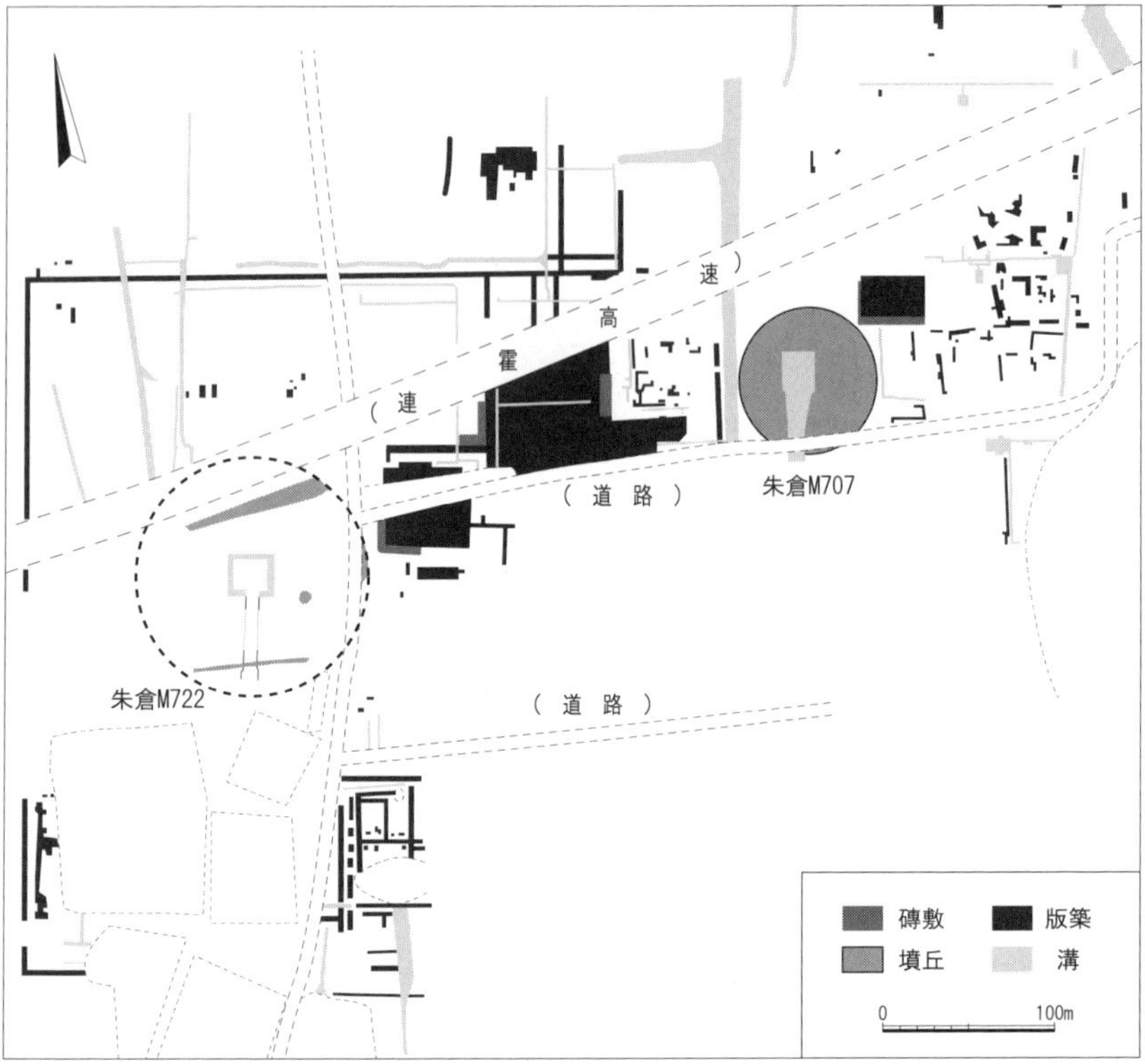

図三　朱倉皇帝陵平面図

すと「行馬内」にある「石殿」の可能性も考慮すべきだろう。

以上のような遺跡の調査成果を見ると、墳丘の東方に「寝殿」、寝殿の北に「園寺吏舎」が配されており、さらに陵を囲む囲繞施設も存在するなど、『古今注』の記載とほぼ一致していることが確認できる。

ここで改めて前漢皇帝陵との相違点を確認しておきたい。前漢皇帝陵は墓室も陵園も東向するプランである。墳丘の周囲には陵園がめぐる。寝殿は咸陽原の陵は、原則的に陵園の北西側に設けられ、杜東原上の杜陵は陵園の南東側に設けられていた。陵は東を正面にしていることから、寝殿は陵側に設置されたことになる。このような原則的な配置は平帝の康陵では一変し、陵園の配置が東西から南

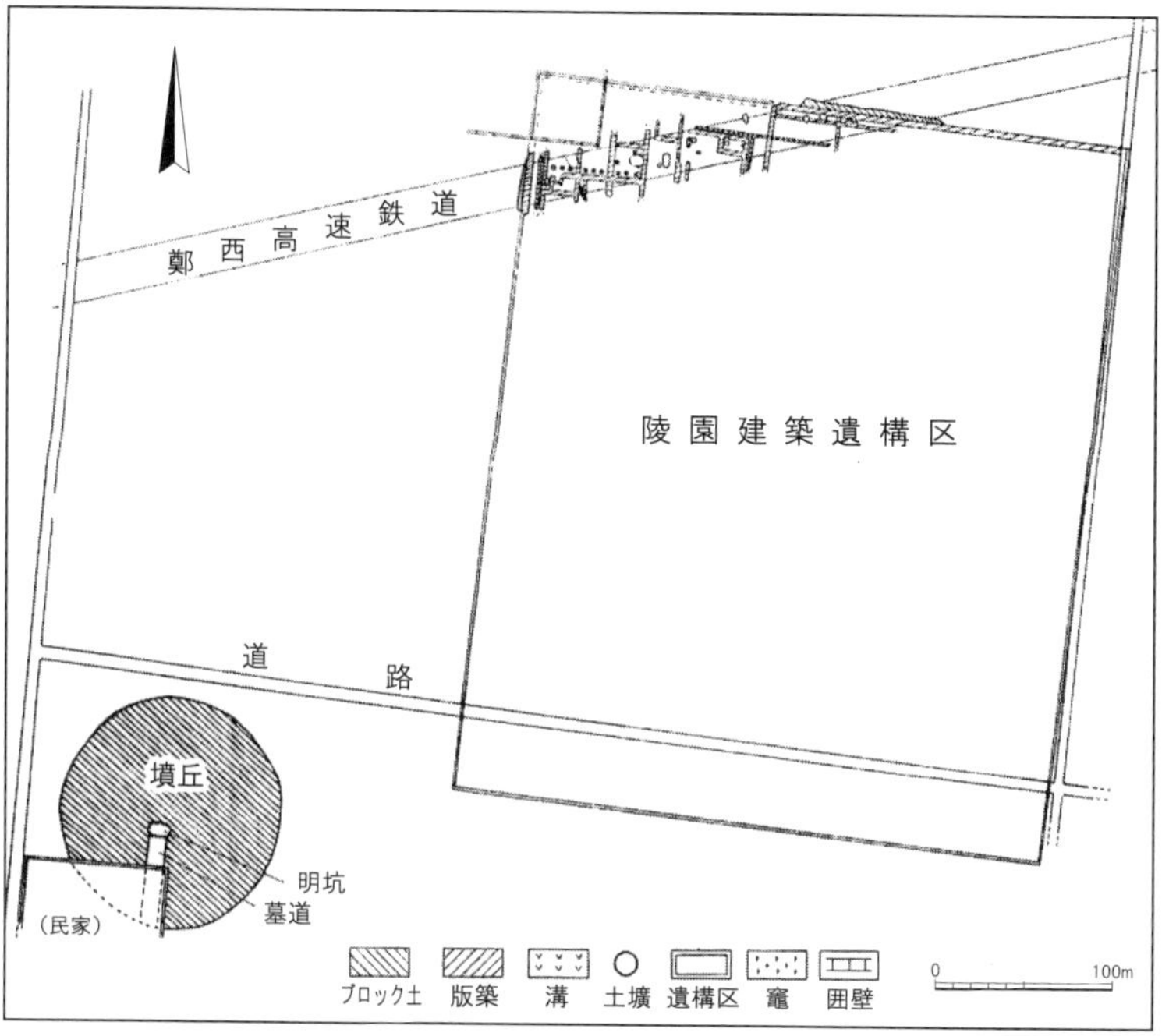

図四　白草坡北家陵園平面図

北軸に転換し、寝殿も皇帝陵の陵園からやや離れた東北側に築かれるようになる〔陝西省考古研究院・咸陽市文物考古研究所 二〇一四〕。その設計の背景には王莽の儒教重視が反映しているとの指摘もある〔馬永嬴 二〇一四〕。後漢では墓自体は南向し、おそらく陵園自体も南を向いていたと思われる。寝殿、園寺吏舎は東側にあるということから、ちょうど周辺の建物配置も含めて前漢皇帝陵の東西軸が後漢になると南北軸に変化したことが分かる。つまり、平帝康陵の設計と類似する点が多いことになる。総じて前漢と後漢の皇帝陵では軸線が東西から南北に変化したことと、全体の規模が縮小していることを除けば、陵園の構成や建物の配置などは継承されている点が多い。しかし、規模の縮小は看過できない問題を含む。特に墳丘の形状が変わり、また墳丘の底面積に対する高さの割合が大きく減じ、陵を眺めた時の威圧感が前漢に比べ大きく減じている点は重要であろう。この点について厳輝氏は、後漢の墳丘は自然の丘陵を模したもので、薄葬の一種だと指摘しており、従うべき見解と考える〔厳輝 二〇〇六〕。

陪葬墓が減少し、陵邑も無くなった前漢元帝以降の前漢陵と後漢皇帝陵との最大の相違点は墳丘の規模、形状ということになる。こうした両漢の陵の構造の違いが何を意味するのか、節を改めて見ていきたい。

第四節　後漢皇帝陵の墳丘

後漢皇帝陵が前漢皇帝陵に比べ規模が縮小されているのは前節で見たとおりである。後漢を打ち立てた光武帝の原陵からすでに小規模化が始まっている。『後漢書』光武帝紀には、

初めて壽陵を作る。将作大匠竇融、園陵の廣袤、無慮用うる所を上言す。帝曰く「古は帝王の葬、皆な陶人瓦器、木車茅馬もてし、後世の人をして其の處を知らしめず。太宗、終始の義を識り、景帝、能く孝道を述遵し、天下の反覆に遭うも、而して霸陵のみ獨り完くし其の福を受く。豈に美ならずや。今、制する所の地は二三頃に過ぎず、山陵を爲ること無く、陂池とし裁《わず》かに水を流さしむるのみ」と(5)。

とあるように、前漢で薄葬を行った文帝を意識し、副葬品を簡素なものとするとともに、墳丘を造ることを禁じている。寿陵であっても、副葬品は死後に埋納され、墳丘も遺体収納後に築かれるものであるため、光武帝の望むとおりの墓となるかは、後継者に委ねられることになる。原陵には『古今注』の記載にあるように、墳丘が築かれているが、それを造営したのは明帝劉荘であろう。『三国志』魏書巻二・文帝紀には、魏の文帝曹丕が歴代の陵墓を検討した際に、次のように批評している。

漢文帝の發せざるは、霸陵に求むる無きなり。光武の掘らるるは、原陵封樹するなり。霸陵の完きは、功は（張）釋之に在り。原陵の掘らるるは、罪は明帝に在り。

三国期には原陵の墳丘造営と陵上の植樹は明帝が行っていたと考えられており、それは光武帝の葬儀を主催したのが明帝であることからも間違いはないだろう。では明帝は光武帝の遺命に背いたことになるのだろうか。興味深いのは原陵と同様に、遺命と埋葬後の陵墓の姿の乖離が明帝顕節陵でも認められることである。『後漢書』顕宗孝明帝紀によれば、明帝は寿陵造営に当たり、

遺詔して寢廟を起つこと無く、主を光烈皇后の更衣の別室に藏せしむ。帝、初めて壽陵を作るに、制して水を流さしむるのみ。石槨は廣さ一丈二尺、長さ二丈五尺、墳を起こすを得るを無からしむ。萬年の後、地を埽きて祭り、杅水と脯糒のみ。百日を過ぎれば、唯だ四時のみ奠を設け、吏卒數人を置き灑埽に供給し、修道を開くこと勿からしむ。敢えて興作する所の者有らば、擅に宗廟を議するの法を以て事に從え、と。

という遺詔を残している。墳丘を築くことを禁じていることは光武帝と同じであり、さらに墓室の規模まで指示し、「寝廟」の造営までも拒んでいる。墓室の規模は発掘されなければその通りつくられたのかは分からないが、顕節陵にも遺詔に反して墳丘も寝殿も築かれているのである。明帝の後の章帝(6)、順帝(7)も薄葬を唱えながら、その陵には死後に寝殿や墳丘が築かれており、これが後漢を通じての現象であったことが窺える。つまり後漢皇帝は生前に寿陵建設にあたって墳丘や寝殿造営の禁止、陵園の規模の縮小などを唱えるが、埋葬後には次の皇帝により墳丘が築かれ、結果として先帝は自らの意思とは異なる墓に埋葬されることになる。このようなねじれが生じる原因を考えなければならない。この点について厳輝氏は、「山陵」とは、単に「墳丘」全般を指すのではなく、前漢皇帝陵のように覆斗式の屹立する巨大な墳丘のことだとしたうえで、後漢皇帝が覆斗式墳丘を拒み、低平な円形の小山丘のような墳丘（厳

氏はそれを「陂池」とする）を採ったことが、「山陵を爲す無し」の意味するところと解する〔厳 二〇〇六〕。だが、後漢皇帝陵の墳丘規模が前漢に比して低平になっているとはいえ、その墳丘を「山陵」ではないというのはあまりに強引な解釈であり、「山陵を爲す無し」とはあくまでその実現は後継者に委ねた上での自身の節倹のアピールにすぎないものと捉えるべきと考えるが、前漢皇帝陵との墳丘形状の顕著な違いがあり、そこに後漢皇帝の何らかの意図が込められているのは、厳氏の指摘どおりであろう。では、先帝の遺命に反してまで直径一〇〇m以上の墳丘をつくることに如何なる意味があったのだろうか。節を改め考えていきたい。

第五節　後漢皇帝陵の造営の意図

後漢でも前漢に引き続き各地で大墓の造営が盛んとなっている。後漢期の大墓造営の史料や実際に発掘された墓の資料はまさに枚挙にいとまがない。このような状況は単なる奢侈ではなく、孝を重視する儒教思想の浸透により名分を得ているのである(8)。その一方で儒教経典には大墓造営に対して否定的な記載もあり(9)、孝と大墓の造営をどのように両立させるかは常に問題となっていた。ただ自らの財力を誇示するものとして大墓造営は有効であり、各地で競うかのように大墓が造られたのであり、その反動として極端な薄葬を実践するものもあったのである〔牧尾良海 一九六四〕〔徐吉軍・賀雲翺 一九九一〕。このように葬の厚薄の、実際の墓の規模への影響は後漢で顕著である。

儒教が次第に大きな社会規範となりつつあった前漢末以降の流れの中で、後漢皇帝も陵墓の造営を行う必要があった。その直接の規範となるのは当然、前漢の皇帝陵であり、特に前漢末の平帝康陵との類似点が多々見られることは既述した。だが、前漢皇帝陵は始皇帝陵を継承する巨大な陵墓であり、始皇帝の陵墓造営は漢代では圧政、奢侈の象徴となっていた(10)。節倹を唱える儒教が社会規範となる中で、豪壮な前漢皇帝陵と同じものをそのまま雒陽に築くことには少なからず抵抗があったのであろう。一方で光武帝が標榜したように、墳丘を築かずにただ水はけをよくすれば良いというだけの規模の陵では、各地で大墓造営が行われている中では、皇帝の尊厳を保つことは困難となる。この、前漢を継承する皇帝と、儒教的な徳目を持つ聖天子であることを両立させることを模索した結果、前漢に比べ規模が縮小された皇帝陵の墳丘が誕生したと考えられるのである。

そうした姿勢は陵邑の建設にも現れている。章帝が光武帝原陵と明帝顕節陵に陵邑を築こうとした際、東平王劉蒼が反対意見を述べている。『後漢書』光武十王列伝・東平憲王蒼伝には、

後に帝、原陵、顯節陵が爲に縣邑を起こさんと欲す。蒼、之を聞き、遽かに上疏し諫めて曰く「伏して聞くに、當に二陵が爲に郭邑を起立すべしと。臣、前に頗る道路の言たらんと謂い、審實ならずと疑うも、近ごろ從官古霸をして涅陽主の疾を問わしむるに、使い還りて、乃ち詔書の已に下るを知る。竊かに光武皇帝の躬ら儉約の行いを履み、深く始終の分を睹るを見るに、勤勤懇懇として、葬制を以て言と爲す。故に陵地を營建するに、具さに古典に稱い、詔して曰く『山陵を爲ること無く、陂池とし裁かに水を流さしむるのみ』と。孝明皇帝、大孝にして違うこと無く、奉承して貫行す。自ら營創する所に至りては、尤だ儉省を爲す。謙德の美、斯に盛んと爲す。臣愚以うに、園邑の興るは、彊秦より始まる。古は丘隴すら且つ其の著明なるを欲せず、豈に況んや郭邑を築き、都郛を建つるをや。上は先帝の聖心に違い、下は無益の功を造り、虚しく國用を費し、百姓を動搖せしむるは、和氣を致し、豐年を祈る所以に非ず。又た吉凶の俗數を以て之を言うも、亦た故無くして丘墓を繕修し、興起する所有るを欲せず。之を古法に考うれば則ち合わず、之を時宜に稽うれば則ち人に違い、之を吉凶に求むれば復た未だ其の福を見ず。陛下、有虞の至性を履み、祖禰の深思を追うも、然れども左右の過議し、以て聖心を累す

を懼る。臣蒼、誠に二帝純徳の美、無窮に暢びざるを傷むなり。惟うに哀覽を蒙らんことを」と。帝、従いて止む。

とある。東平王が反対の理由としたのは、①陵邑造営が、節倹を実践した光武帝、明帝の意思に反すること、②陵邑造営が莫大な費用と労力を必要とし、国に大きな損失となることの二点である。その前に陵邑の建設の歴史的な経緯を、「臣愚以うに、園邑の興るは、彊秦より始まる。古は丘隴すら且つ其の著明なるを欲せず、豈に況んや郭邑を築き、都郛を建つるをや」と述べており、秦制を否定し、さらには陵墓の墳丘と陵邑の持つ陵墓の装飾性を否定しているのである。宣帝以前の前漢皇帝陵では陵に近接して陵邑が築かれ、居民は日常、巨大な皇帝陵を仰ぎ見ることで前漢皇帝の権威を具体的な形として目にしていたが、陵邑の廃止はそうした役割が最早必要とされていなかったことを示している〔本篇第二章〕。

しかし、規模が縮小したとはいえ後漢皇帝陵が政治性を失ったわけではない。小型化とはいっても、それは前漢皇帝陵に比べてのことであり、直径が一〇〇mを超える墳丘は後漢墓の中で突出して巨大な規模を誇っている。第二節で指摘したように、後漢皇帝陵も前漢皇帝陵と同様に、標高の高い場所を選地して築かれているため、相当遠くからでも視認できる。しかし墳丘高の著しい減少はその範囲を狭めたことになる。前漢皇帝陵の巨大な姿が長安や陵邑の人々の目にふれたのとは異なるありようを示すことになる。それでは、後漢皇帝陵は一体、誰から見られることを意図して造営されたのであろうか。

後漢皇帝陵全体で言えば、都城である雒陽の居民と百官であろう。だが、最初の皇帝陵である原陵について言えば、それは明帝により創始された上陵儀礼に参列する百官や上計吏だと考えられる。儀礼の詳細とその意義については、次章で述べるが、原陵の陵前で行われた儀礼は、元会儀の再現であり、その参加者に皇帝陵を間近に見せることを最大の眼目にしたと思われるのである。前漢皇帝陵より低平な陵墓を見た人々はそこに薄葬を感じ、同時に、各地に築かれる大墓よりも巨大な墓であることを確認し、そこで挙行された儀礼を通じ改めて後漢皇帝の権威を感じるのであろう。後漢皇帝陵が抱えていた儒教的な聖天子と漢皇帝の陵墓の造営という背反する問題は、陵墓の規模を前漢皇帝未満、同時代の大墓以上とすることで両立しえたのである。同時にそれは「山陵を築かないこと」を指示した先帝の遺命と、皇帝の権威の維持という相い反する命題への回答でもあった。

後漢皇帝は、前漢の露骨な権威の誇示から儒教的徳目を備えた天子としての埋葬を目指した。厚葬はすでに始皇帝陵がその最たるものと批判されているように、前漢から批判の対象であり、有徳者である皇帝は避けるべきことであった。とはいえ、厚葬の風潮の中であまりに小型の陵を築くことは皇帝の権威に関わる問題となる。そこで生前は薄葬を唱え、死後には前漢ほど大きな墳丘を築くことはしないが、それでも他の大墓より際立って大きな墳丘をつくることでこの矛盾を解消しようと努めたのである。また陵墓を見、そこに統治者の正統性を見出すのは儒教を身につけた官僚であり、そうした支配者層の共通理解の形成が、前漢のように露骨な権威の誇示を避けることを可能としたのである。和帝期の司徒であった張酺は『後漢書』の伝によれば、死にあたって墓のあり方を次のように論じている。

（永元）十六（一〇四）年、復た拜して光祿勳と爲る。數月にして、魯恭に代り司徒と爲るも月餘にして薨ず。乘輿、縞素して臨弔し、冢塋の地を賜い、賵贈恩寵、它相に異なる。酺、病み危うきに臨むや、其の子に敕めて曰く「顯節陵は地を埽きて露祭す。天下を率いるに儉を以てせんと欲するなり。吾れ三公爲るも、既に王化を宣揚し、吏人をして制に從わしむること能わず。豈に節約に務めざる可けんや。其れ祠堂を起こす無く、稾蓋の廡を作り、祭を其下に施す可きのみ」と。

このように明帝が遺詔で指示した顕節陵のあり方こそ倹約を示すものと賞賛しており、まさに明帝の意図のとおりである。同様に王符も『潜夫論』巻三で、厚葬を批判する中で、明帝顕節陵を次のように高く評価する。

明帝は洛南に葬らるに、皆な珠寳を藏さず、廟を造らず、山陵を起こさず。陵墓は卑なると雖も而して徳は最も高し。

すでに述べたように明帝顕節陵には墳丘が築かれており、「山陵を起こさず」というのは厳密ではない。張酺が顕節陵の具体的な姿を示さず、明帝の薄葬の意図だけを述べているのは陵の実態を考慮してのことであろう。それはともかく、両者が共通して厚葬を批判し、明帝の遺詔を賞賛することは、実態との乖離があるとはいえ、まさに後漢皇帝の思惑どおりといえるのである。

第六節　墓によるヒエラルキーの可視化

前節では後漢皇帝陵の造営が薄葬と厚葬、儒教的聖天子の陵と漢皇帝の陵という相反する二つの価値観を両立させたものであることを指摘した。それではこうして誕生した後漢皇帝陵の墳丘は後漢墓全体の中でどのような位置を占めたのであろうか。その点について考察を加えたい。

後漢皇帝陵を理解するために、簡単に前漢の陵墓について述べておきたい。前漢において皇帝陵が最大の規模を誇り、諸侯王の墓を遥かに凌ぐものであったことは間違いない。しかし、皇帝陵の規模がほぼ画一化されているのに対し、諸侯王墓の規模は国毎にかなりばらつきが見られる（本篇第三章）。一定の規模に揃いだすのは前漢中期以降であるが、諸侯王墓の規模が画一化されることはなかった。また、王莽の始建国二（一〇）年の紀年を持つ居延漢簡には墳丘の規定が記されており、このころ墳丘高への関心が高まっていたことが窺える(11)。それを示すように、すでに前漢末に、王莽が墳丘の高さを問題にしている。すなわち元帝の傅昭儀（哀帝祖母。哀帝即位により太后となり、死後は皇后として元帝渭陵に合葬される）の陵の墳丘の高さが元帝陵と等しいということが問題視され、その墓が暴かれているのである。[12]前漢末期から墳丘高による階層性の明示が強く意識されるようになったことを認めることができよう。

後漢では墳丘の高さが律により規定される。後漢墓の墳丘関連史料については、鶴間和幸氏がほぼ網羅しているが、改めて関連するものを取り上げておこう〔鶴間　一九八〇〕。後漢の墳丘規定については、『周礼』春官冢人の鄭玄注に引く『漢律』に、

列侯、墳高四丈、關内侯以下庶人まで各おの差有り。

とあり、墳丘高の規定が前漢末より厳格になってきたことを窺うことができる。この律に関連するものとして、『潜夫論』巻三・浮侈篇に、

明帝の時、桑民摐陽侯、冢の制に過ぐるに坐し、髡削せらる。

とあり、墳丘ないし墓の規模が問題とされ刑に処されることが後漢の初期からすでに存在していたことが分かる。また、『後漢書』皇后紀上・明徳馬皇后紀には、

初め、太夫人葬るや、墳を起こすこと微かに高し。太后以て言を爲し、兄廖等をして即時、減削せしむ。

とあり、太后ですら、その高さに細心の注意をはらい、制度を超えた場合は、一種の政治的パフォーマンスにしろ、墳丘を削ることも行っていたのである。このように後漢では鶴間氏が指摘するように、墳丘の高さに厳格な規格が設けられていたことが明らかである。しかし、墳丘という構造物、しかも埋葬後に築かれるものが身分の表象として規定されるのは決して古くはなく、前漢では先の王莽の事例が確認できる程度である。後漢が墳丘高の問題を律に取り入れたのは、前漢末の流れを継承するものなのである。

では章末**表二**に基づき後漢皇帝陵の規模を見ていこう。現存する墓の墳丘は削平が著しいものもあり、本来の墳丘高を割り出すのは困難であるが、現存する墳丘は概ね二〇m以下である。一方で章末**表一**にまとめた典籍史料に基づくと、二〇mを超すものがあるが、概ね一五～二〇m余というのが本来の数値に近いであろう。ただし、沖帝懐陵は、非常に小さく、高さは「四丈六尺」すなわち約一一m程度しかない。また殤帝康陵と質帝静陵も「五丈五尺」約一三m程度となる。墳丘の直径は、調査で本来の大きさが分かるものがあり、最小の朱倉M七〇七で直径八六m、最大の李家村大冢で一八五mであり、概ね典籍史料の数値に近いものとなる。以上の後漢皇帝陵の墳丘規模を後漢諸侯王陵と比較していこう。

後漢諸侯王墓を集成したのが章末**表三**である。墳丘規模の底径で最大のものは、彭城王陵とされる土山漢墓の直径六五mで、次いで任城孝王劉尚の陵の可能性が指摘される蕭王荘一号墓と、広陵思王劉荊の陵と思われる甘泉二号墓は、いずれも直径六〇mであり、この規模は、『古今注』に記された中で最小の規模の質帝静陵に匹敵する。また墳丘高では中山簡王劉焉の陵と思われる定県北荘漢墓の二〇mを筆頭に、土山漢墓の一八m、甘泉二号墓の一三m、中山穆王劉暢陵の可能性がある定県四三号墓で一二mとなっている。この数値は後漢皇帝陵で最も墳丘高の低い沖帝懐陵の一一mという規模を超えている。ただし、康陵、懐陵は『後漢書』李固伝に、

時に沖帝、将に北のかた山陵を卜わんとす。(李)固、乃ち議して曰く「今、處處に寇賊あり、軍興の用費は倍を加う。新たに憲陵を創り、賦發、一に非ず。帝、尙お幼小にして、陵を憲陵塋內に起こし、康陵の制度に依り、其れ役費を三分し一を減ず可し」と。乃ち固の議に從う。

とあるように、皇帝陵の中で特に小型に造られていることは注意を要する。だが、定県北荘漢墓の二〇mという墳丘高は多くの後漢皇帝陵よりも高いものとなる。この墓の被葬者とされる中山簡王の薨去年は和帝の永元二年であり、

その葬は特殊であった。『後漢書』光武十王列伝・中山簡王焉伝では、劉焉陵の造営の様子を次のように記す。

是の時、竇太后臨朝し、竇憲兄弟、権を擅いままにす。太后及び憲等、東海の出なり。故に焉に睦みて禮を重くし、賻錢一億を加う。濟南、東海の二王に詔し皆な會せしむ。大いに爲に冢塋を修め、神道を開く。吏人の冢墓を平夷すること千を以て數え、作る者、萬餘人なり。常山、鉅鹿、涿郡の柏の黃腸、雜木を發するも、三郡備うること能わず。復た餘の州郡の工徒及び送致する者數千人を調す。凡そ徵發搖動すること六州十八郡、制度は餘國の及ぶこと莫し。

このように諸侯王陵の中でもかなり特異な造営工事であり、突出して巨大化した可能性は十分にある。ただし、この二〇ｍという数値は、墳丘底辺四〇ｍに対しては高すぎるきらいがある。調査自体が一九五九年と古く、墳丘の測量図も断面図も掲載されていないため、この数値をそのまま信じるのはやや危険である。ここでは、皇帝陵に匹敵する墳丘高があったことを確認するに留めておきたい。いずれにしろ、律では列侯以下の墳丘高規定があるのに対し、後漢皇帝陵と諸侯王陵では、高さだけではほぼ同じものが多いことになる。数値をまとめると、特に小型のものを除けば、後漢皇帝陵は底径で一三〇ｍ前後、高さで一五ｍ前後というのが妥当な数値であろう。これは『古今注』の数値だが、遺構の実測値とも矛盾しない。後漢諸侯王墓の墳丘は底径で四〇～五〇ｍ、高さ一三ｍというところが平均的な数値と見ていいのではないだろうか。康陵、懐陵という小型の皇帝陵は諸侯王陵と大差はないが、その他の後漢皇帝陵の墳丘は、高さでは大きな差はないものの、面積、体積では諸侯王陵をはるかに凌ぐ規模を有しており、後漢皇帝陵が最大の墳丘を持つ墓であることはゆるがないことになる。前漢に比べて陵の規模は縮小しながらも、後漢皇帝陵は前漢と同じく王朝で最大の墓であったのである。なお、律に規定された列侯墓の墳丘は四丈、約九ｍであり、皇帝―諸侯王―列侯の各墳丘のそれぞれの差は二丈未満だったことになり、さほど大きな差があるわけでもない。

前節で見たように、後漢皇帝陵は、前漢のように突出して巨大な墳丘規模を誇示するのではなく、前漢と比べての「薄葬」の美名も獲得しつつ、律により墳丘規模に対する規制をかけることによって、最大の墓として墓の階層の頂点を占めることができたのである。

おわりに

以上、後漢皇帝陵についての調査成果をまとめ、その規模を前漢皇帝陵と比較し、相互の違いを明らかにしてきた。ここで結果をまとめておこう。皇帝陵の規模は前漢に比べ小型化が顕著である。一方で、前漢皇帝陵との構成上の類似点は多く、特に前漢平帝康陵は陵自体が南面しており、最も似通っている。規模が縮小しつつ、その構造が前漢と共通している点が多い理由は、儒教的な天子として薄葬の実践を示しつつ、その一方で前漢の後継者として、ある程度の規模を必要としたこと、この二つの考えを両立させた結果ということができよう。前漢のような視覚的に圧倒するような規模は失われたものの、階層毎に墳丘の高さを規定することにより、皇帝陵が依然として最大の墓であり続けるという点では前漢と同じだったのである。

このため後漢皇帝陵は、前漢に比べ、小型化したとはいえ、政治的役割を失っていない。明帝によって創始された大規模な原陵謁陵すなわち上陵儀礼が、依然として皇帝陵を政治的建造物たらしめ、この儀礼を通じて後漢官僚および周辺諸民族は光武帝から続く後漢皇帝への臣属を確認することになるのである。大規模に祖先の陵で儀礼を行う皇帝はまさに孝の実践者であり、同時に薄葬の実践者となり、儒教的徳目を備えた天子として儀礼の参加者には印象づけられ、その感は、儀礼の舞台となった皇帝陵の規模を見ることにより、より強くされた。つまり、後漢皇帝陵は前漢皇帝陵と比べるとその規模は劣るものの、百官が参加する儀礼の舞台となることでその欠を補ったのである。後漢皇帝陵は極めて儒教的な「天子」の陵として造営されたのであり、この点は都城雒陽の在り方とも通底するものなのである〔本篇第五章〕。

注

（1）後漢皇帝陵の研究では、〔陳長安 一九八二〕が遺構の分布と史料の記載を整合的に理解しようとしたものの嚆矢であり、今なお参照すべき成果であるが、西北陵区に限定したものである。東南陵区は〔宮大中 一九九一〕ですでに削平されたと報告され、以後、宮氏の所見を踏まえたものが多い。『中国文物地図集・河南分冊』でも、東南陵区該当地域に直径一〇〇mを超す後漢大墓の存在が報告されながら、後漢皇帝陵との関連には触れられていない〔国家文物局 一九九一〕。東南陵区の実態が明らかになったのは、韓国河氏の一連の研究〔韓国河 二〇〇五、二〇〇七〕や、〔王竹林・趙振華 二〇〇五〕による。またこれとは別に、コロナ衛星写真を解析した〔茶谷満 二〇〇六〕、現地踏査を行った〔鐘方正樹・宮崎雅充・高木清生・山口典子・大野壽子 二〇〇九〕〔塩沢裕仁 二〇一〇〕の報告などが有用な情報を提供しており、東南陵区の基礎的なデータが集まりつつある。

（2）このマウンドを原陵とする論者は多い〔太田侑子 一九八三〕〔鐘方正樹ら 二〇〇九〕。ただその根拠は『後漢書』帝紀の注および『続漢書』礼儀志下の注に引く『帝王世紀』に雒陽から原陵までの距離を「十五里」と記すのは「二十五里」の誤りという史料の読み替えに基づくものである。『帝王世紀』には他陵の位置情報も記されているが、その中で原陵の数字のみに誤脱があるとするのは恣意的な解釈と言わざるをえない。また、劉秀墳前にある宋碑の存在も大きな影響があるが、唐以前において、これを原陵とした史料はない。皇帝陵の立地からも河畔の低地に築かれることは極めて異例であり、原陵とは到底考えられない。陳長安氏は北魏の方沢壇の可能性を指摘するが〔陳 一九八二〕、このマウンドの南方では石獣が発見されており〔蘇健 一九九五〕、墓の可能性も残されている。遺構の性格については考古調査をまたざるを得ないが、〔国家

文物局 一九九一〕によれば付近には後漢墓もあり、そうした墓の一つが五代以降に原陵とされ、幾度かの修築を経て現在のような姿となったという可能性も考慮すべきだろう。

（3）なお、殤帝康陵は『古今注』の記述では規模は小さく、直径一〇〇mのこれらの陵には該当しない。付近の西幹村、東幹村にはやや小型の墓があり、これらが康陵の可能性がある。同様に質帝の静陵も小型であるが、その方位は雒陽の東南ではなく、「東」とあり、史料に誤脱がなければ、空間を異にする可能性がある。候補としては韓国河氏が比定する遂寨陵区を挙げることができるだろう〔韓 二〇〇五〕。

（4）現在、西安市周辺は視界の悪い日が多く確認は困難である。しかし、一九〇六～一九一〇年に西安に滞在し、史蹟を調査した足立喜六氏の記録によっても、未央宮前殿跡から各陵を見通すことができたことが分かる〔足立喜六 一九三三〕。

（5）『東観漢記』にも同様の記載があるが錯簡が著しい。〔呉樹平 一九八七〕による復元を記しておく。「初作壽陵、始營陵地於臨平亭南。將作大匠竇融上言「園陵廣袤、無慮所用。」帝曰「古帝王之葬、皆陶人瓦器、木車茅馬、使後世之人不知其處。臨平望平陰、河水洋洋、舟船泛泛、善矣夫。周公、孔子猶不得存、安得松、喬與之而共遊乎。太宗識終始之義、景帝能遵孝道、遭天下反覆、而獨完其福、豈不美哉。今所制地、不過二三頃、無爲山陵、陂池裁令流水而已。迭興之後、亦無丘壟、使合古法。今日月已逝、當豫自作。臣子奉承、不得有加」乃令陶人作瓦器」。

（6）章帝敬陵については『後漢書』粛宗孝章帝紀に「遺詔無起寢殿、一如先帝法制」とある。

（7）順帝憲陵については『後漢書』順帝紀に「遺詔無起寢廟、斂以故服、珠玉玩好皆不得下」とある。

（8）後漢の厚葬と儒家思想の関係については、〔加藤直子 一九九七〕参照。

（9）『礼記』檀弓上に「國子高曰、葬也者藏也。藏也者欲人之弗得見也。是故衣足以飾身、棺周於衣、椁周於棺、土周於椁」。「孔子曰、之死而致死之不仁而不可爲也。之死而致生之不知而不可爲也」。「昔者夫子居於宋、見桓司馬自爲石椁三年而不成。夫子曰、若是其靡也、死不如速朽之愈也。死之慾速朽爲桓司馬言之也」とあるのはその例である。

（10）始皇帝陵造営についての批判的な記事は『史記』を始め散見される。後漢では例えば『漢書』巻六七・楊王孫伝の賛に「（裸葬を行った）觀楊王孫之志、賢於秦始皇遠矣」とあることを挙げておけば十分であろう。

（11）居延漢簡二一〇・三五「辨衣裳、審棺槨之厚、營丘龍之小大高卑薄厚度、貴賤之等級●始建國二年十一月丙子下」。本簡の墳丘規定は『礼記』月令篇とほぼ同文である。本簡については〔鶴間和幸　一九八〇〕〔山田勝芳　一九九六〕参照。鶴間氏の論考は漢代の墳丘規定全般を論じたものであり、本節は氏の論考に負うところが多い。

（12）『漢書』巻九七下・外戚伝下・定陶丁姫伝に、

元始五年、莽復言『共王母、丁姫前不臣妾、至葬渭陵、冢高與元帝山齊、懷帝太后、皇太太后璽綬以葬、不應禮。禮有改葬、請發共王母及丁姫冢、取其璽綬消滅、徙共王母及丁姫歸定陶、葬共王冢次、而葬丁姫復其故』。太后以爲既已之事、不須復發。莽固爭之、太后詔曰『因故棺爲致椁作冢、祠以太牢』。謁者護既發傅太后冢、崩壓殺數百人。開丁姫椁戶、火出炎四五丈、吏卒以水沃滅乃得入、燒燔椁中器物。

とあるように王莽は傅氏の墓の墳丘高が元帝陵と等しいことを問題視し、墓を発掘したことが分かる。

【付記】

本書校正中に東南陵区の詳細な報告、洛陽市文物考古研究院「洛陽偃師東漢洛南陵区二〇〇八年考古勘探簡報」『洛陽考古』二〇一五年二期を得た。調査成果は本章の論旨に影響がないため、図一、表二の修正など最低限の加筆にとどめている。

【引用・参考文献】

足立喜六　『長安史蹟の研究』東洋文庫、一九三三
閻崇東　『両漢帝陵』中国青年出版社、二〇〇七
王竹林・趙振華　「東漢南兆域皇陵初歩研究」『古代文明』第四巻　文物出版社、二〇〇五
太田侑子　「東漢光武帝原陵位置探討」『復旦学報（社会科学版）』一九八三年第四期、一九八三
「漢代陵墓考察」『考古学ジャーナル』二三六号、一九八四
「後漢皇帝陵に関する一考察」『中国古代史研究』第六、一九八九
加藤直子　「ひらかれた漢墓──孝廉と『孝子』たちの戦略」『美術史研究』三五冊、一九九七
鐘方正樹・宮崎雅充・高木清生・山口典子・大野壽子　「後漢皇帝陵踏査記」『古文化談叢』第六一集、二〇〇九

韓国河　「東漢陵墓踏査記」『考古与文物』二〇〇五年三期、二〇〇五
　　「東漢帝陵有関問題的探討」『考古与文物』二〇〇七年五期、二〇〇七
宮大中　『洛都美術史蹟』湖北美術出版、一九九一
厳輝　「〝陂池〟――東漢帝陵封土的新形制」『中国文物報』二〇〇六年一〇月二〇日（後、洛陽市第二文物工作隊『洛陽漢魏陵墓研究論文集』文物出版社 所収、二〇〇九）、二〇〇六
呉樹平校注　『東観漢記校注』中州古籍出版社、一九八七
黄明蘭　「東漢光武帝劉秀原陵浅談」『中州古今』一九八二年二期、一九八二
国家文物局　『中国文物地図集・河南分冊』中国地図出版社、一九九一
塩沢裕仁　『千年帝都 洛陽 その遺跡と人文・自然環境』雄山閣、二〇一〇
徐吉軍・賀雲翱　『中国喪葬礼俗』浙江人民出版社、一九九一
済寧市文物管理局　「山東済寧市蕭王荘一号漢墓」『考古学集刊』一二、一九九九
陝西省考古研究院・咸陽市文物考古研究所　「漢平帝康陵考古調査、勘探簡報」『文物』二〇一四年六期、二〇一四
蘇健　「洛陽新獲石辟邪的造型芸術与漢代石辟邪的分期」『中原文物』一九九五年二期、一九九五
茶谷満　「衛星画像を用いた洛陽地域の墳墓分布について」『中国考古学』第六号、二〇〇六
　　「後漢洛陽城の可視領域と皇帝陵との空間関係――洛陽都城圏の様相に関する基礎的考察――」『年報人類学研究』第三号、二〇一三
中国社会科学院考古研究所洛陽漢魏城隊　「漢魏洛陽城西東漢墓園遺址」『考古学報』一九九三年三期、一九九三
陳長安　「洛陽邙山東漢陵試探」『中原文物』一九八二年三期、一九八二
鶴間和幸　「漢律における墳丘規定について」『東洋文化』六〇、一九八〇
鄭州大学歴史学院考古系・洛陽市第二文物工作隊・偃師市文物管理委員会　「偃師市高崖村東漢墓（陵）冢鑚探・試掘簡報」『文物』二〇〇六年三期、二〇〇六

南京博物院「江蘇邗江甘泉二号漢墓」『文物』一九八一年一一期、一九八一
馬永嬴「漢平帝康陵布局試探」『文物』二〇一四年六期、二〇一四
牧尾良海「漢代薄葬論の典型——楊王孫と趙咨——」『智山学報』一二・一三輯、一九六四
山田勝芳「中国古代の墳丘規定と新出漢簡」『日本文化研究所研究報告』三二集、一九九六
楊寛（西嶋定生監訳、尾形勇・太田侑子訳）『中国皇帝陵の起源と変遷』学生社、一九八一
楊樹達『漢代婚喪礼俗考』商務印書館、一九三三
洛陽市第二文物工作隊「洛陽邙山陵墓群的文物普査」『文物』二〇〇七年一〇期、二〇〇七
洛陽市第二文物工作隊・偃師市文物管理委員会「偃師白草坡東漢帝陵陵園遺址」『文物』二〇〇七年一〇期、二〇〇七a
　「偃師閻楼東漢陪葬墓園」『文物』二〇〇七年一〇期、二〇〇七b
洛陽市文物考古研究院「洛陽孟津後溝玉冢調査勘探報告」『洛陽考古』二〇一四年三期、二〇一四a
洛陽市文物考古研究院『洛陽朱倉東漢陵園遺址』中州古籍出版社、二〇一四b
李南可「従東漢『建寧』『熹平』両塊黄腸石看霊帝文陵」『中原文物』一九八五年三期、一九八五
盧青峯「東漢帝陵有関陪葬墓問題的思考」洛陽市第二文物工作隊『洛陽漢魏陵墓研究論文集』文物出版社、二〇〇九

【図出典】

図一・陸地測量部五万分の一地形図「孟津県」「大口」「陳凹」「洛陽県」を基に作成
図二・〔洛陽市第二文物工作隊　二〇〇七〕所掲図
図三・洛陽市第二文物工作隊「洛陽孟津朱倉東漢帝陵陵園遺址」『文物』二〇一一年九期所掲図をトレース、一部加筆
図四・〔洛陽市第二文物工作隊・偃師市文物管理委員会　二〇〇七年a〕所掲図

表一　雒陽後漢皇帝陵一覧

皇帝	廟号	陵名	『続漢書』礼儀志注に引く『古今注』『帝王世紀』に基づく各陵の詳細							『後漢書』本紀注	『続漢書』礼儀志の注に引く『帝王世紀』	『続漢書』礼儀志の注に引く『古今注』
			位置（帝王世紀）	陵区	墳丘	墳丘高	囲繞施設	陵園主要施設	附属施設			
光武帝	世祖	原陵	臨平亭之南、西望平陰、東南去雒陽十五里	西北	方三百二十三歩（約四四六m、径一四二m）	六丈六尺（約一五m）	垣四出司馬門	寝殿	鍾虡	帝王紀曰「原陵方三百二十歩、高六丈、在臨平亭東南、去洛陽十五」（顯宗孝明帝紀）	在臨平亭之南、西望平陰、東南去雒陽十五里。	山方三百二十三歩、高六丈六尺。垣四出司馬門。寝殿、鍾虡皆在周垣內。隄封田十二頃五十七畝八十五歩。
明帝	顕宗	顕節陵	故富寿亭也、西北去雒陽三十七里	東南	方三百歩（約四一四m、径一三二m）	八丈（約一八m）	無周垣、為行馬、四出司馬門	石殿、寝殿	鍾虡、園省、園寺吏舎	帝王紀曰「顯節陵方三百歩、高八丈。其地故富壽亭也、西北去洛陽三十七里」（肅宗孝章帝紀）	故富壽亭也、西北在雒陽三十七里。	山方三百歩、高八丈。無周垣、爲行馬、四出司馬門。石殿、鍾虡在行馬內。寝殿、園省在東。園寺吏舎在殿北。隄封田七十四頃五畝。
章帝	粛宗	敬陵	在雒陽東南、去雒陽三十九里	東南	方三百歩（約四一四m、径一三二m）	六丈二尺（約一四m）	無周垣、為行馬、四出司馬門	石殿、寝殿	鍾虡、園省、園寺吏舎	在洛陽城東南三十九里。古今注曰「陵周三百歩、高六丈二尺」（和帝紀）	在雒陽東南、去雒陽三十九里。	山方三百歩、高六丈二尺。無周垣、爲行馬、四出司馬門。石殿、鍾虡在行馬內。寝殿、園省在東。園寺吏舎在殿北。隄封田二十五頃五十五畝。
和帝	穆宗	慎陵	在雒陽東南、去雒陽四十一里	東南	方三百八十歩（約五二四m、径一六七m）	十丈（約二三m）	無周垣、為行馬、四出司馬門	石殿、寝殿	鍾虡、園省、園寺吏舎	在洛陽東南三十里。俗本作「順」者、誤。（殤帝紀）	在雒陽東南、去雒陽四十一里。	山方三百八十歩、高十丈。無周坦、丈行馬、四出司馬門。石殿、鍾虡在行馬內。寝殿、園省在東。園寺吏舎在殿北。隄封田三十一頃二十畝二百歩。
殤帝		康陵	去雒陽四十八里	東南※	周二百八歩（約二八七m、径九一m）	五丈五尺（帝王世紀五丈四尺）（約一三m）	行馬四出司馬門	石殿、寝殿（廟）	鍾虡、園吏寺舎	陵在慎陵塋中庚地、高五丈五尺、周二百八歩。（孝安帝紀）	高五丈四尺。去雒陽四十八里。	山周二百八歩、高五丈五尺。行馬四出司馬門。寝殿、鍾虡在行馬中。因寝殿爲廟。園吏寺舎在殿北。隄封田十三頃十九畝二百五十歩。
安帝	恭宗	恭陵	在雒陽西北、去雒	西北	周二百六十歩	十五丈（帝王	無周垣、	石殿、寝殿	鍾虡、園	在今洛陽東北二十	高十一丈。在雒陽西	山周二百六十歩、高十五丈。

			陽十五里		（約三五九m、径二一四m）	世紀十一丈）（約二六～三〇m）	為行馬、四出司馬門		吏舎	七里。伏侯古今注曰「陵山周二百六十丈、高十五丈也」（孝安帝紀）	北、去雒陽十五里。	無周垣、爲行馬、四出司馬門。石殿、鍾虡在行馬內。寝殿、園吏舎在殿北。隄封田一十四頃五十六畝。
順帝	敬宗	憲陵	在雒陽西北、去雒陽十五里	西北	方三百歩（約四一四m、径一三二m）	八丈四尺（約一九m）	無周垣、為行馬、四出司馬門	石殿、寝殿	鍾虡、園省寺吏舎	在洛陽西十五里、陵高八丈四尺、周三百歩。（沖帝紀）	在雒陽西北、去雒陽十五里。	山方三百歩、高八丈四尺。無周垣、爲行馬、四出司馬門。石殿、鍾虡在司馬門內。寝殿、園省寺吏舎在殿東。隄封田十八頃十九畝三十歩。
沖帝		懐陵	（在雒陽）西北、去雒陽十五里	西北	方百八十三歩（約二五三m、径八一m）	四丈六尺（約一一m）	行馬、四出門	寝殿	園寺吏舎	在洛陽西北十五里。伏侯古今注曰「高四丈六尺、周百八十三歩」（質帝紀）	在雒陽西北、去雒陽十五里。	山方百八十三歩、高四丈六尺。為寝殿行馬、四出門。園寺吏舎在殿東。隄封田五頃八十畝。
質帝		静陵	在雒陽東、去雒陽三十二里	東	方百三十六歩（約一八八m、径六〇m）	五丈五尺（約一三m）	為行馬、四出（司馬）門	寝殿（廟）	鍾虡、園寺吏舎	在洛陽東南三十里、陵高五丈五尺、周百三十八歩。（桓帝紀）	在雒陽東、去雒陽三十二里。	山方百三十六歩、高五丈五尺、爲行馬、四出司馬門。寝殿、鍾虡在行馬中、園寺吏舎在殿北。隄封田十二頃五十四畝。因寝爲廟。
桓帝	威宗	宣陵	在雒陽東南、去雒陽三十里	東南	三百歩（約四三五m、径一三九m）	十二丈（約二九m）				在洛陽東南三十里、高十二丈、周三百歩。（靈帝紀）	山方三百歩、高十二丈。在雒陽東南、去雒陽三十里。	
霊帝		文陵	在雒陽西北、去雒陽二十里	西北	三百歩（約四三五m、径一三九m）	十二丈（約二九m）				在洛陽西北二十里、陵高十二丈、周回三百歩。（孝靈帝紀）	山方三百歩、高十二丈。在雒陽西北、去雒陽二十里。	

網かけは東南陵区、それ以外は西北陵区

※殤帝康陵についての記載はないが、『後漢書』巻五孝安帝紀には「（延平元年九月）丙寅、孝殤皇帝を康陵に葬る」とあり、その李賢注に「陵は慎陵塋中の庚地に在り。高さ五丈五尺、周二百八歩」とあることから、和帝の慎陵と同様の東南陵区に位置することが分かる。

表二　後漢皇帝陵遺跡一覧

陵区	遺跡	墳丘原直径（m）	墳丘高（m）	墓道（m）	墓室構造	陵園	年代	備考	報文
西北陵区	大漢冢M066	156	※20			北東に建物群。墳丘南に建築址か？			洛陽市第二文物工作隊「洛陽邙山陵墓群的文物普査」『文物』2007年10期 厳輝・張鴻亮・盧青峰「洛陽孟津朱倉東漢帝陵陵園遺址相関問題的思考」『文物』2011年9期
	二漢冢M561	150	※16						厳輝・張鴻亮・盧青峰「洛陽孟津朱倉東漢帝陵陵園遺址相関問題的思考」『文物』2011年9期
	（三漢冢M560）	84	※10		明券双横室墓				厳輝・張鴻亮・盧青峰「洛陽孟津朱倉東漢帝陵陵園遺址相関問題的思考」『文物』2011年9期
	劉家井大冢M067	130	※10					「建寧」「熹平」黄腸石と金鏤、銀鏤玉衣片採集。霊帝文陵か？	李南可「従東漢『建寧』『熹平』両塊黄腸石看霊帝陵」『中原文物』1985年3期 厳輝・張鴻亮・盧青峰「洛陽孟津朱倉東漢帝陵陵園遺址相関問題的思考」『文物』2011年9期
	朱倉M722	136	削平	長50×幅8.8～10.4	甲字形方坑明券墓	四面に陵墻有。墳丘北東に1，2号の大型基壇（石殿、寝殿か）。その東に小型建物群（園省、園寺吏舎）。	後漢中期	順帝憲陵？	洛陽市文物考古研究院『洛陽朱倉東漢陵園遺址』中州古籍出版社、2014年
	朱倉M707	86		長40×幅8.8～13.6	甲字形方坑明券墓	墳丘北東に大型基壇（寝殿）。その東に小型建物群（園寺吏舎）。	後漢中期	沖帝懐陵？	洛陽市文物考古研究院『洛陽朱倉東漢陵園遺址』中州古籍出版社、2014年
	白草坡北冢M1030	125	削平	幅10		北東に南北380×東西330の区画。南部に大型基壇、北端に小型建物群	後漢中晩期		洛陽市第二文物工作隊・偃師市文物管理委員会「偃師白草坡東漢帝陵陵園遺址」『文物』2007年10期

東南陵区	白草坡南冢M1038	130	11.5	幅9.5					洛陽市文物考古研究院「洛陽偃師東漢洛南陵区2008年考古勘探簡報」『洛陽考古』2015年2期
	郭家嶺西北大冢M1052	140	7.2	幅9.8					
	郭家嶺西南大冢M1054	150	12	幅10.5					
	李家村大冢M1048	185	12	幅9.5					
	M1055	100	11.5	幅9					
	M1071	130	8.5	幅6					
	M1079	100	12	幅3.8					
	逸寨村大冢	86.4 現存径	10						韓国河「東漢陵墓踏査記」『考古与文物』2005年3期

その他	華潤電廠M89	11	6.3	長18.1×幅3.1	磚室	墳丘西南に大型建築址と建物群		金鏤玉衣出土。少帝劉弁の墓か？	洛陽市文物考古研究院『偃師華潤電廠考古報告』中州古籍出版社、2012年 張鴻亮「試析洛陽偃師一座東漢金鏤玉衣墓的性質」『洛陽考古』2015年2期

※は国家文物局一九九一『中国文物地図集河南分冊』中国地図出版社による

表三　後漢諸侯王墓

王国	被葬者	王没年	王墓遺跡	墓の形態	玉衣	王墓の位置	墳丘高m	墳丘平面m	墓道 長×幅m	備考	出典
斉	煬王劉石	明、章帝期	臨淄金峰鎮M1	竪穴磚築	銀鏤玉衣	臨淄の南西15 km	10.75	円直径35.4～37.2	8.9×6.25	磚に呂都の刻字有り	山東省文物考古研究所「山東臨淄金峰鎮一号東漢墓」『考古学報』1999年1期
任城	孝王劉尚	和帝永元13年(101)	蕭王荘M1	竪穴磚築	銀鏤玉衣	王都と思われる済寧市北約3 km	11	底径約60	22.8×5.2	黄腸石。周囲は4基からなる墓群	山東省済寧市文物局編『漢任城王墓刻石精選』山東美術出版社1998年、済寧市文物管理局「山東済寧市蕭王荘一号漢墓」『考古学集刊』12、1999年
	王后	桓、霊帝期	済南後漢墓	石築	銅鏤玉衣	済南市南部	不明		不明		済南市博物館「山東済南発現一座東漢墓」『考古』1994年2期
済北	済北王一族か	後漢晩期	大覚寺村M2	竪穴磚石築	銅鏤玉衣		7m以上		残4×1.4		済南市考古研究所・長清区文物管理所「済南市長清区大覚寺村一、二号漢墓清理簡報」『考古』2004年8期
東平	東平王かその一族	後漢中晩期	東平王陵山漢墓	竪穴磚石築	銅鏤玉衣		「高大」		幅1.6（図上計測）	王陵山には9基の墓があり「九子墓」と呼ばれ、『州志』『県志』に東平憲王陵があるとの記載あり。	山東省博物館「山東東平王陵山漢墓清理簡報」『考古』1966年4期
彭城	考王道か孝王和	順帝～桓帝期	土山M1	竪穴磚石築	銀鏤玉衣		高18	径65	不明	黄腸石出土。尤振堯は被葬者を楚王英とする。	南京博物院「徐州土山東漢墓清理簡報」『文博通訊』15, 1977年9期、尤振堯「江蘇漢代諸侯王国考古発現及其歴史価値（下）」『南京博物院集刊』10、2008年
	?		土山M2	竪穴磚石築						未調査。1号墓南側で墳丘の中心に位置。規模は1号墓より大。黄腸石出土。尤振堯は被葬者を楚王英の生母許太后とする。	尤振堯「江蘇漢代諸侯王国考古発現及其歴史価値（下）」『南京博物院集刊』10、2008年

沛？	沛王かその一族	後漢中期のやや後	李楼M1	竪穴磚築	銅鏤玉衣		不明	径25	7×2.72	南にほぼ同規模の2号墓。報告書は被葬者について何も述べていないが、淮北市は沛国の都相県に隣接しており、王墓との関連が考えられる。	安徽省文物考古研究所・淮北市博物館「安徽淮北市李楼一号、二号東漢墓」『考古』2007年8期
陳	頃王劉崇	後漢中期のやや後	淮陽北関M1	竪穴磚築	銀鏤玉衣		削平		4.3×3.7		周口地区文物工作隊・淮陽県博物館「河南淮陽北関一号漢墓発掘簡報」『文物』1991年4期
広陵	思王荊	永平14年（71）	甘泉M2	竪穴磚築			13	径60	不明	付近で「廣陵王璽」採集。劉荊は永平14年（71）謀反により自殺	南京博物院「江蘇邗江甘泉二号漢墓」『文物』1981年11期
趙	？	後漢末	張荘橋M1	多室磚墓	銅鏤玉衣		12				薛玉川・申慧玲・薛東亮「邯鄲歴史文化遺産総述」、李永山「邯鄲地区古代墓葬形制述略」（いずれも邯鄲市文物保護研究所編『追溯与探索―紀念邯鄲市文物保護研究所成立四十五周年学術研討会文集』科学出版社,2007年）、段宏振『趙都邯鄲城与趙文化』科学出版社、2009年
常山	常山王一族か	後漢初期	石家荘北郊東漢墓	竪穴磚築	銅鏤玉衣				不明×1.41		石家荘市文物保管所「石家荘北郊東漢墓」『考古』1984年10期
中山	簡王劉焉	和帝永元2年（90）	定県北荘漢墓	竪穴磚石築	鎏金銅鏤玉衣		約20	各辺40	50×4.5		河北省文化局文物工作隊「河北定県北荘漢墓発掘報告」『考古学報』1964年2期
	穆王劉暢	熹平3年（174）	定県M43	竪穴磚築	銀鏤玉衣		12	40	不明×下1.6	黄腸石	定県博物館「河北定県43号漢墓発掘簡報」『文物』1973年11期
	？	後漢末	定州市M35	竪穴磚築	鎏金銅鏤玉衣		7	径27	不明	報告書は被葬者不明とする。胡金華氏は王墓と関連があるとする。	定州市文物管理所「定州市35号漢墓清理簡報」『文物春秋』1997年3期、胡金華「両漢的中山王与中山王墓」『文物春秋』2000年1期

第七章　後漢の謁陵儀礼

はじめに

明帝、性孝愛にして追慕して已むこと無し。（永平）十七年正月、當に原陵に謁せんとするに、夜、先帝、太后の平生の如く歡ぶを夢みる。既に寤め、悲しみ寐ぬること能わず、即《ただ》ちに歴を案ずるに、明旦、日は吉なり。遂に百官及び故客を率い上陵す。其の日、甘露、陵樹に降り、帝、百官をして采取し以て薦めしむ。會畢り、帝、席從り前みて御牀に伏し、太后の鏡奩中の物を視、感動悲涕し、脂澤裝具を易えしむ。左右皆な泣き、能く仰視する莫し。

『後漢書』皇后紀上・光烈陰皇后紀に記された明帝による原陵謁陵の様子である。明帝劉荘が父光武帝劉秀の死をうけて即位してからすでに一七年、母光烈皇后陰麗華が崩じたのは一〇年前のことである。亡き父母を慕う心は募る一方であり、夢の翌日、雒陽北郊にある父母の合葬された原陵に謁する。史料の性格上、皇帝の人間性、感情が細かく記されることはあまりないが、この史料は皇帝の極めて人間的な一面を描いており、儀礼に参列した百官と同様、読む者に強い印象を残す。

冒頭にこの史料を提示したのは、後漢に成立したとされる謁陵儀礼の本来的な意味が最も明確に示されていると思われるからである。結論を先走ることになるかもしれないが、父母を慕う子としての真情がこの儀礼成立の重要なポイントとなる。しかし、それだけでは、明帝による原陵謁陵のように大規模なものは必要なかったはずである。本章では、明帝の原陵謁陵を軸に、それがどのような系譜に基づく儀礼で、如何なる目的をもって成立したものであるかを考察していくことにする。(1)

そのためには、まず儀礼の詳細とそれが挙行された後漢皇帝陵の構造を見ていくことにしたい。

第一節　謁陵儀礼の詳細

後漢の謁陵儀礼について最も詳細な記録は、司馬彪『續漢書』礼儀志上の上陵の記載である。(2)以下にその全文を提示する。なお、行論の関係で番号を付した。

西都、舊と上陵有り。東都の儀、百官、四姓親家の婦女、公主、諸王の大夫、外國の朝者侍子、郡國の計吏陵に會す。

① 晝漏上水なれば、大鴻臚、九賓を設け、寢殿の前に隨立せしむ。
② 鍾鳴らば、謁者、禮を治め客を引き、群臣の位に就くこと儀の如くす。
③ 乘輿、東廂より下り、太常、導き出し、西向して拜す。
④ 折旋して阼階を升り、神坐を拜す。
⑤ 退きて東廂に坐するに、西向す。
⑥ 侍中、尙書、陛者、皆な神坐の後なり。
⑦ 公卿群臣、神坐に謁す。

⑧太官、食を上り、太常、食擧を樂奏し、文始、五行の舞を舞う。
⑨樂闋らば、群臣、賜を受く。
⑩食畢らば、郡國の上計吏、次を以て前み、神軒に當り其の郡國の穀價、民の疾苦する所を占い、神をして其の動靜を知らしめんと欲す。

孝子の親に事え禮を盡すは、敬愛の心なり。周遍く禮の如くす。最後に親陵、計吏を遣し、之に帶佩を賜う。八月の飮酎、上陵するに、禮は亦た之の如し。

儀礼は帝陵に付設された寢殿を舞台に行われた。帝陵の構造の詳細については後節にゆずるが、ここで記された儀礼次第は、明帝の即位二年目の、

永平元（五八）年春正月、帝、公卿已下を率い原陵に朝すること、元會儀の如くす（明帝紀）。

とある原陵謁陵の詳細を示すものであろう。

儀礼を個別に検討していきたい。祭祀の中心となるのは光武帝の神坐である。①儀礼は明け方に開始される。大鴻臚が陵園内の寢殿の前に九賓の席次を決める。九賓とは、注に引かれた薛綜の説によれば、「王、侯、公、卿、二千石、六百石、下は郎、吏、匈奴侍子に及ぶまでの凡そ九等」のことである。②その後、鍾が鳴ると、待機していた群臣がそれぞれ決められた場所に整列する。③皇帝は東廂で待機しているが、会場の設定が整えられると、太常に導き出され、④寢殿の東側の階段より昇殿し、神坐を拝し、その後、⑤東廂に戻り、西向きに座る。皇帝がこの儀礼で何らかの所作をするのはここまでであり、以後は神坐を中心に儀礼が展開する。

ここで、⑥神坐の背後にあたかも先帝が生きているかのように侍中、尚書が控える。⑦群臣が順次、神坐に拝する。この後、⑧食事が奉られ、音楽が奏でられ舞が舞われる。音楽が終わると、⑨列席した群臣は賜を受ける。食事が

終わると、⑩上計吏による報告が行われる。

陵寝での儀式はここで終了する。儀礼そのものは正月に宮城の正殿で行われる元会儀礼に準じており、既に指摘されているように、儀礼に参加する人数を考慮するとその規模は極めて盛大である。儀礼は五段階に分かれ、第一段階①②は儀礼の開始であり、同時に皇帝出御までの準備段階、第二段階③〜⑤は皇帝の神坐への拝謁、第三段階⑥⑦は皇帝にかわって群臣の神坐への拝謁、第四段階⑧⑨は舞楽の奉上と群臣への賜与、第五段階⑩郡国上計吏の神坐への報告である。このうち第二段階以外は元会儀礼に似た構成である。言うまでもなく、第二段階の皇帝の神坐への拝謁は元会儀礼にはないものである。儀礼にこの第二段階が入ったことにより、儀礼の最大の転換点は⑤と⑥の間となる。すなわち、⑥で寝殿内の会場設定がやり直され、皇帝は舞台から去り、群臣が祭祀を行うことになるのである。これは元会儀礼との最大の違いである。

年頭に行われる元会儀礼についてはすでに渡辺信一郎氏による詳細な研究がある〔渡辺信一郎 一九九六〕。それによれば、元会儀礼の目的は、君臣関係の更新と朝廷の秩序化にある。元会儀礼は大きく二段階に分かれ、年ごとに行われる群臣からの贄の献上が中心となる前半の朝儀と、皇帝からの賜与、宴会が行われる後半の会儀から構成されており、極めて視覚的かつ象徴的に行われるものであった。しかし、先帝の神坐が中心となる謁陵儀礼では、当然、君臣関係の更新が目的となるものではない。一見、同様の順序で行われる群臣拝謁も贄を献上するものではなく、またその後に行われる群臣への賜与も主体が明瞭でないうえに、前段の朝儀相当部分との境界が実際の元会儀礼以上に不分明なものとなっている。つまり、ここで行われたのは元会儀礼を模した全く別の儀礼であり、自ずから、その目的も異なるものであったのである。

その目的を考察する前に、儀礼の舞台となった後漢皇帝陵の構造を予め見ておくことにしよう。

第二節　後漢皇帝陵の実態

後漢の皇帝陵区は雒陽を中心として北邙の台地上に築かれた西北陵区と洛水のさらに南側に営まれた東南陵区の二陵区からなり、各帝の陵墓の配置は、『続漢書』礼儀志の劉昭注に引かれた『古今注』や『帝王世紀』の記載からおおよそを窺うことができる。遺跡の状況および各陵の分布については本篇第六章で詳述しているので省略するが、各冢の分布を見ると、皇帝陵の間隔が前漢に比してかなり狭まっていること、さらに陵の周囲に一定の空閑地があることに気づく。こうした空閑地が陵園の名残りであろうが、前漢の皇帝陵のように陵園の痕跡は明らかでなく、西北陵区の「大漢冢」〔洛陽市第二文物工作隊 二〇〇七〕、朱倉M七二二・M七〇七〔洛陽市文物考古研究院 二〇一四〕や東南陵区の白草坡〔洛陽市第二文物工作隊など 二〇〇七〕の調査では墳丘の東北で大規模な建物群が発見されており、陵園に関わる遺構と考えられる。建物の状況からみて寝殿および園寺吏舎などの附属建築群であろう。

以下、儀礼の詳細を知るためにも、陵園の構造を見ておこう。各陵に共通する構成は、墳丘を中心にそれを囲繞する施設があり、四方に司馬門を設けることである。囲繞施設は原陵が陵墻であった以外は全て行馬、すなわちより簡易な柵だったようである。また司馬門は、後漢皇帝陵では現在地表に痕跡がなく、闕が築かれていなかった可能性もあるが、安帝の恭陵には東闕があったようである(3)。墳丘に近接して寝殿があり、陵における祭祀の中心建築となっている。石殿と鍾虡が設けられるものが多い。鍾虡については、先にみた「礼儀志」の記載にも儀式進行の重要な要素として登場している。問題は、石殿であるが、寝殿とどのように異なるものであったのかは全く不明である。遺跡の調査で陵園の平面が分かっているのは大漢冢と朱倉M七二二・七〇七であるが、M七〇七は皇帝陵としては小型で、

M七二二に付設された陵（報告では沖帝懐陵の可能性を指摘する）と思われるため、大漢冢とM七二二を例に空間配置を見ていきたい〔本篇第六章第三節〕。

朱倉M七二二では周囲を版築墻で囲っている。これが陵墻か行馬の基礎なのかという判断は保留されている。『古今注』による限り、陵墻は光武帝原陵にしかないからである。この陵園の西部に墳丘が築かれている。墳丘の北東に大規模な版築基壇が二基、東西に並列する。報告ではこれらが「石殿」と「寝殿」の可能性があるとする。西側の建物は未発掘だが、東側の建物は東西四六m、南北三一．二mあり、大型の建物である。この建物の東方に小型の建物群があり、「園省」「園寺吏舎」と考えられる。一方、大漢冢は現在のところボーリング調査の図面が公表されているだけであり、検出された遺構の時期、構造などは不明であるが、図面から読み取れることをまとめておくことにする。陵園を囲む陵墻は未発見だが、建物の配置は基本的にM七二二と同じで、墳丘の北東方向に大型建物があり、その東と北方に小型建物群が展開する。前者が「寝殿」か「石殿」であり、後者は「園省」「園寺吏舎」であろう。大漢冢で注目したいのは墳丘の南側に礎石か柱穴らしき遺構が規則的に並ぶことである。墓道上にあたると思われるが、何らかの建物であった可能性がある。また柱列の方位は大漢冢周辺で検出されている溝や東北の建物群の方位と合致しており、同時期のものと見なすことができよう。ただ、この建物は版築基壇はないようであり、恒久的な建物だったのか、仮設のものであったかなどは調査結果の公表を待ちたい。

以上のように主要な建物群はいずれも墳丘の北東側に位置する。大規模な建物はいずれも東西に長く、南北に短い平面であることから東西棟の建物で、南面ないし北面していたと考えられるが、北側に小型建物が展開していることから、陵と同様、南面していたと考えるのが自然であろう。そうすると、寝殿の南側に儀礼のための空間があったと考えられ、ちょうど墳丘の東側にそうした空間が位置することになる。つまり上陵儀礼の舞台は墳丘の東側面で始まり、その北側の寝殿を主要な舞台として開催されたのである。儀礼参加者には寝殿に加えて、皇帝がその下に眠る墳丘もその周囲を囲む空間として確実に認識されるものであった。

なお、上陵の具体的な様子が分かるのは光武帝原陵のみである。現在、どの帝陵遺跡が原陵であるかは不明であるが、『古今注』に記された陵園の構造や、これまで調査された後漢皇帝陵遺跡を見る限り、各帝陵の構造については、原陵の陵園囲繞施設が陵墻であったこと以外、大きな差異はないと考えてよかろう。ただし、皇帝陵にも被葬者である皇帝の生前の事跡との関連で、等級がつけられていたようである。『後漢書』孝質帝紀には、

（永嘉元（一四五）年五月）丙辰、詔して曰く「孝殤皇帝、休祚を永くせずと雖も、而して即位して年を踰え、君臣の禮成る。孝安皇帝、統業を承襲するも、而して前世、遂に恭陵をして康陵の上に在らしむ。先後相い踰え、其の次序を失い、宗廟の重きを奉じ、無窮の制を垂るる所以に非ず。昔、定公、追って順祀を正し、春秋、之を善しとす。其れ恭陵をして康陵に次ぎ、憲陵をして恭陵に次がしめ、以て親秩を序し、萬世の法と爲せ」と。

とあり、皇帝陵の扱い方の序列が問題にされている。その点から言うならば、当然、漢の中興の祖として特別な位置づけをされた光武帝の原陵が他の陵よりも重視されていたことは十分考えられることである。本篇第六章章末表一にあげた皇帝陵の一覧を見ると、その点は墳丘や陵園の規模には反映されているとはいえないが、例えば陵園を囲む施設が唯一、原陵のみが墻であったことなどもそうした事情を反映したものなのかもしれない。

第三節　謁陵と宗廟との問題

一、謁陵儀礼の実際

これまで、謁陵儀礼とその舞台となった陵墓の構造をみてきたが、原陵謁陵儀礼の意義を論じる前に、改めて後漢で行われた原陵以外の謁陵儀礼も見ておく必要がある。後漢において実際に謁陵が確認できるのは、①長安郊外の前漢一一陵、②南陽の章陵、③光武帝原陵の三種類である。

①の長安郊外の前漢皇帝陵への謁陵は長安巡幸の際に決まって行われるものである。ここで『後漢書』各帝紀の記録に残された謁陵を抽出すると、以下のようになる。

・光武帝（五回。ただし、中元元年のものは一一陵ではなく高祖の長陵のみ）
　建武六（三〇）年四月、建武一〇（三四）年八月、建武一八（四二）年三月、建武二二（四六）年三月、中元元（五六）年四月
・明帝（一回）
　永平二（五九）年一〇月
・章帝（一回）
　建初七（八二）年一〇月
・和帝（一回）
　永元三（九一）年一〇月
・安帝（一回）
　延光三（一二四）年一〇月
・順帝（一回）
　永和二（一三七）年一一月

・桓帝（一回）

延熹二（一五九）年一一月

このように記録が多く残るのは、都からの長期間の移動を伴う長安行幸に組み合わされており、また不定期に行われるものであるために、記録として残りやすかったからである。同様のことは次に述べる章陵にも言えることである。その反面、記録は「十一陵に有事す」と極めて簡略であり、具体的にどれほどの時間をかけて行われたかは定かでない。なお「有事」とは、光武帝紀下の李賢注に、

有事とは祭を謂うなり。左傳に曰く「太廟に有事す」と。

とあるように、祭祀のことだが、その具体的な内容は不明である。

ここに挙げた前漢皇帝陵謁陵記録を見て明らかなことは、光武帝期に五回と圧倒的に多いことであり、以後の各帝は一回のみとなっている。光武帝期の謁陵を分析すると、建武六年、一〇年の長安行幸の目的が他の群雄に対する軍事行動との関係で捉えるべきものではあっても、以後のものは、長安の故高廟謁廟と皇帝陵謁陵を目的としたものであり、その狙いは後漢建国にあたって、新たな劉氏の王朝が前漢を継承するものであることを示すことにあったものと考えられる(4)。

①の長安一一陵の謁陵が、いわば漢の皇帝としての正統を示すために行われたのに対し、②の光武帝の父祖を葬った章陵の謁陵は南陽劉氏の子孫による祭祀として行われたものである。章陵の設置とその後の沿革については、『後漢書』宗室四王三侯列伝・城陽恭王祉伝に詳しい。

初め、建武二（二六）年、皇祖、皇考の墓を以て昌陵と爲し、陵令を置き守視せしむ。後、改めて章陵と爲し、因りて舂陵を以て章陵縣と爲す。

このように、章陵とは光武帝の父祖を祭祀した陵であり、私的側面の極めて強いものであった。そのため、光武帝期に行われた章陵謁陵では宗室を招いて置酒することも多く、その傾向は章帝期まで確認できる。ここでも先の長安諸陵と同様に、『後漢書』帝紀の記録から、章陵謁陵を挙げてみよう。

・光武帝（五回）
　建武三（二七）年一〇月、建武一一（三五）年三月、建武一七（四一）年四月、一〇月　建武一八（四二）年一〇月
・明帝（二回）
　永平三（六十）年一一月、永平一〇（六七）年閏月
・章帝（一回）
　元和元（八四）年九月
・和帝（一回）
　永元一五（一〇三）年一〇月
・安帝（一回）
　延光四（一二四）年三月
・桓帝（一回）
　延熹七（一六四）年一〇月

章陵への謁陵は光武帝以後も続いているが、謁陵の回数はやはり光武帝の五回が突出し、ついで明帝の二回であり、以後の諸帝は一回ずつとなっている。光武帝にとっては父祖を祭る私的な面が強い祭祀であったが、帝郷とのつなが

りが希薄となる章帝以後の章陵謁陵はそうした側面が弱まり、むしろ前漢皇帝陵の謁陵が漢王朝の正統を示したのと同様に、光武帝以来の後漢王朝、すなわち南陽劉氏の正統を示す意味あいが強くなったのであろう。

③の原陵謁陵は①、②に比べて極端に記録が少ないが、第一節に挙げた『續漢書』祭祀志の記載によれば、原陵への謁陵は正月と八月酎祭の春秋二回に定期的に行われていたようである。定期的に挙行される行事は、記録として残りにくいが、原陵謁陵の記録が少ないのもそのことに起因すると思われる。そのため、一概に①②に比べて謁陵が少なかったとは言えない。記録に残った謁陵を以下に挙げてみよう。

・明帝期（二回）

永平元（五八）年春正月、帝、公卿已下を率い原陵に朝すること元會儀の如し（明帝紀）。

（永平）十七（七四）年正月、當に原陵に謁せんとするに、夜、先帝、太后の平生の如く歡ぶを夢みる。既に寤め、悲しみ寐ぬること能わず、卽ちに歴を案ずるに、明旦、日は吉なり。遂に百官及び故客を率い上陵す。（皇后紀上・光烈陰皇后）

・霊帝期（一回）

建寧五（一七四）年正月、車駕、原陵に上る。（『續漢書』礼儀志上の劉昭注に引く謝承『後漢書』）

以上の三回のみであるが、この他に『後漢書』皇后紀上・明徳馬皇后に、

時に新平主の家の御者、失火し、延いて北閣後殿に及ぶ。太后以て己の過と爲し、起居、歡ばず。時に當に原陵に謁すべきも、自ら守備の愼ざるを引き、陵園に見ゆるを慙じ、遂に行かず。

とある。時期は不明だが、前後の内容から章帝の建初二（七七）年か三年のことと思われる。この史料から原陵への謁陵時期が予め決まっていたことを窺うことができ、記録に残らない謁陵が他にもあったことが推測されるのである。

つまり、前漢皇帝陵や章陵への謁陵が不定期に挙行されるものにあったのに比べ、原陵謁陵は都城の近郊に位置するということもあって、定期的に行なわれるものであった。そして、何よりも百官を率いて行われる儀礼は、他の謁陵とは規模において大きく異なるものだったのである。この原陵謁陵が成立した意味を考える前に、謁陵が後漢において儀礼として成立する過程を見ておく必要があろう。

二、謁陵と儒教的礼制

謁陵儀礼そのものは後漢に始まったものではなく、前漢にすでに存在したようである。前漢皇帝の謁陵の詳細は不明だが、第一節に挙げた『続漢書』礼儀志の記載に、

西都、舊と上陵有り。

とあるように、前漢でも謁陵があったと考えられる。発掘調査が行なわれた宣帝の杜陵の寝殿は殿北に周囲を墻で囲まれた広場があり、何らかの儀礼が行なわれた可能性が高い(5)。後漢の上陵の礼も基本的には前漢の制度を踏襲したものであり、光武帝の前漢皇帝陵や章陵への謁陵もその延長にあるものであり、当然、明帝の原陵謁陵もそうである。

謁陵は、本章、冒頭に掲げた史料でも明らかなように、故人を弔う意思に基づくものである。少し時代が下るが、章帝の東平国行幸のおりの次のエピソードが当時の人々の行動を端的に物語っている。『後漢書』光武十王列伝・東平憲王蒼伝には、

元和三（八六）年、東に行きて巡守し、東平宮に幸す。帝、追って蒼を感念し、其の諸子に謂いて曰く「其の人を思い、其の郷に至り、其の處に在るも、其の人亡し」と。因りて泣下し襟を沾す、遂に蒼の陵に幸し、爲に虎賁、鸞輅、龍旂を陳ね、以て之を章顯し、祠るに太牢を以てし、祠坐を親拜し、哭泣し哀を盡くし、御劍を陵前

に賜う。

とある。東平王劉蒼は明帝の同母弟で、章帝には叔父にあたる。明帝、章帝の二代から非常に信頼された人物であり、章帝がその封国で故人を慕いその陵を祭ったことは自然な感情に基づくものである。そうした行為が遺体の葬られた墓地で行われたことに、死者を弔う場として墓がより身近な存在であったことを示していると考えることができよう。先に見た章陵への謁陵が光武帝に多いのは、墓に対する同様な観念に基づくものである。

このように墓を祖先祭祀の場と見なすことは後漢期ではすでに広く共有される観念であった。しかし、それは、「古は墓祭せず」という言葉に代表されるように、決して儒教的礼制に則ったものではなかった。儒教が重視する祖先祭祀の場はあくまで宗廟である。儒教がすでに大きな影響力をもっていた後漢初期にあっては、(6) 宗廟祭祀が重視され、その祭祀をめぐって議論が行われている。本稿の論旨にも関わる問題であるので、やや長文になるが、『続漢書』祭祀志下・宗廟の条を以下に引用してみよう。

光武帝建武二（二六）年正月、高廟を雒陽に立つ。四時祫祀し、高帝を太祖と爲し、文帝を太宗と爲し、武帝を世宗と爲すこと舊の如し。餘帝は四時、春は正月を以て、夏は四月を以て、秋は七月を以て、冬は十月及び臘を以て、一歳五祀す。三年正月、親廟を雒陽に立て、父南頓君以上、舂陵節侯に至るを祀る。時に寇賊未だ夷らがず、方に征伐に務め、祀儀未だ設けず。十九（四三）年に至り、盜賊討除せられ、戎事、差や息む。是に於いて五官中郎將張純、太僕朱浮と奏議すらく「禮、人の子爲りて大宗に事うれば、其の私親を降す、と。禮の設施、之を授けざるは自ら之を得るとは意異なれり。當に今の親廟四あるを除くべし。孝宣皇帝、孫を以て祖に後たり、父が爲に廟を奉明に立て、皇考廟と曰い、獨だ群臣に侍祠せしむ。願わくは有司に下して先帝四廟の當に親廟に代わるべき者及び皇考廟の事を議せしめんことを」と。公卿、博士、議郎に下す。大司徒（戴）涉等、議すらく

「宜しく代わる所を奉ずるに、平帝、哀帝、成帝、元帝廟を立て、今の親廟に代えよ。兄弟以下は有司をして祠らしめよ。宜しく南頓君が爲に皇考廟を立て、上は舂陵節侯に至るを祭るに、群臣奉祠せしめよ」と。時に議に異有るも、著せず。上、涉等の議を可とし、詔して曰く「宗廟の處所未だ定らざるを以て、且に高廟に袷祭せよ。其れ成、哀、平は且に長安の故高廟に祠祭せよ。其れ南陽の舂陵は歲時、各おの且に故園廟に因りて祭祀せよ。園廟の太守の治所を去ること遠き者は、在所の令長、太守の事を行い侍祠せよ。惟うに孝宣帝は功德有り、其れ尊號を上り中宗と曰わん」と。是に於いて雒陽高廟は四時、加えて孝宣、孝元、凡そ五帝を祭る。其れ西廟は成、哀、平の三帝の主、四時、故の高廟に祭る。東廟は京兆尹、侍祠し、冠衣車服は太常の陵廟を祠るの禮の如くす。南頓君以上、節侯に至るは、皆な園廟に就く。南頓君は皇考廟と稱し、鉅鹿都尉は皇祖考廟と稱し、鬱林太守は皇曾祖考廟と稱し、節侯は皇高祖考廟と稱し、在所の郡縣、侍祠す。

宗廟は儒教により運用が極めて限定された祭祀施設であり、廟制をめぐる議論は実に前漢の元帝期までさかのぼる。(7)儒家が提唱する七廟制の成立は後漢末の蔡邕の改革までまたねばならないが、すでに後漢初期において極めて儒教の色彩が強かったことが看取できる。この中では、前漢皇帝の祭祀の方法と並んで、光武帝の私親の祭祀の扱いが重要な争点となっている。議論の結果、建武一九年を境に、祖先祭祀はより厳格なものとなり、それまで雒陽に建てられていた光武帝の親廟は廃され、漢の大宗を継ぐ皇帝として、廟での祭祀の対象はあくまで前漢皇帝であることが定められたのである。(8)その結果、実の父祖は廟ではなく、陵墓において、その所在の地方官により祭祀されるのである。(9)ここで展開された論理は、後漢の諸侯王や列侯から皇帝となった場合にも適用されている。

祖先祭祀として宗廟での祭祀が厳格に規定されたのに対し、当時すでに重要な祖先祭祀の場となっていた墓での祭祀については、何らかの規範が存在したわけではなかった。それは、儒教においては「古は墓祭せず」として、祖先祭祀としての墓祭をそもそも認めていないためである。しかし、墓祭である謁陵儀礼が、儀礼として成立するには、儀礼の参加者であり、儒教的な教養を身につけた官僚が納得するものでなければならない。この問題について、楊寛氏は、すでに墓祭が習俗として広く行われていたために、抵抗無く受容されたと説く〔楊寛 一九八一〕。先にみた墓祭の状況を見れば氏の説は首肯されるものである。それと同時に、すでに謁陵が前漢の礼制として確立していたものであるならば、儒教との関係で問題があっても前漢を承ける王朝としては否定すべき問題とならなかったのであろう。また、儒教との関連で述べるならば、子が父祖を祭る行為が、儒家が最も重視する「孝」と矛盾するものではないことは最も大きな原因となったものと考えられる。本来的には儒教的礼制とは合致しないはずの謁陵儀礼が、是認されていく過程は、『続漢書』礼儀志の劉昭注に引く謝承『後漢書』に記された蔡邕の考え方の推移に認めることができる。

建寧五（一七二）年正月、車駕、原陵に上る。蔡邕は司徒掾爲り、公に従い行き、陵に到り其の儀を見るに、愾然として同坐の者に謂いて曰く「聞くならく古は墓祭せず、と。朝廷の上陵の禮有るは、始め損う可きを謂う。今、其の儀を見、其の本意を察するに、乃ち孝明皇帝の至孝惻隱を知る。舊を易う可からず」と。

当初、謁陵儀礼に懐疑的であった蔡邕をして「易う可からず」と言わしめたのは、実に大きな意味がある。本章、冒頭に掲げた明帝の父母を思う真情による謁陵は、「孝」の根ざしたものとして、非儒教的な祭祀でありながら、儒教的教養を持つ官僚に支持されるにいたったのである。太后の遺品を見、慟哭する皇帝の姿に群臣が涙したのはそのためにほかならない。

だが、以上述べてきたことは、謁陵が行われる前提であっても、それが第一節で見たように、謁陵儀礼が大規模化したことの原因とはなりえない。その点を明らかにするためには、この儀礼を定めた明帝即位当時の事情を改めてみておく必要があろう。

三、原陵謁陵の目的

謁陵儀礼が行われた原陵は、墳丘を中心に周囲を陵墻で囲んだ陵園をもち、近接して寝殿が築かれていた。しかし、この構造は、被葬者である光武帝が生前に指示したものとはおよそ異なるものであった。周知のように、漢の皇帝陵は寿陵であり、皇帝の生前に工事が行われる。光武帝も生前に陵を作っているが、その指示内容が史料に残されている。すなわち、『後漢書』光武帝紀下には、

初めて壽陵を作る。將作大匠竇融、園陵の廣袤、無慮用うる所を上言す。帝曰く「古は帝王の葬、皆な陶人瓦器、木車茅馬もてし、後世の人をして其の處を知らしめず。太宗、終始の義を識り、景帝、能く孝道を述遵し、天下の反覆に遭うも、而して霸陵のみ獨り完くし其の福を受く。豈に美ならずや。今、制する所の地は二三頃に過ぎず、山陵を爲ること無く、陂池とし裁《わず》かに水を流さしむるのみ」と。

とあるように、墳丘を設けず、極めて小規模なものとなるはずであった。寿陵とはいっても埋葬後でないと行えない工程もある。墓道をすべて埋め戻したうえでないと築けない墳丘はその最たるものである。したがって、光武帝死後、『古今注』に記録される後漢後期までに原陵に墳丘が作られたことになる。それを作ったのは葬儀を行った明帝であると考えるのが自然であろう。また、後漢末にもそうした認識があったと思われ、曹魏の文帝は、自らの寿陵造営を指示したなかで、漢の皇帝陵について次のように指摘している。すなわち、『三国志』魏書・巻二・文帝紀には、

漢文帝の發せざるは、霸陵に求むる無きなり。光武の掘らるるは、原陵封樹するなり。霸陵の完きは、功は（張）釋之に在り。原陵の掘らるるは、罪は明帝に在り。

とある。これらのことから、原陵の墳丘を作り、陵園を大規模に整備したのは明帝であったと思われる。亡父の指示に背くことは不孝として否定されるべきものと思われるが、一方で墓を盛大にすることは孝子であると見なされ、明帝の行為は決して非難を受けるものではなかったのである[10]。また、前章で述べたように後漢皇帝陵には、前漢の巨大な陵墓の継承と節倹との両立という問題があった。儒教的教養を身につけた臣僚に、漢の皇帝であると同時に儒教の天子であることを示す場として上陵儀礼が設定され、その舞台として皇帝陵が整備されたのである。しかし、それ以外に明帝が即位と同時になぜ、空前の規模の儀礼を陵園で行う必要があったのであろうか。その固有の問題について見て行くことにしたい。

明帝期は光武帝による中国の再統一を受け比較的安定した時期であった。しかし、一方で、後に諸侯王への統制が強まり、彼らへの弾圧が頻発することから推測されるように、明帝即位当初においては、その権力は不安定なものと認識されていた[11]。一例として、明帝の同母弟にあたる広陵王劉荊を見てみよう。劉荊は光武帝の死後、直ちに廃太子の東海王劉彊に挙兵し帝位を簒奪するように促している（『後漢書』光武十王列伝・廣陵思王荊伝）。このように不穏な動きを示す兄弟の諸侯王と自己の地位との隔絶を再認識させる場として選ばれたのが、諸王の父である光武帝が眠る原陵だったのではないだろうか。皇帝の権威の継承は、本来は皇帝の即位儀礼に端的に示されるものであるが[12]、明帝には、それに加えてさらに光武帝の威光を利用し、即位の正統性を他の光武帝の皇子に強く認識させ、自己の地位をより強固なものとする必要があったのである。宗廟とは異なり、儒教的な規定がない祭祀であることから、明帝の目的に即した儀礼の構築が可能であり、その結果として元会儀礼を模倣した大規模な儀礼が行われるようになったのである。明帝による原陵の拡張は、その舞台を整備するためのものにほかならない。

以上のように、光武帝の正統な後継者であることを、即位儀礼以後に再度認識させるための新たな儀礼の場所として明帝が選んだのが原陵であり、光武帝の神坐に向かって行われる元会儀礼に準じた謁陵儀礼を通じて、参加者は光武帝の神坐を介して明帝への臣属を再確認したと思われる。それは、光武帝が前漢皇帝の後継者であることを前漢一陵への謁陵によって示した事例を継承応用したものだったのである。

おわりに

以上、後漢の原陵謁陵と皇帝陵の構造を概観しながら、後漢の謁陵儀礼の意義について考察してきた。明帝の謁陵儀礼が、光武帝が行った前漢皇帝陵謁陵の延長にありながら、それだけにとどまらず、大規模な儀礼となったのは、明帝が自らの権威を強化するために、より強く光武帝の継承者であることを主張することが必要なためであった。即位儀礼における謁廟により光武帝からの継承は確認できているはずだが、即位最初の正月に、元会儀礼を模した儀礼を通じて、光武帝からの継承を再認識させようとしたのである。宗廟とは異なり儒教的礼制に束縛されていない陵墓での祭祀は、明帝の意図にそった儀礼として作り上げられるのに最も適していたのである。

本来的に儒教的な礼制にはない謁陵儀礼が官僚に容認され、儀礼として成立しえたのは、それが、亡父を慕う孝の発露として挙行されたものと認識され、決して儒教の根本と矛盾するものではなかったからである。

しかし、原陵謁陵がいわば謁廟儀礼を補うかのような緊迫した役割を担った儀礼として機能したのは明帝期の初期だけであり、以後の皇帝による原陵謁陵は定期的な儀式として形式化したのである。それは、ちょうど、明帝期以降、前漢皇帝陵への謁陵が減少している事象と軌を一にするものである。

このように、後漢の謁陵は光武帝期には前漢皇帝陵のものが、明帝期には原陵のものが重視されるというように、建国後間もない時期の皇帝の権威を高めるために用いられ、その時々によって担う役割をかえていったのである。祖先祭祀の場として、儒教的礼制に制限された宗廟に対し、謁陵儀礼は規定がないゆえに皇帝の意向にそった儀礼として構成されることができ、それが、皇帝の意思を反映した大規模な儀礼となりえた背景だったのである。

注

（1）後漢明帝の上陵儀礼を陵寝制度の大きな画期として評価したのは楊寛氏である〔楊寛　一九八一〕。氏は元会儀礼と宗廟の酎祭の陵墓への移動をもって、宗廟の地位が低下し、陵墓の寝殿がそれにとってかわったとし、後漢を「陵寝制度の確立時期」とみなす。氏の見解が、その後の陵寝の研究あるいは宗廟の研究に与えた影響は極めて大きい。来村多加史氏は唐代謁陵儀礼を述べるにあたり後漢以来の謁陵を通観し、陵墓と宗廟との関係を軸に、王朝における儒教の浸透を考慮し、より踏み込んだ議論を展開している〔来村多加史　二〇〇一〕。また渡邉義浩氏らによる『続漢書』礼儀志の訳注は、詳細な注が付されており、上陵の礼も含めた後漢の儀礼を知る上で有益である〔渡邉義浩・藤高裕久・塚本剛・平田陽一郎　二〇〇二〕。本章もこれら先学の業績に負うところが大きい。また、本章と同様に明帝の謁陵儀礼をとりあげたものに〔藤田忠　一九九三〕がある。氏は、楊氏の論説に依拠しながら、前漢以来の廟制、墓制の流れの中で、明帝の上陵儀礼を中心に礼制改革を考察し、その改革は前漢以来、特に王莽の改革を受けながら、古文派と今文派の対立の中で生まれた光武帝の礼制を受け継いだものと見なす。本章は氏の論旨と一部重複する部分もあるが、本章は後漢の謁陵儀礼の中で明帝の原陵謁陵の位置付けを試みるものである。

（2）史書には陵墓に「謁する」と「上す」という表記がでてくる。本章であつかう後漢明帝による原陵謁陵は『続漢書』礼儀志にも上陵儀礼として記されるものであるが、冒頭に挙げた「皇后紀」の史料のように同様の儀礼を「謁」とすることもあり、本章では、陵墓に行き皇帝が何らかの祭祀を行なうことを「謁陵」と総称することにする。

（3）『後漢書』孝桓帝紀（延熹五年四月）乙丑、恭陵東闕火。

（4）同様の意図により、光武帝期には雒陽に高廟が建てられ、そこに祭られる前漢皇帝と、のちに章陵で祭られることになる光武帝の父祖との扱いをめぐって議論があった。その結果は、前漢王朝の後継者であることを前面に出した形に落ちついている。議論の詳細は本章でも後にふれる『続漢書』祭祀志下・宗廟参照。

（5）発掘の詳細は、〔中国社会科学院考古研究所　一九九三〕参照。その意義については〔劉慶柱・李毓芳　一九八七〕および〔楊鴻勲　二〇〇一〕参照。「寝殿」は杜陵陵園外の東南にあり、「寝殿」の北側に広場がある配置となっている。

（6）後漢への儒教の浸透については、〔渡邉義浩　一九九五〕参照。

（7）漢代の宗廟については〔金子修一　一九八二〕を参照。また祖先祭祀の場として後漢期の宗廟と陵墓との関係を論じたものには〔来村多加史　二〇〇一〕下編第二章第三節がある。

（8）付言しておきたいのは、後漢における宗廟と陵寝での地位についてである。〔楊寛　一九八一〕ではこの時期、宗廟の地位は完全に陵寝に取って代わられたと考え、その論拠として八月の酎祭が陵寝に移されたとする。〔藤田忠　一九九三〕も基本的に楊氏の論旨を認める。しかし、酎祭は宗廟でも依然として行われており〔例えば『後漢書』巻三粛宗孝章帝紀に見える建初七年八月の酎祭〕、陵寝で酎祭が行なわれたからといって、宗廟よりも重視されたということにはならない。確かに、陵寝の地位が従来より高まり、相対的に宗廟の地位が低下したと言えなくはないが、陵寝が宗廟よりも重んじられたとは到底いえない。皇帝即位儀礼に組み込まれたのが謁陵ではなく、謁廟であったことを見てもそれは明らかであろう。また、祖先祭祀としては常に廟で祭られるのが本義であり、夭逝した殤帝、沖帝、質帝が宗廟ではなく陵寝で祭られたことはそのことを最も端的に示していよう。すなわち、『続漢書』祭祀志下に、

殤帝生三百餘日而崩、鄧太后攝政、以尙嬰孩、故不列于廟、就陵寢祭之而已。……質帝皆小崩、梁太后攝政、以殤帝故事、就陵寢祭。凡祠廟訖、三公分祭之。

とあるとおりである。

（9）建武一九年の廟制の改革が陵墓にどれほど影響を与えたかは分からないが、光武帝の章陵謁陵が建武一八年のものを最後とするのは興味深い。しかし、明帝期以降も継続して行われていることから、陵墓での祭祀は宗廟におけるほど厳格ではな

かったものと思われる。

(10)　後漢の厚葬と孝については〔加藤直子　一九九七〕参照。明帝以降の後漢諸帝の陵に対する考えは前章参照。

(11)　明帝期の帝をとりまく状況や諸侯王、外戚の動きについては〔狩野直禎　一九九三〕を参照。

(12)　漢代の即位儀礼については、〔西嶋定生　一九七五〕参照。

【引用・参考文献】

加藤直子　「ひらかれた漢墓──孝廉と『孝子』たちの戦略──」『美術史研究』第三五冊、一九九七

河南省文物考古研究所編　『永城西漢梁国王陵与寝園』中州古籍出版社、一九九六

金子修一　「中国──郊祀と宗廟と明堂及び封禅」井上光貞他編『東アジア世界における日本古代史講座』第九巻（後、「漢代の郊祀と宗廟と明堂及び封禅」と改題のうえ同氏『古代中国と皇帝祭祀』汲古書院 所収、二〇〇一）、一九八二

狩野直禎　『後漢政治史の研究』同朋舎出版、一九九三

来村多加史　『唐代皇帝陵の研究』学生社、二〇〇一

国家文物局編　『中国文物地図集──河南分冊』中国地図出版社、一九九一

中国社会科学院考古研究所　『漢杜陵陵園遺址』科学出版社、一九九三

中国社会科学院考古研究所洛陽漢魏城隊　「漢魏洛陽城西東漢墓園遺址」『考古学報』一九九三年三期、一九九三

陳長安　「洛陽邙山東漢陵試探」『中原文物』一九八二年三期、一九八二

西嶋定生　「漢代における即位儀礼」『榎博士還暦記念東洋史論叢』（後、同氏『中国古代国家と東アジア世界』東京大学出版会所収、一九八三）、一九七五

藤田忠　「上陵の礼よりみた明帝の礼制改革について」『国士舘史学』創刊号、一九九三

楊寛　（西嶋定生監訳　尾形勇・太田侑子訳）『中国皇帝陵の起源と変遷』学生社（後、同氏『中国古代陵寝制度史研究』上海古籍出版　所収、一九八五）、一九八一

楊鴻勲　『宮殿考古通論』紫禁城出版社、二〇〇一

洛陽市第二文物工作隊「洛陽邙山陵墓群的文物普査」『文物』二〇〇七年一〇期、二〇〇七
洛陽市第二文物工作隊・偃師市文物管理委員会「偃師白草坡東漢帝陵陵園遺址」『文物』二〇〇七年一〇期、二〇〇七
洛陽市文物考古研究院『洛陽朱倉東漢陵園遺址』中州古籍出版社、二〇一四
李南可「従東漢『建寧』、『熹平』両塊黄腸石看霊帝文陵」『中原文物』一九八五年三期、一九八五
劉慶柱・李毓芳『西漢十一陵』陝西人民出版社、一九八七（来村多加史訳『前漢皇帝陵の研究』学生社、一九九一）
渡辺信一郎『天空の玉座――中国古代帝国の朝政と儀礼』柏書房、一九九六
渡邉義浩『後漢国家の支配と儒教』雄山閣出版、一九九五
渡邉義浩・藤高裕久・塚本剛・平田陽一郎『全訳後漢書　第四冊』志（二）汲古書院、二〇〇二

第二篇　魏晋南北朝期の都城と陵墓

第一章　曹魏西晋の皇帝陵

はじめに

後漢では皇帝陵を頂点とした墓の階層性が確立した。秦・前漢の巨大な皇帝陵造営の後を承けたことと、節倹を尊ぶ儒教思想の広まりにより、頂点に位置する後漢皇帝陵の規模は、前漢皇帝陵よりも小型化してはいるが、それは漢皇帝の陵墓としての規模を確保しながらも、同時に豪奢すぎることも許されない、極めて微妙なバランスの上に出現した陵墓といえる。しかし、後漢代では画像石墓や壁画墓に見られるように、造墓に多大な労力と経費をつぎ込む風潮が広まっていた。皮肉にもこの風潮は儒家の重視する「孝」の具象化したものとして受け入れられたのだが〔加藤直子 一九九七〕、行き過ぎたものは「厚葬」として批判の対象となり、その反動として極端な「薄葬」が唱えられたことは周知のとおりである。(1)

曹魏の陵墓は、厚葬批判がすでに一定の潮流となっていた時期に生まれたものである。同時に、後漢末の混乱による国土の疲弊と領域の縮小を受けて、後漢に比べはるかに小さな財政規模の下で築かざるをえないものであった。このような状況の中で実行された曹魏の武帝・文帝父子の薄葬は、後世に与えた影響が非常に大きく、中でも晋と南朝はその直接的な影響下にあった。

この時期の陵墓については、〔楊寛 一九八一〕が陵寝制度の衰退期と位置づけており、また〔魏鳴 一九八六〕は薄葬が顕在化した時代として、その原因を歴史、政治、経済、思想そして為政者の個性の各観点から総合的な分析を行っている。本章ではこの極めて特徴的な魏晋の陵墓を、その政治的な側面を中心に考察していくことにしたい。

第一節　西高穴二号墓の調査成果

後漢末に魏王として薨じた曹操は、自らの陵を後漢の諸侯王陵とは全く異なるものとした。後漢の陵は地下に複数の部屋からなる墓室を築き、中に様々な副葬品を収め、地上には高大な墳丘と寝殿や便殿が立ち並ぶ陵園を設け、その贅を競っていたが(2)、曹操の陵はそうした大墓造営の風とは一線を画する。具体的に曹操の墓を見ていこう。『三国志』魏書・巻一・武帝紀には、

（建安二三（二一八）年）六月、令して曰く「古の葬は、必ず瘠薄の地に居く。其れ西門豹祠の西原上を規して壽陵を爲るに、高きに因りて基と爲し、封せず樹せず。周禮に冢人の公墓の地を掌るに、凡そ諸侯は左右の以前に居り、卿大夫は後に居る。漢制もまた之を陪陵と謂う。其れ公卿大臣列將の功有る者は、宜しく壽陵に陪すべし。其れ廣げて兆域と爲し、相い容るに足らしめよ」。

とあり、曹操が意図した陵の様子を知ることができる。陵は魏の王都であった鄴の西方にあり、高地を利用し、地上に墳丘を築かず植樹もしないものであった。つまり当時の多くの後漢墓が高大な墳丘を築き、大墓造営を競っていた風潮に完全に背を向けたものであった。これは、後漢の薄葬の系譜に連なるものと見なすこともできるが、より現実的には、大墓造営に割く財政的な基盤が弱かったこと、また一諸侯王として後漢皇帝陵を頂点とした墓の階層性に取り込まれることに対しての抵抗もあったと考えられる。ただしこの史料で注目すべきは『周礼』に則り、陵墓の周囲

に群臣の墓地を設定し、陪葬を行っていることである。後漢でも皇帝の恩寵として陪葬が行われていたが〔盧青峰 二〇〇九〕、曹操もそれを継承し、陪葬により君臣関係を明示させる手法をとっていたことが分かる。また墓の地表に墳丘や植樹が無いのは後漢の皇帝や諸侯王の陵墓に比べて大きな違いだが、寝殿に類する建物は築かれていた。それをうかがわせるのが魏の宿将で呉の捕虜となった于禁に関する話である。『三国志』魏書・巻一七・于禁伝には、

呉に使を遣わさんと欲し、先ず北のかた鄴に詣り高陵を謁せしむ。帝、豫め陵屋に關羽の戰克し、龐悳、憤怒し、禁の降服の状を畫かしむ。

とあるように、曹操の高陵には「陵屋」があり、そこに于禁が関羽に降伏する場面が描かれていたことが記されている。この史料から、高陵の地表には寝殿に類した「陵屋」が築かれ、そこに被葬者の生前の事跡に関わる壁画があったことが分かる。『宋書』巻一六・礼志三には、

魏の武帝の高陵に葬らるに及び、有司、漢に依り、陵上に祭殿を立つ。

とあり、于禁が壁画を見た「陵屋」が、この「祭殿」なのであろう。

このように曹操の陵は、非常な革新性を有する一方、陪葬の存在、「陵屋」の建造に見られるように、後漢皇帝陵からの伝統が継承されていた点も認められる。典籍史料からは曹操高陵についてこれ以上の具体的な状況を明らかにすることはできなかったが、二〇〇九年に発掘された西高穴二号墓の調査成果により、陵の具体的な姿をうかがうことが可能となった[3]。

西高穴二号墓は、墓の構造や遺物から後漢末の大型の多室墓であることは明らかである（**図一**）。出土した石枕や「石牌」に「魏武王常所用」の銘文があることから、被葬者は曹操本人とされ、この墓は高陵とみなされた。報道後、各方面からは捏造説をはじめ様々な反論が出たが、公表されている資料から見る限り、これを高陵以外のものと考え

ることは困難であると考える。[4] 本章でも西高穴二号墓を高陵と見なし、以下の考察を進めていくこととする。

この墓の特長を見ていきたい。まずは地上に墳丘がないことが注目される。これは曹操の遺令どおりであり、遺令を曹丕が遵守したことを示す。墳丘を造らないことは、以後の曹魏の皇帝陵に継承される。墓の周囲には陵園を設けるが、園内に顕著な建物はない。後漢陵では、陵に隣接して建築群を設けるため、[5] 付近で発見される可能性はあるだろう。

墓が東向きであることも注目される。後漢の皇帝陵、諸侯王陵はすべて南向きを基本としているからである。墓の向く東方には魏王の都であった鄴があるが、陵墓は都城の方位を向いて造られるという規定はなく、後漢陵とは異なる方位を意図的に選んだ可能性がある。墓室の構造は特徴的である。後漢の大型墓は通常、遺体を安置する後室の前に横長の前室を配する。前室は後室よりも面積が大きいだけでなく、天井も高く、壁画で装飾されることもあり、葬送儀礼の重要な舞台となる。しかしこの墓はドーム形の屋根を持つほぼ同大の部屋が前後に連なっており、後漢大墓の構造とは異なり、三国〜西晋期の墓に見られる形状に近い。つまり墓室の構造は典型的な後漢代の墓から魏晋墓への過渡的様相を示すものといえるだろう。

そして最も注目したい点が墓道の規模である。墓道の幅が上端で九・八m、下端で四・一mあり、長さが三九・五mに達する。[6] この規模はこれまで発見されている後漢諸侯王墓の中では隔絶したものであり、後漢皇帝陵のものに近い〔第一篇第六章の表二、三参照〕。

以上の発掘成果は概ね『三国志』魏書・武帝紀の記述と一致する。一方で墓が東向きであることは、調査の結果初めて明らかになった事実であり、また墓道の規模が、これまで発見されている後漢諸侯王墓の中では最大で、後漢皇帝陵に匹敵することにも注目したい。墓道入口から墓室を見通した際の印象は非常に雄大なものとなる。曹操の薄葬

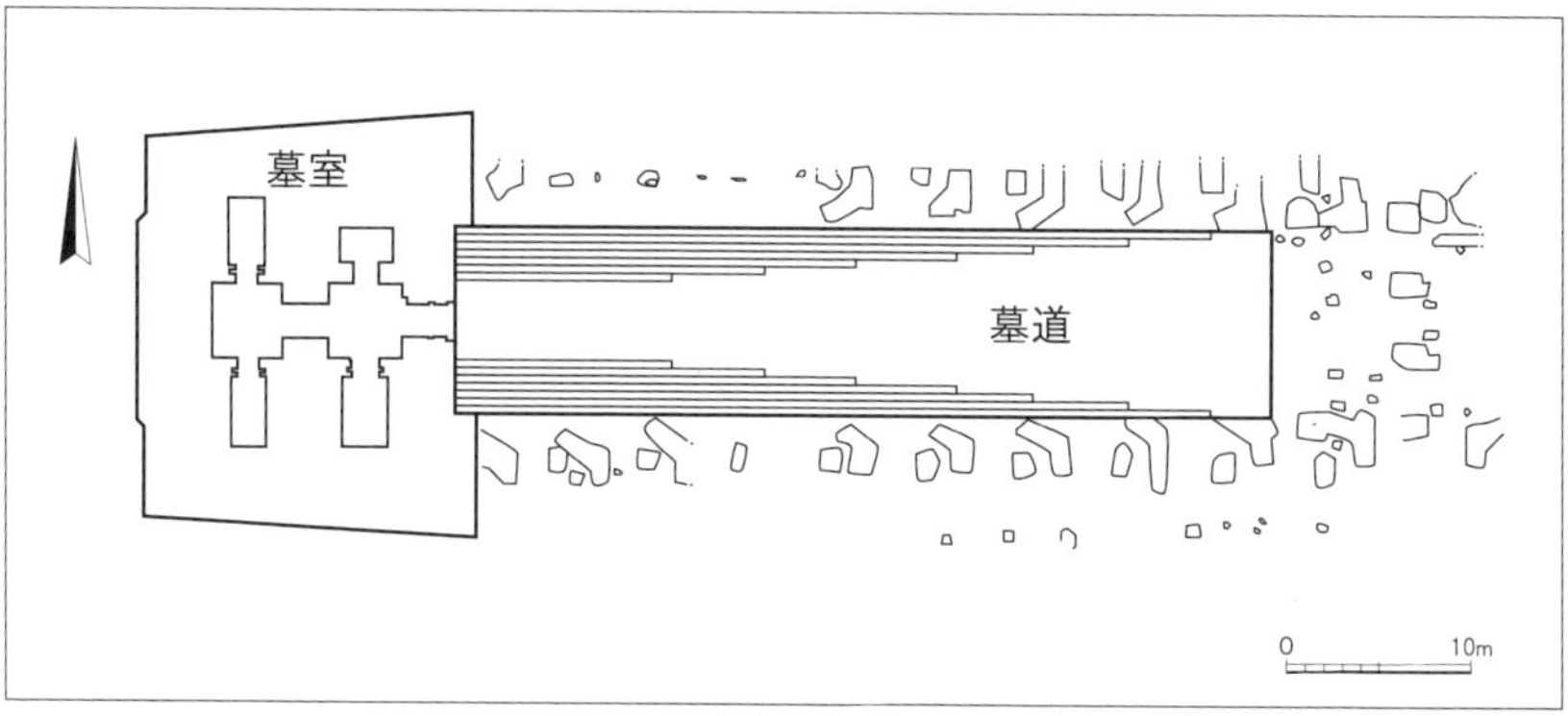

図一　西高穴二号墓平面図

を考えるには、この墓道の規模の巨大さを改めて考える必要があるだろう。葬の厚薄を論じる際の基準とされるのは、墳丘や墓室、寝殿などの墓を構成する建造物の規模であり、また副葬品の質や量である。この点から見るならば後漢の諸侯王墓に比して、曹操の高陵が薄葬を意識して築かれたことは間違いない。それだけに、墓道の規模が突出するのは、全体のバランスからも不自然なものとなる。ところが、埋葬の際、参会者の目を引くのは、墓室周辺の陵園の構造物であり、墓本体でいえば墓道の規模なのである。『続漢書』礼儀志下では、

大鴻臚、九賓を設け、陵南の羨門道の東に随立し、北面せしむ。諸侯、王公、特進は道西、北面するに東、上なり。中二千石、二千石、列侯、九賓に直りて東し、北面するに西、上なり。皇帝、白布幕、素裏、羨道を夾して東し、西向すること禮の如くす。容車、幄坐は羨道の西、南向す。車、坐に當りて、南向す。中黄門、尚衣、衣を奉じて幄坐に就く。車、少しく前み、太祝、醴獻を進むること禮の如くす。司徒、跪きて曰く「大駕、舍くを請え」と。太史令、車の南より北面して哀策を讀み、掌故、後に在りて、已に哀哭す。太常、跪きて曰く「哭せ」と。大鴻臚、傳哭すること儀の如くす。司徒、跪きて曰く「下位に就くを請う」と。東園武士、奉じて車より下る。司徒、跪きて曰く「下房に就くを請う」

と。都、東園武士を導き車を奉じ房に入る。司徒、太史令、謚、哀策を奉ず。

とある。葬送儀礼で諸侯王や百官がそろい、最後の大規模な儀礼が行われるのは、「陵の南」にある「羨門」の前である。ここで南北方向の道を挟んで整列し、儀礼が行われる。「羨門」とはおそらく「羨道」の前に設けられた門であろう。「羨道」は『続漢書』礼儀志下の皇太后埋葬の記述から明らかなように、現在、考古学用語として「墓道」と呼称されるスロープ状の道のことである。だとすれば、墓道の入り口で儀礼が行われ、そこに多数の参列者がいたことを示す。諸侯王の葬送儀礼の実態は不明だが、規模の大小の違いこそあれ、儀礼の大筋は皇帝と大差ないと考えられる。曹操の埋葬でも、礼儀志の記載を南北軸から東西軸に読み替えが必要だとしても、ほぼ同様の葬礼が行われたのであろう。そうすると墓道の前が葬礼の舞台であり、その位置から墓室がどのように見えるかは十分に考慮されたと考えられる。墓室や副葬品は簡素なものとしたが、最も人目につく墓道だけは、皇帝陵クラスの規模とし、墓の方位を後漢のものと変えることで、後漢皇帝陵を頂点とする墓の階層性の中で特異な地位を演出したと考えられるのである。

このように、曹操高陵は後漢諸侯王陵に比べ、副葬品は質量ともに簡素化が認められること、さらに墓室の前室の構造を変化させ小型化していること、墳丘を築かないことなど、「薄葬」と評価できる要素が多い一方で、葬送儀礼の際に最も目立つ墓道の規模のみは他の後漢の諸侯王墓に比して著しく巨大化している。このような魏の太祖曹操の造墓、葬送儀礼の在り方が、魏の文帝以降の皇帝陵にどのように継承されたのかを見ていこう。

第二節　曹操以後の曹魏の陵墓

文帝は曹操よりもさらに薄葬を徹底して実施したことが注目される。『宋書』巻一六・礼志三には次のようにある。

文帝の黄初三（二二二）年に至り、乃ち詔して曰く「先帝、躬ら節倹を履み、遺詔して省約す。子は父に述うを以て孝と爲し、臣は事を繫ぐを以て忠と爲す。古は墓祭せず、皆な廟に設く。高陵上の殿屋は皆な毀壞し、車馬は厩に還し、衣服は府に藏し、以て先帝の儉德の志に從え」と。文帝の自ら終制を作るに及び、又た曰く「壽陵は寢殿を立て、園邑を造る無かれ」と。自後、今に至るまで、陵寢、遂に絕ゆ。

このように高陵上の「祭殿」などの建築がすべて撤去され、それは車馬や衣服を収めていた附属建築まで及ぶ徹底的なものであったことが分かる。なお、前節で取り上げた于禁が呉から戻されたのはこの前年であり、于禁が高陵の「祭殿」の壁画を見て間もなく「祭殿」が撤去されたことになる。ここで注目したいのは、この文帝の処置により秦以来継続して築かれていた陵上の寝殿が廃止されたことである。これは『宋書』にもあるように文帝自身の陵にも適用された。『三国志』魏書・巻二・文帝紀により、詳細に見ていきたい。

（黄初三（二二二）年）冬十月甲子、首陽山の東を表して壽陵と爲し、終制を作りて曰く「禮、國君卽位して椑を爲るは、存して亡を忘れざるなり。昔、堯は穀林に葬り、通して之を樹え、禹は會稽に葬るに、農は畝を易えず。故に山林に葬らば、則ち山林に合す。封樹の制、上古に非ず、吾、焉を取る無し。壽陵は山に因りて體と爲し、封樹を爲す無く、寢殿を立て、園邑を造り、神道を通ずる無し。夫れ葬は、藏すなり、人の見るを得ざるを欲するなり。骨に痛痒の知無く、冢は棲神の宅に非ず。禮に墓祭せざるは、存亡の黷さざるを欲するなり。棺槨は以て骨を朽ちるに足り、衣衾は以て肉を朽ちるに足ると爲すのみ。故に吾、此の丘墟不食の地に營み、易代の後をして其の處を知らしめざらんと欲す。葦炭を施す無く、金銀銅鐵を藏す無く、一に瓦器を以てし、古の塗車、芻靈の義に合わしめよ。棺は但だ漆もて際會すること三過、飯含は珠玉を以てする無く、珠襦玉匣を施す無かれ。

諸の愚俗の爲す所なり。季孫は璵璠を以て斂せんとし、孔子は歷級して之を救い、之を譬うるに骸を中原に暴すと。宋公、厚葬するに、君子謂いえらく、華元、樂莒は臣たらず、と。以爲らく君を悪に棄つ、と。漢文帝の發せざるは、霸陵に求むる無きなり。光武の掘らるは、原陵の封樹せるなり。霸陵の完きは、功、(張)釋之に在り、原陵の掘らるは、罪、明帝に在り。是れ釋之の忠は以て君を利し、明帝の愛は以て親を害するなり。忠臣孝子、宜しく仲尼、丘明、釋之の言を思い、華元、樂莒、明帝の戒めに鑒みるべし。君を安んじ親を定む所以に存るは、魂靈をして萬載、危きこと無からしむ、斯れ則ち賢聖の忠孝なり。古より今に及ぶまで、未だ亡ばざるの國有らず、亦た掘られざるの墓無きなり。喪亂以來、漢氏の諸陵の發掘されざるは無く、乃ち玉匣金縷を燒取し、骸骨幷びに盡くに至る。是れ焚如の刑にして、豈に重痛せざらんや。禍は厚葬封樹に由る。『桑、霍は我が戒め爲り』とは、亦た明ならざるや。其れ皇后及び貴人以下、王に隨い國に之かざる者、終沒有らば皆な澗西に葬れ。前に又た以て其の處を表せよ。蓋し舜の蒼梧に葬るに、二妃從わず、延陵の子を葬るに、遠く嬴、博に在り。魂にして靈有らば、之かざるは無く、一澗の閒、遠しと爲すに足らず。若し今の詔に違い、妄りに變改造施する所有らば、吾、爲に尸を地下に戮され、戮して重ねて戮され、死して重ねて死すなり。臣子の君父に蔑死を爲すは、不忠不孝なり。死者をして知有らしめば、將に汝に福せざらん。其れ此の詔を以て之の宗廟に藏し、副は尙書、祕書、三府に在らしめよ」と。

まず、文帝は墓を「冢は棲神の宅に非ず」として当時一般的であった死後の邸宅としての墓のあり方を否定する。文帝にとって墓とは「夫れ葬るは、藏するなり、人の見るを得ざるを欲するなり」とあるように、「藏」することを最大の目的とする。そのため「墓祭」は当然、不要なものとなり、墓のあり方は大きく変容することになる。後漢と比較しての大きな変更点は以下の四点である。

①壽陵は山に因りて體と爲し、封樹を爲す無く、寢殿を立て、園邑を造り、神道を通ずる無し。
②葦炭を施す無し。
③金銀銅鐵を藏す無く、一に瓦器を以てし、古の塗車、芻靈の義に合わしめよ。
④棺は但だ漆もて際會すること三過、飯含は珠玉を以てする無く、珠襦玉匣を施す無かれ。

①は墓の外観に関すること、自然地形を利用し、墳丘を築かず、植樹をせず、寝殿や陵邑や神道を造らないということになる。つまりは後漢皇帝陵や諸侯王陵の在り方を完全に否定することである。②は墓室の周囲に除湿のため炭などを充塡することを取りやめるということである。③は副葬品に関すること、④は遺体を収納する棺のつくり方を指定し、遺体を包む玉衣の使用を禁じたものである。いずれも後漢陵に比べて「薄葬」を意識した内容となっている。

②以下は曹操高陵にも通じるものであり、ここでは①についてより詳しく検討したい。陵邑は曹操の高陵にも後漢皇帝陵にも存在しないので問題にはならない。また、封樹を行わない、という点は曹操の造墓に関する令と同じである。ところが寝殿、神道をも設けないと明言しており、この点は曹操よりもさらに踏み込んだ内容となっている。これこそ文帝が陵墓に対して行った最大の改革である。また後漢光武帝の原陵では上陵儀礼が行われ、陵墓はその規模だけでなく、皇帝の権威を誇示する政治的構造物となっていたのであり、神道、寝殿はそれに不可欠の舞台装置であった。[7] 魏の文帝の改革は後漢の陵墓が持っていた政治性をすべて否定したことになる。魏では皇帝陵が封樹を行わないために、墓の規模に基づいた階層性はその頂点が消失したこととなり、寝殿の撤去はそこで行われる儀礼も行われなくなったことを意味するからである。その背景には、文帝曹丕の後漢明帝の陵墓観に対する厳しい批判からも明らかなように、後漢と曹魏との陵墓造営の違いを明確に打ち出す意図があった。第一篇第六章で述べたように、後漢明帝は薄葬の実践者として張酺や王符『潜夫論』で賞賛されていた。その明帝を批判することで、さらなる薄葬の実践

と後漢のような皇帝陵との決別を宣言したのである。それは後漢の陵墓を否定し、自らの陵造営の指針とするだけでなく、黄初三年の詔に見たように、曹操高陵にあった「殿屋」を全て撤去するほど徹底したものであった。曹操が示した方向性をより完全に行ったと言えるのである。

魏の文帝曹丕により明確にされた大規模な陵墓造営の否定は、前漢における文帝劉恒の覇陵のような一代限りの特異な例ではなく、続く明帝曹叡にも継承されており(8)、曹魏の皇帝陵の規範となっている。こうして曹魏の皇帝陵は後漢の陵墓と異なり、地上に大規模な建築物を設けず、遺体の収納という墓の一義的な目的のみを追求したものとなったのである。

続いて各陵の場所を見ていくと、文帝の首陽陵は、その名のとおり、洛陽の東北にある首陽山の付近にあったと思われる。『太平寰宇記』巻五・河南道五には、

魏文帝陵、(偃師)縣首陽山南に在り。

とある。この記述によれば、都城洛陽の東北方にある首陽山の南にあったことになるが、陵名から考えても妥当であろう。ただし、現在にいたるまで関連する遺跡は発見されていない。明帝の高平陵の場所については諸説があり場所は不明とせざるをえない。『三国志』魏書・巻四・三少帝斉王芳紀の注に引く孫盛『魏世譜』に、

高平陵は洛水の南、大石山に在り。洛城を去ること九十里なり。

とある。『水経注』伊水条にも同様に、

大山石……洛陽南に在り……山阿に魏明帝高平陵有り。

と述べる。大石山とは『元和郡県図志』巻六・河南道・潁陽県によれば萬安山のことであり(9)、洛陽の南に聳える山である。『魏世譜』の記載によるならば、高平陵は洛陽から「九十里」すなわち約四〇㎞も離れていたことになるが、

地図上で計測すると、洛陽城の南門想定地から萬安山山頂までの距離は直線で約三一㎞であり、「九十里」という数値は誤りであろう。[10] ところが、洛陽の南四〇㎞の汝陽県内埠郷茹店村の東には魏の明帝陵とされる古墓がある。墓の面積は六六〇平方ｍ、墳丘の高さは一六ｍであり、周囲には漢魏期の瓦当や磚が散布しているという〔河南省文物局一九九一〕。『道光伊陽県志』巻二によれば、

魏明帝の高平陵、茹店の東二里許、霸陵山下に在り。

とあり、現在の明帝陵比定の根拠となっている。ただ、この場所は、距離こそ「去洛城九十里」という『魏世譜』の記載と合致するが、大石山よりはるかに南にあり「大石山に在り」とすることはできず、『道光伊陽県志』も先の文の後に、

抑そも土人の傳聞は徵信するに足る無し。

とあるように、明帝陵とされるものに懐疑的である。さらに、この墓に高さ一六ｍの墳丘があることや、周囲に墓上建築の遺物と思われる瓦などが散布していることは、『晋書』礼儀志に、文帝の造陵を踏襲したと記された明帝陵の姿には合致しない。そのため、この茹店村の墓を明帝陵とするのは困難であろう。

また、明の王在晋『歴代山陵考』では明帝高平陵の位置を、「孟津縣舊河清城界」としており、朱孔陽『歴代陵寝備攷』も同様の見解をとるが、孟津縣は洛陽の北に位置しており、『三国志』の記載から洛陽南にあると考えられる高平陵の位置とは合致しない。[11]

以上のことから、明帝高平陵は大石山、すなわち万安山の周辺にあったと考えておきたい。この場所は汝陽県内埠郷茹店村よりは洛陽に近いとはいえ、後漢の東南陵区よりもさらに南に位置し、洛陽とは二〇㎞以上離れていた。文帝首陽陵の位置とあわせて考えると、両陵墓の場所は相当離れており、曹魏では一カ所にまとまった陵区は形成して

いなかったことになる。

また、陵墓が築かれた場所は文帝首陽陵が首陽山の、明帝高平陵が大石山のそれぞれ山麓である。この選地は、後漢の皇帝陵が高地の上に目立つ様に築かれていたこととは大きく異なる。後漢まで重視されていた陵墓の誇示という目的は失われ、埋葬地を目立たせないことに主眼を置いたものだったのであろう。

曹魏の皇帝陵の遺構は現在まで未発見であるが、洛陽北郊の邙山上では磚室の曹魏墓ZM四四が見つかっており、出土した銅印から曹操の族子であり、明帝の太和二（二二八）年に薨じた大司馬・長平侯曹休の墓と考えられている〔洛陽市文物考古研究院 二〇一四〕。曹魏で最高ランク官人であり、宗族でもある人物の墓という点で極めて重要であり、曹魏皇帝陵の構造を推測する上でも墓の様子を見ておきたい。

墓はスロープ状の墓道を持つ磚室墓で、東向である。墓室の構造は、やや南北に長い前室の西側に後室が接続し、前室の北と南に耳室を配する。墓頂はいずれもアーチである。墓道は両壁に犬走りを設けて幅を狭める構造で、長さは三五m、上幅は報告では五・四～九・七mと振幅が大きいが、墓壙との接続部分の比較的整った部分で図上計測すると約八mである。なお地表面は削平を受けており、墓園の存在は不明であるが墳丘は無かったものと考えられている。これを曹操墓の可能性の高い西高穴二号墓と比べると、幅の広い墓道、複数の磚室からなる墓室の構造、そして墳丘を築かず、墓が東向であることなど、類似点が極めて多く、西高穴二号墓の造営が規範となり曹魏宗族に継承されていったと考えられる。ZM四四の周囲には、同様の構造を持つ墓が確認されており、おそらく曹魏の宗室に関わる墓群であろう。曹魏の高官であり宗族である曹休の墓が上記のような構造であるのならば、文帝曹丕以下の曹魏の皇帝陵も同様の構造だった可能性が極めて高い。なお、付言すれば、ZM四四をはじめとする曹魏墓群は後漢の皇帝陵である「大漢冢」と「朱倉M七二二」の間に位置しており、後漢皇帝陵区の中に意図的に墓群が設定された可能性が高い。

　このように曹魏の陵墓は、従来の陵墓が持っていた構造物としての規模の大きさにより皇帝の権威を示すという役割は完全に失われたのである。それではそれ以外の方法による政治的機能は果たしたのであろうか。次に陪葬と謁陵という点から見ていきたい。

第三節　曹魏の陪葬と謁陵

　陪葬については曹操の高陵造営時に明確に規定されていたことは、第一節で述べたとおりである。高陵付近に埋葬された事例は以下の二例となる。

　一例は曹操の子の曹沖である。曹沖は幼いころより聡明で、曹操もその才を愛でていたが一三歳で夭逝、黄初二（二二一）年に文帝により高陵に改葬されている。『三国志』魏書・巻二〇・武文世王公伝・鄧哀王沖伝の注に引く王沈『魏書』には、

　惟れ黄初二（二二一）年八月丙午、皇帝曰く「咨、爾鄧哀侯沖、昔、皇天は美を爾が躬に鍾め、聰哲の才をして、弱年に成らしむ。當に永く顯祚を享け、克く厥の終を成すべきも、如何ぞ祿せず、早世夭昏せんとは。朕、天序を承け、四海を享有し、竝びに親親を建て、以て王室の藩とするも、惟れ爾、斯の榮に逮ばず、且つ葬禮未だ備わらず。追悼の懷、愴然として傷む攸なり。今、葬を高陵に遷し、使持節兼謁者僕射郎中陳承をして、號を追賜して鄧公と曰い、祠るに太牢を以てせしむ。魂にして靈有らば、茲の寵榮に休めよ。嗚呼哀しいかな」

とある。改葬地が都城洛陽ではなかった理由は、文帝首陽陵の造営開始と、洛陽での皇族の埋葬地の設定が翌黄初三

（二二二）年のことであり、この時点での改葬先としては洛陽ではなく、高陵が妥当であること、そして曹操が寵愛した子であったことが挙げられるであろう。

もう一例は、文帝の生母である卞氏である。卞氏は『三国志』魏書・巻三・明帝紀に、

（太和四（二三〇）年）六月戊子、太皇太后崩ず。……秋七月、武宣卞后を高陵に祔葬す。

とあるように高陵に埋葬されているが、それは武帝の皇后としての合葬であり、陪葬とは意味が異なる。

以上のように高陵付近の埋葬が確認できるものは曹操の死後、時間を置いたものであり、かつ曹操の実子と皇后とされた人物である。そのため、高陵に曹操が意図したように臣下が陪葬されたのかは不明である。なお、西高穴二号墓は同じ陵園内に一号墓があるが、規模と位置から見て合葬墓であり、陪葬とはいえない。

曹操高陵では親族が付近に埋葬された状況が確認できるが、文帝首陽陵ではこれも改めている。先に見た『三国志』魏書・巻二・文帝紀を再度見てみよう。

其れ皇后及び貴人以下、王に隨い國に之かざる者、終沒有らば皆な澗西に葬れ。前に又た以て其の處を表せよ。蓋し舜の蒼梧に葬るに、二妃從わず、延陵の子を葬るに、遠く嬴、博に在り。魂にして靈有らば、之かざるは無く、一澗の閒、遠しと爲すに足らず。

この史料に明らかなように、皇后・貴人を始め、王に従って国に行かない者は澗河の西に埋葬され、その場所に何らかの標識を立てたとある。文帝が澗河のはるか東の「首陽山東を表して壽陵」としていたことを考えるならば、皇帝と皇后が全く異なる場所に埋葬されることになる。その点について「魂にして靈有らば、之かざるは無く、一澗の閒、遠しと爲すに足らず」とはしているものの、都城洛陽を挟んで東西に遠く隔たっており、夫婦が合葬される当時の墓のあり方からして異例である。文帝の遺詔は明帝により実行され、『三国志』魏書・巻三・明帝紀に、

（青龍三（二三五）年）三月庚寅、文徳郭后を葬り、陵を首陽陵澗西に營むこと、終制の如くす。

とあるように、澗西に埋葬されている。巻五・后妃伝によれば、

青龍三年春、后、許昌に崩ず、終制を以て陵を營む。三月庚寅、首陽陵西に葬る。

とあり、その注に引く王沈『魏書』によれば、

哀策に曰く「維れ青龍三年三月壬申、皇太后の梓宮、啓殯し、将に首陽の西陵に葬らんとす……」

とある。文徳皇后郭氏の陵については文帝と合葬し「首陽の西陵」とはしてはいるが、実際には遠く西に隔たった場所に埋葬されたのである。このように皇后以下、皇帝の肉親ですら首陽陵の付近には埋葬されていないことを考えると、首陽陵に陪葬者がいた可能性は極めて低い。この点でも文帝が陵墓から政治性を排除することは徹底していたのである。

明帝は先述したように、自らの高平陵を首陽陵に倣って造営している。しかし墓の規格については文帝ほど急進的な変革を求めていなかったようである。それは生母である甄氏の改葬に現れている。文帝の寵愛を失った甄氏は黄初二（二二一）年に死を賜り、鄴に埋葬されていた。その後、子の明帝が即位すると、

明帝即位し、有司、奏して追謚を請う。司空王朗をして節を持し策を奉じ太牢以て祠を陵に告げしめ、又た別に寝廟を立つ（巻五・后妃伝）。

とし、さらに

（太和）四（二三〇）年十一月、后の舊陵庳下なるを以て、（甄）像をして太尉を兼ね、節を持し鄴に詣り、后土に昭告せしむ。十二月、朝陽陵に改葬す。

とあるように、生母の陵墓に「寝廟」を立て、さらに陵が「庳下」であるとの理由から新たに「朝陽陵」を築いてい

る。死者が追贈などにより身分が上昇するに伴い、墓が改築されることは後漢ではしばしば見られるが、先帝である文帝が墓を単なる遺体の収納場所と見なしていた考えからは大きく逸脱したものだったことは間違いない。そのため、明帝の高平陵も、先述したように、首陽陵の制を踏襲したものと考えられるが、相違点もあったと考えられる。それを示すものが謁陵の存在である。『三国志』魏書・巻四・三少帝斉王紀には、

　嘉平元（二四九）年春正月甲午、車駕、高平陵に謁す。

とある。この時の謁陵には、一族であり大将軍録尚書事で、明帝から新帝曹芳の補翼を遺嘱されていた曹爽も同行しており、大々的な行幸であったことがうかがえ、高平陵に謁陵を可能にする何らかの施設が存在したことを窺わせる。陵墓の持つすべての政治性を否定した文帝以降、曹操の高陵や首陽陵への謁陵は確認できないが、ここに曹魏で初めて謁陵が確認できるのである。それは先にみた急進的な文帝の陵制改革に対して明帝が一定の調整を試みた結果と考えられる。

以上のように、曹魏の陵制では曹操が創始し、文帝により徹底された「政治性の否定」という点が後漢やそれ以前の陵墓のありかたとの最大の相違点である。魏の明帝はその流れを幾分かは止めることになったが、それでも曹魏では陵墓やあるいは他の大墓の造営が政治的に行われることも、また埋葬後の墓が政治的に利用されることもなかったのである。それは西晋の皇帝陵のあり方を検討することによってより明確になるだろう。

第四節　西晋皇帝陵

曹魏に代わった西晋王朝の陵墓も曹魏の陵墓の影響を強く受けている。建国の基礎を固めた司馬懿の高原陵の造営

が晋王、皇帝となる子孫の陵墓を規定したといえる。司馬懿の墓は、『晋書』巻一・宣帝紀によれば、

九月庚申、河陰に葬る。諡して文と曰い、後、改めて宣文と諡す。是より先、預め終制を作り、首陽山に土藏を爲り、墳せず樹せず。顧命三篇を作り、斂するに時服を以てし、明器を設けず、後に終る者は合葬するを得ず。一に遺命の如くす。

とある。当然、埋葬された当時の司馬懿は皇帝ではなく魏の太傅であり、死去した際には魏帝により、

天子、素服して臨弔し、喪葬威儀は漢の霍光の故事に依り、相國・郡公を追贈す。弟の（司馬）孚、先志を表陳し、郡公及び轀輬車を辭す。

とあるように、漢の霍光の故事に則った荘重な葬送が行われたようであるが、墓の造営は、魏の皇帝と同様に、薄葬の形態で墳丘や植樹を行わず、墓室も首陽山の周辺に厚く堆積した黄土をうがった土洞墓だったと考えられる。このような墓のつくりは魏では最早珍しいものではなかったが、この墓が晋の事実上の建国者の墓であったため、以後、西晋の後継者に大きな影響を与えることになったのである。

司馬懿の後継者である司馬師の墓は後に峻平陵と呼ばれることになる。この墓については『晋書』巻二〇・礼志中に、

宣帝、豫め自ら首陽山に土藏を爲り、墳せず樹せず、顧命・終制を作り、斂するに時服を以てし、明器を設けず。景・文、皆な謹んで奉じて命と成し、加うる所無し。景帝崩ずるに、喪事の制度は又た宣帝の故事に依る。

とあるように、司馬懿の喪事が故事となっており、その陵の構造もおそらくは墳丘を築かない簡素なものだったと考えることができる。続く司馬昭の崇陽陵と武帝司馬炎の峻陽陵、恵帝太陽陵については明確な記載はないが、武帝は即位翌年の泰始二（二六六）年に次の詔を出している。『晋書』巻三・武帝紀によれば、

昔、舜の蒼梧に葬るに、農は畝を易えず。禹の成紀に葬るに、市は肆を改めず。惟の祖考清簡の旨を上び、陵十里内の居人を徙す所、動もすれば煩擾を爲す、一切、之を停めよ。

というもので、なぜこれが即位翌年という早い段階で出されたかは明らかでないが、少なくとも「祖考の清簡の旨」を重視していたことは読み取れる。そのため、司馬氏が帝位に即いた後も司馬懿、司馬師と同様に、陵を簡素に造っていたと考えられるのである。幸い、典籍史料では確認できない司馬昭（文帝）の崇陽陵と武帝の峻陽陵について、それと思われる陵墓の遺跡が確認されている〔中国社会科学院考古研究所洛陽漢魏故城工作隊　一九八四〕。文帝崇陽陵と思われるものは首陽山南東の枕頭山南麓に築かれており（枕頭山墓地）、武帝峻陽陵と思われる遺跡は枕頭山墓地の西、鏊子山の南麓にある（峻陽陵墓地）。墓地の構造は共通しており、峻陽陵墓地を例にすると、邙山からのゆるやかな南傾斜面に位置し、墓地の部分はテラス状の平坦地となっている。墓地は二三基の西晋墓から構成される（図二）。墓の構造は共通しており、南向きでスロープ状の墓道をもち、その奥に横穴状の墓室を穿つ（図三）。墓室は底部のみ磚敷の土洞墓である。皇帝陵と思われるＭ一は最東に位置しており、構造や形状は他の墓と同じだが、墓道の規模だけが大きい。峻陽陵墓地では地上にいかなる構造物も検出されていないが、枕頭山墓地では墓地を囲む墻と小規模な建築址が検出されており、建物は陵の守衛に関連するものと考えられている。

以上の枕頭山墓地と峻陽陵墓地が文帝と武帝の陵であるとされる根拠は二つある。一つは『文選』巻三八・表下・為宋公至洛陽謁五陵表の注に引く郭縁生『述征記』に西晋各陵の場所が記されていることである。すなわち、

北邙の東は則ち乾脯山、山の西南は晉文帝崇陽陵、陵西は武帝峻陽陵、邙の東北は宣帝高原陵、景帝峻平陵、邙の南は則ち惠帝陵なり。

とあるように、邙山を起点とし、東接する乾脯山の西に文帝崇陽陵と武帝峻陽陵が並び、邙山の北東に宣帝高原陵と

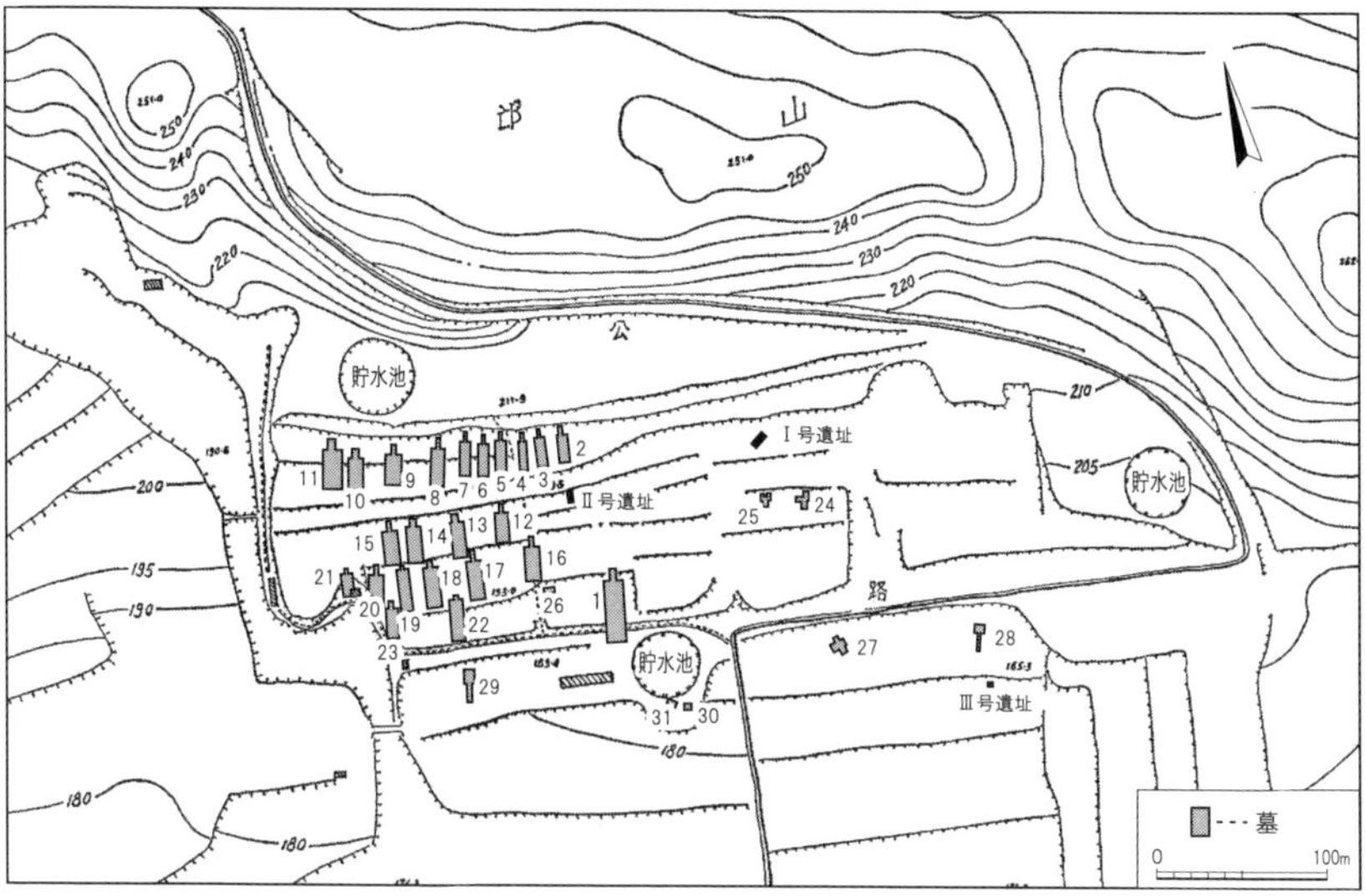

図二　西晋峻陽陵墓地平面

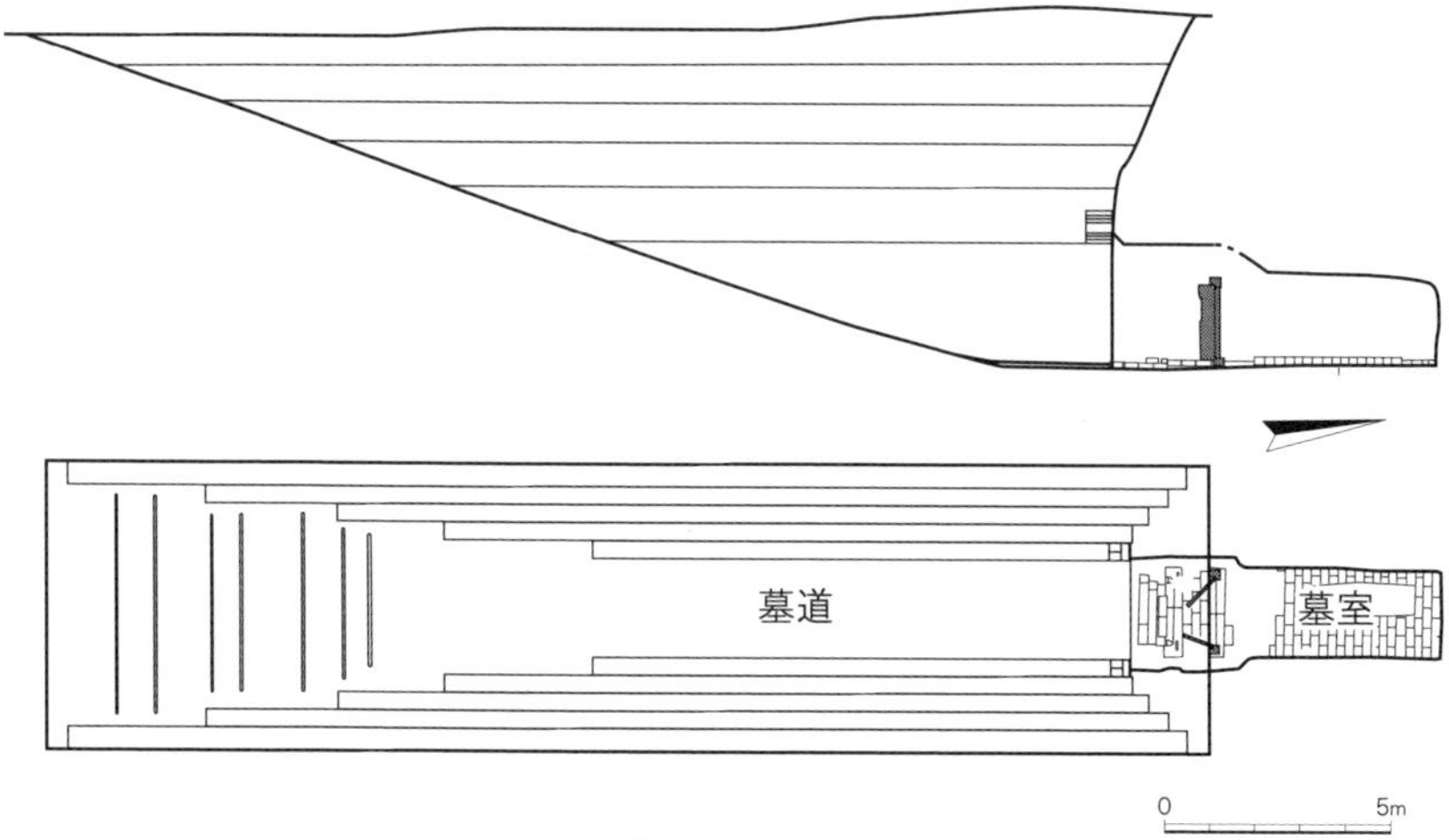

図三　西晋陵墓の構造（枕頭山墓地M四）

景帝峻平陵が、山南に恵帝太陽陵があると記される。郭縁生の経歴や『述征記』の成書時期については不明だが、『隋書』経籍志には著録されていることから、六朝期のものと考えられ、比較的正確な情報を伝えている可能性が高い。枕頭山墓地と峻陽陵墓地の地望が該当するのは『述征記』の記載では崇陽陵と峻陽陵のみとなる。

もう一つの根拠は出土墓誌の記載である。崇陽陵に関連するのは一九一八年に発見された元康五（二九五）年に没した晋の中書侍郎荀岳の墓誌で、誌文には、

是を以て別に河南洛陽縣の東に安措し、晋文帝陵道の右に陪附す。

とある。一方の峻陽陵に関連するものは一九三〇年に発見された武帝の貴人である左棻の墓誌で、誌文には、

永康元（三〇〇）年三月十八日薨ず。四月廿五日、峻陽陵西徼道内に葬る。

とある。つまり荀岳は崇陽陵に通じる道の右側に、左棻は墓誌の記載と貴人という立場から武帝に極めて近い場所に埋葬されたと考えられ、それぞれの墓誌の出土地点が判明すれば崇陽陵、峻陽陵の位置が絞り込めるのである(12)。以上の二つの根拠はいずれも妥当であり、現地点で枕頭山墓地と峻陽陵墓地がそれぞれ崇陽陵と峻陽陵の遺跡であることは認めてもよいと思われる。

以上の遺跡の調査成果から判明することを述べていきたい。まずは、司馬懿以来の司馬氏の薄葬の実態である。調査された遺跡は地上には墳丘も寝殿などの建築がなく、墓の構造もきわめて簡素な単室の土洞墓である。後漢の大墓が磚造で、しかも複数の部屋から構成される墓室を築いていたのとは全く異なるものである。このことから西晋諸帝の薄葬が『晋書』に記載されたとおり、徹底されていたことが分かる。もう一点は、死後に帝号を追贈された司馬昭の崇陽陵と武帝司馬炎の峻陽陵の規模や構造が変わらないことである。このことから晋王が晋帝になっても陵墓の構造は基本的に変化がなかったことが分かるのである。

一方で検出されている墓群の墓道の規模に注目しておきたい。二カ所の西晋陵区は複数の墓から構成されるが、規模の顕著な違いが見られるのは墓道のみである。峻陽陵墓地でみると、皇帝陵とされる最大のＭ一の墓室の規模は幅三ｍ、長さ五ｍ、高さ二ｍであり、陪葬墓とされるその他の墓の墓室は幅二・五～三ｍ、長さ四・五～六・五ｍ、高さ一・五～二ｍであり、墓室の規模は皇帝陵と陪葬墓で差異は認められない。ところが墓道はＭ一で幅一〇・五ｍ、長さ三六ｍであり、その他の墓で幅六～八ｍ、長さ一七～二二ｍであり、Ｍ一だけが突出した規模を持っていることが明らかである。この状況は枕頭山墓地でも同じである。つまり墳丘や寝殿を有さない墓において墓道の規模が階層性を示す重要な要素となっていたのである。なお、峻陽陵墓地Ｍ一の墓道の規模は曹操墓とされる西高穴二号墓のものと近似しており、この点もおそらくは曹魏陵墓のものを踏襲したのであろう。

以上のように、西晋の皇帝陵の構造は極めて簡素なものであり、その構造は曹魏の強い影響を受けた結果と思われる。ただし、その立地はすべて洛陽東北方の首陽山の周辺に集中しており、武帝峻陽陵と洛陽との距離はわずかに六㎞である。この距離は魏の明帝陵に比べはるかに都城に近接したものであり、魏の皇帝陵に比べると、都城に近い場所に一カ所に集中して皇帝陵を築いていることが分かる。この立地がどのような意味をもち、王朝によりどのように扱われていたのかを、曹魏で検討したのと同様に、謁陵と陪葬の二点から見ていくことにしたい。

第五節　西晋の謁陵と陪葬

西晋の陵墓は地上にほとんど建造物を伴わない構造であったが、謁陵は行われている。しかし、それは廃止と復活を繰り返している。まずはその概略を見ていこう。西晋における謁陵の変遷については、『晋書』巻二〇・礼志中に、宣帝に及び、遺詔すらく「子弟羣官は皆な謁陵するを得ず」と。是において景・文、旨に遵う。武帝に至り、猶お再び崇陽陵を謁し、一たび峻平陵を謁するも、然れども遂に敢えて高原陵を謁せず。惠帝に至り復た止むなり。

とあるように、武帝即位前までは禁止、武帝期に崇陽陵二回、峻平陵一回の謁陵が行われ、恵帝期に再度廃したことが分かる。恵帝の謁陵禁止は、恵帝紀に、

永平元（二九一）年春正月乙酉朔……又た詔して子弟及び羣官、竝びに謁陵するを得ざらしむ。

とあり、即位翌年という早い時期に禁じている。ただ、禁令の対象が「子弟及び羣官」であり、皇帝の謁陵を廃したものではなく、武帝死後に楊駿が専権を振るった時期であり、各地に王となっている武帝の諸子や司馬氏一族への対策であったものと思われる。いずれにしろ、西晋の状況を見る限り、後漢のように群臣を率いた皇帝が陵墓の前で儀礼を執り行うという大規模な謁陵はなかったと考えられ、その点でも曹魏を継承していたと言えるのである。

曹魏の陵墓と異なる点は、臣下の陪葬が行われていることである。『晋書』巻三四・羊祜伝には、

遺令して南城侯印を以て柩に入るを得ざらしむ。従弟琇等、祜の素志に述い、葬を先人の墓次に求むるも、帝、許さず、城を去ること十里外の近陵に葬地一頃を賜い、謚して成と曰う。祜の喪、既に引かるに、帝、大司馬門の南に送に臨む。

とあり、父祖の眠る墓地への埋葬を希望したにもかかわらず、武帝の強い意思により「近陵」に墓地を賜っている。また恵帝期に司隷校尉となった劉暾の妻は、夫に先立ち陪葬されている。巻四五・劉暾伝には、

暾の妻、前に卒し、先に陵に陪して葬らる。子の更生、初めて婚す。家法、婦は當に墓に拜す。賓客親屬數十乗を攜え、酒食を載せて行く。是より先、洛陽令王棱、（司馬）越の信ずる所と爲り、而して暾を輕んず。暾、毎に之を繩せんと欲し、棱、以て怨と爲す。時に劉聰、王彌、河北に屯し、京邑危懼す。棱、越に告げて云いえら

く「暾は彌と郷親にして之に投ぜんと欲す」と。越、嚴騎もて将に暾を追わんとするに、右長史傅宣、暾の然らざるを明らかにす。暾、之を聞き、未だ墓に至らざるして反り、正義以て越を責む。越、甚だ慚ず。とある。劉暾が妻の墓を拝しに行くことが、「河北」にいる劉聰、王彌に通じる行為と讒言されたことから考えれば、「陵に陪し」た墓は洛陽北方の黄河までの間の邙山上にあるのだろう。

前節でみた中書侍郎荀岳も文帝崇陽陵への陪葬である。荀岳の墓誌が出土したのは崇陽陵、峻陽陵の南方であるが、近年、付近一帯からは西晋墓が見つかっており、墓の形態が帝陵と同一であることから陪葬墓と考えられている。同地域からは「陪葬崇峻之陽」と記された羊瑾墓碑が採集されているほか、何楨の墓表も出土しており、西晋の陪葬地であった可能性が高い〔洛陽市第二文物工作隊・偃師市文物局 二〇一〇〕。なお、羊瑾が『晋書』巻九三・外戚伝に立伝された羊琇の兄と同一人物であれば、官は尚書右僕射である。何楨は巻九七・匈奴伝に、武帝により匈奴征討に派遣された人物と考えられる。

これらの陪葬の事例は漢代に見られたものと同じであり、葬地を陵の近くに賜与することで皇帝の恩恵を示すとともに、その君臣関係を墓地で示す役割があったと考えられるのである。

第六節　西晋皇帝陵とその他の西晋墓との比較

洛陽では皇帝陵以外にも西晋墓が発見されているが、単室のものが多く、規模もさほど大きくはなく、地上にも墳丘や寝殿などの施設は確認されていない(13)。

ところが洛陽以外では比較的大型の墓が築かれている。呉の征討で大功を立てた王濬の墓の様子は『晋書』巻四二本伝に詳しい。

太康六（二八五）年卒す。時に年八十、謚して武と曰う。柏谷山に葬り、大いに塋域を營み、葬垣は周四十五里、面別に一門を開き、松柏茂盛なり。

王濬は弘農郡を本貫としており、墓も同郡に所在する。(14)本伝の記載によれば、広大な敷地を囲い込んで墓域とし、各面に門を開き、中には松柏が鬱蒼と茂っていたとあり、当時にあっても注目されるものであった。ただし、ここでも後漢の厚葬批判に見られるような巨大な墳丘や壮麗な寝殿などに触れられていないのは、西晋の特徴とすべきだろう。

洛陽からさらに離れると墓の様子は異なる。発掘された代表的な西晋期の大墓は江蘇省宜興の周氏墓群である〔羅宗真 一九五七〕〔南京博物院 一九七七〕。墓は南北に六基が並んでおり、うち前後に墓室をもつ双室墓が四基である。最も古い一号墓を例にすると、墓室は磚築で、全長は約一三mであり、墓上に墳丘を設けている。出土した磚の銘文から、一号墓が平西将軍を追贈された周処墓で、以下、その子孫の墓と考えられている。周処は『晋書』巻五八に立伝されているが、それによれば氏との戦いで戦死したのち、平西将軍を追贈され、銭百万と葬地一頃を賜っている。この墓が周処のものとすれば規模の大きさは皇帝から墓地と百万銭を賜ったことも影響していると考えられるが、一号墓に続いて造られた墓の規模もほぼ同様であることから、当時にあっては周氏のような豪族の墓として一般的なものだったのであろう。

また江蘇省呉県獅子山東麓でも四基の西晋墓が発見されており、いずれも双室の磚墓であり、最大の四号墓では全長約九mである〔呉県文物管理委員会 張志新 一九八〇〕〔呉県文物管理委員会 一九八三〕。被葬者については墓磚や遺物の銘文から東明亭侯である傅嶲とその家族墓と考えられているが、傅氏の本貫は北地郡であり、被葬者については検討すべき余地があるものの、呉県に勢力を持った一族の墓であることは間違いない。

一方で、武帝峻陽陵と考えられる墓室の規模は南北五・五m、東西三mで、構造は土洞墓、しかも地上には墳丘が築かれていない。このことから明らかなように、西晋にあっては、皇帝陵は外観も、地下の墓室の規模でも最大のものではなくなっていた。これは後漢期に皇帝陵を頂点とした墓の階層性を築いていたことが明らかに否定されたことを意味しているのである。

おわりに

以上、考察を加えてきた曹魏と西晋の陵墓の在り方をまとめておきたい。従来から指摘されている魏の文帝による薄葬は、父、曹操の薄葬に比べても遥かに徹底したものであり、その内容は皇帝陵の規模を小型化するだけでなく、謁陵も行わず、また皇后も付近に埋葬させないものであった。この状況から考えて群臣の陪葬が行われたとは考えられない。したがって、文帝の薄葬とは、これまでの皇帝陵が持っていた政治的建造物という側面を一切否定したものだったのである。ただし、西高穴二号墓の調査成果からは、曹魏の陵墓は墓道の規模を後漢皇帝陵並みに大型化しており、葬送儀礼の際の視覚的効果を意識していた可能性がある。また、墓を東向きとし後漢陵との差別化を図っている。

文帝が目指した極端な考えは永続せず、次の明帝の時に早くも変化が見られる。明帝自身の陵は文帝陵の構造を継承したと考えられるが、生母である甄氏の改葬では寝殿の造営が確認できる。また明帝の次に即位した斉王は明帝陵に謁陵するなど、文帝の急進的な改革に対する反動も認められたのである。

魏を継承した西晋も陵墓の構造はおそらく曹魏と同じだったと思われる。特に墓の構造は簡素なものであるが、墓道の規模を大型化するのは西高穴二号墓と同様であり、継承関係があることを指摘することができる。また、武帝期に謁陵が見られることは魏末と同様であり、さらに陪葬が確認される点から考えると、魏の文帝陵に比べれば後漢の陵の在り方に回帰しつつあったといえる。

しかし、この時期の皇帝陵は墓の規模からいってもはるかに小さなものであり、地方の豪族が皇帝陵よりも大きな墓室を持つ墓を築いていることからも、総じて政治的な役割は大きく減じていたということができる。この点はこれまでの王朝の歴史にはなかったことであり、それが一時的にしろ実現した意味は大きい。西晋滅亡後、この流れは大墓への指向を胚胎しながらも東晋南朝へと継承されるのである。

注

（1）後漢の薄葬については〔徐吉軍・賀雲翱 一九九一〕第一章第二節二、秦漢時期的薄葬思想を参照。

（2）後漢墓の様子については本書第一篇第六章参照。

（3）西高穴二号墓の発掘報告については、〔河南省文物考古研究所・安陽県文化局 二〇一〇〕があり、以下、この墓に関する基本的なデータはこの報文による。また〔河南省文物考古研究所編 二〇一〇〕〔愛媛大学東アジア古代鉄文化研究センター編 二〇一一〕も調査成果に関する有益な情報と、貴重な考察を収める。上記の概報発表以降の成果については〔佐々木正治 二〇一二〕にまとめられている。

（4）西高穴二号墓の成果公表後の多大な反響については、〔賀雲翱・単衛華 二〇一〇〕参照。当墓が曹操高陵であることの問題点を最も的確に指摘したのは〔徐光冀 二〇一二〕であり、本墓を検討する上で必読の文献である。徐氏の指摘は多岐にわたるが、中でも「石牌」に記された「魏武王」「常所用」については筆者も解釈をしがたいところである。ただ、このような石牌は類例がないこと、また、徐氏の批判を考慮しても、墓の地望と典籍史料の記述との一致、墓の年代観や規模から当墓は曹操墓の可能性が高いと考える。その根拠の一つが墓道の規模であるが、それは本文中で触れることにしたい。

（5）後漢陵については本書第一篇第六章参照。
（6）墓道の調査については〔佐々木正治 二〇一二〕にて重要な成果が紹介されている。西高穴二号墓では、墓道が二度にわたって作り直されており、現在報告されているものは後期のもの、つまり魏王后卞氏の合葬時のものであり、初葬である曹操埋葬時の墓道の規模はより小さかったという見解である。その根拠の一つとなっているのが、墓道の上部に規則的に設けられた「磬形柱穴」列とそのやや外側にある「方形柱穴」列の存在である。両種の柱穴の掘り込み面が異なるといい、「方形柱穴」が後出する。これらの柱穴は墓道に関連するものと考えられるから、前期の墓道の上幅はより狭かったという考えである。ただ、両種の柱穴は現在の墓道からの距離はさほど差はなく、前期の墓道も後期のものとは大きな差はなかったと考えてよいだろう。なお、両種の柱穴は近接した場所に規則的に配されており、「磬形柱穴」の柱が完全に抜き取られた後に「方形柱穴」が設けられたのかは、詳しい調査成果の報告を待ちたい。
（7）本書第一篇第七章参照。
（8）明帝高平陵の規模に関する史料はないが、『晋書』巻二〇・礼志中に、魏の文帝の遺詔を挙げた後、「明帝亦遵奉之。明帝性雖崇奢、然未遽營陵墓之制也」とあることから、文帝と同様の陵墓を営んだと考えられる。
（9）大石山、一名萬安山、在縣西北四十五里。
（10）『大清一統志』巻一六二・河南府の記載では、大石山は「在洛陽東南四十里、南接登封縣界」とある。清代の洛陽県は魏の洛陽の西方に位置するが、距離としては四十里は妥当な数値である。
（11）『三国志』魏書・巻九・曹真伝附爽伝には「十年正月、車駕朝高平陵、爽兄弟皆從。宣王部勒兵馬、先據武庫、遂出屯洛水浮橋」とあり、高平陵に謁陵した曹爽らへの備えとして洛陽城南の洛水の浮橋に軍を出したことから、高平陵が洛陽の南にあったことが分かる。
（12）この墓誌を用いて出土地点を探索し最初に西晋陵墓の場所を考察したのは〔蔣若是 一九六一〕である。その後〔中国社会科学院考古研究所洛陽漢魏故城工作隊 一九八四〕はさらに墓誌出土地点を絞りこみ、それによって地上に何ら痕跡を残さない枕頭山墓地、峻陽陵墓地を探し出している。

（13）洛陽西晋墓については〔朱亮・李徳方　一九九六〕参照。その成果によれば魏代には双室の比較的大きな墓もあるが、西晋代には単室墓となる。近年、飛躍的に発掘例が増えているが、朱・李氏の編年案に修正を迫る資料はない。西晋墓の代表的な報告には〔河南省文化局文物工作隊第二隊　一九五七〕、〔洛陽市文物工作隊　一九九三〕、〔洛陽市第二文物工作隊　二〇〇五〕、〔洛陽市第二文物工作隊　二〇〇六a〕、〔洛陽市第二文物工作隊　二〇〇六b〕、〔洛陽市文物考古研究院　二〇一二〕がある。

（14）『太平寰宇記』巻六・河南道六・虢州の恒農県の条には「柏谷亭」などを記した後に「王濬冢、仕晉、平呉有功。卒、葬于此、而冢尚存」とある。

【引用・参考文献】

愛媛大学東アジア古代鉄文化研究センター編　『曹操高陵の発見とその意義』汲古書院、二〇一一
加藤直子　「ひらかれた漢墓――孝廉と『孝子』たちの戦略」『美術史研究』三五冊、一九九七
河南省文化局文物工作隊第二隊　「洛陽晋墓的発掘」『考古学報』一九五七年一期、一九五七
河南省文物局　『中国文物地図集　河南分冊』中国地図出版社、一九九一
河南省文物考古研究所編　『曹操墓真相』科学出版社（邦訳に渡邉義浩監訳『曹操墓の真相』国書刊行会、二〇一一）、二〇一〇
河南省文物考古研究所・安陽県文化局　「河南安陽市西高穴曹操高陵」『考古』二〇一〇年八期、二〇一〇
賀雲翶・単衛華　『曹操墓事件全記録』山東画報出版社、二〇一〇
魏鳴　「魏晋薄葬考論」『南京大学学報（哲学社会科学）』一九八六年四期、一九八六
呉県文物管理委員会　張志新　「江蘇呉県獅子山西晋墓清理簡報」『文物資料叢刊』三、一九八〇
呉県文物管理委員会　「江蘇呉県獅子山四号西晋墓」『考古』一九八三年八期、一九八三
佐々木正治　「曹操高陵発掘調査の最新成果と考古学的意義」『三国志研究』第七号、二〇一二
朱亮・李徳方　「洛陽魏晋墓葬分期的初歩研究」葉万松主編『洛陽考古四十年』科学出版社、一九九六
徐吉軍・賀雲翶　『中国喪葬礼俗』浙江人民出版社、一九九一

徐光冀　「『曹操墓』的幾個問題」『中国考古学会第十四次年会論文集』文物出版社（後、中国社会科学院考古研究所・河北省文物研究所・河北省臨漳県文物旅游局編『鄴城考古発現与研究』文物出版社　所収、二〇一四）、二〇一二
蔣若是　「従『荀岳』『左棻』両墓誌中得到的晋陵線索和其他」『文物』一九六一年一〇期、一九六一
中国社会科学院考古研究所洛陽漢魏故城工作隊　「西晋帝陵勘察記」『考古』一九八四年一二期、一九八四
中国社会科学院考古研究所洛陽漢魏城隊　「漢魏洛陽城西東漢墓園遺址」『考古学報』一九九三年三期、一九九三
南京博物院　「江蘇宜興晋墓的第二次発掘」『考古』一九七七年二期、一九七七
楊寛　（西嶋定生監訳　尾形勇・太田侑子共訳）『中国皇帝陵の起源と変遷』学生社、一九八一
羅宗真　「江蘇宜興晋墓発掘報告」『考古学報』一九五七年四期、一九五七
洛陽市文物考古研究院　『偃師華潤電廠考古報告』中州古籍出版社、二〇一二
　『洛陽朱倉東漢陵園遺址』中州古籍出版社、二〇一四
洛陽市文物工作隊　「洛陽市東郊両座魏晋墓的発掘」『考古与文物』一九九三年一期、一九九三
洛陽市第二文物工作隊　「洛陽衡山路西晋墓発掘簡報」『文物』二〇〇五年七期、二〇〇五
　「洛陽華山路西晋墓発掘簡報」『文物』二〇〇六年第一二期、二〇〇六a
　「洛陽太原路西晋墓発掘簡報」『文物』二〇〇六年第一二期、二〇〇六b
洛陽市第二文物工作隊・偃師市文物局　「河南偃師市首陽山西晋帝陵陪葬墓」『考古』二〇一〇年二期、二〇一〇
盧青峰　「東漢帝陵有関陪葬問題的思考」洛陽市第二文物工作隊編『洛陽漢魏陵墓研究論文集』文物出版社、二〇〇九

【図出典】

図一・〔河南省文物考古研究所・安陽県文化局　二〇一〇〕所掲図、写真をもとに合成して作成
図二・〔中国社会科学院考古研究所洛陽漢魏故城工作隊　一九八四〕所掲図
図三・〔中国社会科学院考古研究所洛陽漢魏故城工作隊　一九八四〕所掲図をトレース

第二章　東晋南朝の皇帝陵の変遷

はじめに

晋室南渡の後、建康が都となり、以後、宋、斉、梁、陳の南朝が相次いで建国された。中国の皇帝陵の変遷を概観した楊寛氏は、この時期の陵墓を「陵寝制度の衰退期」とする〔楊　一九八一〕。一方、羅宗真氏はそれを否定し、この時期は「陵寝制度が確立され始めた時期」であり、それが隋唐時代に確立したとする〔羅　一九九四〕。このように全く異なる見解が出る背景には、陵墓を通観する際の視座の違いということもあるが、この時期の陵墓に関する典籍史料をもとに復原される陵寝制度と考古資料をもとに復原されるものとの様相が大きく異なるということがあろう。総じて、典籍史料ではこの時期の陵墓の政治的役割というのはほとんど確認できないのに対し、発掘された陵墓は東晋南朝を通じて、一貫して大型化する傾向があるのである。

そこで本章では、まずは各王朝で陵墓がどのように取り扱われ、どの程度の規模を有していたのかを通観し、この時期の陵墓の歴史的な位置づけを行うことにしたい。東晋南朝陵墓は都城の置かれた現在の南京市周辺と東の丹陽市に分布する〔**表一・図一**〕。幸いにして南朝の陵墓には陵前に石刻があり、古くから注目され研究には相当な蓄積がある(1)。また墓そのものの発掘も相次いでおり、おおむね東晋から陳までの各陵の概略を抑えることが可能である〔鄒厚本主編　二〇〇〇〕。さらに特筆すべきは、この時期の各陵の遺跡について現地を踏査し、その地勢を詳細に報告した

表一　東晋南朝陵墓遺跡と主な比定

	東晋南朝大墓	従来の比定※	町田章比定	曾布川寛比定	潘偉斌比定
1	南京大学北園墓				晋明帝武平陵
2	幕府山墓	晋穆帝永平陵			晋穆帝永平陵
3	富貴山墓	晋恭帝沖平陵	晋恭帝沖平陵		晋恭帝沖平陵
4	麒麟鋪墓	宋武帝初寧陵	宋武帝初寧陵	宋武帝初寧陵	宋武帝初寧陵
5	獅子衝墓	宋文帝長寧陵	宋文帝長寧陵	陳文帝永寧陵	陳文帝永寧陵
6	西善橋宮山墓	宋孝武帝景寧陵	宋某王墓	王侯墓	
7	獅子湾墓	斉宣帝永安陵	斉明帝興安陵	斉高帝泰安陵	斉宣帝永安陵
8	趙家湾墓	斉高帝泰安陵	斉高帝泰安陵	斉宣帝永安陵	斉高帝泰安陵
9	前艾廟墓	斉武帝景安陵	斉廃帝東昏侯	斉武帝景安陵	斉武帝景安陵
10	爛石壟墓	斉前廃帝鬱林王	斉前廃帝鬱林王	斉前廃帝鬱林王	斉前廃帝鬱林王
11	水経山墓	斉後廃帝海陵王	斉後廃帝海陵王	斉後廃帝海陵王	斉後廃帝海陵王
12	仙塘湾墓	斉景帝修安陵	斉武帝景安陵	斉景帝修安陵	斉景帝修安陵
13	三城巷1墓	斉明帝興安陵	斉宣帝永安陵	梁敬帝陵	斉明帝興安陵
14	金家村墓	斉廃帝東昏侯	斉景帝修安陵	斉明帝興安陵	斉廃帝東昏侯
15	呉家村墓	斉和帝恭安陵	斉和帝恭安陵	斉和帝恭安陵	斉和帝恭安陵
16	三城巷2墓	梁文帝建陵	梁文帝建陵	梁文帝建陵	梁文帝建陵
17	三城巷3墓	梁武帝脩陵		梁武帝脩陵	梁武帝脩陵
18	三城巷4墓	梁簡文帝荘陵		梁簡文帝荘陵	梁簡文帝荘陵
19	石馬衝墓	陳武帝萬安陵		斉某王墓	陳武帝萬安陵
20	霊山大墓	陳文帝永寧陵		梁某王墓？	
21	西善橋罐子山墓	陳宣帝顕寧陵	宋後半の某帝陵	陳宣帝顕寧陵	陳宣帝顕寧陵

表の番号は図一に対応する。
※従来の比定とは朱希祖・朱偰父子および羅宗真氏と遺跡報告者の比定を勘案したものである。なお〔羅宗真 一九九四〕の六朝陵墓位置図には三城巷の各墓の配置に混乱があるが、〔中央古物保管委員会編集委員会編 一九三五〕により修正している。

来村多加史氏の論考があり〔来村多加史 一九八八〕、この成果により華北に比べはるかに複雑な立地の各陵の様子が分かり、その選地を考える上で重要な情報を提供している。以上のような先学の研究と豊富な考古資料を用い、東晋南朝の陵墓の構造と、それがどのように政治的に用いられていたのかを明らかにする。陵墓の政治性については謁陵と陪葬という二点に注目し、さらに陵墓の規模を加えて考察を加えていきたい。そのため、まずは、やや単調となるが、東晋から順次、王朝毎に陵墓の分布、構造、謁陵、陪葬の四点に焦点を当て、概観することにしたい。

なお、南朝陵墓を取り扱う際、陵墓の比定が重要な問題となっている。

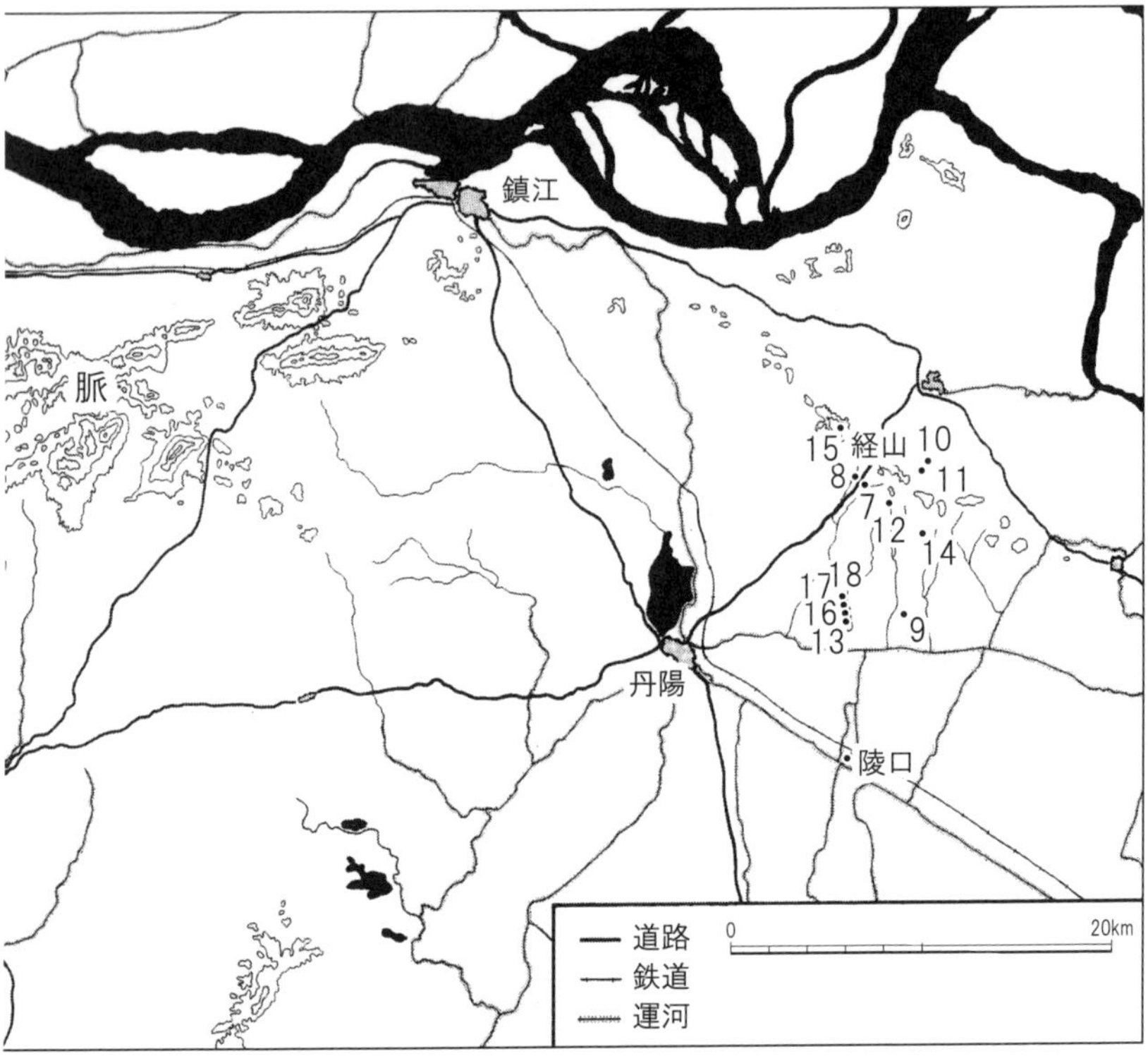

布図（番号は表一に対応）

長らく朱希祖、朱偰父子とそれを継承発展させた羅宗真氏の比定が定説的な位置を占めていた〔羅　一九九四〕[2]。これに対し、斉陵を中心に町田章氏が比定の見直しを行い〔町田　一九八三〕、曾布川寛氏が陵前石刻の編年を進め、全面的な改訂を加えている〔曾布川　一九九一〕（**表一**）。以後、個々の陵についても諸説が見られ、現在のところ比定が確定しているものは少ない[3]。本章では、個々の陵墓の墓主比定を行うことを目的としていないが、比定に問題の多い陵墓についてはその都度言及することにしたい。

第一節　東晋の陵墓

一、陵墓の分布

東晋の陵墓の位置については主に『建

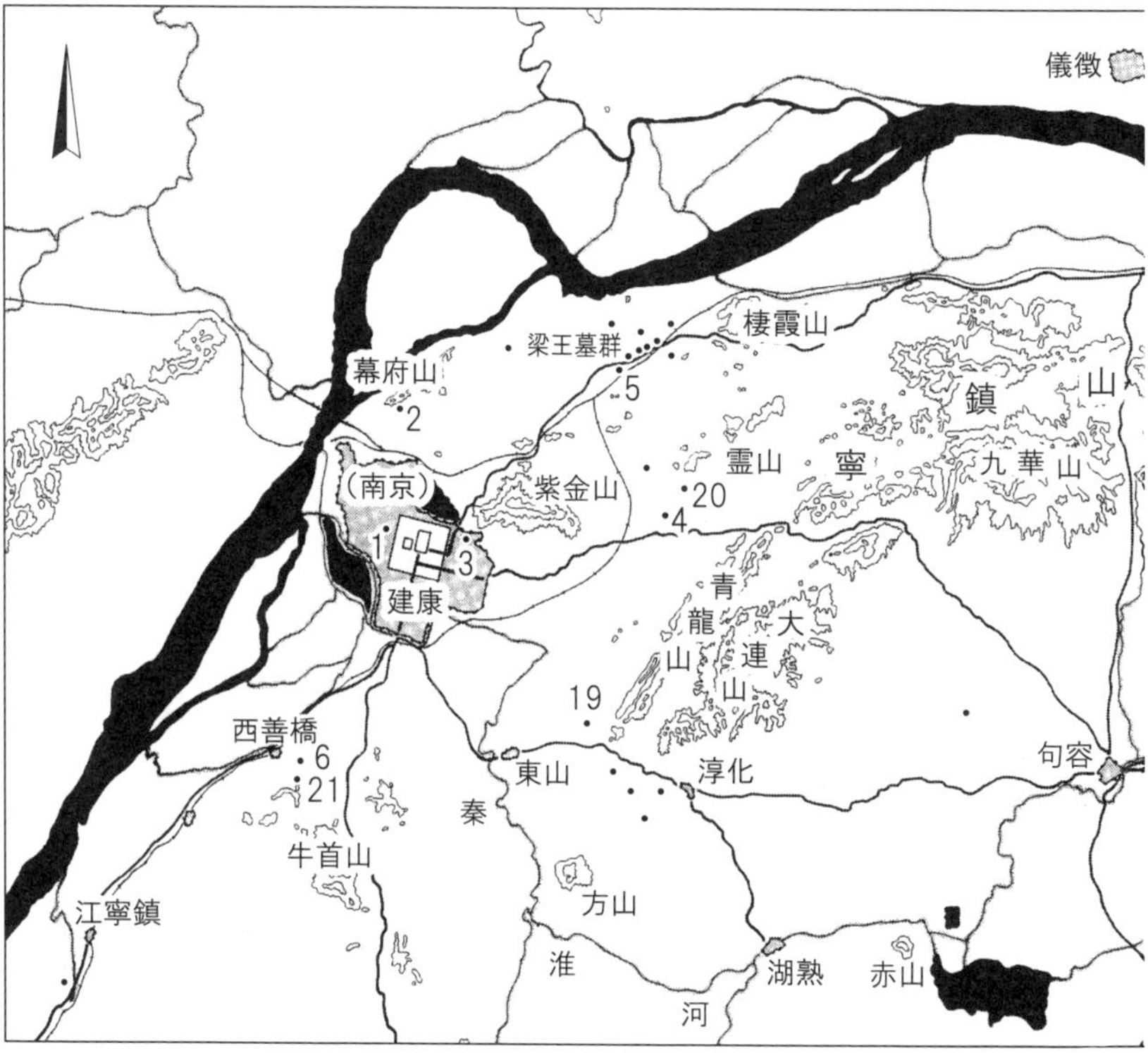

図一　南朝皇帝陵分

康実録』の記載によることになる。東晋皇帝陵の分布をまとめたのが**表二**である。これによれば廃帝司馬奕が呉県に埋葬された以外はすべて建康周辺となっている。建康周辺の陵は大きく三カ所に分布する。

・雞籠山　元帝建平陵、明帝武平陵、成帝興平陵、哀帝安平陵の計四陵
・幕府山　穆帝永平陵の一陵
・鍾山　康帝崇平陵、簡文帝高平陵、孝武帝隆平陵、安帝休平陵、恭帝沖平陵の計五陵

いずれも山体を利用して陵としており、幕府山以外は山の南斜面を墓地として利用していることが分かる。状況から考えて比較的集中して陵区を形成していた可能性が高く、この点では首陽山の山麓を利用していた西晋の陵墓のあり方に近い。しかし西晋皇帝陵との類似だけでなく、

表二　東晋皇帝陵一覧

	皇帝	陵名	合葬	遺跡	葬地	『建康実録』
1	中宗元帝司馬睿	建平陵	元敬虞皇后	南京大学東園東晋墓？	雞籠山陽	（永昌元年）閏月已丑、帝崩于内殿。太寧元年春二月、葬建平陵。陵在今縣北九里雞籠山陽、不起墳。
2	粛宗明帝司馬紹	武平陵	明穆庾皇后	南京大学東園東晋墓？	雞籠山陽	（太寧三年）九月辛丑、葬武平陵、在縣城北九里雞籠山陽、與元帝同。
3	顕宗成帝司馬衍	興平陵	成恭杜皇后	南京大学東園東晋墓？	雞籠山陽	（咸康八年）秋十月丙辰、葬興平陵、在縣北七里雞籠山陽、與元帝同。
4	康帝司馬岳	崇平陵	康献褚皇后		鍾山陽	冬十月乙丑、葬崇平陵。在今縣城東北十五里鍾山之陽、不起墳。
5	孝宗穆帝司馬鴻	永平陵	穆章何皇后	幕府山東晋墓？	幕府山	秋七月戊午、葬永平陵。在今縣城十九里、幕府山之陽、周四十歩、高一丈六尺。
6	哀帝司馬丕	安平陵	哀靖王皇后	南京大学東園東晋墓？	雞籠山陽	三月安平陵。在縣北九里雞籠山之陽、元帝同處。
7	廃帝司馬奕	呉陵	廃帝孝庾皇后			
8	太宗簡文帝司馬昱	高平陵	簡文順王皇后		鍾山陽	冬十月丁卯、葬高平陵、在縣城東北十五里、鍾山之陽、不起墳。
9	烈宗孝武帝司馬曜	隆平陵	孝武定王皇后	富貴山大墓？	鍾山陽	冬十月甲申、葬隆平陵。在今縣城東北十五里鍾山之陽、不起墳。
10	安帝司馬徳文	休平陵		富貴山大墓？	鍾山陽	正月庚申、葬休平陵、鍾山之陽、今縣城東北十五里、不起墳。
11	恭帝司馬徳文	沖平陵	恭思褚皇后	富貴山大墓？	鍾山陽	葬沖平陵。在蔣山之陽、安帝同處。

司馬氏と同じく南渡してきた王氏、謝氏や顔氏などの北方貴族の墓地も建康周辺の山を利用して築かれており〔鄒厚本主編 二〇〇〇〕、皇帝もそれと同じように選地したといえる。

陵区がこのように三箇所に分かれた理由について、〔盧海鳴 二〇〇二〕は昭穆制度が関係しており、同輩が同じ陵区に埋葬されなかった結果と述べている。盧氏の見解を否定するものではないが、雞籠山では元帝から哀帝まで直系の皇帝が埋葬され、鍾山には簡文帝から恭帝までの直系が埋葬されている状況から考えると、穆帝を例外として、皇位継承時に先代との父子関係を重視した結果ではないかと思われる(4)。

これらの陵区で注目したいことは、都城との距離が比較的近いことである。建康城の範囲については諸説があり確定できないが、北壁の位置が鶏鳴山と覆舟山より南であることはほぼ間違いない。この範囲を目安におおよその距離を見ると、雞籠山は西城壁のすぐ外側、城の北西外に近接しており、鍾山は北東城外にやはり近接している。最も離れている幕府山墓地でも北城壁から五㎞ほどとなる。都城近郊の自然の山の傾斜地を利用して陵墓を築く点は西晋皇帝陵の選地を踏襲するものである。

二、陵墓の構造

東晋皇帝陵については『晋書』巻二〇・礼志中に、

　江左の初め、元・明、倹を崇び、且つ百度草創にして、山陵奉終は、備えを省約す。

とあるように、節倹を重視したものであったことが分かるのみであり、具体的な構造に触れてはいない。幸いにして雞籠山、鍾山、幕府山からそれぞれ東晋皇帝陵と思われる大型の墓が発見されており、これにより具体的な構造をうかがうことができる。以下、各墓の様子を見ていきたい。雞籠山の東晋陵の一つと考えられているのが鼓楼崗南斜面で発見された南京大学北園東晋墓である〔南京大学歴史系考古組　一九七三〕。墓は南向きの磚築の単室墓で、東側に側室を持つ。墓室の規模は南北四・四m、幅四mで、甬道には二重の木門を設けている。この墓は南朝期にすでに別の墓がつくられたことで破壊を受けており、明代に建物が築かれたことで陵上施設の様子はほとんど分からないが、報告では陵上に墳丘、寝殿などの痕跡があったことは記載されていない。

鍾山陵区の陵は、鍾山に連なる富貴山で発見されている〔南京博物院 一九六六〕(図二)。築かれたのは山の中腹で、南に眺望が開けている。墓は南向した磚築の単室墓で、甬道に二重の木門を設け、墓室は南北約七m、東西約五mで、南には長大な排水溝が設けられている。地上の墳丘や建築址があったことは報告されていないが、この墓から四〇〇m離れた地点で「晋恭皇帝之玄宮」と書かれた石碣が発見されていることから〔李蔚然 一九六一〕、この墓を恭帝の沖平陵と見なす説もある〔羅宗真 一九九四〕。

幕府山の東晋大墓が見つかったのは、幕府山から南にのびる北崗山のさらに南の高さ二〇mの小丘である。墓は南西を向いた磚築の単室墓で、墓室は南北約五m、東西約四mで甬道には二重の木門があった〔南京市博物館 一九八三〕。やはり地上での墳丘や建築址は報告されていない。

以上の三基の東晋墓が皇帝陵の可能性があるもので、幕府山の東晋墓が穆帝の永平陵と見なされる以外は、被葬者は確定できていない。共通するのはいずれも磚で墓室を築くこと、墓室の規模が一辺四m以上と比較的大型であること、甬道に二重の木門を設けることである。さらに地上には墳丘や建築址が発見されていないことも共通するが、この点については後世の削平や、あるいは中国での調査が墓室のみに集中することが多い結果とも考えられるので、現状で判断は難しい。ただ、富貴山東晋墓の発掘報告では詳細な地形図が掲載されているが、地表に大規模な墳丘があった痕跡は認められないため、『建康実録』に記載された「墳を起こさず」については、少なくとも大規模な墳丘が造営されなかったことは確実とみてよい。ただし、陵を明示する標識や陵を囲む墻などがあり、陵への通行は陵門を通って行われたようである。『太平御覧』巻七七五・車部四・画輪車に引く『晋起居注』には、

穆帝永和六(三五〇)年、皇太后、嘗て帝と倶に出でて拜陵せんとし、日を剋す。尚書の啓に「太后、輪車に乗り、輦を以て副と爲す」と。詔して曰く「故に當に輦車に乗り建平陵の門外に至らば載るを易うべし」と。

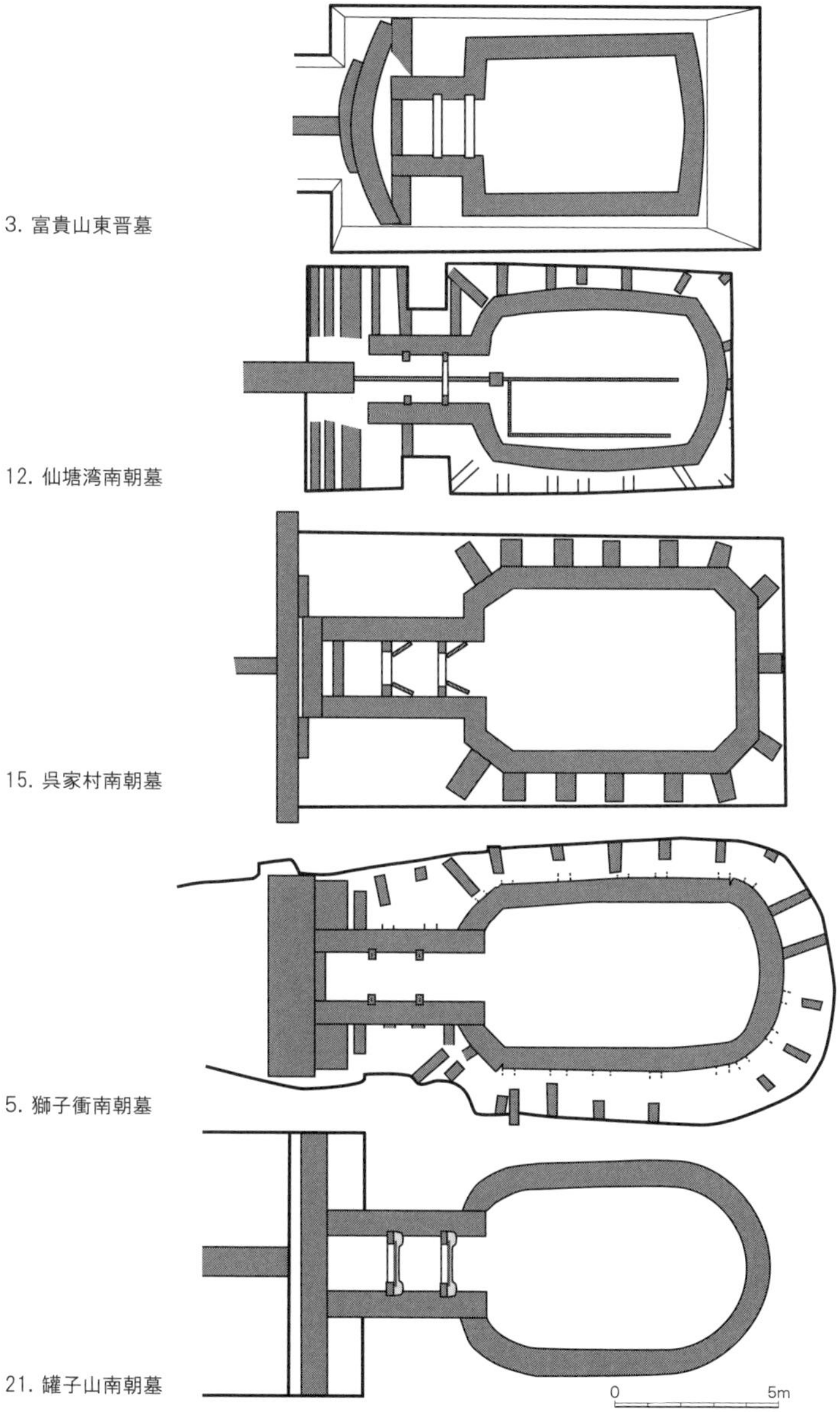

図二　東晋南朝皇帝陵墓一覧　番号は図一、表一に対応

とあるように、建平陵に陵門があったことが分かる。これは西晋の崇陽陵と思われる枕頭山墓地から陵を囲繞する墻が検出されていることから、西晋以来の形態であることが分かる。

以上の遺跡の状況から考えると、『晋書』礼志にいう「山陵奉終は、備えを省約す」の実態が明らかとなる。すなわち、西晋皇帝陵と同様に地上に墳丘や寝殿などの大規模な構築物を設けなかったことである。一方、墓室は西晋の皇帝陵が土洞墓であったことに比べると磚築の堅牢なものとなっているが、これは地下水の多いもろい地盤を選択した以上、必要な処置といえるだろう。だが墓室の規模は、富貴山大墓は東晋墓の中では群を抜いて大きく、再び陵墓の大型化を認めることができる。ではこの傾向が東晋皇帝陵の政治性とどのように関連するのかを謁陵と陪葬を通じて見ていきたい。

三、東晋の謁陵

西晋での謁陵については本篇第一章で検討した。そこで東晋の謁陵の概略を『宋書』巻一五・礼志二から見ていくことにしたい。

江左の初めに逮び、元帝崩ずるの後、諸公始め謁陵辭陵の事有るは、蓋し眷、友執に同じく、情に率いて擧ぐるに由り、洛京の舊に非ざるなり。成帝の時、中宮もまた年年拜陵す。議する者、以て非禮と爲し、是に於いて遂に止み、以て永制と爲す。穆帝の時に至り、褚太后、臨朝し、又た拜陵するは、帝の幼きが故なり。孝武の崩ずるに至り、驃騎將軍司馬道子、命じて曰く「今、權制、釋服すと雖も、朔望諸節に至りては、自ら情を陵所に展ぶるに應ずるは、一周を以て斷と爲せ」と。是に於いて陵に至り服を變え、單衣・帢の煩瀆にして準無きは、禮意に非ざるなり。安帝の元興元（四〇二）年に至り、尚書左僕射桓謙、奏して曰く「百僚の拜陵するは、中興に起こり、晉の舊典に非ざるも、習を積み常を生じ、遂に法に近きと爲る。尋いで武皇帝詔すらく、乃ち人主諸王をして拜陵せしめざるに、豈に唯だ百僚のみするや、と。謂うに宜しく遵奉すべし」と。是に於いて施行す。義熙の初めに及び、又た江左の舊に復す。

この史料によれば東晋の謁陵が目まぐるしく変化していたことが分かる。西晋では謁陵がほとんど行われなかったにもかかわらず、元帝埋葬後には諸公による謁陵が行われるようになった。謁陵は成帝期に廃止されるが、百僚による謁陵は継続していたようであり、安帝の元興元（四〇二）年に禁止されるが、義熙年間の初めに再び行われるようになった。謁陵が礼制に合致しないことや、西晋の制に反することが謁陵廃止の根拠となっているが、皇帝以下、謁陵を求める点は共通していたようである。試みに皇帝の謁陵をまとめたのが**表三**である。この表をみると、明帝・穆帝・孝武帝の謁陵が確認できる。その行った時期を見ると、圧倒的に正月が多く、ほぼ定期的に謁陵が行われていたと考えることができる。明帝の太寧二年十二月の謁陵は、同年秋に王敦の乱が平定したことと関係があるのだろう。このように、東晋では謁陵が行われており、しかも諸公や百僚までもが行うことがあった。これが東晋の陵園の整備を進める要因となったのである。

また謁陵の対象は元帝建平陵が多いが、孝武帝の太元四（三七九）年の事例のように一挙に七陵、つまり東晋のすべての皇帝陵に謁することも行っ

表三　東晋皇帝による謁陵

史料	出典
（太寧二年）十二月壬子、帝謁建平陵、從大祥之禮。	巻六・肅宗明帝紀
（永和元年正月）丙寅、皇太后與帝同拜建平陵。	巻八・孝宗穆帝紀
太元元年春正月壬寅朔、帝加元服、見于太廟。皇太后歸政。甲辰、大赦、改元。丙午、帝始臨朝。…甲子、謁建平等四陵。	巻九・孝武帝紀
（太元）四年春正月辛酉、大赦、郡縣遭水旱者減租稅。丙子、謁建平等七陵。	巻九・孝武帝紀
（太元）五年春正月乙巳、謁崇平陵。	巻九・孝武帝紀
（太元九年正月）辛亥、謁建平等四陵。	巻九・孝武帝紀
（太元）十年春正月甲午、謁諸陵。	巻九・孝武帝紀
（太元十一年正月）乙酉、謁諸陵。	巻九・孝武帝紀

ている。このことから、都城と陵墓が近接していること、また各陵が比較的密に分布していたことを窺うことができるのである。しかもこれらの陵は、『建康実録』の記述や遺跡からも明らかなように、都城周辺の小高い丘を使って築かれていた。このため、都城からは陵墓のある丘陵を見通すことができ、繰り返し行われる謁陵によって皇帝と陵墓の結びつきも西晋に比べはるかに緊密なものとなったのである。さらにすでに見たように皇帝だけでなく臣僚による謁陵も行われた。『晋書』巻六五・王導伝では、

漢魏自り以來、群臣は山陵を拜さず。(王)導、元帝の睠みて布衣を同じくし、君臣を惟うのみに匪ざるを以て、一たび崇進する毎に、皆な拜に就き、哀戚に勝えず。是に由り百官に詔して拜陵せしむ。導より始まるなり。

とあるように、元帝死後に王導により始められたことが記されるが、この状況は皇帝権の優越を示すものではなく、逆に王導などの貴族勢力からは同格と見なされていたことを意味し、皇帝の権威の低下を示すものといえる。このことからも分かるように、謁陵の舞台となる皇帝陵の規模も後漢のように寝殿や石殿が整備され、直径一〇〇ｍを越すような墳丘が聳えるようなものは望むべくもない状況であった。そのため、謁陵が後漢のように君臣関係の強化を狙ったものではなく、むしろそれを行う権臣の権威あるいは権力の強化を促進するだけとなったのである。

四、東晋の陪葬

臣僚の陪葬は前漢の武帝～宣帝期に君臣関係の強化の手段として最も完成した姿となっていた〔第一篇第二章〕。そこでは現皇帝とそれに使える臣僚が死後の墓にあっても強固に結びついていたのである。後漢では個々の皇帝陵ではなく、皇帝陵区全体に対し陪葬されるようになり、特定の皇帝との繫がりは希薄となる〔盧青峰 二〇〇九〕。曹魏文帝はその制度自体を否定したが、西晋では復活された〔本篇第一章〕。この流れが東晋ではどうなるのであろうか。東晋

でも皇帝の恩典として陪葬が行われている。成帝期の司空陸玩は、『晋書』巻七七の伝によれば、

薨年六十四。謚して康と曰う。兵千人、守冢七十家を給う。太元中、功臣普く減削せられ、司空何充等、六家を得るに止まるも、玩の佐命の勳有るを以て、先に陪陵して葬る。是れ由り特に興平伯の官屬を置き以て墓を衞らしむ。

とあるように、陪葬され、それに守冢七十家が置かれていたことが分かる。ただし、その具体的な場所は分からない。陸氏は呉郡の名族であり、兄の曄が晩年に郷里の墓を拝することを願っていることから考えると（『晋書』巻七七）、本来は呉郡に埋葬されるはずが、陪葬されたために建康近郊に埋葬されることになったのである。

江南の陸氏とは異なり、北来貴族である溫嶠の事例は明確に陪陵と記されていないが、皇帝陵の近くに埋葬されているため、検討を加えたい。溫嶠は蘇峻の乱平定に功があり、始安郡公に封じられた。成帝は彼の死を悼み、『晋書』巻六七・溫嶠伝によると、銭百万、布千匹を賜うとともに、忠武と謚し、太牢で祀っている。その埋葬については、続けて以下のように記す。

初め豫章に葬るも、後に朝廷、嶠の勳德を追い、將に爲に大墓を元明二帝陵の北に造らんとす。陶侃、上表して曰く「故の大將軍嶠は忠誠、聖世に著れ、勳義は人神に感じ、臣が筆墨の能く稱陳する所に非ず。臨卒の際、臣に書を與え別れ、臣、之を篋笥に藏し、時時に省視し、每に一たび思述せば、未だ嘗て夜に中りて撫膺せず、飯に臨みて酸噎す。『人の云に亡き』とは、嶠、實に之に當たる。謹んで嶠の書を寫し上呈す。伏して惟うらくは陛下、既に御省を垂れ、其の情旨を傷む。死して忠を忘れず、身、黄泉に沒するも、國恥を追恨し、將臣、力を勠わせ、艱難を救濟し、亡をして知有り、恨を抱くも結草せしむれば、豈に今日の勞費の事を樂しまん。願うらくは陛下慈恩し、其の移葬を停め、嶠の棺柩をして風波の危きを無からしめ、魂靈を后土に安んぜんことを」と。

詔して之に従う。其の後、嶠の後妻何氏卒し、子の放之、便ち喪を載せ都に還る。詔して建平陵の北に葬り、并びに嶠の前妻王氏及び何氏に始安夫人の印綬を贈る。

生前の溫嶠の功績に報いるため、元帝、明帝陵の北に大墓を築き、そこに葬ろうとしたことが分かる。この地への埋葬は一旦取りやめとなったが、溫嶠の妻の何氏の死去時に当初の予定通り、元帝建平陵の北側に埋葬されたと考えられる。溫嶠の事例は埋葬された場所や経緯が残されている珍しい例である。これに加え、南京北方で彼の墓が見つかったことにより、埋葬の様子などがさらに明らかとなった〔南京市博物館 二〇〇二〕。墓が見つかったのは南京のすぐ北に位置する郭家山の西端である。北西には象山の王氏墓地、北には老虎山の顔氏墓地が分布する。元帝陵の存在が予想される鼓楼岡からは北北西に約五㎞離れており、『晋書』の「建平陵」の北という記載と合致する。さらに墓の東には穆帝永平陵と思われる幕府山東晋墓が位置する。溫嶠墓は単独で存在するのではなく、他に最低でも三基以上の墓から構成される家族墓地の一角を占める〔南京市博物館 二〇〇八〕。つまり郭家山の西端は溫氏の家族墓地なのである。周辺には王氏や顔氏など有力な北来貴族の家族墓地が分布している。このことから明らかなように、幕府山から南に伸びる小丘陵地帯は本貫を失った有力貴族の墓地であるが、溫嶠の事例から、その中で生前に功績のあったものには墓地が賜与されるとともに墓そのものが贈られることもあったことが判明するのである。北来の人々にとり、江南での墓地確保は切実な問題であるが、中央貴族として建康に落ち着き、東晋政権を支えた名族はこのような形で墓地を獲得したのである。

溫嶠の事例を陪葬とみなすと、江南に足がかりを持たない貴族を帝陵の近くに埋葬し、さらにそこを家族墓地とすることで、皇帝との繫がりを意識させるという意味はあったであろう。また、陸氏のような江南豪族に対しても陪葬を行うことは、北来貴族だけへの優遇処置でないことを示す。墓を近接させ、死後も皇帝陵に従わせるという陪葬は西晋に比べてもより政治性を持って復活したといえるだろう(5)。

五、小結

東晋は江南に新たな都を定め、皇帝の周囲を有力な貴族が固める、極めて不安定な皇帝権だった。そうした状況の中で営まれた皇帝陵を見ると、規模や構造の点で、西晋皇帝陵よりも大きく、堅牢になっていることや、都に接して造られていることが特徴として挙げられる。また、皇帝による謁陵だけでなく、臣僚による謁陵も行われるようになり、陵墓と皇帝との繋がりが再生されたことになる。しかし、王導以降、頻繁に行われた臣僚による謁陵は皇帝権の優越を形にしたものではなく、むしろ謁陵を行う臣僚の権力を示すものだったのである。一方、陪葬は確実に行われるようになった。その背景には江南に何の地盤もない北来貴族への墓地の賜与という東晋固有の問題があることに加え、江南土着の豪族と北来貴族を同等に陪葬させることにより、政権のバランスを取ろうとしたのであろう。総じて、東晋では陵墓の政治性が次第に回復してきたことが読み取れるのである。とはいえ、構造物としての陵墓は地上に墳丘を築かないもので、決して皇帝の権威を示すような巨大なものではなかったのである。

第二節　宋の陵墓

一、陵墓の分布

宋の皇帝陵の中で、検討の対象となるのは武帝初寧陵、文帝長寧陵、孝武帝景寧陵、明帝高寧陵の四基である。二人の廃帝と最後の順帝は正規の皇帝陵を造営されていないため検討から除外する。宋の四陵の位置については『建康

表四　宋皇帝陵一覧

	皇帝	陵名	合葬	『建康実録』
1	高祖武帝劉裕	初寧陵	武敬臧皇后	（永初三年五月）癸亥、上崩于西殿、時年六十、葬丹陽建康縣蔣山初寧陵。（注：在縣東北二十里、周圍三十五歩、高一丈四尺）
	胡倢伃（文帝生母）	熙寧陵（丹徒）		
2	太祖文帝劉義隆	長寧陵	文元袁皇后	三月癸巳葬長寧陵。陵在今縣東北二十里、周廻三十五歩、高一丈八赤
	昭太后路氏（孝武帝生母）	修寧陵（孝武帝陵東南）		
	文沈倢伃（明帝生母）	崇寧陵		
3	世祖孝武帝劉駿	景寧陵	孝武文穆王皇后	秋七月丙午葬於景寧陵、在今上元縣南四十里嚴山之陽。
4	前廃帝劉子業	陵名なし		庚辰葬少帝于南郊壇。
5	太宗明帝劉彧	高寧陵		五月戊寅葬臨沂縣幕府山高寧陵。
6	後廃帝劉昱	陵名なし		皇太后令貶帝爲蒼梧郡王。葬丹陽秣陵縣郊壇西。
7	順帝劉準	遂寧陵		

実録』に頼らざるをえない。それをまとめたのが**表四**である。この記載によれば武帝初寧陵と文帝長寧陵は建康の東北で比較的近接しているが、孝武帝景寧陵は建康の東南方、明帝高寧陵は建康の北ということになる。南朝陵墓が東晋皇帝陵と異なる点は墓前に石刻を持つことであり、墓は失われても石刻の存在で墓の所在を推定することが可能である。石刻を根拠に宋陵の有力な候補地として朱偰、羅宗真氏らに比定されたのは以下の二カ所である。

武帝初寧陵　現在の江寧区麒麟鎮麒麟鋪

文帝長寧陵　現在の棲霞区棲霞鎮新合村獅子衝

両地にはそれぞれ一対の石獣があり、南朝の陵があったことは間違いない。羅氏が文帝長寧陵に比定する獅子衝南朝墓については、南朝墓で最も墓主比定の意見が分かれるものであり、町田章氏はこの陵を斉陵とし〔町田 一九八三〕、盧海鳴氏は梁の元帝陵とし〔盧 二〇〇二〕、さらに曾布川寛氏、潘偉斌氏、楊曉春氏は陳の文帝陵だとする〔曾布川 一九九一〕〔潘 二〇〇四〕〔楊 二〇〇八〕。これらは主に陵前石刻の年代観に基づくものである。近年、この陵の主室が調査され、発掘は途中で中止されたが貴重な情報を得ることができた。墓は東西に二基並列し、墓室は平面楕円形である（**図二**）。東側の一号墓からは「中大通貳年」、西側の二号墓からは「普通七年」の紀年磚が出土していることから、梁墓であることが確実となった。また、甬道の石門は二重であり、壁面には竹林七賢の磚画があるなど、南朝皇帝陵の規格を示す〔王志高 二〇一五〕〔南京市考古研究所 二〇一五〕。王志高氏は、調査以前から、この墓の被葬者を梁の昭明太子蕭統としていたが、その可能性が一段と高まったと言えよう〔王 二〇〇六a、二〇一五〕。これにより、南朝宋の陵墓の候補から獅子衝の陵は完全に外れることになった。

同様に麒麟鋪の南朝陵の墓主比定にも問題が提起されている。この陵は朱希祖氏が宋武帝初寧陵に比定して以来、長年にわたり疑義が挟まれることはなかったが、近年、王志高氏は宋文帝の長寧陵とし〔王 二〇〇六b〕、楊曉春氏は陳の追謚皇帝景帝の瑞陵とする〔楊 二〇〇八〕。石刻の年代観からこれを南朝末の陳のものとするのは困難であろうが、宋のものとしても武帝、文帝いずれのものと判断するのかは、現状では材料が不足していると言わざるをえない。したがって現存する石刻をもとに陵を比定し、それをもとに立論することは不可能である。

それでは、発掘調査された墓の中に宋の陵墓はあるのだろうか。羅宗真氏は、孝武帝の景寧陵を南京南郊西善橋宮山で見つかった竹林七賢の画像磚を持つ大墓〔南京博物院など 一九六〇〕にあてるが〔羅 一九九四〕、皇帝陵には通常二重となっている甬道の門が一つしかないこと、東晋や南朝皇帝陵と比較すると墓室の規模が小さいことから皇帝陵とは考えにくい。一方、潘偉斌氏は景寧陵がやはり南京南郊西善橋宮山で見つかっているとしながらも、資料は未刊行と述べていることから〔潘 二〇〇四〕、羅氏の比定とは別の墓と考えているようである。ただし、具体的にどのような墓なのかは一切記しておらず、その可否を論ずることはできない。

明帝の高寧陵については、潘偉斌氏のみが比定を行っており、幕府山南麓の朱家山にある南朝初期の墓をそれにあてている〔潘偉斌 二〇〇四〕。根拠は記されていないが、幕府山に埋葬されたという記載を根拠に幕府山の南に広がる小丘陵上の墓の中から選んだのであろう。ただしこの墓の墓門も一つであり、東晋皇帝陵に比べるとやや小型であり〔華東文物工作隊 一九五六〕、皇帝陵とは考えにくい。

このように発掘された墓の比定も十分な論拠があるとは言いがたい。したがって、宋の皇帝陵について論ずる際には、遺跡を用いるのは危険であり、現状では典籍史料を用いて行うのが妥当であろう。それでは先に**表四**で挙げた『建康実録』以外の諸書の記載をまとめておきたい。

『元和郡県図志』

宋武帝劉裕初寧陵、文帝義隆長寧陵、竝びに縣の東北二十二里、蔣山の東南に在り。

孝武帝劉駿景寧陵、縣の西南四十里、巖山に在り。

明帝彧高寧陵、縣の北十九里、幕府山の東南に在り。

以上の記述の中の「縣」とは建康故址に築かれた上元県である。同書には「晉の故臺城、縣の東北五里に在り」とあり、建康の中心よりやや南西に位置していたことが分かる。また、『六朝事跡編類』に引かれる『図経』は成書年代が不明であるが、陵墓の位置などについてやや詳しい記載があるので引いておきたい。

・武帝初寧陵　縣東北二十里に在り。政和の間、有る人、蔣廟の側に於いて一石柱を得。題に云わく「初寧陵西北隅」と。此を以て之を考うれば、其の墳、當に蔣廟を去ること遠からざるべし。

・文帝長寧陵　縣東北二十五里に隷す。武帝陵と相い近し。今、未だ所在を詳らかにせず。
明帝の高寧陵については『圖經』を引用せず、「臨沂縣幕府山に隷す。西は王導の墳墓と相い近し。今、山前の墳壟、晉穆帝陵、山南に在り、或いは西を以て明帝の墳と爲す」と記す。明帝陵は王氏などの東晋墓が密集する場所に築かれたようである。

『元和郡県図志』および『六朝事跡編類』の宋の陵墓の位置に関する記載はほぼ一致する。ただし『六朝事跡編類』の記載では各陵墓の正確な位置はすでに分からなくなっていたようであり、ただ初寧陵だけは、陵の遺物である石柱が蔣廟の附近で見つかったことから、その周辺に存在が想定されるという程度である。つまり、宋陵の位置については『六朝事跡編類』は、『元和郡県図志』や『建康実録』に比べ情報が不確かとなっていたことが分かるにすぎない。それでは『元和郡県図志』や『建康実録』の記載から明らかになることを以下にまとめておきたい。

武帝初寧陵は唐の上元県の東北、つまり建康からは東北あるいは東にあり、距離は二〇里～二二里程度である。その地は蔣山の東南にあたる。文帝長寧陵も同様であることから、初寧陵とは近接した場所にあったと考えられる。孝武帝景寧陵は初寧陵、長寧陵とは異なり、上元県の南方に位置する。その距離も四〇里であり、かなり離れていることが分かる。明帝の高寧陵は上元県の北一九里の幕府山の東南に営まれている。周辺は東晋穆帝陵や貴族の墓地が営まれている場所である。

以上の史料の情報から、宋の皇帝陵の分布については、建康の東、南、北の三カ所に分布していること、さらに東晋皇帝陵区で最も都城から離れていた幕府山に営まれた高寧陵が、宋では最も都城に近接しており、宋の皇帝陵が東晋陵に比して都から離れた場所に築かれていたことが分かる。なお宋の劉氏は彭城綏輿里の出身であるが、武帝の曽祖父にあたる劉混の時に晋陵郡丹徒県京口里に移っている。そのため武帝の父である劉翹の墓は京口にあったが(6)、武帝は父祖の墓から離れて都城近郊に陵を築いたことになる。この点は続く斉・梁とは異なる。

二、陵墓の構造

宋陵の構造については、発掘資料として確実に抑えられるものはなく、詳細は不明である。しかし、『建康実録』の記載から武帝初寧陵と文帝長寧陵に墳丘があったことが分かる。初寧陵の墳丘は周囲三五歩（約五四m）、高一丈四尺（約四・四m）であり、長寧陵は周囲三五歩と同様で、高さは若干高く一丈八尺（約五・六m）である。墳丘の規模としては決して大きいものではないが、東晋皇帝陵が穆帝永平陵以外は墳丘を築かなかったのとは異なる点である。

また、陵上に石刻が置かれるようになった。『南斉書』巻二二・豫章文献王伝に、

上、數しば（蕭）嶷の第に幸す。宋の長寧陵の墜道、第の前路に出ず。上曰く「我、便ち是れ他の冢墓內に入り人を尋ぬるか」と。乃ち其の表闕・騏驎を東崗上に徙す。騏驎及び闕、形勢甚だ巧みなり。宋の孝武、襄陽にて之を致す。後に諸帝王陵、皆な模範するも而して及ぶ莫きなり。

とあるように、宋の文帝長寧陵の神道上に麒麟と闕が設けられていたことが分かる。この麒麟が現在でも南京周辺の南朝墓の墓前に残る石獣の一種であることは間違いないが、この史料から分かることは、宋の陵墓が小規模な墳丘を持つだけでなく、陵園を次第に整備していったということである。少なくとも地上に何ら痕跡を残そうとしなかった曹魏・西晋の陵墓からはかなり後漢の墓のあり方に近づいてきたと言える。『宋書』巻一五・礼志二には、墓上の石碑石獣の建立制限の沿革を次のように述べている。

晉の武帝の咸寧四（二七八）年、又た詔して曰く「此れ石獸碑表、既に褒美を私にし、虛僞を興長し、財を傷つけ人を害すること、此より大なるは莫し。一に之を禁斷せよ。其れ犯す者は赦令に會すると雖も、皆な當に毀壞

すべし」と。元帝の太興元年に至り、有司奏すらく「故の驃騎府主簿、故恩もて舊君顧榮の葬を營むに、碑を立つるを求む」と。詔して特に立つるを聽す。是れ自り後、禁又た漸く頽る。大臣長吏、人皆な私に立つ。義熙中、尙書祠部郎中裴松之、又た禁斷を議し、是に於いて今に至る。

東晋代に立碑の禁令が弛緩し、東晋末に再度禁止されている。東晋皇帝陵からは関連する石造物が発見されていないことから、これは皇帝陵にも適用されたことが窺えるが、宋代では少なくとも皇帝陵には石獣、門闕が築かれるようになっていたのである。また『集古録』には「太祖文皇帝之神道」と刻まれた碑が著録されている。碑の大きさや形状は不明だが、文面から梁文帝建陵の石柱のようなものであり、このような石柱も宋陵の神道に立っていたと考えられる。

ただし、神道の整備は行われても、陵上に寢殿はなかったと考えられる。すなわち、『宋書』巻一六・礼志三には、

(曹魏)文帝の黄初三(二二二)年に至り、乃ち詔して曰く「先帝、躬ら節儉を履み、遺詔して省約す。子は父に述うを以て孝と爲し、臣は事を繫ぐを以て忠と爲す。古は墓祭せず、皆な廟に設く。高陵上の殿屋は皆な毀壞し、車馬は廐に還し、衣服は府に藏し、以て先帝の儉德の志に從え」と。文帝の自ら終制を作るに及び、又た曰く「壽陵は寢殿を立て、園邑を造る無かれ」と。自後、今に至るまで、陵寢、遂に絕ゆ。

とあるからである。この記述から曹魏から宋までは、陵上に寢殿は建てられなかったと考えられるのである。

三、宋の謁陵と陪葬

宋の謁陵については『宋書』巻一五・礼志二にその概略を述べている。

宋の明帝又た群臣の初めて陵を拜謁するを斷つ、而して辭は故の如し。元嘉自り以來、毎歲正月、輿駕必ず初寧

陵を謁するは、漢儀を復すなり。世祖・太宗も亦た毎歳初寧・長寧陵を拜す。

これによれば文帝の元嘉年間以降、正月の謁陵が定例になったことが分かる。『宋書』『南史』から謁陵の記事を抽出すると、文帝の謁陵記事が多い。

・(景平二(四二四)年)八月丙申、車駕、京城に至る。丁酉、初寧陵に謁し、中堂に還り皇帝の位に即く。(『宋書』巻五・文帝紀)

・(元嘉四(四二七)年)二月乙卯、丹徒に行幸し、京陵に謁す。(『宋書』巻五・文帝紀)

元嘉四年二月乙卯、太祖東巡す。丁卯、丹徒に至る。己巳、園陵に告覲す。(『宋書』巻一五・禮志二)

・(元嘉)十七(四四〇)年、(劉)劭、京陵を拜す。大將軍彭城王義康・竟陵王誕・尙書桂陽侯義融、竝びに從う。司空江夏王義恭、江都自り來り京口に會す。(『宋書』巻九五・二凶伝)

・(元嘉二六(四四九)年)二月己亥、車駕陸道もて丹徒に幸し、京陵に謁す。(『宋書』巻五・文帝紀)

(元嘉)二十六年二月己亥、上東巡す。辛丑、京城に幸す。辛亥、二陵に謁す。(『宋書』巻一五・禮志二)

・(元嘉二八(四五一)年)三月乙酉、車駕、宮に還る。丙申、初寧陵に拜す。(『南史』巻二・宋本紀中)

・(元嘉三〇(四五三)年四月)己巳、皇帝に卽位す。五月……甲午、初寧陵に謁し、建鄴二百里内を曲赦し、幷びに今年の租税を蠲く。(『南史』巻二・宋本紀中)

文帝の謁陵で注目したいのは元嘉四年と二六年の京陵謁陵である。都城近郊に築かれた初寧陵だけでなく、都城から離れた京陵に謁陵している理由は、二六年に興寧陵だけでなく煕寧陵にも謁していることから窺うことができる。煕寧陵は文帝の生母胡婕妤の墓であり、文帝即位とともに章皇太后と追尊され、陵号を贈られている。つまり、文帝の京陵謁陵は、興寧陵というよりはむしろ煕寧陵を重視したものといえるだろう。また元嘉一七年に文帝の太子劉劭が京陵を拝しているのは、前年に太子に立てられたことに関連するものであろう。元嘉二八年の謁陵は、前年一二月に北魏太武帝が長江対岸の瓜歩まで進軍し、翌一月に帰北したことをうけ、文帝が瓜歩へ行幸したのちに建康に戻って執り行っている。宋建国以来未曾有の危機を乗り切ったことを報告することが目的だったのであろう。

このように頻繁に、しかも定期的に行われる謁陵儀礼は、礼志が述べるようにまさに「漢儀」の復活と呼べるものであり、王朝と皇帝陵が結びつくことにより、現皇帝が父祖を継承した正統な後継者であることを示す役割を担ったのである。この点で、宋の皇帝陵は東晋と同じく、政治性を持ち始めたと評することができる。東晋と異なる点は、謁陵を行う陵に門闕や石獣がおかれ、儀礼の場として整備されていたことである。謁陵の定例化が陵園の整備を促したと言えるだろう。ただし、寝殿は建てられることはなく、後漢のように整備された陵園を有することはなかったのである。

四、小　結

宋の皇帝陵は東晋に比べやや離れてはいるが、建康の周辺にあることに変わりはない。その構造は、墓上に墳丘を築き、墓前に門闕や石獣を並べた神道を整備しており、東晋に比べ陵園の整備された様子を見て取ることができる。それは頻繁に行われる謁陵によって陵墓と皇帝が強く結びついた結果であり、陵墓の政治性が次第に現れ始めたことを示す。なお、東晋まで確認された陪葬については宋では認めることができない。これは今後の考古調査に期待される点である。

第三節　南斉の陵墓

南斉の皇帝陵は都城建康から離れた場所にあり、地志などから関連する記事を見つけだすことはほとんどできない。また『南斉書』も陵墓に関する記事は極めて乏しい。東晋、宋に比べると情報量が少ないため、以下では主に立地と、謁陵について述べていくことにしたい。

一、陵墓の分布

南斉の皇帝陵は都城建康から東に約八〇km離れた武進県内に築かれた。『南斉書』巻二・高帝紀下によれば、高帝は、

（建元四年（四八二）四月）丙午、武進の泰安陵に窆る。

とある。泰安陵の場所については、『南斉書』巻二〇・高昭劉皇后伝に、

宋の泰豫元年（四七二）殂す、年五十。宣帝の墓側に歸葬す、今の泰安陵なり。

とあるように、宣帝すなわち高帝の父である蕭承之の墓の横に築かれた。つまり、蕭承之の墓も、後に泰安陵となる蕭道成の妻劉氏の墓も、宋代に築かれた墓であり、当然ながら皇帝陵として造営されたものではなく、永嘉の乱以来、蕭氏が居を定めた武進に埋葬されたにすぎない。この蕭氏の墓地がそのまま南斉の皇帝陵区となるのである。

各陵の具体的な位置は『南斉書』から窺うことはできないが、『元和郡県図志』におおよその位置が記されているので、以下に引用する。なお引用文の「縣」とは丹陽県のことである。

南齊宣帝休安陵、縣北二十八里に在り。高帝の父なり、追尊して宣皇帝と爲す。
高帝道成泰安陵、縣口三十二里に在り。
武帝賾景安陵、縣東二十二里に在り。
景帝道生永安陵、縣東北二十六里に在り。明帝の父なり、追尊して景皇帝と爲す。
明帝鸞興安陵、縣東北二十四里に在り。

この史料で「休安陵」とする宣帝陵の名は正しくは「永安陵」であり、同様に景帝陵は「修安陵」である。南斉陵の位置に関しては、この『元和郡県図志』の記録が最も古いものであるが、それでも陵名にこのような混乱が認められ、さらにその場所についても県からのおおよその距離を示すだけであり、これをもとに陵を比定するのは極めて困難である。陵の比定については石獣を中心に調査を行った〔中央古物保管委員会編集委員会編　一九三五〕とその後の発掘調査を受けて行われた〔羅宗真　一九九四〕の比定が中国では通説的な位置を占めているが、〔町田章　一九八三〕は、磚画の前後関係をもとに墓の編年を行い、それを基にした独自の比定を行っている。また〔曾布川寛　一九九一〕は南朝の石刻の全体的な見直しを行い、従来とは異なる解釈を行っている（**表五**）。ただ、発掘された仙塘湾、金家村、呉家村の各南朝大墓[7]を斉帝陵とす

表五　南斉皇帝陵一覧

	皇帝	陵名	合葬	羅宗真比定	町田章比定	曾布川寛比定
	宣帝蕭承之（追諡皇帝）	永安陵		獅子湾墓	三城巷墓	趙家湾墓
1	太祖高帝蕭道成	泰安陵	高昭皇后劉氏	趙家湾墓	趙家湾墓	獅子湾墓
2	世祖武帝蕭賾	景安陵	武穆皇后裴氏	前艾廟墓	仙塘湾墓	前艾廟墓
3	廃帝鬱林王蕭昭業			爛石壟墓	爛石壟墓	爛石壟墓
4	廃帝海陵王蕭昭文			水経山墓	水経山墓	水経山墓
	景帝蕭道生（追諡皇帝）	修安陵		仙塘湾墓	金家村墓	仙塘湾墓
5	高宗明皇帝蕭鸞	興安陵	明敬皇后劉氏	三城巷墓	獅子湾墓	金家村墓
6	廃帝東昏侯蕭宝巻			金家村墓	前艾廟墓	
7	和帝蕭宝融	恭安陵		呉家村墓	呉家村墓	呉家村墓

ることは諸家の一致するところであり、著者もその理解で問題はないと考える。そのため、以下では陵墓の構造を論じるにはこの三基の発掘資料を参照し、斉陵については各陵の被葬者の比定は避け、各陵に共通する点を斉陵の特徴として取り上げることにしたい。

二、陵墓の構造

陵墓の構造を発掘された三基を中心に見ていきたい。報告書の記述と掲載された地形図および〔来村　一九八八〕に拠れば、仙塘湾、金家村の二基は、三方を山に囲まれた谷の最奥部を利用して築かれており、不明な点の多い呉家村の墓も報告書の記載では「北山を背にし、東に廟山、西に西山があり、さらに左右には小山が伸び、互いの距離は五十ｍ余」とあることから同様の地形だったのであろう。墓室の上には墳丘が築かれており、規模の判明する呉家村墓で南北二八ｍ、東西三〇ｍの楕円形で、高さ八ｍの規模であり、金家村墓もほぼ同じ規模である。この規模は文献で確認できる東晋や宋の陵墓に比べ遥かに大きなものである。墓室は多角形をした磚築の単室で、甬道に二重の石門を設ける（**図二**）。墓室前面の谷筋にそって神道が築かれ、陵の入り口に石獣が一対置かれている。現在のところ華表や門闕の存在は確認されていない。注目すべきは陵前の石刻の種類で、武進の経山の斉陵と思われる墓の前の石獣には二種類あることが分かっている。一つは大型で角があるもので現在は「麒麟」と呼称される。(8) もう一種はやや小型で角が無く獅子形のもので「辟邪」と呼ばれる。墓主の地位により石獣の種類が異なっていた可能性があり、後者の水経山、爛石壟墓が皇帝陵ではなく廃帝の墓とされる根拠となっている。後述する梁の陵墓の陵前石刻の状況からこの想定は妥当と考えられ、斉の段階で陵前石刻による階層性が出現していたことは重要である。以上のことから、宋に比べても陵前の神道の整備が進んでいたことが確認できる。また墳丘の大型化が進行していたことも認められよう。

三、南斉の謁陵

南斉の皇帝陵は都城建康から離れた場所にあるため、謁陵は困難になったと考えられる。南斉の場合、宋とは異なり謁陵の概略を述べた資料がなく、不明な点が多い。試みに、謁陵の記録を以下にまとめてみよう。

①世祖、陵を拝し還る。（張）景眞、白服して畫舴艋に乗り、胡牀に坐る。（『南斉書』巻三一・荀伯玉伝）

②（永明三（四八五）年）世祖即位後、頻りに詔を發し拝陵せんとするも、行くを果たせず。（蕭）嶷を遣し拝陵せしむ。（『南斉書』巻二二・豫章文献王伝）

③（隆昌元（四九三）年正月）戊午、車駕、崇安陵を拝す。（『南斉書』巻四本紀・鬱林王紀）

①の史料は世祖武帝がまだ皇太子の時のことである。立太子は建元元（四七九）年六月であり、同四年には高帝が崩じるため、謁陵を行ったのはこの間である。また同二年七月には皇太子妃の裴氏が薨じているため、それも考慮しなければならない。可能性として高いのは立太子ほどなくの時期であり、その拝陵の対象は、追尊された宣帝蕭承之の永安陵と高帝皇后劉氏が埋葬されていた泰安陵であろう。ただし、高帝自身の謁陵は確認することはできない。②の史料は即位後の武帝が謁陵を望みながら実現できず、弟の豫章王嶷に謁陵させている。この史料からは皇帝の謁陵が困難であったことが分かるが、その最も大きな理由は都城から遠く離れていたことであろう。

③の史料は廃帝鬱林王の崇安陵謁陵の記事であり、南斉では唯一確実な皇帝の謁陵記事である。即位後最初の正月であり、南郊郊祀の後に謁陵を行っている。問題となるのはその対象が鬱林王の父で皇太子のまま薨じ、鬱林王即位とともに追尊された文帝の「崇安陵」となっていることである。本章では史料引用にあたり中華書局本により「崇安

陵」としたが、『南斉書』の諸本は、先の皇帝であり鬱林王の祖父である武帝の「景安陵」としているのである。一方で、『南史』『資治通鑑』では「崇安陵」とし、張元済『南斉書校勘記』も、『南斉書』の「景安陵」は誤りで「崇安陵」を是とする。この二陵で大きく異なる点は、父か祖父か、あるいは追謚皇帝か皇帝の陵かという違いだけでなく、その葬地にある。武帝景安陵が歴代皇帝陵区である武進に位置するのに対し、崇安陵は建康の東北方に位置した。『南斉書』巻四〇・武十七王伝・竟陵文宣王子良には、

初め、豫章王（蕭）嶷、金牛山に葬り、文恵太子は夾石に葬る。子良、送に臨み、祖硎山を望み、悲感し歎きて曰く「北に吾が叔を瞻、前に吾が兄を望む。死して知有らば、請うらくは茲の地に葬られんことを」と。既に薨じ、遂に焉に葬る。

とあり、文恵太子すなわち文帝の埋葬地を夾石とする。文恵太子陵については『景定建康志』巻四三・風土志二によれば、

梁の昭明太子陵は城の東北四十五里、賈山の前に在り。齊文惠太子と處を同じくし、陵を排し竝び葬らる。

とあり、梁の昭明太子陵と並んで存在しており、その位置は宋代の江寧府城から東北に四五里、すなわち約二五kmの距離となる。[9]この距離は武進の皇帝陵までの距離のおよそ四分の一であり、遥かに近い。再度、鬱林王の謁陵記事を見ると、正月辛亥（六日）に南郊で祀っており、謁陵が戊午（十二日）であり、その間は最大で五日である。一方、高帝の埋葬記事が建康から武進までのおおよその時間の目安となる。『南斉書』巻二・高帝紀下には、

（建元四（四八二）年三月）壬戌、上、臨光殿に崩ず、年五十六。四月庚寅、謚を上り太祖高皇帝と曰う。梓宮を東府前の渚に奉じ龍舟に升ぐ。丙午、武進の泰安陵に窆る。

とある。高帝の梓宮が龍舟に載ったのが庚寅とすれば六日であり、丙午は二二日であるから、その間の日数は一六日

ということになる。この日数は、梓宮の建康出立の日が不明なため目安にすぎないが、建康と武進までの距離が直線で八〇㎞であるものの、運河を使い陵区の南方にある陵口から陵区へ入ったとすれば、その距離はさらに延びる。そのため最長で五日での謁陵の実施は決して余裕のあるものではない。鬱林王が謁陵したのはやはり文帝崇安陵ということになろう。したがって、ここでも武進の皇帝陵区への謁陵は確認できないことになる。

以上のように考えると、皇帝陵への謁陵は宋のように頻繁に行うことができず、それは陵の置かれた場所に起因している。南斉皇帝蕭氏の陵は、太祖高帝の陵がすでに宋代に築かれていた皇后劉氏の泰安陵としたことにより、宋代の歴代蕭氏の塋域を継承することになったのであり、その後も場所を都城近郊に改めることはなかったのである。

四、小　結

南斉の皇帝陵の特徴を見ていこう。陵墓自体の規模は東晋、宋のものに比べ、墳丘が著しく巨大化している。また東晋に比べ、墓室も大型化している。一方で陵前の石刻も石獣の階層性が出現するなど、さらに整備が進んでいる。したがって南斉の陵墓は東晋、宋の陵墓に比べ大型化が顕著であるとまとめることができるのである。しかし、その陵が営まれたのは建康から遠く離れた蕭氏累代の塋域である。当然ながら都城からの眺望などは全く考慮しておらず、また、その距離のため謁陵の実行は困難であった。そのため、謁陵などの儀式を通じて皇帝権威の誇示を狙ったとは考えられない。また陪葬は典籍史料からは確認できず、陵が設けられた経山山麓を見ても、その塋域の実態は歴代の蕭氏の墓地であり、他者が埋葬された形跡はない。したがって、陵墓の大型化に反し、陵墓の持つ政治的な役割はほぼ失われたと考えられるのであり、南斉は陵墓にそのような役割を期待してもいなかったと結論づけられるのである。

第四節　梁の陵墓

梁は歴代の皇帝がいずれも非業の死を遂げており、王朝にとって本来、どのように陵墓が位置づけられていたのかは明らかにしがたい部分もある。また南京東北郊に集中する梁の諸王の墓は調査が進展しているのに対し、皇帝陵については全く調査が行われていない。そのため、本節では陵墓の遺跡と、地表に残る遺物の概略をまとめ、その後に謁陵について検討することにしたい。

一、陵墓の分布と構造

梁の皇帝陵は南斉の皇帝陵と同じく現在の江蘇省丹陽市の東方に分布する。梁の蕭氏は斉と同族であり、同じく南蘭陵中都里の出身であることから、やはり歴代蕭氏の塋域に埋葬されたということになる。梁皇帝陵で比定が確実なものは文帝と追尊された蕭順之の建陵であり、現存する陵前石柱に「太祖文皇帝之神道」とある。陵があるのは斉陵が集中する経山より一〇㎞ほど南の荊林鎮であり、陵口から経山までの中間地点にある。この地域には南朝陵墓が四基、南北に並んでいる。現在、通行している比定によれば南から南斉明帝の興安陵、梁文帝建陵、梁武帝脩陵、梁簡文帝荘陵となっている。これに対し曾布川寛氏、盧海鳴氏は、斉明帝興安陵とされていた陵の比定の見直しを行い、梁の敬帝陵の可能性を指摘する〔曾布川 一九九一〕〔盧 二〇〇二〕。また、近年、王志高氏は、この陵の被葬者を武帝の祖父、蕭道賜のものとする〔王 二〇一一〕。被葬者が梁の敬帝か蕭道賜のいずれにせよ、他王朝の陵域の設定の方法に照らして、前王朝の皇帝陵と並んで新王朝の陵域が形成されるのは不自然であり、斉明帝陵とされる最南の陵は、梁の皇帝陵と考えるべきであろう。しかし、これら四陵は考古学的な調査が行われていないこともあり、その比定は梁文帝建陵のみが確実で、他は推定の域を出ていない。『梁書』には各陵の位置についての記述として、文帝建陵と武帝脩陵の位置が記載されている。建陵については、巻七・太祖張皇后伝に、

宋の泰始七（四七一）年、秣陵縣同夏里の舍に殂し、武進縣東城里山に葬る。天監元（五〇二）年五月甲辰、尊號を追上して皇后と爲し、謚して獻と曰う。

とあり、脩陵については高祖郗皇后伝に、

永元元（四九九）年八月、襄陽官舍に殂す、時年三十二。其の年、南徐州南東海武進縣東城里山に歸葬す。

とある。いずれも武帝の即位後に、それぞれ建陵、脩陵とされる墓である。この史料からは建陵と脩陵がいずれも武進縣東城里山にあり、二陵が近い位置にあったことは確認できる。その他の陵についての記載はないが、『元和郡県図志』巻二五・江南道によれば、各陵の位置は以下のようになる。

（齊）明帝鸞興安陵、縣東北二十四里に在り。

梁文帝順之建陵、縣口二十五里に在り。武帝の父なり、追尊して文皇帝と爲す。

武帝衍脩陵、縣東三十一里に在り。貞觀十一年、詔して百步、樵采を禁ぜしむ。

簡文帝綱莊陵、縣東二十七里に在り。

朱希祖氏は脩陵の距離が「三十一里」ではなく、「二十五里」の誤りであろうとして、現在の比定を行っているが〔中央古物保管委員会編集委員会編 一九三五〕、やはり最終的な確認は、各遺跡の調査の進展を待たざるをえない。ここでは、文帝建陵の周辺に梁陵があることを確認し、斉陵と同様に、梁の各陵も都城近郊ではなく、遠く離れた武進県に築かれていたことを確認するにとどめておきたい。

比定の確実な文帝建陵については現在まで墓室の位置が不明である。周辺を踏査した来村多加史氏によれば、東に開口した東西方向の谷奥に墓室があると考えられるが、現在は村に覆われて詳細は不明という〔来村 一九八八〕。陵前石刻は、東から石獣、不明の石基台、石柱、石亀趺が各一対並んでいる。石刻の数と種類を見るならば、斉に比べても増えており、陵前の整備が進んでいたことが窺える(10)。

墳丘については各陵の遺跡では現在まで確認されていない。梁の皇帝陵に関する情報はこれ以上にはないが、構造については南京東北郊にある梁の諸王墓が参考となる。そのため、この諸王墓についても概観しておきたい。梁の諸王墓についてはその多くの石刻によって注目されていたが、墓の構造まで判明しているのは五基である(11)。墓はいずれも磚築の単室墓であり、甬道の墓門は一つだけである。谷の開口部に石刻を配し、谷頭に墓室を築く。墳丘が確認されているものは白龍山南朝墓が、かなり崩れているが、南北に長い楕円形で周長五〇m、高さ三m余であるが、墓室が倒壊していることもあって、元来の墳丘はもっと大きかったと推測されている。堯化門南朝墓でも確認されているが、平面形は報告されておらず、高さが六・八mと記載されている。また、報告書には記載されていないが、現地踏査を行った〔来村 一九八八〕によれば、蕭融墓でも墳丘の存在が確認されている。以上のことから、梁諸王の墓に墳丘があったのは確実であり、高さは最高の堯化門南朝墓で六・八mである。このことから類推すると、梁の皇帝陵にも墳丘が存在したと考えるのが自然であろう。

また梁諸王の墓前施設も注目される。安西王蕭秀墓の刻石は石獣、石碑、石柱、石碑がそれぞれ対となっており、臨川王蕭宏墓では石獣、石柱、石碑が対となって並ぶ。つまり建陵と同じように、石獣以外の複数の石刻を配し、神道を整備していたことが分かる。また石獣は皇帝陵と異なり獅子の姿をしており、現在、皇帝陵の石獣を麒麟、諸王墓の獣を辟邪と呼び慣わしている。梁ではこのように石獣の種類により皇帝陵と王墓の違いを明確にしていたようである。この手法は南斉でも武進の陵区で皇帝陵と廃帝の墓で確認できるが、現存する石刻資料による限り、梁ではさらにその範囲を明確に諸王にまで広げたと解釈でき、南斉よりも墓前石刻の規定がより整備されたと考えられるのである。さらに興味深いのは陵の入り口に門闕を築いていたことが明らかとなったことである。門闕は南平王蕭偉の墓とされる堯化門南朝墓で検出され、石柱の前に位置している〔南京市文物研究所など 二〇〇二〕〔朱光亜ら 二〇〇三〕。墓闕は東西一一・八二m、南北一・九四mの基礎が東西に並んでいる。復原された墓闕は、漢代の闕のように高大なものではない。しかし南朝の陵でこのような建物が存在したことは、文献上の宋の文帝陵以外は確認されておらず、陵園の入り口の整備が石刻の配置とともに進んでいたことを示す資料といえる。

なお、第二節で述べた獅子衝の南朝陵は、梁昭明太子の安寧陵である可能性が高まっている。陵前の石獣は皇帝陵クラスと同等の有角の麒麟であり、また墓室には竹林の七賢の磚画が施され、甬道の石門は二重とされるなど、斉の皇帝陵との類似点が多く、梁皇帝陵の様子を知る上での参考となる。ここでは、諸王墓とこの太子陵の間にも、墓前石刻、墓室の構造などで明確な差のあったことを確認しておきたい。

二、梁の謁陵

梁の陵墓は斉と同じく建康から遠く離れた武進県に置かれたため、謁陵が困難であったことは斉と同じである。確認される謁陵は武帝の大同一〇（五四四）年のものであり、『梁書』『南史』にその記事が見えるが、やや詳しい『南史』巻七・梁本紀中からその様子を見ておきたい。

三月甲午、蘭陵に幸す。庚子、建陵に謁す、紫雲有り陵上を蔭し、食する頃、乃ち散ず。帝、陵を望み流涕し、霑す所の草皆な色を變ず。陵傍に枯泉有り、是に至りて流水し香潔し。辛丑、脩陵に哭す。壬寅、皇基寺に法會を設け、詔して蘭陵の老少に位一階を賜い、幷せて頒賚を加う。經る所の縣邑、今年の租賦を出すこと無からしむ。因りて還舊鄉の詩を賦す。癸卯、園陵の職司に詔し、恭しく勤勞に事えしむ。竝びに位一階を錫い、幷せて賜賚を加う。己酉、京口城の北固樓に幸し、因りて名を北顧と改む。

三月一〇日に蘭陵行幸。一六日に建陵に謁す。一七日に脩陵に哭し、一八日に皇基寺にて法会を開き、一九日に園陵の官吏を労い、二五日に京口城に行幸、建康還御は四月一日である。このように建陵、脩陵は近接していたにもかかわらず、その謁陵にはそれぞれ一日をかけている。また注目されるのは両陵の近くに皇基寺という仏寺が存在したことである。この点については後に改めて詳しく見たい。

さて、この時の謁陵は武帝の郷里への行幸と合わせて行われ、盛大なものであった。時期も三月であり、宋の謁陵が定期的に一月に行われたものとは異なる。謁陵に費やされる時間や、園陵の官吏への褒賞や、通過する町の租税免除などを考えると、とても定期的に行われるような行事ではなく、それだからこそ、これほど大々的なものとなったのであろう。そのように考えると、やはり梁、そしてその前の斉も頻繁な謁陵は不可能だったのである。

武帝の謁陵に関しては、『陳書』巻一七・王勱伝に、

大同末、梁武帝、園陵に謁す。道、朱方に出ずるに、（王）勱、例に隨い迎候す。敕して勱に輦側に従わしむ。經る所の山川、顧問せざるは莫きも、勱、事に隨い應對するに、咸な故實有り。又た従いて北顧樓に登り、賦詩するに、辭義は清典、帝、甚だ之を嘉す。

という史料が確認できるが、北顧楼での賦詩という内容から、これは先に見た大同一〇年の行幸と同じものを指すと考えてよい。梁の謁陵では元帝期の大宝三（五五二）年に侯景平定の報告と陵園の修復のため使者の派遣が行われているが、(12)皇帝の謁陵は確認できない。

三、皇基寺について

先に見たように、建陵と脩陵の付近には皇基寺があった。陵墓と仏教寺院が並び立つのは、北魏文明皇后馮氏の永固陵にも見られるが、明確に被葬者の供養を目的として陵近傍に仏寺が置かれたのは、管見の限りこれが最初の例である。[13]皇基寺については、『梁書』『南史』とも、これ以外の記事に見られないが、『資治通鑑』巻一五七・梁紀の武帝大同二年の条に、

上、文帝が爲に皇基寺を作り以て追福せんとし、有司に命じ良材を求めしむ。曲阿の弘氏、湘州自り巨材を買い東下す。南津校尉孟少卿、媚を上に求めんと欲し、弘氏を誣し刼を爲して之を殺し、其材を沒し以て寺を爲る。

とある。[14]つまり武帝が亡父の追福のために造った寺であることが明らかである。『通鑑』の記事は、『梁書』『南史』に見えず、仏教の因果応報譚に基づいているが、この史料からは皇基寺が巨木を用いた大きな寺であった可能性がある。この寺の法灯はかなり後まで続いており、南宋の『入蜀記』巻一の六月一五日の条に、

又た梁文帝陵に至る。文帝は武帝の父なり。亦た二辟邪有り尙お存す。其の一は藤蔓の纒う所と爲り槃縛さる者の若し。然れども陵は已に識る可からず。其の旁に皇業寺有り。蓋し史の謂う所の皇基寺なり。疑うらくは唐諱を避け改む所ならん。二陵は皆な丹陽に在り。縣を距つこと三十餘里なり。

とあり、寺名を変えて南宋代にも存在していたことが分かる。また『乾隆丹陽県志』や〔朱偰 一九三五〕にも皇業寺が記載されており、近年まで寺院として残っていたことが確認できる。このように墓と寺院が対になるのは、南朝では宋代にすでに確認できる。宋の孝武帝期のこととして、『宋書』巻八七・蕭恵開伝には、

父の艱に丁い、喪に居し孝性有り、家、素より佛に事え、凡そ父が爲に四寺を起こす。南岸南岡下、名は禪岡寺

と曰い、曲阿舊郷宅、名は禪郷寺と曰い、京口墓亭、名は禪亭寺と曰い、封ぜらる所の封陽縣、名は禪封寺と曰う。

とあり、蕭恵開が父の墓亭に禅亭寺を建てたことが分かる。蕭恵開は斉、梁の蕭氏と同じく南蘭陵の人であり、父は『宋書』巻七八に立伝されている蕭思話である。すでに武帝が皇基寺を建立する以前から、墓の傍らに死者を祀るための寺の建立が行われていたのであり、それを皇帝陵で行ったことが梁の特徴と言えるだろう。

四、小　結

梁の皇帝陵は斉と同じく武進県に陵を築いたため、謁陵などにより皇帝と直接、結びつくことは稀であった。一方で、陵前の整備はさらに進み、建康東北方に築かれた諸王墓にも石獣、石柱などの石刻が立てられるようになった。これは前代の流れをうけ、再び大墓への指向が生まれていたことを物語る。また梁で特筆すべきは陵寺の存在で、寝殿ではなく陵の近くに仏寺が建てられ、死者の供養が行われていたのである。これはどの王朝にもないことであった。

第五節　陳の陵墓

陳の陵墓については謁陵、陪葬の記録がないために、立地と構造を見るだけにしておきたい。検討対象となる陳の陵墓は武帝万安陵、文帝永寧陵、宣帝顕寧陵の三基である。まずはその場所から確認したい。『陳書』『南史』には陵の詳細な記事がなく、『建康実録』の記録を見てみたい。万安陵については、

今縣の東南三十里、彭城驛の側に在り。周六十歩、高さ二丈。

とあり、文帝永寧陵については、注に、

　陵は今縣の東北四十里、陵山の陽に在り。周四十五歩、高さ十丈九尺。

とある。宣帝の顕寧陵については記載がない。『元和郡県図志』巻二五・江南道一には、三陵について以下のようにある。

　陳武帝霸先の萬安陵、縣東三十八里、方山西北に在り。貞觀十一年（六三七）、詔して百歩內、樵采を禁ぜしむ。

　文帝蒨の永寧陵、縣東北四十里、蔣山東北に在り。

　宣帝頊の顯寧陵、縣南四十里、牛頭山西北に在り。

これらの記載から、陳の陵墓は明確な陵区を形成せず、建康の周囲約二〇㎞の場所に点在している。その点では宋の皇帝陵の立地と近い。またこのことが宋と陳の皇帝陵の比定に問題を生じさせ、それは既述のように特に建康から同じ方位にあるとされる陳文帝永寧陵と宋文帝長寧陵の比定の問題に顕著に出ていた。したがって、まずは、比定の確度が高い宣帝顕寧陵を見ていきたい。

　宣帝顕寧陵は、発掘された南京西善橋油坊村の罐子山北麓の南朝大墓に比定されている〔羅宗真　一九九四〕。墓上には平面が楕円形の墳丘があり、周長一四一m、高さ約一〇mの規模であり〔羅宗真　一九六三〕、南朝墓の中では最大である。墓室は磚築の単室墓であるが、方形ではなく、楕円形となっている。規模は全長一〇m、幅六・七mと大型である。甬道には二重の門が設けられている（**図二**）。規模や構造から考えて、この墓を南朝皇帝陵と考えて問題はなく、その年代観も南朝晩期であることから、この墓を陳の宣帝顕寧陵に比定する羅氏の説は妥当であろう。現在までのところ、この墓の前方からはまだ石刻は発見されていない。この陵ではその立地が注目される。報告に掲載された写真を見ると、罐子山は左右の尾根を北に伸ばしている〔羅宗真　一九六三〕。墳丘はちょうど罐子山主峰の麓に築かれており、北面する陵墓の正面から見ると、陵墓が山に抱きかかえられたような姿となり、陵墓と自然の山が一体となった雄大な景観となる。自然地形を巧に取り込んだ陵墓といえるだろう。

武帝万安陵は先に『建康実録』の記載にあったように、「周六十歩高二丈」の墳丘を持つ。規模は周囲が九三m、高さ六・二mとなる。現在、万安陵に比定されているのは、江寧県上方鎮石馬衝の墓であり、一対の石獣が残っている。石獣の北には独立丘陵があり、その丘を用いて墓室を築いていると考えられることが多い（奈良県立橿原考古学研究所編 二〇〇二）。ところが、現地で確認すると、この石獣はやや北側を向いており、陵前石刻の通例から考えると、石獣は陵の外側を向くことから、主墓は石獣の南にあり、墓は北面すると考えられる。また、この石獣は、他の南朝皇帝陵の陵前石獣に比すると、小型であり、皇帝陵とすることに懐疑的な論者もいる（曾布川寛 一九九一）[15]。筆者も、この陵の石刻を実見すると皇帝陵のものとするのは困難と考える。そのため、この遺跡を基に論ずるのは控え、専ら典籍史料に拠ることにしたい。万安陵の規模については、その大きさを窺わせる史料が存在する。陳の滅亡後、武帝に殺された王僧弁の子王頒が復讐のため万安陵を暴いた記事が『隋書』巻七二・孝義伝にある。

陳の滅ぶに及び、（王）頒、密かに父の時の士卒を召し、千餘人を得、之に對し涕泣す。其の閒壯士或いは頒に問いて曰く「郎君來りて陳國を破り、其の社稷を滅ぼし、讎恥は已に雪がる。而して悲哀止まざるは、將に霸先の早く死し、手ずから之を刃るを得ざるが爲なるや。請うらくは其の丘壟を發し、櫬を斲ち骨を焚かんことを。亦た孝心と申す可きや」と。頒、顙を頓き陳謝するに、額は盡く流血す。之に答えて曰く「其れ帝王と爲らば、墳塋甚だ大にして、恐らくは一宵發掘するも、其の屍に及ばず、更めて明朝に至らば、事乃ち彰露せん。之の若きは何かん」と。諸人、鍬鍤を具え、一旦、皆な萃らんことを請う。是の夜、其の陵を發し、棺を剖くに、陳武帝の鬚竝びに落ちず、其の本は皆な骨中自り出るを見る。頒、遂に骨を焚き灰を取り、水に投げて之を飲む。既にして自ら縛し、罪を晉王に歸す。

千人余りが一晩かけて墓室に至ったという内容であり、万安陵の規模の一端を窺うことができる。なお、陵前には華表が存在したことが、『陳書』巻五・宣帝紀の、

（太建九（五七七）年七月）庚辰、大いに雨ふり、萬安陵の華表を震わす。

とあることから分かる。しかし、陳の陵墓に梁の文帝建陵のように石刻が並んでいたか否かは明らかでない。

以上の万安陵と顕寧陵の概観をもとに、陳の皇帝陵の特徴をまとめたい。まずは、斉・梁とは異なり、陳氏の塋域に陵墓をつくるのではなく、都城郊外に築くようになったこと。南朝では、実に宋以来、再び都城の周囲に皇帝陵が築かれることになったのである。そしてもう一点は、これまでの南朝の陵墓の流れをうけて、大型化が一段と進行したことである。それは墳丘の巨大化にも現れており、『建康実録』の記載によれば文帝の墳高は実に三〇ｍを越すという。おそらくこの数字は、周辺の自然地形を含めたものと考えられるが、顕寧陵の可能性が高い罐子山大墓では墳丘が一〇ｍを超えており、墳丘の大型化は確実である。さらに罐子山大墓の例で明らかなように自然地形を巧に利用することで、陵墓をより雄大に見せるような設計もされていた。墓の巨大化は、都城の近郊に築かれるという地理的な要素が加わることにより、斉・梁とは異なり、皇帝陵が再び政治性を持ち始めたことをうかがわせるのである。ただ、残念ながら陳代の謁陵、陪葬については記録がみられない。

おわりに

以上、東晋南朝の陵墓を、主に立地、構造、謁陵、陪葬という点に注目しながら検討を加えてきた。史料の制約か

ら明らかにしえない部分も多々あるが、おおよその変遷とその意義を述べておきたい。

東晋から陳にかけて陵墓は着実に大型化している。特にそれは墓室に顕著であり、これまでに発見されている東晋皇帝陵でさえも、王氏や謝氏などの貴族墓よりも規模は大きく、また甬道に二重の門を設けるなど、他の墓との差別化を図っている。この点は、墓室の規模では同時代の墓の中で最大となっていなかった西晋皇帝陵との大きな違いである。東晋皇帝陵が墓室の大型化を指向したこと、甬道に二重の門を築くという規格は、以後の南朝陵墓にも継承されていくが、墓室はより大型化し、墓門も木門から石門に代わるなどの変更点が認められる。いずれも陵墓の造営により多くの労力を投下することになっていたことを示すものである。一方、地上の構造物については、東晋の皇帝陵がほとんど墳丘を有さなかったのに対し、陳では周長が一〇〇mを超え、高さも一〇mという墳丘を持つようになった。このように、陵墓の外観については東晋は西晋を継承していたが、宋以降、次第に墳丘を築くようになり、陳でピークを迎えることになったと言える。この点も陵墓の大型化という点で墓室の変化と軌を一にするものである。

皇帝陵の立地については、東晋陵が都城の北郊を中心に極めて都城に近接した場所に分布していたが、宋ではやや離れた場所に、陵区を形成することなく築かれる。斉・梁の二代は都城近郊に埋葬されるのではなく、これまでの蕭氏の塋域に埋葬されることになった。つまり斉・梁の陵区は蕭氏の私的空間に営まれたのであり、東晋、宋とは大きく異なる点である。陵墓は都城から遠望することはできず、頻繁に訪れることも困難な場所に築かれることになったのである。この点から述べれば、斉・梁の皇帝陵は大型化しているが、その政治性はほとんど失われたといえるのである。陳になると再び都城の近郊に築かれるようになる。都城との距離は宋とほぼ同じ距離であり、陵墓の規模は斉・梁のものとあまり大きな違いはないが、結果として東晋南朝ではかつて見られなかった規模の陵墓が都城近郊に出現したことになったのである。一定の規模をもった陵墓が都城近郊に築かれるようになった点で、陳は南朝陵墓の中で最も後漢の陵に近い姿を示したことになる。陳の皇帝陵は、曹魏から晋を経て南朝に継承されてきた陵墓を政治的建造物としないという方針を転換していたと見なすことができる。その点は陵墓が自然の山塊の地形を巧に取り入れることで、より雄大な姿に見せようとしていることにも現れているのである。

都城と陵墓との距離で最も密接に関わるのが謁陵の問題である。謁陵は東晋では西晋以来の規制がありながら次第に行われるようになり、宋では定期的に行われるようになる。つまり、曹魏、西晋では陵墓は現皇帝との関わりが極めて希薄であったが、この点については宋になって破られ、陵墓と皇帝は謁陵を通して密接に関わりあいを持つことになったのである。宋から確認できる神道石刻の登場はこの謁陵と密接に関わると考えられるのである。しかし、斉・梁になると陵墓は歴代蕭氏の塋域である武進に築かれるため、都城との距離は非常に遠くなる。そのため、斉・梁の謁陵の実施は極めて困難で、ふたたび陵墓と皇帝との繋がりは薄れていった。陵墓の規模だけを見るならば、斉・梁の陵墓は、皇帝陵と諸王の墓前に立てられる石刻の種類も明確に分けられ、墳丘も大型化しているが、逆に、その立地により最も政治性が失われていたといえるのである。なお続く陳は謁陵の存在を示す史料は確認できない。陳の陵墓と都城との距離は宋とほぼ同じであることから、頻繁な謁陵は十分可能であったことだけは指摘しておきたい。

陪葬については東晋では確認されるが、以後の南朝では確認できない。東晋の陪葬のあり方は皇帝陵に近接して北来の貴族の墓地が築かれていることから考えると、本貫の華北から遠く離れた場所で新たな塋域を確保する必要性もあるのだろう。同時に、皇帝陵の周辺に北来貴族だけでなく江南豪族が陪葬されることは、東晋政権の権力構造上不可欠なことだったのである。南朝では陪葬の事例は確認できないが、斉・梁では皇帝陵区が蕭氏の塋域であったことから行われていなかったと考えられる。宋・陳では行われた可能性は十分に考えられるが、現在までその状況を示す調査成果もなく不明とせざるをえない。

このように典籍史料に残された墓の規模や発掘された陵墓遺跡から考えると、東晋南朝の陵墓は一貫して大型化しており、それに伴い陵前の石刻の整備も進む。それは梁代で完備されるが、儀礼という点から見るならば、謁陵が行われず、陵墓が現皇帝との繋がりを可視的に示す機会は失われていたのである。つまり斉・梁の皇帝陵は、規模や石刻の整備など皇帝陵という構造物としては南朝での完成形を示しているが、それは蕭氏の塋域にあるために、政治的な役割を担った後漢のような皇帝陵墓とは一線を画するものだったのである。皇帝祭祀から一定の距離をおいたことにより、皇帝の嗜好が反映されやすくなり、その結果を象徴的に示すのが仏教を崇敬した梁の武帝の皇基寺建立だと考えられる。

注目されるのは斉・梁での陵墓の大型化という点が陳に継承されたことである。陳では陵墓が再び都城の近郊に築かれたことが、陵墓の規模は斉・梁とほぼ同じ規模でありながら、陳の皇帝陵と斉・梁の皇帝陵とを決定的に異なるものとしたのである。巨大な陵墓が都城の近郊に造られることの意味は、皇帝権を可視的に示す役割を持つことであり、その点で、南朝皇帝陵は斉・梁で政治性を完全に失うものの、陳により再び政治性を持ち始めたといえるのである。

総じて言えば、東晋南朝は楊寛氏が指摘するように、陵寝制度の衰退期であることは認められるが〔楊　一九八一〕、各朝の陵墓を個別に検討すれば明らかに大墓すなわち後漢皇帝陵への回帰が認められる。その点で羅宗真氏の「陵寝制度が確立され始める時期」という指摘は〔羅　一九九四〕幾分過大な評価ではあるが、南朝末の陳の陵墓にはある程度認めてもよい。しかしこれまでの南朝諸陵では地上に明確な寝殿などの建築は見つかっておらず、陵墓の規模としては最大の陳の皇帝陵ですら、その規模は後漢にも、同時期の北朝にも到底及ぶものではない。また謁陵は斉以降激減し、陪葬も宋以降認めることができないなど、その政治性が大きく失われている点は重要である。したがって、全体的な評価としては楊寛氏の評が実態に即したものといえるが、各朝で陵墓の役割が異なっており、一見、陵墓として最も整備されていた斉・梁で、その政治性が失われ、陳で再びそれを持ち始めるというように、曲折を経た変遷をたどっていたことを無視することはできないのである。

注

（1）南朝陵墓の石刻については〔中央古物保管委員会編集委員会編 一九三五〕〔朱偰 一九三六〕の先駆的な業績がある。近年のものとしては〔奈良県立橿原考古学研究所編 二〇〇二〕〔南京博物院 二〇〇六〕がある。

（2）羅氏の南朝陵墓に関する最初のまとまった論考は〔羅宗真 一九七九〕であり、以後大きな変更点は見られない。

（3）近年出版された専著でも比定は異なっている。例えば〔奈良県立橿原考古学研究所編 二〇〇二〕は原則として羅宗真氏らの比定に従っており、〔鄒厚本主編 二〇〇〇〕は羅氏の案によりつつ部分的な改訂を行っている。一方で〔南京博物院 二〇〇六〕では曾布川氏の比定に基づいている。これらの諸書に共通する問題点として、各陵墓遺跡を取り上げる際に「某朝某陵」と記述することがあり、現状のように比定に複数の有力な候補が出た場合、混乱をきたしかねない。陵墓の呼称としては曾布川氏のように地名を付すなど、客観的な呼称方が望まれるところであり、本章でも曾布川氏の呼称名を用いる。

（4）穆帝については幕府山が他の陵区に比べ建康よりも遠いこと、さらに後述するように地上に墳丘を持つなど他の東晋陵と異なる点も多い。この点については二歳で即位し、一九歳で崩じたことや専権を振るっていた桓温のことも考慮する必要があるが、明確な理由は不明とせざるをえない。

（5）発掘調査でも陪葬墓と思われるものが見つかっている。五人の皇帝が埋葬された富貴山では東晋時期の墓が見つかっており、副葬品の質から皇族ないし高級貴族の墓と考えられている。これらの墓が陪葬墓の可能性は十分に考えられる〔南京市博物館・南京市玄武区文化局 一九九八〕。

（6）劉翹の墓は後に興寧陵といわれた。場所については『宋書』巻四一・后妃伝・孝穆趙皇后伝に、

晉哀帝興寧元年四月二日生高祖。其日、后以產疾殂于丹徒官舍、時年二十一。葬晉陵丹徒縣東鄉練壁里雩山。宋初追崇號諡、陵曰興寧。

とある。墓室の様子については、同・孝懿蕭皇后伝に、

景平元年、崩于顯陽殿、時年八十一。遺令曰「孝皇背世五十餘年、古不祔葬。且漢世帝后陵皆異處、今可於塋域之內別爲一壙。孝皇陵墳本用素門之禮、與王者制度奢儉不同、婦人禮有所從、可一遵往式」。乃開別壙、與興寧陵合墳。初、高祖微時、貧約過甚、孝皇之殂、葬禮多闕、高祖遺旨、太后百歲後不須祔葬。至是故稱后遺旨施行。

とある。なお、巻五・文帝紀などから、興寧陵が京陵とも呼ばれていたことが分かる。

（7）仙塘湾南朝墓の発掘は〔南京博物院　一九七四〕、金家村、呉家村南朝墓については〔南京博物院　一九八〇〕を参照。

（8）南朝陵前の石獣についての呼称については以前から議論がある。その混乱の様子は〔曾布川　一九九一〕に詳しい。

（9）文恵太子の陵について、〔曾布川寛　一九九一〕は、『乾隆丹陽県志』の「経山、一名金牛山」という記載を根拠に、豫章王・文恵太子・竟陵王の墓も斉の皇帝陵区にあったとし、注に異説として金牛山を「江寧の東南の銅山」とする〔朱偰　一九三五〕の説を紹介する。『江南通志』巻一三・山川三には、これと同じことが記載されているものの、巻三七・輿地志壇廟祠墓附江寧一府には「豫章王嶷墓、竟陵王子良墓竝在江寧縣金牛山」とあり、豫章王が葬られた金牛山は江寧すなわち建康付近にあり、丹陽の経山とは別の山と考えるべきである。なお『江南通志』巻三七には「文惠太子陵在上元縣查硎山夾石。……梁昭明太子安寧陵在上元縣夾石、與齊文惠太子陵相竝」とあり、文恵太子墓も建康付近にあったとする。

（10）南朝の現存石刻については〔鄒厚本主編　二〇〇〇〕に一覧がある。それによれば南朝諸帝陵と考えられる大墓石刻は石獣が一対だけであり、唯一、梁の建陵だけが四対もの石刻をもつ。他に複数対の石刻を持つものはいずれも梁の諸王墓である。

（11）梁の諸王墓で、墓志の出土により墓主が判明しているのは武帝の弟の桂陽王蕭融〔南京市博物館・阮国林　一九八一〕、その養子である桂陽王蕭象〔南京博物院　一九九〇〕の二基である。それ以外の三基は発見された墓の位置と墓前石刻を関連

させて墓主の比定を行っているが、閉ざされた谷地形に築かれていることから考えると、その比定はかなり正確と考えられる。この手法を用いて墓主を特定しているのは、堯化門南朝墓（南平王蕭偉）〔南京博物院 一九八一〕、棲霞山甘家巷M六（安成王蕭秀）〔南京博物院など 一九七六〕、白龍山南朝墓（臨川王蕭宏）〔南京市博物館・棲霞区文化局 一九九八〕である。

(12) 『梁書』巻五・元帝紀の大宝三年三月と四月の条参照。

(13) 北魏永固陵付近に建立された思遠仏図は、永固陵造営に先行する可能性もあり、何よりも、将来、墓に埋葬される馮氏自らが造営したことから、墓の被葬者を追善する目的ではない。「思遠」という名称から考えるに、出自である遠く離れた地に埋葬された北燕の馮氏を弔うため、自身が頻繁に訪れた方山に築いたのであろう。

(14) 皇基寺建立についての弘氏の話は、『法苑珠林』巻七五・十悪編瞋恚部に次のようにある。

梁武帝欲爲文皇帝陵上起寺、未有佳材。宣意有司、使加求訪。先有曲阿人姓弘、忘名、家甚富厚。乃共親族多齎財貨、往湘州治生。遂經數年、營得一栰、可長千歩、材木壯麗、世所罕有。還至南津、南津校尉孟少卿希朝廷旨、用乃加繩墨。弘氏所齎衣裳繒綵、猶有殘餘、誣以涉道劫掠所得。幷栰造作過制、非商估所宜、結正處死。沒入其官、栰以充寺用。奏遂施行。弘氏臨刑之日、敕其妻子、可以黃紙百張、幷具筆墨置棺中也。死而有知、必當陳訴。又書少卿姓名數十吞之。可經一月、少卿端坐、便見弘來。初猶避捍、後稍欵服、但言乞恩、嘔血而死。凡諸獄官及主書舍人、預此獄事及署奏者、以次殂沒。未出一年、零落皆盡。皇基寺營構始訖、天火燒之、略無纖芥。所埋柱木、入地成灰也。

(15) 曾布川寛氏は、陵前の石獣が無角であることから皇帝陵とは考えにくく、また『建康実録』や『元和郡県図志』の方位と合わず、さらには石獣の年代観も陳と合わないとし、斉の墓と結論づける〔曾布川 一九九一〕。しかし、距離方位に関する文献の解釈についてはすでに朱希祖氏が指摘するように、細かく陵の地点を絞り込める内容ではなく〔中央古物保管委員会編集委員会編 一九三五〕、建康からの方位と里数という最も基礎的なデータと石馬衝の墓が一致することは注目してもいいだろう。最も問題と思われるのは、石獣の様式であるが、表面の摩滅が著しく、細部の意匠までは把握できない。角がないことや、帝陵の石獣とするにはやや小ぶりなところが問題だが、梁の諸王のいわゆる「辟邪」と呼ばれる獅子形ではなく、全体の姿はむしろ「麒麟」に近いことは注目される。〔来村 一九八八〕はこれを南朝晩期の墓と認め、石獣については辟邪と麒麟との「甚だ折衷の感がある」とし「規範を失した末期的様相」と解しているが、そのような解釈も成り立つ。このように、石馬衝の石刻は南朝皇帝陵の物としては異質であり、現状でこの墓を陳武帝の万安陵とすることには慎重を要する。

【引用・参考文献】

王志高　「梁昭明太子陵墓考」『東南文化』二〇〇六年四期（後、同氏『六朝建康城発掘与研究』江蘇人民出版社 所収、二〇一五）、二〇〇六ａ

「南京麒麟鋪南朝陵墓神道石刻墓主新考」『南京暁荘学院学報』二〇〇六年二期（後、同氏『六朝建康城発掘与研究』江蘇人民出版社 所収、二〇一五）、二〇〇六ｂ

「丹陽三城巷（一）南朝陵墓石獣墓主身分及相関問題考訂」『東南文化』二〇一一年六期（後、同氏『六朝建康城発掘与研究』江蘇人民出版社 所収、二〇一五）、二〇一一

「再論南京棲霞獅子衝南朝陵墓石獣的墓主身分及相関問題」『六朝建康城発掘与研究』江蘇人民出版社、二〇一五

華東文物工作隊　「南京幕府山六朝墓清理簡報」『文物参考資料』一九五六年六期、一九五六

来村多加史　「南朝陵墓選地考」『網干善教先生華甲記念考古学論集』、一九八八

許志強・張学鋒　「南京獅子衝南朝大墓墓主身分的探討」『東南文化』二〇一五年四期、二〇一五

朱光亜・賀雲翺・劉巍　「南京梁蕭偉墓墓闕原状研究」『文物』二〇〇三年五期、二〇〇三

朱偰　「六朝陵墓調査報告」『六朝陵墓調査報告』所収、一九三五

『建康蘭陵六朝陵墓図考』商務印書館、一九三六

酈厚本主編　『江蘇考古五十年』南京出版社、二〇〇〇

曾布川寛　「南朝帝陵の石獣と磚画」『東方学報 京都』第六三冊、一九九一

中央古物保管委員会編集委員会編　『六朝陵墓調査報告』中央古物保管委員会、一九三五

張学鋒　「山東臨沂洗硯池晋墓墓主身份蠡測」『文史』二〇〇八年一期、二〇〇八

奈良県立橿原考古学研究所編　『中国南朝陵墓の石造物　南朝石刻』（社）橿原考古学協会、二〇〇二

南京市考古研究所　「南京棲霞獅子衝南朝大墓発掘簡報」『東南文化』二〇一五年四期、二〇一五
南京市博物館　「南京北郊東晋墓発掘簡報」『考古』一九八三年四期、一九八三
　「南京北郊東晋温嶠墓」『文物』二〇〇二年七期、二〇〇二
　「南京市郭家山東晋温氏家族墓」『考古』二〇〇八年六期、二〇〇八
南京市博物館・阮国林　「南京梁桂陽王蕭融夫婦合葬墓」『文物』一九八一年一二期、一九八一
南京市博物館・棲霞区文管会　「江蘇南京市白龍山南朝墓」『考古』一九九八年八期、一九九八
南京市博物館・南京市玄武地区文化局　「江蘇南京市富貴山六朝墓地発掘簡報」一九九八年八期、一九九八
南京市文物研究所・南京棲霞区文化局　「南京梁南平王蕭偉墓闕発掘簡報」『文物』二〇〇二年七期、二〇〇二
南京大学歴史系考古組　「南京大学北園東晋墓」『文物』一九七三年四期、一九七三
南京博物院　「南京富貴山東晋墓発掘報告」『考古』一九六六年四期、一九六六
　「江蘇丹陽胡橋南朝大墓及磚刻壁画」『文物』一九七四年二期、一九七四
　「江蘇丹陽県胡橋、建山両座南朝墓葬」『文物』一九八〇年二期、一九八〇
　「南京堯化門南朝梁墓発掘簡報」『文物』一九八一年一二期、一九八一
　「梁朝桂陽王蕭象墓」『文物』一九九〇年八期、一九九〇
　『南朝陵墓雕刻芸術』文物出版社、二〇〇六
南京博物院・南京市文物保管委員会　「南京西善橋南朝墓及其磚刻壁画」『文物』一九六〇年八・九期、一九六〇
　「南京市霞山甘家巷六朝墓群」『考古』一九七六年五期、一九七六
潘偉斌　『魏晋南北朝隋陵』中国青年出版社、二〇〇四
藤井康隆　『中国江南六朝の考古学研究』六一書房、二〇一四
町田章　「南斉帝陵考」『奈良国立文化財研究所創立三〇周年記念論文集』同朋社、一九八三
楊寛　（西嶋定生監訳　尾形勇・太田侑子共訳）『中国皇帝陵の起源と変遷』学生社、一九八一

楊曉春　「南京麒麟鋪石獣墓主問題的再研究」『考古』二〇〇八年五期、二〇〇八
羅宗真　「南京西善橋油坊村南朝大墓的発掘」『考古』一九六三年六期、一九六三
　　　　「六朝陵墓埋葬制度綜述」『中国考古学会第一次年会論文集』、一九七九
　　　　『六朝考古』南京大学出版社、一九九四
李蔚然　「南京富貴山発現晋恭帝玄宮石碣」『考古』一九六一年五期、一九六一
盧海鳴　『六朝都城』南京出版社、二〇〇二
盧青峰　「東漢帝陵有関陪葬墓問題的思考」洛陽市第二文物工作隊編『洛陽漢魏陵墓研究論文集』文物出版社、二〇〇九

【図出典】

図一・〔来村多加史　一九八八〕所掲図に一部加筆
図二・〔町田章　一九八三〕を基に、〔南京博物院　一九六六〕〔許志強・張学鋒　二〇一五〕所掲図を追加し作成

第三章　北魏永固陵の造営

はじめに

山西省大同市北方に現在でも残る北魏文明皇后馮氏の永固陵の墳丘の大きさは、一辺一一〇m以上、高さ二三mを測り、見るものを圧倒する。規模だけでなく、陵園建築は細部にわたり華麗な意匠を施されたものであった。北魏の酈道元は、その著『水経注』の中で、陵園の様子を次のように活写している。

羊水、又た東して如渾水に注ぎ、亂流し方山の西を逕。嶺上に文明太皇太后陵有り、陵の東北に高祖陵有り、二陵の南に永固堂有り。堂の四隅、榭、階、欄、檻及び扉、戸、梁、壁、椽、瓦を雉列し、悉く文石なり。檐前の四柱、洛陽の八風谷の黑石を採り之を爲る。彫鏤隱起し、金銀を以て雲矩を閒すること、錦の若きもの有り。堂の內外四側、兩石趺を結び、青石の屛風を張り、文石を以て緣と爲し、竝びに忠孝の容を隱起し、貞順の名を題刻す。廟前、石を鐫み碑獸を爲るに、碑石、至佳なり。左右、柏を列ね、四周、禽を迷わせ日を闇にす。院外の西側、思遠靈圖有り、圖の西に齋堂有り、南門は二石闕を表し、闕下は山を斬り御路を累結す。下は靈泉宮池を望む、皎きこと圓鏡の若し。

この陵墓は、大墓の少ない魏晋南北朝時代にあって実に驚くべき壮麗さと規模を誇る。巨大な墳丘と壮麗な陵前建築から構成された陵園の有り様は、自然地形を利用して築かれた南朝皇帝陵の姿とは全く異なり[1]、直径一〇〇m以上の規模の墳丘を持つ後漢の帝陵を彷彿させるものであった。[2] 後漢滅亡後、二〇〇年以上の歳月を経て、再び華北の地に現われた大墓をどのように理解すればよいのであろうか。

北魏永固陵は資料の乏しい魏晋南北朝時期の墓葬資料の中で例外的に全貌が判明していることから、注目されてきた陵墓である。代表的な研究として楊寛氏と宿白氏のものを挙げることができる〔楊 一九八一〕〔宿 一九七七b〕。楊寛氏は、大墓造営の盛んであった漢、唐にはさまれた魏晋南北朝時代を陵寝の衰退期と位置付けているが、その中で、永固陵造営をもって陵寝制度の復活と見なしている。永固陵の構成要素については、石造の永固堂の系譜を、鮮卑が祖先を祭祀した「石室」に求めていることからも明らかなように、[3] 総じて鮮卑色が濃厚であり、漢代の陵寝制度の完全な再現とは言えないとしている。一方、宿白氏は、永固陵の巨大さの理由を、墓主である文明皇后馮氏の個性と、女権を重んじる鮮卑の習俗に帰し、鮮卑固有の習俗にその原因を求めている。

両氏の研究は、永固陵の巨大な規模を、鮮卑の習俗と漢化との関連において説明しようとしているが、北魏史の中におけるこの陵墓の位置づけや、陵墓造営の意図が明確にされたわけではない。楊寛氏が指摘するように、陵墓は皇帝の尊厳性と身分秩序を構築するための政治的建造物である以上、永固陵の出現の契機も北魏史における政治、礼制、習俗といった様様な要因が複合した歴史的所産として把握しなければならない。当然、永固陵の造営についても、墓主の個性だけでなく、当時の北魏帝室の意図が強く現われていると考えるべきである。

本章では、永固陵の造営を北魏の葬制の中に位置付け、陵墓の大型化に北魏帝室のどのような意図が込められていたのかを考察する。

第一節　鮮卑の葬俗

北魏の陵墓を考察するにあたって、まず、拓跋鮮卑が死に対してどのような観念を持ち、それによってどのような墓を築いていたのかを明らかにせねばならない。鮮卑の葬儀の様子は、『三国志』魏書巻三〇・鮮卑伝の裴松之の注に引く王沈『魏書』に、

其の語言習俗は烏丸と同じ。

と記されているように、習俗が同じと考えられていた烏丸のものが参考となる(4)。

兵死を貴び、屍を斂するに棺有り。始め死すれば則ち哭し、葬れば則ち歌舞して相い送る。犬を肥養し、采繩を以て嬰牽し、幷びに亡者の乘る所の馬、衣物、生時の服飾を取り、皆な燒き以て之を送る。特に犬に屬累し、死者を護り神靈を赤山に歸せしむ。赤山は遼東の西北數千里に在り、中國の人の、死の魂神を以て泰山に歸せしむが如きなり。葬日に至らば、夜、親舊を聚めて員坐し、犬馬を牽き位を歴し、或いは歌哭する者、肉を擲げ之に與う。二人をして呪文を口頌せしめ、死者の魂神をして徑ちに至り、險阻を歴せしめ、横鬼をして遮護するを勿らしめ、其を赤山に達せしむ。然る後、犬馬を殺し、衣物之を燒く。

この記載から、烏丸には、死に方により尊卑があること、葬具として棺を用いること、死者が生前に用いていた衣服や馬を焼くことによって死者の元に届けられると考えていたことが分かる。生前に用いていたものを死者に送り届けるという行為は、死後も生前と同様の生活を営むと観念していたことを反映している。

一方、墓の様子については、『宋書』巻九五・索虜伝に、

死すれば則ち潛埋し、墳壟の處所無し。葬送に至りては、皆な棺柩を虚設し、冢槨を立て、生時の車馬器用は皆な之を燒き以て亡者に送る。

と記しており、地上に痕跡を残さない構造であったことが分かる。

発掘された墓を見てみると、上述の記載と矛盾の無い構造のものが多い。内蒙古自治区呼倫貝爾盟扎賚諾爾の木図那雅河東岸に分布する後漢末の鮮卑墓群では、副葬されていたのは日常器物、武器と牛、馬、羊といった動物であり、生前の生活に密接に関連したものばかりである〔内蒙古文物工作隊 一九六一〕〔王成 一九八七〕。これは先に引いた王沈『魏書』の記載と合致する。また、墓は土壙に簡素な木棺を収めた構造のものが多く、地表には墓標は認められない。各墓の副葬品の内容は量の多寡などに差異が見られるが、墓の規模にさしたる違いは見られず、また埋葬後は地表に痕跡を残しにくい構造であったことから、鮮卑の墓には死体収納という墓の本来的な意味以外に、死者や遺族の地位を示す役割などはもっておらず、むしろそうしたことは王沈の『魏書』に記されたように、歌舞などによって賑やかに行われた葬送儀礼の中に現れたと考えられよう。現在、中国東北地方や内蒙古自治区で発見されている鮮卑のものと思われる墓は全て同様の構造を持つことから〔宿白 一九七七a、b〕、こうした習俗は北魏を建国した拓跋部にも共通するものであったと考えることができる。

拓跋鮮卑は華北に進出した後も旧来の葬俗を維持していた。山西省大同市の南三㎞の紅旗村から七里村一帯で発見された墓群は、北魏が平城に都を置いていた時期のものである。墓の構造は竪穴墓のほかに土洞墓が見られるというように多様化しているが、その副葬品の構成や、家畜を殉葬するという習俗に変化は見られない〔山西省考古研究所など 一九九二〕。また、地表には墳丘や祭祀建築はなかったようであり、北魏建国後も元来の習俗を残していたことが窺える。

墓の構造だけでなく、葬儀の方法も固有の習俗を踏襲していたようである。高宗文成帝の時、高允は当時の風潮を次のように批判している。[5]

前朝の世、屢しば明詔を發し、諸もろの婚娶を禁じ樂を作すを得ざらしむ。葬送の日の歌謠、鼓舞、殺牲、燒葬に及びては一切禁斷す。條旨久しく頒えらると雖も、而して俗、革變せず。

ここで列挙された「歌謡、鼓舞、殺牲、焼葬」とは、まさにさきに挙げた王沈『魏書』に記された烏丸・鮮卑の葬俗であり、それが度重なる禁令にもかかわらず根強く残っていたことが分かる。その、文成帝の葬儀も、

文成崩ず。故事、國に大喪有らば、三日の後、御服器物一に以て燒焚し、百官及び中宮、皆な號泣して之に臨む。后（文明皇后馮氏）、悲叫し自ら火中に投ず。左右之を救い、良や久しうして乃ち蘇る。

とあるように、[6]皇帝も鮮卑の葬俗に則った葬儀を行っていたことが分かる。

このように、華北進出後の鮮卑は文成帝のころまでは、葬儀、墓の構造の両面において固有の習俗に基づいていた。つまり、鮮卑には漢人のように墓を大きく作るという発想はなく、葬儀の規模により死者もしくは遺族の地位を示したと考えられる。

それでは、彼らの葬俗の変換はどのような契機で訪れたのであろうか。次に、北魏でしばしば行われた厚葬批判の対象の変化から葬俗の変遷を跡付けることにしたい。

第二節　厚葬批判の変化

厚葬、死者を盛大に葬る行為が社会問題となることは、北魏に始まったものではない。その中でも有名なのは、後

い。

漢末に曹操によって提唱されたものだが、より徹底したのがその子、魏の文帝曹丕である。その詳細については本篇第一章ですでに見たが、後漢から曹魏にかけての漢人社会で葬俗のどのような個所が厚葬として批判されていたのかを明らかにするためにも、また以後の王朝に与えた影響が大きかった点からも、(7)まず彼の陵墓造営を概観しておきたい。

『三国志』巻二・魏書・文帝紀には、

黄初三（二二二）年……冬十月甲子、首陽山の東を表して壽陵を爲る。終制を作りて曰く「禮、國君卽位して椑を爲るは、存して亡を忘れざるなり。昔、堯は穀林に葬り、通して之を樹え、禹は會稽に葬るに、農は畝を易えず、故に山林に葬らば、則ち山林に合す。封樹の制、上古に非ず、吾れ焉を取る無きなり。壽陵は山に因りて體と爲し、封樹を爲す無く、寝殿を立て、園邑を造り、神道を通ずる無し。夫れ葬は、藏すなり、人の見るを得ざるを欲するなり。骨に痛痒の知無く、冢は棲神の宅に非ず。禮に墓祭せざるは、存亡の黷れざるを欲するなり。易棺槨は以て骨を朽つるに足り、衣衾は以て肉を朽つるに足ると爲すのみ。故に吾、此の丘墟不食の地に營み、易代の後をして、其の處を知らしめざらんと欲す。葦炭を施す無く、金銀銅鐵を藏す無く、一に瓦器を以てし、古の塗車、芻靈の義に合わしめよ。棺は但だ漆もて際會すること三過、飯含は珠玉を以てする無く、珠襦玉匣を施す無かれ。諸の愚俗の爲す所なり……」と。

とある。ここでは墓が大型化し、そこに壮麗な祀堂や石刻を立て、豪奢な副葬品を収めることが批判されているように、その矛先は、大墓の造営に向けられている。後漢墓が如何に贅を凝らして造られていたのかは、現在でも残る画像石や、石刻資料からも十分に窺うことができるが、(8)河南省洛陽市東郊白馬寺鎮で発見された後漢墓は、当時の大型墓の様子をよく残している〔中国社会科学院考古研究所洛陽漢魏城隊　一九九三〕。この墓の構造を概観すると、土墻で囲まれた方形の区画に直径四八ｍの墳丘を築き、その東側には東西二八ｍ、南北一二・五ｍ以上の建物を中心とする多くの建物が建てられていた。墓室は磚で築かれた多室墓で、墳丘の下に築かれている。年代は後漢の桓帝から献帝にかけてとされる。この墓は都城の付近に築かれていること、規模がかなり大きなことから、当時の墓の標準とみなすことはできないが、それでも墓に高大な墳丘を築き、数多くの祭祀建築を建てていた後漢墓の在り方を窺うことができる。後漢にあっては墓は遺体の収納場所であるだけでなく、祭祀の場であり、死者もしくは遺族の地位を示す建造物であったのである(9)。より具体的には墳丘の高低による等級が存在し、皇帝陵は、その頂点に位置する必要があったのである(10)。魏の文帝の薄葬は、遺体収納の場という一義的な墓の役割以外を全て否定したことになる。この精神は西晋、南朝に大きな影響を与えており、皇帝陵が大型化する意味がこの時点で否定されたことは極めて重要である。

では、改めて北魏の厚葬批判を眺めていこう。厚葬批判が初めて史料に表れるのは、すでに引用した文成帝期の高允によって行われたものである。『魏書』巻四八・高允伝には、

前朝の世、屢しば明詔を發し、諸もろの婚娶を禁じ樂を作すを得ざらしむ。葬送の日の歌謠、鼓舞、殺牲、燒葬に及びては一切禁斷す。條旨久しく頒えらると雖も、而して俗、革變せず。将に上に居る者は未だ能く悛改せざるに由り、爲に下の者、以て俗と成らんとす。教化陵遲し、一に斯に至る。……萬物の生、死有らざるは靡し、古先哲王、禮制を作爲するは、生を養い死を送る所以にして、諸もろの人情に折す。若し生を毀ち以て死を奉ずれば、則ち聖人の禁ずる所なり。然らば葬は藏なり、死す者は再び見ゆ可からず、故に深く之を藏す。昔、堯は穀林に葬るに、農は畝を易えず、舜は蒼梧に葬るに、市は肆を改めず。秦始皇、地市を作爲し、下は三泉を固らし、金玉寶貨は數を計う可からず、死して旋踵せざるに、尸焚かれ墓掘らる。此に由り之を推さば、堯舜の儉、始皇の奢、是非は見る可きなり。今、國家の葬を營むに、費は巨億を損ない、一旦にして之を焚き、以て灰塵と

爲す。苟しくも靡費して亡者に益有らば、古の臣、奚ぞ獨り然らざるとするや。

とある。そもそも、この批判は「風俗は舊に仍り、婚娶喪葬、古式に依らない」ために行われたものである。引用個所の前半で批判を受けている内容は葬送における「歌謡」「鼓舞」「殺牲」「焼葬」であるが、このような葬俗はすでにふれたように、明らかに鮮卑のものであり、それが批判されたのは漢人の名門渤海高氏の出身である高允の目には奇異に映ったため、つまりは習俗の相違に基づくものであり、まさに「風俗は舊に仍る」という理由であったのであろう。しかし、後半の内容は趣旨が異なり、国家が行う葬には「費は巨億を損ない」とあるように、経済的な理由から批判を展開したものとなっており、厚葬批判の一つと見なすことができる。ここで問題にされたのは「一旦にして之を焚き、以て灰塵と爲す」とあるように鮮卑習俗を踏襲した葬儀であり、そこで焼かれた遺品の損失のことであって、漢人社会に見られたように大墓の造営が批判されているわけではない。ここに後漢末期からの厚葬批判との相違が認められる。

文成帝の和平四（四六三）年には、

十有二月辛丑、詔して曰く「名位同じからざれば、禮もまた數を異にす。等級を殊にし、軌儀を示す所以なり。今、喪葬嫁娶、大禮、未だ備わらず、貴勢豪富、度を越え奢靡にして、謂う所の典憲を式昭する者に非ざるなり。有司、之を條格と爲し、貴賤をして章有らしめ、上下咸な序《つい》じ、之を令に著す可し」と。

とあるように、「貴勢豪富」が婚葬において奢侈に流れる当時の風潮を批判し、一定の規範を設けようとしていたことが分かる。同様の主旨のものは、孝文帝の太和二（四七八）年、

五月、詔して曰く「結娉禮を過ぎ、則ち嫁娶、時を失うの弊有り。厚葬送終、則ち生者、費を糜するの苦有り。聖王、其の此くの如きを知るが故に、之を申べるに禮數を以てし、之を約するに法禁もてす。廼ち、民は漸く奢

尙し、婚葬は軌を越え、貧富相い高まり、貴賤の別無きに致る。又た、皇族貴戚及び士民の家、氏族を惟わず、非類と婚偶す。先帝、親しく明詔を發し、之が爲に禁を科すも、而して百姓、常に習い、仍りて肅改せず。朕、今、舊典を憲章し、祇《まさ》に先制を安んじ、之を律令に著し、永く定準と爲さんとす。犯す者は制に違うを以て論じよ」と。

とあるもので、[13] 文成帝の詔と比べると、批判の対象が「貴勢豪富」に限定されておらず、あるいはそれだけ厚葬が広がっていたことを反映しているのかもしれない。いずれにしろ、度重なる厚葬禁止がさしたる効果をあげることはできなかったようである。早くも九年後の太和一一（四八七）年には韓麒麟によって、

（韓）麒麟、表して時務を陳べて曰く「……承平の日久しく、豐穰年を積むに自り、競いて相い矜夸し、遂に侈俗と成る。車服第宅、奢僭なること限り無く、喪葬婚娶、費を爲すこと實に多く、富貴の家、童妾袨服し、工商の族、玉食錦衣するも、農夫は糟糠を餔べ、蠶婦は短褐に乏し。故に耕者をして日び少なく、田を荒蕪せしむる有り。穀帛、府庫に罄くも、寶貨、市里に盈ち、衣食、室も匱《とぼし》きも、麗服、路に溢る。飢寒の本、實に斯に在り。愚謂らく凡そ珍玩の物、皆な宜しく禁斷し、吉凶の禮、備えて格式を爲し、貴賤をして別有らしめ、民をして素朴に歸せしめよ」と。

と展開された批判は、[14] 批判対象は「費を爲すこと實に多く」ということであり、それへの対応は「吉凶の禮、備えて格式を爲し、貴賤をして別有らしめ、民をして素朴に歸せしめよ」とあるように、全く先のものと同様で、無秩序な葬俗に規制を加え秩序づけようとしたものである。さて、ここで問題となるのはこれらの史料に取り上げられた「葬」が具体的にどのようなことを指しているかということである。そこで、太和年間の葬送に関連した記事から類推することにしたい。太和三（四七九）年に死去した隴西王源賀は、その死に際して子らに次のように戒めている。[15]

吾れ終の後、葬る所は時服單櫝なれば、孝心を申ぶるに足る。芻靈明器、一に用うること無きなり。太和十二（四八八）年春、官に卒す。年五十六。其の子に遺敕すらく、斂するに素棺を以てし、事は儉約に從え、と。

ここには、遺体の服装と副葬品に関することが述べられているだけである。また、厚葬批判を行った韓麒麟本人は、とあるように、[16]棺には素棺を用い、倹約に努めるように指示しており、当時にあって、すでに棺を飾り立てる習慣が盛んであったことを反映している。以上の二例を見ると、洛陽遷都以前の太和年間では、問題となっているのは納棺時の衣服、棺や副葬品についてであることが分かる。副葬品や棺が人々の目に触れるのは葬儀においてであることを考えるならば、当時にあって墓の造営は少なくとも批判の対象となるほどには極端に豪壮なものとはなっておらず、上記の厚葬批判の対象は主として葬儀に関することであると考えられよう。

この状況には変化が現われるのは、すでに北魏が東西に分裂した後である。東魏の孝静帝に対して元孝友は

今、人生きては皁隸爲るも、葬は王侯に擬し、存沒途を異にし、復た節制無し。丘壟を崇壯し、祭儀を盛飾し、鄰里相い榮え、稱えて至孝と爲す……請うらくは茲自り以後、若し婚葬の禮に過ぎる者は、旨に違うを以て論じ、官司の糺劾を加えざるは、即ち與に罪を同じうせんことを。

という批判を展開し、葬儀を盛んに飾りたてることと並んで、「丘壟を崇壯す」とあるように、墳丘の巨大化を問題として指摘している。[17]墓そのものが批判の対象となるのは、従来の北魏の厚葬批判には見られなかった要素である。東魏期の墓は都城であった鄴の郊外に現在でも大規模な墳丘墓群が確認されており〔馬忠理 一九九四〕、当時にあって墳丘墓が一般化していたことは間違いない。ただ、洛陽北郊に残る北魏墓の多くが墳丘を持っていることを考えるならば、[18]墳丘墓造営は東魏に始まった事ではなく、すでに太和年間後半から始まっていたと考えられよう。では、この

太和年間でもっとも注目すべき永固陵の造営を次ぎに見ることにする。

第三節　永固陵の造営

孝文帝までの北魏皇帝・皇后は全て旧都盛楽の付近にあったと考えられる「金陵」に葬られているが、その実態はもちろん正確な位置すらも定かでない[19]。北魏で最初に際立った墳丘墓として現われるのが、文成帝の皇后馮氏の永固陵である（**図一、二**）。この陵は北魏の都が置かれた平城、現在の山西省大同市の北およそ二五㎞の方山（西寺兒梁山）山頂に現在でも巨大な墳丘を残している。造営当初の永固陵の姿は冒頭に掲げた『水経注』の記載により具体的に知ることができる。ここで、改めて、陵を都城のある南から見て行くことにしたい。陵のある方山の南麓には「胺きこと圓鏡のごとし」と表現される霊泉宮池が広がり、そこから「御路」を登ると「南門は二石闕を表し」たとあるように左右に石闕を備えた南門が聳える。門をくぐるとそこは「左右、柏を列ね、四周、禽を迷わせ日を闇にす」と記されたように、常緑樹であるコノテガシワが鬱蒼と生い茂り、厳粛な空間を作りあげている。その陵園の中心建築である永固堂は、

堂の四隅、榭、階、欄、檻及び扉、戸、梁、壁、椽、瓦を雉列し、悉く文石なり。檐前の四柱、洛陽の八風谷の黒石を採り之を爲る。彫鏤隱起し、金銀を以て雲矩を間すること、錦の若きもの有り。堂の内外四側、兩石趺を結び、青石の屛風を張り、文石を以て緣と爲し、竝びに忠孝の容を隱起し、貞順の名を題刻す。廟前、石を鐫み碑獸を爲るに、碑石、至佳なり。

とあるように、細部にいたるまで見事な彫刻と色彩が施されていた。その背後には永固陵の墳丘が聳え、さらに東北

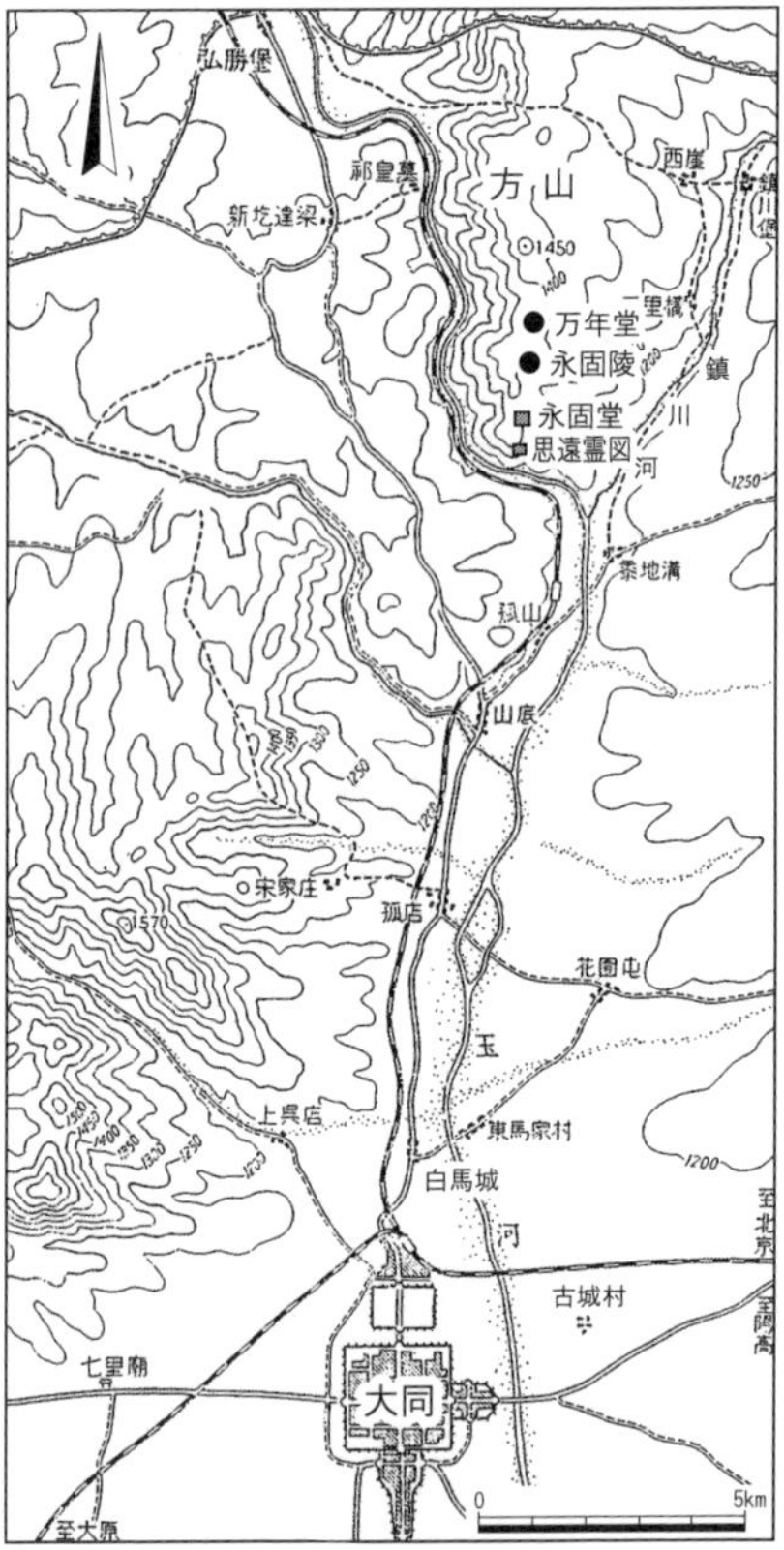

図一　永固陵位置図

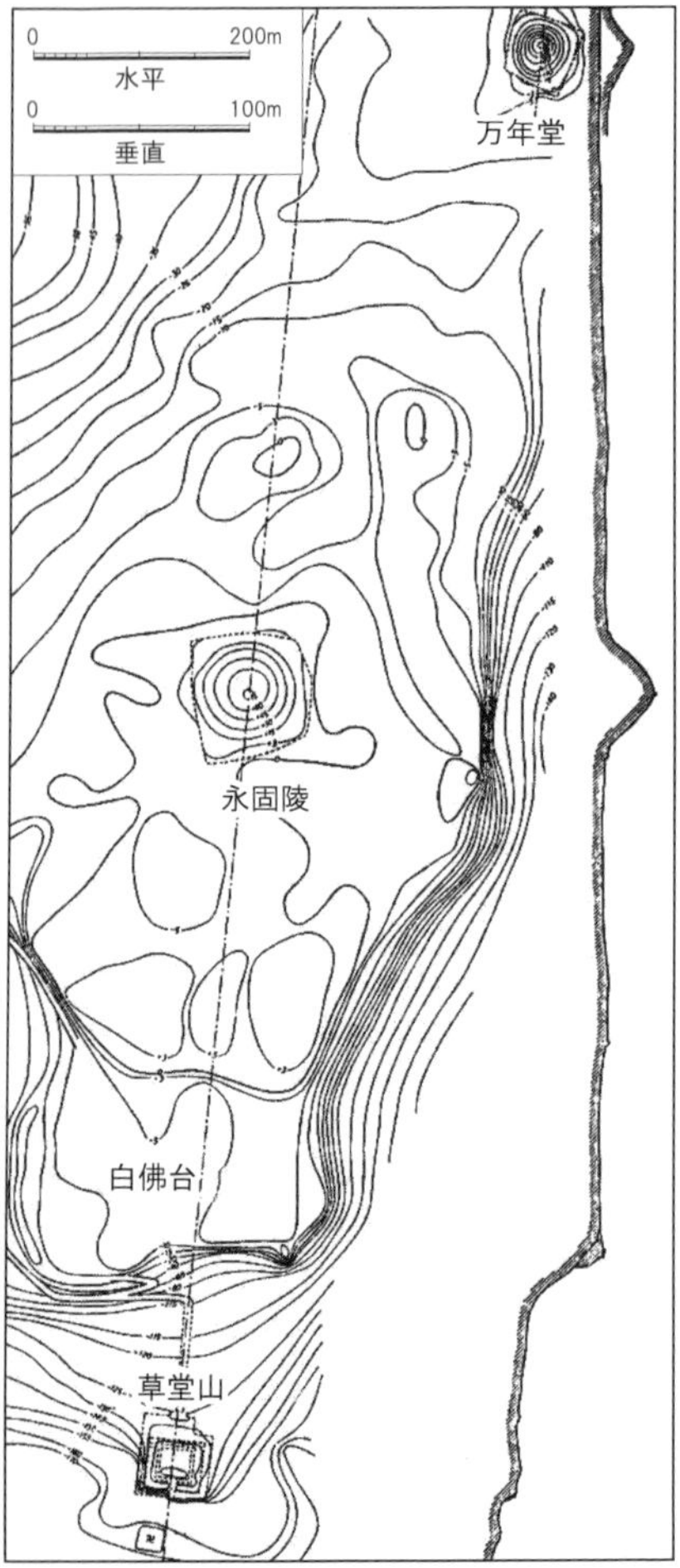

図二　永固陵平面図

には「高祖陵」がある。またこれとは別に、陵園の西側には「思遠霊図」「斎堂」が並び建ち、永固陵と複合して独特な空間をつくりあげていた(20)。

　永固陵の詳細な遺跡調査に、一九三九年の水野清一、長廣敏雄氏らによるものがあり、陵周辺の測量と踏査が行われている〔水野清一ら 一九五六〕。この時には、永固堂の遺構と思われる建築址から瓦当、礎石、亀趺が発見されており、方山中腹の草堂山遺址からは回廊を巡らした建築址が確認され、『水経注』の記述とは位置が異なるが、「思遠霊図」の遺構と考えられている。その後、この遺跡は発掘され、仏塔である「思遠霊図」の遺構であることが確実となった〔大同市博物館 二〇〇七〕。一九七六年には大同市博物館、山西省文物工作委員会により陵主体部の発掘調査が行われ、磚で築かれた墓室が確認されている〔大同市博物館など 一九七八〕。調査によれば墳丘は東西一二四m、南北一一七mの方形の基壇上に円丘を築いたもので、高さは二二・八七mをはかる。以上の実地の観察・調査の結果と、『水経注』の記載から永固陵のプランを復原するならば、墳丘と祭祀建築、それを取り囲む陵園、その中の植樹など、陵墓の構成要素は基本的に後漢のものと同じであることが明らかである。(21) では、どのような経緯でこの陵が築かれたのであろうか。次にこの陵墓が出現した背景を見ていくことにしたい。

永固陵が築かれた方山は、平城郊外の景勝の地として知られており、文明皇后が生前に何回も足を運んだ場所でもあった。彼女は、この地を非常に気に入っており、生前に陵地を設定している。『北史』巻一三・文成文明皇后馮氏伝には、

太后、孝文と方山に遊び、川阜を顧り瞻み、終焉の志有り。因りて羣臣に謂いて曰く「舜、蒼梧に葬るに、二妃、従わず。豈に必ずしも遠く山陵に附され、然る後に貴と爲らんや。吾れ百歳の後、神、其れ此に安んぜん」と。孝文乃ち有司をして壽陵を方山に營建せしむ。又た永固石室を起こし、将に終に清廟と爲す。

とある。ここで馮氏が述べているように、自らの意志によって、北魏帝室の墓所であり、夫の高宗が葬られた金陵から隔たった平城の地に陵墓を営んでいる。さらに陵の規模についても指示があり、馮氏伝には、

太和十有四（四九〇）年……詔曰「旨を尊び倹に従い、罔極の痛みを申さざるも、允禮を稱情するに、倹訓の徳を仰損し、進退思惟すれば、倍すに崩感を用ってす。又た山陵の節もまた成命有り。内は則ち方丈、外は裁《わず》かに

坎を奄うのみ。脱し孝子の心、盡さざる所有らば、室中は二丈とす可し、墳は三十餘歩を過ぐるを得ず……」とある。墓室の規模は「二丈」、墳丘の規模は「三十余歩」以内という規模が指定されている。ところが、最後に墳丘を築く時になって、孝文帝は、その遺命に背くことになる。さきの史料は続けてこのように記す。

「……今、陵の萬世の仰ぐ所を以て、復た廣げて六十歩と爲せ。孤、遺旨に負き、益ます以て痛絶す。其れ幽房の大小、棺椁は質約にし、明器を設けず。素帳、縵茵、瓷瓦の物に至りては、亦た皆な置かず。此れ則ち先志を遵び、册令に從い、倶に遺事を奉ずるなり。而して從うこと有り違うこと有り、未だ達せざるは或いは以て怪を致さん。梓宮の裏、玄堂の內は聖靈の憑く所なれば、已に一一奉遵し、仰ぎ儉德を昭らかにす。其の餘の外事、從わざる所有るは、以て痛慕の情を盡くす。其れ宣しく遠近に示し、羣司に著告し、上は儉誨の美を明らかにし、下は違命の失を彰らかにせよ」と。

孝文帝は、墓室の規模、棺槨の造作、そして副葬品の内容については全て馮氏の遺命を守っている。発掘された永固陵は盗掘がひどく、副葬品の状況は明らかでないが、墓室の規模を見ると、棺が置かれていた後室の規模は、南北六・四〇m、東西六・八三mであり、「室中可二丈」（約五・六m）という記載に近い数値となり、馮氏の指定どおりに造られていたことが分かる。だが、ただ一つ、墳丘の大きさだけは指定の「三十余歩」以内から「六十歩」へと二倍に拡張したのである。墳丘の実測値は一辺一一〇m、ほぼ「六十歩」（約一〇六m）に近い数値となり、この記載のとおり実行されたことが分かる。ここで注目したいことは、孝文帝が墳丘を拡張した理由が「萬世の仰ぐ所」だったことにある。つまり、この陵墓は、帝室への尊崇を集めることを意図して設計されていたのであり、孝心の篤い孝文帝が遺命に背いてまでその規模を拡張したのは、被葬者の尊厳性を半永久的に誇示しうる視覚的効果を狙ったためだったのである。それは、都の平城から僅かに二五㎞の高台に陵地を設定したことにも通じるものであり、都城から陵の姿を遠望できることによって、より効果的にその目的を遂げることができたのである。(22) 平城から遠く隔たった盛楽に作られた金陵との大きな違いを、この点に認めることができる。

また、永固陵の造営は一皇后陵の変則的な単独の造営にとどまらず、皇帝陵区そのものの移転を伴うものであった。『魏書』巻七・高祖紀には

太和十五（四九一）年……秋七月乙丑、永固陵に謁し、壽陵を規建す。

とあるように、馮氏の死後、寿陵の造営を始めている。その場所については、『北史』巻一三・文成文明皇后馮氏伝に、

初め、孝文、太后に孝たり。乃ち永固陵東北里餘に、豫め壽宮を營み、終焉瞻望の志有り。洛陽に遷るに及び、乃ち瀍西を表し以て山園の所と爲して自り、而して方山の虚宮は號して「萬年堂」と曰うと云う。

とあるように、永固陵の北方に位置している。この陵墓は後の洛陽遷都により孝文帝が葬られることはなく、したがって完成することはありえなかった。現在でも永固陵の北方六七四ｍの地点に小型の墳丘が確認されているが、これがその遺跡であると思われている〔水野清一ら 一九五六〕〔大同市博物館など 一九七八〕。つまり、方山山頂は金陵に代わる新たな皇帝陵区となるべき地であり、その地に聳える陵墓は皇室の権威を示す役割を有したのである。『水経注』に描写された永固陵の姿は、この帝室の造営物に対する当時の人々の嘆息を伝える史料と言えるだろう。

陵墓が都の近くに営まれたことは、謁陵が頻繁に行われることを可能とした。洛陽遷都以前の永固陵への孝文帝の謁陵を『魏書』巻七・高祖紀から見てみると、以下のようになる。

太和十有四（四九〇）年十月癸酉（九日）、葬文明太皇太后於永固陵。
甲戌（一〇日）、車駕謁永固陵。
己卯（一五日）、車駕謁永固陵。

甲申（二〇日）、車駕謁永固陵。
太和十有五（四九一）年三月甲辰（一二日）、車駕謁永固陵。
四月乙丑（三日）、車駕謁永固陵。
七月乙丑（五日）、車駕謁永固陵。
十月庚寅（二日）、車駕謁永固陵。
太和十有六（四九二）年九月辛未（一八日）、帝以文明太皇太后再周忌日、哭於陵左。
太和十有七（四九三）年八月丁亥（九日）、帝辞永固陵。

これに対し、孝文帝以前の北魏皇帝の謁陵は、孝文帝期まではわずかに太宗明元帝の永興三（四一一）年、

五月丁卯、車駕謁金陵於盛樂

と、世祖太武帝の始元三（四二六）年の、

六月、幸雲中舊宮、謁陵廟

とあるだけである。この原因として、都城である平城からの距離の大きさをあげることができる。金陵の正確な位置については先にものべたように、なお不明な点が多いが、太和一八（四九四）年二月の次の閏月壬申に平城宮に到着した孝文帝は、

（七月）壬辰車駕北巡、戊戌、謁金陵

とあるように、[23] 平城から金陵まで七月壬辰すなわち二〇日から戊戌二六日まで七日を要したと記している。この距離の大きさが皇帝の謁陵が頻繁には行われなかった最大の原因と考えられる。なぜなら、鮮卑固有の習俗として墓祭が行われていたかは不明であるが、明元帝期にはすでに謁陵を行っていることは、墓を祭祀の対象とみなしていたこと

を示している。それは『魏書』巻百八之一・礼志一に明元帝期のこととして、

> 又た雲中、盛樂、金陵三所、各おの太廟を立て、四時、祀官をして侍祀せしむ。

と記すように、金陵には太廟が築かれ、そこで祀官による祭祀が行われていたことからも判明する。このような墓地での祭祀活動は皇帝陵に限ったことではない。世祖太武帝の養母である恵太后竇氏の墓は、『北史』巻一三・太武恵太后皇后竇氏伝には、

> 眞君元（四四〇）年崩ず。天下に詔して大臨すること三日とす。太保盧魯元をして喪事を監護せしめ、諡して恵と曰う。崞山に葬るは后の意に従うなり。初め、后、嘗て崞山に登り、顧みて左右に謂いて曰く「吾母、帝の躬を養い、神を敬いて人を愛す。若し死して滅せざれば、必ず賤鬼と為らず。然れども先朝に本より位次無く、禮に違い以て園陵に従う可からず。此の山の上、以て終託す可し」と。故に焉に葬る。別に后の寝廟を崞山に立て、碑を建て徳を頌う。

とあり、墓の傍らに「寝廟」が建てられていた。また、高宗文成帝の養母である昭太后常氏の墓も、『北史』巻一三・文成昭太后常氏伝には、

> 和平元（四六〇）年崩ず、天下に詔して大臨すること三日とす。諡して昭と曰う。廣寧磨笄山、俗に之を鳴鶏山と謂うに葬るは、太后の遺志なり。恵太后の故事に依り、別に寝廟を立て、守陵二百家を置き、碑を樹て徳を頌う。

とあるように「恵太后の故事に依」って、「寝廟」を建て、祭祀を受けている。このように墓の傍らに祭祀建築を造ることはほかにも例があり、昭太后常氏の父である常澄の場合、死後に遼西王に追封され、改葬されており、

> 興安二（四五三）年……兼太常盧度世を遣し節を持し獻王を遼西に改葬せしむ。碑を樹て廟を立つ。

と『魏書』巻八三・外戚・常英伝は記す。つまり、太武帝期から文成帝期にかけて、漢人のように、死者を墓の近く

で祭る習俗が広がっていたことが分かる。ただ、金陵の場合、皇帝親祭が行いにくい立地のため、皇室とくに現皇帝との繋がりは希薄であったといえよう。

永固陵の陵前に営まれた永固堂は、このような「寝廟」と同様の役割を持つ建物であり、より一層、精緻な細工を施し華麗な建造物に仕上げていたのである。永固陵が金陵や皇帝の養母たちの陵とも決定的に異なるのは、それが都城近郊に営まれ、壮大な墳丘を持つことのなのである。

洛陽遷都以後の諸帝の陵墓も、永固陵と同様に都城の近郊に築かれ、眺望に優れた邙山の頂きが陵地に設定されている[24]（図三）。この立地により、謁陵は頻繁に行われている。孝文帝が葬られた長陵への宣武帝の謁陵は、『魏書』巻八・世宗紀によると、

太和二十三年十月丙戌、車駕謁長陵。

景明元年春正月壬寅、車駕謁長陵。

景明元年十月丁卯朔、車駕謁長陵。

景明二年春正月丙申朔、車駕謁長陵。

とあるように、謁陵が次第に国家の礼制に組み込まれていったと見なすことができる。皇帝陵は皇帝の謁陵によってより視覚的に皇室との繋がりを保ちつづけたのである。

度重なる謁陵は、皇帝親祭の場所として陵墓の一層の整備を促した。洛陽郊外の北魏皇帝陵の墳丘は孝文帝長陵で径一〇三m、高さ二一m、宣武帝景陵で径一一〇m、高さ二四mであり、永固陵と同規模の巨大なものだが、さらに宣武帝の景陵では陵前から石人が発見されており、陵内の整備がより進んでいたと考えられる[25]。

陵墓で行われた祭祀についても、太和年間に大きな変化が見られる。『魏書』巻一一三・官氏志に、

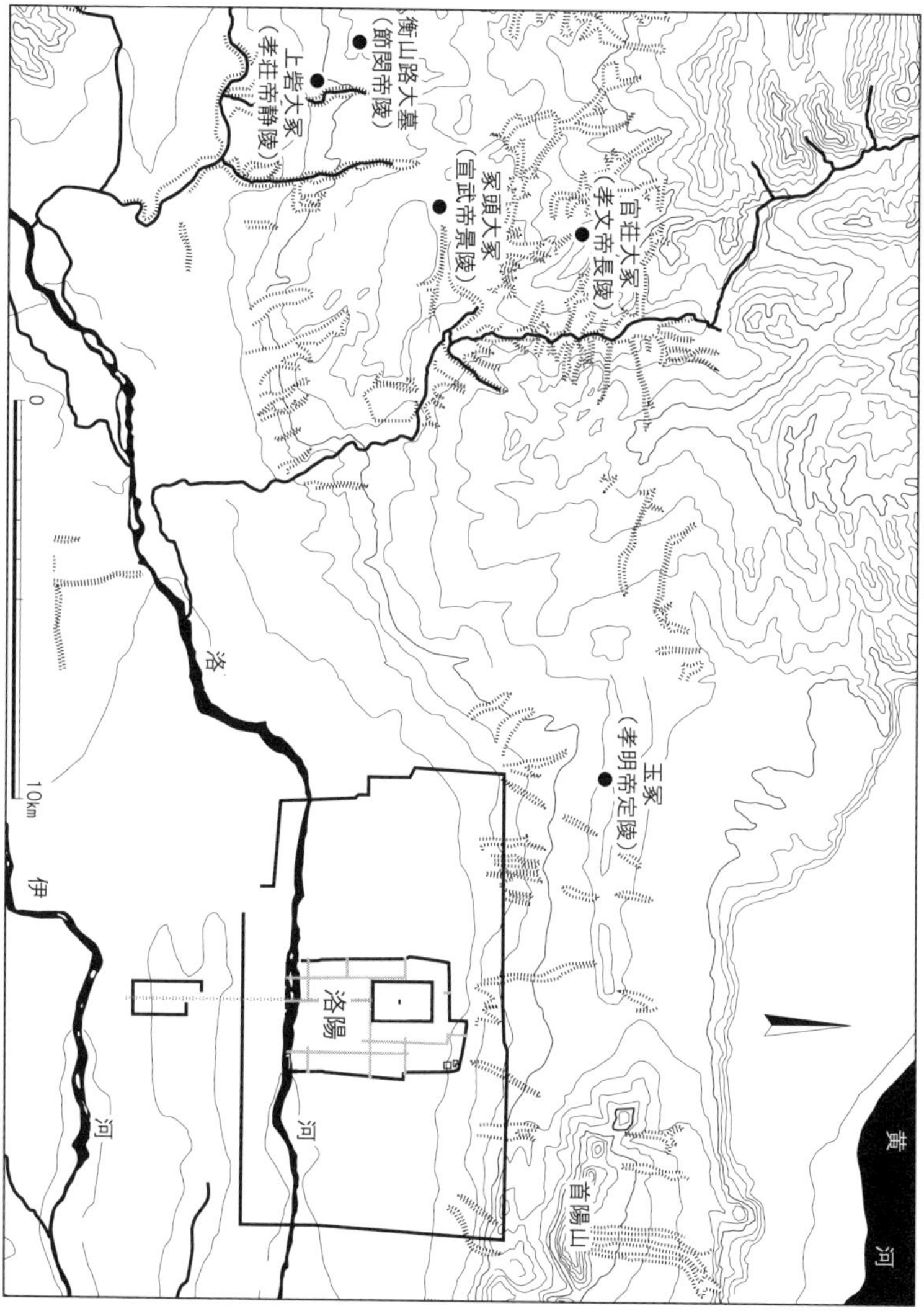
衡山路大墓
（節閔帝陵）
上砦大冢
（孝荘帝静陵）
冢頭大冢
（宣武帝景陵）
官荘大冢
（孝文帝長陵）
王冢
（孝明帝定陵）
洛陽
洛
河
伊
河
首陽山
黄
河
0
10km

図三　北魏陵墓分布図

太和以前、國の喪葬祠禮、十族に非ざれば與るを得ざるなり。高祖、之を革め、各おの職司を以て事に従わしむ。

とあるように、この改革以前では、国家の祭祀に参加できたのは、皇帝の親族とされた帝姓十族、すなわち元氏、胡氏、周氏、長孫氏、奚氏、伊氏、丘氏、亥氏、叔孫氏、車氏であり、拓跋鮮卑を構成する重要な氏族だけであった。それが血縁によらず官位によるものに大幅な変更が加えられたのである。これによって漢族も北魏の国家祭祀に関与できるようになった。鮮卑首長から中華皇帝への昇華を目指す北魏帝室にとって、皇帝の尊厳性を鮮卑貴族だけでなく漢族にも承服させる必要があり、その結果として、上述のように後漢時代を彷彿とさせるような陵墓が造営されたのである。

ここで改めて永固陵が築かれた太和年間の墓への意識を確認し、どのような風潮を背景にして造営されたのかを考えてみたい。

第四節　鮮卑の墳丘墓造営

厚葬の風潮が葬儀の盛大さを競うだけでなく、墓の規模を問題とするようになる、ちょうどその転換点に位置するのが孝文帝の太和年間であることを述べてきた。この時期に墓の造営に関して極めて興味深い事例が存在する。山陽郡開国公尉元は、

太和十七（四九三）年八月、（尉）元薨ず、時年八十一。詔して曰く「……布帛綵物二千匹、溫明祕器、朝衣一襲を賜う可し。幷びに爲に墳域を營造せよ」と。謚して景桓公と曰う。葬るに殊禮を以てし、羽葆鼓吹、假黃鉞、班劍四十人を給し、帛一千匹を賜う。

とある。[26] ここで注目したいのは、勅命により墓が造営されていることである。これと同様の事例は、太和五（四八一）年に死去した中山王王叡の墓であって、

> 尋いで薨ず、時年四十八。高祖、文明太后親しく臨み哀慟し、溫明祕器を賜い、宕昌公王遇をして喪事を監護せしむ。衞大將軍、大宰、幷州牧を贈り、諡して宣王と曰う。內侍長董醜奴をして墳墓を營ましむ。將に城東に葬らんとするに、高祖、城樓に登り以て之を望む。

とあるように、[27] 内侍長董醜奴によって墳墓を平城の東郊に造らせていたことが分かる。これが当時にあっては特殊な事例であり、また皇帝の恩寵を示す行為の一環であったことから、墓の規模が、葬儀の盛大さとともに被葬者ならびにその一族の権勢を示す役割を担っていたものと考えることができる。それも、皇帝の勅命により墓が築かれていたことは、皇帝が主体的に墓の階層性を作りだそうとしていたことが窺える。

墓の大小による階層性は、理念的には漢代にすでに見られているが、曹魏・西晋時期に完全に失われていた。それが鮮卑の北魏によって再構築されることになったのである。孝文帝が永固陵の墳丘を遺命に背いてまで倍に拡張しなければならなかったのは、このように再構築されつつあった墓制の頂点を築くためだったのである。こうして大墓の造営が死者ないしその遺族の権勢を誇示する手段として再び広く行われるようになったのである。すでに墳丘墓の造営が普及していたころ、宣武帝の霊皇后胡氏は、

> 太上君（靈后の母、皇甫氏）景明三（五〇二）年、洛陽に薨じ、此に十六年なり。（靈）太后、太上君の墳瘞卑局なるを以て、更めて增廣せんとし、爲に塋域に門闕、碑表を起こす。侍中崔光等奏すらく「案ずるに漢の高祖の母、始め諡して昭靈夫人と曰い、後に昭靈后と爲し、薄太后の母は靈文夫人と曰い、皆な園邑三百家を置き、長丞をして奉守せしむ。今、秦の太上君、未だ尊諡有らず、陵寢孤立す。即ち秦君の名、宜しく終稱を上り、兼ねて掃

衞を設け、以て情典を慰むべし。請うらくは尊謚を上りて孝穆と曰い、權に園邑三十戶を置き、長丞を立て奉守せんことを」と。太后、之に從う。

とあるように、[28] 母の墓園の規模に不満を懐き、拡張を行い、さらには門闕や碑を立て、また漢の故事によって園邑を設置している。これは墓の地上構造物が一族の権勢を反映するという風潮をうけての行為であり、洛陽遷都後は漢の事例を参考にしながらも、おおまかな規範ができつつあったことを示している。このような事象はかつての北魏では見られなかったことである。太和年間から、北魏においては、都城洛陽近郊は言うにおよばず、華北全域で墳丘を持つ墓が築かれるようになった。現在でも華北に残される当時を代表する漢族名族の墳墓群はそのことをはっきりと証明している。[29] このように、大墓造営が広汎に行われ、さらにそれが無秩序になった結果、先に見たような元孝友の批判が行われるようになったのである。

おわりに

文明皇后永固陵を中心として北魏皇帝陵の規模拡大の意味を考察してきた。永固陵の出現によって、北魏皇帝陵は、ほぼ同規模の墳丘を都城近郊に築くことになったのであり、決して馮氏だけの突発的な造営ではなかったのである。また、この陵墓に鮮卑固有の習俗を認めることも困難である。先行研究は北朝史研究に広く認められる胡漢融合という問題設定にとらわれすぎたと言える。

この陵墓で重要なのは、規模が著しく大型化したこと、立地が都城近郊の眺望のよい高台に築かれたことにある。これらの要素を基礎として皇帝による頻繁な謁陵が可能となり、皇帝と陵墓の繫がりが得られることになった。こうして北魏の陵墓は帝室の尊厳性を視覚的に示す政治的建造物となりえたのである。

墓の墳丘の高低による等級化の理念は漢人には存在していた。一方、大墓の造営そのものを行わなかった鮮卑には尉元の事例に見られるように、皇帝からの恩恵という形で墳丘墓が造営されることになり、そうした行為を通して次第に墓の大小による階層性の意識を作り出していったと考えることができる。墓の大小による秩序構成という漢人の概念を鮮卑・漢の双方に敷衍させ、その頂点を形成するために永固陵は大型化する必要があったと結論できる。

陵墓の巨大さによって帝室の尊厳性を示すということは、北魏と対峙していた南朝ではさほど重視されなかったことではあるが、北魏ではいまだ礼制が確立していない情況下で、異なる習俗を持つ鮮卑・漢から構成された複雑な国家に君臨するためには、視覚的かつ恒久的に帝室の尊厳性を示すことが可能な建造物がもつ役割を軽視することはできなかったのである。そこには、のちの礼制改革、姓族詳定にみられるような新たな秩序構築を模索していた太和年間の帝室の意図を垣間見ることができる。永固陵の造営は、華北における墳丘墓の再生を示すだけでなく、鮮卑首長から中華皇帝への昇華を目指した北魏帝室の意志を体現したものだということができよう。

注

（1）南朝陵墓については本篇第二章参照。

（2）後漢皇帝陵は洛陽の西北と東南の二つの陵区がある。墳丘の規模は「大漢冢」で、およそ直径一五六m、高さ二〇mの規模を有する。また『続漢書』礼儀志の注に引く『帝王世紀』によると陵前には「石殿」、「寝殿」などの建築が建てられていた。後漢帝陵については本書第一篇第六章参照。

（3）鮮卑石室については、『魏書』巻百・烏洛侯伝、巻百八之一・礼志一に記載がある。礼志によれば、魏先之居幽都也、鑿石爲祖宗之廟於烏洛侯國西北。自南遷、其地隔遠。眞君中、烏洛侯國遣使朝獻、云石廟如故、民常

祈請、有神驗焉。其歲、遣中書侍郎李敞詣石室、告祭天地、以皇祖先妣配。

とあり、石室が華北進出以前の鮮卑にとって廟のような性格のものであったことが分かる。この石室の遺跡については〔米文平　一九八一〕参照。

（4）『三国志』巻三〇・烏丸伝に引く王沈『魏書』。
（5）『魏書』巻四八・高允伝。
（6）『北史』巻一三・皇后列伝・文成文明皇后馮氏伝。
（7）曹魏の薄葬とその影響については本書第二篇第一章参照。ここでは関連する箇所のみ再度簡単にふれることにしたい。
（8）石闕については〔高文主編　一九九四〕。画像石についての総合的研究としては、〔信立祥　一九九六〕がある。
（9）後漢墓の実利的な役割については〔加藤直子　一九九七〕参照。
（10）『周礼』春官冢人には、「以爵等爲丘封之度與其封樹」とあり、鄭玄注に「漢律曰列侯墳高四丈、關內侯以下至庶人各有差」とあり、墳墓の造営について規定のあったことが分かる。墳丘規定については〔鶴間和幸　一九八〇〕、〔山田勝芳　一九九六〕参照。
（11）『魏書』巻四八・高允伝。
（12）『魏書』巻五・高宗文成帝紀。
（13）『魏書』巻七上・高祖孝文帝紀上。
（14）『魏書』巻六〇・韓麒麟伝。
（15）『魏書』巻四一・源賀伝。
（16）『魏書』巻六〇・韓麒麟伝。
（17）『北史』巻一六・太武五王列伝・臨淮王伝附孝友伝。
（18）洛陽北魏墓については〔宿白　一九七八〕参照。実際に発掘されたものとしては〔洛陽博物館　一九七四〕などがある。
（19）金陵に葬られたのは以下の皇帝、皇后である。

皇帝	皇后
	平文皇后王氏
昭成帝	
献明帝	賀氏
道武帝	
明元帝	昭哀皇后姚氏、密皇后杜氏
太武帝	赫連氏、敬哀皇后賀氏
景穆帝	恭皇后郁久閭氏
文成帝	元皇后李氏
献文帝	思皇后李氏
	孝文貞皇后林氏

そのうち、「盛楽金陵」に葬られたのは献明皇后賀氏、道武帝。「雲中金陵」に葬られたのは平文皇后王氏、明元帝、明元皇后姚氏、杜氏、太武帝、太武皇后賀氏、景穆皇后郁久閭氏、文成帝、献文帝。その他は「金陵」とあるだけである。〔王仲犖　一九八〇〕は金陵を盛楽郡内にあったとし、その位置を内蒙古自治区和林格爾県の北に比定する。近年、盛楽古城の付近から北魏の壁画墓が見つかり、金陵への手がかりと期待されている〔蘇俊ら　一九九三〕。これとは別に、〔李俊清　一九九〇〕は山西省右玉県を囲むように広がる山の頂に築かれている積石塚を金陵に当てる。このように現在でもほとんど何も分かっていないことは、逆に金陵がおおがかりな地上建築を伴わなかった証左となろう。

(20)「思遠霊図」については、建築の名称から仏教に関連する建物であることは明らかであるが、楊寛氏、宿白氏も仏教建築を陵園にとりこむことは漢族ではなく仏教を重視した鮮卑ならではのことであり、永固陵の大きな特徴の一つに挙げる。『水経注』の記載によると、その位置は「院外西側」とあり、この院は陵園全体を指すと考えられ、「思遠霊図」は陵園と隣接してはいるが、その外側に築かれている。また、造営された年代は、『魏書』巻七・高祖紀に、

太和三（四七九）年……八月……乙亥、幸方山、起思遠佛寺。

とある。一方、永固陵の造営は、『北史』巻一三・文明皇后伝に、

太和五（四八一）年起作、八年而成、刊石立碑、頌太后功德。

とあるように、太和五年からであり、「思遠霊図」の造営は、永固陵の造営と分けて考えるべきである。

(21)〔岡崎敬　一九七七〕は永固陵の系譜を後漢墓に求める。氏は永固堂の造営を後漢期に山東で盛んだった画像石を多用した祀堂と関連づけているが、強いて画像祀堂に限定する必要はなく、後漢墓に広く見られた墓前建築と関連づけて考えたい。

(22)〔小林知生　一九三九〕によれば、「俗に寺児山と呼ばれている方山の頂部に築かれた文明皇太后の陵墓である。高さ八十尺を算する巨大なもので、大同の市街からも遥かに望み得る」とあり、北魏の平城から永固陵が望見できたことが分かる。

(23)『魏書』巻七・高祖紀。

(24)〔宿白　一九七八〕および〔黄明蘭　一九七八〕〔陳長安　一九八七〕参照。

(25)〔洛陽市第二文物工作隊　二〇〇五〕〔中国社会科学院考古研究所洛陽漢魏城隊など　一九九四〕。また孝荘帝の静陵とも言われる墓の付近からも石人が発見されている〔黄明蘭　一九七八〕。

(26)『魏書』巻五〇・尉元伝。

(27)『魏書』巻九三・恩倖伝・王叡伝。

(28)『北史』巻八〇・胡国珍伝。

(29)河北省景県の封氏墓群では一六基の墳丘墓が確認され、うち最古のものは太和二（四七八）年に死去し、正光二（五二一）年に改葬された封魔奴の墓である〔張季　一九五七〕。河北省景県の高氏墓群では墳丘墓は一六基確認され、最も古いのは東魏の天平四（五三七）年に改葬された高雅墓である〔河北省文管処　一九七九〕。河北省河間県の邢氏墓地では四基の墳丘墓が確認されている〔孟昭林　一九五九〕。墓志が出土したもので最古のものは延昌三（五一四）年の邢偉墓である。

【引用・参考文献】

王仲犖　『北周地理志』中華書局、一九八〇

王成　「扎賚諾爾圏河古墓清理簡報」『北方文物』一九八七年三期、一九八七

岡崎敬　『図説中国の歴史三　魏晋南北朝の世界』講談社、一九七七
加藤直子　「ひらかれた漢墓――孝簾と『孝子』たちの戦略」『美術史研究』三五冊、一九九七
河北省文管処　「景県北魏高氏墓発掘簡報」『文物』一九七九年三期、一九七九
小林知生　「大同北方方山に於ける北魏時代の遺蹟」『考古学雑誌』二九巻八号、一九三九
高文主編　『中国漢闕』文物出版社、一九九四
黄明蘭　「洛陽北魏景陵位置的確定和静陵位置的推測」『文物』一九七八年七期、一九七八
山西省考古研究所・大同市博物館　「大同南郊北魏墓群発掘簡報」『文物』一九九二年八期、一九九二
宿白　「東北、内蒙古地区的鮮卑遺跡―北魏遺跡―鮮卑遺跡輯録之一」『文物』一九七七年五期、一九七七a
　「盛楽、平城一帯的拓跋鮮卑――北魏遺跡――鮮卑遺跡輯録之二」『文物』一九七七年一一期、一九七七b
　「北魏洛陽城和北邙陵墓――鮮卑遺跡輯録之三」『文物』一九七八年七期、一九七八
信立祥　『中国漢代画像石の研究』同成社、一九九六
蘇俊・王大方・劉幻真　「内蒙古和林格爾北魏壁画発掘的意義」『中国文物報』一九九三年一一月二八日、一九九三
大同市博物館　「大同北魏方山思遠仏寺遺址発掘報告」『文物』二〇〇七年四期、二〇〇七
大同市博物館・山西省文物工作委員会　「大同方山北魏永固陵」『文物』一九七八年七期、一九七八
陳長安　「洛陽邙山北魏定陵終寧陵考」『中原文物』特刊、一九八七
中国社会科学院考古研究所洛陽漢魏城隊　「漢魏洛陽城西東漢墓園遺址」『考古学報』一九九三年三期、一九九三
中国社会科学院考古研究所洛陽漢魏城隊・洛陽古墓博物館　「北魏宣武帝景陵発掘報告」『考古』一九九四年九期、一九九四
張李　「河北景県封氏墓群調査記」『考古』一九五七年三期、一九五七
鶴間和幸　「漢律における墳丘規定について」『東洋文化』六〇、一九八〇
内蒙古文物工作隊　「内蒙古扎賚諾爾古墓群発掘簡報」『考古』一九六一年一二期、一九六一
馬忠理　「磁県北魏墓群――東魏北斉陵墓兆域考」『文物』一九九四年一一期、一九九四

米文平　「鮮卑石室的発現与初歩研究」『文物』一九八一年二期、一九八一
水野清一・長廣敏雄　「大同近傍調査記」『雲岡石窟』京都大学人文科学研究所、一九五六
孟昭林　「記後魏邢偉墓出土文物及邢蠻墓的発現」『考古』一九五九年四期、一九五九
山田勝芳　「中国古代の墳丘規定と新出漢簡」『東北大学日本文化研究所研究報告』三二、一九九六
楊寛　（西嶋定生監訳、尾形勇・太田侑子共訳）『中国皇帝陵の起源と変遷』学生社、一九八一、本書と著者の陵墓に関する論考をまとめたものが、『中国古代陵寝制度史研究』上海古籍出版　一九八五年
洛陽市第二文物工作隊　「北魏孝文帝長陵的調査和鑽探――〝洛陽邙山陵墓群考古調査与勘測〟項目耕作報告」『文物』二〇〇五年七期、二〇〇五
洛陽市文物考古研究院　「洛陽孟津後溝玉冢調査勘探報告」『洛陽考古』二〇一四年三期、二〇一四
洛陽博物館　「河南洛陽北魏元乂墓調査」『文物』一九七四年一二月、一九七四
李俊清　「北魏金陵地理位置的初歩考察」『文物季刊』一九九〇年一期、一九九〇

【図出典】

図一・〔水野清一・長廣敏雄　一九五六〕所掲図に加筆
図二・〔水野清一・長廣敏雄　一九五六〕所掲図に加筆
図三・陸地測量部五万分の一地形図「孟津県」「大口」「陳凹」「洛陽県」を基に、洛陽市文物考古研究院編『尋踪覓古――洛陽市文物考古研究院近年重要考古発現成果』中州古籍出版社、二〇一三　所掲図を参考に作成

第四章　北朝鄴城の復原研究

はじめに

後漢末から魏晋南北朝期にかけて河北の要地として相次いで都が置かれた鄴については、それまでの都であった後漢の雒陽あるいは前漢の長安とは異なる計画的な都市として、そして後の隋唐長安の淵源として注目されてきた(1)。現地の遺跡は残念ながら漳河の氾濫によりほとんど地表に痕跡をとどめていないが、一九八三年に鄴城考古隊が結成されたのち、飛躍的に調査が進み、その結果、鄴の北城、南城ともにほぼその輪郭が明らかとなった。また近年では南城南郊での大規模な仏塔遺跡の調査の結果をうけ、現在、調査の関心は外郭の有無に移っている(2)。

一方の文献資料については早くに村田治郎氏による復原的研究があり〔村田治郎　一九三八〕、上田早苗氏も北朝期の鄴に言及している〔上田早苗　一九九四〕。現地での調査が進展した後では、傅熹年氏が文献史料と発掘成果を総合し、詳細な宮城復原図を作成している〔傅　二〇〇一〕。また、徐光冀氏も主として調査成果と『鄴中記』佚文とを対比させた復原研究を行っている〔徐　二〇〇二〕。先学によるこれらの研究により、現時点で復原研究はほぼ出尽くした観もあるが、本章ではまず残された典籍史料の精査を行い、遺跡の調査成果と前後する時代の宮城の比較を行いながら、復原案の提示を行いたい。その上で、東魏北斉鄴城の中国都城変遷史における鄴城の位置づけを行うことにする。

第一節　鄴城の調査成果

鄴城遺跡は河北、河南の両省にまたがる。城は広大な河北平原に位置しており、ほぼ平坦な土地であるが、地勢は北西から東南にかけてゆるやかに下降している（図一）。現在、漳河は鄴城の北城と南城を分断するように流れているが、かつては城の西方で北東方向へと流れていた。漳河の氾濫により城の破壊はひどく、作成された地形図を見ると、その影響は北城の全域、南城では北東およそ三分の一に及んでいる（図二）。水流による遺構の破壊と、厚く堆積した砂と湧水により調査は難航している。

一、鄴北城の調査成果

北城は東西二四〇〇m、南北一七〇〇mの東西に長い長方形である。城壁跡は全て地下に埋没しているが、ボーリング調査によりほぼ輪郭が復原できている〔中国社会科学院考古研究所・河北省文物研究所鄴城考古工作隊 一九九〇 以下、北城簡報〕。城壁の築造年代は北城簡報によると後漢晩期から三国魏にかけてのことであり、続く十六国期と東魏北斉期にそれぞれ補修された痕跡が認められるという。北城簡報が公表された時点では西墻については未確認であったが、のち、徐光冀氏の論考により、西側に突出した西墻の存在が明らかとなり〔徐 一九九三〕、鄴北城が整った長方形ではないことが判明した。さらに西墻の築造年代は後漢末より遡ることが指摘されている。城門は東門と北門が確認されただけだが、城内道路の痕跡から、各門のおおよその位置が復原できる。道路遺構の年代については、築造年代、補修年代ともに城壁と同じと報告されており、後漢末から北斉にかけて繰り返し使用されていたことが分かる。

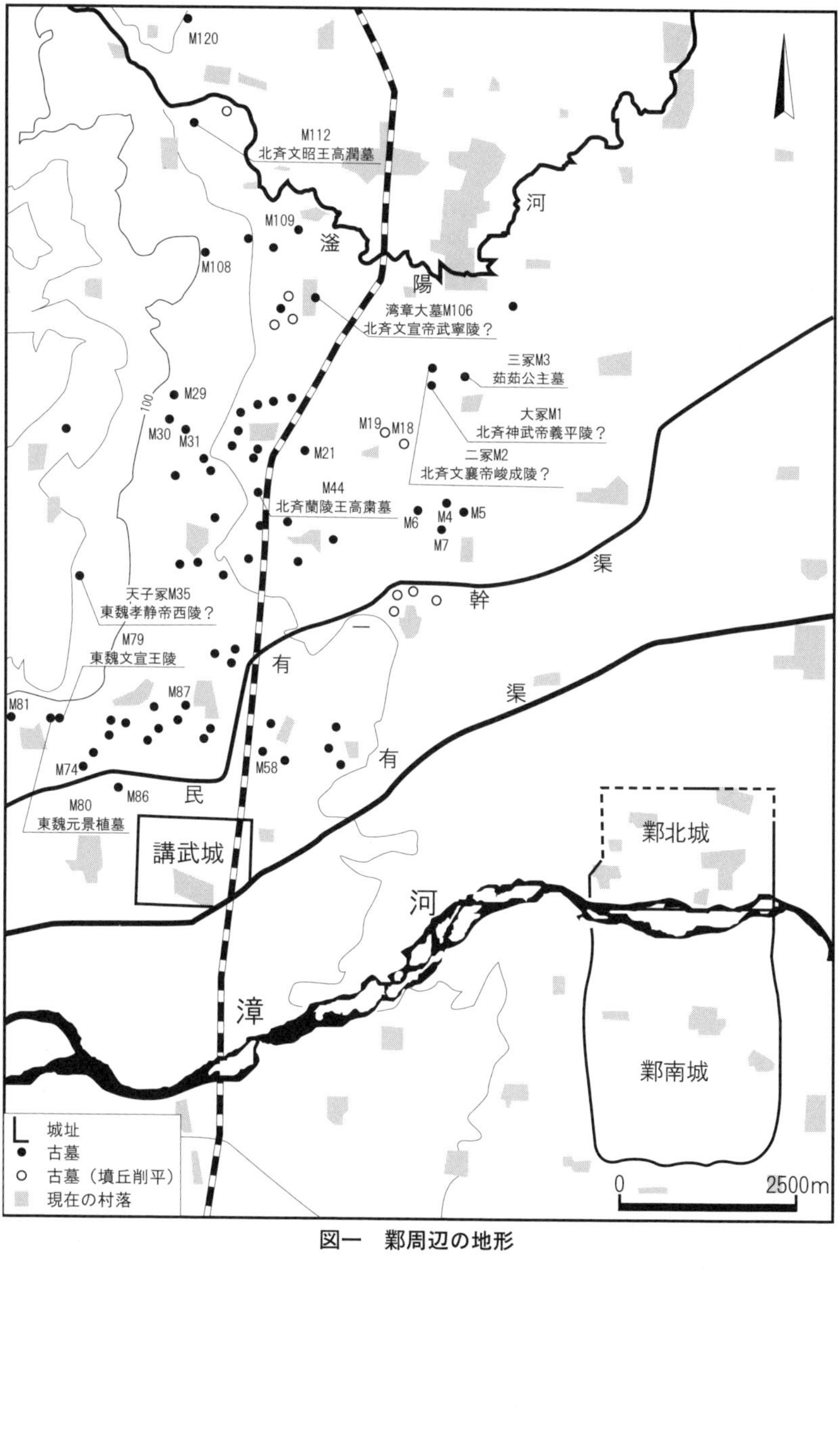
M120
M112
北斉文昭王高潤墓
河
M109
滏
M108
陽
湾章大墓M106
北斉文宣帝武寧陵？
三冢M3
茹茹公主墓
M29
大冢M1
北斉神武帝義平陵？
M30
M31
M19
M18
M21
二冢M2
北斉文襄帝峻成陵？
M44
北斉蘭陵王高粛墓
M6
M4
M5
M7
渠
天子冢M35
東魏孝静帝西陵？
幹
一
M79
東魏文宣王陵
有
渠
M81
M87
M74
M58
有
民
M86
M80
東魏元景植墓
講武城
鄴北城
河
漳
鄴南城
城址
古墓
古墓（墳丘削平）
現在の村落
0
2500m

図一　鄴周辺の地形

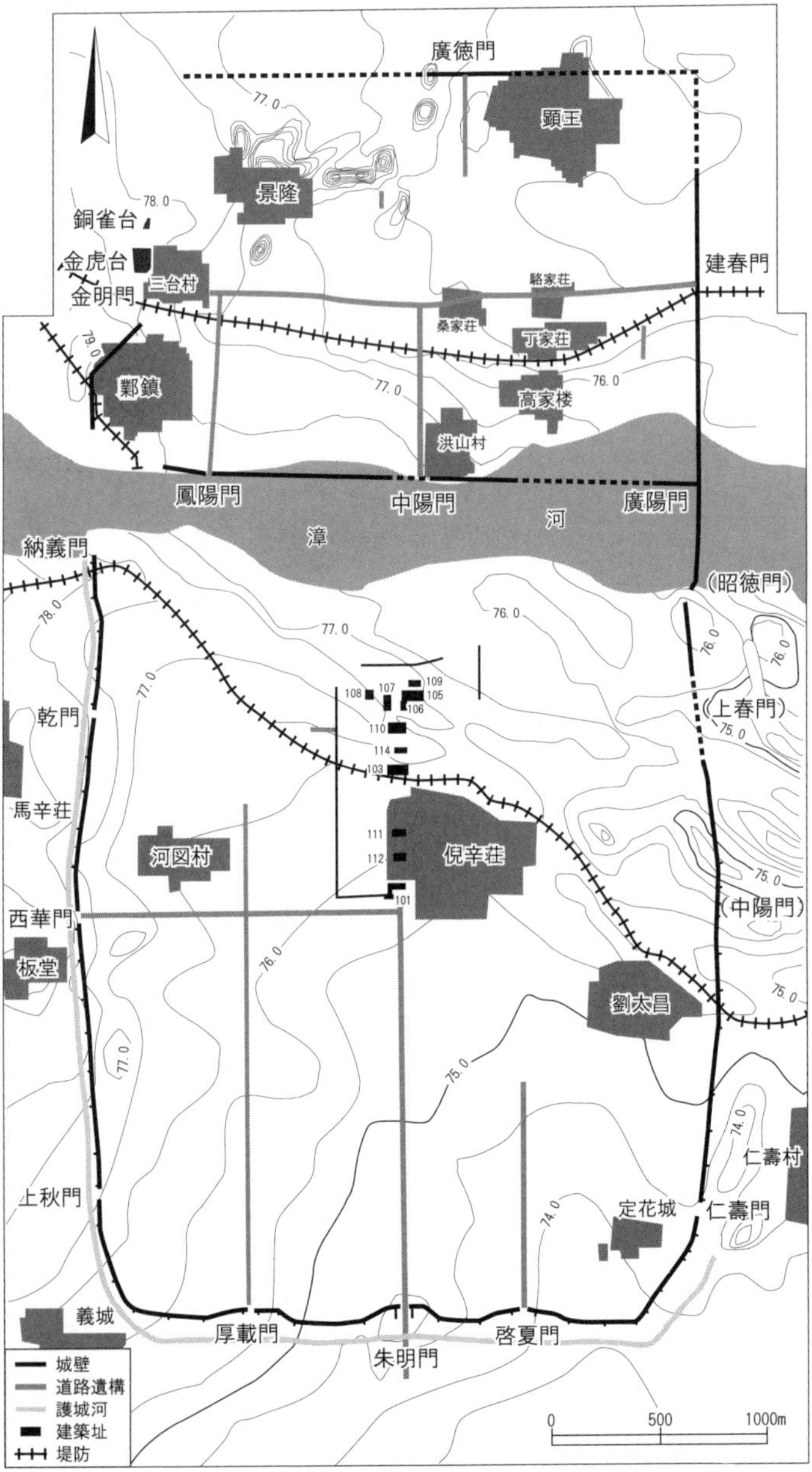
廣徳門
顕王
景隆
銅雀台
金虎台
三台村
金明門
建春門
略家荘
桑家荘
丁家荘
鄴鎮
高家楼
洪山村
鳳陽門
中陽門
廣陽門
漳
河
納義門
(昭徳門)
(上春門)
乾門
馬辛荘
河図村
倪辛荘
西華門
(中陽門)
板堂
劉太昌
仁壽村
上秋門
定花城
仁壽門
義城
厚載門
朱明門
啓夏門
城壁
道路遺構
護城河
建築址
堤防
0
500
1000m

図二　鄴城平面図

宮殿と思われる版築基壇は丁家荘北西で一〇基確認されている。宮殿区と考えられるが、残念ながらその基壇の分布について図面は公表されておらず、復原に反映させることはできない。また、遺構の年代についても不明である。

以上の結果を総合すると、鄴北城の調査成果は、後漢末に曹操の魏の王都が置かれ、以後十六国期に後趙や前燕の都となったこと、さらに東魏・北斉の都となったという歴史と一致するものとなっている。こうした成果をもとに『鄴中記』の記載をあわせて鄴北城の復原を徐光冀氏が行っている。その結果として鄴北城は、都城の中軸線である中陽門大道が宮城の中軸線とも一致し、都城全体を貫く明確な中軸線が出現したこと、宮殿区が集約されていることが特徴として挙げられ、都城の変遷が新たな段階に入り、隋唐都城に影響を与えたと評価する〔徐 一九九三〕。

鄴北城の歴史を振り返ると、その起源は春秋時代に遡り、漢代には魏郡治となり、後漢末に袁紹が拠点としたことで河北の要地となった(3)。しかしながら、遺構としては後漢以前のものが全く報告されておらず、わずかに徐光冀氏の報告する西墻がそれに該当するのみである。こうした調査成果をふまえると、曹操がこの地に拠点を置き、魏王都とした時点で、旧来の鄴城の西墻を踏襲しつつも大規模な拡張を行い、現在見られるような都市としたということが想定される。そうすると、鄴北城は旧来の都市を利用しながら王都として再設計されたことになり、そのプランからこの都城の革新性を読み取ることも可能となろう。しかし、旧来の都市プランを継承し、魏郡の官衙を王宮に転用しただけだとすれば、そこに都城史の画期を見出すことはできなくなる。方形の都市プランは漢代の華北では標準的なものであり、その一部を区画し、そこに官衙を置くことは普遍的な現象である(4)。そうした旧来の地方都市の形態を踏襲しつつ王都に改造しただけであるならば、中軸線の存在や宮殿区の集約化というのは意図的なものではなく、偶然にすぎないことになる。現に、後漢末の都城であった許昌では、方形のプランに内城を設けているが、そこには明確な中軸線は見られない(5)。鄴北城の都城としての評価を行う場合、まずは後漢の魏郡治からの変化を明らかにすることが不可欠であり、さらには皇帝の都城ではなく、あくまでも魏王都であったことを常に考慮する必要がある。

鄴北城については、以上の問題が残されており、現時点ではこれ以上の評価を行うことは困難である。いずれの問題も発掘調査がより進行し、さらに詳細な基壇の分布図などが公表されれば解決の糸口が摑める問題であるため、ここでは問題を指摘するだけにしておきたい。ただ以下の行論上、公表されている鄴北城の平面図や遺跡の規模は東魏・北斉期に補修を受けたものであり、いわば鄴北城の最終の姿だということは確認しておきたい。

二、鄴南城の調査成果

鄴南城は鄴北城の南に接して築かれた都城であり、北城とは異なり南北に長い平面となっている〔中国社会科学院考古研究所・河北省文物研究所鄴城考古工作隊　一九九七、以下南城簡報〕。調査によれば東西二八〇〇m、南北三四六〇mである。東魏・北斉の都城だったが、その後は都市として再生することがなかったため、遺跡としては北城のように複数の時期の遺構が複雑に重なることもない。現在のところ、ボーリング調査により城壁の輪郭と城門のおおよその位置、それに主要道路の痕跡が発見されている。宮城墻も一部が見つかっており、宮城内では大型の建築基壇が検出されている。また、南城壁の中門である朱明門が発掘されており、三本の門道をもち、双闕を備えた形状であることが明らかとなっている〔中国社会科学院考古研究所・河北省文物研究所鄴城考古工作隊　一九九六〕。城外では大規模な仏塔も発掘されており注目を集めている〔中国社会科学院考古研究所・河北省文物研究所鄴城考古工作隊　二〇〇三、二〇一〇、二〇一三a、b〕。また城の内外からは東魏北斉期の仏像が発見されており〔河北省臨漳県文物保管所　一九八〇〕〔中国社会科学院考古研究所・河北省文物研究所鄴城考古工作隊　一九九二、二〇一三a〕、こうした遺構、遺物の分布をもとに外郭の存在が想定されている。

鄴南城は、鄴北城が『魏都賦』『鄴中記』という比較的まとまった記載のある文献があるのに比べると残された情報は少なく、『魏書』『北斉書』『北史』などの正史の記載にも関連する情報は極めて乏しい。最もまとまっているのは明の崔銑『嘉靖彰徳府志』巻八・鄴都宮室志（以下、「宮室志」と略）に引用された『鄴中記』および『鄴都故事』である。いずれも佚書であり、成書年代についても問題があるものだが、北斉鄴の事を詳しく記した史料として貴重である。[6]『鄴中記』は黄恵賢氏による輯本が広く佚文を集めており、本章でも主に黄氏輯本に依っている〔黄恵賢 一九八八〕。また、「宮室志」には、出典が明記されていない記事もあり、編者である崔銑の案語もしくは「宮室志」の基となった宋『相台志』の文と考えられ、使用には慎重を要する。

従来の復原研究は都城の平面形態と宮殿配置などが対象となってきたが、遺跡の調査が進行したことにより、前者については区切りがついたといえる。また宮殿配置の復原も、従来は「宮室志」の記載によるしかなかったが、複数の宮殿基壇が検出されたことで、より具体的な復原案の提示が可能となった。そこで、まずは宮城内部の復原を行っていくことにしたい。

第二節　鄴南城宮城の復原

鄴南城宮城については「宮室志」の注に引用する『鄴中記』の記載が最も詳しい。徐光冀氏の復原も主にこの史料と先の調査成果と合わせて復原したものである〔徐 二〇〇二〕。以下に殿舎配置に関係する箇所だけを引用する。

・宮は東西四百六十歩、南北は後園に連なり、北城に至るまで、合わせて九百歩。東西南北表里合あわせて二十一闕、高さ百尺。

・止車門内、次は端門に至り、端門の内、次は閶闔門に至る。
・端門の内、太極殿前、東西に街有り、東は雲龍門に出で、西は神虎門に出ず。
・閶闔門内、太極殿有り。太極殿の後、三十歩にして朱華門に至る。門内は卽ち昭陽殿なり。殿の東西各おの長廊有り。廊上に樓を置き、幷びに長肉を安じ、珠簾を垂る。内閤に通ず。(7)
・昭陽殿の東に長廊有り、東閤に通ず。閤内に含光殿有り。西に長廊有り、西閤に通ず。閤内に涼風殿有り。
・昭陽殿の後に永巷有り。巷北に五樓門有り。門内は則ち帝の後宮、嬪御の居する所の處なり。左右院有り。左院に殿有り、顯陽と名づく。右院に殿有り、宣光と名づく。
・宮北に後園有り。其の中に惟だ萬壽堂有るは『北史』に見ゆ。(8)

以上が宮城に関する『鄴中記』の記載である。後宮については『鄴都故事』に詳しい記載があるので、殿舎の位置に関する箇所だけを引用しておきたい。

齊の武成帝高湛、河清中、後宮の嬪妃の稍やく多く、椒房の既に少きを以て、遂に東宮を拓き破り、更めて修文、偃武の二殿及び聖壽堂を造る。……聖壽堂は修文、偃武殿の後に在り。聖壽堂の北は門を置く。門上に玳瑁樓有り。

以上の史料を見て明らかなように、宮城内の主要殿舎のおおよその位置関係は復原できるが、各殿舎間の距離や正確な位置関係などは不明である。また『鄴中記』が佚文であることもあり、整合しない記載もある。例えば、宮城の門について、「止車門内、次は端門に至り、端門の内、次は閶闔門に至る」「閶闔門の内、太極殿有り」と記し、南から止車門─端門─閶闔門─太極殿という配置となり、徐光冀氏もそのように復原している〔徐 二〇〇二〕。(9)しかしながら、「端門の内、太極殿前、東西街有り」という記載に基づけば、端門─太極殿という関係となり閶闔門の存在が解釈できないことになる。以上のような問題があることを認識しつつ、『鄴中記』に記された殿舎配置を実際に検出された遺構にあてはめて考えてみたい。

南城簡報を見ると、鄴南城宮城の主要な殿舎は、朱明門から北向する大街の延長線上に配置されていたことが分かる（図二）。この中で、宮城南墻上で検出された一〇一号建築址は、南西に張り出しをもっており、これが門闕であることが分かる。検出された基壇で最も大きいのは一〇三号と一一〇号建築址であり、いずれも南北六〇m、東西八〇mの規模である。一〇三号建築址の南面は建物が検出されていないことから、広場があったと考えられる。建物の規模と広場とのセットから考えて、宮の正殿であり、儀式の挙行された太極殿であると考えて間違いないだろう。そうすると、その北に位置する一一〇号建築址は太極殿についで重要な宮殿である昭陽殿となり、その間にある一一四号建築址は朱華門となる。一一〇号建築址より以北の殿舎については不明とせざるをえないが、永巷あるいは宣光殿や脩文殿などの多数の殿舎が記録されている後宮の諸殿に相当するのであろう。

ここで問題となるのは一〇三号建築址より南にある一〇一、一一二、一一一号の三基の建築址である。いずれも太極殿、昭陽殿と同じ南北ライン上に位置し、規模も相当大きい。これを先の『鄴中記』の記載に対比させれば一〇一＝止車門、一一二＝端門、一一一＝閶闔門ということになる。しかし既述のように、『鄴中記』には「端門の内、太極殿前」という異なる配置を示す史料もあることから、いずれの配置が妥当かを別の面から検討する必要がある。まず、同じく『鄴中記』には閶闔門について詳しい記載があり、それを見ていくことにしよう。

清都観は閶闔門上に在り。其れ観は兩つながら相い屈曲し、閣數十閒と爲り、闕に連なりて上る。

この史料から明らかなように閶闔門は門闕を備えた構造である。現在、検出されている一〇一、一一二、一一一の三基の建築址のうち、門闕が確認されているのは最南の一〇一号だけである。もちろん、これらの成果は発掘調査ではなく、ボーリング調査によるものであり、しかも沖積地での相当困難な状況下における成果であり、今後の進展により平面形が変わる可能性もある。しかし、ここでは一〇一号建築址が門闕を有しており、それが閶闔門の姿と合致することを確認しておきたい。『鄴中記』の記載の誤りを正すのが『隋書』巻八・礼義志三の記事である。

河清中、令を定め、毎歳十二月半後、講武し、晦に至り逐除せしむ。二軍の兵馬、右は千秋門に入り、左は萬歳門に入り、並びに永巷の南に至りて下り、昭陽殿の北に至り、二軍交わる。一軍は西上閤従り、一軍は東上閤従りし、並びに端門従り南し、閶闔門前橋に出で南し、戯射し並びに訖らば、送りて城南郭外に至り罷む。

この史料に記された講武が行われたのが北斉武成帝の河清年間のこととあることから、鄴の宮城が舞台であることは明らかである。列挙された殿舎を北から南へと並べていくと、昭陽殿―東西上閤、端門―閶闔門―橋―城南の郭となる。この史料から鄴宮の門の配列は南から北に閶闔門―端門となり、『鄴中記』にあったように止車門―端門―閶闔門という配列とは明らかに異なる。この『隋書』礼義志の記述と先の調査成果、さらには『鄴中記』の「端門の内、太極殿前」という史料から、本章では一〇一＝閶闔門、一一二＝止車門、一一一＝端門というように比定する。

この結果、宮城南門から北に一直線上に閶闔門、止車門、端門、太極殿、朱華門、昭陽殿という主要な門と殿舎が配列されていることが明らかとなった。次に、これらの主要殿舎の周囲に配されている宮門、官署の位置について考えていくことにしたい。まずは、太極殿の前面にある東西方向の道路がとりつく雲龍門、神虎門についてである。この門が宮城を囲繞する宮城壁に設けられた東西門となるか、あるいは宮内を区画する門と考えるかで、後述する官署――とりわけ尚書省の位置も大きく異なってくるため、宮城全体の復原にも影響する問題となる。『北斉書』『北史』には雲龍門について位置を明らかにする手がかりがある。一つは東魏の孝静帝元善見が斉に禅譲し宮城を去る場面である。南城の宮城にいた孝静帝は禅譲後、北城の司馬子如南宅へ移動するが、その際の経路が『魏書』孝静帝紀に残されている。[10]それによると昭陽殿から退去する孝静帝は東上閤で犢車に乗り、雲龍門を出たところで王公百官に会い、その後、北城へといたっている。この史料を見る限り、昭陽殿→東上閤→雲龍門という順序で移動し、雲龍門が宮城の内外を隔てる役割をもっていたと考えることもできる。ところが、同じ事件を記した『北斉書』巻三〇・高徳政伝には、

魏靜帝、車に登り萬春門を出ず。直長趙道德、車中に在りて陪侍し、百官は門外に在りて拜辭す。遂に北城下の司馬子如の南宅に入る。

とあるとおり万春門外で百官の拝辞を受け、北城へ移動している。魏晋南北朝期の宮城では雲龍門、万春門はいずれも東門の名称であり、史料から読む限り、同一の門を指すと考えたほうが解釈は容易だが、門名が異なっていることを重視し、ひとまずは異なる門を指すと考えておく。もう一つの史料は、『北史』孝昭帝紀に記される、常山王高演（後の孝昭帝）が皇帝高殷（廃帝）に対して鄴でクーデターを起した際の経路である。[11]常山王は太傅・録尚書事として領軍府にいたが、クーデターを決行した際には太師・録尚書事であった。省に初めて出向いた際に、尚書令楊愔以下、皇帝の近臣を捕縛し、その後、雲龍門を経て、中書省前で散騎常侍鄭子默を捉え、さらに東閤門を経て昭陽殿に入り、皇帝および太皇太后、皇太后に謁見している。このルートから、尚書省→雲龍門→中書省→東閤門→昭陽殿という位置関係が復原できる。雲龍門の位置を考える上で、新たに尚書省と中書省の位置が手がかりとして与えられたのであるが、中書省の位置は不明であり、尚書省の場所についても後述するように明らかではない。しかし、雲龍門は尚書省のすぐ北側にあったことが『北斉書』巻四一・鮮于世栄伝の記載から分かる。すなわち、

尋いで敕令有り吏部尚書袁聿修と尚書省に在りて舉人を檢試せしむ。爲に馬に乘り雲龍門外に至り省の北門に入るに、憲司が爲に舉奏され官を免ぜらる。

とあるように、雲龍門の近くに尚書省の北門があったのである。以上の史料から、雲龍門の位置ついては、昭陽殿と東閤門および中書省に比べて宮の中心から外側にあり、尚書省よりは内側ということが明らかとなったが、尚書省が宮城内か宮城外かは明らかでなく、雲龍門の所在の確定にはいたっていない。

　雲龍門についてはこれ以上明らかにできないが、対になると思われる神虎門についてはさらに史料が残されている。[12]『北斉書』巻五〇・恩倖・韓宝業伝では、

　神虎門外に朝貴憩息の所有り。時人、號して解卸廳と爲す。

とあるように、神虎門が朝参する官僚の出入り口として使われていたことが分かる。これは『鄴中記』に雲龍門、神虎門について、

　朝官、此の門に至らば、衣冠を整肅して入る。

と記していることと合致する。また、『北史』巻五二・琅邪王儼伝に、武平二（五七一）年、琅邪王高儼が書侍御史王子宣らと謀り和士開を殺害した際のこととして、

　（領軍大将軍の庫狄）伏連、之を信じ、五十人を神獸門外に伏せ、詰旦、（和）士開を執え御史に送る。

と記載されているのも、朝参する和士開を待ち伏せしたということであり、宮城への入口としての神虎門の役割を示している。以上の史料から考えて、神虎門は宮城の西門の一つであったと考えることができる。ただし、宮城の西門については他の門の存在が記されている。『北史』巻五二・斉宗室諸王伝・文襄諸子・広寧王孝珩伝には、北斉滅亡直前に広寧王らが権臣の高阿那肱らの排除を計画した記事がある。

　承光、（幼主）即位し、（高）孝珩を以て太宰と爲す。呼延族・莫多婁敬顯・尉相願と同に謀り、正月五日を期し、孝珩は千秋門に高阿那肱を斬り、相願は内に在り、禁兵を以て之に應じ、族は敬顯と游豫園自り勒兵して出んと

す。

このことは『資治通鑑』の陳紀・太建九（五七七）年の条にも記載され、

司徒莫多婁敬顯、領軍大將軍尉相願、兵を千秋門に伏せ、高阿那肱を斬り、廣寧王孝珩を立てんことを謀る。

とあるが、千秋門について胡注に、

千秋門、鄴宮の西門なり。

とあり、胡三省は西門と考えていた。「秋」字を付けられた名称から考えて西門に相応しい門である。しかし、西門としても宮城のかなり北にあった門と考えられる。『魏書』孝静帝本紀に、

常侍侍講荀濟、帝の意を知り、乃ち華山王（元）大器、元瑾と密謀し、宮内に山を爲らんとして、地道を作り北城に向かわんとす。千秋門に至り、門者、地下の響動を覺り、以て文襄（高澄）に告ぐ。

とあるように、宮城内に山を作ると見せかけ、トンネルを北城に向かって掘り進めたところ、千秋門の「門者」が振動と音に気づいたという話である。状況からみて、トンネルを掘削した場所は宮城内の南部ではなく、北城に近い場所と考えるのが自然であろう。そうすると千秋門は西門でも宮城の北部にあったと考えられるのである。また、『北史』琅邪王儼伝には、先に挙げた和士開が捕縛され、殺害された後のことを以下のように記す。

（琅邪王高）儼の徒の本意は唯だ士開を殺すことのみ。是に及び、因りて儼に逼りて曰く「事既に然らば、中止す可らず」と。儼、遂に京畿軍士三千餘人を率い、千秋門外に屯す。

とあり、琅邪王の率いる三千人が千秋門外に集結したことを記す。琅邪王は同伝によれば北城にある北宮に居していたため、この時の進軍は北城から南城へのルートを取ったことが分かり、南城に入ってから最も近い宮城門に駐屯したのであろう。そのため、千秋門は宮城の北よりにあった可能性も指摘できる。

また、和士開の捕縛の記事からは神虎門と千秋門の位置関係についてもおおよそ明らかにすることができるだろう。すなわち、琅邪王高儼が宮外の兵を率いて駐屯したのが千秋門外であり、この門内へは、軍を率いて入ることは許されなかったと見るべきだろう。同様に高阿那肱謀殺計画も、節略の多い『通鑑』ではなく、『北史』に従って経緯を見ると、広寧王が阿那肱を千秋門で斬ると、宮城内で領軍大将軍の尉相願が禁兵を率いて呼応するというものであった。つまり、千秋門が宮城外から兵力を動員できる境界であり、その内側で兵を動かすことができたのは領軍大将軍だということが明らかになろう。以上のことから、宮城壁に設けられた西門が千秋門であり、その内側の区画に存在するのが神虎門と整理することができる。

なお、後世の史料になるが、『読史方輿紀要』巻四九・河南四の鄴城の条に、

其の東は萬春門と曰い、西は千秋門と曰う。……北門はまた玄武門と曰う。

とあり、千秋門の対になる門として万春門を挙げている。万春門は先の雲龍門を検討した際にふれていたように、宮城の東側にある門である。『読史方輿紀要』の記載に従い、千秋門の対になる門として万春門を宮城東壁の門と解釈すると、先の孝静帝の宮城退去はどう理解できるだろうか。昭陽殿から退いた孝静帝は東上閤、雲龍門を経て、最後に万春門を通過して宮城門外に出、北城に入った。百官の拝辞は史料を素直に読むと、雲龍、万春の各門で受けたことになるのだろう。以上のように、万春・千秋門が宮城の東西門であり、雲龍・神虎門はその内側の区画の門ということが明らかとなる。これに南門を加えると宮城の最も外側の宮城壁に設けられた門が閶闔門―万春門―千秋門であり、その内側の区画の門が端門―雲龍門―神虎門だと考えておきたい。

鄴宮城内にはこれ以外にも数多くの宮門があった。『鄴中記』には宮城には「二十一闕」があったとあることから、宮城内部は幾重にも区切られ、名称が失われた門も数多かったと考えられる。例えば先に引用した『読史方輿紀要』

には玄武門の存在を挙げている。『北斉書』『北史』には玄武門の存在は確認できず、また『鄴中記』によれば、鄴南城の宮城は北に後園が連なり、そのまま北城に連なっていたとあることから、仮に存在したとしても北城壁に設けた門とは考えにくく、あるいは後宮と後園を区切る門だったのかもしれない。しかし、これらの門については場所の特定はもはや不可能である。なお、鄴南城の東西各壁にはそれぞれ四基の城門が設けられており、各門を東西に結ぶ四本の大道の存在が想定されるが、うち、北側の二本の大道は宮城に繋がることになる。おそらくそうした大道に開かれた門のいずれかが千秋門、万春門だったのであろう。

次に問題となるのが、官署の場所である。先に『北史』孝昭帝紀の記載から、中書省が雲龍門内、東閤門外にあることがわかった。雲龍門外にある尚書省については、「宮室志」に引く『鄴中記』に、

尚書省及び卿寺百司、令僕よりして下は二十八曹に至るまで、竝びに宮闕の南に在り。

とある。この史料は先に検討したように、宮の東門である雲龍門が尚書省の北門と近接していたという記載と整合的に解釈することは困難である。尚書省の場所については、『魏書』霊徴志上には、

孝靜天平二（五三五）年三月、雄雉、尚書省、殿中に飛び入り之を獲う。

とあることからも、尚書省が殿中に近接する場所にあったと考えられるのである。さらに、改めて調査された南城宮城の殿舎配置を見ると、宮城南門から北に主要殿舎を貫く軸線が、宮城の中心から西にずれていることが確認できる。この軸線のずれによって宮城東側に空間ができており、ここに尚書省が位置すると考えることができよう。したがって、尚書省以外の「卿寺百司、令僕よりして下は二十八曹」までが宮城の南に分布していたと解釈しておく。

他の重要官署について、「宮室志」の注には、

大司馬府　端門外の街東に在り、南向す。

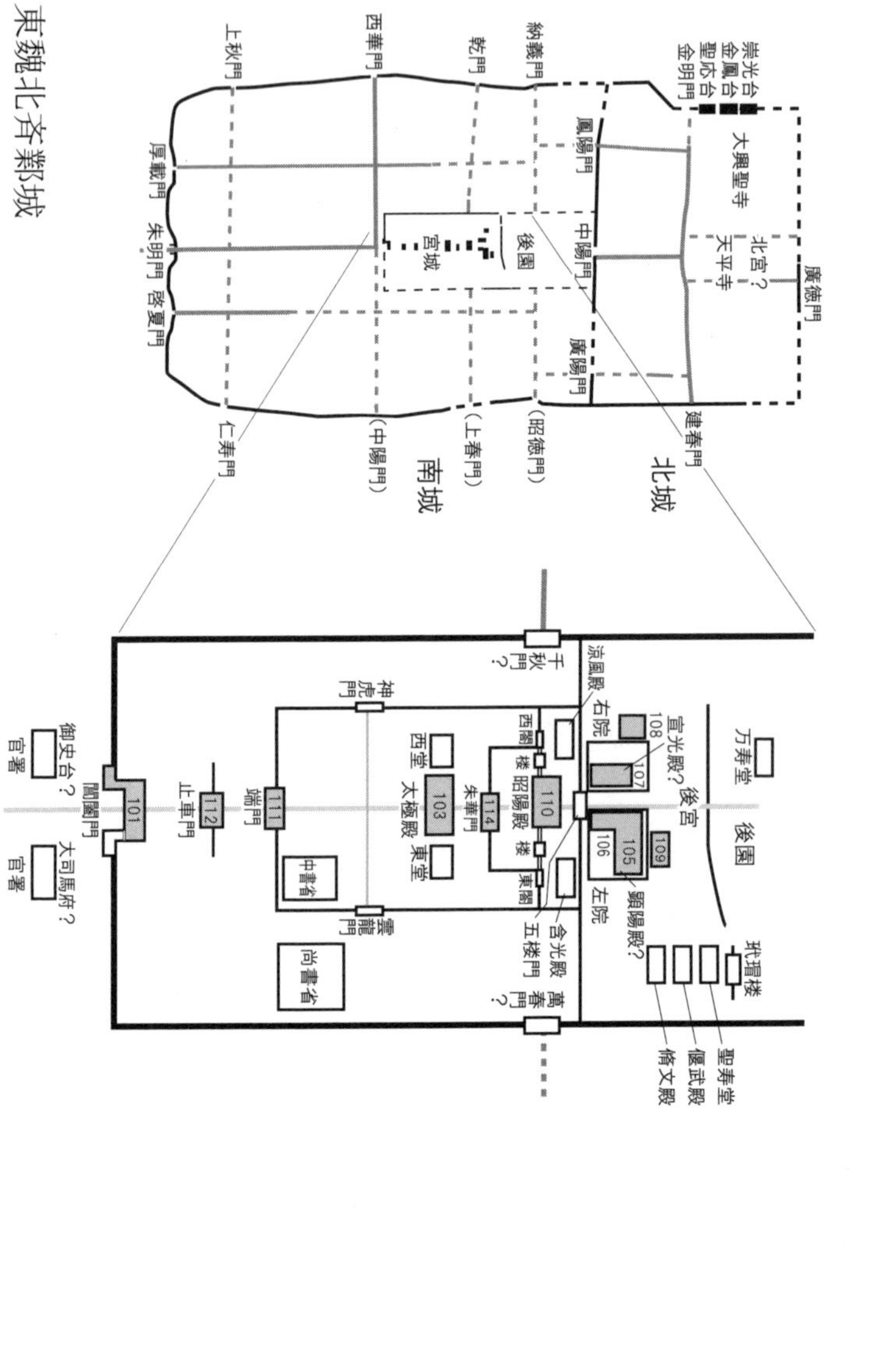
崇光台
金鳳台
聖応台
金明門
納義門
乾門
西華門
上秋門
厚載門
朱明門
啓夏門
仁寿門
(中陽門)
(上春門)
(昭徳門)
建春門
鳳陽門
中陽門
廣陽門
廣徳門
大興聖寺
北宮？
天平寺
宮城
後園
北城
南城
万寿堂
後園
後宮
宣光殿？
108
107
109
105
106
右院
左院
顯陽殿？
玳瑁楼
聖寿堂
偃武殿
脩文殿
涼風殿
千秋門？
萬春門？
含光殿
五楼門
西閣
東閣
楼
昭陽殿
110
朱華門
114
西堂
東堂
太極殿
103
神虎門
雲龍門
端門
111
中書省
尚書省
止車門
112
閶闔門
101
御史台？
大司馬府？
官署

東魏北斉鄴城

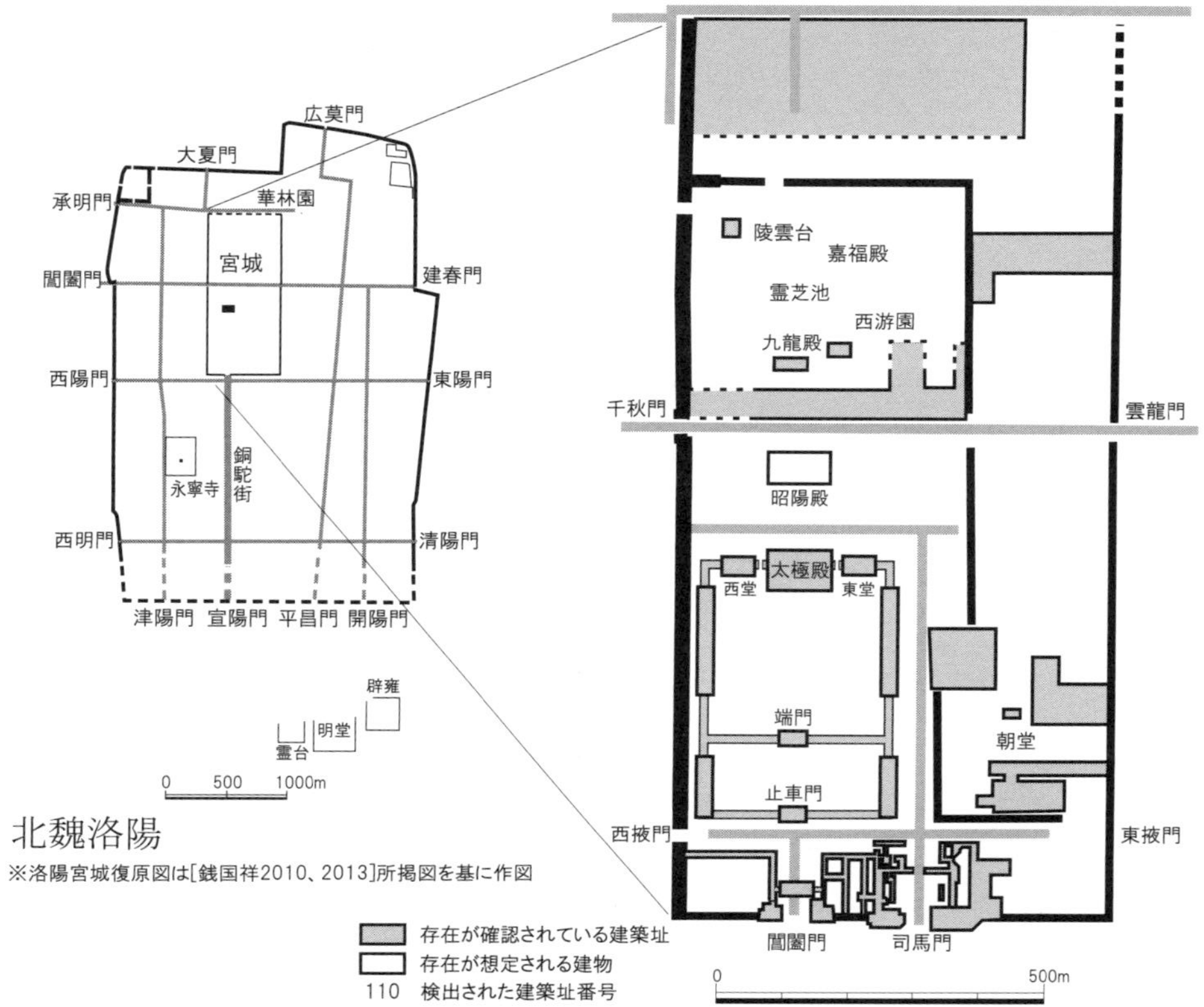

図三　東魏北斉期の鄴城と鄴南城宮城復原図および北魏洛陽城

御史臺　端門外の街西に在り。臺門の北向するは陰殺の義を取るなり。

とあり、大司馬府、御史台が端門外に東西にあったと記している。この史料は他の文献に見られないが、御史台の場所については、『太平御覧』巻二二五・職官部二三・御史大夫には北斉楊楞伽の『鄴都故事』を引き、

御史臺　宮闕の西南に在り。其の門の北開するは、冬殺の義を取るなり。

とあるように、「端門」ではなく「宮闕」と述べている。先の「宮室志」に引く『鄴中記』とあわせると、宮城南方の西側に御史台、東側に大司馬府があったと考えておくべきだろう。

以上のように、鄴南城宮城の南側には数多くの官署が存在することが明らかとなったが、朱岩石氏は、宮城南方に比較的大型の建築遺構が確認されていることを報告したうえで、官署ではないかと推測している〔朱 二〇〇一〕。氏が指摘するように、宮城に近接した閶闔門大街に沿ってこのような官署が配されていたのであろう。

その他、いくつか重要な宮殿の場所が不明である。東堂、西堂は皇帝が臣下のために挙哀するなど、重要な殿舎であるが、[13]それらしい建築址は確認されておらず、復原図では太極殿の左右に配しておく。また『鄴中記』に東閤内に位置すると記された含光殿については、『北史』巻五二・琅邪王儼伝に、

儼、恆に宮中に在りては、含光殿に坐し以て事を視る。諸父、皆な拜す。

とあることや、[14]『北史』巻五二・広寧王孝珩伝に、

後主、晉州の敗より、鄴に奔り、王公に詔して含光殿に議せしむ。

とあるように、皇帝に近い王公が政務を行う場、あるいは議する場であった。そのため、昭陽殿に近い場所に存在した可能性が高いが、該当する建築址は確認されていないため、昭陽殿の東に含光殿を配し、その周囲を昭陽殿から伸びる長廊が取り囲み、南側に東閤門を配する構造と考えた。

以上を加味して作図したのが**図三**の復原案である。北魏洛陽あるいは南朝の建康の宮城復原案では、太極殿を中心とした儀礼の中心区画に対し、その東側に尚書、朝堂を中心とした政務の区画が想定されているが(15)、鄴南城の復原案でも同様の配置となり、北魏洛陽あるいは南朝建康との関連が深い殿舎配置だと見なすことができる。

第三節　諸殿の機能について

さて、前節では調査された宮城平面図をもとに、諸資料を統合し鄴宮城の復原を行った。ここでその検証を兼ねて、主要殿舎の役割について考察を加えることにしたい。

宮城の南門としては閶闔門、止車門、端門があるが、そのうち詳しい状況が分かるのは閶闔門である。閶闔門上には清都観が聳えていた。『鄴中記』によると、

清都觀は閶闔門上に在り。其れ觀は兩つながら相い屈曲し、閣數十閒と爲り、闕に連なりて上る。觀下に三門有り、門扇は金銅を以て浮漚釘と爲し、鐸を懸け振響す。天子、講武、觀兵及び大赦、觀に登り臨軒す。其の上は坐して千人を容れ、下もまた數百なり。門外の御路、直ちに南す。及び東西兩傍に大槐柳有り、十歩に一株、清陰、其の上に合し、綠水、其の下に流る。

とある。まず、閶闔門の形状が三つの門道をもち、両闕を備え、門楼が清都観と呼ばれ、千人を収容できる相当な規模の建物だったことが分かる。門闕の存在については、『魏書』巻一一二・霊徴志に、

孝靜の天平四年秋、鄴の閶闔門東闕火す。

とあることからも確実である。さて、この門では「講武、観兵及び大赦」にあたり、皇帝が出御して行われたことが

分かる。このうち、大赦については『隋書』巻二五・刑法志に北斉の事として、

赦日、則ち武庫令、金雞及び鼓を閶闔門外の右に設く。囚徒を闕前に勒集し、鼓を撾つこと千聲、枷鎖を釋く。

とあるように、閶闔門前で大赦が行われていたことが分かる。(16) また、『魏書』巻一二・孝静帝紀に、

武定五（五四七）年……十有二月乙亥、蕭淵明、闕に至る。帝、閶闔門に御し讓めて之を宥す。

とあるように、同年一一月に捕虜となった蕭淵明らを引見する場として用いられている。同様の事例では、北周が鄴を攻略した時のこととして、『北斉書』巻一九・莫多婁貸文伝に次のようにある。

周の武帝、鄴城を平らぐの明日、（莫多）敬顯を執え閶闔門外に斬る。其の晉陽に留まらざるを責むるなり。

北周の武帝が閶闔門外で莫多敬顯を斬ったのは、北斉の制を承けたものと思われるが、何よりも儀礼的な刑の執行に相応しい場所として認識されたためであろう。

このように、閶闔門は様々な儀礼に用いられていたが、その一方で、同じく太極殿以南にあった止車門、端門については儀礼の主要な舞台であったことを示す史料を見つけることはできない。このことは、宮の南門の中で閶闔門が極めて重要な門であったことを傍証するものといえよう。

太極殿は、宮城の中心的な役割を果たす宮殿である。建築の様子について、『鄴都故事』には次のようにある。

其れ殿は周回一百二十柱、基の高さ九尺、珉石を以て之を砌す。門窗は金銀を以て飾と爲し、外は古の忠諫直臣を畫き、內は古の賢酣興の士を畫く。椽栿斗拱、悉く沉香木を以てし、椽端は復た裝うに金獸頭を以てし、每間綴るに五色朱絲網を以てし、上は飛簷を屬け以て燕雀を礙す。堦間の石面は千秋萬歲の字、諸もろの奇禽異獸の形を隱起す。瓦は胡桃油を用い、光輝、目を奪う。外客國使諸番入朝有らば、則ち殿幕、流蘇を垂し以て之を覆う。殿上の金葱臺十三枚、各おの一石を受くと云う。

史料の大部分が太極殿の壮麗さを記したものだが、この宮殿が諸蕃の使節の謁見に用いられたことも述べている。『北斉書』『北史』で鄴の太極殿の使用例を見ると、東魏からの禅譲を受け南郊で皇帝位に即いた文宣帝が宮城に戻ると最初に太極殿に入り、大赦と改元の詔を出している（『北斉書』文宣帝本紀）[17]。また晋陽宮徳陽堂で崩じた文宣帝は、後に鄴の太極前殿で殯を行っている（同紀）[18]。このように、太極殿は即位や皇帝の殯などの重要な儀式に用いられたことが分かるのである。また、『隋書』巻九・禮儀志四に、北斉の儀礼として、

　元正の大饗、百官は一品已下、流外九品已上は會に預る。一品已下、正三品已上、開國公侯伯、散品公侯及び特命の官、下は代刺史まで、竝びに升殿す。従三品已下、従九品以上及び奉正使人の流官に比す者は階下に在り。勳品已下は端門外なり。

と述べている。この史料では舞台となった殿舎が不明だが、官品の高下により、「升殿」「階下」「端門外」とその場所が整序されていたことを考えれば、殿舎は端門に最も近い大殿である太極殿と見てよいだろう。太極殿と端門がセットになり元正の大饗の舞台となっていたことが明らかになるのである。

　検出された建築址では、最大の一〇三号建築址が、規模と位置から太極殿である可能性が極めて高い。端門と思われる一一一号遺構との間には南北約二一〇ｍにもおよび広大な空閑地があり、儀礼を行う朝庭と考えられる。

　太極殿の後方、つまり北方には朱華門がある。『鄴中記』には、

　太極殿後三十歩、朱華門に至る。門内は即ち昭陽殿なり。

とある。太極殿の後方三〇歩ということは、約五四ｍということになり[19]、太極殿と朱華門の間には大殿はなかったものと思われる。ボーリング調査では、太極殿と思われる一〇三号建築址の北方約四五ｍのところに小型の一一四号建築址があり、これが朱華門の址と考えられる。朱華門は、太極殿と昭陽殿という、鄴宮の中で最も重要な二つの宮殿

を分ける役割を担っていた。その役割については朱華門の内側に位置する昭陽殿の性格を見ることで明らかとなろう。

昭陽殿の機能について『鄴中記』には、

朝集大會の皇帝臨軒に至る毎に、則ち宮人、盡く樓に登り樂を奏す、百官列位し、詔命あらば仰ぎ弦管を聽く。頌賚せば、侍從羣臣皆な萬歳を稱す。太史長史唱え訖らば、絲竹競い發し、金石和鳴す。齋午の際、所司進奏し訖らば、羣臣班退す。高緯の天統末より、躭淫して度無し、或いは一たび入内せば、旬を經ても朝せず、文武簪裾するも、位を虚うして散ず。

とあるように、大規模な儀礼が行われており、殿の東西に長廊が取り付き、そこに楼が上げられたのは奏楽に関わるものであったことも分かる。昭陽殿については多様な性格を見出すことができる。以下に『北斉書』『北史』から関連する史料を列挙してみよう。なお昭陽殿は文宣帝の天保二（五五一）年七月に顕陽殿から改名されたものである。[20]

・（武定）六（五四八）年四月八日、魏帝、名僧を顯陽殿に集め佛理を講說せしむ。（『北斉書』杜弼伝）

・魏の靜帝、顯陽殿にて孝經、禮記を講ず、（李）繪、從弟騫、裴伯茂、魏收、盧元明等と倶に錄議を爲す。（『北史』李霊伝附弟繪）

・武定六（五四八）年、甘露、宮闕に降り、文武官僚、同に顯陽殿に賀す。（『北斉書』崔昂伝）

・（天保六（五五五）年三月）戊戌、帝、昭陽殿に臨み聽獄決訟す。（『北斉書』文宣帝紀）

・文宣、（陸）法和及び其の徒屬を昭陽殿に宴し、法和に錢百萬、物千段、甲第一區、田一百頃、奴婢二百人を賜い、生資什物は是に稱う。宋莅は千段なり。其の餘、儀同刺史以下、各おの差有り。（『北史』陸法和伝）

・皇太子納妃禮、皇帝、使を遣し納采せしめ、有司、禮物備う。會畢らば、使者、詔を受けて行く。主人、大門外に迎う。禮畢らば、聽事に會す。其の次は問名、納吉、竝びに納采の如くす。納徵、則ち司徒及び尙書令をして使と爲し、禮物を備えて行かしむ。請期、則ち太常宗正卿を以て使と爲すこと、納采の如くす。親迎、則ち太尉、使と爲る。三日、妃、皇帝に昭陽殿に朝し、又た皇后に宣光殿に朝す。（『隋書』巻九・礼儀志四）

以上の事例から昭陽殿では、儒仏の講義、あるいは近臣との宴会、皇太子妃の引見などに用いられていたことが分かり、太極殿と比べるとやや私的な性格を有する宮殿であることが分かる。また、北斉末期、晋陽を攻略した北周軍が鄴に迫った際に、その対策を議論した時の光景を以下のように記す。

甲子、皇太后、北道從り至る。文武一品已上を引き朱華門に入らしめ、酒食及び紙筆を賜い、問うに周を禦ぐの方畧を以てす。（『北史』後主紀）

皇太后が高官を招き入れた場所は、朱華門の内側、即ち昭陽殿である可能性が高い。この史料からも昭陽殿が皇帝と近臣とが議する場であったことが明らかとなる。このような宮殿の性格のため、皇帝を狙ったクーデターの際には目標とされたのである。第二節の注（11）に引いた史料のように、常山王高演がクーデターを起し、皇帝高殷（廃帝）および太皇太后、皇太后に謁見したのが昭陽殿だったのである。

このように、鄴南城では、閶闔門、太極殿、昭陽殿が南北に連なり、それぞれに異なる役割が与えられていた。それはあたかも唐長安城の承天門、太極殿、両儀殿に相当するものと考えることができよう。(21) さらに昭陽殿の後方に永巷・後宮と後園と皇帝の私的な空間が広がっていた。鄴南城では南北にそれぞれ位相の異なる儀礼や政務に用いられる空間設定が明確になされ、それが南北の中軸線に沿って配置されていたのである。

第四節　鄴城の評価について

以上、鄴南城宮城の復原と主要殿舎の役割を見てきた。ここで改めて注目されるのが、すでに先学が指摘するように、北魏洛陽城との類似性である。南北に長い城の形状だけでなく、宮城の規模もほとんど同じである[22]（図三）。また、傅熹年氏が指摘するように、殿舎名を見ると、閶闔門、太極殿、昭陽殿など、主要殿舎名だけでなく、雲龍門、千秋門などの門名までが北魏洛陽のものをそのまま踏襲していることが容易に理解できる〔傅 二〇〇一〕。このことは以前から認識されており、例えば『読史方輿紀要』巻四九・河南四の鄴城の条に引く『鄴都記』には、

魏の閶闔、雲龍を以て宮門と爲すは、皆な洛陽の舊を倣うは是なり。

とあることを挙げるだけで十分であろう[23]。実際に鄴南城の建設にあたっては、北魏洛陽の宮殿を解体、移築ないし再利用したことが史料からも明らかである。すなわち、『北史』巻五四・高隆之伝に、

又た營構大將を領し、十萬夫を以て洛陽宮殿を徹し、鄴に運ぶ。構營の制、皆な（高）隆之に委ぬ。南城を增築するに、周二十五里。漳水の帝城に近きを以て、長堤を起こし以て汎溢を防ぐ。又た渠を鑿ちて漳水を引き、城郭を周流せしめ、水碾磑を造る。竝びに時に利有り。

とあるとおりである。鄴南城の太極殿遺構と考えられる一〇三号建築址は東西八〇m、南北六〇mの規模である。対して北魏洛陽の太極殿は、東西一〇二m、南北五九～六四mとなっており〔中国社会科学院考古研究所洛陽漢魏故城隊二〇一四〕、建物がそのまま移築されたと考えるには基壇の規模に開きがあるが、建築部材を利用し、再利用したことは十分に考えられる。鄴南城造営にあたって、洛陽を強く意識したことは、建物の具体的な事例だけでなく、その設

計プランにも及んでいる。『魏書』巻八四・儒林・李業興伝に、

鄴に遷るの始め、起部郎中辛術奏して曰く「今皇居徙御し、百度創始し、營構一興するに、必ず宜しく中制とすべし。上は則ち前代を憲章し、下は則ち洛京を模寫せん。今、鄴都、舊なりと雖も、基址毀滅し、又た圖記の參差、事は宜しく審定すべし。臣、職司と曰うと雖も、學びて古を稽えず、國家の大事、敢えて之を專らにするに非ず。通直散騎常侍李業興は碩學の通儒、博聞多識にして、萬門千戶の、宜しく訪詢する所なり。今、求めて之に就き圖を披き記を案じ、是非を考定し、古を參じ今を雜え、折中して制を爲り、畫工を召し幷びに調度を須いる所、具さに新圖を造り、中奏して定を取らん。庶わくは經始の日、事を執りて疑い無からんことを」と。詔して之に從う。

とあるように、鄴南城造営の実務責任者となった起部郎中辛術は、歴代の都城に加えて、最も新しい洛陽を模範としつつ新たな都城の造営を意図しており、この史料からもいかに北魏洛陽を意識した設計となっていたかを窺うことができよう。

それでは、北魏洛陽と鄴南城そして隋の大興へとつながる中国都城の変遷の中で、鄴南城の画期性はどの点にあるのだろうか。鄴南城のモデルとなった北魏洛陽の画期性は、曹魏以来の宮城を再建し、新たに宮城南面の正門である閶闔門から南に延びる銅駝街にそって官署を配したことである。さらに、それまでの郭城ともいうべき洛陽大城を内城化し、その外側に広大な外郭を築いたこと、以上の二点に求めることができる。一方、隋の大興城は宮城の南に皇城を配して官署を集中させ、外郭はさらに計画的に整然としたものとしている。北魏洛陽と隋大興とで最も異なる点は、都城造営にあたり、既存の城の影響があったか否かということにつきよう。北魏洛陽が西晋洛陽の遺跡を利用したのは、中原の正統王朝としての主張をする必要があったためであるが、その反面、既存の城壁に強く影響された結

果、都城の平面配置は旧来の遺構に規制されざるをえなかった。これに対し、隋大興は北周の長安を放棄し、あらたに広大な土地に都城を設計したため、きわめて計画的かつ理念的な都市の創造に成功している。それでは、この二城の間にある鄴南城はどうであろうか。

鄴南城は北城の南側に新たに造営された城であり、隋大興と同じである。そのため、城の平面、宮城の殿舎配置などは北魏洛陽より整然と対称的なものとなっている。その点は、北魏洛陽の南北方向の最大の主要路である銅駝街が、旧来の宮城と城門の影響で、大きく西に偏っていたのに対し、鄴南城の閶闔門大街がほぼ城の中央を南北に走っていることに認めることができる。鄴南城を北魏洛陽と比べると、すでに〔朱岩石 二〇〇一〕が指摘するように、北魏洛陽では魏晋の旧都城の遺構の規制により実現できなかった左右対称プランなどが、より理想に近い形で実現することが可能となったものと評価することができる。なお、鄴南城は平坦な土地に位置し、周辺を山に囲まれた長安や洛陽とは大きく異なる地形である。新たに都を造る場合、独立丘陵や谷地形などを設計の基準とすると考えられるが、そうした地形の顕著な変化は地図上でも現地でも認めることはできなかった。そのため、鄴南城はその東西をすでに存在した鄴北城の東西幅により決定され、その数値から中軸線を設定し、さらに、北魏洛陽城の東西・南北比を参考にして都城の規模を決定したのではないかと思われる。

北魏洛陽と隋大興を比較した場合、顕著な違いの一つに官署を集中させた皇城の存在がある。今回提示した復原案では閶闔門外に官署が集中することになり、隋大興の皇城に繋がる要素を認めることができるが、皇城のように完全な官署群だけの区画を形成するにはいたっていない。したがって、鄴南城の官署の配置も、北魏洛陽の銅駝街両側に配置されていた官署群を、ほぼそのまま踏襲したものと言える。

なお、近年問題となっている鄴南城の外郭の存在の有無についても触れておきたい。従来からも南城の城西、城南からは仏像の発見が相次いでおり〔河北省臨漳県文物保管所 一九八〇〕〔中国社会科学院考古研究所・河北省文物研究所 鄴城考古工作隊 一九九二〕、さらに朱明門の南側一・五kmで発見された大規模な仏塔が発見されたことによって、南城の外に寺院が存在することは明らかとなった〔中国社会科学院考古研究所・河北省文物研究所鄴城考古工作隊 二〇〇三、二〇一〇、二〇一三a、b〕〔朱岩石 二〇〇六〕。問題は、城外に寺が点在した光景を想定するのか、それらが郭により取り込まれていたのかということである。その点に関わり、『鄴中記』には、「石橋」の記述について以下のようにある。

王城の東五里。南北長さ一百尺、東西闊二丈九尺、高さ一丈九尺。元象二年、僕射高隆之造る。時に當り、橋北を以て東市と爲る。卽ち古の萬金渠なり。

この史料から、王城の東五里に東市があったことが分かる。この王城が鄴南城を指すのか、宮城を指すのかは不明だが、少なくとも東市が城外にあることは明らかであり、当然、周囲には居住域も広がっていたのであろう。以上の市の存在と、相次ぐ仏教寺院関連遺物・遺構の発見から、北魏洛陽と同様に鄴南城も周囲に郭があったものと考えられるのである。しかしそれは、隋大興が宮城・皇城―外郭城という構成をとっていたのとは異なり、宮城―内城―外郭という北魏洛陽のプランを全く踏襲したものに過ぎないのである。

以上のことから、鄴南城は単に強く北魏洛陽を意識しているという以上に、北魏洛陽を再現しようとした形跡すら認めることができるのである。次にこの点を鄴周辺の遺跡と合わせて見ることにしたい。

鄴城の周辺には同時代の遺跡として皇帝陵以下の墓群がある〔馬忠理 一九九四〕〔張子英・張利亜 二〇〇三〕（**図一**）。かつて鄴の北西を流れていた漳河を境として北西側に墓群が広がる。土地の標高は西側に行くにしたがい増しており、最も西にあるのは「天子冢」という大墓である。鄴のある東南から望むと「天子冢」は段丘の上に聳えており、周囲の墓の中で一際目立っている。天子冢の南方、一段地形が下がった場所には東魏宗室元氏の墓がひろがっている。一方、天子冢の北東約六㎞には大冢、二冢という大墓がまとまっている。大冢の北東三〇〇mにあった大墓からは墓誌が出土し、墓主が茹茹公主であることが分かり、その結果、付近に高歓の墓があることが明らかとなった〔磁県文化館　一九八四〕。周囲の墓の分布状況から見て、大冢が高歓の義平陵、二冢が高澄の峻成陵と考えられ、付近が斉の宗室の墓区であることが確認された。大冢の北西約二㎞にある湾漳村で発見された大墓は、墳丘が削平されていたが、墳丘の規模、墓室の規模や壁画の内容から皇帝陵であると考えられ、文宣帝高洋の武寧陵と考えられている。北斉の皇帝陵を上記のように考えると、鄴周辺で最も皇帝陵として相応しい位置を占める天子冢は東魏の孝静帝陵ということになる。天子冢の周辺が元氏墓群となっていることもその点を傍証する。

さて、ここで注目したいのは皇帝陵といわれる各大墓の墳丘の規模である。洛陽の北魏皇帝陵の墳丘の規模を見ると、孝文帝長陵は直径一一一・五m、高さ約二一m〔洛陽市第二文物工作隊　二〇〇五〕、宣武帝景陵が直径一一〇m、高さ二四m〔中国社会科学院考古研究所洛陽漢魏城隊・洛陽古墓博物館　一九九四〕であるのに対し、天子冢は直径一二〇m、高さ三〇m〔馬忠理　一九九四〕であり、その規模は驚くほど近い。これを見て明らかなように、東魏皇帝陵と思われる天子冢は明らかに北魏の陵墓に準じて設計されており、さらに北斉も、文宣帝武寧陵と言われる湾漳大墓の墳丘直径は一一〇mであり〔中国社会科学院考古研究所・河北省文物研究所　二〇〇三〕、その規格を踏襲している。発掘された湾漳大墓の墓室の規模を見ても同様のことが指摘できる。さらに陵墓の立地を見ると、都城近郊の高台という点で同じであり、また、皇帝陵の周辺には他に墓を築くことがなく、一定の距離を置いて宗族の墓地を設ける点も共通する。つまり、東魏北斉は、都城造営のプランだけでなく、陵墓の配置など、都城周辺の景観も洛陽を意識していたと考えることができるのである。

以上の状況から考えると、都城、陵墓ともに北魏のものと酷似しているのは、北魏の制度を継承しようとする強い意思が働いた結果と考えるのが自然であろう。高歓が北魏末に擁立した皇帝の元脩〔出帝・孝武帝〕が関中の宇文泰のもとに逃亡したため、急ぎ孝静帝を立てて鄴に遷都したという経緯を考えれば、高歓が自らのよって立つ政権の正統性に留意したのは当然といえる。新たな地に立てた元氏を頂く政権が正統な北魏の後継者であることを主張するために、洛陽と同じ都城を営み、陵墓を含む周辺の景観も洛陽に似せたと考えられるのである。軍閥である高歓が権力を握って晋陽に居り、権威をもつ鄴の元氏を統制しつつ、両者の統合に苦慮したことは、すでに谷川道雄氏の指摘するところであるが〔谷川道雄　一九八八〕、まさにその権威の正統性を示すために鄴南城は魏の都洛陽の再現として築かれる必要があったのである。

なお、これに関して触れておきたいのは晋陽についてである。東魏では実力者である高歓、高澄父子が大丞相府を晋陽に置き鄴の魏帝をコントロールし、さらに王朝が斉に代った後も、晋陽には北斉の中核をなす軍団が駐屯し、北周と対峙していた。このため、北斉皇帝も晋陽と鄴を往復し、その様子は竇泰墓誌に「二都」と表現されるほどであった。(24) そのため、渠川福氏は晋陽の役割を重視し、実質的に晋陽が都であり、鄴はむしろ陪都である、と評価している〔渠川福　一九八九〕。晋陽が高氏政権の権力を保障した北族の根拠であり、北周との軍事的な要衝として重視されていたことは史書に記されたとおりである。また、近年発掘された東安王婁叡の墓〔山西省考古研究所・太原市文物考古研究所　二〇〇六〕や武安王徐顕秀の墓〔山西省考古研究所・太原市文物考古研究所　二〇〇三〕など北族の実力者の墓が分布することもそれを物語っている。しかしながら、郊祀や皇帝の殯と埋葬を行うのはすべて鄴であり、都城としての鄴の地位は晋陽とは比較にならない。また東魏北斉の晋陽と鄴に関わる埋葬者を墓誌を用いて比較したところ章末表のようになっている。晋陽に埋葬された人々がほぼ現在の山西省を中心とした所謂北族だけであるのに対し、鄴の埋葬者の本貫地は北斉全土にわたっており、この点からも鄴が都城であったことは動かない。ただ、軍事的な緊張と強大な軍事力のため、歴代皇帝が晋陽を重視したのは確かであるが、ここに都城の機能の分裂を見るのではなく、北斉が常に戦時体制であり、新たな統一国家の展望を打ち出すことができないまま滅亡した事実を象徴的に示していると考えたい。そのため、都城の機能、配置に新機軸を打つ出すことなく北斉は滅亡したのであり、その都である鄴は新たなプランを打ち出した都城というよりも、むしろ北魏洛陽の再現を目的として営まれた都城だったのである。

おわりに

以上、鄴城について、これまでの研究成果と調査成果をまとめつつ宮城を中心に復原案を提示し、それにもとづき主に北魏洛陽との関係を論じてきた。鄴南城は宮殿名、門名だけでなく、宮城や都城の平面形態にいたるまで北魏洛陽と酷似している。さらに周囲に築かれた陵墓の規模やその選地などもすべて洛陽期の北魏と同様である。それは決して偶然のことではなく、東魏・北斉政権がおよそ一〇〇年にわたり華北に君臨した北魏王朝の正統な後継者であることを主張する必要性から生み出されたものだったのである。西魏・北周との臨戦態勢のまま滅亡した東魏・北斉王朝には、北魏洛陽の正確な模倣と若干の改良を加えるのが限界で、新機軸を打ち出すところには至っていないと考えられるのである。南城の中軸線の存在など、北魏洛陽に比べると非常に整理された形態をとるが、それは北魏洛陽が魏晋の遺構に制約を受けたのに対し、鄴南城はほとんど白紙の場所に新たに都城を造営することができたため、より理念に近い建設が可能だったことによるものなのである。

注

（1）鄴を隋唐長安の前身と位置づける見解は、すでに〔陳寅恪 一九八〇〕や〔那波利貞 一九三一〕で出され、現地で調査を実施している鄴城考古工作隊の報告にも継承されている。
（2）鄴城の調査成果や動向については〔中国社会科学院考古研究所など 二〇一四〕参照。
（3）鄴の歴史については前掲〔村田 一九三八〕に簡潔な記述がある。
（4）漢代の都市については〔周長山 二〇〇一〕に集成が行われており、おおよその形状を知る上で便利である。後漢代の都市と官衙については壁画資料により具体的な様子を知ることができ、城の一角を区切り官衙とする事例が多い。漢代の官衙については〔佐原康夫 一九八九〕参照。
（5）許昌について本格的な調査はまだ行われていないが、〔塩沢裕仁 二〇〇四〕に現地踏査に基づく推定図が作成されている。それによれば許昌の宮城は城の南端のやや東よりにつくられている。
（6）現行の『鄴中記』輯本や『鄴都故事』および『鄴都記』などについては黄恵賢氏の「輯校『鄴中記』序」が詳しい〔黄恵賢 一九八八〕。氏によれば現行『鄴中記』輯本の鄴南城の記事および『鄴都故事』と呼ばれる史料は、北斉末に北斉の典章制度を記した楊楞伽『鄴都故事』に依るものという。本章でも史料の来歴については黄氏の見解に従うが、引用にあたっては「宮室志」の出典表記に従い『鄴中記』『鄴都故事』の双方を用いることとする。
（7）黄恵賢氏は翻刻にあたり「閤」字はすべて「閣」字とするが、『嘉靖彰徳府志』に基づき「閤」に改める。以下の引用でも同じである。
（8）『北史』に見ゆ」とは『鄴中記』『鄴都故事』のいずれにもふさわしくなく、崔銑の案語か『相台志』の文と思われる。
（9）この配列について旧稿〔村元 二〇〇七〕では徐氏と同様の復原案を提示していた。その後、後述する『隋書』の史料から、異なる復原のほうがより整合的に解釈できると判断した。筆者の復原図の改訂版は〔村元 二〇一〇〕で発表済である。なお〔傅熹年 二〇〇二〕では都城全体の復原図では止車門―端門―閶闔門としているが、宮城の復原図では閶闔門―止車門―端門としている。筆者の今回の復原案は傅氏の宮城復原図の南門配置と同じとなる。
（10）及将禪位於文宣、襄城王旭及司徒潘相樂、侍中張亮、黄門郎趙彦深等求入奏事。帝在昭陽殿見之……直長趙徳以故犢車一乗偯於東上閤、帝上車、徳超上車持帝。……及出雲龍門、王公百僚衣冠拝辭、帝曰「今日不滅常道郷公、漢獻帝」。皆悲愴、高隆之泣灑。遂入北城下司馬子如南宅。

(11) 三月甲戌、帝（高演）初上省、旦、發領軍府、大風暴起、壞所御車幔、帝甚惡之。及至省、朝士咸集。坐定、酒數行、於坐執尙書令楊愔、右僕射燕子獻、領軍可朱渾天和、侍中宋欽道等。帝戎服與平原王段韶、平秦王高歸彥、領軍劉洪徽入自雲龍門、於中書省前遇散騎常侍鄭子默、又執之、同斬於御府之內。帝至東閤門、都督成休寧抽刃呵帝。帝令高歸彥喩之、休寧厲聲大呼不從。歸彥既爲領軍、素爲兵士所服、悉皆弛仗、休寧方歎息而罷。帝入至昭陽殿、幼主、太皇太后、皇太后竝出臨御坐。

(12) 神虎門は、『北斉書』『北史』では唐代の避諱の関係で神獣門、神武門とされているが、本章では引用史料以外はすべて神虎門に統一して表記する。

(13) 東西堂の役割は魏晋南北朝期の宮城の中でもとりわけ重要なものである。両堂については〔渡辺信一郎 一九九六〕〔吉田歓 一九九七〕〔内田昌功 二〇〇四〕を参照。

(14) 現行の『北斉書』琅琊王伝は散逸したため『北史』により補っている。ところが引用した箇所につき『北斉書』では「含光殿」とあるが『北史』では「含章殿」とある。『資治通鑑』巻一七〇・陳紀四・光大元年の条には「含光殿」とあるため、ここでは「含光殿」としておく。

(15) 北魏洛陽宮城の復原案については、徐松『河南志』所掲の「後魏京城図」および〔銭国祥 二〇〇三〕参照。建康については多くの復原案があるが、文献資料を基に復原したものとして〔郭湖生 一九九一、一九九九〕、〔外村中 一九九八〕があり、考古資料を用いたものには〔賀雲翺 二〇〇五〕がある。また〔中村圭爾 二〇〇五〕では建康と鄴北城、洛陽との殿舎名の比較を行っている。

(16) 宮城門前での大赦については〔渡辺信一郎 二〇〇〇〕を参照。

(17) 是日、京師獲赤雀、獻於南郊。事畢、還宮、御太極前殿。詔曰「無德而稱、代刑以禮、不言而信、先春後秋。故知惻隱之化、天人一揆、弘宥之道、今古同風。朕以虛薄、功業無紀。昔先獻武王値魏世不造、九鼎行出、乃驅御侯伯、大號燕、趙、拯厥顛墜、俾亡則存。文襄王外挺武功、內資明德、纂戎先業、闢土服遠。年踰二紀、世歷兩都、獄訟有適、謳歌斯在。故魏帝俯遵曆數、爰念褰裳、遠取唐、虞、終同脫屣。實幽憂未已、志在陽城、而羣公卿士誠守愈切、遂屬代終、居於民上、如涉深水、有眷終朝。始發晉陽、九尾呈瑞、外壇告天、赤雀效祉。惟爾文武不貳心之臣、股肱爪牙之將、左右先王、克隆大業、永言誠節、共斯休祉。思與億兆同始茲日、其大赦天下。改武定八年爲天保元年。其百官進階、男子賜爵、鰥寡六疾義夫節婦旌賞各有差」。

(18) 癸卯、發喪、斂於宣德殿。十一月辛未、梓宮還京師。十二月乙酉、殯於太極前殿。乾明元年二月丙申、葬於武寧陵、謚曰文宣皇帝、廟號威宗。

(19) 〔呉承洛　一九三七〕の北斉尺の一尺二九・九七㎝に基づくと、三〇歩は五三九四・六㎝という数値となる。

(20) 『北斉書』巻四・文宣帝紀に「(天保二年七月) 己卯、改顯陽殿爲昭陽殿」とある。

(21) 『大唐六典』では唐長安の主要殿舎を以下のように区分している。承天門＝若元正冬至、大陳設燕會、赦過宥罪、除舊布新、受萬國之朝賀、四夷之賓客、則御承天門聽政。太極殿＝朔望則坐而視朝焉。兩儀殿＝常日聽朝而視事焉。鄴南城もほぼこれに対応している。

(22) 鄴南城宮城は東西六二〇m、南北は北端を北城までとして図上で計測すると約一八〇〇mである。北魏洛陽宮城は実測値で東西六六〇m、南北一三九八mであるが、北墻が発見されておらず、後園を含めて北城壁までを計測すると南北約一七〇〇mとなる。洛陽内城は不規則な形状の上、南壁が失われており、正確な数字は出ないが東西約二五〇〇m、南北約四〇〇〇mである。鄴南城は東西二八〇〇m、南北三四六〇mである。

(23) 『鄴都記』について詳細は不明だが、『史通』巻一二に、

其の後、燕の太傅長史田融、宋の尚書庫部郎郭仲產、北中郎參軍王度、石の事を追撰し、『鄴都記』『趙記』等の書を集す。

とある。『鄴都記』の編者が『史通』に挙げられた三人の誰であっても東魏のことを記すことはできず、史料の来歴は不明とせざるをえない。鄴の記事については、『鄴中記』『鄴都故事』などもすべて佚書であり、編者や成書時期の特定が困難で

あり、『鄴都記』も同じ状況といえる。〔黄恵賢 一九八八〕参照。

（24）竇泰墓誌には、その葬地を讃え「左右山川、顧瞻城闕、地臨四野、道貫二都」とある。竇泰墓誌については趙超氏による釈文に依った〔趙超 一九八二〕。

【付記】

本章執筆にあたり、鄴城の現地での踏査では、朱岩石氏、王福生氏、何利群氏の、また調整にあたっては龍谷大学の徐光輝氏の協力を得た。特に記して感謝の意を表したい。

なお、本章初出は二〇〇七年『大阪歴史博物館研究紀要』第六号である。脱稿後、『隋書』の関連史料や先行研究の中で本章に深く関連する〔傅熹年 二〇〇一〕〔徐光冀 二〇〇二〕の存在を知った。そこで旧稿の復原図を変更するとともに、内容を大幅に改めている。

【引用・参考文献】

上田早苗「曹魏とその後の鄴」『橿原考古学研究所論集』第一二、一九九四

内田昌功「魏晋南北朝の宮における東西軸構造」『史朋』第三七号、二〇〇四

王連龍『新見北朝墓誌集釈』中国書籍出版社、二〇一三

賀雲翺『六朝瓦当与六朝都城』文物出版社、二〇〇五

郭湖生「魏晋南北至隋唐宮室制度沿革　兼論日本平城京的宮室制度」山田慶児・田中淡編『中国古代科学史論続篇』京都大学人文科学研究所、一九九一

河北省臨漳県文物保管所「台城弁」『文物』一九九九年第五期、一九九九

河北省臨漳県文物保管所「河北鄴南城附近発現北斉石刻造像碑」『文物』一九八〇年九期、一九八〇

渠川福「我国古代陪都史上的特殊現象――東魏北斉別都晋陽略論」『中国古都研究』第四輯　浙江人民出版社、一九八九

呉承洛『中国度量衡史』、一九三七

黄恵賢「輯校『鄴中記』」『魏晋南北朝隋唐史資料』第九・一〇期（後、同氏『魏晋南北朝隋唐史研究与資料』湖北長江出版

集団・湖北人民出版社 所収、二〇一〇)、一九八八
佐原康夫「漢代の官衙と属吏について」『東方学報 京都』第六一冊（後、佐原康夫『漢代都市機構の研究』汲古書院 所収、二〇〇二)、一九八九
山西省考古研究所・太原市文物考古研究所「太原北斉徐顕秀墓発掘簡報」『文物』二〇〇三年一〇期、二〇〇三
『北斉東安王婁睿墓』文物出版社、二〇〇六
磁県文化館「河北磁県東魏茹茹公主墓発掘簡報」『文物』一九八四年四期、一九八四
塩沢裕仁「漢魏の都城〝許昌〟」『法政史学』第六二号（後、同氏『後漢魏晋南北朝都城環境研究』雄山閣 所収、二〇一三)、二〇〇四
朱岩石「東魏北斉鄴城の内城の成立について」『史観』一四五冊、二〇〇一
「鄴城遺跡趙彭城東魏北斉仏寺跡の調査と発掘」『東北学院大学論集歴史と文化』第四〇号、二〇〇六
周長山『漢代城市研究』人民出版社、二〇〇一
徐光冀「曹魏鄴城的平面復原研究」『中国考古学論叢』科学出版社、一九九三
「東魏北斉鄴南城平面布局的復原研究」『宿白先生八秩華誕紀念文集』文物出版社、二〇〇二
銭国祥「由閶闔門談漢魏洛陽城宮城形制」『考古』二〇〇三年七期、二〇〇三
「魏晋洛陽都城対東晋南朝建康都城的影響」『考古学集刊』第一八集、二〇一〇
「漢魏洛陽城の北魏宮城中枢南部の共同調査」奈良文化財研究所編『日中韓古代都城文化の潮流』クバプロ、二〇一三
外村中「六朝建康都城宮城攷」田中淡編『中国技術史の研究』京都大学人文科学研究所、一九九八
谷川道雄「両魏斉周時代の覇府と王都」『中国都市の歴史的研究』（後、同氏『増補 隋唐帝国形成史論』筑摩書房 所収、一九九八)、一九八八
中国社会科学院考古研究所・河北省文物研究所『磁県湾漳北朝壁画墓』科学出版社、二〇〇三

中国社会科学院考古研究所・河北省文物研究所・河北省臨漳県文物旅游局編『鄴城考古発現与研究』文物出版社、二〇一四
中国社会科学院考古研究所・河北省文物研究所　鄴城考古工作隊「河北臨漳鄴北城遺址勘探発掘簡報」『考古』一九九〇年七期、一九九〇
「河北臨漳鄴城遺址出土的北朝銅造像」『考古』一九九二年八期、一九九二
「河北臨漳県鄴南城朱明門遺址的発掘」『考古』一九九六年一期、一九九六
「河北臨漳県鄴南城遺址勘探与発掘」『考古』一九九七年三期、一九九七
「河北臨漳県鄴城遺址東魏北斉仏寺塔基的発現与発掘」『考古』二〇〇三年一〇期、二〇〇三（邦訳に朱岩石（佐川正敏訳）「中国河北省鄴城遺跡　北朝仏教寺院の巨大な塔基壇」『考古学研究』第五一巻第一号、二〇〇四がある）
「河北臨漳県鄴城遺址趙彭城北朝仏寺遺址的勘探与発掘」『考古』二〇一〇年七期、二〇一〇
「河北臨漳県鄴城遺址趙彭城北朝仏寺与北呉荘仏教造像埋蔵坑」『考古』二〇一三年七期、二〇一三a
「河北臨漳県鄴城遺址趙彭城北朝仏寺二〇一〇～二〇一一年的発掘」『考古』二〇一三年一二期、二〇一三b
中国社会科学院考古研究所洛陽漢魏故城隊　「河南洛陽市漢魏故城発現北魏宮城四号建築遺址」『考古』二〇一四年八期、二〇一四
中国社会科学院考古研究所洛陽漢魏城隊・洛陽古墓博物館　「北魏宣武帝景陵発掘報告」『考古』一九九四年九期、一九九四
張子英・張利亜　「河北磁県北朝墓群研究」『華夏考古』二〇〇三年二期、二〇〇三
趙超　『漢魏南北墓誌彙編』天津古籍出版社、一九九二
陳寅恪　『隋唐制度淵源略論稿』、一九八〇
那波利貞　「支那首都計画史上より考察したる唐の長安城」『桑原隲蔵博士還暦記念東洋史論叢』弘文社、一九三一
中村圭爾　「建康における傳統と革新」『大阪市立東洋史論叢』別冊特集号（後、同氏『六朝江南地域史研究』汲古書院　所収、二〇〇六）、二〇〇五
馬忠理　「磁県北朝墓群――東魏北斉陵墓兆域考」『文物』一九九四年第一一期、一九九四
傅熹年　「第二章　両晋南北朝建築　第一節　城市、第二節　宮殿」傅熹年主編『中国建築史第二巻　三国、両晋、南北朝、隋唐、

五代建築』中国建築工業出版社、二〇〇一
村田治郎「鄴都考略」『建築学研究』第八九号（後、同氏『中国の帝都』綜芸社 所収、一九八一）、一九三八
村元健一「東魏北斉鄴城の復元研究」『大阪歴史博物館研究紀要』第六号、二〇〇七
「中国都城の変遷と難波宮への影響」『東アジアにおける難波宮と古代難波の国際的性格に関する総合研究』平成一八～二一年度科学研究費補助金（基盤研究B研究代表者積山洋）、二〇一〇（本書の第三篇第二章）
吉田歓「隋唐長安城中枢部の成立過程」『古代文化』第四九巻第一号（後、「魏晋南北朝時代の宮城中枢部」と改題のうえ同氏『日中宮城の比較研究』吉川弘文館 所収、二〇〇二）、一九九七
羅新・葉煒『新出魏晋南北朝墓誌疏証』中華書局、二〇〇五
洛陽市第二文物工作隊「北魏孝文帝長陵的調査和鑽探」『文物』二〇〇五年七期、二〇〇五
渡辺信一郎『天空の玉座』柏書房、一九九六
「宮闕と園林——三～六世紀中国における皇帝権力の空間構成——」『考古学研究』第四七巻第二号（後、同氏『中国古代の王権と天下秩序——日中比較史の視点から』校倉書房 所収、二〇〇三）、二〇〇〇

【図出典】

図一・〔中国社会科学院考古研究所・河北省文物研究所 二〇〇三〕所掲図を基に作成
図二・〔中国社会科学院考古研究所・河北省文物研究所鄴城考古工作隊 一九九〇・一九九七〕所掲図を基に作成
図三・著者作成

表　墓誌から見た鄴と晋陽の埋葬者一覧

番号	埋葬地	王朝	姓名	本貫	追贈	享年	死去場所	卒年	埋葬場所	埋葬日	備考
1	鄴	東魏	張瓘	南陽西鄂	信都県令	46	中和里	天平元年七月二三日	鄴城之西	天平元年一○月七日	曽祖父は晋の張華
2	鄴	東魏	辛匡	隴西狄道	龍驤将軍通直散騎侍郎	35	鄴城北	天平四年正月二二日	「権葬于斯」	天平四年正月廿五日	「亀蔡不従、未既遷祔葬、廿五日辛酉権葬于斯」河南安陽出土
3	鄴	東魏	公孫氏	遼東襄平	大司馬華山王元鷙（孔雀）妃	37	鄴県敷数里	天平四年六月一九日	鄴城之西、武城之北	同年七月一六日	
4	鄴	東魏	元朗	河南洛陽	使持節都督冀瀛二州諸軍事中軍将軍冀州刺史尚書右僕射中正開国公	24	鄴都之宅	元象元年一○月一九日	武城之西北□剛□東南、皇宗陵封之内	元象元年一一月二九日	河北省清河県出土
5	鄴	東魏	公孫略	遼東	使持節侍中都督贏幽営三州諸軍事驃騎大将軍営刺史太尉公尚書左僕射	67	鄴城嵩寧里舎	元象二年四月一四日	漳水之西、野岡之東	元象二年一○月二九日	
6	鄴	東魏	高湛	渤海滌	仮節督斉州諸軍事輔国将軍斉州刺史	43	家	元象元年正月二四日	故郷司徒公（父）之塋	元象二年一○月一七日	
7	鄴	東魏	閭伯昇	河南洛陽	使持節都督冀州諸軍事驃騎大将軍冀州刺史儀同三司、本国大中正		官第	興和二年五月	鄴城西南十八里	興和二年一○月	柔然主の後。公主元仲英と合葬
8	鄴	東魏	元寶建（景植）	河南洛陽	使持節侍中仮黄鉞相国太保司徒公録書事都督雍秦涇渭華五州諸軍事雍州刺史宜陽郡王			興和三年七月九日	附葬於文宣王陵之右	興和三年八月二一日	鄴西に墓碑現存
9	鄴	東魏	元鷙	河南郡洛陽県天邑郷霊泉里	仮黄鉞侍中尚書令司徒公都督定冀瀛滄四州諸軍事驃騎大将軍冀州刺史	69	京師	興和三年六月九日	鄴県武城之北原	興和三年一○月二二日	王妃公孫氏と合葬か
10	鄴	東魏	李氏	隴西狄道	博陵公元氏夫人	30	家	興和三年応鍾之月二日	鄴城西北十有五里	黄鍾之月一七日	

11	鄴	東魏	李挺	隴西狄道	千乗県侯、使持節侍中都督雝秦涇三州諸軍事驃騎大将軍雝州刺史司徒公尚書左僕射	64		興和三年六月一七日	鄴城之西南七里豹祠之東南二里半	興和三年一二月二三日	
12	鄴	東魏	元悰	河南洛陽	使持節侍中太傅司徒公仮黄鉞都督定瀛滄三州諸軍事驃騎大将軍定州刺史			興和四年一一月二日	鄴城西北十五里	武定元年三月一九日	
13	鄴	東魏	郭肇	太原晋陽	左将軍太中大夫	68	上京建忠里		鄴城西南十五里	武定元年閏月二九日	河南省安陽
14	鄴	東魏	陰宝	武威	征東将軍金紫光禄大夫	75	臨漳県軌佋里	武定二年二月八日	鄴城西南	武定四年五月八日	河南省安陽出土
15	鄴	東魏	元湛	河南洛陽	使持節仮黄鉞侍中太傅大司馬尚書令都督定殷瀛幽四州諸軍事驃騎大将軍定州刺史	35	鄴	武定二年五月一四日	武城之北原	武定二年八月	天子挙哀東堂
16	鄴	東魏	閭祥	河南洛陽	征虜将軍兗州高平太守	53	第	武定二年七月	鄴城西南十五里	武定二年一〇月二二日	河南省安陽出土。柔然の郁久閭氏か
17	鄴	東魏	王令媛	琅邪臨沂	廣陽王元湛妃	20	鄴	興和四年一〇月二〇日	合葬於武城之北原	武定二年八月	
18	鄴	東魏	元顕	河南洛陽	使持節都督梁州諸軍事安西将軍梁州刺史散騎常侍	44	第	太和二四年	鄴城之西陵	武定二年八月二〇日	皇居徙鄴、墳陵遷改、以大魏之武定二年歳次甲子八月癸丑朔廿日壬申移葬於鄴城之西陵。
19	鄴	東魏	侯海	上谷居庸	伏波将軍諸治令		第	武定二年四月	漳水之陽	武定二年一〇月一〇日	
20	鄴	東魏	元光基	河南	侍中征西将軍雍州刺史司空公呉郡王	19	私宅	武定三年二月一九日	西陵	六月二八日	
21	鄴	東魏	元剤	河南洛陽	散騎侍郎汝陽王	38		武定三年閏月二〇日	鄴城西北十五里武城之陰	武定三年一一月二九日	
22	鄴	東魏	陰宝	武威	征東将軍金紫光禄大夫	75	臨漳県軌佋里	武定二年二月八日	鄴城西南	武定四年五月八日	河南省安陽出土

23	鄴	東魏	盧貴蘭	范陽涿県	章武王妃	54	鄴都	武定四年一一月八日	漳水之北武城之西	武定四年一一月二二日	
24	鄴	東魏	趙胡仁	南陽苑	南陽郡君夫人	78	第	武定三年	鄴城西北七里之北、左帯漳水五里之西	武定五年二月二九日	「河北磁県東陳村東魏墓」『考古』一九七七年六期
25	鄴	東魏	馮令華	長楽信都	任城文宣王文竫太妃	60	国邸	武定四年四月四日	鄴城西崗漳水之北	武定五年一一月一六日	
26	鄴	東魏	陸順華	河南洛陽	東安王太妃	59	鄴城脩正里之第	武定五年五月一一日	武城之西北、去鄴城十里	武定五年一一月一六日	
27	鄴	東魏	蕭正表	蘭陵	侍中使持節都督徐陽兗豫済五州諸軍事驃騎大将軍徐州刺史司空公、蘭陵郡開国公、呉郡王	42	私第	武定七年一二月廿三日	鄴城之西垧	武定八年二月二九日	
28	鄴	東魏	穆子巌	河南洛陽	朱衣直閣司徒諮議参軍	35	鄴京	武定七年一二月一八日	鄴都之西西門豹祠之曲	武定八年五月一三日	
29	鄴	北斉	元賢	河南洛陽	都督徐兗二州諸軍事、大将軍太府卿兗州刺史開国伯洛川県開国子安次県都郷男	55	家	天保二年四月八日	鄴城西漳水之陽十有二里、即魏之旧陵也。	天保二年一一月三日	
30	鄴	北斉	元孝輔	河南洛陽	平西将軍太子庶子	42	家	天保三年三月一六日	伯陽城西漳水之南	天保三年三月二六日	河南省安陽出土
31	鄴	北斉	司馬遵業	河内温	使持節都督冀定瀛滄懐五州諸軍事太師太尉公懐州刺史陽平郡開国公	64	鄴都中壇里第	天保三年一二月二五日	鄴城西北十五里山岡之左	天保四年二月二七日	司馬興龍の子
32	鄴	北斉	馮娑羅	長楽信都	平陽王国妃	22	国邸	天保四年七月一五日	鄴県之西垌	天保四年九月一日	河北省趙県出土
33	鄴	北斉	婁黒女	代郡平城	使持節侍中太師大司馬太尉公録尚書事竇公夫人	59	鄴都允忠里第	天保五年三月二四日	合葬武貞公之穴、鄴城西二十里	天保六年二月九日	竇泰夫人

34	鄴	北斉	爾朱世邕	梁郡	征虜将軍都督永安県開国男・歴城県開国男	40	鄴		紫陌北	天保六年正月四日	河北省磁県出土
35	鄴	北斉	元子邃	河南洛陽	征西将上洛県開国男		鄴城西□里之第	天保六年一〇月一五日	鄴城之西南去城廿里	天保六年一一月七日	夫人李氏と遷葬
36	鄴	北斉	皇甫琳	安定朝那	直閣将軍員外散騎侍郎鎮東将軍金紫光禄大夫□陽太守広州大中正	76	京戸	天保九年□月二三日	鄴城西北廿余里	天保九年一一月二〇日	
37	鄴	北斉	高渙	渤海修	使持節都督予斉梁信膠光六州諸軍事、司空公、予州刺史、上党王	26	鄴第	天保一〇年六月二七日	釜水之陽	乾明元年四月一六日	高歓の第七子。河南省臨漳出土
38	鄴	北斉	高章	渤海修	使持節仮黄鉞太師司徒録尚書事都督冀定瀛汾晋雲顕青斉袞十州諸郡州刺史	23	鄴之第	乾明元年二月六日	鄴城西北二十七里	乾明元年四月一六日	献武帝の第一一子
39	鄴	北斉	邢阿光	河間鄚	大都督是連公夫人	83	鄴城西宣平行土台坊中之台	皇建元年一〇月一六日	漳河北四里之山	皇建二年一一月一九日	
40	鄴	北斉	爾朱元静	北秀容	叱列延慶夫人	72		武平三年	鄴城西南栢山之陽	河清三年正月二日	
41	鄴	北斉	斛律氏	朔州部落	楽陵郡王妃（高百年）	15	鄴県永康里第	河清二年八月一九日	武城西北三里	三月二日	附葬
42	鄴	北斉	高百年	渤海修	楽陵郡王		邸第	河清三年	鄴城之西十有一里□[武]城西北三里	三月二日	献武帝の孫、孝昭帝の子
43	鄴	北斉	堯峻	上党長子	開府儀同三司中書監征羌県開国侯	62	臨漳県永福里第	天統二年六月七日	鄴城西北七里	天統三年二月二〇日	「河北磁県東陳村北斉堯峻墓」『文物』一九八四年四期
44	鄴	北斉	吐谷渾静媚	河南洛陽	堯峻夫人	47	京師永福里第	天統元年六月三日	鄴西漳北負郭七里	天統三年二月二〇日	「河北磁県東陳村北斉堯峻墓」『文物』一九八四年四期
45	鄴	北斉	李淑容	趙郡栢仁		21	宅	天統三年一一月五日	鄴城西南豎馬崗東七里	天統三年一一月一六日	河南省安陽出土

46	鄴	北斉	宇文誠	太原晋陽	尚書都官	73	私第	天統五年八月	鄴郡西南三十里之高原		
47	鄴	北斉	張僧賢	桑乾桑乾	沙門大統	66	興聖寺	武平元年二月五日	野馬岡東北二里	武平元年二月五日	河南省安陽出土
48	鄴	北斉	劉双仁	廣平廣平	仮節督朔州諸軍事朔州刺史	91	宅	武平元年閏二月一〇日	鄴城西卅里	一一月一一日	
49	鄴	北斉	劉悦	太安郡狄那	特進驃騎大将軍開府儀同三司廣州刺史済陰郡開国公贈朔肆恒三州諸軍事朔州刺史尚書右僕射泉城王	53	家	武平元年七月一五日	鄴城西十里	武平元年一一月一二日	
50	鄴	北斉	呉遷	渤海安陵	使持節都督東雍州諸軍事驃騎大将軍儀同三司豳雍二州刺史武平県伯	69			鄴城西卅里	武平元年一一月一二日	
51	鄴	北斉	梁子彦	安定天水	儀同三司大理卿予州刺史	58	東明里宅	武平二年二月二五日	野馬崗、北去王城廿里	武平二年四月二〇日	
52	鄴	北斉	□忻	弘農胡城	平昌子、中堅将軍	75	鄴城北信義里	武平元年一二月一八日	武城北	武平二年五月三日	
53	鄴	北斉	独孤思男	代郡平城	定滄瀛幽寧朔懐建済袞	60	臨漳香夏里	武平二年七月二六日	附葬堯儀同、鄴西漳水北旧塋	武平二年一〇月二二日	征西大将軍中書監開府儀同三司岐懐二州刺史征羌県開国伯堯峻（難宗）の夫人。「河北磁県東陳村北斉堯峻墓」『文物』一九八四年四期
54	鄴	北斉	徐之才	東莞姑幕	太子太師侍中特進驃騎大将軍開府儀同三司使持節都督袞斉徐三州諸軍事袞州刺史録尚書事司徒□池陽県開国伯安定県開国子西陽王	68	清風里第	武平三年六月四日	鄴城西北廿里	武平三年一一月二二日	
55	鄴	北斉	王氏	太原祁	金明郡君	66	脩義里	武平四年四月	鄴城西北之旧塋	武平四年一〇月一七日	附葬。高建墓誌も発見済

56	鄴	北斉	赫連子悦		侍中車騎将軍開府儀同三司左僕射吏部尚書太常卿食貝丘県	73	鄴都里舎	武平四年八月二四日	鄴城西南十五里所	武平四年一一月二三日	武定元年九月二日に卒した閭炫は妻か？
57	鄴	北斉	高僧護	渤海條		6	京師	武平四年一一月	鄴城西紫陌河之北七里		司徒公淮陰王の子
58	鄴	北斉	魏懿	清都鄴	翊軍将軍	65	清風里	武平五年一〇月二二日	鄴漳之陰西門豹之西南	武平五年一一月二九日	
59	鄴	北斉	鄭子尚	滎陽開封	驃騎大将軍陽州長史	57	伐□城	武平五年五月二一日	鄴城西南廿五里	武平五年一二月二三日	
60	鄴	北斉	尉囧	代郡平城	輔国将軍、広寧太守	73		武平二年二月二八日	邯鄲城西廿里	武平六年一二月二三日	河南省安陽出土
61	鄴	北斉	顔玉光	斉州	文宣帝弘徳夫人	47	鄴城	武平七年八月二六日	鄴城西七十余里石門之右		「河南安陽県清理一座北斉墓」『考古』一九七三年二期
62	鄴	北斉	元洪敬		太尉府従事中郎	68		河清四年四月一日	鄴郊之馬崗之朝陽	河清四年八月二二日	「斉太尉中郎元府君墓誌」『書法』二〇〇二年一期
63	鄴	北斉	薛懐儁	河東汾陰	驃騎大将軍使持節都督北徐州諸軍事北徐州刺史	60	京宅	興和四年	鄴城西南廿里	興和四年一二月廿三日	劉恒「新出土石刻題跋二則」『書法叢刊』二〇〇〇年第三期
64	鄴	北斉	皇甫艶	安定朝那	薛懐儁夫人	70	里宅	天統二年一二月六日	野馬崗東	天統四年一二月二三日	劉恒「新出土石刻題跋二則」『書法叢刊』二〇〇〇年三期
65	鄴	北斉	李難勝	趙郡柏仁永寧郷陰灌里	済南王（廃帝）高殷夫人	22	大妙勝寺舎	武平元年五月一四日	鄴城西北一十里処	武平元年五月三〇日	張利亜「磁県出土済南愍王妃李尼墓誌述略」『北朝研究』一九九六年三期
66	鄴	北斉	元華	河南洛陽	使持節都督東徐州諸軍事驃騎大将軍和紹隆夫人	64	鄴城宣風行広寧里	武平四年六月二五日	鄴城西南十五里	武平四年八月二八日	「安陽北斉和紹隆夫婦合葬墓清理簡報」『中原文物』一九八七年一期

67	他所→鄴	東魏	司馬興龍	河内温	使持節司徒公都督定瀛滄幽殷五州諸軍事驃騎大将軍定州刺史	40	朔州城内舎	太和一四年正月八日	鄴城西北十五里、釜陽城西南五里平岡土山之陽	興和三年一一月一七日	死去時と埋葬がかなり開く
68	他所→鄴	東魏	元均	河南洛陽	使持節都督冀滄幽三州諸軍事驃騎大将軍儀同三司冀州刺史	52	洛陽里宅	永安二年六月二一日	鄴西僖王塋次	武定二年八月二〇日	夫人の杜氏が天平二年七月に死去。この後、合葬される。元均は淮南僖王元顕の次子
69	他所→鄴	東魏	宗欣		持節都督北荊州諸軍事冠軍将軍北荊州刺史	67	県	武定三年七月七日	鄴都之西望馬崗之左	武定三年一〇月二八日	同年九月遷柩鄴都崇仁里宅
70	他所→鄴	北斉	敬氏	平陽	襄楽国妃	53	晋陽	天保五年	鄴城献武陵之西	天保五年一〇月七日	帰葬於鄴とある。献武帝の従弟の妃
71	他所→鄴	東魏	閭叱地連		長廣郡開国公高氏の室	13	晋陽	武定八年四月七日	釜水之陰、斉献武王之塋内	武定八年五月一三日	「河北磁県東魏茹茹公主墓発掘簡報」『文物』一九八四年四期
72	他所→鄴	東魏	辛琛	隴西都郷狄道里	侍中使持節都督南秦膠鄯三徐岐雍八州諸軍事驃騎大将軍儀同三司八州刺史尚書僕射東南道大行台司空公略陽県開国侯		武原	天平三年正月一一日	鄴城西南十有二里	興和二年五月二日	伝河北省趙県出土
73	他所→鄴	東魏	孟桃湯		斉州前右箱親信都			武定四年一二月二六日	鄴城西南十五里		遷葬。河南省安陽出土
74	他所→鄴	北斉	韓智輝	昌黎棘城	上党国太妃	48	冀州之府第	天保二年一一月二八日	義平陵之東	天保三年二月二二日	河北省磁県出土
75	他所→鄴	北斉	竇泰	清河灌津	使持節侍中太師大司馬太尉公録尚書事顕蔚相冀定并恒瀛八州刺史広阿県開国公	38	弘農陣所	天平四年正月一七日	京城之西二十里	天保六年二月九日	
76	他所→鄴	北斉	高建	渤海修	使持節都督冀幽安三州諸軍事開府儀同三司太常卿冀州刺史（王氏墓誌より）	56	晋陽	天保六年三月七日	鄴城之西北十里漳水之陽	天保六年一〇月一四日	神武帝の再従弟（妻王氏墓誌）

77	他所→鄴	北斉	徐徹	高平金郷	使持節都督廣徐陽懐洛五州諸軍事驃騎大将軍五州刺史司農鴻臚二大卿昌陽県開国男	57	州府（新城か）	天保九年七月二〇日	鄴西南野馬崗之東	天保一〇年正月二一日	
78	他所→鄴	北斉	高淯	渤海修	封城郡王、使持節仮黄鉞太師太尉録尚書事都督定滄瀛幽寧朔懐建済袞十州諸軍事定州刺史	16	晋陽	天保二年三月二日	鄴城西北廿八里	乾明元年四月一六日	
79	他所→鄴	北斉	石信	楽陵厭次	使持節都督豳夏寧秦済鄭恒霊趙九州諸軍事驃騎将軍開府儀同三司右衛将軍中書監趙州刺史南郷県開国子陳留郡開国公	68	鄭州府内	皇建二年六月二一日	鄴城西十里漳河之陽	大寧元年一一月一九日	
80	他所→鄴	北斉	閭炫	代郡平城	赫連公夫人	34	林慮郡	武定元年九月二日	豹祠西南五里	河清三年三月二四日	柔然主の後
81	他所→鄴	北斉	薛廣	河東河東	熒陽太守	67	成安県脩仁里舎	河清二年	野馬崗東市壹十里所	河清四年二月七日	
82	他所→鄴	北斉	趙□（字は道徳）	安定臨涇	使持節都督趙安二州諸軍事驃騎大将軍趙州刺史開府儀同三司中書令河陰県開国伯戎安県開国子		晋陽	天統元年五月一〇日	鄴城西北十里	天統元年一〇月一二日	
83	他所→鄴	北斉	高胋	渤海條	（儀同三司青州使君の孫）	9	晋陽之第里	皇建二年一一月二六日	鄴北紫陌之陽	天統二年二月二五日	趙超は公孫を姓ととるが、高姓だろう。
84	他所→鄴	北斉	暴誕	魏郡斥丘	開府儀同三司尚書左僕射使持節都督斉雲二州諸軍事雲州刺史	56	黄苽堆子	孝昌元年七月一〇日	鄴城西北卅里永吉岡之上	武平元年五月九日	定陽王暴顕の働きによるもの
85	他所→鄴	北斉	穆建	司州清都	鎮西将軍直盪正都督	29	并所	武平元年	鄴城西南十有余里	武平七年一一月九日	河南省安陽出土
86	他所→鄴	北斉	乞伏保達	金城金城	驃騎大将軍潁川太守斉昌鎮将	56	青州	武平元年一二月一一日	鄴城西北七里紫陌之陽	武平二年二月一八日	

87	他所→鄴	北斉	雲栄	朔方	趙安平三州諸軍事趙州刺史中書令	70	西中府	武平四年一〇月九日	鄴城西廿五里	武平五年正月一〇日	
88	他所→鄴	北斉	可朱渾孝裕	太安郡狄那県	使持節都督常安平南北二営五州諸軍事尚書右僕射司空公常州刺史扶風王	38	揚州之地	武平五年五月一一日	鄴城西廿里野馬崗	武平七年五月七日	羅新「抜北斉『可朱渾孝裕墓誌』」『北大史学』第八輯二〇〇一年
89	他所→鄴	北斉	高潤	渤海條	侍中使持節仮黄鉞定滄瀛趙幽安平常朔并肆十二州諸軍事左丞相太師録尚書事冀州刺史、馮翊郡王文城郡開国公		州館	武平六年八月六日	鄴城西北三十里釜水之陰	武平七年二月一一日	献武帝一四子。「河北磁県北斉高潤墓」『考古』一九七九年三期
90	鄴→旧塋	東魏	鄭氏	滎陽開封	頓丘男李府君夫人	41	鄴	武定七年四月一一日	遷于旧塋	二月二八日	「河南濮陽北斉李雲墓出土的瓷器和墓誌」『考古』一九六四年九期
91	鄴→旧塋	北斉	□脩娥	范陽涿	崔昂夫人	37	鄴県之脩人里	天保二年二月二九日	常山之旧塋	天統二年二月一四日	帰葬。「河北平山北斉崔昂墓調査報告」『文物』一九七三年一一期
92	鄴→旧塋	北斉	崔昂	博陵安平	祠部尚書趙州刺史	58	鄴都之遵明里舎	天統元年六月二九日	旧塋	天統二年二月一四日	帰葬。「河北平山北斉崔昂墓調査報告」『文物』一九七三年一一期
93	鄴→旧塋	北斉	溥華	清河貝丘	宜陽国太妃	94	鄴城宣化里第	武平七年正月一四日	司空之塋（山東歴城）	武平七年五月七日	司空公趙氏夫人。「釈北斉宜陽国大妃溥華墓誌銘」『文物』一九八五年一〇期
94	鄴→旧塋	北斉	崔幼妃	博陵安平	博陵郡君	74	鄴之道政里	武平六年一二月二二日	司空簡文公之塋（河北贊皇）	武平七年一一月七日	「河北贊皇東魏李希宗墓」『考古』一九七七年六期
95	鄴→旧塋	北斉	李祖牧	趙郡平棘	使持節都督趙州諸軍事趙州刺史大鴻臚卿始平子	59	鄴城宣化之里舎	天統五年七月五日	先夫人旧兆北六十歩	武平五年一二月一〇日	「臨城李氏墓誌考」『文物』一九九一年八期
96	鄴→旧塋	北斉	李君穎	趙郡平棘		34	宣化里	武平四年六月五日	先君趙州使君塋東北	武平五年一二月一〇日	李祖牧の子。「臨城李氏墓誌考」『文物』一九九一年八期

97	鄴→他所	東魏	任祥	西河隰城	使持節侍中太保都督冀定瀛幽安五州諸軍事驃騎大将軍冀州刺史太尉公録尚事魏軍開国公	47	鄴都	元象元年八月三日	広平之崇義里吉遷里	元象元年一〇月二三日	河北省鶏沢県出土
98	鄴→他所	北斉	趙征興	秦州天水郡桑郷	平南将軍太中大夫金郷県開国侯	62	鄴都里舎	天統元年六月一六日	徐州彭城南十五里□山前里	天統元年一〇月二四日	賀雲翺「『斉故平南将軍太中大夫金郷県開国侯趙君墓誌銘序』及其考釈」『南方文物』一九九九年二期
99	鄴→他所	北斉	李雲媛	廣平列人	使持節都督趙州諸軍事趙州刺史大鴻臚卿始平子李祖牧夫人	49	鄴城宣化里	皇建二年六月一七日	（河北省臨城県）	武平五年一二月一〇日	「臨城李氏墓誌考」『文物』一九九一年八期
100	晋陽	北斉	夏侯念	沛国譙	優婆塞	50	晋陽	天保三年一〇月二〇日	并州城西蒙山之下	天保三年一一月二〇日	佐川英治二〇一二「南北朝新出土墓誌的実地考察—南京、洛陽、西安、太原—」『早期中国史研究』第四巻第一号
101	晋陽	北斉	□子輝	高柳	大都督魚龍県開国子白水県開国男		晋陽	天保七年一一月一八日	晋陽	天保七年一二月三日	「太原市南郊清理北斉墓葬一座」『文物』一九六三年六期
102	晋陽	北斉	尉孃孃	代郡平城	（庫狄廻洛夫人）	51	晋陽之里	天保一〇年	并州三角城北五里	天保一〇年五月一七日	「北斉庫狄廻洛墓」『考古学報』一九七九年三期
103	晋陽	北斉	婁叡	太安狄那汗殊里	仮黄鉞右丞相太宰太師太傅使持節都督冀定瀛滄趙幽青斉済朔十州諸軍事朔州刺史東安王			武平元年二月五日	旧塋	武平元年五月八日	武明太后兄子『北斉東安王婁叡墓』
104	晋陽	北斉	賀抜昌	朔州鄯無	都督滄瀛二州諸軍事瀛州刺史、右衛将軍開府儀同三司南兗州譙郡蒙県開国子	42			晋陽城北廿五里、地勢西高	天保四年二月二七日	「太原北斉賀抜昌墓」『文物』二〇〇三年三期、「対賀抜昌墓誌的幾点看法」『文物世界』二〇〇二年六期

105	晋陽	北斉	□莫陳		驃騎大将軍直閤正都督高平県開国子西舞県開国男				并州城西山	天保六年二月二七日	報告者は墓主の姓名を「侯莫陳」とする。山西省考古研究所「太原西南郊北斉洞室墓」『文物』二〇〇四年六期
106	晋陽	北斉	竇興洛	扶風槐里	驃騎大将軍直斉都督軹開鎮城嘱					天保一〇年一〇月一三日	山西省考古研究所・太原市文物考古研究所・晋源区文物旅游局「太原開化村北斉洞室墓発掘簡報」『考古与文物』二〇〇六年二期
107	晋陽	北斉	劉貴		東夏州刺史					河清二年	渠伝福「徐顕秀墓与北斉晋陽」『文物』二〇〇三年一〇期
108	晋陽	北斉	狄湛	馮翊郡高陸	車騎将軍涇州刺史朱陽県開国子	6□	晋		晋陽城東北三十里	河清三年一二月一九日	「太原北斉狄湛墓」『文物』二〇〇三年三期
109	晋陽	北斉	韓祖念		大将軍、武功忠武王					天統四年	渠伝福「徐顕秀墓与北斉晋陽」『文物』二〇〇三年一〇期
110	晋陽	北斉	徐顕秀	忠義	使持節都督冀瀛滄趙斉汾七州諸軍事冀州刺史太保尚書令、武安王	70	晋陽之里第	武平二年正月七日	晋陽城東北卅余里	武平二年一一月一七日	「太原北斉徐顕秀墓発掘簡報」『文物』二〇〇三年一〇期
111	晋陽	北斉	□憘		北肆州六州都督、儀同三司					武平二年	渠伝福「徐顕秀墓与北斉晋陽」『文物』二〇〇三年一〇期
112	他所↓晋陽	北斉	張粛俗	代郡平城		26	鄴下	天保一〇年七月二七日	晋陽三角城外	天保一〇年一月一九日	『太原拡坡北斉張粛墓文物図録』一九五八年
113	他所↓晋陽	北斉	賀婁悦	高陸阿陽	衛大将軍安州刺史太僕卿礼豊県開国子	56	鄴之崇義里		并州三角城外	皇建元年一一月二六日	渠川福「北斉『賀婁悦墓誌銘』釈考」『北朝研究』一九九〇年上半年

114	他所↓晋陽	北斉	張海翼	代郡平城	長安侯徐州司馬	42	汾晋	天統元年六月二日	并城西北	天統元年一〇月一一日	「太原北斉張海翼墓」『文物』二〇〇三年一〇期
115	他所↓晋陽	北斉	庫狄業	蔭山	儀同三司太僕卿袞州刺史		庫洛抜	天統三年七月二日	看山之陽	天統三年一二月一二日	「太原北斉庫狄業墓」『文物』二〇〇三年三期
116	晋陽↓他所	東魏	高婁近	渤海蓨	（高歓の姉、太保尉景夫人）		晋陽	天平三年九月七日	行唐県□□之右	興和二年正月二四日	河北省行唐県出土

墓誌は〔趙超　一九九二〕〔羅新・葉煒　二〇〇五〕〔王連龍　二〇一三〕に主として依拠し、報告書などで補っている。

第五章　北斉の晋陽——鄴との比較を中心に——

はじめに

中国の複都制の典型例とされるのは唐の長安と洛陽である[1]。政治都市である長安に対し、文化・経済都市である洛陽も、ほぼ同じ規模の宮城を有し、都城としての機能を備えていた。それ以前の王朝でも複数の「都」を有するものがあるが、いずれも地域の中核的な都市という域を出ず、複数の「都城」を有するとはおよそ言い難いものである。その中にあって北朝期の北斉の鄴と晋陽はやや趣を異にする。

晋陽には北魏末期の爾朱氏政権以来、大丞相府があり、高歓が爾朱兆を破り、北魏の実権を掌握した後にこの地に大丞相府を置いたのも爾朱氏政権の遺産を活用したものである。高歓が晋陽を引き続き拠点とした原因は、この地が高氏政権を軍事面で支える北族の拠点であること、対西魏への重要な軍事拠点であること、さらに魏帝の都、洛陽・鄴とも街道網により密接に連絡できる〔前田正名　一九七九〕という点に求めることができる。

ただ、高氏政権で興味深いのは東魏を廃した文宣帝高洋が鄴で即位し、鄴の荘厳化を行っているにも関わらず、頻繁に晋陽に行幸していることであり、また以後の歴代北斉皇帝も晋陽に滞在することが多いだけでなく、晋陽で即位していることである。その実態から、北周では晋陽を北斉の「別都」と表現し[2]、北斉墓誌にも「二都」と表するものがある[3]。一つの王朝に、中心となる都市が二つ存在し、皇帝がその間を頻繁に往来する状況は、晋陽が鄴とならぶ実質的な「都」であったことを端的に示す。一方で、それほど晋陽を重視しながら、歴代皇帝は鄴に埋葬され、天子としての最重要儀礼である郊祀も鄴で行っている。つまり象徴的な意味で晋陽は王朝の中心として機能し得ていない。こうした状況は早くに谷川道雄氏により、権威の都「鄴」、権力の都「晋陽」と表現されたが〔谷川 一九八八〕、北斉の両都市の評としてこれほど的確なものはあるまい。また、陪都としての晋陽については、北魏末以降の変遷、王朝における位置付けや、行政機構についての詳細な研究が崔彦華氏により行われている〔崔 二〇一二〕。渠川福氏も北斉期にあって晋陽は鄴よりもはるかに重要で、実質的な都であったとする〔渠 一九八九〕。諸先学の研究により、晋陽をめぐる論点はほぼ出尽くしているように思えるが、渠氏の論に代表されるように、いささか晋陽を重視しすぎる感もある。また、なぜ北斉を通じて晋陽が鄴と並び重視され続けたのかは、鄴との比較の中で解明が必要な点である。

本章では、中国の複都制の中で実質的に機能した北斉期の晋陽を検討し、鄴と併存した意味を明らかにすることを目的とする。

第一節　晋陽の構造

まずは晋陽の構造を見ていきたい。晋陽が立地するのは現在の太原市の南西方向で、西に西山、東に南流する汾水を控えた平坦な土地である。現地の調査では、遺構の残りが極めて悪く、地上にはわずかに西城壁と城壁の南西角が遺存しているだけである。ボーリング調査により城壁のおおよその範囲は判明しているが、城壁の築造年代などは不明である〔謝元路・張頷 一九六二〕。そのため、春秋以降、五代十国の北漢までの長い歴史を有する晋陽の遺跡の中から、北朝期の晋陽の遺構を抽出するのは困難である。晋陽が最大の規模となったのは唐代であり、旧来の晋陽城に東城、中城を付加し、その姿を一変させている。[4] 北斉の晋陽は北周により攻略されたのち、宮殿の破却は見られたが、城壁そのものの破壊を伴うことなく北周、隋、唐に継承されたと考えられるため、唐代の晋陽は北斉の晋陽城を西城とし、新たに中城、東城を付加したものと考えていいだろう。

以上の考え方に基づき、晋陽城の図面のうち最も情報量が多い〔国家文物局 二〇〇六〕所掲のものから、推定復原線を除き、調査で確認された城壁ラインのみを示したのが**図一**である。[5] その規模は南北三七〇〇m、東西の想定規模は四五〇〇mにおよび、〔国家文物局 二〇〇六〕ではすべて唐の「西城」としている。この図では西城内やや東よりにある東関村を貫くように南北方向の城壁があり、西城をさらに二つに分けている。この城壁の存在と、村名の「東関」を重視するならば、この城壁より西側だけが存在していた時期があったことを窺わせるが、[6] 調査の進展を待つしかない。ただ城の規模としては、東西四五〇〇mとすれば面積でほぼ鄴に匹敵し、東関村の城壁を東壁としても鄴南城とほぼ同規模となる。

城内では、西城の北よりの場所に東西三〇〇m、南北四〇〇mの小城があり、そこに基壇が確認されている。この城は現地で「大明城」と呼ばれており、北斉の大明殿の故址と考えられる。この小城の北側に接して東西方向の城壁が確認されており、その以北が後述のように晋陽宮の所在地となろう。

以上の調査成果がこれまで明らかになっていることのほぼ全てで、殿舎の配置、城門の位置も分からず、城内の街区や官衙、寺院の存在についてはほとんど手がかりがない状況である。[7] そこで『北斉書』『北史』などに見える殿舎名と主な用途を以下に記しておこう。

①徳陽堂：文宣帝崩御（『北斉書』文宣帝紀[8]）

②宣徳殿：文宣帝の斂、廃帝即位（『北斉書』文宣帝紀、廃帝紀[9]）、孝昭帝即位（『北斉書』孝昭帝紀[10]）

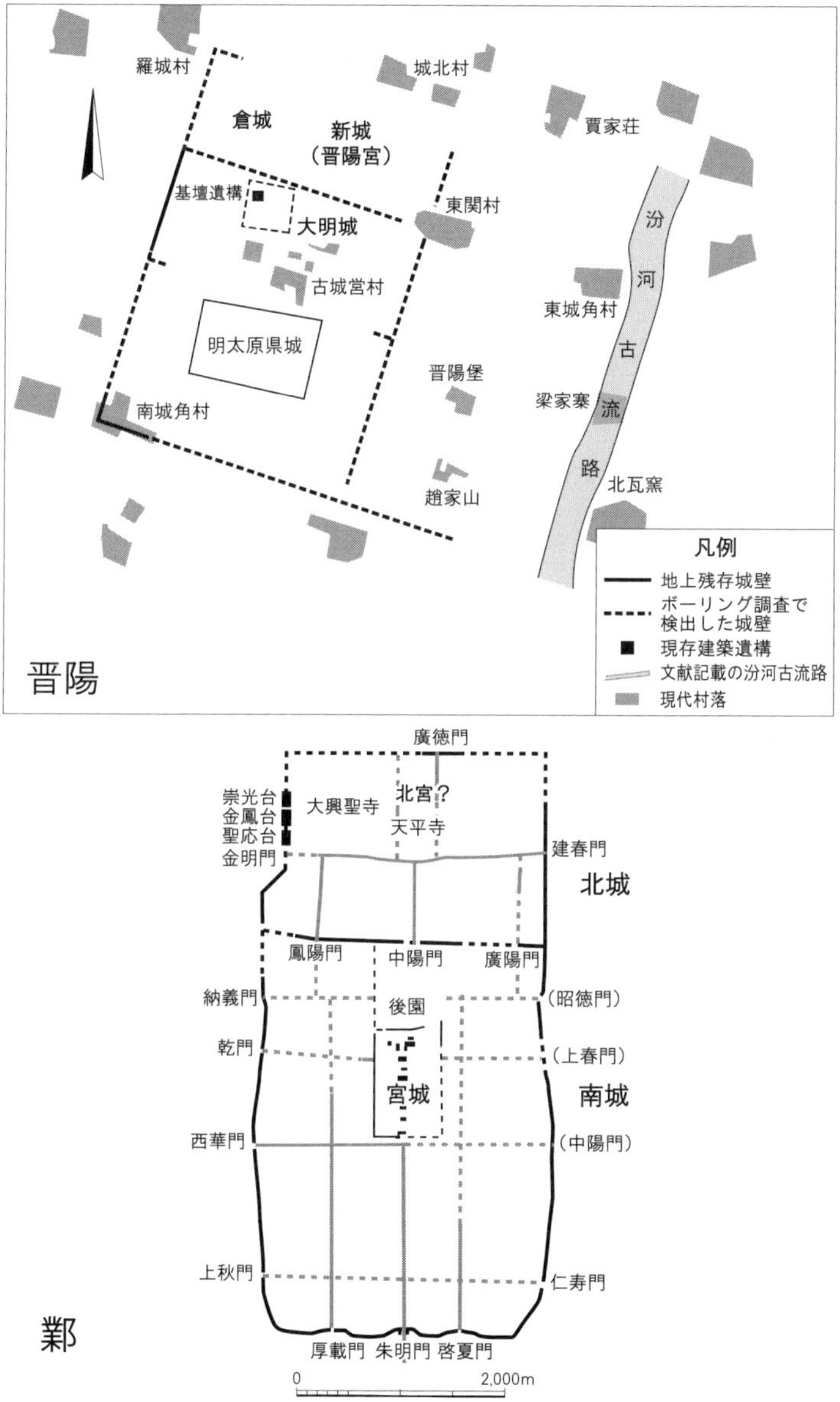

図一　晋陽と鄴比較図

鄴の図は本篇第四章より。晋陽は（国家文物局2006）所掲の図をもとに作成。現代村落名は晋陽城の範囲を確定する上で重要な手がかりであるため、あえて記入した。

③崇徳殿：武成帝が孝昭帝の喪を発す（『北史』武成帝紀[11]）

④大明殿：後主の天統三年落成（『北史』後主紀[12]）

⑤并州尚書省（『北史』後主紀[13]）

この他、『永楽大典』巻五二〇四『太原志』所引の『晋陽記』に比較的詳しい記載があるが、その大半が唐代のものと考えられ、北斉期の晋陽を復原する上では注意を要する。[14] 今挙げた殿舎のうち、④の大明殿は『文館詞林』に「後主幸大明宮大赦詔」が収められていることでも著名なものである。その構造は、『永楽大典』巻五二〇四『太原志』所引の姚最『序行記』に、

　晋陽宮の西南に又た小城有り。内に殿有り、大明宮と號す、城高四丈、周四里。

とある。つまり周四里の比較的規模の小さな範囲の中に大明殿があったと考えられる。[15] この大明殿は、後主の時に、太上皇帝（武成帝）が後主のために造営したものである。『北史』巻五五・馮子琮伝に、

　天統元年（五六五）、武成、位を後主に禪る。世祖、正殿に御し、（馮）子琮に謂いて曰く「少君の左右、宜しく正人を得べし。卿の心、正直に存するを以て、今、後事を以て相い委ねん」と。再び散騎常侍、奏門下事に遷る。……武成、晋陽に在りては既に舊殿に居すも、少帝、未だ別所有らず。子琮に詔して大明宮を造るを監せしむ。成るに、帝、其の甚だ宏麗ならざるを怪しむ。子琮曰く「至尊、幼くして大業を承け、儉を敦くせしめ、以て萬邦に示さんことを欲す。兼ねて此れ北のかた天闕に連なり、崇峻なるは宜しからざるべし」と。帝、善と稱す。

とあるように、晋陽を代表する著名な殿舎であるにもかかわらず、その実態は決して華美なものではなく、あえて節倹を示すものだったという。また、この史料からは後主期に新宮として大明宮が造営され、それ以前は一貫して晋陽宮が用いられていたことが分かる。

①～③の殿舎はいずれも晋陽宮のものであり、正史の記載から、宣徳殿が最も中心的な殿舎であり、徳陽堂が寝殿だったと考えられる。また、武成帝が後主のために大明宮を宮外に新たに造営していることからも、晋陽宮が鄴宮に比べて決して十分な面積を確保できていなかったことを窺うことができる。なお、以上の殿舎のほかに嘉陽殿がある。『隋書』巻二〇・五行志下に

> 武平七（五七六）年、鸛の太極殿に巣くう有り、又た并州嘉陽殿に巣くう。雉、晉陽宮の御座に集まり、之を獲う。京房易飛候に曰う「鳥の故え無く君門及び殿屋上に巣居すれば、邑且に虚たらん」と。其の年、國滅ぶ。

とあるもので、鄴の太極殿と並んで晋陽の嘉陽殿が挙げられており、かなり重要な殿舎であったと考えられるが、『北斉書』『北史』には見られず、詳細は不明である。晋陽宮と大明宮の位置関係については『永楽大典』巻五二〇四『太原志』所引の姚最『序行記』に、

> （晉陽宮）南面は大明城に因り、西面は倉城に連なり、北面は州城に因る。本と東魏置き、隋文、名を新城に更め、煬帝、宮を置く。周七里、唐、之に因る。

とあるように、大明宮の北に宮壁を共有して晋陽宮があった。また、隋・唐の晋陽宮は東魏・北斉のものを継承していたと考えられる。

以上から復原される北斉晋陽は、北端に晋陽宮があり、その西南に宮壁を共有する形で大明宮が造営されたという姿である。なお⑤の并州尚書省、すなわち并省尚書は、後主の天統五年（五六九）に大基聖寺となっていることから、宮外にあったと考えるべきであろう。

第二節　北朝期晋陽の変遷

正史の記載は北斉の京師については鄴を指すことで一貫している。晋陽が京師たりえないのは、太廟や社稷、さらには郊壇を欠いているからである。では晋陽がなぜ「別都」と表現され、北斉歴代皇帝が居したのであろうか。東魏〜北斉期の変遷を追い、その手がかりを探りたい。

一、東魏期

高歓、高澄の時期である。爾朱氏以来の大丞相府を継承したが、特に関中の西魏に備える上で、戦略的に極めて重要な都市であった。武定三（五四五）年には、早くも「晋陽宮」が置かれその特殊性は高まった。この東魏期の晋陽は、「覇府」と呼ばれるもので、実権が集中し、鄴の東魏皇帝を操っていたのである。

二、文宣帝期

後の文宣帝・高洋は兄・高澄が鄴で暗殺された後、即座に晋陽に行く(16)。高氏政権を支える「勲貴」層を取り込む必要があったことを如実に示す史料である。文宣帝は鄴で即位した唯一人の北斉皇帝だが、それは東魏からの禅譲という特殊な状況下によるものである。文宣帝は在位中の晋陽滞在期間が特に長いが、その実態は対柔然、対突厥戦の指揮や、長城造営の視察など、主に軍事的な側面が目立つ。とりわけ親征記事が多く、高歓の後継者として自ら武威を「勲貴」に示す必要があったのであろう。一方で、文宣帝期は鄴城の整備が顕著である。本紀によれば、天保二（五五一）年に顕陽殿を昭陽殿と改名し、さらに宣光・建始・嘉福・仁壽の諸殿を造営、同七年には三台宮の修築というように、帝の治世を通じて鄴の荘厳化が進められる。これは宮内にとどまらず、都城下に大荘厳寺を建立しているように、(17)都城全体に及ぶものであった。ところが、晋陽には目立った造営記事は見られない。文宣帝期は晋陽への行幸が多く、そのことから晋陽重視と捉えられがちであるが、それは柔然や新興の突厥、あるいは宿敵の西魏・北周戦の指揮のためであり、まさに軍事面に特化した対応だったといえる。結果として晋陽滞在期間が長くなったとはいえ、晋陽を都城として整備したことを確認することはできない。

三、孝昭帝期

孝昭帝の在位は二年に満たない僅かなものである。甥の皇帝高殷（廃帝）を鄴で廃した後、即座に晋陽に赴き、わざわざそこで即位しているのは、高澄が暗殺された後、高洋（後の文宣帝）が直ちに晋陽に走ったのと同じである。また、親しく北方に遠征している点も似ており、ここに北斉皇帝のあり方を垣間見ることができる。なお、孝昭帝期には、帝の在位期間の短さもあり、都城や宮殿の修築記事は見られない。

四、武成帝期

武成帝の即位は「南宮」であり、前後の状況から晋陽と考えられる。武成帝期には鄴、晋陽ともに大がかりな造営記事が見られる。鄴では城南の大総持寺の造営、三台宮の大興聖寺への改築が注目される。(18)皇帝勅願の仏教寺院建立による都城の荘厳化といえよう。晋陽では前節で述べた大明殿の造営が特筆される。武成帝が太上皇帝となった後であるが、この宮殿の落成により大赦、文武百官の特進、租税免除が行われており、重視された宮殿であったことが分かる。[19]
一方で歴代の皇帝と同様に、鄴と晋陽の往来が多いが、親征記事は少なく、特に北方方面への親征は見られないのが特徴である。

五、後主期

後主は晋陽宮で武成帝より譲位される。後主期には鄴、晋陽ともに造営記事の多さが際立つ。これには武成太上皇帝期に、鄴の宮殿の罹災が相次ぎ、九龍殿、昭陽殿、宣光殿、瑤華殿などに被害が出たことを受けてのこともあるが、[20]かなり華美に造営されたことが特筆されている。[21]その記述には亡国の皇帝であることを強調する定型的な修辞もあるだろうが、宮城がかなり華美だったことは、北斉を滅ぼした北周武帝が、その壮麗さを理由に破却を命じていたことから、[22]間違いないであろう。

後主期の晋陽の改変で重要なのは仏教寺院の相次ぐ造営である。鄴でも大興聖寺の拡張などが行われているが、晋陽でも大がかりな寺院造営が行われていたようである。以下、関連する事項を列挙しておこう。

①天統五年、并州尚書省を大基聖寺に、郊外の晋祠を大崇皇寺に改める。[23]
②西山に大仏像を造営。[24]
③胡昭儀のために大慈寺を造営するも成らず。穆皇后のために大宝林寺を大々的に造営。[25]

このように、城の内外に大規模な仏教寺院を建立している。いずれも皇帝の勅願寺であり、鄴、あるいは北魏末期の洛陽と同様に仏教寺院を通じて都市を荘厳化するものといえる。

以上のように武成太上皇帝と後主期に晋陽では大規模な造営が相次ぎ、面目を新たにしたのである。それでは軍都としての側面はどうなったのであろうか。後主は即位時わずか九歳であり、当然ながら即位前に武勲があるはずはない。実権は太上皇帝が握っていたため、親征する機会もなかった。それでも北斉最末期の武平七（五七六）年には、北周軍の晋州攻囲に際して晋州に軍を進めている。ここにも卓越した軍人でもあることを求められた北斉皇帝の一面を認めることができるだろう。その際、拠点となったのが晋陽であることから分かるように、依然、晋陽は軍都として機能していたのである。

第三節　晋陽周辺の景観

晋陽の西郊には著名な晋祠があり、後主期に寺院とされたことは先述のとおりである。晋祠の背面にある西山には著名な石窟寺院である天龍山石窟が谷のやや奥まったところにあるが、山の東面、すなわち晋陽に面した側には大仏で有名な童子寺、開化寺（蒙山大仏）があった。いずれも北斉皇帝と深いつながりのある寺院であり、晋陽の西方の景観を特徴づけるものであった。

一方、他に皇帝の権威や権力を示す建造物は見られない。これは郊壇に取り囲まれた鄴とは大きく異なる点である。鄴では都城北西の丘陵地帯に皇帝陵や陪葬墓が累々と並んでいるが、そうした景観もない。晋陽の墓地のあり方を考えるために、近年の代表的な成果を見ていこう（**表一**）。同様の表は崔彦華氏も作成しており〔崔 二〇一二〕、本表は崔氏の成果によりつつ近年の成果を加えたものである。これまで調査された墓には正史に立伝されているような婁叡、徐穎（顕秀）のものもある。いずれも北斉で王爵を持つ人物で、しかも婁叡は北斉の文宣帝、孝昭帝、武成帝の実母である婁太后の甥である。婁叡墓は晋陽の南に位置し、高大な墳丘を有し、墓誌の記述から付近は婁氏の墓地となっ

表一　晋陽および周辺の北斉墓誌一覧

番号	葬地	姓名	本籍	追贈	享年	死去場所	卒年	埋葬場所	埋葬日	備考	出典
1	晋陽	夏侯念	沛国譙	優婆塞	50	晋陽	天保三年（五五二）一〇月二〇日	并州城西蒙山之下	天保三年（五五二）一一月二〇日		佐川英治二〇一二
2	晋陽	賀抜昌	朔州鄯無	都督滄瀛二州諸軍事瀛州刺史、右衛将軍開府儀同三司南袞州譙郡蒙県開国子	42	—	—	晋陽城北廿五里、地勢西高、名山之下。	天保四年（五五三）二月二七日		太原市文物考古研究所「太原北斉賀抜昌墓」『文物』二〇〇三年三期
3	晋陽	□莫陳		驃騎大将軍直閤正都督高平県開国子西舞県開国男	—	—	—	并州城西山	天保六年（五五五）二月二七日	報告者は墓主の姓名を「侯莫陳」とする。	山西省考古研究所「太原西南郊北斉洞室墓」『文物』二〇〇四年六期
4	晋陽	□子輝	高柳	大都督魚龍県開国子白水県開国男	—	晋陽	天保七年（五五六）一一月一八日	晋陽去城廿里汾水之左	天保七年（五五六）一二月三日	碑形の墓誌。「柳子輝」とするものもある。	王玉山「太原市南郊清理北斉墓葬一座」『文物』一九六三年六期
5	晋陽	竇興洛	扶風槐里	驃騎大将軍直斉都督軹開鎮城嘱	—	—	—	—	天保一〇年（五五九）一〇月十三日		山西省考古研究所・太原市文物考古研究所・晋源区文物旅游局「太原開化村北斉洞室墓発掘簡報」『考古与文物』二〇〇六年二期
6	晋陽	張粛俗	代郡平城		26、	鄴下	天保一〇年（五五九）七月二七日	晋陽三角城外	天保一〇年（五五九）一一月一九日		山西省博物館『太原拡坡北斉張粛墓文物図録』中国古典芸術出版社一九五八年
7	晋陽	賀婁悦	高陸阿陽	衛大将軍安州刺史太僕卿礼豊県開国子	56	鄴之崇義里	—	并州三角城外	皇建元（五六〇）年一一月二六日		渠川福「北斉『賀婁悦墓誌銘』釈考」『北朝研究』一九九〇年一期。常一民「太原市神堂溝北斉賀婁悦墓整理簡報」『文物季刊』一九九二年三期
8	晋陽	劉貴		東夏州刺史	—	—	—	—	河清二年（五六三）		渠伝福「徐顕秀墓与北斉晋陽」『文物』二〇〇三年一〇期
9	晋陽	狄湛	馮翊郡高陸	車騎将軍涇州刺史朱陽県開国子	6□	晋	—	晋陽城東北三十里	河清三年（五六四）一二月一九日		太原市文物考古研究所「太原北斉狄湛墓」『文物』二〇〇三年三期
10	晋陽	張海翼	代郡平城	長安侯徐州司馬	42	汾晋	天統元年（五六五）六月二日	并城西北	天統元年（五六五）一〇月一一日		李愛国「太原北斉張海翼墓」『文物』二〇〇三年第一〇期
11	晋陽	庫狄業	蔭山	儀同三司太僕卿袞	—	庫洛抜	天統三年（五六七）	看山之陽	天統三年（五六七）		太原市文物考古研究所「太原北斉庫狄業墓」

				州刺史			七月二日		一二月一二日		『文物』二〇〇三年三期
12	晋陽	韓祖念		大将軍、武功忠武王	―	―	―	―	天統四年（五六八）		渠伝福「徐顕秀墓与北斉晋陽」『文物』二〇〇三年一〇期
13	晋陽	婁叡	太安狄那汗殊里	仮黄鉞右丞相太宰太師太傅使持節都督冀定瀛滄趙幽青斉済朔十州諸軍事朔州刺史東安王	―	―	武平元年（五七〇）二月五日	旧塋	武平元年（五七〇）五月八日	武明太后兄子	山西省考古研究所・太原市文物考古研究所『北斉東安王婁叡墓』文物出版社二〇〇六年
14	晋陽	□憘		北肆州六州都督、儀同三司	―	―	―	―	武平二年（五七一）		渠伝福「徐顕秀墓与北斉晋陽」『文物』二〇〇三年一〇期
15	晋陽	徐穎（顕秀）	忠義	使持節都督冀瀛滄趙斉汾七州諸軍事冀州刺史太保尚書令、武安王	70	晋陽之里第	武平二年（五七一）正月七日	晋陽城東北卅余里	武平二年（五七一）一一月一七日		山西省考古研究所・太原市文物考古研究所「太原北斉徐顕秀墓発掘簡報」『文物』二〇〇三年第一〇期
16	朔州	尉孃孃	代郡平城	（厙狄廻洛夫人）	51	晋陽之里	天保一〇年（五五九）	并州三角城北五里	天保一〇年（五五九）五月一七日		王克林「北斉厙狄廻洛墓」『考古学報』一九七九年三期
17	朔州	斛律昭男	朔州懐朔鎮	（厙狄廻洛夫人）	33	夏州	武定三年（五四五）秋	朔州城南	河清元年（五六二）八月一二日		王克林「北斉厙狄廻洛墓」『考古学報』一九七九年三期
18	朔州	厙狄洛（廻洛）	朔州部落	順陽郡王、使持節都督定瀛済恒朔雲六州諸軍事定州刺史太尉公	57	鄴	大寧二年（五六二）三月	朔州城南門	河清元年（五六二）八月一二日	死後は晋陽大法寺に埋葬され、のち改葬。	王克林「北斉厙狄廻洛墓」『考古学報』一九七九年三期
19	祁県	韓裔	斉国昌黎賓屠	使持節瀛滄幽諸軍事、中書監、三州刺史（特進、使持節青州諸軍事、驃騎大将軍、青州刺史）	54	青州治所	天統三年（五六七）正月一三日	―	―	北斉末の「三貴」韓鳳の父。墓は高五ｍの墳丘を持ち、大型。	陶正剛「山西祁県白圭北斉韓裔墓」『文物』一九七五年四期

※8、12、14の墓誌については（佐川二〇一二）によれば（太原三晋文化研究会・「晋陽古刻選」編輯委員会編『晋陽古刻選 北魏墓誌』山西出版集団・山西人民出版社、二〇〇八年）に著録されているとのことだが、未見。
※16～19は晋陽の周辺地だが参考のため掲載した。

ていたことが分かる。一方の徐穎墓は晋陽の北東、汾水の東岸に位置し、付近には武功王韓祖念の墓がある〔国家文物局 二〇〇六〕。また汾水西岸には隋代の斛律徹の墓があることから、付近に斛律氏一族の墓地があったと考えられる〔山西省考古研究所・太原市文物管理委員会 一九九二〕。崔彦華氏も指摘するように、晋陽には婁氏、斛律氏、徐氏といった北斉を代表する勲貴の歴代の墓地があったのである〔崔 二〇一二〕。一方、皇族の高氏は東魏期から一貫して鄴に埋葬されており、晋陽で死去した皇帝・皇族も鄴に「帰葬」される。[26] 墓地のあり方から見るならば、晋陽は北斉の重要な支柱である勲貴が本拠として埋葬される一方、皇帝や皇族、さらには漢人の朝廷有力者の埋葬はなく、「北族の拠点」の域を出ていないことが明確となるのである。

第四節　離宮・行台と晋陽

次にやや視点を変えて晋陽と北斉の離宮や行台と比較していきたい。

北斉期に離宮の存在が確認できるのは中山宮と邯鄲宮だけである。いずれも鄴と至近の距離であり、特に邯鄲とは指呼の間といえる距離である。これらの実態はあまり明らかでないが、特別な行政区が設置されたわけではない。[27] また鄴に比べていずれも北に位置し、当時、緊迫した対北周戦においては鄴よりも前線からは遠く、対突厥戦にしても、突厥の南下ルートが山西を通過するものであることを考えれば、晋陽とは危険性において比較にならない。やはり晋陽は単なる離宮以上の存在意義を有するのであろう。

その意義の一つは、これまで述べてきたように、軍事的な拠点ということである。北斉皇帝親征の際は必ず晋陽の軍を用いている。鄴にも相当数の軍事力があったことが指摘されているが、[28] 北斉の主力ともいうべきはやはり晋陽に常駐する軍であった。それが鄴に一元化できなかったのは、一つには北からの突厥と南西からの北周の侵攻に備えるため、常に重兵を置く必要があったからだが、それに加えて、晋陽が北族の本貫ともいえる都市となっていたことがある。前節でみた晋陽周辺で見つかる墓はそのことを雄弁に物語る。そのため、北斉皇帝は自らこの都市を頻繁に訪れるか、あるいは信頼する兄弟を晋陽に置き、常に王朝側にとどめておく必要があった。

もう一点は高氏政権発祥の地ということでもあろう。高歓が爾朱栄の信任を得、初めて滞在した都市であり、やがてここに大丞相府を置き、王朝開闢の基礎を築いた象徴的な意味を持つ都市である。高歓が最初に居を構えた陋屋が、後世まで伝承としてでも記憶されてきたのは、まさにそうした記念性に富んだ都市だった故であろう(29)。

晋陽の以上の地位の特殊性は、行政機構からも窺うことができる。晋陽には并省尚書が置かれている。東魏の大行台の系譜を引くものであるが、他の行台とは異なり、中央の尚書省に準じた構成となっている(30)。

つまり、晋陽は軍事的要衝と、王朝発祥の地という二つの要素を有する都市のため、単なる離宮ではなく北斉政権にとって京師・鄴に次ぐ特殊な都市たりえたのである。軍事的な要衝という点だけならば、例えば南朝の荊州のようなものがあるが、それが「都」と表現されることはない。北斉では皇帝自身が軍事的指導者であることを証するため、親征が繰り返され、その必然として晋陽滞在期間が増えた。また一方で父祖創業の地という象徴性が付加されたことにより、鄴に次ぐ都市としての地位を築いたのであろう。

おわりに

以上、北斉期晋陽の構造、変遷、役割を見てきた。これまで述べてきたように、北斉歴代皇帝が、極めて晋陽を重視しているとはいえ、京師が鄴であることは明らかである。晋陽が「別都」となり得た理由は、軍事拠点と王朝の創業の地という二点が合わさった結果である。この条件に加えて、北斉歴代皇帝が親征を行い、軍事的指導者であることをアピールする必要があった結果、晋陽行幸が頻繁に行われ、晋陽滞在期間が長くなるという事象が生じたのである。つまり、北斉皇帝が、北族の勲貴とその有する軍事力を晋陽から切り離すことはできず、また当時の突厥や西魏・北周との緊張した軍事関係により、その晋陽に重兵を配置せざるを得ない政治状況が、晋陽を「別都」たらしめたと言える。武成帝、後主による晋陽の荘厳化は、そうした状況を追認し固定化するものだったのである。

このように北斉の軍事面での拠点として晋陽は突出し、また北魏末の大丞相府以来の伝統もあり、統治機構も整備されていた。そのため晋陽は、鄴の軍事面を補完する重要な役割を有しており、後の唐の洛陽が長安の経済面、文化面を補っていたことと同様のものと言えるのである。

注

（1）中国の複都制についての概説に〔朱士光・葉驍軍　一九八七〕がある。唐代洛陽と複都制については〔利光三津夫　一九五七〕〔史念海　一九九八〕など参照。

（2）『周書』巻四二・宇文神挙伝に「及高祖東伐、詔（宇文）神擧從軍。幷州平、即授幷州刺史、加上開府儀同大將軍。州既齊氏別都、控帶要重。平定甫爾、民俗澆訛、豪右之家、多爲姦猾」とある。

（3）竇泰墓誌。同誌には京城の西二十里に改葬された墓地の景観を謳い「左右山川、顧瞻城闕、地臨四野、道貫二都」とある。東魏北斉の墓群は鄴の西方に営まれ、ちょうど晋陽との幹線路上に位置するため、この「二都」は鄴と晋陽を指しているのであろう。

（4）唐代の晋陽については〔愛宕元　一九八八〕が典籍史料をもとに復原を試みている。

（5）ただし、〔国家文物局 二〇〇六〕所掲図はスケールと城壁長の記述が一致せず、本章では西壁の長さを三七〇〇mとする記述を優先させている。
（6）〔張徳一・陳濤 二〇〇五〕はこの東関村の城壁を唐の西城の東城壁とするが、北朝期の晋陽の東城壁と見なすことも可能であろう。
（7）大明城といわれている小城の西五〇〇mの地点では蓮華文瓦当とともに漢白玉製の仏立像が見つかっており、寺院址の可能性がある〔李愛国 二〇〇一〕。
（8）（天保十年）冬十月甲午、帝暴崩於晉陽宮徳陽堂、時年三十一（『北史』巻七・文宣帝紀）。
（9）（天保十年十月）癸卯、發喪、斂於宣徳殿（『北史』・巻七・文宣帝紀）。（天保）十年十月、文宣崩。癸卯、太子卽帝位於晉陽宣徳殿、大赦（『北史』・巻七・廃帝紀）。
（10）皇建元年八月壬午、皇帝卽位於晉陽宣徳殿、大赦（『北史』巻七・孝昭帝紀）。
（11）（皇建）二年、孝昭崩、遺詔徵帝入統大位。及晉陽宮、發喪於崇徳殿（『北史』巻八・武成帝紀）。
（12）（天統三年）十一月丙午、以晉陽大明殿成故、大赦、文武百官進二級、免幷州居城・太原一郡來年租（『北史』巻八・後主紀）。
（13）（天統五年）夏四月甲子、詔以幷州尙書省爲大基聖寺、晉祠爲大崇皇寺（『北史』巻八・後主紀）。
（14）例えば『晋陽記』に「宮南門曰景明門、次北曰景福門、門内景福殿、殿後門曰昭徳門、次曰昭福門、次北寢殿曰萬福殿、殿北曰玄福門、又北曰玄徳門、又北卽玄武樓、殿西曰西閣門、次西曰威鳳門、殿東曰東閣門、又一門曰昌明門。殿尹東少陽院、殿西射殿、次西院太液池亭子、東南九曲池。景福門西中書門下省、次西内侍省、省後嬪御院内庫」とあり、この記述を〔王仲犖 一九八〇〕は北斉期の晋陽を記したものと考えるが、注に玄宗に関連する記事が散見することからも分かるように、これは唐代の晋陽宮を記したものである。
（15）大明宮の「周四里」という規模は大明城と呼ばれる小城の規模と近く、伝承のとおり大明城は大明宮の遺構なのであろう。
（16）『北斉書』巻四・文宣帝紀「武定七年八月、世宗遇害、事出倉卒、内外震駭。帝神色不變、指麾部分、自臠斬羣賊而漆其頭、徐宣言曰「奴反、大将軍被傷、無大苦也」。當時内外莫不驚異焉。乃赴晉陽、親總庶政、務従寛厚、事有不便者咸蠲省焉」。

(17)『北斉書』巻四・文宣帝紀「(天保九年十二月)是月、起大莊嚴寺」

(18)『北史』巻八・武成帝紀「(河清二年)五月壬午、詔以城南雙堂閏位之苑、迴造大總持寺」とあり、同年八月に「秋八月辛丑、詔以三臺宮爲大興聖寺」とある。

(19)前掲(12)参照。

(20)『北史』後主紀から宮殿の罹災記事を挙げておこう。(天統三年正月)鄴宮九龍殿災、延燒西廊。(天統四年)夏四月辛未、鄴宮昭陽殿災、及宣光・瑤華等殿。

(21)後主紀に「承武成之奢麗、以爲帝王當然。乃更增益宮苑、造偃武脩文臺、其嬪嫱諸宮中起鏡殿・寶殿・玳瑁殿、丹青彫刻、妙極當時。又於晉陽起十二院、壯麗逾於鄴下。所愛不恆、數毀而又復。夜則以火照作、寒則以湯爲泥、百工困窮、無時休息」とあるように、その造営は罹災した鄴だけでなく、晉陽にも大規模に行われていたことが分かる。大明殿の造営と合わせ、後主期に晉陽の景観が大きく変わったことが窺えよう。

(22)『周書』巻六・武帝紀下・建徳六年(五七七)条に「幷、鄴二所、華侈過度、誠復作之非我、豈容因而弗革。諸堂殿壯麗、竝宜除蕩、甍宇雜物、分賜窮民」とある。

(23)後主紀(天統五年四月)夏四月甲子、詔以幷州尙書省爲大基聖寺、晉祠爲大崇皇寺。

(24)後主紀に、「鑿晉陽西山爲大佛像、一夜然油萬盆、光照宮内」とある。晉陽の西、西山山系には北斉期の大仏像が二体ある。一つは童子寺でもう一つはそのやや北方の蒙山開化寺の大仏である。この記載がそのうちいずれを指すかは必ずしも明確ではないが、〔小野勝年 一九五四〕は童子寺を、〔李裕群・李鋼 二〇〇三〕は蒙山大仏を指すとする。筆者は二〇一一年に童子寺を踏査したが、ちょうど晉陽城を眼下に見下ろす位置にあり、小野氏が指摘するように文献の記載と合致する印象を持った。両大仏の遺跡については〔李裕群・李鋼 二〇〇三〕、童子寺については〔常盤大定・関野貞 一九二七〕〔小野勝年 一九五四〕および〔中国社会科学院考古研究所辺疆考古研究中心など 二〇一〇〕参照。なお、童子寺大仏の造営年代について、〔中国社会科学院考古研究所辺疆考古研究中心など 二〇一〇〕は『永楽大典』巻五二〇三所引の『太原県志』に「童子寺、在縣西一十里、天保七年北齊弘禮禪師棲道之所、有二童子于山望大石儼若尊容、卽鐫爲像、遂得其名」とあることから、大仏の造営年代を文宣帝期に求める。文宣帝が童子寺を訪れた記事は『北史』巻五五・唐邕伝に見えるが〔小野 一九五四〕も指摘するように、寺院が存在したことと大仏があったことは分けて考えるべきで、大仏の造立自体は、後主紀の記載から後主期と考えるべきであろう。

(25) 後主紀に、「又爲胡昭儀起大慈寺、未成、改爲穆皇后大寶林寺、窮極工巧、運石塡泉、勞費億計、人牛死者不可勝紀」とあるが、厳密にはこれが晋陽での記事か否かは不明である。ただ晋陽の西山に大仏像を築いた記事に続くため、晋陽の可能性が高い。〔封野 二〇一三〕も晋陽の寺院と見なしている。

(26) 本篇第四章に鄴出土の墓誌を集成している。

(27) 邯鄲宮については『北史』後主紀に、武平七年八月「詔營邯鄲宮」とあるだけである。一方の中山宮は『隋書』巻二七・百官志中に「長秋寺、掌諸宮閣。卿・中尹各一人、幷用宦者。……領中黃門・掖庭・晉陽宮・中山宮・園池・中宮僕・奚官等署令・丞。……掖庭・晉陽・中山、各有宮教博士二人。中山署、又別有麵豆局丞。園池署、又別有桑園部丞……」とあり、鄴の掖庭、晋陽宮、中山宮が同じ長秋寺により所管されていたことからも分かるように、後宮を備えていたことが分かる。

(28) 〔岡田和一郎 二〇一一〕参照。

(29) 『北斉書』巻一・神武上「及得志、以其宅爲第、號爲南宅。雖門巷開廣、堂宇崇麗、其本所住團焦、以石堊塗之、留而不毀、至文宣時遂爲宮」とある。また『永楽大典』巻五二〇四『太原志』には「高歡宅」とあり、割注に「在唐存信坊。『晉陽記』曰、歡避葛榮之難、自上黨來居此坊。坊中皆上黨人徙晉陽者、故一名上黨坊」とある。

(30) 北斉期の并省尚書や行台については〔古賀昭岑 一九七四・一九七七・一九七九〕が詳細に論じている。また行台の地方官化については〔牟発松 一九九七〕参照。

【引用・参考文献】

王仲犖　　『北周地理志』中華書局、一九八〇

岡田和一郎「北斉国家論序説――孝文体制と代体制――」『九州大学東洋史論集』三九号、二〇一一
愛宕元「唐代太原城の規模と構造」『中国都市の歴史的研究』（後、同氏『唐代地域社会史研究』同朋舎 所収、一九九七）、一九八八
小野勝年「晋陽の童子寺――入唐巡礼求法行記の一節について」『佛教藝術』二一、一九五四
渠川福「我国古代陪都史上的特殊現象――東魏北斉別都晋陽略論」『中国古都研究』第四輯、一九八九
古賀昭岑「北朝の行台について その一～三」『九州大学東洋史論集』三、五、七号、一九七四・一九七七・一九七九
国家文物局『中国文物地図集 山西分冊』（上）中国地図出版社、四〇八頁、二〇〇六
佐川英治「南北朝新出土墓誌的実地考察――南京・洛陽・西安・太原――」『早期中国史研究』第四巻第一期、二〇一二
山西省考古研究所・太原市文物管理委員会「太原隋斛律徹墓清理簡報」『文物』一九九二年一〇期、一九九二
崔彦華『魏晋北朝陪都研究』三晋出版社、二〇一二
史念海「唐代長安和洛陽」同氏『中国古都和文化』中華書局、一九九八
謝元路・張頷「晋陽古城勘察記」『文物』一九六二年四・五期、一九六二
朱士光・葉驍軍「試論我国歴史上陪都制的形成与作用」『中国古都研究』第三輯、一九八七（邦訳は積山洋訳「中国史上の陪都制」『大阪歴史博物館研究紀要』第一号、二〇〇二）
瀧川政次郎「複都制と太子監国の制」『法制史論叢 第二冊 京制並びに都城制の研究』角川書店、一九六七
谷川道雄「両魏斉周時代の覇府と王都」唐代史研究会編『中国都市の歴史的研究』（後、同氏『増補 隋唐帝国形成史論』筑摩書房 所収、一九九七）、一九八八
中国社会科学院考古研究所辺疆考古研究中心・山西省考古研究所・太原市文物考古研究所「太原市龍山童子寺遺址発掘簡報」『考古』二〇一〇年七期、二〇一〇
張徳一・陳濤「晋陽古城的創建時間与城垣探討」『中国古都研究』二〇輯、二〇〇五
常盤大定・関野貞『支那佛教史蹟第三集評解』佛教史蹟研究会、一九二七

封野『漢魏晋南北朝仏寺輯考』鳳凰出版社、二〇一三
牟発松（古賀昭岑訳）「北朝行台の地方官化についての考察」『九州大学東洋史論集』二五号、一九九七
前田正名「四—六世紀における太原盆地より河北平野に出る交通路 井陘路と濁漳水路」『駒澤史学』二六号、一九七九
李愛国「太原市晋陽古城遺址出土北朝漢白玉石造像」『文物』二〇〇一年五期、二〇〇一
李裕群・李鋼『天龍山石窟』科学出版社、二〇〇三
利光三津夫「難波京の官司について」『東洋大学紀要』一一集（後、同氏『律令及び令制の研究』明治書院 所収、一九五九）、一九五七

【図出典】

図一・〈国家文物局 二〇〇六〉所掲図を基に作成

第六章　北朝長安の都城史上の位置づけについて

はじめに

魏晋南北朝時代の各王朝の都城から、隋・唐長安城にいたる都城の変遷の中で、西魏・北周の長安（以下、北朝長安と呼称）は特異な地位を占める。言うまでもなく、隋・唐は西魏・北周の流れを汲むものでありながら、隋の大興、すなわち唐の長安の形状は、東魏・北斉の鄴あるいは、その前代の北魏洛陽に淵源を持つものと考えられている。[1]つまり王朝の系譜と都城の流れは一致しないことになる。一方で、西魏・北周は『周礼』に基づく独自の統治体系を作り上げようとし、その影響は都城、宮城、とりわけその殿舎名に顕著に見られることは典籍上からも明らかであり、同時代の鄴や南朝の建康とは全く異なるプランを有していたことも十分に考えられる。このように、北朝長安が都城史上において重要な位置を占めることが予想されるにもかかわらず、典籍史料に恵まれず、考古調査も十分ではなく、ほとんど明らかになっていないといえる。先に特異な地位を占めると述べたのは、こうした研究の蓄積の乏しさにもよるのである。

本章では、改めて先行研究を整理し、現時点における北朝長安研究の到達点と問題点を明らかにし、その上で改めて南北朝から隋唐における都城変遷史上に占める位置を考察することにしたい。

第一節　北朝長安の先行研究

北朝長安に関する史料は『魏書』『周書』『北史』などの正史に散見されるものがほぼすべてである。こうした史料はすでに、宋敏求『長安志』巻五・宮室三で集成されている。近年では王仲犖氏の『北周地理志』が、仏典も含めて関連史料を集成しており、現時点で最も詳細な史料集と位置づけることができよう〔王 一九八〇〕。楊東晨氏、窪添慶文氏は主にこうした史料によりつつ、十六国から北朝期の長安を概観している〔楊 二〇〇一〕〔窪添 二〇一一〕。

文献史料に基づく研究では、史念海氏・史先智氏のものが注目される。史氏らの研究は、十六国から北朝期の小城、子城、皇城に注目し、それらがいずれも前漢の未央宮に相当すること、その大規模な修復は後趙の石虎期のことであり、以後、一貫して北朝期まで用いられていること、史書に散見する当該時期の殿舎はいずれも旧未央宮内に位置することを指摘する〔史・史 一九九七〕。つまり、十六国、北朝期の長安の中心は漢の未央宮であったと結論づけたものであり、尚民傑氏も同様の指摘を行う〔尚 二〇〇三〕。たしかに『晋書』などには、十六国期までは未央宮という言葉が散見しており[2]、史氏や尚氏の結論はその点からは妥当なものである。

また、北周長安の宮城の具体像とその評価を中心に論じたものに内田昌功氏の研究がある。氏は、北周長安の宮城の構造に迫り、魏晋南北朝の宮城の変遷で大きな画期をなした宮城であり、隋唐長安に多大な影響を与えたと評価する〔内田 二〇〇九〕。史料の限られる中で、最も踏み込んだ研究であろう。

このような状況の中で、遺跡調査の進展が見られた。劉振東氏は、初めて北朝期の宮城遺構の調査成果を紹介し、宮城が前漢未央宮とは異なり、長安城の北東にあり、十六国期から北周まで利用されていたことを指摘した〔劉 二〇〇六〕。これは先に述べたように、十六国期に未央宮が修築され、使用されていたことを示す史料群とは大きく異なる見解である。この北朝期「宮城」の調査報告が発表されたことを受け、内田昌功氏は、公表された宮殿遺構を、北周の路門の遺構であるとして、唐含元殿との類似を指摘している〔内田 二〇一〇〕。

このように史資料の制約から長く停滞していた北朝長安の研究は、北朝「宮城」の発見により、新たな段階へと進みつつある。そこで節を改め、いわゆる「漢長安城」の調査の中から「宮城」を含む北朝期の調査成果をまとめておくことにしたい。

第二節　北朝長安の調査成果

近年の調査で最も注目されるのは、二〇〇三年の漢長安城北東隅での十六国期から北朝期の「宮城」の発見である〔劉振東 二〇〇六〕〔中国社会科学院考古研究所漢長安城工作隊 二〇〇八〕（**図一**）。「宮城」は東西二基の小城からなり、西小城は規模が大きく、城内を東西南北に規模の大きな道路が通る（東西路幅六四m、南北路幅二八m）。南壁上には「楼閣台遺跡」と呼ばれる東西一二八m、南北四一mの大型の宮殿基壇がある。基壇の平面は南側に左右が突き出た凹字形をしており、北朝期の鄴城の宮城南門や朱明門と同じ形態である。ただ、この遺構はさらにその前方に東西の独立した闕状の遺構を持つ独特の構造をとっていること、さらに城壁上にあることから、平面だけを見ると、宮殿ではなく、門と考えられるが、殿基は現状でかなりの高さがあり、やはり門と考えるのは困難である（**写真**[3]）。東小城は城内にL字状の道路がある以外は不明である。城内で三基の基壇が見つかっているがいずれも漢代のものである。また東西二城を区切る宮城壁では門址が発掘されている〔劉振東 二〇一〇〕。門は「宮門」とされ、一門道であり、路面幅は四・六m、奥行きは一三・三mほどあり、轍が確認される。路面は四層確認されており、十六国から隋代までのものとされている。以上が「宮城」と宮殿の遺構の概要である。

続いて城壁を見ていきたい（図二）。基本的には前漢代の城壁を踏襲していたようであり、その痕跡は各城門で確認できる。漢長安城の城門は東西南北各面に三基、合計一二基あるが、これまで調査され、ある程度構造が明らかとなったのは、東城壁の宣平門、覇城門、南城壁の西安門、西城壁の直城門の四基である〔王仲殊 二〇一〇〕。前漢代にはいずれも三本の門道があったことが分かっている。すべての門で王莽末期の火災痕が認められ、その後、瓦礫で門道がふさがれているが、その様子は各門で異なる。東城壁の宣平門は繰り返し補修されながら、北朝期まで三本の門道が用いられ、北朝期のどこかの段階で中門道だけが閉塞されたことが分かっている。覇城門は南門道のみ遺存しており、調査の結果この門道は王莽末の瓦礫により閉塞されている。これを根拠に、覇城門が王莽以降、廃棄されたとの指摘もあるが〔王仲殊 二〇一〇〕、中・北門道がすでに遺存していなかったことは注意しなければならず、後に見る直城門の成果からも廃絶とは断定できない。

南城壁では西安門が調査されている。この門も東、中門道が遺存していたが、西門道はすでに攪乱を受けていた。残された東・中門道はいずれも補修されつつ使用されていたことが分かっている。

西城壁では直城門が調査されている。ちょうど覇城門と東西に対峙する位置にある。この門も王莽末の火災の後、南・中門道が閉塞されるが、北門道のみその後も利用されていた。

他の八門の状況は不明であるが、北朝期では東城壁の宣平門が三門道の城門として用いられ、おそらく南城壁の西安門も同じ用いられ方をしていたと考えられる。一方で、西城壁の直城門は一門道のみと大きく縮小され、おそらく覇城門も同じと考えられるのである。

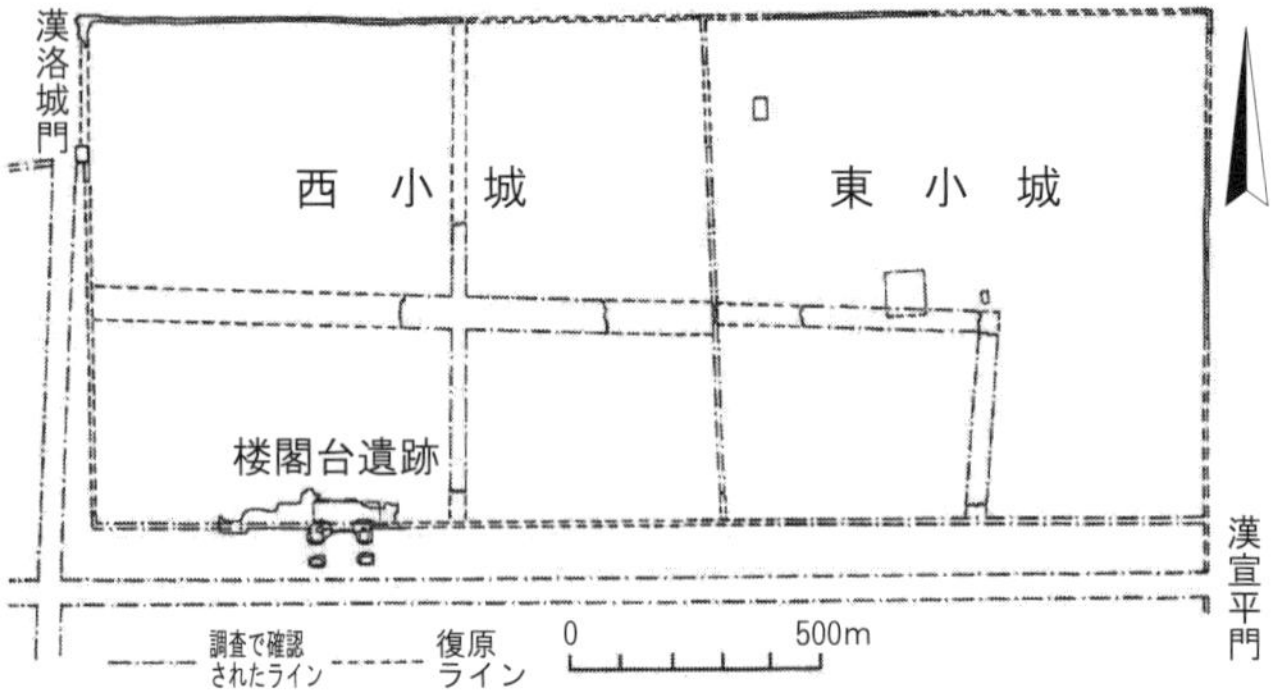

図一　北朝期「宮城」遺跡

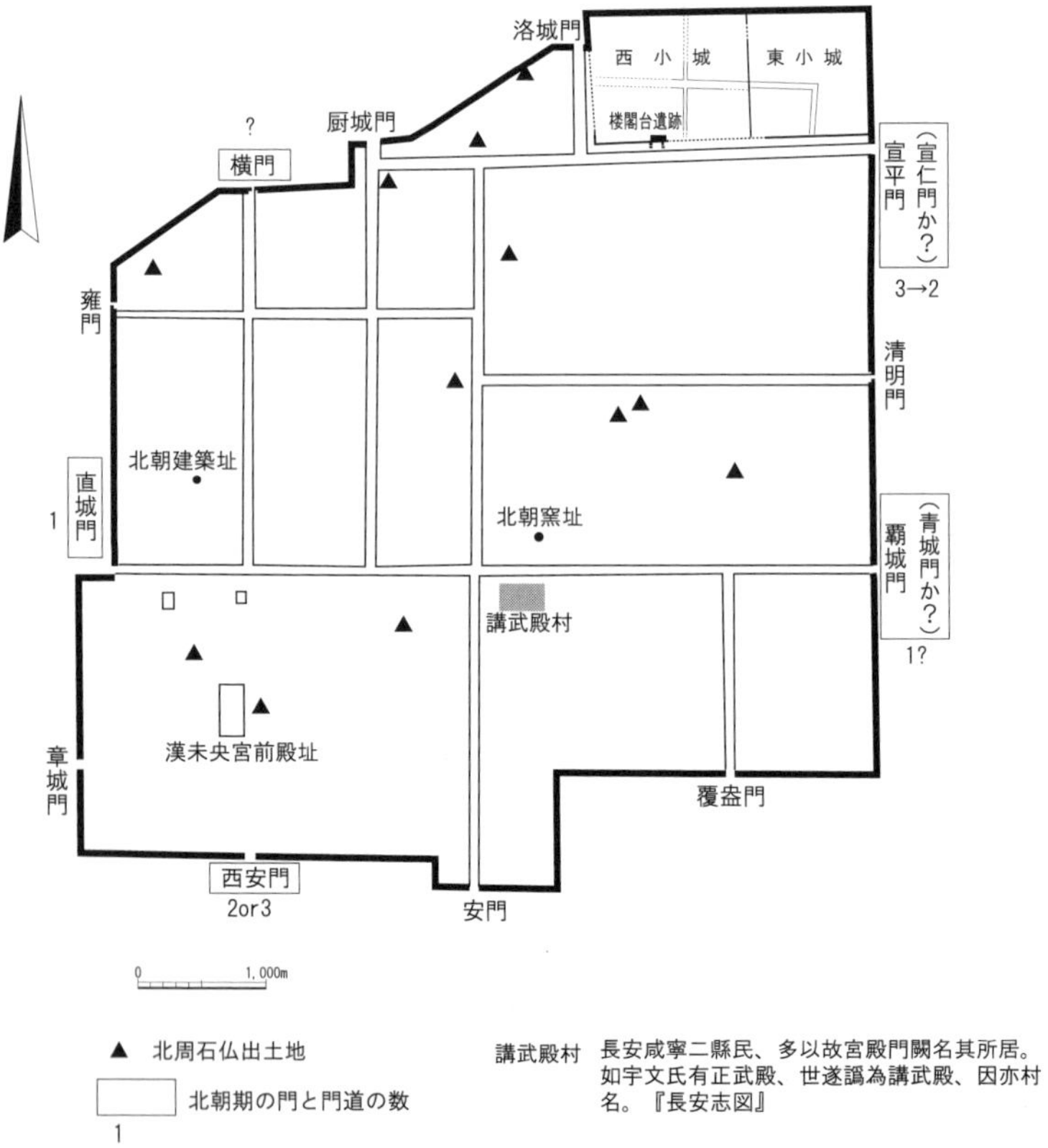

図二　北朝期長安

写真　楼閣台遺跡基壇（南東から）

このような城門の用いられ方から、北朝期の長安も漢長安城の城壁を踏襲していたと考えられる。ただし、南西隅の角楼が再建されていなかったように、城壁上の施設については大幅に改廃されていたのである。

以上の調査以外の発掘成果として、城内で多数の石仏が発見されていることが注目される（図二）[4]。中には複数の石仏がまとまって見つかる地点もあり、寺院址の存在を推測させる。北魏の洛陽内城、東魏・北斉の鄴の内城では仏寺の発見が少ないことを考えると、北周の長安城内でこのように多数の仏像が発見されることは極めて興味深い現象である。発見地点のすべてが寺院ではないにしろ、城内に複数の仏寺が存在していたことは確実であろう。

以上の遺構のほかに、漢の長楽宮内にあたる場所で窯址群が見つかっている。焼成されていたのは瓦であり、付近に殿舎が存在していた可能性がある。ほかに城内西部で北朝期の建築遺構が検出されているが詳細は不明である。

未央宮、桂宮、武庫などの主な調査地では、いずれも現代耕作土の下に唐代～現代の遺物を含む地層があり、その下が漢代遺物包含層（廃絶時堆積層）、遺構、地山という極めて単純な堆積状況である。台地上の遺跡ということもあるが、総じて前漢代以外の遺構、遺物は希薄であり、現在のところ北朝期の遺構が集中して見つかる箇所は見られない。

以上の調査成果を振り返ると、主に長安城の東半分に遺構が集中することが分かる。

この東半分の北部、長安城の北東部に「宮城」が発見された。つまり、都城の北端に宮城を配し、全体に南面する構造ということになる。ただし、この「宮城」遺跡を北朝期の宮城とするには問題がないわけではない。

報告ではこの遺構は十六国期から北朝期のものとなっている。ところが十六国の後秦の宮城の位置については、『長安志』巻五・宮室三に、

　晉太極殿、『周地圖紀』に曰わく、太極殿、晉愍帝の宮なり、長安南門の後に在り。姚興重建す、と。

とある。『周地図記』は『隋書』経籍志に著録されており、撰者不明のため成書時期は不明だが、南北朝期のものであろう。この史料によれば、西晋末期の愍帝の宮殿は長安城の南部にあり、後秦の姚興が再建していることから、十六国期の宮城も南部にあったと考えられる。また北周期の宮殿である「正武殿」についても、その遺称地が「講武殿村」になったといわれる。すなわち、李好文『長安志図』に、

　長安・咸寧の二縣民、多く故の宮殿・門闕を以て其の居する所を名づく。宇文氏に正武殿の有るが如きは、世よ遂に謬りて講武殿と爲り、因りてまた村名とす。

と書かれているとおりである。講武殿村は現存しており、その位置が李好文が取材した元代から変わっていないとすれば、漢の長楽宮内にあたり、ちょうど北朝期の瓦窯群が見つかった場所の付近となる。宮殿造営に不可欠の瓦窯が遺称地の付近に存在している事実は、『長安志図』の記載を単なる伝承と無視することを困難としている。少なくとも以上の二つの史料による限り、北朝の宮城は漢の長楽宮内を含む南部にあった可能性がある。また、北周の宮城については、やはり『長安志』巻一二・県二・長安に、

　後周の宮室、長安故城中に在り。隋の文帝開皇三年、遷都して以後、竝びに灌ぎて陂と爲す。卽ち漲陂なり。

とあり、水を注がれ池となり、その池が「漲陂」と呼ばれていたことを記す。単なる伝承の可能性もあるが、具体的

に池の名も挙げられていることから、留意すべき史料と考えるが、現在のところ、「宮城」ではこのような痕跡は報告されていない。

以上のように、長安城北東隅の「宮城」遺構は『周地図記』『長安志』『長安志図』が示す宮城の位置とは合致しない。このことは、前節で紹介した〔史念海・史先智 一九九七〕〔尚民傑 二〇〇三〕が、十六国北朝期の宮城を、典籍史料に基づき、一貫して未央宮にあったとする結論に近い。このため、現在発見されている「宮城」を、北朝期の遺構であることは認めつつ、現在公表されている資料だけを根拠に遺構の性格や殿舎配置などを論ずるのは尚早と考える。最も問題となるのは、発見されている「宮城」内は、道路遺構のみで、建築遺構が極めて少ないことである。そこで遺構に基づく議論はこれ以上は控え、別の角度から北周の宮城を考察することにしたい。

第三節　典籍史料から見る北朝長安の変化

北朝期の長安宮城については史料が限られることから、時系列にその変化を跡付けた研究は少ない。しかし史料が限られるからこそ、その変化を細かく追うことで、西魏・北周王朝の為政者が目指していた宮城の姿をある程度うかがうことが出来る可能性がある。特に洛陽から関中の宇文泰に身を寄せた北魏の孝武帝（出帝・元脩）は、当初は既存の雍州公廨を利用して宮城としていることから、仮の宮城から始まり、どの段階で本格的な宮城造営を目指したのか、それが果たして完成したものだったのかを明らかにする必要がある。また北周期でも宇文護の専権期と武帝の親政期、そして宣帝以後といくつかの政治史上の画期を見出すことができる。これを念頭に置きつつ、改めて史料上の長安を見ていくことにしたい（以下、史料は章末**表**参照）。

西魏期において即位や元日朝賀などの重要な儀礼が行われた場所は明らかでないが、大統六（五四〇）年の段階で「春正月庚戌、群臣を朝す。西遷より此に至り、禮楽始めて備わる」（『北史』巻五・魏本紀・文帝）とあるように、次第に都城、宮城の整備がすすみ、この時点で一応の体裁を整えたと考えることは可能である。その直前の大統五（五三九）年に「陽武門外に鼓を懸け、紙筆を置き、以て得失を求めしむ」（史料四）とあるのも、そうした整備の一端を示すものであろう。なお、西魏の宮城で北魏や東魏の太極殿に相当する殿舎の名称は不明であるが、興味深い宮殿として乾安殿がある。西魏文帝（元宝炬）が崩じた場所であり（史料五）、寝殿と考えるべき殿舎であるが、後に北周の孝閔帝はここで正月の朝賀を行っており（史料八）、庭を有する中心的な殿舎の一つであったと考えられる。西魏については、史料上、確認されるのは、以上にすぎない。

続いて北周期を見ていこう。注目されるのは孝閔帝期に正月元日、路門で朝会を行っていることである（史料六、七）。路門という儒教経典に拠った名を持つ門が、朝会に使用されていたことは、北周政権の特徴としてしばしば指摘されることである。(5) しかしこの段階ですべてが周礼的な宮城となっていたかといえばそうではない。明帝期は紫極殿で元日朝賀（史料一四）を行い、京城整備を行っている（史料一二）。朝賀を行っている殿舎が紫極殿であることは注目され、朝賀の場が路門に統一されていないことが分かる。また、この時期は路寝が見られず、名称から考えてもこの紫極殿が、北魏洛陽や東魏・北斉鄴の太極殿に相当する殿舎であったと考えられる。

続く武帝期には路寝、路門、応門の改作（史料一七・二二）が見られ、『周礼』の要素が顕著となる。北周の宮城の特徴として従来論じられてきたのは、まさにこの時期の長安を取り上げている。路寝は宮城全体の正殿というべき位置を占め、百僚や四方賓客を会する大型の殿舎であったと考えられる（史料二七）。ただし、この武帝期でも朝会が路門で行われていたことは注目され、路寝が使用され始めても路門が儀礼の舞台として重視されていたことが分かる。

北周建国から武帝期の路寝、路門、応門の改作までは、実権は宇文護が握っており、彼の主導の下に宮城整備が進められたのである。

武帝が宇文護を誅殺し、実権を掌握すると、宇文護が作り上げた宮城へも見直しを行う。それは「節倹」という形で具体化した。武帝末期にはいくつかの殿舎が「奢侈」ということで破却されるが、その中には正殿である「路寝」も含まれていたのである（史料四五）。こうして『周礼』に拠った宇文護の宮城造営は武帝により否定され、新たに儒家の重視する「節倹」が前面に出されることになったのである。

ところが、この詔を出した一年後に武帝が崩じ、宣帝が即位する。この間、武帝は長安にはおらず路寝などの殿舎の破却がどの程度進んだか不明な点もある。それを示すように、宣帝期にも路寝が使用されていることが確認でき（史料五四）、しかも百官を会していることから、その使用方法は武帝期と同様であった。このことから宣帝期でも路寝が引き続き中心的な殿舎であったことが分かるのである。

一方で宣帝は新たな都城の造営に執着していた。武帝期に北斉を滅ぼし、華北を統一し、かつての北魏の都洛陽がその版図に入っていた。宣帝は中華の中心であるかつての都城の再興に強い関心を示し、鄴の機能を移してまで洛陽の復興を試みる。宣帝が二年に満たない短い治世を終えた段階で、すでに洛陽には太極殿が完成していたのである。宣帝の洛陽造営については第三篇第一章で論じているので、詳細はそちらに譲るが、宣帝が周公の築いたとされる洛陽を、儒教的に正統な王朝の都城として重視した結果である。そのため、宣帝が長安をこれ以降も引き続き都城として重視していたかは、判然としない。

このような状況の中で隋が北周に取って代わることになるが、隋の文帝が即位した場所は長安の臨光殿であった。この殿舎は、文帝即位記事以外で確認することができず、用途は全く不明であるが、北周期に中心的な殿舎であった紫極殿や路寝でないことは注目される。隋文帝の長安に対する認識は、『隋書』巻一・高祖紀上の開皇二（五八二）年六月の著名な遷都詔から明らかとなる。

丙申、詔して曰く「朕、祗しんで上玄を奉じ、萬國に君臨するも、生人の敝を屬き、前代の宮に處す。常に之を作る者の勞、之に居する者の逸を以爲うも、改創の事、心未だ遑あらざるなり。而して王公大臣、謀を陳べ策を獻じて、咸な云わく、羲・農以降、姫・劉に至るまで、代に當りて屢しば遷ること有るも、命を革めて徙らざるは無し。曹・馬の後、時に因循せらるは、乃ち末代の宴安にして、往聖の宏義に非ず、と。此の城、漢より彫殘の日久しく、屢しば戰場と爲り、舊く喪亂を經。今の宮室、事は權宜に近く、又た筮を謀り龜に從い、星を瞻、日を揆るに非ず、皇王の邑を建て、大衆の聚る所に合するに足らず。變通の數を論じ、幽顯の情を具にせんとし、同心して固く請うこと、詞情、深切なり。然らば則ち京師は百官の府、四海の歸向、朕一人の獨有する所に非ず。苟しくも物に利し、其れ違う可からざるや。且つ殷の五遷は、人の盡く死するを恐る。是れ則ち吉凶の土を以て、長短の命を制すなり。新しきを謀り故を去るは、如農の秋を望むが如く、暫らく劬勞すと雖も、其れ宅に安んずるを究めん。今、區宇寧一にして、陰陽、序に順い、安安として以て遷らば、胥怨を懷くこと勿らん。龍首山は川原秀麗、卉物滋阜なれば、卜食相土して、宜しく都邑を建つべし。定鼎の基、永固とし、無窮の業、斯に在らん。公私の府宅、規模の遠近、營構の資費は、事に隨い條奏せよ」と。仍りて左僕射高熲、將作大匠劉龍、鉅鹿郡公賀婁子幹、太府少卿高龍叉等に詔して新都を創造せしむ。

というものであった。つまり、北朝長安の宮城は、「今の宮室、事は權宜に近く、又た筮を謀り龜に從い、星を瞻、日を揆るに非ず、皇王の邑を建て、大衆の聚る所に合するに足ら」ざるものであり、いわば仮の宮城にすぎないものとされたのである。この詔書は新たな都城である大興城造営を表明したものであるが、同時に北周の宮城・都城の全面的な否定を宣言したものである。隋にとって北周宮城は廃すべき対象であり、新たな宮城に継承するものはなかったということになるだろう。

以上のように歴史的経緯を見てくると、西魏は不明ではあるが、北周長安では当初、路門と紫極殿が重要な門、殿舎と位置づけられ、武帝期に路門、路寝が整備される。これは実力者宇文護により、『周礼』『礼記』に基づく儒教的な宮城の整備がなされたことを示す。しかし武帝が親政を開始し、北斉を滅ぼすと、一転してこれまでの宮城を否定して、路寝の破却を行い、節倹を重視するようになる。ここに、北周建国以来、宇文護により進められてきた宮城プランは一度否定されたことになる。武帝はその後すぐに崩じ、続く宣帝も二年に満たない治世の中で、洛陽宮の復興に力を注いでいた。こう見れば、北周長安において、後世に継承されるべき宮城プランは打ち出せなかった可能性がある。隋文帝の遷都詔はそのことを端的に物語っているのである。

このように宮城構造において北周と隋との継承性に大きな疑問が生じた。そこで次に都城周辺の景観を比較し、隋・唐への継承性を見ていくことにしたい。

第四節　都城周辺の景観の問題――皇帝陵の規模と立地とのかかわり――

魏晋南北朝期にあって、都城の周辺景観に皇帝陵があるか否かは、皇帝権力の可視化という点で重要な意味を有する。本篇第三章で指摘したように、北魏では、平城期の最後に文明太后馮氏の永固陵が造営されてからは、洛陽遷都後も陵墓が都城近郊に置かれ、大きな墳丘を有し、皇帝権力を示すモニュメントとしての役割を果たし続けた。それは北族、漢族を問わず、大墓造営を望む風潮を受けてのことであり、そのため、再び華北では大墓造営が盛んとなったのである。この流れは東魏、北斉にも継承され、鄴城の北西方向に皇帝陵と、その周辺に氏族によるまとまりを持つ墳墓群が造られたのである。つまり、東魏はいうに及ばず、北斉も北魏の陵墓を立地、規模の面で忠実に継承しており、都城鄴が北魏洛陽の複製を意図したことも合わせ、洛陽と周辺の墓群をも、鄴の地に再現したのである〔本篇第四章〕。

このような都城周辺景観は、北魏から東魏・北斉へと継承されていったが、一方の西魏・北周はどうだったのだろうか。西魏の文帝元宝炬の永陵は長安の東北東およそ六〇㎞、現在の富平県内に位置する。墳丘は直径約八〇ｍ〔国家文物局　一九九八〕と北魏～北斉の皇帝陵が直径一〇〇ｍあるのに比べやや小さいが、平面は円形で、碗を伏せたような比較的高い墳丘の形状などは北魏陵墓と相似形である。立地も四方に見晴らしの効く高燥な地を選んでいることは共通するが、最も異なることは、都城との距離があまりに離れていることである。(6)この距離では当然ながら都城と陵墓とを相互に視認することはできず、都城の景観の中から皇帝陵が完全に失われたことになる。

一方、北周は、実質的な建国者である宇文泰の成陵が、やはり富平県にあり、西魏文帝の永陵から西に一五㎞の位置にあり、長安からは相当な距離がある。現状では墳丘は大きく損なわれており、原状は明らかにできないが、残存高はかなりあり、西魏文帝陵と相似形であった可能性がある。続く孝閔帝宇文覚の静陵、明帝宇文毓の昭陵はいずれも位置は不明だが、武帝の孝陵が長安北方の咸陽市渭城区底張郷陳馬村で発見されたこと〔陝西省考古研究所・咸陽市考古研究所　一九九七〕、周辺が北周貴族の墓群であることから、この付近にある可能性がある。明帝は薄葬を唱え、ほぼ同文の薄葬詔が武帝からも出されている。

明帝：葬日、不毛の地を選擇し、地勢に因りて墳と爲し、封ずる勿かれ樹うる勿かれ。〔『周書』巻四・明帝紀〕

武帝：喪事の資用、須からく儉にして禮に合せしむべし。墓して墳せざるは、古よりの通典なり。〔『周書』巻

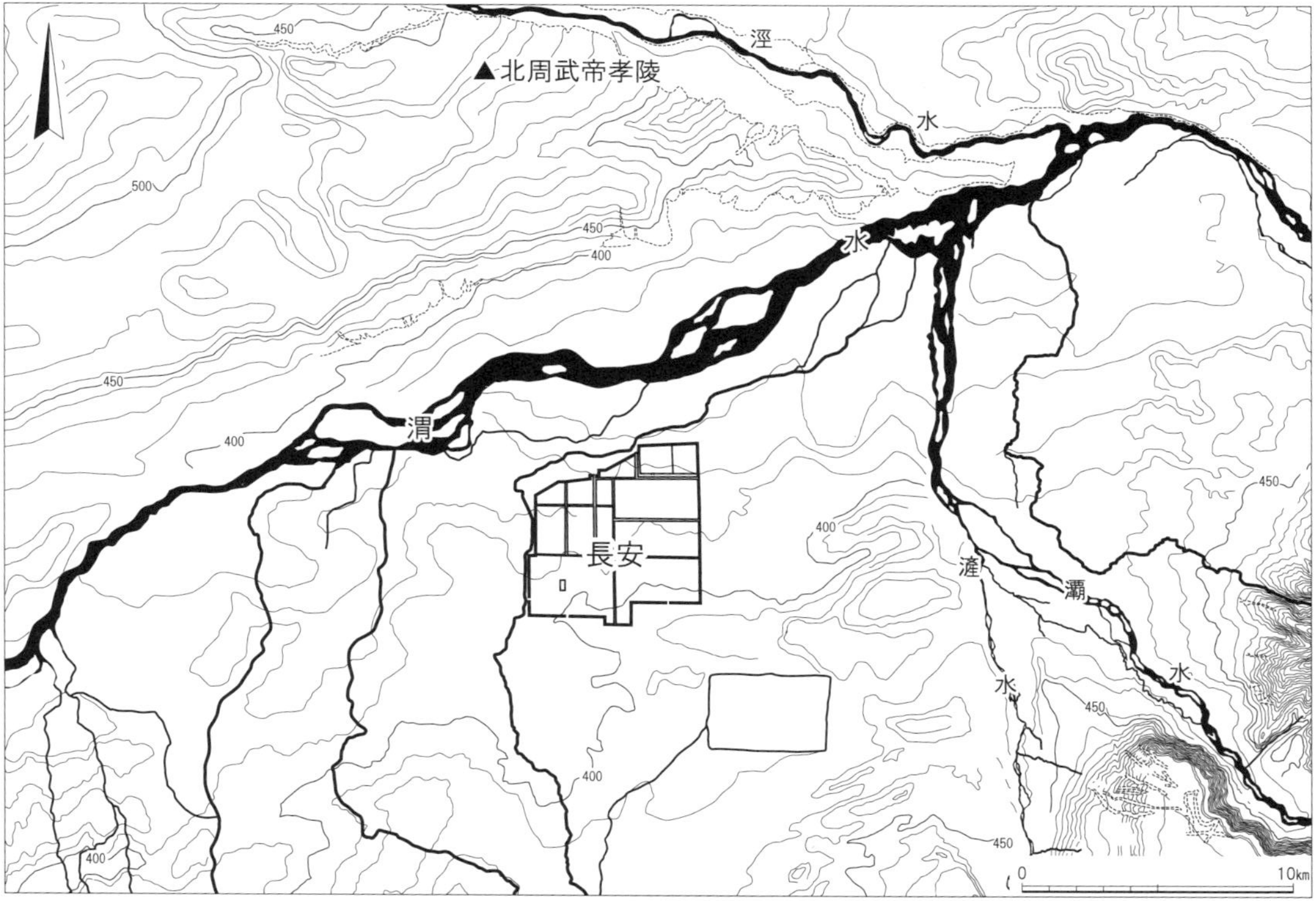

図三　北周長安と皇帝陵

標高は原図の「90m」を現代の図を参考に「400m」に読み替えている。

武帝の孝陵が墳丘を有さない、質素な土洞墓であったことから、当時の皇帝陵の薄葬がかなり徹底したものであったことが分かる。なお、宣帝宇文贇の定陵については、場所や構造は不明である。

武帝の孝陵と周辺の北周貴族の墓の構造は、いずれも墳丘を有さない、かなり簡素な土洞墓であり、副葬された明器も、北斉のものに比べはるかに質素なものとなっている。このことから、北周の皇帝陵は、立地こそ都城近郊でありながら、その構造は皇帝の権威を可視的に示す役割を有しなかったことが分かる。つまり、西魏に続いて北周でも都城周辺の景観から皇帝陵は失われており、北魏の都城との景観上の断絶を認めることができる。またこれに加えて、宮城と同じく「節倹」が強く出ていることは注目されるだろう。皇帝陵だけでいうならば、北周建国当初から「節倹」を重んじ、武帝もそれを継承したのである。都城周辺の景観から皇帝陵を切り離すことは、後の隋と唐初も同様であり、都城周辺の景観から皇帝陵を消失させる点は後代に継承されたのである。

おわりに

北周長安宮は宇文護専制期には『周礼』『礼記』といった経典にみえる殿舎名を宮殿に名づけており、名称の上からは他の南北朝期の宮城とは異なる。ただし当初は正殿が紫極殿で、武帝期に路寝へと変化しているように、経典に由来する殿舎名の導入は段階的である。殿舎の機能をほかの魏晋南北朝期の宮城と比較すると、路門＝閶闔門、路寝＝太極殿となろう。殿舎の利用方法については、残された史料からは、殿舎や宮門の名称以外に都城史上の画期性を認めることは困難である。北魏までにしばしば見られた東堂、西堂に相当する殿舎は、右寝以外に認めることはできないが、同時期の鄴でも東堂、西堂の重要性は低下し、これら二堂の役割は顕陽殿に集約されるようになっていることから〔第三篇第二章〕、西魏・北周の宮城も同じ傾向が認められるとみなしてよいのであろう。宮城の整備という点では、何よりも武帝期の路寝破却（おそらく未着手か不徹底）と宣帝の洛陽造営を考えると、北周末期において確たる宮城を有していたかは疑問であり、隋唐の規範になりえたとは考えにくい。それを示すのが隋文帝の臨光殿での即位であり、続く大興宮の造営なのである。著名な遷都詔はそれを明示したものである。

一方で都城周囲の景観は、皇帝陵の姿が見られず、北魏孝文帝期以降のものと大きく異なることになった。これは東魏・北斉とはまったく異なる新たな要素である。北周の武帝が目指した「節倹」の天子像を隋文帝はこの点で継承している。この変化は、宮城・都城に、皇帝の権威・正統性を示す役割をより一層担わせることになったのである。空前の規模と計画性を持つ大興宮の出現は、都城の周辺の景観から皇帝の権威を示す皇帝陵の巨大な姿が消滅したことを受けてのものとも考えられるのである。

注

（1）例えば、〔那波利貞　一九三二〕〔陳寅恪　一九八〇〕。
（2）例えば『晋書』巻一〇六・石季龍載記には、「發雍、洛、秦、并州十六萬人城長安未央宮」とあり、巻一一三・苻堅載記上に「及王猛卒、堅置聽訟觀於未央之南」とある。
（3）二〇一〇年三月に現地を踏査し、遺構を確認している（**写真**参照）。
（4）長安城内および周辺での石仏の出土については〔張建鋒　二〇一〇〕参照。
（5）路寝については『礼記』玉藻篇に、路門については『周礼』に散見するが、これらを相互に関連させ宮城の具体的な構造として捉えたのは鄭玄に代表される経典の注釈によるところが大きい。儒教経典と宮城、都城造営との関わりについては

〔賀業鉅 一九八五〕や〔豊田裕章 二〇〇一〕参照。

（6）西魏文帝永陵の立地については二〇一〇年三月の現地踏査の所見である。〔潘偉斌 二〇〇四〕は、『北史』巻十二・魏本紀五・西魏文帝紀に「嘗登逍遙觀望嵯峨山、因謂左右曰『望此、令人有脱屣之意。若使朕年五十、便委政儲宮、尋山餌藥、不能一日萬機也』」とあることが影響したことを指摘する。陵地を定めたことを示す史料ではないが、陵が築かれた方向に何らかの関心を有していたことを示す史料と評価できる。

【引用・参考文献】

内田昌功　「北周長安宮の空間構成」『秋大史学』五五、二〇〇九
　「北周長安宮の路門と唐大明宮含元殿」『歴史』一一五、二〇一〇
王仲犖　『北周地理志』中華書局、一九八〇
王仲殊　「漢長安城考古工作的初歩収穫」『考古通訊』一九五七年五期、一九五七
　「漢長安城考古工作収穫続記――宣平城門的発掘」『考古通訊』一九五八年四期、一九五八
　「漢長安城城門遺址的発掘与研究」『考古学集刊』一七、二〇一〇
賀業鉅　『考工記営国制度研究』中国建築工業出版社、一九八五
窪添慶文　「魏晋南北朝期の長安」（東洋文庫中国古代地域史研究班編『水経注疏訳注（渭水編下）』所収）、二〇一一
国家文物局主編　『中国文物地図集 陝西分冊』西安地図出版社、一九九八
史念海・史先智　「論十六国和南北朝時期長安城的小城、子城和皇城」『中国歴史地理論叢』一九九七年一期、一九九七
尚民傑　「西漢以後的未央宮」『考古与文物』二〇〇三年二期、二〇〇三
陝西省考古研究所・咸陽市考古研究所　「北周武帝孝陵発掘簡報」『考古与文物』一九九七年二期、一九九七
中国社会科学院考古研究所　『古都遺珍――長安城出土的北周仏教造像』文物出版社、二〇一〇
中国社会科学院考古研究所漢長安城工作隊　「漢長安城長楽宮二号建築遺址発掘報告」『考古学報』二〇〇四年一期（後、中国社会科学院考古研究所漢長安城工作隊・西安市漢長安城遺址保管所『漢長安城遺址研究』科学出版社 所収、二〇〇六）、二

〇〇四。
中国社会科学院考古研究所漢長安城工作隊　「西安市十六国至北朝時期長安城宮城遺址的鑽探与試掘」『考古』二〇〇八年九期、二〇〇八
張建鋒　「西安出土的北周石刻仏教造像」（前掲『古都遺珍――長安城出土的北周仏教造像』所収）、二〇一〇
陳寅恪　『隋唐制度淵源略論稿』、一九八〇
豊田裕章　「前期難波宮と『周制』の三朝制について」『ヒストリア』一七三号、二〇〇一
那波利貞　「支那首都計画史上より考察したる唐の長安城」『桑原隲蔵博士還暦記念東洋史論叢』弘文社、一九三一
潘偉斌　『魏晋南北朝隋陵』中国青年出版社年、二〇〇四
劉振東　「西漢長安城的沿革与形制布局的変化」『漢代考古与漢文化国際学術研究討論文集』斉魯書社（後、前掲『漢長安城遺址研究』科学出版社 所収、二〇〇六）、二〇〇六
　　　　「十六国至北朝時期長安宮城二号建築（宮門）遺址発掘」『二〇〇九中国重要考古発現』文物出版社、二〇一〇
楊東晨　「陝西東漢至北朝的都城和王城」『文博』二〇〇一年四期、二〇〇一

【図出典】
図一・〈中国社会科学院考古研究所漢長安城工作隊　二〇〇八〉所掲図
図二・〈中国社会科学院考古研究所漢長安城工作隊　二〇〇八〉所掲図を基に作成。石仏出土位置は〈張建鋒　二〇一〇〉による
図三・陸地測量部五万分の一地形図「臨潼県」「洩湖鎮」「草灘鎮」「西安」「咸陽県」「斗門鎮」を基に作成

表　北周都城

皇帝・実権者		史料番号	年月	西暦	項目	史料	出典
北魏・孝武帝		1	永熙三年	五三四	雍州公廨	遂入長安、以雍州公廨爲宮、大赦。	北史　巻五・魏本紀・孝武帝
西魏・文帝	宇文泰専権期	2	大統四年	五三八	清暉室	四年春正月辛酉、拜天於清暉室、終帝世遂爲常。	北史　巻五・魏本紀・文帝
		3	大統四年	五三八	子城	於是沙苑所俘軍人趙青雀、雍州民于伏徳等遂反。青雀據長安子城、伏徳保咸陽、與太守慕容思慶各收降卒、以拒還師。長安大城民皆相率拒青雀、毎日接戰。魏帝留止閿鄉、遣太祖討之。長安父老見太祖至、悲且喜曰「不意今日復得見公」。士女咸相賀。華州刺史導率軍襲咸陽、斬思慶、擒伏徳、南度渭與太祖會攻青雀、破之。	周書　巻二・文帝紀下
		4	大統五年	五三九	陽武門	冬十月、於陽武門外懸鼓、置紙筆、以求得失。	北史　巻五・魏本紀・文帝
		5	大統一七年	五五一	乾安殿	十七年春三月庚戌、帝崩于乾安殿、時年四十五。	北史　巻五・魏本紀・文帝
北周・孝閔帝		6	孝閔帝元年	五五七	路門	元年春正月辛丑、即天王位。柴燎告天、朝百官於路門。	周書　巻三・孝閔帝紀
		7			路門	又後魏即位、登朱雀觀、周帝初立、受朝於路門、雖自我作古、皆非禮也。	隋書　巻九・礼儀志四
		8	孝閔帝元年正月	五五七	乾安殿	丁未、會百官於乾安殿、班賞各有差。	周書　巻三・孝閔帝紀
		9	孝閔帝元年七月	五五七	右寢	秋七月壬寅、帝聽訟於右寢、多所哀宥。	周書　巻三・孝閔帝紀
		10	孝閔帝元年九月	五五七	内殿	綱仍罷散禁兵、帝方悟、無左右、獨在内殿、令宮人持兵自守。	周書　巻三・孝閔帝紀
北周・明帝		11	明帝元年九月	五五七	延壽殿	帝固讓、羣臣固請、是日、即天王位、大赦天下。乙丑、朝羣臣於延壽殿。	周書　巻四・明帝紀
		12	明帝二年六月	五五八	築京城	己巳、…分長安爲萬年縣、竝治京城。	周書　巻四・明帝紀
		13	武成元年五月	五五九	正武殿	己亥、聽訟於正武殿。	周書　巻四・明帝紀
		14	武成二年正月	五六〇	紫極殿	春正月癸丑朔、大會羣臣於紫極殿、始用百戲焉。	周書　巻四・明帝紀

北周・武帝

宇文護専権期

No.	年月	西暦	宮殿	記事	出典
15	武成二年三月	五六〇	重陽閣	三月辛酉、重陽閣成、會羣公列將卿大夫及突厥使者於芳林園、賜錢帛各有差。	周書 巻四・明帝紀
16	武成二年四月	五六〇	延壽殿	辛丑、崩於延壽殿。	周書 巻四・明帝紀
17	武成二年一二月	五六〇	路門・應門	壬寅、卽皇帝位、大赦天下。冬十二月、改作露門、應門。	周書 巻五・武帝紀上
18	保定元年正月	五六一	正武殿	丙子、大射於正武殿、賜百官各有差。	周書 巻五・武帝紀上
19	保定二年一〇月	五六二	大武殿	辛亥、帝御大武殿大射、公卿列將皆會。	周書 巻五・武帝紀上
20	保定三年四月	五六三	正武殿	己亥、帝御正武殿錄囚徒。	周書 巻五・武帝紀上
21	保定三年五月	五六三	正寢	甲子朔、避正寢不受朝、旱故也。	周書 巻五・武帝紀上
22	保定三年八月	五六四	路寢	八月丁未、改作露寢。	周書 巻五・武帝紀上
23	天和元年正月	五六六	路寢	辛巳、露寢成、幸之。令羣臣賦古詩、京邑耆老竝預會焉、頒賜各有差。癸未、大赦改元、百官普加四級。	周書 巻五・武帝紀上
24	天和元年	五六六	路寢	天和元年、露寢等初成、文深以題牓之功、增邑二百戶、除趙興郡守。	周書 巻四七・芸術伝・趙文深
25	天和元年五月	五六六	正武殿	五月庚辰、帝御正武殿、集羣臣親講禮記。	周書 巻五武帝紀上
26	天和二年	五六七	正武殿	二年卒、時年五十九。高祖舉哀於正武殿、賜穀麥三百石、布帛三百匹、贈使持節、大將軍、大都督、少傅、益新始信四州諸軍事、益州刺史、謚曰襄。	周書 巻四二・蕭撝伝
27	天和三年三月	五六八	路寢	丁未、大會百寮及四方賓客於路寢、賜衣馬錢帛各有差。	周書 巻五・武帝紀上
28	天和三年八月	五六八	大德殿	癸酉、帝御大德殿、集百僚及沙門、道士等親講禮記。	周書 巻五・武帝紀上
29	天和四年二月	五六九	大德殿	戊辰、帝御大德殿、集百僚、道士、沙門等討論釋老義。	周書 巻五・武帝紀上
30	天和六年正月	五七一	路門	六年春正月己酉朔、廢朝、以露門未成故也。	周書 巻五・武帝紀上
31	天和七年	五七二	文安殿・含仁殿	帝御文安殿、見護訖、引護入含仁殿朝皇太后。先是帝於禁中見護、常行家人之禮。護謁太后、太后必賜之坐、帝立侍焉。	周書 巻一一・晋蕩公護伝
32		五六六～五七二	紫極殿	天和中、復於紫極殿講三教義。	周書 巻四五・儒林伝・沈重
33	建德初		崇義宮	建德初、高祖誅晉國公護、上帝尊號爲孝閔帝、以后爲	周書 巻九・皇后伝・

北周・武帝

				孝閔皇后、居崇義宮。		孝閔帝元皇后
34	建德元年一二月	五七二	正武殿	己丑、帝御正武殿、親錄囚徒、至夜而罷。	周書	巻五・武帝紀上
35	建德二年六月	五七三	路寢	丙辰、帝御露寢、集諸軍將、勗以戎事。	周書	巻五・武帝紀上
36	建德二年七月	五七三	大德殿	自春末不雨、至於是月。壬申、集百寮於大德殿、帝責躬罪己、問以治政得失。	周書	巻五・武帝紀上
37	建德二年一〇月	五七三	崇信殿	甲辰、六代樂成、帝御崇信殿、集百官以觀之。	周書	巻五・武帝紀上
38	建德二年一二月	五七三	正武殿	戊午、聽訟於正武殿、自旦及夜、繼之以燭。	周書	巻五・武帝紀上
39	建德三年正月	五七四	路門	三年春正月壬戌、朝羣臣於露門。	周書	巻五・武帝紀上
40	建德三年七月	五七四	肅章門	乙酉、衞王直在京師舉兵反、欲突入肅章門。司武尉遲運等拒守。直敗、率百餘騎遁走。	周書	巻五・武帝紀上
41	建德四年七月	五七五	大德殿	丙子、召大將軍以上於大德殿、帝曰「太祖神武膺運、創造王基、兵威所臨、有征無戰。唯彼僞齊、猶懷跋扈。雖復戎車屢駕、而大勳未集。朕以寡昧、纂承鴻緒、往以政出權宰、無所措懷。自親覽萬機、便圖東討。惡衣菲食、繕甲治兵、數年已來、戰備稍足。而僞主昏虐、恣行無道、伐暴除亂、斯實其時。今欲數道出兵、水陸兼進、北拒太行之路、東扼黎陽之險。若攻拔河陰、兗、豫則馳檄可定。然後養鋭享士、以待其至。但得一戰、則破之必矣。王公以爲何如」。羣臣咸稱善。	周書	巻六・武帝紀下
42	建德五年九月	五七六	正武殿	九月丁丑、大醮於正武殿、以祈東伐。	周書	巻六・武帝紀下
43	建德六年四月	五七七	路寢	庚戌、大會羣臣及諸蕃客於露寢。	周書	巻六・武帝紀下
44	建德六年五月	五七七	正武殿	辛巳、大醮於正武殿、以報功也。	周書	巻六・武帝紀下
45	建德六年五月	五七七	路寢	詔曰「朕欽承丕緒、寢興寅畏、惡衣菲食、貴昭儉約。上棟下宇、土階茅屋、猶恐居之者逸、作之者勞、詎可廣廈高堂、肆其嗜慾。往者、冢臣專任、制度有違、正殿別寢、事窮壯麗。非直雕牆峻宇、深戒前王、而締構弘敞、有踰清廟。不軌不物、何以示後。兼東夏初平、民未見德、率先海內、宜自朕始。其露寢、會義、崇信、含仁、雲和、思齊諸殿等、農隙之時、悉可毀撤。雕斲之物、並賜貧民。繕造之宜、務從卑朴」。癸巳、行幸雲陽宮。戊戌、詔曰「京師宮殿、已從撤毀。并、	周書	巻六・武帝紀下

					鄴二所、華侈過度、誠復作之非我、豈容因而弗革。諸堂殿壯麗、竝宜除蕩、甍宇雜物、分賜窮民。三農之隙、別漸營構、止蔽風雨、務在卑狹」。		
	46	建徳六年五月	五七七	青城門	是月、青城門無故自崩。	周書	巻六・武帝紀下
北周・宣帝	47	大成元年正月	五七九	路門	大象元年春正月癸巳、受朝於露門、帝服通天冠、絳紗袍、羣臣皆服漢魏衣冠。大赦、改元大成。	周書	巻七・宣帝紀
	48	大象元年二月	五七九	正陽宮	皇帝衍稱正陽宮、置納言、御正、諸衞等官、皆准天臺。	周書	巻七・宣帝紀
	49	大象元年二月	五七九	正陽宮	二月辛巳、宣帝於鄴宮傳位授帝、居正陽宮。	周書	巻七・宣帝紀
	50	大象元年三月	五七九	青門	庚申、至自東巡、大陳軍伍、帝親擐甲冑、入自青門。皇帝衍備法駕從入。百官迎於青門外。	周書	巻七・宣帝紀
	51	大象元年四月	五七九	正武殿	壬午、大醮於正武殿。	周書	巻七・宣帝紀
	52	大象元年八月	五七九	正武殿	初、高祖作刑書要制、用法嚴重。及帝卽位、以海內初平、恐物情未附、乃除之。至是（爲刑經聖制、其法深刻。）大醮於正武殿、告天而行焉。	周書	巻七・宣帝紀
	53	大象元年九月	五七九	道會苑	冬十月壬戌、歲星犯軒轅大星。是日、帝幸道會苑大醮、以高祖武皇帝配。醮訖、論議於行殿。是歲、初復佛像及天尊像。至是、帝與二像俱南面而坐、大陳雜戲、令京城士民縱觀。	周書	巻七・宣帝紀
	54	大象元年一二月	五七九	路寢	十二月戊午、以災異屢見、帝御路寢、見百官。	周書	巻七・宣帝紀
	55	大象元年一二月	五七九	正武殿	於是舍仗衞、往天興宮。百官上表勸復寢膳、許之。甲子、還宮。御正武殿、集百官及宮人內外命婦、大列妓樂、又縱胡人乞寒、用水澆沃爲戲樂。	周書	巻七・宣帝紀
	56	大象二年二月	五八〇	路門学	二月丁巳、帝幸露門學、行釋奠之禮。	周書	巻七・宣帝紀
	57	大象二年三月	五八〇	應門	行幸同州。增候正、前驅戒道、爲三百六十重、自應門至於赤岸澤、數十里閒、幡旗相蔽、鼓樂俱作。	周書	巻七・宣帝紀
	58	大象二年五月	五八〇	天徳殿	是日（己酉）、帝崩於天德殿。時年二十二、謚曰宣皇帝。	周書	巻七・宣帝紀
	59	大象二年五月	五八〇	路門学	二年夏五月乙未、宣帝寢疾、詔帝入宿於露門學。	周書	巻八・静帝紀
	60	大象二年五月	五八〇	正陽宮	己酉、宣帝崩、帝入居天臺、廢正陽宮。	周書	巻八・静帝紀

	61	大象二年五月	五八〇	正陽宮	以正陽宮爲丞相府、以鄭譯爲長史、劉昉爲司馬、具置僚佐。	隋書	巻一・高祖紀上
北周・静帝	62			弘聖宮	帝崩、靜帝尊后爲皇太后、居弘聖宮。	周書	巻九・皇后伝・宣帝楊皇后皇后
隋・文帝	63	開皇元年二月	五八一	臨光殿	二月、甲子、椿等乘象輅、備鹵簿、持節、率百官至門下、奉策入次。百官文武、朝服立于門南、北面。高祖冠遠遊冠、府僚陪列。詔室入白、禮曹導高祖、府僚從、出大門東廂西向。椿奉策書、㬰奉璽紱、出次、節導而進。高祖揖之、入門而左、椿等入門而右。百官隨入庭中。椿南向、讀册書畢、進授高祖。高祖北面再拜、辭不奉詔。上柱國李穆進喩朝旨、又與百官勸進、高祖不納。椿等又奉策書進而敦勸、高祖再拜、俯受策、以授高熲。受璽、以授虞慶則。退就東階位。使者與百官、皆北面再拜、搢笏、三稱萬歲。有司請備法駕、高祖不許、改服紗帽、黃袍、入幸臨光殿。就閤內服袞冕、乘小輿、出自西序、如元會儀。禮部尚書以案承符命及祥瑞牒、進東階下。納言跪御前以聞。內史令奉宣詔大赦、改元曰開皇。是日、命有司奉册祀于南郊。	隋書	巻九・礼儀志四
	64	開皇元年二月	五八一	臨光殿	開皇元年二月甲子、上自相府常服入宮、備禮卽皇帝位於臨光殿。設壇於南郊、遣使柴燎告天。是日、告廟、大赦、改元。	隋書	巻一・高祖紀上
	65	開皇元年三月	五八一	宣仁門	宣仁門槐樹連理、衆枝內附。	隋書	巻一・高祖紀上
	66	開皇二年一〇月	五八二	観德殿	庚寅、上疾愈、享百僚於觀德殿。賜錢帛、皆任其自取、盡力而出。	隋書	巻一・高祖紀上

第三篇　複都制と宮城の変遷

第一章　中国複都制における洛陽

はじめに

『日本書紀』天武天皇一二（六八四）年一二月庚午の、

また詔して曰く「凡そ都城宮室は一處に非ず。必ず兩參造らん。故に先ず難波に都せんと欲す。是を以て百寮の者、各おの往りて家地を請え」と。

という詔は、飛鳥・難波にそれぞれ都を置くことを明言した著名なものだが、「凡そ都城宮室は一處に非ず」という発想には、唐の長安・洛陽の二都の影響があると考えられている〔瀧川政次郎 一九六七〕。日本が強く影響を受けた隋から唐初では、長安と並んで、洛陽も東京・東都となっており、このような中国の状況が日本の複都制成立の要因となったことは十分に予想されることである。しかしその一方で、隋唐の長安、洛陽の複都が、中国でどのような歴史的経過を経て生まれたのかという点については必ずしも明らかでない。

隋唐までの中国の複都制を概観すると、長安と洛陽が常に対となっている事象が注目される。しかも、それは、関中に都を置いた王朝にのみ見られるのである。そのため、隋唐以前の複都制を論じるには、洛陽の持つ特殊性を考えることが不可避となる(1)。そこで本章では統一帝国が誕生した秦以降、隋までの複都制を概観し、その中から洛陽の特殊性を明らかにしていきたい。

先行研究を振り返ると、中国の複都制に関する蓄積は決して十分なものとはいえない。その中で陪都を概観したものに朱士光・葉驍軍氏の論考がある〔朱・葉 一九八七〕。朱・葉氏の論考では周から民国にいたるまでの中国歴代の陪都を俯瞰し、それを各王朝・政権の重要度により三類に分けている。陪都に関する研究が極度に少ない中で、まず参照すべきものであろう。そのため、最初に朱・葉氏の論をまとめておくことにしたい。

朱・葉氏の三分類とは以下の通りである。

- 第一類：政治経済的な必要性から生まれ、京師を補助する役割を担うもの。
  西周の成周、隋唐の洛陽、明の南京。
- 第二類：政治的象徴性を示すもの。
  後漢の南陽、三国魏の許昌・譙・長安、唐の成都・太原、明の鳳陽。
- 第三類：形式的な陪都。
  唐の河中府・成都・鳳翔など。

この分類のうち、第二類と第三類の区分はあいまいであり、両類は「名目的な陪都」とまとめてとらえるのが妥当であろう。本章の検討対象とする時代が、秦から隋までとしていることからすれば、朱・葉氏が例に挙げた中の第二類の後漢の南陽、三国魏の許昌・譙・長安を考察するべきだが、これらの諸都市の機能は、史料上、他の都市との著しい違いを見出すことが困難である。したがって、複都制発生の要因を明らかにするという本章の目的に照らして、両氏の第二・三類の陪都については検討の対象から外すことにする。第一類の陪都こそ複都制の本来的な役割を示すものと考えられるが、以下の検討は、朱・葉氏が取り上げず、また、従来、重視されてこなかった新と北周の複都制を中心として行う。これらは、隋以前の複都制を考える上で決して無視できない重要な歴史的意味を持つと思われるからである。

第一節　秦と前漢の洛陽

秦は関中の咸陽を中心とした国であり、関東六国を滅ぼした後も、引き続き咸陽を都としていた。そのため都城の位置は、秦の版図全体からみれば大きく西に偏ることになるが、関東に支配の拠点を新たに築いた形跡は見られない。本章で検討の中心となる洛陽は、戦国末期に秦の丞相呂不韋の封邑となり、その時に、ほぼ現在残る漢魏故城の規模になったと考えられるが〔中国社会科学院考古研究所洛陽漢魏故城隊 一九九八〕〔銭国祥 二〇〇二〕、呂不韋失脚後にこの地が他の関東の諸都市と比べて特に重視された形跡はない。

秦を継承した前漢もやはり関中の長安を都とする。しかし、長安に都が定まる前には一時洛陽奠都が議論されたことがあった。漢を建国した高祖劉邦は、項羽を倒した後、これまでの拠点であった関中ではなく一旦は洛陽に都を定める。有名な史料だが、その時の高祖の洛陽定都の理由と、それに異を唱えた婁敬（劉敬）の意見を見ておきたい。『漢書』巻四三・婁敬伝に以下のようにある。

已にして（婁）敬に問うに、敬、説きて曰く「陛下、雒陽に都するは、豈に周室と隆を比せんと欲するや」と。上曰く「然り」と。敬曰く「陛下の天下を取るは周と異なれり。周の先、后稷より、堯これを邰に封ず。徳を積み善を絫むこと十餘世。公劉、桀を避け豳に居し、大王、狄の伐を以ての故に、豳を去り、馬箠を杖り去りて岐に居すに、國人爭いてこれに歸す。文王の西伯と爲るに及び、虞芮の訟を斷じ、始めて命を受くるに、呂望、伯夷、海濱より來りてこれに歸す。武王、紂を伐つに、期せずして孟津上に八百諸侯を會し、遂に殷を滅す。成王即位し、周公の屬、傅相たり。乃ち成周を營み雒に都し、以て此を天下の中と爲し、諸侯の四方の貢職を納むるに、道里鈞し。德有らば則ち以て王たるに易く、德無くば則ち以て亡ぶに易し。凡そ此に居する者は、德を以て人を致すを務めしむるを欲し、險を阻み、後世をして驕奢し以て民を虐げしむるを欲せざるなり。周の衰うるに及び、分れて二と爲り、天下の周に朝するは莫し。周の制すること能はざるは、德の薄きに非ず、形勢の弱きなり。今、陛下、豐沛に起り、卒三千人を收め、以て徑往に之き、蜀漢を卷し、三秦を定め、項籍と滎陽に戰い、大戰七十、小戰四十、天下の民をして肝腦地に塗え、父子をして骸を中野に暴しむること、勝げて數う可からず。哭泣の聲、絶えず、傷夷の者、未だ起てず、而して隆を成康の時に比せんと欲す。臣、竊かに以爲らく、侔しからざると。且つ夫れ秦地は山を被い河を帶び、四塞以て固と爲す。卒然として急有らば、百萬の衆、具うべし。秦の故に因り、甚美膏腴の地を資すれば、此れ、謂う所の、天府なり。陛下、關に入りてこれに都せば、山東亂ると雖も、秦の故地全にして有つべきなり。夫れ人と鬭うに、其の亢を搤し、其の背を拊たざれば、未だ能く勝つを全うせず。今、陛下、關に入りて都するは、秦の故を按ずるなり。此れも亦た、天下の亢を搤して其の背を拊くなり」と。

また、この婁敬の意見を受けて高祖が迷い、張良に相談した経緯を巻四〇・張良伝で確認しておこう。

劉敬、上に關中に都するを說くも、上これを疑う。左右大臣皆な山東の人なり。多く上に雒陽に都するを勸む。「雒陽は東は成皐を有し、西は殽黽を有し、河を背い雒に鄉う。其の固めも亦た恃むに足るなり」と。（張）良曰く「雒陽は此の固め有ると雖も、其の中は小にして、數百里に過ぎず。田地薄くして、四面敵を受く。此れ用武の國に非ざるなり。夫れ關中は殽函を左にし、隴蜀を右にし、沃野千里、南は巴蜀の饒を有し、北は胡苑の利を有し、三面を阻みて固守し、獨だ一面を以ってせば東のかた諸侯を制せん。諸侯、安定せば、河、渭、天下を漕輓し、西して京師に給す。諸侯、變有るも、流に順いて下らば、以て委輸するに足らん。此れ謂う所の金城千里、天府の國なり。劉敬の說は是なり」と。是において上、卽日駕し、西のかた關中に都す。

以上の二つの史料から明らかになるのは以下のことである。高祖の洛陽定都の理由とは、漢を周になぞらえたということであるが（婁敬伝）、それに加えて群臣に関東の出身者が多いこともあった（張良伝）。また、洛陽定都を望む群臣は、洛陽の利点として周囲の地形とその防衛上の優越性を強調している。一方で婁敬は、洛陽が周公造営の周の故都であることを認めつつも、周と漢との建国の経緯の違いを述べ、関中定都の優位性を説く。この時点で高祖、婁敬の双方に、洛陽が周の故都であり、かつ関東の重要都市であるという認識はあるものの、その事実が、婁敬にとっては関中に都を置くことの現実的な利点を超えるものでなかったこと、換言すれば洛陽に都を定めることが王朝の正統性獲得の絶対条件と見なされなかったことは、注目されてよい。そのことは判断に迷った高祖に対し、張良が関中と洛陽の地勢上の優劣だけを比較し、その分析に基づいて関中を強く推した結果、高祖が従ったことからも分かる。このように周公が築いた都城の地であることが、都城の選択に決定的な影響を及ぼさなかったことは、後世の洛陽の評価と異なる点であろう。この後、前漢では、都城はあくまで長安であり、洛陽は一貫して陪都という位置づけもされず、あくまで河南郡治であった。[2] では、洛陽が周公の築いた都市、すなわち成周の故地として特別視されるのはいつごろなのであろうか。[3]

言うまでもなく、そのことは儒家思想が国家統治理念として次第に影響力を持ち始めることと軌を一にする。洛陽を成周の故地として極めて重視したのは元帝期の翼奉である。『漢書』巻七五・翼奉伝には、

「……如し當今に處するに、此の制度に因らしむれば、必ずや功名を成すこと能はず。天道、常有るも、王道、常亡く、常亡きは常有るに應ずる所以なり。必ずや非常の主有りて、然る後に能く非常の功を立てん。臣、願わ

くは陛下の都を成周に徙し、左は成皋に據り、右は黽池を阻み、前は崧高に鄉い、後は大河を介て、滎陽を建て、河東を扶み、南北千里、以て關と爲して敖倉に入らんことを。地の方百里なるもの八九、以て自ら娯しむに足る。東は諸侯の權を厭え、西は羌胡の難を遠ざけん。陛下共んで己に爲すこと亡く、成周の居に按じ、盤庚の德を兼ね、萬歲の後、長く高宗と爲らん。漢家の郊兆寢廟祭祀の禮は多く古に應ぜず、臣奉誠に亶居して改作し難きが故に願わくは陛下、都を正本に遷されんことを。衆制皆な定まり、復た宮館を繕治するの不急の費亡くば、歲ごとに一年の畜を餘す可し。……」と。書奏さるに、天子、其の意を異とし、答えて曰く「奉に問う。今、園廟七有り。東徙するを云うは、狀、何如」と。奉、對えて曰く「昔成王洛に徙り、般庚殷に遷る。其の避就する所は、皆な陛下の明知する所なり。聖明有るに非ざれば、天下の道を一變すること能はず。臣奉、愚戇狂惑なるも、唯だ陛下、裁き赦されんことを」と。

翼奉の意見は、漢の長安が儒家の理想とする都城の姿からは大きく逸脱していることを指摘し、そのため、新たな都城を成周に置くべきだと説く。翼奉の上奏の中に成周を洛陽のことだとは明言していないが、述べている地望や、先にみた婁敬の意見なども踏まえると、成周＝洛陽と考えて問題はない。この成周遷都という意見は、儒学に傾倒した元帝朝の状況らしい話だが、さすがにこの遷都は実現されることはなかった。しかし洛陽、すなわち成周の故地こそ天子の都にふさわしいという翼奉の考え自体は広く儒家に共有されるものだったと思われる。その考えは前漢を滅ぼした王莽により具体化されることになる。

第二節　王莽の複都構想

中国の複都制の研究で、王莽が長安洛陽の両都構想を抱いていたことは、これまでほとんど注目されてこなかった[4]。しかし儒学を国家統治理念として全面的かつ急進的に取り入れた王莽のこの構想は、彼の描いた儒教国家とその後世に与えた重大な影響を考えると、決して無視することはできない。まずは彼の都城構想を見ていきたい。なお、この点についてはすでに前漢長安の変容とあわせて論じているので、詳しくは第一篇第一章を参照していただき、ここでは概要を述べるにとどめておきたい。

王莽が漢の都城長安に加えた変革は二点である。一つは殿舎名および門名を儒学の徳目に因んだものへと改変したこと。もう一点は長安の南城外に廟や南郊、明堂などの礼制建築を建て並べたことである。ここまでが長安に加える改変の限界であったといえる。その一方で王莽は長安と並んで洛陽を都とすることを構想しており、実際にその工事に着手していた。以下、『漢書』巻九九中・王莽伝中から、関連する史料を時系列に抜粋しておく。

始建国四（一二）年

昔周の二后命を受くが故に東都、西都の居有り。予の命を受くるは、蓋し亦たかくの如し。其れ洛陽を以て新室東都と爲し、常安（＝長安）は新室西都と爲さん。

始建国五（一三）年

是の時、長安の民、莽の雒陽に都せんと欲するを聞き、室宅を繕治するを肯んぜず、或いは頗るこれを徹す。莽曰く「玄龍石の文に曰く『帝徳を定め、雒陽に國せよ』と。符命著明なるも、敢えて欽奉せず。始建國八年、歳の星紀に纏るを以て、雒陽の都に在らん。其れ謹んで常安の都を繕脩し、壞敗せしむる勿かれ。敢えて犯す者有らば、輒ち名を以て聞し、其の罪を請え」と。

天鳳元（一四）年

莽曰く「群公、群牧、群司、諸侯、庶尹、願わくは力を盡し相い帥いて兆民を養牧し、以て予に稱はんことを欲す。此れ繇り敬んで聽かん、其れこれに勗めよ。食言する毋かれ。更むるに天鳳七年、歳は大梁に在り、倉龍は庚辰なるを以て、巡狩の禮を行わん。厥の明年、歳は實沈に在り、倉龍は辛巳なれば、土中、雒陽の都に即かん」と。乃ち太傅平晏、大司空王邑を遣し雒陽に之き、宅兆を營相し、宗廟、社稷、郊兆を圖り起しむと云う。

ここで明らかなように、王莽は洛陽を非常に重視していた。長安では洛陽遷都も現実味を帯びた話として噂されており、王莽も必ずしもそれを否定していない。王莽の構想は新の滅亡により中途で挫折せざるを得なかったが、構想段階で消えたとはいえ、秦以降の統一帝国の中で、初めて複都制を明確に打ち出し、かつそれが旧来の都城である長安と、儒家にとっては歴史的に極めて特殊な意味を持つ洛陽であったことは重要である。新の後を受けた光武帝の後漢が洛陽に都を置いたのは、まさに王莽が洛陽に都を築こうとした意図を正確に継承したものといえる。したがって、儒家が崇敬する周公の築いた洛陽を都とした後漢、曹魏、西晋では、前漢後期のように現実の都城（長安）と理想とする都城（洛陽）が分離するという状況は解消され、洛陽が唯一の都城として存在したのである。それは後漢において儒教国家としての体裁が確立されたことと正に軌を一にするものである。

第三節　北朝と隋における複都制

西晋以降の華北で複都制が問題となるのは北魏分裂以降である。すなわち東魏、西魏において、それぞれ元氏の魏帝が都城を置いた鄴と長安のほかに、実力者である高歓、宇文泰がそれぞれ覇府を置いた晋陽、同州という都城機能の二分化が特異な現象として現われる。しかしこれは制度として都城を複数置いたものではなく、王朝中枢の権力の分裂の結果による一時的なものにすぎず、都城はあくまで鄴、長安である。[5] ただし華北統一後の北周では極めて注目すべき動きがあるため、その点を見ておきたい。

北周の武帝宇文邕が北斉を滅ぼし、華北を統一すると、それまで北斉の都であった鄴では、豪奢な三台などが解体されたが、[6] 旧北斉の支配地の核として晋陽とともに引き続き重視されている。[7] この状況は宣帝宇文贇の時に大きく転換される。宣帝は早くも即位翌年の大成元（五七九）年の正月に洛陽に行幸し、二月には荒廃した洛陽の復興を命じている。以下、長くなるが関連する史料を『周書』巻七・宣帝紀より引用する。

二月癸亥、詔して曰く「河洛の地、世よ朝市を稱す。上は天に則り、陰陽の會する所、下は地に紀し、職貢の路、均し。聖人、萬物の阜安を以て、乃ち王國を建つ。時に五代を經、世よ千祀を歷すも、規模弘遠、邑居壯麗なり。魏氏の馭を失するより、城闕墟と爲り、君子は戀舊の風有り、小人は懷土の思を深くす。我が太祖、命を酆鎬に受け、崤函に胥宇し、四方を蕩定し、光宅を有懷す。高祖は神功聖略、區宇を混一し、東夏を往巡し、方を省し俗を觀、政を此の宮に布き、遂に氣序を移す。朕、眇身を以て、祗しんで寶祚を承け、聿修の志を庶幾い、敢えて燕翼の心を忘る。一昨、金墉に駐蹕し、備に遊覽を甞るに、百王の制度、基趾は尙お存り。今、若し修に因らば、功を爲し立つこと易し。宜しく邦事に命じ、舊都を修復すべし。奢儉は文質の間に取り、功役は子來の義に依れ。北のかた河内を瞻ること、咫尺にして遙に非ず。前に詔して經營するは、今、宜しく停罷すべし」と。是において山東諸州の兵を發し、一月の功を增し四十五日の役と爲し、洛陽宮を起す。常に四萬人を役し、以て晏駕に迄ぶ。幷びに相州六府を洛陽に移し、東京六府と稱す。

ここでは洛陽が歷代の都城であること、この地が「上は天に則り、陰陽の會する所」であり「聖人」が王国を建てた地であることを述べたのち、北魏末以来、廃墟になっていたこの城を修復すると述べる。この詔を受けて大規模な徴発が行われ、洛陽宮が建設されることになったが、注目されるのは、それまで旧北斉領の支配の拠点であった相州すなわち鄴の六府を洛陽に移し、これを東京六府としたことである。六府とは、『資治通鑑』太建九年の胡三省の注に、

六府官を置くは、以て省に代うなり。六府官は、蓋し長安六官の府を倣うも、未だ必ずしも官を備えざるなり。

とあるように、都城長安の行政機関である六官府のようなものであり、旧北斉領の統治を行うものと考えられよう。

このことは、『隋書』巻三〇・地理志中の河南郡洛陽に、

後周、東京六府・洛州總管を置く。開皇元（五八一）年、六府を改め、東京尚書省を置く。

とあるように、六府が尚書省に改められたことからも傍証されよう(8)。この六府が鄴から洛陽に移されたことは、洛陽復興が単に名目上の旧都の再興であるだけでなく、実質的に鄴に代わる北周の関東支配の拠点とされたことを意味し、そのことが「東京」とされた最大の理由なのである。

宣帝は洛陽の後に鄴に行幸し、洛陽に関してさらなる処置を行っている。同じく宣帝紀には、

辛卯、詔して鄴城の石經を洛陽に徙す。又た詔して曰く「洛陽は舊都にして、今既に修復す。凡そ是れ元の遷戸、竝に洛州に還るを聽す。此の外、諸民の往くを欲する者もまた其の意に任ぜよ。河陽・幽・相・豫・亳・青・徐の七總管は、東京六府の處分を受けよ」と。

この史料から明らかなように、東魏の時に鄴に移された石経が洛陽に戻されるとともに、同時期に洛陽から鄴に徙民された者の帰還を許し、さらに関東の総管が洛陽の管下に置かれることになった。北斉の旧都鄴から洛陽への拠点の移行を積極的に進めたことがうかがえる。洛陽宮の造営はかなり性急に進められたようであり、『周書』巻七・宣帝紀には、翌大象二（五八〇）年（大成元年は二月に大象に改元）の二月、

是の日、洛陽に禿鶖鳥、新營の太極殿前に集まること有り。

とあるように、洛陽宮造営着手二年目にして早くも太極殿が姿を現していたのである。もともと宣帝は節倹に努めた父武帝とは全く異なり、豪奢な宮殿を好んでいた。そのため、『周書』の本紀では以下のように評されている。

居する所の宮殿、帷帳は皆な飾るに金玉珠寶を以てし、光華炫燿、麗を極め奢を窮む。洛陽宮を營むに及び、未だ成畢らざると雖も、其の規模壯麗は漢魏を踰ゆること遠し。

この記述からも宣帝による洛陽宮の造営が相当な規模で、かつ極めて壮麗に行われていたことが分かる。しかし、洛陽復興は同年五月の宣帝の崩御により頓挫する。『周書』巻八・静帝紀には、

（大象二（五八〇）年夏五月）己酉、宣帝崩ず。帝入りて天臺に居し、正陽宮を廢す。天下に大赦し、洛陽宮の作を停む。

とあるように、宣帝崩御の直後に洛陽造営は取りやめられたのである。

以上が北周の東京洛陽の概略である。挫折してはいるものの、宣帝の描いた統治の拠点は、都城である長安のほかに、従来の関東統治の拠点であった鄴に代わり新たに洛陽を東京とし、長安、洛陽の二都を中心としたものであった。武帝が旧北斉の晋陽と鄴という二カ所の拠点を改めて鄴に一本化させたことはすでに述べた。この流れを受ければ、敢えて鄴から洛陽に莫大な労力をつぎ込んで拠点を移す必然性はなく、鄴を継続して用いればよかったはずである。それは宣帝崩御後に、洛陽修復工事がすぐさま取りやめられていることからも分かる。にもかかわらず、宣帝がそれを敢えて行ったのは、やはり洛陽の持つ周以来の歴史的な重要性に執着した結果と言えるだろう。それは長安、洛陽の両都制という王莽の目指した都城制の再現であり、同時に、周制への回帰を標榜した北周政権が行き着くべき体制だったのである。

北周を簒奪した隋では、文帝楊堅の時には洛陽での都城の造営は一旦取りやめられるが、煬帝の即位によって状況

が一変する。煬帝の洛陽宮建設の状況は『元和郡県図志』巻五・河南道一に詳しい。

仁壽四（六〇四）年、煬帝詔して楊素をして東京を營ましむ。大業二（六〇六）年、新都成り、遂に徙り居す。今の洛陽宮、是なり。其れ宮北は邙山に據り、南は伊闕の口に直たる。洛水、都を貫き、河漢の象有り。東は故城を去ること一十八里。初め煬帝、嘗て邙山に登り、伊闕を觀、顧みて曰く「此れ龍門に非ざるや。古より何に因りて此に建都せざるや」と。僕射蘇威、對えて曰く「古より知らざるに非ず、以て陛下を俟つなり」と。帝大いに悦び、遂に都するを議す。其れ宮室臺殿は皆な宇文愷の創る所なり。愷、巧思絶倫にして、此に因りて制造、頗る奢麗を窮め、前代の都邑のこれに比するは莫し。又た洛州を改め豫州と爲し、牧を置く。三年、州を罷め河南郡と爲し、尹を置く。四年、東京を改め東都と爲す。

邙山からの眺望の素晴らしさに感嘆し、歴代の王朝がこの地に都を何故置かなかったのか、という煬帝の問いに対しては、蘇威のような追従ではなく、以下のように回答すべきであろう。漢以来の洛陽県の地が正しく成周の故地とされていたことによる、と。煬帝にとって旧河南県の地は立地が優れ、洛陽に隣接していることから、まさに東都にふさわしいとされたのである。それは成周に歴代都城を築いてきたという「歴史的な重み」を軽視するものともいえるが、(9) 河南県の地も周の「王城」の跡と認識されており、(10) その点で引き続き洛陽に都城を築くことが重視されていた、ということは言えるであろう。

第四節　複都制下における洛陽の意味——おわりにかえて——

以上、秦から隋にかけての複都制を見てきたが、陪都に確実に都城機能を担わせている事例は、いずれも未完成であったが王莽の長安・洛陽と北周の長安・洛陽の二例である。両朝とも関中という中国の中では西に偏在した場所に都城を築いたため、関東に支配拠点を築く必要があったことが大きな理由である。秦以降の中国統一王朝において、最初に複都制の実現を試みたのが王莽の新であり、その地が長安と洛陽であったことは、前漢中期以降の儒教の統治イデオロギー化と密接に関わって登場したものであり、それゆえ、以後の王朝にも重要な影響を与えることになったのである。

北周は北斉を併呑した後の処置として関東の確実な掌握を行う必要があった。その方法としては、それまでの拠点であった鄴を存続させることが現実的であるが、宣帝が敢えてその方策を採らなかったのは、儒教における洛陽の持つ歴史的な重要性によるものと考えられる。洛陽が単に地理的に中国の中央に位置しているだけでなく、周の成王の時に周公により築かれたという「歴史的事実」は、周を強く意識した新や北周にとっては無視できぬ要素であった。このため、単に関東支配の拠点ということに加え、儒教的歴史性が付加された結果、洛陽は都城の地として重視されるにいたり、関中に都城を置く王朝も陪都を営むにいたったのである。言うまでもないことだが、洛陽に都を置く後漢、西晋などはこうした問題に直面する必要はなく、洛陽だけを都城とすれば事足りたのである。

このように隋にいたるまでの中国の複都制は、常に長安に都を置いた王朝が洛陽にも都を築くということで変わりはなかった。それはすでに明らかなように、関東支配の拠点という現実的な問題に加えて、儒教の浸透の結果、周を理想の王朝とする指向が強まり、結果として周公造営の洛陽が重視されたという中華王朝としての歴史的な正統性の問題があったのである。長安洛陽の両都制が儒教を本格的に統治理念にしようとした王莽や、『周礼』による統治を意識した北周に取り入れられたのは極めて示唆的であり、隋、唐も多少変容はしながらもその枠組みを維持することになるのである。

注

(1) 洛陽と周公との関連性が産んだこの都市の特殊性については〔佐原康夫 二〇〇七〕で詳細に論じられている。本章も氏の論考に負う所が大きい。

(2) なお、洛陽は前漢では関東を統治する上で政治的戦略的な拠点であったことは問違いなく、その点は呉楚七国の乱にあたり洛陽の武庫の確保が両陣営にとって重視されていたことからもうかがえる(『漢書』呉王伝、周亜父伝)。この他、洛陽の重要性を示すものとして、『史記』巻六〇・三王世家に、

王夫人者、趙人也、與衞夫人竝幸武帝、而生子閎。閎且立爲王時、其母病、武帝自臨問之。曰「子當爲王、欲安所置之」。王夫人曰「陛下在、妾又何等可言者」。帝曰「雖然、意所欲、欲於何所王之」。王夫人曰「願置之雒陽」。武帝曰「雒陽有武庫敖倉、天下衝阸、漢國之大都也。先帝以來、無子王於雒陽者。去雒陽、餘盡可」。王夫人不應。

とあるように、洛陽に諸侯王や列侯が封じられることはなく、漢地であり続ける必要があったのである。ただし繰り返すように都城としての特別な扱いはうけていない。

(3) 本章で問題としているのは実際の成周がどこにあったかということではなく、漢代以降の人びとが成周の場所をどこと考えていたかということである。すでに見たように漢初の婁敬の発言の中に成周＝洛陽という認識がある。また、『漢書』巻二八上・地理志上には、以下のようにある。

雒陽。周公遷殷民、是爲成周。春秋昭公三十二年、晉合諸侯于狄泉、以其地大成周之城、居敬王。莽曰宜陽。

河南。故郟鄏地。周武王遷九鼎、周公致太平、營以爲都、是爲王城、至平王居之。

このように洛陽が成周の故地、河南県城が王城の故地と認識されていた。この認識が漢以降、広く共有されており、本稿でもこの考えに基づき論じていく。なお、王城と成周が別のものか同一の城なのかはさまざまな説があり、また西周代の城址の場所についても発掘調査によって確定されたわけではない。この問題について近年の発掘成果を取り入れて論じたものに〔徐昭峰 二〇〇七〕がある。

（4）王莽の両都構想に関しては〔沈剛 二〇〇五〕が前漢末の軍事的状況と人口問題から王莽の洛陽重視の原因を論じている。

（5）北朝の覇府については〔谷川道雄 一九八九〕に詳しい。〔渠川福 一九八九〕は東魏の晋陽を実質的な都城として評価するが、それは鄴、晋陽の周辺で見つかる墓誌の内容分析からしてもいささか過大な評価と言わざるをえない。詳細は第二篇第四・五章参照。

（6）『周書』巻六・武帝紀下、建徳六（五七七）年正月条に、

辛丑、詔曰「僞齊叛渙、竊有漳濱、世縱淫風、事窮彫飾。或穿池運石、爲山學海。或層臺累構、日凌雲。以暴亂之心、極奢侈之事、有一於此、未或弗亡。朕菲食薄衣、以弘風教、追念生民之費、尙想力役之勞。方當易茲弊俗、率歸節儉。其東山・南園及三臺可竝毀撤。瓦木諸物、凡入用者、盡賜下民。山園之田、各還本主」。

とあるように、目立って豪奢な建物は解体された。なお、同年五月にも鄴、晋陽の豪奢な宮殿の破却が行われている。

戊戌、詔曰「京師宮殿、已從撤毀。幷・鄴二所、華侈過度、誠復作之非我、豈容因而弗革。諸堂殿壯麗、竝宜除蕩、甍宇雜物、分賜窮民。三農之隙、別漸營構、止蔽風雨、務在卑狹」。

（7）『周書』巻六・武帝紀下、建徳六（五七七）年二月に、北斉併合を以下のように総括している。

齊諸行臺州鎭悉降、關東平。合州五十五、郡一百六十二、縣三百八十五、戶三百三十萬二千五百二十八、口二千萬六千八百八十六。乃於河陽・幽・青・南兗・豫・徐・北朔・定竝置總管府、相・幷二總管各置宮及六府官。

ただし、晋陽は建徳六（五七七）年一二月に、

庚申、行幸幷州宮、移幷州軍人四萬戶於關中。……戊辰、廢幷州宮及六府。

とあるように、武帝治世中に旧北斉領の統治の拠点は鄴に一本化されている。

（8）六府については不明な部分も多いが、宣帝が設置した際には、『隋書』巻四六・長孫平伝に、

宣帝卽位、置東京官屬、以平爲小司寇、與小宗伯趙芬分掌六府。

とあるように、小司寇、小宗伯が六府を管掌していたことが分かる。また、『隋書』巻四五・房陵王勇伝には、

（大象二年九月）出爲洛州總管、東京小冢宰、總統舊齊之地。

とあることから、小冡宰を中心に、関東を統治する行政機構と考えられる。北周の六府については、清の永瑢『歴代職官表』巻四九に、

謹案、後周稱洛陽爲東京、別置六府、以總司留務。蓋即後世陪京六部之比。特史失其官制之詳不可復考、然觀楊勇以總管兼小冡宰、則所設當自小冡宰以下而不及六卿。正如今盛京五部之但設侍郎也。至相幷二州爲北齊舊都、故亦各置六府、以鎭之。然不立都名視東京又爲少異云。

と概括されている。

（9）『隋書』巻三・煬帝紀上の仁寿四年の洛陽造営詔の中で、洛陽の周以来の歴史を概観した後、以下のように述べる。

但成周墟埆、弗堪葺宇。今可於伊、洛營建東京、便即設官分職、以爲民極也。

この史料から煬帝が意図的に旧洛陽城の地を避けていたことが分かる。

（10）隋の洛陽が周の王城の地であるとの認識は、『旧唐書』巻三八・地理志一の以下の記載からも明らかである。

東都周之王城、平王東遷所都也。故城在今苑内東北隅、自赧王巳後及東漢、魏文、晉武、皆都於今故洛城。隋大業元年、自故洛城西移十八里置新都、今都城是也。北據邙山、南對伊闕、洛水貫都、有河漢之象。

【附記】

本章は二〇〇九年二月に開催された「都城制研究集会第三回――東アジアの複都制」の紙上報告原稿に一部加筆したものである。報告について妹尾達彦氏より本章に関連する論考〔沈剛 二〇〇五〕の存在の他、数々の御教示をいただいた。ここに深く感謝の意を表したい。

【引用・参考文献】

渠川福　「我国古代陪都史上的特殊現象――東魏北斉別都晋陽略論」（『中国古都研究』第四輯、浙江人民出版社）、一九八九

佐原康夫　「周礼と洛陽」『古代都市とその形成』奈良女子大学二一世紀COEプログラム報告集Vol.一四、二〇〇七

朱士光・葉驍軍　「試論我国歴史上陪都制的形成与作用」『中国古都研究』第三輯、一九八七（邦訳は積山洋訳「中国史上の陪都制」『大阪歴史博物館研究紀要』第一号、二〇〇二）

徐昭峰　「成周与王城考略」『考古』二〇〇七年一一期、二〇〇七
沈剛　「王莽営建東都問題探討」『中国歴史地理論叢』第二〇巻第三輯、二〇〇五
銭国祥　「漢魏洛陽故城沿革与形制演変初探」『二一世紀中国考古学与世界考古学』、二〇〇二
瀧川政次郎　「複都制と太子監国の制」『法制史論叢 第二冊 京制並びに都城制の研究』角川書店、一九六七
谷川道雄　「両魏斉周時代の覇府と王都」『中国都市の歴史的研究』（後、同氏『増補 隋唐帝国形成史論』筑摩書房 所収、一九九八）、一九八八
中国社会科学院考古研究所洛陽漢魏故城隊　「漢魏洛陽故城城垣試掘」『考古学報』一九九八年三期、一九九八

第二章　魏晋南北朝時代の宮城の変遷
──隋大興宮成立の歴史的背景──

はじめに

第一篇、第二篇で見たとおり、中国の宮城は、前漢、後漢と時代が降るに従い規模を縮小し、都城内に営まれる数も減少していく。曹魏洛陽では単一の宮城となるだけでなく、その規模も前代までのものに比べ大幅に小型化する。しかし、この洛陽宮が後世の規範となり、南北朝の宮城を規定するものとなる。こうした歴史的な経緯を踏まえて登場した隋の大興宮（唐の太極宮）は、規模の上では南北朝期の宮城をはるかに凌ぐものであり、またその設計にも歴史的な経緯が取り込まれていたと考えられる。長きにわたる分裂期では各王朝の正統性が常に問題にされ、その中で王権の象徴たる宮城は姿を変えてきた。そうした変遷の中から、隋唐王朝が王権を荘厳化するために必要とした要素を純化、洗練し、隋唐長安城で具体化したと考えるからである。

隋唐に先立つ魏晋南北朝時代の宮城については楊寛氏の通史的な都城研究〔楊 一九八七〕の他に、太極殿と朝堂が東西に並列する空間配置に着目した郭湖生氏の一連の研究がある〔郭 一九九一、一九九三、一九九五、一九九九、二〇〇〇〕。また、渡辺信一郎氏や吉田歓氏のように、宮城の朝堂や東西堂などの殿舎や空間の機能を、儀礼や朝政との関連で明らかにしたものがある〔渡辺 一九九六、二〇〇三、二〇〇九〕〔吉田 一九九七〕。さらに内田昌功氏は空間利用の実情から東西堂を中心とした東西軸を構成し、当該時期を貫く基本的な宮城プランが存在してきたことを指摘している〔内田 二〇〇四〕。このように、諸先学により、魏晋南北朝時代の宮城の変遷、とりわけ太極殿、東西堂と朝堂を中心とする宮城の中核部分についてはほぼ明らかにされたといえるだろう。本章では、こうした研究成果に依りつつ、宮城門、及び太極殿の背後にある「昭陽殿」「顕陽殿」の役割の変化を通じ、隋の大興宮に至るまでの、漢から南北朝の宮城の変化を明らかにすることを目的とする。東西堂の分析は、上記の諸先学の研究、特に吉田歓氏や内田昌功氏のものと重複するが、行論の関係上、確認の意味も含めて概観することにしたい。

第一節　隋大興宮にいたる中国宮城の変化

まずは迂遠になるが、秦漢以降、隋の大興宮にいたるまでの中国歴代の宮城の変遷を概観しておきたい。変遷を追うことで宮城内の変化した箇所、継承された箇所が明らかとなり、王権の荘厳化を意図する宮城構成の核心に迫ることができると考えるからである。(1)

一、秦・前漢の宮城

秦の阿房宮は、戦国以来の咸陽宮に代わる新たな統一帝国の宮城として造営が開始されたものである。その正殿である前殿の規模は、『史記』秦始皇本紀に「東西五百歩、南北五十丈、上は萬人を坐す可く、下は五丈の旗を建つ可し」とあるように、まさに空前の規模を誇るものであった。(2)

続く前漢長安の未央宮も秦と同様、建物の壮大さにより皇帝権の強大さを直接的に示すものであった。漢の高祖の時に造営された宮城は、東闕と北闕を備え、巨大な前殿を備えたものであった。前殿は龍首原の中でも最も高い場所に築かれ、自然丘陵を巧みに取り込んで基壇とし、その上に殿舎を築いている。高さは三五丈（約八〇ｍ）に及んだといい(3)、多少の誇張があるにせよ、高大な建物であったことは間違いない。このように、秦と前漢の宮城は、他の建物とは隔絶した規模を誇っていた。このことは皇帝陵の規模にもいえることであるが、建物の大きさによって皇帝の権威を示すという、極めて単純かつ効果的な手法をとっていたのである〔第一篇第一章〕。その反面、宮城の造営に後世に見られるような明確な軸線やそれに基づく対称的な配置は見られない。

二、後漢の宮城

後漢になると、儒教が都城に強い影響を与えている。光武帝は雒陽奠都の際、儒教に基づく礼制建築を整備し、それと連関させて都城内に宮城（南宮）の整備を行っている。したがって、光武帝が整備した後漢雒陽の南宮は礼制建築、とりわけ南郊との関係を強く意識した設計となり、南郊と宮城を結ぶ軸線を作り、そのライン上に都城および南宮の南門でもある平城門、そして南宮前殿を配した。一方、明帝は光武帝の都城に飽きたりなかったのか、北宮を大規模に修築し、高大な朱雀闕、徳陽殿を造営した。明帝の北宮の造営は、儒教的天子というよりは、むしろ前漢の継承を強く意識した漢皇帝としての造営であろう。総じて後漢雒陽は過渡的な様相を示すが、儒教的天子の都城の嚆矢として、中国都城史上において極めて重要な位置を占める〔第一篇第五章〕。

三、曹魏・西晋の宮城

曹魏文帝は後漢の洛陽を都城とする。宮城は後漢と同様、南北宮に分かれたと記されているが、実際には後漢の北宮を縮小したものであり、これまでにない小型の宮城であることが大きな特徴である(4)。続く明帝により、洛陽宮は大規模な改修を受け、閶闔門―太極前殿・東西堂―昭陽殿というように主要殿舎を南北に配置する構造となる（図一）。このように宮城を縮小したことに加え、主要殿舎を南北に配置したことが大きな特徴である。さらに、次節で述べるように、儀礼空間として宮城門の重要性が増したことは特筆に価する。

西晋は曹魏の洛陽宮をそのまま継承している。結果として西晋以降の諸王朝乱立において、いずれの王朝も西晋の継承を自らの王朝の正統性の根拠としたため、洛陽宮のプランは東晋南朝の建康や、北朝の洛陽、鄴の各宮城に継承されることとなり、魏晋南北朝時代において最も影響力の強い宮城となったのである。

四、東晋・南朝の宮城

東晋、南朝は西晋以来の中華の正統を継承しているという強い自負心から、都城は西晋洛陽の再現を目指す（中村圭爾 二〇〇五）。宮城門の名称が大司馬門と変更されたり、あるいは後述するように昭陽殿、顕陽殿の役割などに違いはあるが、全体の構造、構成はほぼ西晋洛陽の再現を目指したものであることは動かない。

五、北朝の宮城

北魏では孝文帝が、平城を洛陽を強く意識した都城に改造する。その際、蔣少游に西晋洛陽宮の廃墟を測量させるだけでなく、南朝の建康にも派遣し、その要素を積極的に取り入れている（『魏書』術芸伝・蔣少游）。孝文帝による平城改造は後の洛陽再興の予行演習といえるものとなった。その後、いよいよ西晋洛陽の故地に遷都を行い、洛陽城を再建する。その宮城は西晋洛陽宮の跡地である。中華の正統を標榜する南朝に対し、北魏はまさに西晋王朝の都城を再興することで対抗した。都城・宮城という具体的な形と洛陽という場所によって、南朝よりも強烈に中華の正統性

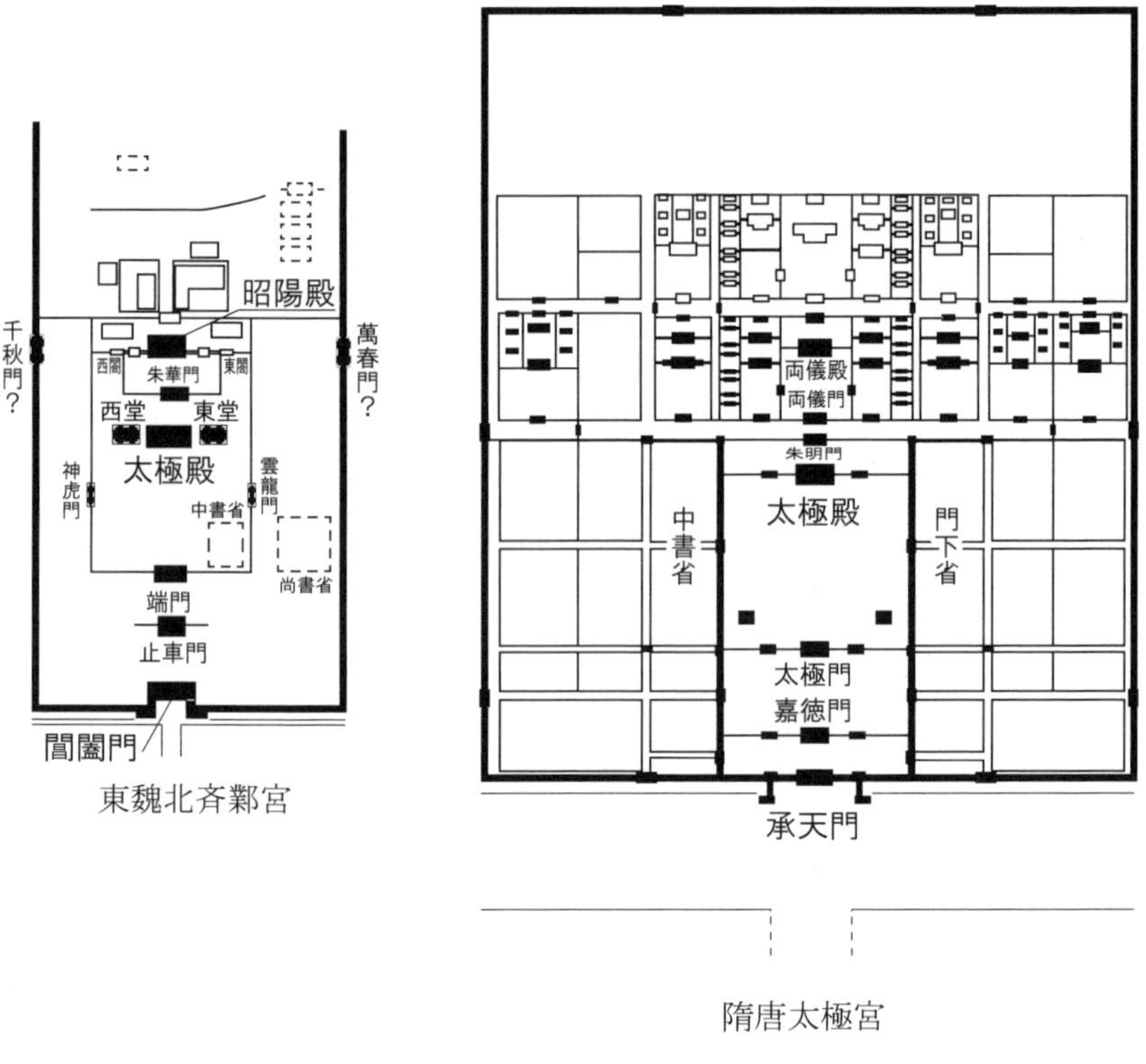

凡例

朝政空間　皇室の私的空間　存在が想定される殿舎

※洛陽宮、鄴宮は本書第2篇第4章、台城は〔郭湖生1999〕、太極宮は〔傅熹年2001〕所掲の図をもとに改変。なお、南朝台城および唐太極宮は考古調査が行われておらず、推定復原である。

・郭湖生「台城弁」『文物』1999年5期、1999

・傅熹年編『中国古代建築史』第二巻 中国建築工業出版社、2001

図一　魏晋から唐の宮城変遷図

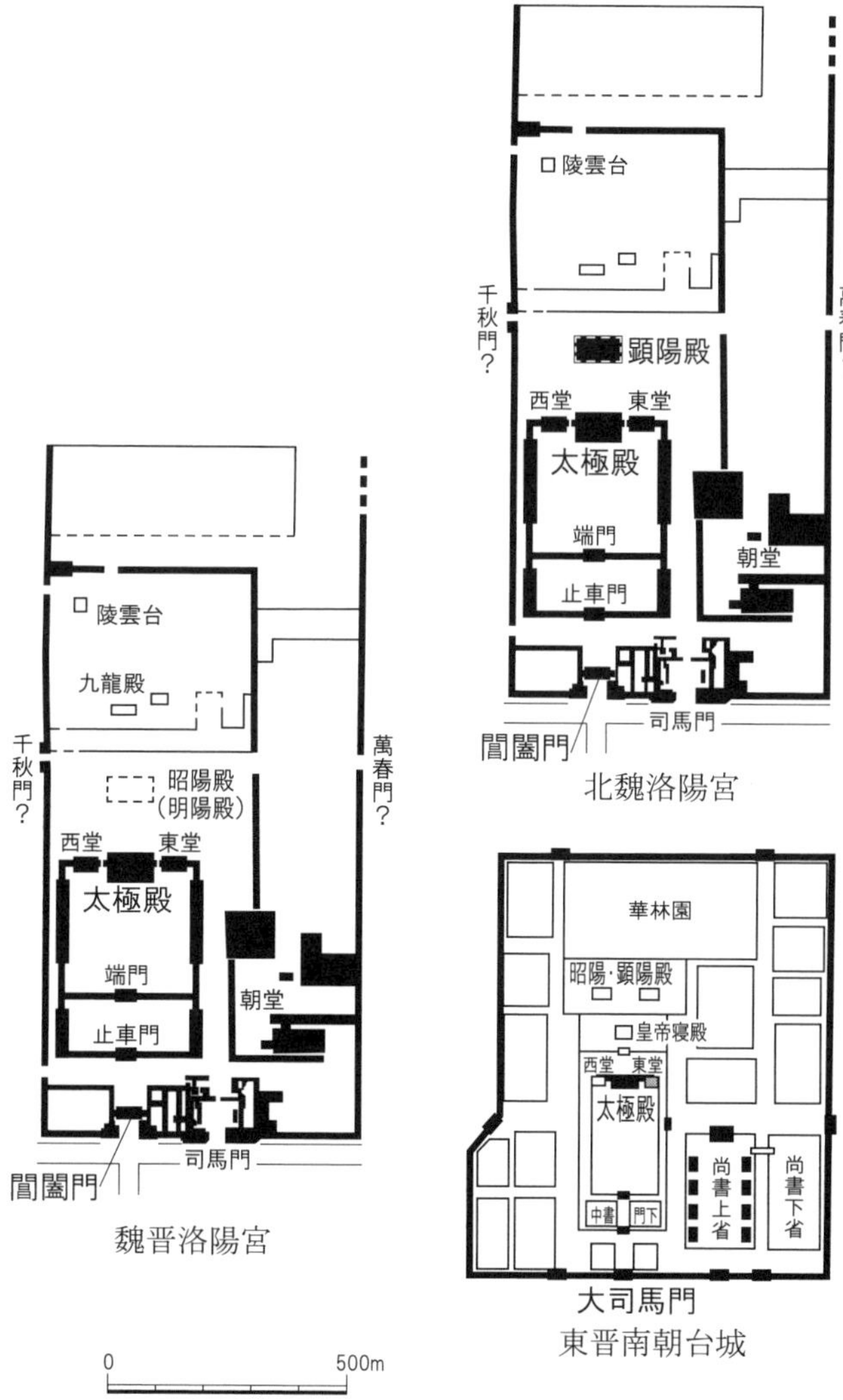
陵雲台
千秋門？
萬春門？
顕陽殿
西堂
東堂
太極殿
端門
朝堂
止車門
閶闔門
司馬門
北魏洛陽宮
陵雲台
九龍殿
千秋門？
萬春門？
昭陽殿
（明陽殿）
西堂
東堂
太極殿
端門
朝堂
止車門
閶闔門
司馬門
魏晋洛陽宮
0
500m
華林園
昭陽･顕陽殿
皇帝寝殿
西堂
東堂
太極殿
尚書上省
尚書下省
中書
門下
大司馬門
東晋南朝台城

を主張したのである。

北魏が東西魏と北斉・北周の両王朝に分裂したのち、東魏・北斉王朝は鄴に新たに南城を加え、都とする。この南城は、これまで隋唐長安の雛形として高い評価を受けていたものだが、実際には東魏・北斉にそうした新たな都城プランを生み出す余力はなく、北魏洛陽の忠実な模倣に終始している〔第二篇第四章〕。東魏・北斉王朝にとっては新たなプランを生み出すより、北魏洛陽と同じ都城を築くことで、北魏の正統性があることを示すことに腐心したのであろう。(5)

以上のように、宮城の大きな画期は後漢と曹魏洛陽の間にあり、曹魏洛陽宮の形状が、基本的に魏晋南北朝の宮城の構造を規定している。遺跡の調査が行われた漢魏洛陽城の宮城でも曹魏洛陽宮が、その後の西晋、北魏にまで継承されていることは明らかであり〔銭国祥　二〇〇二、二〇〇三〕、また東魏北斉の鄴南城の宮城が、北魏洛陽宮と極めて似ていることもすでに指摘している〔第二篇第四章〕。

ところで、これまでの都城研究において、この時代の宮城を一括して検討することもしばしば行われているが、子細に検討すれば各朝において殿舎の使用状況などに無視できない違いがある。その点を明らかにすることで後の隋唐の宮城につながる要素がより明らかになるものと思われる。節を改めて、いわゆる「三朝制」との関係から、宮城門の儀礼の場としての成立過程と、昭陽殿・顕陽殿の機能について考察を加えていくことにしたい。

第二節　宮城門の儀礼の場としての成立

中国の宮城を考える上で、宮城門が儀礼の空間に取り込まれたことは重要である。周知のように『唐六典』では太極宮南門の承天門が外朝と見なされ、中朝・太極殿、内朝・両儀殿とならぶ重要な役割を果たしていたとされるからである。(6) 宮城門がこのように重視されたことは、いわゆる「三朝制」の具現化の指標としても有効であろう。本節では宮城門が儀礼の場となる過程を跡付けていくことにしよう。

前漢の長安では未央宮の重要な門は東闕と北闕である。未央宮には東西南北の四面に宮門を設けるが、闕はこの二基だけである。北闕と東闕の違いについては、『漢書』巻一下・高祖紀下の顔師古注に、

未央殿は南嚮すと雖も、而して上書、奏事、謁見の徒は皆な北闕に詣り、公車司馬もまた北に在り。是れ則ち北闕を以て正門と爲すなり。而して又た東門、東闕有り。西南兩面に至りては門闕無し。蓋し蕭何、初めて未央宮を立つるに、厭勝の術を以てするなり。理、宜しく然るべし。

とあり、北闕に公車司馬が置かれ、上書、謁見などの取次ぎが行われたことを記す。実際、北闕は人の集まる場所であり、功臣や寵臣の第宅が設けられていた（『漢書』巻四一・夏侯嬰伝、巻九三・佞臣・董賢伝）。誅殺された南越王や楼蘭王などの首が曝されているのも、人が集まりやすいという北闕の性格によるものであろう（『漢書』巻六・武帝紀や巻七・昭帝紀など）。一方の東闕は『漢書』巻二七上・五行志上に、

劉向以爲らく東闕は諸侯を朝する所以の門なり、罘思、其の外に在るは、諸侯の象なり、と。

とあるように諸侯入朝に用いられた。例えば昌邑王劉賀が未央宮に入る際も東門を用いている（『漢書』巻六三・武五子伝）。北、東の二門に対し、南、西門については使用状況が分からないが、造営当初から未央宮の正門として北と東の二門が位置づけられていたことは闕が設けられていることから明らかであり、そのプランが前漢代を通じて踏襲されていたことが上述の門の使用状況から分かる。このように、前漢未央宮の北闕、東闕は重要な宮城門ではあるが、門に皇帝が出御し、何らかの儀礼を行ったという史料は見られない。そのため前漢では宮城門が儀礼の場としては機

能していなかったと考えられる。

この状況は後漢でも変わらない。後漢で著名なのは明帝が北宮に築いた朱雀闕である。非常に高壮な建物で、徳陽殿とならんで雒陽の代表的な建物であった。ところが朱雀闕についてはその壮大さのみが記されているが、具体的にどのように用いられたかは分からない。僅かに霊帝期のこととして、『後漢書』宦者列伝・曹節伝に、

熹平元年、竇太后崩ず、何人かの朱雀闕に書するもの有り。言いえらく「天下大いに亂れ、曹節、王甫、太后を幽殺し、常侍侯覽、多く黨人を殺す。公卿は皆な尸祿にして、忠言有る者無し」と。

とある。こうした問題が発生するのは、朱雀闕が人の多く集まる場であったことによるものと考えられ、その状況は前漢未央宮の北闕と同様である。また後漢には朱雀闕だけでなく、五闕が並びたっており[7]、宮城に複数の闕がある点も前漢と同じである。なお南宮の重要な門である平城門についても儀礼空間としての利用は明らかでない。

以上のように、前漢、後漢では宮城門が儀礼の空間として用いられることはなかったといえる。闕に公車司馬が置かれ、百姓と皇帝が直に接する場、両者の重要な結節点であったことは確かであるが〔渡辺信一郎 二〇〇〇〕、それが儀礼空間として整備されるにはいたっていないのである。それは闕が複数設けられていることからも明らかであろう。さらにこの時代の宮城は正殿である未央宮前殿、北宮徳陽殿が突出した規模であり、大規模な宮城内の儀礼の場としてはこうした殿舎が用いられた。そうした点で、『唐六典』の「三朝制」に認められるような整然とした空間の分節化は行われていなかったと考えられる。ただ、未央宮北闕で南越王、楼蘭王の首がさらされたことは、宮城門前の空間の利用方法として魏晋南北朝期に継承される点である。

この状況が変わるのは曹魏においてである。曹魏洛陽宮の正門である閶闔門は明帝期に築かれる。閶闔門は発掘調査され、その全貌が明らかとなっている〔中国社会科学院考古研究所洛陽漢魏故城隊 二〇〇三〕。左右に三出闕を有して

はいるものの、門楼は城壁の上ではなく、直接地表から立ち上がる殿門構造である。また門闕は左右の宮城壁から南に突出するものではなく、子闕に直接宮城壁がとりつく構造となっている。つまり平面でみると、閶闔門は宮城壁から奥まった場所に築かれたことになる。後漢の朱雀闕のような雄大さはないが、門闕が聳えその奥に閶闔門が位置する形となったことにより、宮城門前に双闕と宮城門によって凹字状に囲まれた広場が生まれたのである。漢代の闕が門から独立していたのとは異なる配置である。さらに、前漢、後漢の宮城が門闕を複数持っていたのに対し、曹魏洛陽では閶闔門の闕が宮城で唯一のものとなっており、門闕の重要性を際立たせようとしたことを窺うことができよう。

さて、この閶闔門について注目すべきは『三国志』魏書・巻一三・王朗伝の記載である。明帝の宮殿造営を批判した文章の中に、

若し且つ先に閶闔の象魏を成さば、遠人の朝貢する者を列するに用うるに足らしむ。

とあり、閶闔門前が朝貢儀礼に用いられたことが分かるのである。

西晋期でも閶闔門は朝見の場として用いられていたようであり、『晋書』巻二二・楽志上に、

閶闔に朝し、紫微に宴す。五旗を建て、鍾虡を羅ね、四懸を列し、詔武を奏す。

とある。西晋期ではさらに、大赦や前漢期のように処刑に関わる記事を確認することができる。趙王司馬倫により一時帝位を追われ幽閉された恵帝が復位した時、「閶闔に旋軫」し、大赦、改元している(8)。この閶闔とは洛陽宮城門ではなく、あくまで普通名詞として天帝の住まいあるいは宮城を指しているだけかもしれないが、この詔文は、具体的に金墉城に幽閉されていたことを述べたあとを受けての言であることから、やはり特定の場所、すなわち宮城南門の閶闔門を差しているとと考えるべきであろう。そうだとすれば、敢えてここに閶闔を挙げたのは、まさにこの門上で大赦改元が宣布されたからと考えられるのである。

これに関連して、長沙王司馬乂が斉王司馬冏を閶闔門外で斬っていることも[9]、単に宮城外で斬るということだけでなく、閶闔門の前という場であることに意味を見出すべきなのであろう。

このように閶闔門は曹魏では朝貢儀礼の場として、また遅くとも西晋では大赦あるいは処刑の場として宮城内での重要な儀礼空間となっていたことが分かる。この傾向は後の北魏、そして北斉ではより顕著に認められるようになる。北魏では前廃帝と出帝（西魏孝武帝）が太極殿で即位の後、閶闔門に出御し、大赦を行っている[10]。この二例はいずれも北魏末のことだが、閶闔門がこのように重要な意味を持つのはそれ以前からあり、例えば孝荘帝が権臣の爾朱榮らを殺害したのち、この門で大赦したことが確認できる[11]。一方、叛徒の引見、処刑の場としても確認することができる[12]。北斉になると大赦はさらに儀礼的な要素が強まる。『隋書』巻二五・刑法志に、

赦日、則ち武庫令、金雞及び鼓を閶闔門外の右に設く。囚徒を闕前に勒集し、鼓を撾つこと千聲、枷鎖を釋く。

とあるように、大赦にあたり金鶏が立てられるようになっている。渡辺信一郎氏によれば、その淵源は北魏に求められる〔渡辺　一九九六〕。

以上の事例を検討すると、宮城南門が儀礼の場として使われるのは北魏以降には頻見するが、その萌芽は遡って曹魏に求めることができる。その前提として曹魏において門闕が宮城南門のみとされ、その象徴的な意味が強くされていたことを指摘しておきたい。南朝でも宮城南門である大司馬門は告刑の場として用いられていたようであり[13]、それは西晋以来の性格を継承発展させたと考えられる。

このように漢代と比べて魏晋期の宮城の大きな変化の一つに宮城南門の儀礼の場としての定着という事を挙げることができる。象徴的な意味を持っていた両闕とその奥に聳える門楼は、闕下、あるいは闕前から遠く仰ぐ位置にあり、門闕と合わさり儀礼の舞台としての効果を高めたはずである。これが隋唐の承天門へと継承される[14]。

第三節　魏晋南北朝時代の昭陽・顕陽二殿について

宮城の正殿である太極殿の機能は魏晋南北朝期を通じて大きな変化はない。宮城内の主要殿舎のうち、その機能が大きく変化するのは太極殿の東西に並ぶ東西堂である。東西堂は隋唐期には姿を消すこともあり、その変遷は早くから魏晋南北朝期の王権の独自性を示すものとして注目されてきた〔渡辺信一郎　一九九六〕。先学による東西堂の変遷とその原因については筆者も同じ意見であるが、魏晋南北朝期の東西堂で注目すべき事象として、すでに吉田歓氏も指摘するように、皇帝が崩御していることが挙げられる〔吉田　一九九七〕（魏晋南北朝時代の皇帝皇后崩御場所は章末**表一、二**参照）。つまり、当該期の東西堂には皇帝が日常起居の場としての寝殿という機能があったことを示すものである(15)。そのため、東西堂の変遷を明らかにするには、この二堂だけでなく、皇帝の日常政務の空間と、寝殿の変遷を明らかにする必要がある。そこで、曹魏・西晋期に皇帝の寝殿ないしはそれに近い機能を有していた昭陽・顕陽殿について検討を加えることにしたい。ただし、この殿舎の検討に入る前に、まずはこの似た名称を持つ殿舎の関係を明らかにする必要がある。

時代は前後するが隋の大興宮の成立以前の宮城で、最も平面配置が明らかになっているのは東魏・北斉の鄴である。鄴では、閶闔門—太極殿—顕陽殿（北斉では昭陽殿と改称）と主要な門と殿舎が南北の軸線上に並んでおり、それぞれの空間で使用方法が分かれていた〔第二篇第四章〕。こうした空間の利用方法は、隋大興宮の広陽門—大興殿—中華殿の直接の淵源と言える。こうした形がいつ出現したかを遡って考えると、曹魏の洛陽宮で、閶闔門—太極殿—昭陽殿と南北に軸線を形成されていたことが明らかとなる。閶闔門は門闕を持つ宮城の南門で、その役割は前節で述べた。

太極殿は宮城の正殿であり、明帝により創建されたもので、以後、曹魏皇帝の即位（高貴郷公、陳留王）の場となるなど、宮城の正殿として機能する。この太極殿とともに造営されたのが昭陽殿である。『三国志』魏書・巻三・明帝紀の青龍三（二三五）年条に、

是の時、大いに洛陽宮を治め、昭陽、太極殿を起し、總章觀を築き、百姓、農時を失う。直臣楊阜、高堂隆等、各おの數しば切諫するに、聽くこと能わずと雖も、常に之を優容す。

とあるように、大規模な徴発が行われたことが分かる。この昭陽殿は、非常に壮麗に築かれており、その様子が巻二五・高堂隆伝に述べられている。

帝、愈いよ宮殿を增崇し、觀閣を彫飾するに、太行の石英を鑿ち、穀城の文石を采り、景陽山を芳林の園に起こし、昭陽殿を太極の北に建て、黃龍鳳皇奇偉の獸を鑄作し、金墉、陵雲臺、陵霄闕を飾る。百役繁興し、作る者萬數、公卿以下、學生に至るまで、力を展さざるは莫く、帝乃ち躬自ら土を掘り以て之を率う。

このようにその壮麗さが特筆された昭陽殿は、高堂隆伝にあるように、太極殿の北にあり、その配置は遺構としては未確認ながら、北朝鄴の太極殿と昭陽殿と同じであった可能性が高い。ただし、昭陽殿の具体的な使用方法は曹魏では明らかにすることができない。

問題となるのは曹魏の洛陽宮をそのまま継承した西晋である。西晋では帝号を追尊された司馬昭の避諱のため、昭陽殿は改名されざるをえない。改名について正史に記載はないが、『元河南志』の「魏城闕古蹟」の顕陽殿の注に、

按ずるに、晉文帝の諱は昭、遂に改め顯陽と曰う。

という記述に基づけば、昭陽殿が顕陽殿に改名されたと考えられる。(16) しかし、「魏城闕古蹟」の殿名記事は、「太極殿。九龍殿。建始殿。昭陽殿。式乾殿。顯陽殿」と列挙しており、曹魏の段階ですでに昭陽・顕陽の両殿が存在したこと

になる。そのため、同書の顕陽殿の注も、先の引用に続けて、

而して此、昭陽と兩出するは、未だ詳らかならず。

としている。同書の「晋城闕古蹟」を見ると、「太極殿。建始殿。明陽殿。式乾殿。暉章殿。顯陽殿。含章殿」という並びになっており、曹魏の「昭陽殿」は「明陽殿」となり、顕陽殿はそのままということになる。そのため、明陽殿の注には「本の昭陽殿。文帝の諱を避けて改む」とあり、明確に昭陽殿、明陽殿が同じものであることを述べている。このように『元河南史』は注に若干の齟齬があるが、本文の殿名記事だけを見れば、曹魏の昭陽殿が西晋で明陽殿と改名され、顕陽殿は別の殿舎であり曹魏から存在した、ということになる。『太平御覧』巻一七五・居処部三に引く山謙之『丹陽記』に、

皇后の正殿、顯陽と曰い、東は含章と曰い、西は徽音と曰うも、又た洛宮の舊なり。含章の名は後漢に起こり、顯陽、徽音も亦た魏に起こる。明陽と曰うは、晉、文帝の諱を避け改めて此と爲すなり。周禮も亦た路寢、小寢有るは又た其の制度なり。

という記述は、晋文帝の諱「昭」字に関わる記述はないが、「昭陽殿」の「明陽殿」への改名を述べたものと考えるのが最も合理的である。ところが明陽殿という殿舎が出てくるのは僅かにこれだけであり、正史では確認することはできない。曹魏の昭陽殿に関する史料も、意匠の華美なことが記されていただけであり、機能については不明確なままであった。そのような殿舎の役割を継承していれば、西晋の明陽殿の記述が正史に見られないのも特に異とするにはあたらないだろう。

このように昭陽、顕陽の二殿は本来別のものであったと思われるが、後の北朝の鄴では同一殿舎が改名されることが確認できる。(17) 以下では、両殿の機能を東西堂との比較しつつ見ていくことにしたい。（東西堂および昭陽殿、顕陽殿の

使用状況は**表三～六**参照)。

曹魏の昭陽殿は、すでに述べたように使用方法は明らかでない。明帝が崩じたのは、嘉福殿であり、文帝と同じ場所である。したがって曹魏では皇帝寝殿は嘉福殿と考えるのが妥当であろう。また(史料九六)を見ると、九龍殿が皇帝寝殿の中心殿舎であったことが窺える。本殿は明帝の青龍三(二三五)年に改称されるまでは崇華殿と称され、文帝が病に伏していた殿舎であることからも、その寝殿という性格がより明らかになろう。顕陽殿については、(史料九六)では六宮と並べてこの殿舎が記されており、後宮に関わる建物であった可能性が指摘できる。

西晋では、昭陽殿を改めた明陽殿の記述はなく、顕陽殿に関する史料もほとんど見られないが、恵帝が顕陽殿で崩じていることが確認できる(史料九七)。晋の武帝が崩じたのは含章殿であるため、顕陽殿が西晋歴代皇帝の寝殿とは言えないまでも、寝殿として機能しうる殿舎であったことは間違いない。また、曹魏西晋期の昭陽殿(明陽殿)、顕陽殿に関する記載が極端に少ないことは、公的な空間ではなく、皇帝の日常生活に関わる殿舎であることに起因すると考えることも可能であろう。

東晋において皇帝が崩じた殿舎を見ると、顕陽殿だけでなく、東堂、西堂が確認できる(**表三**史料一八～二〇、**表四**史料八二・八三、**表五**史料九八)。東西堂は、太極殿の東西にある堂で、曹魏、西晋期では東堂の使用が確認できるが、その役割は、群臣との宴、臣僚の引見が主なものである(**表六**)。東晋では、これらの役割に加えて、新たに皇帝の崩御場所、つまり皇帝寝殿としての機能を持つようになったことが窺える。これは殿舎名こそ西晋のものを継承しているとはいえ、その実態が西晋とは異なっていたことを示している。一方、顕陽殿では穆帝が崩じている(史料九八)。さらに、その生母である康帝褚皇后が崩じたのも同じく顕陽殿である(史料九九)。穆帝が即位したのは僅かに二歳、崩じたのが一九歳であり、太后褚氏はその間、臨朝している。したがって東晋における顕陽殿は皇帝寝殿というよりは、むしろ皇太后の居所であった可能性が高い。

南朝の宋でも顕陽殿は皇后もしくは太后の寝殿である（史料一〇〇～一〇二）。宋の顕陽殿については、『太平御覧』巻一七五・居処部三に引く山謙之『丹陽記』に、

太極殿は周制の路寝なり。秦漢は前殿と曰う。今、太極を稱して前殿と曰う、宮の號は魏より始まる。史記を按ずるに秦皇、改めて宮を命じ廟と爲すは、以て太極に擬す。魏、正殿を號して太極と爲すは、蓋し其の義を採るなり。而して加うるに太を以てするは亦た猶お漢の夏門、魏、加えて太夏と曰うがごとし。咸康中、散騎侍郎庾闡、議して太を改め泰と爲さんことを求めるは蓋し謬りなり。東西堂も亦た魏制にして、周の小寝なり。皇后の正殿、顯陽と曰い、東は含章と曰い、西は徽音と曰うも、又た洛宮の舊なり。含章の名は後漢に起こり、顯陽、徽音も亦た魏に起こる。明陽と曰うは、晉、文帝の諱を避け改めて此と爲すなり。周禮も亦た路寝、小寝有るは又た其の制度なり。

とあり、顕陽殿を皇后殿としている。山謙之は劉宋代に活躍しており、おそらく劉宋期の建康を述べたものであろう。その内容は（史料一〇二）と一致している。

南斉では昭陽、顕陽の両殿が登場するとともに、昭陽殿が皇后殿、顕陽殿が太后殿と明確に位置づけられる（史料一〇三・一〇五）。

梁でも顕陽殿が丁貴嬪の居所とされており、後宮の殿舎であったことは変わらない（史料一〇八）。

一方、東西堂の機能は、南朝では臣僚のための挙哀や、臣僚引見の場となっており（**表六**）、東西堂の寝殿的性格は失われ、殿舎使用方法に一定の整理がついていたと言える。

北朝では殿舎名は西晋南朝と同様だが、使用方法は異なる。まず顕陽殿は、北魏では、皇帝による引見、群臣との

宴が行われている（表六）。西晋や南朝では東西堂で行われていたことが顕陽殿で行われるようになっているのである。これに加えて外夷の引見という重要な儀礼もこの殿舎で行われている（史料一二六）。ところが顕陽殿と同様の使用方法は東西堂でも確認でき、使用に混乱が見られる。東西堂で臣僚の挙哀が行われていることは西晋南朝と同様である。このように北魏では東晋の事例とは逆に、顕陽殿に本来、東西堂で行われるべき政務や外交儀礼などが入りこんでいたと言え、この傾向は顕陽殿を昭陽殿と改称した北斉でも確認することができる。総じて、北朝では顕陽殿（北斉の昭陽殿）が日常政務の場という役割を持つようになってきており、曹魏西晋南朝で、皇帝政務の空間であった東西堂の機能が、顕陽殿に移っていったことが分かるのである。それは結果として〔渡辺信一郎　一九九六〕が指摘する東西堂の地位の低下をもたらすことになったのであろう。

以上の、魏晋南北朝の各朝代における昭陽殿・顕陽殿の機能の変化をまとめると以下のとおりになる。

①曹魏で昭陽殿が太極殿の北側に築かれ、西晋では明陽殿と改名され継承される。その機能は皇帝寝殿ないしそれに近い皇帝の私的性格の強い殿舎であった可能性が高い。

②東晋では顕陽殿は皇太后の寝殿であり、その性格が南朝に継承される。南斉では顕陽殿が太后、昭陽殿が皇后殿となる。梁でもやはり後宮の殿舎であった。

③北魏の洛陽では孝明帝が顕陽殿で毒殺されているが、寝殿としての機能は見られず、臣僚や外国の使臣の謁見などに用いられている。魏晋南朝での東西堂の機能が顕陽殿に持ち込まれたのであり、この流れは東魏北斉鄴城に継承される。換言すれば、北朝では太極殿を挟んで東西に並ぶ東西堂で行われていた日常的な政務が、太極殿北側の顕陽殿に移ったということである。

以上の三点がおおまかな昭陽・顕陽殿の変遷であるが、北朝では明らかに東晋南朝と役割が異なっていることが分かる。北朝での太極殿北側の顕陽殿の政務の場としての位置づけは、太極殿を中心とする太極殿・東西堂の従来の機能に変化を求めることとなり、結果、東西堂で行われていた機能の多くが北魏顕陽殿・北斉昭陽殿で行われることになり、太極殿とならぶ新たな朝政空間として位置づけられることになる。この結果、閶闔門―太極殿―顕陽殿（昭陽殿）という主要な朝政空間が南北に並ぶ構造が登場し、以後の隋の大興宮に継承される。北魏の洛陽、東魏北斉の鄴では、依然として太極東西堂が存在しているため、朝政空間が分散しているが、それは結果として唐太極宮の両儀殿（すなわち北朝の顕陽殿・昭陽殿の後継）にいたる過渡的現象と見なすことができる。東魏北斉の鄴宮を詳細に記録した『鄴中記』が東西堂についてはふれず、その記述が閶闔門、太極殿、昭陽殿に集中しているのは、まさに東西堂の朝政空間としての低下を反映したものであろう。[18] したがって、『唐六典』が唐の太極宮に擬定する外朝、中朝、内朝からなる「三朝制」の直接の起源は北魏洛陽に求めることができるが、北朝宮城では東西堂の存在から分かるように、その機能分化は不徹底なものであった。その後、東魏、北斉を経ても昭陽・顕陽殿と東西堂の機能が完全に分化されることはなかったが、北斉の鄴では昭陽殿の聴政の場としての機能が高まり、同時に東西堂のそれは低下したのである。

おわりに

以上、第二節では宮城門の儀礼の場としての成立を考察し、第三節で東西堂と昭陽・顕陽殿の機能に考察を加えた。隋大興宮（唐太極宮）に現われた宮城南門・広陽門（唐の承天門）と南北にならぶ二つの巨大な殿舎大興殿・中華殿（唐の太極殿と両儀殿）から構成され、それぞれに機能を分担するという『唐六典』の「三朝制」が決して中国のそれまでの王朝にあっては一般的なものではなく、北魏以降の北朝宮城の変遷の上に隋の大興宮で形づくられたものであることが分かる。くりかえすと、曹魏の閶闔門の造営により闕が儀礼の場の重要な標識となるとともに、闕を備えた宮城門が儀礼の空間として利用されるようになった。また曹魏・西晋では太極殿と東西堂が朝政、儀礼の舞台であり、昭陽殿（西晋の明陽殿）や顕陽殿は日常起居の場、すなわち寝殿として機能していたと考えられ、それが東晋・南朝では太后宮や皇后宮という後宮の殿舎となるのに対し、北朝では出現当初から顕陽殿が東西堂と同様、朝政の場として機能するようになり、やがては外夷朝見の空間としても使われるようになる。北朝にあっては東西堂は引き続き機能しているものの、それは顕陽殿の役割と重複するものであった。そのため、従来、東西堂が有していた機能が次第に顕陽殿（北斉の昭陽殿）に移り、ここに閶闔門―太極殿―顕陽殿と南北軸線上に並ぶ殿舎において宮城の中心的な諸儀礼と朝政が執り行われるようになったのである。隋の大興宮は北斉までのこうした流れをうけ、東西堂を廃することで、より明確に南北に並ぶ空間の重層構造を強調したものなのである。臣僚にとって、その構造は宮城の北の空間、すなわち皇帝の居所に近い空間に入ることが許されるほど、皇帝との信頼関係が強いことを認識できるものであった。『唐六典』の「三朝制」とされる宮城プランはまさに魏晋南北朝宮城の変化の上に成立したものなのである。

注

（1）筆者が行った前漢長安、後漢雒陽、東魏北斉鄴について検討は第一篇、第二篇、参照。

（2）阿房宮前殿は考古調査も実施されている〔中国社会科学院考古研究所など 二〇〇五〕。調査によれば、基壇の規模は東西一二七〇ｍ、南北四二六ｍである。

（3）『三輔黄図』巻二・漢宮。

（4）曹魏西晋の洛陽については〔銭国祥 二〇〇三〕参照。

(5) なお、この時期の都城を論ずるにあたり、北周長安は重要な意味を持つ。北周が隋唐政権の母体となっただけでなく、『周礼』に即した独自な国家建設を目指したからである。北周は前漢の長安城を都城とするが、近年の調査によると宮城は都城の北東に築かれ、前漢の宮城を継承していないとの指摘がある〔劉振東 二〇〇六〕〔中国社会科学院考古研究所漢長安城工作隊 二〇〇八〕。調査の結果、宮城が南面し、宮城南壁上に闕状の張り出しを持つ建築址が確認されているが、宮城内の構成は不明とせざるを得ない。残された史料を基に、北周の宮城の構造について〔渡辺信一郎 二〇〇九〕は宮城配置のイデオロギーが「天文から人文へ」と決定的に転換したと高く評価し、〔吉田歓 一九九七〕は『周礼』に基づく独自の三朝制を展開したもので、隋唐宮城との共通性が強いことを指摘する。また、〔内田昌功 二〇〇九〕は朝堂、尚書省の位置なども検討した結果、他の南北朝期の都城とは異なった配置をもち、それが隋唐長安に継承されたとする。一方で、〔松本保宣 二〇〇三〕は北周長安の隋唐長安への影響を認めつつ、北斉鄴城と隋唐長安の類似性も指摘する。調査成果では北周長安は五胡政権の宮城を利用しており、果たしてどこまで革新的な宮城を造営できたのかは不明である。また松本氏も指摘するように、復原された北斉の鄴宮と隋唐宮城との類似性は強く、北周長安だけの影響を考えるのは危険であろう。北周宮城については〔第二篇第六章〕で述べたように、文献から想定される姿と調査された遺構との対応も困難なものとなっている。そのため、本章では北周の長安宮城については、ここで先学の指摘をまとめるのみとしたい。

(6) 唐長安太極宮の三朝についての『唐六典』巻七・尚書工部の記述を見ておきたい。

・宮城在皇城之北。南面三門。中曰承天、東曰長樂、西曰永安。(注・承天門、隋開皇二年作。初曰廣陽門、仁壽元年改曰顯陽門、武徳元年改曰順天門、神龍元年改曰承天門。)若元正、冬至大陳設、燕會、赦過宥罪、除舊布新、受萬國之朝貢、四夷之賓客、則御承天門以聽政。(注・蓋古之外朝也。)

・其北曰太極門、其内曰太極殿、朔望則坐而視朝焉。(注・蓋古之中朝也。隋曰大興門、大興殿。煬帝改曰虔福門、貞觀八年改曰太極門。武徳元年改曰太極殿。有東上、西上二閤門、東、西廊、左延明右延明二門。)

・次北曰朱明門、左曰虔化門、右曰肅章門、肅章之西曰暉政門、虔化之東曰武徳西門。(注・其内有武徳殿、有延恩殿)又北曰兩儀門、其内曰兩儀殿、常日聽政而視事焉。(注・蓋古之内朝也。隋曰中華殿、貞觀五年改爲兩儀殿。承天門之東曰長樂門、北入恭禮門又北入虔化門、則宮内也。承天門之西曰廣運門、永安門、北入安仁門、又北入肅章門、則宮内也。）

なお、この記述が唐朝の実態を必ずしも反映したものでないことは、すでに〔松本保宣 二〇〇三〕に指摘があり、とくに元正朝賀が太極殿でなく、承天門で行われたとするなど重大な齟齬もある。筆者はここで言う「三朝制」とは、唐の玄宗が『六典』編纂期に自らの王朝を周になぞらえるために、意図的に太極宮に「三朝制」を当てはめた結果と考える〔村元 二〇一四〕。したがって、当然ながら現実との乖離が生じるが、理念的なものにせよ各殿舎における機能分担を意識したこと、またその機能も一定程度、事実を反映したものであったことを示すものと解しておく。

(7)『漢官典職』に「偃師去宮三十五里、望朱雀五闕、徳陽殿、其上鬱律與天連」とある。また『元河南志』には南宮に「朱雀、蒼龍、白虎、玄武闕、北闕」、北宮に「朱雀、蒼龍、白虎、玄武闕」があったとする。

(8)『晉書』巻四・孝恵紀「癸亥、詔曰「朕以不德、纂承皇統、遠不能光濟大業、靖綏四方。近不能開明刑威、式遏姦宄、至使逆臣孫秀敢肆凶虐、窺閒王室、遂奉趙王倫饕據天位。鎭東大將軍・齊王冏、征北大將軍・成都王穎、征西大將軍・河閒王顒、竝以明德茂親、忠規允著、首建大策、匡救國難。尙書淮共立大謀、左衞將軍王輿與羣公卿士、協同謀畧、親勒本營、斬秀及其二子。前趙王倫爲秀所誤、與其子等已詣金墉迎朕幽宮、旋軫閶闔。豈在豫一人獨饗其慶、宗廟社稷實有賴焉」。於是大赦、改元、孤寡賜穀五斛、大酺五日。誅趙王倫・義陽王威・九門侯質等及倫之黨與」。

(9)『晉書』巻五九・斉王冏伝「明日、冏敗、乂擒冏至殿前、帝惻然、欲活之。乂叱左右促牽出、冏猶再顧、遂斬於閶闔門外、徇首六軍。諸黨屬皆夷三族」。

(10) 前廃帝と出帝の即位については『魏書』巻一一の各紀に詳しいが、ここではそれを節略した『北史』の記事を挙げておく。

・前廃帝　普泰元年春二月己巳、皇帝卽位於太極前殿、群臣拜賀。禮畢、遂登閶闔門大赦。

・出帝　永熙元年夏四月戊子、皇帝御太極前殿、群臣朝賀、禮畢、升閶闔門大赦。

(11)『魏書』巻一〇・孝荘帝紀。ここでは『北史』を挙げておく。

戊戌、帝殺榮・天穆於明光殿、及榮子菩提。乃升閶闔門大赦。

（12）『魏書』巻一〇・孝荘帝紀に「冬十月丁亥、尒朱榮檻送葛榮於京師。帝臨閶闔門、榮稽顙謝罪、斬於都市。」同巻五九・蕭寶夤伝「永安三年、都督尒朱天光遣賀拔嶽等破醜奴於安定、追擒醜奴・寶夤、竝送京師。詔置閶闔門外都街之中、京師士女、聚共觀視、凡經三日」。同六八・斛斯椿伝に「椿入北中城、收尒朱部曲盡殺之、令長孫稚・賈顯智等率數百騎襲尒朱世隆・彥伯兄弟、斬於閶闔門外。椿入洛、懸世隆兄弟首於其門樹」。

（13）南朝期の大司馬門に関する史料は多くはないが、『陳書』巻一・高祖紀上に「己亥、高祖率宗室王侯及朝臣將帥、於大司馬門外白獸闕下刑牲告天、以齊人背約、發言慷慨、涕泗交流、同盟皆莫能仰視、士卒觀者益奮」とあることがこの門の使用状況を伝えている。なお梁の武帝により大司馬門外に闕が設けられている。『梁書』巻二・武帝紀中「戊戌、作神龍・仁虎闕於端門・大司馬門外」。

（14）なお唐の承天門の門闕については、『太平御覧』巻一八三・門に引く韋述『両京新記』に「正南承天門、門外両観、肺石、登聞鼓」とあるように、門外に「両観」があったことが記載されている。承天門に闕があることを指摘したものに、〔傅熹年　二〇〇一〕〔山田邦和　二〇〇七〕がある。

（15）史料的な制約から皇帝が日常に起居した殿舎を明らかにするのは困難である。本章では吉田歓氏の研究に依り〔吉田　一九九七〕、皇帝の崩御場所を手がかりとして、明らかな矛盾がない限り、崩御場所＝皇帝寝殿と考える。

（16）本章の旧稿である〔村元　二〇一〇〕では、この記事に基づき曹魏の昭陽殿が顕陽殿になったと考えていたが、以下に述べる検討により改めている。

（17）『北斉書』巻四・文宣帝紀に「（天保二年七月）己卯、改顯陽殿爲昭陽殿」とある。

（18）東魏北斉期の鄴については〔第二篇第四章〕参照。『鄴中記』に対する史料批判および輯録は〔黄恵賢　一九八八〕に依っている。

【引用・参考文献】

内田昌功　「魏晋南北朝の宮における東西軸構造」『史朋』第三七号、二〇〇四

郭湖生　「北周長安宮の空間構成」『秋大史学』五五、二〇〇九
「魏晋南北朝至隋唐宮室制度沿革――兼論日本平城京的宮室制度」山田慶児・田中淡編『中国古代科学史論（続編）』、一九九一
「漢魏西晋北魏洛陽」『建築師』五二、一九九三
「六朝建康」『建築師』五四、一九九五
「台城弁」『文物』一九九九年五期、一九九九
「論鄴城制度」『建築師』九五、二〇〇〇
黄恵賢　「輯校『鄴中記』」『魏晋南北朝隋唐史資料』第九・一〇期（後、同氏『魏晋南北朝隋唐史研究与資料』湖北長江出版集団・湖北人民出版社　所収、二〇一〇）、一九八八
佐竹昭　『古代王権と恩赦』雄山閣、一九九八
妹尾達彦　『長安の都市計画』講談社、二〇〇一
銭国祥　「漢魏洛陽故城沿革与形制演変初探」『二一世紀中国考古学与世界考古学』中国社会科学出版社、二〇〇二
「由閶闔門談漢魏洛陽城宮城形制」『考古』二〇〇三年七期、二〇〇三
豊田裕章　「前期難波宮と周制の三朝制について」『ヒストリア』一七三、二〇〇一
中国社会科学院考古研究所・西安市文物保護考古所・阿房宮考古工作隊　「阿房宮前殿遺址的考古勘探与発掘」『考古学報』二〇〇五年二期、二〇〇五
中国社会科学院考古研究所漢長安城工作隊　「西安市十六国至北朝時期長安城宮城遺址的鑽探与試掘」『考古』二〇〇八年九期、二〇〇八
中国社会科学院考古研究所洛陽漢魏故城隊　「河南洛陽漢魏故城隊北魏宮城閶闔門遺址」『考古』二〇〇三年七期、二〇〇三
中村圭爾　「建康における伝統と革新」『大阪市立大学東洋史論叢 別冊 中国都市の時空世界』（後、同氏『六朝江南地域史研究』汲古書院 所収、二〇〇六）、二〇〇五

傅熹年　『中国古代建築史 第二巻 三国、両晋、南北朝、隋唐、五代建築』中国建築工業出版社、二〇〇一
松本保宣　「唐代常朝制度試論——吉田歓氏『日中宮城の比較研究』によせて——」『立命館東洋史学』二六（後、同氏『唐王朝の宮城と御前会議』晃洋書房 所収、二〇〇六）、二〇〇三
村元健一　「中国都城の変遷と難波宮への影響」『東アジアにおける難波宮と古代難波の国際的性格に関する総合研究』平成一八年～二一年度科学研究費補助金（基盤研究B）研究成果報告書（課題番号一八三二〇一三一　研究代表者：積山洋）、二〇一〇
「中国宮城の変遷と難波宮」中尾芳治・栄原永遠男編『難波宮と都城制』吉川弘文館、二〇一四
山田邦和　「桓武朝における楼閣附設建築」『国立歴史民俗博物館研究報告』一三四、二〇〇七
楊寛　（西嶋定生監訳、尾形勇・高木智見訳）『中国都城の起源と発展』学生社、一九八七
『中国古代都城制度史研究』上海古籍出版社、一九九三
吉田歓　「隋唐長安城中枢部の成立過程」『古代文化』第四九巻第一号（後、「魏晋南北朝時代の宮城中枢部」と改題のうえ同氏『日中宮城の比較研究』吉川弘文館 所収、二〇〇二）、一九九七
渡辺信一郎　『天空の玉座——中国古代帝国の朝政と儀礼』柏書房、一九九六
「宮闕と園林——三～六世紀中国における皇帝権力の空間構成」『考古学研究』第四七巻第二号（後、同氏『中国古代の王権と天下秩序——日中比較史の視点から』校倉書房 所収、二〇〇三）、二〇〇〇
「六朝隋唐期の太極殿とその構造」『都城制研究』二、二〇〇九
劉振東　「西漢長安城的沿革与形制布極的変化」『漢代考古与漢文化国際学術検討会論文集』斉魯書社（後、中国社会科学院考古研究所漢長安城工作隊・西安市漢長安城遺址保管所編『漢長安城遺址研究』科学出版社 所収、二〇〇六）、二〇〇六

【図出典】

図一・著者作成

表一　魏晋南北朝皇帝崩御場所一覧

王朝	皇帝	崩御場所	出典	殯	出典	備考
曹魏	文帝	嘉福殿	『三国志』魏書巻二文帝紀	崇華前殿		
	明帝	嘉福殿	『三国志』魏書巻三明帝紀	九龍前殿	本紀注	
西晋	武帝	含章殿	『晋書』巻三武帝紀			
	恵帝	顕陽殿	『晋書』巻四恵帝紀			
東晋	元帝	内殿	『晋書』巻六元帝紀			
	明帝	東堂	『晋書』巻六明帝紀			
	成帝	西堂	『晋書』巻七成帝紀			
	康帝	式乾殿	『晋書』巻七康帝紀			
	穆帝	顕陽殿	『晋書』巻八穆帝紀			
	哀帝	西堂	『晋書』巻八哀帝紀			
	簡文帝	東堂	『晋書』巻九簡文帝紀			
	孝武帝	清暑殿	『晋書』巻九孝武帝紀			弑逆
	安帝	東堂	『晋書』巻十安帝紀			弑逆
宋	武帝	西殿	『宋書』巻三武帝紀下			
	文帝	含章殿	『宋書』巻五文帝紀			弑逆
	孝武帝	玉燭殿	『宋書』巻六孝武帝紀			
	明帝	景福殿	『宋書』巻八明帝紀			
南斉	高帝	臨光殿	『南斉書』巻二高帝紀下			
	武帝	延昌殿?	『南斉書』巻三武帝紀			
	明帝	正福殿	『南斉書』巻六明帝紀			
梁	武帝	浄居殿	『梁書』巻三武帝紀下	太極前殿	『梁書』巻三武帝紀下	弑逆
陳	武帝	璿璣殿	『陳書』巻二高祖紀下	太極殿西階	『陳書』巻二高祖紀下	
	文帝	有覚殿	『陳書』巻三世祖紀			
	宣帝	宣福殿	『陳書』巻五宣帝紀			
北魏	道武帝	天安殿	『魏書』巻二太祖紀			弑逆
	明元帝	西宮	『魏書』巻三太宗紀			
	太武帝	永安宮	『魏書』巻四下世祖紀下			弑逆
	文成帝	太華殿	『魏書』巻五高宗紀			
	献文帝	永安殿	『魏書』巻六顕祖紀			

	孝文帝	行宮	『魏書』巻七下高祖紀下			行幸中
	宣武帝	式乾殿	『魏書』巻八世宗紀			
	孝明帝	顕陽殿	『魏書』巻九粛宗紀			弑逆
北斉	文宣帝	晋陽徳陽堂	『北斉書』巻四文宣帝紀	太極前殿	『北斉書』巻四文宣帝紀	
	孝昭帝	晋陽宮	『北斉書』巻六孝昭帝紀			
	武成帝	乾寿堂	『北斉書』巻七武成帝紀			太上皇
北周	明帝	延寿殿	『周書』巻四明帝紀			弑逆
	宣帝	天徳殿	『周書』巻七宣帝紀			

表二　魏晋南北朝皇后崩御場所一覧

王朝	皇后	崩御場所	出典	殯	出典	備考
西晋	武元楊皇后	明光殿	『晋書』巻三一后妃伝上			
東晋	康献褚皇后	顕陽殿	『晋書』巻三二后妃伝下			崇徳太后。穆帝～孝武帝期にかけしばしば臨朝
	孝武文李太后	含章殿	『晋書』巻三二后妃伝下			孝武帝の生母。太皇太后として崩ず。
	安僖王皇后	徽音殿	『晋書』巻三二后妃伝下			
宋	文帝袁皇后	顕陽殿	『宋書』巻四一后妃伝			
	文帝路才媛	（顕陽殿）	『宋書』巻四一后妃伝	東宮	『宋書』巻四一后妃伝	孝武帝生母。孝武即位とともに太后として顕陽殿に居す。明帝のとき崇憲太后。
	孝武文穆王皇后	含章殿	『宋書』巻四一后妃伝			廃帝生母。廃帝期に皇太后として崩御。
梁	高祖丁貴嬪	（顕陽殿）	『梁書』巻七高祖丁貴嬪伝	東宮臨雲殿	『梁書』巻七高祖丁貴嬪伝	死去した場所は不明だが、貴嬪として顕陽殿に居住。
陳	高祖宣皇后章氏	紫極殿	『陳書』巻七高祖宣皇后伝			宣帝太建二年、皇太后として崩御。
北魏	文成文明皇后馮氏	太和殿	『魏書』巻一三皇后列伝			
北斉	神武明皇后婁氏	北宮	『北斉書』巻九神武婁后伝			皇太后として崩御

表三　魏晋南北朝東堂使用例

王朝	使用方法	史料	出典		
曹魏	宴	魏氏春秋曰、二月丙辰、帝宴羣臣於太極東堂、與侍中荀顗、尚書崔贊、袁亮、鍾毓、給事中中書令虞松等竝講述禮典、遂言帝王優劣之差。	三國志／魏書	巻四・高貴鄉公紀の裴注	史料1
	宴	帝常與中護軍司馬望、侍中王沈、散騎常侍裴秀、黃門侍郎鍾會等講宴於東堂、幷屬文論。	三國志／魏書	巻四・高貴鄉公紀	史料2
	講義	時魏高貴鄉公好學有文才、引沈及裴秀數於東堂講讌屬文、號沈爲文籍先生、秀爲儒林丈人。	晋書	巻三九・王沈伝	史料3
	（太后）引見	庚寅、公入于洛陽、羣臣迎拜西掖門南、公下輿將答拜、儐者請曰「儀不拜」。公曰「吾人臣也」。遂答拜。至止車門下輿。左右曰「舊乘輿入」。公曰「吾被皇太后徵、未知所爲」。遂步至太極東堂、見于太后。其日卽皇帝位於太極前殿、百僚陪位者欣欣焉。	三國志／魏書	巻四・高貴鄉公紀	史料4
西晋	引見	累遷雍州刺史。武帝於東堂會送、問詵。	晋書	巻五二・郤詵伝	史料5
	引見	及賜餞東堂、詔密令賦詩、末章。	晋書	巻八八・孝友李賜興伝	史料6
	引見	充本無南伐之謀、固諫不見用。及師出而吳平、大慚懼、議欲請罪。帝聞充當詣闕、豫幸東堂以待之。罷節鉞・僚佐、仍假鼓吹・麾幢。充與羣臣上告成之禮、請有司具其事。帝謙讓不許。	晋書	巻四〇・賈充伝	史料7
	引見	帝嘗訪［王］渾元會問郡國計吏方俗之宜、渾奏曰「…又先帝時、正會後東堂見征鎭長史司馬・諸王國卿・諸州別駕。今若不能別見、可前詣軒下、使侍中宣問、以審察方國、於事爲便」。帝然之。又詔渾錄尚書事。	晋書	巻四二・王渾伝	史料8
	引見	武帝詔曰「省諸賢良答策、雖所言殊塗、皆明於王義、有益政道。欲詳覽其對、究觀賢士大夫用心」。因詔諸賢良方正直言、會東堂策問。	晋書	巻五一・摯虞伝	史料9
	挙哀	泰始八年薨、時年九十三。帝於太極東堂舉哀三日。	晋書	巻三七・宗室安平献王孚伝	史料10
	挙哀	九年薨、時年八十五。帝於東堂發哀、賜祕器・朝服一具・衣一襲・錢三十萬、絹布各百匹、以供喪事。	晋書	巻四四・鄭袤伝	史料11
	聴政	及卽位、始遵舊制、臨太極殿、使尚書郎讀時令、又於東堂聽政。	晋書	巻五・孝懐帝紀	史料12
	聴政	趙王倫簒位、有鶉入太極殿、雉集東堂。天戒若曰、太極東堂皆朝享聽政之所、而鶉雉同日集之者、趙王倫不當居此位也。	晋書	巻二八・五行志中	史料13
	聴政	時黃門侍郎王恂・庾純始於太極東堂聽政、評尚書奏事、多論刑獄、不論選舉。	晋書	巻四三・山簡伝	史料14
	聴政	秋七月乙卯、初依中興故事、朔望聽政于東堂。	晋書	巻七・成帝紀	史料15
	引見	夏四月、劉裕旋鎭京口。戊辰、餞于東堂。	晋書	巻一〇・安帝紀	史料16

東晋	引見	后性嗜酒驕妒、帝深患之。乃召蘊於東堂、具説后過狀、令加訓誡。	晋書	巻三二・后妃伝下・孝武定王皇后	史料17
	皇帝崩御	十二月戊寅、帝崩于東堂、時年三十七。葬休平陵。	晋書	巻一〇・安帝紀	史料18
	皇帝崩御	戊子、帝崩于東堂、年二十七、葬武平陵、廟號肅祖。	晋書	巻六・明帝紀	史料19
	皇帝崩御	己未、是日、帝崩于東堂、時年五十三。葬高平陵、廟號太宗。	晋書	巻九・簡文帝紀	史料20
劉宋	聴訟	己酉、車駕幸東堂聽訟。	宋書	巻八・明帝紀	史料21
梁	引見	先是、尚書令沈約以爲「…宋元嘉二十七年、始以七條徵發、既立此科、人姦互起、僞狀巧籍、歳月滋廣。以至于齊、患其不實、於是東堂校籍、置郎令史以掌之…」	南史	巻五九・王僧孺伝	史料22
	朝会	二年正月壬寅、天子朝萬國於太極東堂、加高祖班劍十人、并前三十人、餘如故。	陳書	巻一・高祖紀上	史料23
陳	挙哀	壬寅、高祖素服哭于東堂、哀甚。	陳書	巻二・高祖紀下	史料24
	宴	景寅、高祖於太極殿東堂宴羣臣、設金石之樂、以路寢告成也。	陳書	巻二本・高祖紀下	史料25
	元会	陳制、先元會十日、百官竝習儀注、令僕已下、悉公服監之。設庭燎、街闕・城上・殿前皆嚴兵、百官各設部位而朝。宮人皆於東堂、隔綺疏而觀。宮門既無籍、外人但絳衣者、亦得入觀。是日、上事人發白獸樽。自餘亦多依梁禮云。	隋書	巻九・礼儀志四	史料26
前趙	宴	曜大悅、讌羣臣于東堂、語及平生、泫然流涕。	晋書	巻一〇三・劉曜載記	史料27
	哭	大雨霖、震曜父墓門屋、大風飄發其父寢堂于垣外五十餘步。曜避正殿、素服哭于東堂五日、使其鎭軍劉襲・太常梁胥等繕復之。	晋書	巻一〇三・劉曜載記	史料28
	策問	劉曜時、災異特甚、命公卿各擧博識直言之士一人。其大司空劉均擧產。曜親臨東堂、遣中黃門策問之、產極言其故。曜覽而嘉之、引見、訪以政事。	晋書	巻九五・芸術・台産伝	史料29
	盟約	乃相與盟于東堂、使銳・景攻聰、攸率劉安國攻裕、使侍中劉乘・武衛劉欽攻魯王隆、尚書田密・武衛劉璿攻北海王乂。	晋書	巻一〇一・劉和載記	史料30
後趙	引見	雹起西河介山、大如雞子、平地三尺、洿下丈餘、行人禽獸死者萬數、歴太原・樂平・武鄕・趙郡・廣平・鉅鹿千餘里、樹木摧折、禾稼蕩然。勒正服于東堂、以問徐光曰	晋書	巻一〇五・石勒載記下	史料31
	聴政	勒下書曰「自今有疑難大事、八坐及委丞郎齎詣東堂、詮詳平決。其有軍國要務須啓、有令僕尚書隨局入陳、勿避寒暑昏夜也」。	晋書	巻一〇五・石勒載記下	史料32
	引見	幽邃于東宮、既而赦之、引見太武東堂。邃朝而不謝、俄而便出。	晋書	巻一〇六・石季龍載記上	史料33
	引見	季龍曰「卿且勿言、吾知太子處矣」。又議于東堂。	晋書	巻一〇七・石季龍載記下	史料34

前秦	聽政	堅性仁友、與法訣于東堂、慟哭嘔血、贈以本官、謚曰哀、封其子陽爲東海公、敷爲清河公。	晋書	巻一一三・苻堅載記上	史料35
	引見	洛既平、堅以關東地廣人殷、思所以鎭靜之、引其羣臣於東堂議曰…	晋書	巻一一三・苻堅載記上	史料36
	引見	既至、堅毎日召嘉與道安於外殿、動靜諮問之。慕容暐入見東堂、稽首謝。	晋書	巻一一四・苻堅載記下	史料37
	皇帝引見	堅引見東堂、慰勉之曰…	晋書	巻一二三・慕容垂載記	史料38
後秦	挙哀	興以大臣屢喪、令所司更詳臨赴之制。所司白興、依故事東堂發哀。興不從、毎大臣死、皆親臨之。	晋書	巻一一八・姚興載記下	史料39
	講義	興毎於聽政之暇、引龕等于東堂、講論道藝、錯綜名理。	晋書	巻一一七・姚興載記上	史料40
	引見	京兆韋華・譙郡夏侯軌・始平龐眺等率襄陽流人一萬叛晉、奔于興。興引見東堂。	晋書	巻一一七・姚興載記上	史料41
	聽政	於是練兵講武、大閲于城西、榦勇壯異者召入殿中、引見羣臣于東堂、大議伐魏。	晋書	巻一一七・姚興載記上	史料42
	引見	興臨東堂引見、謂虔之等曰…	晋書	巻一一七・姚興載記上	史料43
後燕	聽政	寶引羣臣于東堂議之。	晋書	巻一二四・慕容宝載記	史料44
	引見	又引中書令常忠・尙書陽璆・祕書監郎敷于東堂、問曰…	晋書	巻一二四・慕容盛載記	史料45
	引見	盛引見百僚于東堂、考詳器藝、超拔者十有二人。	晋書	巻一二四・慕容盛載記	史料46
	引見	雲臨東堂、幸臣離班・桃仁懷劍執紙而入、稱有所啟、拔劍擊雲、雲以几距班、桃仁進而弑之。	晋書	巻一二四・慕容雲載記	史料47
北燕	引見	毎遣守宰、必親見東堂、問爲政事之要、令極言無隱、以觀其志。	晋書	巻一二五・馮跋載記	史料48
	外夷引見	正始中、世宗於東堂引見其使芮悉弗、悉弗進曰	魏書	巻一〇〇・高句麗伝	史料49
	挙哀	世宗爲嵩舉哀於東堂、賻絹一千匹、贈車騎將軍・領軍、謚曰剛侯。	魏書	巻一九中・穆十二王伝中・任城王澄伝弟嵩	史料50
	挙哀	肅宗爲舉哀於東堂、賜東園祕器・朝服一具・綵二千八百段、贈侍中・都督雍華岐三州諸軍事・本將軍・司空・雍州刺史。尋以融死王事、進贈司徒、加前後部鼓吹。謚曰莊武。	魏書	巻一九下・景穆十二王伝下・章武王太洛伝附彬子融	史料51
		子諧、字仲和、襲。十九年、薨。詔曰「古者大臣之喪、有三臨之禮、此蓋三公已上。自漢已降、多無此禮。庶仰遵古典、哀感從情。雖以尊降伏、私痛寧爽。欲令親王有期親者爲之三臨、大功親者爲之再臨、小功緦麻爲之一臨。廣川王於朕大功、必欲再臨者。欲於大斂日親臨盡哀、成服之後、緦衰而弔。既殯之緦麻、理在無疑。大斂之臨、當否如何。爲須撫柩於始喪。爲應盡哀於闔柩」。黄門侍郎崔光・宋辨・通直常侍劉芳・典命下大夫李元凱・中書侍郎高聰等議曰「三臨之事、乃自古禮。爰及漢・魏、行之者稀。陛下方遵前軌。臣等以爲若期親三臨、大功宜再。始喪之初、哀之至極、既以情降、宜從始喪。大斂之臨、伏如聖旨」。詔曰			

北魏

史料	区分	内容	出典	巻
史料52	挙哀	「魏・晉已來、親臨多闕、至於戚臣、必於東堂哭之。頃大司馬安定王薨、朕既臨之後、受慰東堂。今日之事、應更哭不」。光等議曰「東堂之哭、蓋以不臨之故。今陛下躬親撫視、羣臣從駕、臣等議、以爲不宜復哭」。詔曰「若大司馬戚尊位重、必哭於東堂。而廣川既是諸王之子、又年位尙幼、卿等議之、朕無異焉」。諧將大斂、帝素委貌深衣哭之、入室哀慟、撫尸而出。有司奏「廣川王妃薨於代京、未審以新尊從於卑舊、爲宜卑舊來就新尊」。詔曰「遷洛之人、自茲厥後、悉可歸骸芒嶺、皆不得就塋恆・代。其有夫先葬北、婦今喪在南、婦人從夫、宜還代葬。若慾移父就母、亦得任之。其有妻墳於恆・代、夫死於洛、不得以尊就卑。慾移母就父、宜亦從之。若異葬、亦從之。若不在葬限、身在代喪、葬之彼此、皆得任之。其戶屬恆・燕、身官京洛、去留之宜、亦從所擇。其屬諸州者、各得任意」。詔贈諧武衞將軍、謚曰剛。及葬、帝親臨送之。	北史	巻一九・文成五王伝・広川王略子諧
史料53	挙哀	世宗爲舉哀於東堂、給東園第一祕器・朝服一襲・賻錢八十萬・布二千匹・蠟五百斤、大鴻臚護喪事。	魏書	巻二一下・献文六王伝下・彭城王勰
史料54	挙哀	公主因傷致薨、太后親臨慟哭、舉哀太極東堂、出葬城西、太后親送數里、盡哀而還。	魏書	巻五九列・劉昶伝
史料55	挙哀	熙平元年冬卒、遺令薄葬。詔給東園祕器・朝服一具・衣一襲・帛七百匹。靈太后爲舉哀於東堂。贈侍中・驃騎大將軍・儀同三司・冀州刺史、謚文烈公。	魏書	巻六五・李平伝
史料56	挙哀	靈太后親侍藥膳、十二日薨、年八十。給東園溫明祕器、五時朝服各一具、衣一襲、贈布五千匹、錢一百萬、蠟千斤。大鴻臚持節監護喪事。太后還宮、成服於九龍殿、遂居九龍寢室。明帝服小功服、舉哀於太極東堂。又詔自始薨至七七、皆爲設千僧齋、齋令七人出家。百日設萬人齋、二七人出家。先是巫覡言將有凶、勸令爲厭勝法、國珍拒而不從、云吉凶有定分、唯修德以禳之。	北史	巻八〇・外戚伝・胡国珍
史料57	挙哀	趙平君薨、給東園祕器、明帝服小功服、舉哀于東堂、靈太后服齊衰、期。葬於太上君墓左、不得祔合。	北史	巻八〇・外戚伝・胡国珍
史料58	挙哀	神龜中、雲死、靈太后爲舉哀於東堂、遣使策贈車騎大將軍・領護東夷校尉・遼東郡開國公・高句麗王。	魏書	巻一〇〇・高句麗伝
史料59	引見	勰至京師、世宗臨東堂引見。	魏書	巻二一下・献文六王伝下・城王勰
史料60	引見	及辭、引見於東堂、賜以餚羞、訪之大政。以其先朝儒舊、告老永歸、世宗爲之流涕。	魏書	巻五四・高閭伝
史料61	引見	永平四年、盧昶克蕭衍朐山戍、以琅邪戍主傅文驥守之。衍遣師攻文驥、盧昶督衆	魏書	巻五九・蕭寶夤伝

王朝	事項	史料	出典	巻・篇	番号
		軍救之、詔寶賚爲使持節・假安南将軍・別將、長驅往赴、受盧昶節度。賜帛三百匹、世宗於東堂餞之。			
	引見	[王] 肅還京師、世宗臨東堂引見勞之。	魏書	巻六三・王肅伝	史料62
	引見	時蕭衍遣兵侵軼徐兗、緣邊鎭戍相繼陷沒、朝廷憂之、乃以巒爲使持節・都督東討諸軍事・安東将軍、尙書如故。世宗勞遣巒於東堂。	魏書	巻六五・邢巒伝	史料63
	引見	詔巒持節率羽林精騎以討之。封平舒縣開國伯、食邑五百戶、賞宿豫之功也。世宗臨東堂、勞遣巒曰…	魏書	巻六五・邢巒伝	史料64
	引見	豫州平、巒振旅還京師。世宗臨東堂勞之。	魏書	巻六五・邢巒伝	史料65
	引見	道遷自南鄭來朝京師、引見於太極東堂、免冠徒跣謝曰…	魏書	巻七一・夏侯道遷伝	史料66
	引見	及大擧征蜀、以肇爲大將軍・都督諸軍、爲之節度。與都督甄琛等二十餘人、俱面辭宣武於東堂、親奉規畧。	北史	巻八〇・高肇伝	史料67
	引見	又兼宗正卿、出爲兗州刺史。匡臨發、帝引見於東堂、勞勉之。	魏書	巻一九上・景穆十二王伝上・濟南王匡	史料68
	立太子	太和十七年七月癸丑、立恂爲皇太子。及冠恂於廟、孝文臨光極東堂、引恂入見、誡以冠義曰「字汝元道、所寄不輕、汝當尋名求義、以順吾旨」。	北史	巻一九・孝文六王伝・廃太子恂	史料69
東魏	挙哀	六月乙酉、帝爲勃海王擧哀於東堂、服緦衰。	北史	巻五・東魏孝静帝紀	史料70
		八年春正月辛酉、帝爲勃海王高澄擧哀於東堂。	北史	巻五・東魏孝静帝紀	史料71
北斉	挙哀	韶疾甚、先軍還。以功別封樂陵郡公。竟以疾薨。上擧哀東堂、贈物千段・溫明祕器・轀輬車、軍校之士陳衞送至平恩墓所發卒起冢。贈假黃鉞・使持節・都督朔・定趙冀滄齊兗梁洛晉建十二州諸軍事、相國・太尉・錄尙書事・朔州刺史、諡曰忠武。	北斉書	巻一六・段韶伝	史料72
	その他	後齊制、日蝕、則太極殿西廂東向、東堂東廂西向、各設御座。羣官公服。晝漏上水一刻、內外皆嚴。三門者閉中門、單門者掩之。蝕前三刻、皇帝服通天冠、即御座、直衞如常、不省事。有變、聞鼓音、則避正殿、就東堂、服白袷單衣。侍臣皆赤幘、帶劍、升殿侍。諸司各於其所、赤幘、持劍、出戶向日立。有司各率官屬、竝行宮內諸門・掖門、屯衞太社。鄴令以官屬圍社、守四門、以朱絲繩繞繫社壇三匝。太祝令陳辭責社。太史令二人、走馬露版上尙書、門司疾上之。又告淸都尹鳴鼓、如嚴鼓法。日光復、乃止、奏解嚴。	隋書	巻八・礼儀志三	史料73
	朝会	前代及今、皇帝宴會接客、亦東堂西面。若以東面爲貴、皇太子以儲后之禮、監國之重、別第宴臣賓、自得申其正位。禮者皆東宮臣屬、公卿接宴、觀禮而已。若以西面爲卑、實是君之正位、太公不肯北面說丹書、西面則道之、西面乃尊也。君位南面、有東有西、何可皆避。且事雖少異、有可相比者。	隋書	巻九・礼儀志四	史料74

表四　魏晋南北朝西堂使用例

王朝	使用方法	史料	出典		
東晋	引見	孝武帝嘗會於西堂、滔豫坐、還、下車先呼子系之謂曰「百人高會、天下先問伏滔在坐不、此故未易得。爲人作父如此、定何如也。」	晋書	巻九二・文苑伝・伏滔	史料75
	引見	玄度學藝優贍、筆削擅奇、降帝問於西堂、故其榮觀也。	晋書	巻九二・文苑伝・伏滔	史料76
	引見	沖將之鎭、帝餞於西堂、賜錢五十萬。又以酒三百四十石・牛五十頭犒賜文武。	晋書	巻七四・桓沖伝	史料77
	宴	帝讌羣公于西堂、酒酣、從容曰「今日名臣共集、何如堯舜時邪。」	晋書	巻六九・周顗伝	史料78
	挙哀	戊戌、擧章皇后哀三日、臨于西堂。	晋書	巻一〇・安帝紀	史料79
	挙哀	太元六年、晞卒于新安、時年六十六。孝武帝三日臨于西堂、詔曰「感惟摧慟、便奉迎靈柩、幷改移妃應氏及故世子梁王諸喪、家屬悉還」。	晋書	巻六四・元四王伝・武陵威王晞	史料80
	挙哀	詔徙安成郡、使御史杜竹林防衞、竟承玄旨酖殺之、時年三十九。帝三日哭於西堂。	晋書	巻六四・簡文三子・会稽文孝王道子子元顯	史料81
	皇帝崩御	癸巳、帝崩于西堂、時年二十二、葬興平陵、廟號顯宗。	晋書	巻七・成帝紀	史料82
	皇帝崩御	丙申、帝崩于西堂、時年二十五。葬安平陵。	晋書	巻八・哀帝紀	史料83
	葬送	於是設廬於西堂、凶儀施于神獸門、葬修平陵、神主祔于宣太后廟。	晋書	巻三二・后妃伝下・孝武文李太后	史料84
劉宋	宴	宋文帝元嘉十五年四月、皇太子納妃、六禮文與納后不異。百官上禮。其月壬戌、於太極殿西堂・宴二宮隊主副・司徒征北鎭南三府佐・揚兗江三州綱・彭城江夏南譙始興武陵廬陵南豐七國侍郎以上、諸二千石在都邑者、竝豫會。又詔今小會可停妓樂、時有臨川曹太妃服。	宋書	巻十四・礼志一	史料85
	引見	丁丑、始制朔望臨西堂接羣下、受奏事。	宋書	巻六・孝武帝紀	史料86
	引見	事定、上未知所爲。建安王休仁便稱臣奉引升西堂、登御坐、召見諸大臣。于時事起倉卒、上失履、跣至西堂、猶著烏帽。坐定、休仁呼主衣以白帽代之、令備羽儀。雖未卽位、凡衆事悉稱令書施行。	宋書	巻八・明帝紀	史料87
梁	挙哀	初齊武帝造大小輦、竝如軺車、但無輪轂、下横轅軛。梁初、漆畫代之。後帝令上可加笨輦、形如犢車、自兹始也。…元正大會、乘出上殿。西堂擧哀亦乘之。行則從後。一名輿車。	隋書	巻一〇・礼儀志五	史料88
前秦	外夷引見	車師前部王彌寘・鄯善王休密馱朝於堅、堅賜以朝服、引見西堂。寘等觀其宮宇壯麗、儀衞嚴肅、甚懼、因請年年貢獻。	晋書	巻一一四・苻堅載記下	史料89
北魏	引見	世祖大集羣臣於西堂、議伐涼州。	魏書	巻二九・奚斤	史料90
	寝殿	給事中郭善明、性多機巧、欲逞其能、勸高宗大起宮室。允諫曰「臣聞太祖道武皇帝既定天下、始建都邑。其所營立、非因農隙、不有所興。今建國已久、宮室已備、永安前殿足以朝會萬國、西堂溫室足以安御聖躬、紫樓臨望可以觀望遠近。…」。	魏書	巻四八・高允伝	史料91

	外夷引見	（正光）二年正月、阿那瓌等五十四人請辭、明帝臨西堂、引見阿那瓌及其叔伯兄弟五人、升階賜坐、遣中書舍人穆弼宣勞。阿那瓌等拜辭。	北史	巻九八・蠕蠕伝	史料92
	外夷引見	俟匿伐至洛陽、明帝臨西堂引見之。	北史	巻九八・蠕蠕伝	史料93
	挙哀	明堂則五時倶通天冠、各以其色服。東・西堂舉哀、服白帢。	隋書	巻一一・礼儀志六	史料94
北斉	挙哀	天統三年薨、年八十。世祖舉哀西堂、後主又舉哀於晉陽宮。	北斉書	巻一七・斛律金伝	史料95

表五　魏晋南北朝昭陽・顕陽殿使用例

王朝	殿舎門名	使用方法	史料	典籍		
曹魏	顕陽殿	寝殿	景初閒、宮室盛興、民失農業、期信不敦、刑殺倉卒。肅以疏曰「大魏承百王之極、生民無幾、干戈未戢、誠宜息民而惠之以安靜遐邇之時也。夫務畜積而息疲民、在於省徭役而勤稼穡。今宮室未就、功業未訖、運漕調發、轉相供奉。是以丁夫疲於力作、農者離其南畝、種穀者寡、食穀者衆、舊穀既沒、新穀莫繼。斯則有國之大患、而非備豫之長策也。今見作者三四萬人、九龍可以安聖體、其內足以列六宮、顯陽之殿、又向將畢、惟泰極已前、功夫尚大、方向盛寒、疾疢或作。誠願陛下發德音、下明詔、深愍役夫之疲勞、厚矜兆民之不贍、取常食廩之士、非急要者之用、選其丁壯、擇留萬庶不知、謂爲倉卒。…」。	三国志	魏書・巻一三・王肅伝	史料96
西晋	顕陽殿	皇帝崩御	十一月庚午、帝崩于顯陽殿、時年四十八、葬太陽陵。	晋書	巻四・孝惠帝紀	史料97
東晋	顕陽殿	皇帝崩御	五月丁巳、帝崩于顯陽殿、時年十九。葬永平陵、廟號孝宗。	晋書	巻八・穆帝紀	史料98
		太后崩御	太元九年、崩于顯陽殿、年六十一、在位凡四十年。太后於帝爲從嫂、朝議疑其服。	晋書	巻三二・后妃伝下・康献褚皇后	史料99
劉宋	顕陽殿	太后崩御	景平元年、崩于顯陽殿、時年八十一。	宋書	巻四一・后妃伝・孝懿蕭皇后	史料100
		皇后崩御	崩于顯陽殿、時年三十六。上甚相悼痛、詔前永嘉太守顏延之爲哀策、文甚麗。	宋書	巻四一・后妃伝・文元袁皇后	史料101
		太后寝殿	上卽位、遣建平王宏奉迎。有司奏曰「…謹奉尊號曰皇太后、宮曰崇憲」。太后居顯陽殿。	宋書	巻四一・后妃伝・文帝路淑媛	史料102
南斉	昭陽殿	皇后寝殿	舊顯陽・昭陽二殿、太后・皇后所居也。永明中無太后・皇后、羊貴嬪居昭陽殿西、范貴妃居昭陽殿東、寵姬荀昭華居鳳華柏殿。宮內御所居壽昌畫殿南閣、置白鷺鼓吹二部。乾光殿東西頭、置鍾磬兩廂皆宴樂處也。	南斉書	巻二〇・皇后伝・武穆裴皇后	史料103
			又詔曰「…顯陽殿玉像諸佛及供養、具如別牒、可盡心禮拜供養之。應有功德事、可專在			

史料104		顯陽殿	仏殿	中。自今公私皆不得出家爲道、及起立塔寺、以宅爲精舍、竝嚴斷之。唯年六十、必有道心、聽朝賢選序、已有別詔。諸小小賜乞、及閤內處分、亦有別牒。內外禁衞勞舊主帥左右、悉付蕭諶優量驅使之、勿負吾遺意也」。是日上崩、年五十四。	南斉書	巻三・武帝紀
史料105		顯陽殿	太后寢殿	舊顯陽・昭陽二殿、太后・皇后所居也。永明中無太后・皇后、羊貴嬪居昭陽殿西、范貴妃居昭陽殿東、寵姬荀昭華居鳳華柏殿。宮內御所居壽昌畫殿南閣、置白鷺鼓吹二部。乾光殿東西頭、置鍾磬兩廂皆宴樂處也。	南斉書	巻二〇・皇后伝・武穆裴皇后
史料106	梁	昭陽殿	殯	景乃密不發喪、權殯于昭陽殿、自外文武咸莫知之。二十餘日、升梓宮於太極前殿、迎皇太子卽皇帝位。	梁書	巻五六・王偉伝
史料107	梁	顯陽殿	貴嬪寢殿	太宗簡文皇帝諱綱…天監二年十月丁未、生于顯陽殿。	梁書	巻四・簡文帝紀
史料108	梁	顯陽殿	貴嬪寢殿	天監元年五月、有司奏爲貴人、未拜。其年八月、又爲貴嬪、位在三夫人上、居于顯陽殿。	梁書	巻七・皇后伝・高祖丁貴嬪
史料109	北魏	昭陽殿	引見	秋九月、帝臨昭陽殿、分置衆職、引朝臣文武、親自簡擇、量能敍用。制爵四等、曰王・公・侯・子、除伯・男之號。追錄舊臣、加以封爵、各有差。	魏書	巻二・道武帝紀
史料110	北魏	顯陽殿	引見	丙子、帝引見尙書右僕射元羅及皇宗於顯陽殿、勞勉之。	魏書	巻一一・前廢帝紀
史料111	北魏	顯陽殿	引見	己未、帝於顯陽殿簡試通直散騎常侍・散騎侍郎・通直郎、剩員非才他轉之。	魏書	巻一一・前廢帝紀
史料112	北魏	顯陽殿	引見	靈太后時在嘉福、未御前殿、騰詐取主食中黃門胡玄度・胡定列誣懌、云許度等金帛、令以毒藥置御食中以害帝、自望爲帝、許度兄弟以富貴。騰以具奏、肅宗聞而信之、乃御顯陽殿。	魏書	巻一六・道武七王伝・京兆王叉
史料113	北魏	顯陽殿	引見	肅宗與羣臣大懼、叩頭泣涕、殷勤苦請。靈太后聲色甚厲、意殊不回。肅宗乃宿於嘉福殿、積數日、遂與太后密謀圖叉。肅宗內雖圖之、外形彌密、靈太后瞋忿之言、慾得往來顯陽之意、皆以告叉。又對叉流涕、敍太后慾出家、憂怖之心。如此密言、日有數四。叉殊不爲疑、乃勸肅宗從太后意。於是太后數御顯陽、二宮無復禁礙。	魏書	巻一六・道武七王伝・京兆王叉
史料114	北魏	顯陽殿	引見	弱冠、州辟主簿、奉使詣闕、見莊帝於顯陽殿、問以邊事。騭應對閑敏、帝善之、遂敕除員外散騎侍郎。	魏書	巻五五・劉騭伝
史料115	北魏	顯陽殿	引見	蠕蠕主阿那瓌率衆犯塞、詔崇以本官都督北討諸軍事以討之。崇辭於顯陽殿、戎服武飾、志氣奮揚、時年六十九、幹力如少。肅宗目而壯之、朝廷莫不稱善。	魏書	巻六六・李崇伝
史料116	北魏	顯陽殿	引見	征北將軍・臨淮王彧大敗於五原、安北將軍李叔仁尋敗於白道、賊衆日甚。詔引丞相・令・僕・尙書・侍中・黃門於顯陽殿、詔曰…	魏書	巻六六・李崇伝
史料117	北魏	顯陽殿	引見	神龜元年二月、明帝臨顯陽殿、引顧禮等二十人於殿下、遣中書舍人徐紇宣詔、讓以蠕蠕	北史	巻九八・蠕蠕伝

王朝	殿舎	事項	史料原文	出典	巻	史料番号
			蕃禮不備之意。			
北魏	顯陽殿	宴	八月戊戌、宴太祖以來宗室年十五以上於顯陽殿、申家人之禮。	魏書	巻九・孝明帝紀	史料118
北魏	顯陽殿	宴	世隆復遣彥伯自往喩之、兆乃止。及還、帝醼彥伯於顯陽殿。	魏書	巻七五・尒朱彥伯伝	史料119
北魏	顯陽殿	聽訟	癸亥、帝臨顯陽殿、親理冤訟。	魏書	巻一一・前廢帝紀	史料120
北魏	顯陽殿	聽訟	己卯、帝臨顯陽殿納訟。	魏書	巻一一・出帝紀	史料121
北魏	顯陽殿	聽訟	秋七月…乙卯、帝臨顯陽殿、親理冤獄。	魏書	巻一一・出帝紀	史料122
北魏	顯陽殿	講義	三年春釋菜、詔延公卿學官於顯陽殿、敕祭酒劉廞講孝經、黃門李郁講禮記、中書舍人盧景宣解大戴禮夏小正篇。	魏書	巻三六・李軌伝	史料123
北魏	顯陽殿	皇帝崩御	癸丑、帝崩於顯陽殿、時年十九。甲寅、皇子即位、大赦天下。	魏書	巻九・孝明帝紀	史料124
北魏	顯陽殿	哭	四年春正月丁巳夜、世宗崩于式乾殿。侍中・中書監・太子少傅崔光、侍中・領軍將軍于忠與詹事王顯、中庶子侯剛奉迎肅宗於東宮、入自萬歲門、至顯陽殿、哭踊久之、乃復。王顯欲須明乃行即位之禮。	魏書	巻一〇八之四・礼志四	史料125
北魏	顯陽殿	外夷朝見	九月、阿那瓌將至、肅宗遣兼侍中陸希道爲使主、兼散騎常侍孟威爲使副、迎勞近畿。使司空公・京兆王繼至北中、侍中崔光・黃門郎元纂在近郊、竝申宴勞、引至門闕下。十月、肅宗臨顯陽殿、引從五品以上淸官・皇宗・藩國使客等列於殿庭、王公以下及阿那瓌等入、就庭中北面。位定、謁者引王公以下升殿、阿那瓌位於藩王之下、又引將命之官及阿那瓌弟幷二叔位於羣官之下。	北史	巻九八・蠕蠕	史料126
北魏	顯陽殿	儀礼	今六懸旣成、臣等思鍾磬各四、鉦鎛相從、十六格宮懸已足、今請更營二懸、通前爲八、宮懸兩具矣。一具備於太極、一具列於顯陽。若圓丘・方澤・上辛・四時五郊・社稷諸祀雖時日相交、用之無闕。	魏書	巻一〇九・楽志	史料127
東魏	昭陽殿	引見	及將禪位於文宣、襄城王旭及司徒潘相樂・侍中張亮・黃門郎趙彥深等求入奏事。帝在昭陽殿見之。	北史	巻五・東魏孝静帝紀	史料128
東魏	昭陽殿	引見	文襄崩、祕不發喪、其後漸露、魏帝竊謂左右曰「大將軍此殂、似是天意、威權當歸王室矣」。及帝將赴晉陽、親入辭謁於昭陽殿、從者千人、居前持劍者十餘輩。帝在殿下數十步立、而衞士升階已二百許人、皆攘袂扣刃、若對嚴敵。帝令主者傳奏、須詣晉陽、言訖、再拜而出。	北史	巻七・北斉文宣帝紀	史料129
東魏	顯陽殿	引見	武定六年、甘露降於宮闕、文武官僚同賀顯陽殿。	北斉書	巻三〇・崔昂伝	史料130
東魏	顯陽殿	講義	魏靜帝於顯陽殿講孝經・禮記、繪與從弟騫・裴伯茂・魏收・盧元明等俱爲錄議、簡舉可觀	北史	巻三三・李繪伝	史料131

史料	王朝	宮殿	事項	史料本文	出典	巻
史料132			講義	六年四月八日、魏帝集名僧於顯陽殿講說佛理、弼與吏部尙書楊愔・中書令邢卲、祕書監魏收等竝侍法筵。	北斉書	巻二四・杜弼伝
史料133	北斉	昭陽殿	（皇太后）引見	後齊將崇皇太后、則太尉以玉帛告圓丘方澤、以幣告廟。皇帝乃臨軒、命太保持節、太尉副之。設九儐、命使者受璽綬册及節、詣西上閤。其日、昭陽殿文物具陳、臨軒訖、使者就位、持節及璽綬稱詔。二侍中拜進、受節及册璽綬、以付小黃門。黃門以詣閤。皇太后服褘衣、處昭陽殿、公主及命婦陪列於殿、皆拜。小黃門以節綬入、女侍中受、以進皇太后。皇太后興、受、以授左右。復坐、反節於使者。使者受節出。	隋書	巻九・礼儀志四
史料134	北斉	昭陽殿	引見	金曾遣人獻食、中書舍人李若誤奏、云金自來。武成出昭陽殿、敕侍中高文遙將羊車引之。若知事誤、更不敢出映廊下。文遙還覆奏、帝罵若云「空頭漢、合殺。」亦不加罪。	北史	巻五四・斛律金伝
史料135	北斉	昭陽殿	引見	由是、除齊州刺史。及辭於昭陽、列仗引見、長仁不敢發語、唯泣涕横流。到任、啟求暫歸、所司不爲奏。	北史	巻八〇・外戚伝・胡長仁
史料136	北斉	昭陽殿	引見	高歸彥作逆、召子繪入見昭陽殿。	北斉書	巻二一・封子繪伝
史料137	北斉	昭陽殿	引見？	二叔率高歸彥・賀拔仁・斛律金擁愔等唐突入雲龍門。見都督叱利騷、招之不進、使騎殺之。開府成休寧拒門、歸彥喩之、乃得入。送愔等於御前。長廣王及歸彥在朱華門外。太皇太后臨昭陽殿、太后及帝側立。	北史	巻四一・楊愔傳
史料138	北斉	昭陽殿	宴	文宣宴法和及其徒屬於昭陽殿、賜法和錢百萬・物萬段・甲第一區・田一百頃・奴婢二百人、生資什物稱是。宋莅千段。其餘儀同・刺史以下各有差。	北史	巻八九・芸術伝上・陸法和
史料139	北斉	昭陽殿	朝会	後齊元日、中宮朝會、陳樂、皇后褘衣乘輿、以出於昭陽殿。坐定、內外命婦拜、皇后興、妃主皆跪。皇后坐、妃主皆起、長公主一人、前跪拜賀。禮畢、皇后入室、乃移幄坐於西廂。皇后改服褕狄以出。坐定、公主一人上壽訖、就坐。御酒食、賜爵、竝如外朝會。	隋書	巻九・礼儀志四
史料139	北斉	昭陽殿	聴訟	戊戌、帝臨昭陽殿聽獄決訟。	北斉書	巻四・文宣帝紀
史料140	北斉	昭陽殿	立后	後齊皇帝納后之禮、納采・問名・納徵訖、告圓丘方澤及廟、如加元服。是日、皇帝臨軒、命太尉爲使、司徒副之。持節詣皇后行宮、東向、奉璽綬册、以授中常侍。皇后受册於行殿。使者出、與公卿以下皆拜。有司備迎禮。太保太尉、受詔而行。主人公服、迎拜於門。使者入、升自賓階、東面。主人升自阼階、西面。禮物陳於庭。設席於兩楹閒、童子以璽書版升、主人跪受。送使者、拜于大門之外。有司先於昭陽殿兩楹閒供帳、爲同牢之具。皇后服大嚴繡衣、帶綬珮、加幜。女長御引出、升畫輪四望車。女侍中負璽陪乘。鹵簿如大駕。皇帝服袞冕出、升御坐。皇后入門、大鹵簿住門外、小鹵簿入。到東上閤、施步鄣、降車、席道以入昭陽殿。前至席位、姆去幜、皇后先拜後起、皇帝後拜先起。帝升自西階、詣同牢坐、與皇后俱坐。各三飯訖、又各酳二爵一巹。奏禮畢、皇后興、南面	隋書	巻九・礼儀志四

	立。皇帝御太極殿、王公已下拜、皇帝興、入。明日、后展衣、於昭陽殿拜表謝。又明日、以榛栗棗脩、見皇太后於昭陽殿。擇日、羣官上禮。又擇日、謁廟。皇帝使太尉、先以太牢告、而後徧見羣廟。			
立皇太子妃	皇太子納妃禮、皇帝遣使納采、有司備禮物。會畢、使者受詔而行。主人迎于大門外。禮畢、會於聽事。其次問名・納吉、竝如納采。納徵、則使司徒及尚書令爲使、備禮物而行。請期、則以太常宗正卿爲使、如納采。親迎、則太尉爲使。三日、妃朝皇帝於昭陽殿、又朝皇后於宣光殿。擇日、羣官上禮。他日、妃還。又他日、皇太子拜閤。	隋書	巻九・礼儀志四	史料141

表六　魏晋南北朝時期の東西堂及び昭陽殿・顕陽殿の機能（表内の番号は表1～3の史料番号に対応）

	東堂										西堂							
	①寝殿	②宴	③講義	④挙哀	⑤引見	⑥聴政	⑦聴訟	⑧外夷引見	⑨朝会	⑩その他	①寝殿	②宴	③講義	④挙哀	⑤引見	⑧外夷引見	①寝殿	②宴
曹魏		1、2	3		4												96	
西晋				10～11	5～9	12～14											―	―
東晋	18～20（皇帝）				16、17	15					82、83	78		79～81	75～77		―	―
劉宋							21					85			86、87			
南斉																	103（皇后）	
梁					22				23					88				
陳		25		24					26									
北魏（平城）										立太子69	91				90			
北魏（洛陽）				50～58	59～68			49						94		92、93		
東魏				70、71														
北斉				72					74					95				138

昭陽殿				顕陽殿								
⑤引見	⑦聴訟	⑨朝会	⑩その他	①寝殿	②宴	③講義	④挙哀	⑤引見	⑥聴政	⑦聴訟	⑧外夷引見	⑩その他
				—	—	—	—	—	—	—	—	—
—	—	—		97								
—	—	—		98（皇帝）、99（太后）								
				100、102（太后）、101（皇后）								
				105（太后）								仏殿104
				107、108（貴嬪）								
109												
					118、119	123		110～117		120～122	126	127
（128、129）						131、132		130				
133～137	140	139	立皇后141、立皇太子妃142									

第三章　隋の大興、洛陽の二つの宮城

はじめに

隋の文帝、煬帝により相次いで建設された都城、大興城・東京洛陽城は、いずれもほぼそのままの形で唐に継承され、整然としたその都市プランは東アジア諸国の都城に大きな影響を与えた。したがって我が国でも両京、とりわけ大興城の後身である唐の長安城への関心は高く、その研究史は膨大なものとなっている。また、近年は都城の形態という観点からではなく、政治制度、儀礼の面から都城や宮城の空間構造を把握する研究も大きな成果を挙げており、[1]両京に対する考察はかなりの深まりを見せている。

本章では、両京に関するこうした研究の成果を踏まえ、改めて両京の宮城を概観した後、両京の比較を行い、さらに筆者がこれまで考察してきた南北朝期の宮城変遷との関連で、隋の宮城の成立の意義を考えてみることにしたい。

第一節　大興宮の成立と特長

大興城の造営は、文帝即位の翌年、開皇二（五八二）年六月から開始される。建設の動機は文帝の遷都詔などに書かれているが、[2]旧来の北周長安を避け、新たに「川原秀麗」な龍首原上に全く新たな都城の建設を意図するものであった。新都造営は迅速に進められたようであり、『隋書』高祖紀の記述に基づけば、一二月には新都の名称が「大興城」と決められ[3]、翌三（五八三）年正月には新都に遷っている[4]。なお、都城の名は楊堅が大興郡公に封ぜられたことに因む[5]。わずか六カ月での遷都ということとなり、この時点で都城のすべてが完成したとは考えにくいが、少なくとも皇帝の居住と儀礼・政務の執行には問題はない程度には整備されていのだろう。また、外郭の整備も進んでおり、唐代ほどの郭壁の規模はないものの、外郭の諸門も含め、ほぼ都城の輪郭は整えていたと考えられる〔辛徳勇 一九九一a〕。当然ながら、短い工期と限られた労働力を勘案すれば、その工事は宮城、皇城を優先させたのであろう。

さて、史料も豊富で考証学的な研究の蓄積もある唐の長安に対し、その前身である大興城に関しては王朝の存続期間も短く、決して十分な研究があるわけではない。そうした中で辛徳勇氏により関連史料が集成されたことは、大興城の研究の基礎を提供するものと高く評価できる〔辛 二〇〇九〕。一方で大興宮も、その後身である唐の太極宮[6]も、現在の西安市の中心部に重なっていることから、十分な考古調査が行われておらず、正確な殿舎配置を復原することはできない。大興宮の復原にあたっても、まずは蓄積のある唐の太極宮の復原図を基礎とし、そこから唐代に追加された部分を抽出、除外するという方法を取らざるを得ない。現在まで、最もよく使われる図は、唐長安・洛陽の考証学的研究の到達点を示す徐松『唐両京城坊考』の記述に基づくものである。ただ、徐氏の考証も当然ながら十全なものではない。例えば、上閤門が太極門と朱明門の両側に存在し、南北に二重の閤門が存在することになっている。これは辛徳勇氏が指摘するように、徐氏の失考であり、上閤門は太極殿の両側だけに存在した〔辛 一九九一b〕。傅熹年氏による太極宮の復原図はこの点も正確に描いており[7]、現時点で最も信頼できる図であると考える。本章では傅氏の図を基にした大興宮の復原図を用い、以下の検討に用いることにしたい（**図一**）。

大興宮は、明確な南北中軸線を有し、南から広陽門[8]、大興門、大興殿、中華殿が軸線上に並ぶ。これらの内、特に重要な殿舎である広陽門、大興殿、中華殿の役割を正史の記述などから見ていくことにしたい。

広陽門は宮城正南門であり、両側に闕を有する。(9) 隋代でこの門で行われた特に大きな儀礼として、陳平定の後に皇帝が門に出御し、門前に百官、周辺諸民族の使者を並ばせて露布礼を行い、さらに将兵に賞賜したことが特筆される。(10) 大規模な儀礼に用いられたことが窺えるのである。大興殿は、文帝の殯、(11) 恭帝の即位、(12) 国主との朝見、(13) 元日と冬至の朝賀(14) などの重要な儀礼に用いられる他、外国使の宴にも用いられている。(15) 中華殿については隋代の使用の実態を示す史料は認められないが、唐初の事例では、中華殿の後身である両儀殿が政務空間として使用されていることが分かる。(16) 唐初の太極殿（隋の大興殿）と両儀殿の性格については吉田歓氏と松本保宣氏の見解が対立しており、吉田氏が唐初は太極殿が常朝の場で、両儀殿が寝殿的な性格であったのが、後に変化して両儀殿が常朝の場になったとするのに対し〔吉田　一九九八〕、松本氏は唐初から一貫して両儀殿は常朝の場であったとする〔松本　二〇〇三、二〇〇六b〕。筆者には両氏の説の是非を判断できる新たな史料があるわけではないが、両氏の論拠とする史料と、隋以前の宮城の殿舎の在り方から考えると、松本氏の説を是とすべきだと考える。さらに言えば、このような殿舎の在り方は、『唐六典』尚書工部に記された各殿舎の使用方法に、一部に無視できない齟齬はあるものの、概ね合致すると認めてもよいだろう。(17) そうすると、松本氏が、儀礼の参加者と皇帝との距離が空間的にも整序されていたと指摘する宮城の巧妙な空間配置が〔松本　二〇〇三〕、玄宗朝よりも遡り、隋代からすでに存在していたと考えられる。以上のように大興宮は、宮城の南北中軸線上に並ぶ広陽門、大興殿、中華殿の三つの門・殿舎が朝政、儀礼の主要な空間となっていたのである。

このような殿舎配置は松本保宣氏も指摘するように〔松本　二〇〇三〕、北朝の鄴南城の宮城の中軸線上の閶闔門、太極殿、昭陽殿という殿舎配置と似通っている。しかし鄴では魏晋以降の宮城の系譜を引き、太極殿には東西堂があ

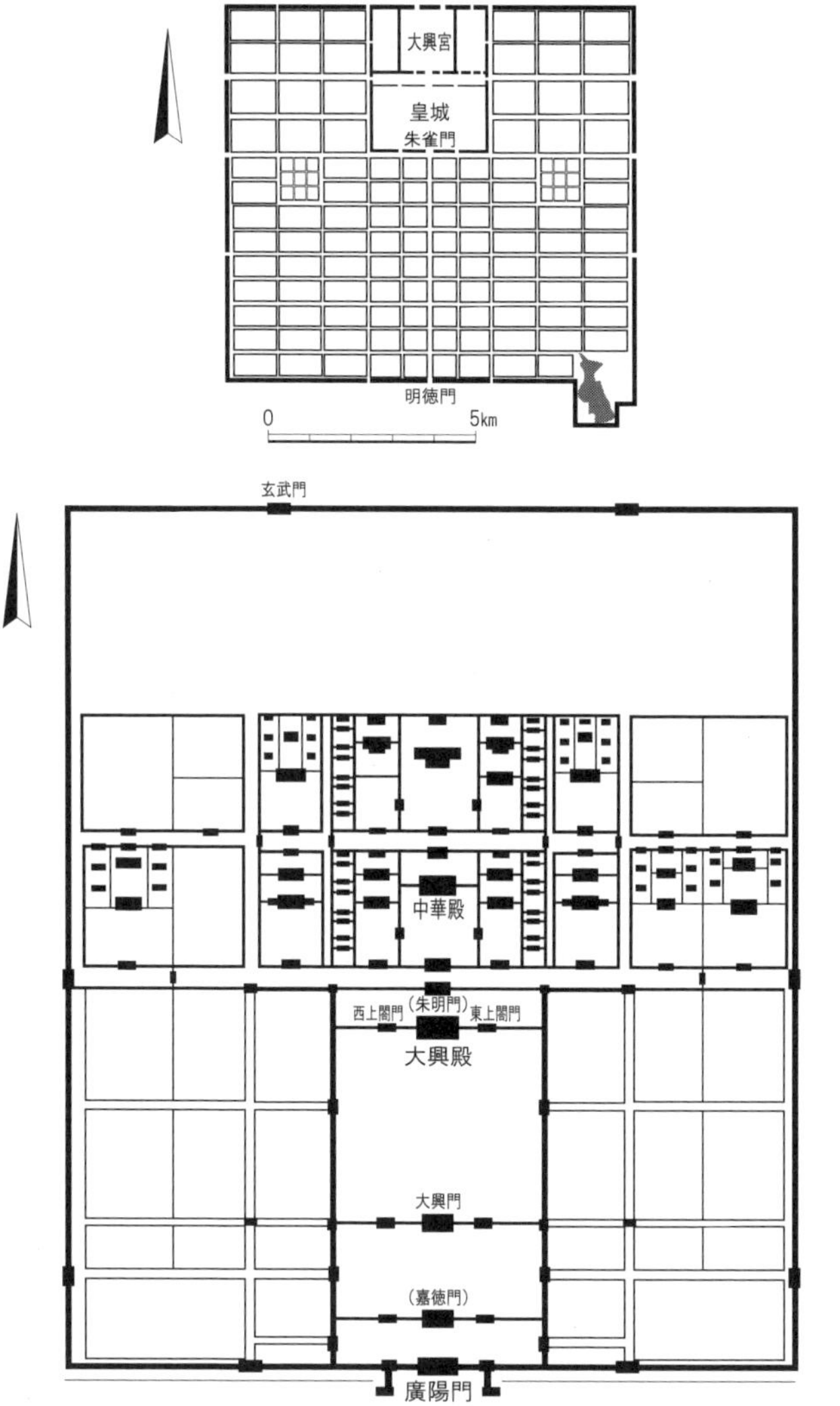

大興城、大興宮とも〔傅熹年 2001〕
所掲図を基に一部改変の上、作図。

図一　隋大興城と大興宮

った。すでに指摘したように（第二篇第四章および本篇第二章）、北朝の鄴では、東西堂の利用状況は明らかでなく、使用頻度は北魏までに比べて減少し、その役割の一部を昭陽殿が担っていたと考えられる。こうした状況から、隋では東西堂を廃し、東西堂と昭陽殿の役割を中華殿に担わせ、南北の軸線と、南北の重層構造がより際立つ設計としたのである。

以上のように、隋の大興宮は前代の宮城の系譜を引きながら、より明確に南北の軸線を意識し、さらに朝政・儀礼の内容に即してその舞台を明確にすることによって、重層的な空間配置を実現したのである。また、宮城の規模も前代よりはるかに拡張され、新たな王朝、そして来る統一王朝の中心としての威厳を十分に示す舞台として設計されたのである。これらの点に留意しながら、隋のもう一方の都城である洛陽を見ていくことにしたい。

第二節　洛陽紫微宮[18]の成立と特長

隋の洛陽宮城を述べる前に、まずは『隋書』煬帝紀から洛陽造営の過程をまとめておくことにしたい。仁寿四（六〇四）年七月に煬帝が即位すると、早くも一一月に洛陽に行幸し、その場で東京の造営が命じられている[19]。大興城と同様、これまでの洛陽を捨て、新たな地に都城を営むものであった。ただし、大興城が旧の長安城を禁苑に取り込んだのに対し、旧の洛陽城は完全に放棄されている。翌、大業元（六〇五）年三月には東京造営の責任者が任命され、造営が本格化する[20]。同時に「天下富商大賈數萬家」を移住させ、東京の充実を図っている。またこの時には周辺の運河の工事も行われており、当初から関東、江南の物資輸送の拠点として位置付けられていたことが分かる[21]。東京洛陽は大業二（六〇六）年正月には完成しており[22]、大業元年三月からの着工とすれば九カ月ほどで完成したことになり、大興城と同様、極めて短期間で壮大な都城の工事に一区切りをつけたことになる。[23] 江都に行幸していた煬帝の洛陽入城は同年四月であり、これ以降、煬帝朝を通じて実質的に都城として機能することになる。

宮城は大興城と同様、都城の北端に設定されている。洛陽では都城の北半は邙山の南斜面にあたることから北にいくほど標高を増すことになり、洛水にかかる天津橋を北に渡ったところからは、皇城、宮城を北に見上げるような設計となっている。大興宮が低地に設定されたのとは異なり、南からアプローチする際にその視覚的効果をより高めることに成功していたのである。このことを示すのが大業元年四月の、煬帝の最初の洛陽入城のルートである。煬帝紀上には、

夏四月庚戌、上、伊闕より法駕を陳べ、千乗萬騎を備え東京に入る。辛亥、上、端門に御し、大赦し、天下に今年の租税を免ず。

とある。このように、洛河や通済渠の水運を使うことなく、洛陽の南にある伊闕から北上し、東京の中軸線上にある建国門を経て入城したと考えられる。完工した新たな京城に入る際に、南からの動線を選んだのにはおそらく理由がある。『大業雑記』には洛陽の南北の軸線が伊闕に至ることが記されており、[24] さらに『元和郡県図志』巻五・河南道一は都城の選地を煬帝自ら行ったと記す。

仁壽四（六〇四）年、煬帝詔して楊素をして東京を營ましむ。大業二（六〇六）年、新都成り、遂に徙り居す。今の洛陽宮、是なり。其れ宮北は邙山に據り、南は伊闕の口に直たる。洛水、都を貫き、河漢の象有り。東は故城を去ること一十八里。初め煬帝、嘗て邙山に登り、伊闕を觀、顧みて曰く「此れ龍門に非ざるや。古より何に因りて此に建都せざるや」と。僕射蘇威、對えて曰く「古より知らざるに非ず、以て陛下を俟つなり」と。帝大いに悦び、遂に都するを議す。其れ宮室臺殿は皆な宇文愷の創る所なり。

こうしたことからも分かるように、煬帝は南の伊闕と北の邙山を意識して都城の軸線の設定を行った。この軸線上の大道・端門大街が煬帝の治世の末期にも使われていることが確認できる。すなわち、反乱が頻発した華北に見切りをつけ、洛陽から江都に難を避けようとした際、奉信郎の崔民象が江都行幸を思い直すよう諫めた場所が、まさに建国門だったのである。[25] 煬帝が洛陽から江都へ向かう際には宮城から端門大街を経た可能性が高く、都城の幹線道路として機能していたことが分かる。[26] これらの史料から、宮城から南方への主動線として都城軸線上の建国門が使われていたことが分かり、端門街が主要交通路として機能していたことが明らかとなる。このように洛陽は南の伊闕を結ぶ軸線を強く意識して設計された都城であった。煬帝が自ら築いた都城への初めての入城の際に、この伊闕から北上するルートを選んだのは、都城の主要道路であり、かつ宮城が最も荘厳に見えるためだったのであろう。

洛陽の選地にあたっては、軸線の設定と併せて、この地が周の王城に接することも十分に意識されていたようである。[27] この周の王城遺跡は隋の会通苑に取り込まれており、苑内に旧王朝の都城を取り込むという点では、大興城における旧長安城と同じということが、〔妹尾達彦 二〇〇八〕により指摘されている。

紫微宮の殿舎配置については『大業雑記』に詳細な記述があり、これを基に中枢部の復原がある程度可能である。[28] 一方で、隋唐洛陽宮の中枢部の発掘調査は小面積のものが多いが、一定の成果を挙げている。[29] これらの典籍史料と調査成果を加味して作られたのが傅熹年氏の図である〔傅 二〇〇一〕。本章では傅氏の図を基に近年の成果を加えて作図したものを**図二**とし、以下の検討の材料とする。

紫微宮の平面プランは、南北軸を有した左右対称形を基本とする。南端には門闕を備えた則天門があり、その北四〇歩〔約五九m〕に永泰門、さらに北四〇歩で乾陽門がある。門の北百二〇歩〔約一七六m〕で乾陽殿があり、これが宮城の正殿である。つまり殿前には史料上は南北一七六mの広大な殿庭があったことになるが、遺構の実測値ではや

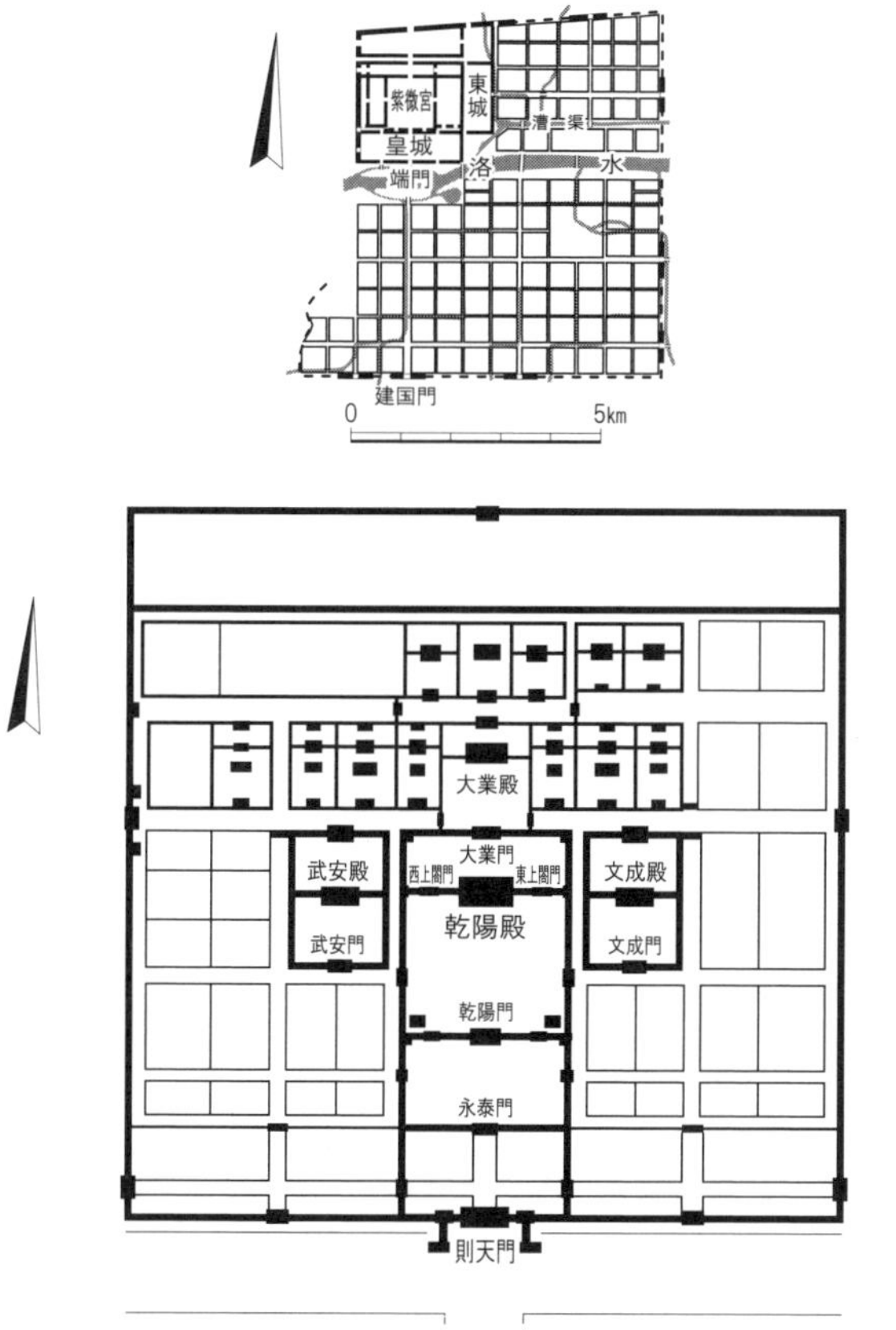

洛陽城は〔李永強2011〕を基に作図、
紫微宮は〔傅熹年2001〕所掲図を基に
〔中国社会科学院考古研究所2014〕の
成果を加味し改変して作図。

図二　隋東京洛陽城と紫微宮

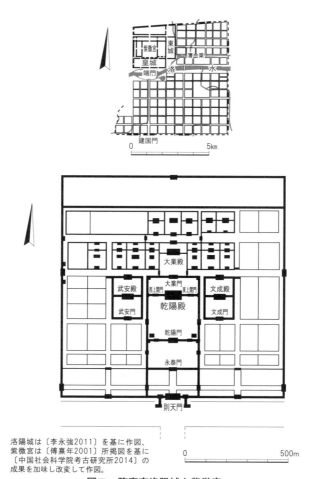

や小さく、約一四六ｍである。乾陽殿の北は三〇歩（約四四ｍ）で大業門、門北四〇歩で大業殿となる。これらの殿舎の実際の使用状況は『大業雑記』に詳しく書かれていないが、乾陽殿、大業殿については殿舎の建築の意匠や規模などが記されており、[30]宮城内でも特に重要な殿舎であったことが分かる。これらの二基の宮殿と闕を有する則天門が、大興宮の広陽門、大興殿、中華殿に相当し、それらが宮城の中軸線上に南北に並ぶ同様の配置であったことが分かる。また正殿である乾陽殿の東西に上閤門が設けられていることも、大興殿と同じである。

各殿舎の隋代の利用状況を示す史料は少ない。唐前期の事例も含めて見ていくと、則天門は、唐前期に皇帝が出御しての俘虜の引見、大赦改元の場として使われており、[31]乾陽殿では冬至の際に煬帝が受朝していることが分かる。[32]また大業殿は臣僚の朝見に用いられており、[33]ほぼ大興宮の主要殿舎と同様の使用方法であった考えられる。一方、宮城内の殿舎では興味深い違いを認めることができる。すでに松本保宣氏の指摘があるように〔松本　一九九〇〕、『大業雑記』には大業殿と類似した役割のある殿舎として文成、武安の二殿があり、それらはほぼ乾陽殿の東西に、軒廊で囲まれた院落を形成して対称に配されている。大業殿を含めた三殿には宮人が入ることもあり、殿庭には多種の樹木が植えられており、「内宮」という位置づけでありながら、群臣の朝見を行う場でもあった。[34]しかし大業殿は乾陽殿の東西にある上閤門以北に位置するが、文成、武安の両殿は東西上閤門のラインから南にあり、乾陽殿を囲繞する軒廊の門である東・西華門から通じることができる。このように内宮的な性格の殿舎が宮城の南方に置かれ、より広い面積を確保しているのは紫微宮と大興宮との相違点である。

以上のように、紫微宮と大興宮とは共通点が多いが、一方で、都城の平面配置や宮城の殿舎配置などで重要な違いもある。そこで節を改め、両京宮城の類似点と相違点を見ていくことにしたい。

第三節　両京の共通点と相違点

二節にわたり隋の両宮の基本的な構造を概観した。共通点として、宮城が左右対称に設計され、軸線上に主要殿舎が配されること、儀礼・朝政空間が南北に並ぶ三つの空間に分かれることが指摘できる。さらに比較の対象を都城全般に広げると、宮城南方に皇城があること、宮城・皇城の南北軸線が都城を貫く軸線となっていることも挙げることができる。これらの共通点は両都城の平面プランに関わるものであり、双方の設計に宇文愷が関与していたことに起因するものであろうが、これらが隋の都城設計には欠くことのできない要素とされていたとも言えるだろう。

一方で相違点もある。まずは平面的なところから列挙していきたい。

①両都城、宮城とも設計や構造が似通っている反面、規模が異なり、東京は大興と比べると小型である。
②大興城が正南北を指向して築かれているのに対し、洛陽では北で西にふれる軸線となっている。
③外郭城が洛陽では非対称形である。
④宮城の立地が異なり、大興宮は大興城内でも標高の低い場所にある一方、紫微宮は洛陽城内でも地勢の高い場所に築かれている。
⑤宮城では紫微宮では乾陽殿の東西に大業殿と同様の性格を有する文成殿、武安殿がそれぞれ一院を形成して配される。

以上の五点が両都城・宮城の平面を比較した際の違いである。これに加えて、
⑥円丘、宗廟といった王朝の正統性を示す儀礼の舞台となるべき施設が、大興にしか存在しないことも大きな違いと

して挙げておく必要があるだろう。

なお、洛陽を東西に洛水が貫いていることは大興城とは異なる洛陽の大きな特長であるが、すでに妹尾達彦氏により論じられているので、本章では触れない〔妹尾　一九九七〕。以下、各項についてやや詳しく見ていきたい。

①については特に洛陽の皇城の規模の縮小が著しい。大興城の皇城にあった太廟、太社が洛陽にはないことに加え、各官署の規模もそれぞれ小型化されているのだろう。

②都城軸線は何らかの自然地形を基準にして定められると考えられる。洛陽では南の伊闕がその基準となったことは第二節で述べたとおりであるが、一方の大興城が何を基準にしたかを示す同時代史料は残されていない。唐代の文献である『両京新記』『唐六典』はいずれも子午谷を基準としたと記すのに対し、宋代の「長安城図題記」『長安志』は石鼈谷とする。愛宕元氏は、地図上で大興城の軸線を南に延長すれば石砭谷（または石白谷ともいう）という谷があり、これを石鼈谷として大興城軸線の南の基準とする〔愛宕　二〇〇〇〕。この谷を基準にして天体観測に基づき、正南北の軸線が設定されたのであろう〔妹尾　二〇〇一〕。このように大興城は「谷」という自然地形を基準としながら、正南北を指向し軸線が設定されたと考えられる。洛陽も伊闕という自然地形を基準としているが、設定された軸線は北で西に触れたものとなっている。そのため、天体観測ではなく、北側に具体的な基準点を設定し、それを伊闕と結んで軸線を設定したと考えなければならない。邙山が北の基準になったと考えたいが、周知のように邙山は東西に長いなだらかな丘陵であり、明確にポイントを設定しにくい。この点に関し、『太平御覧』巻九五九・木部八・樗所引の『京洛記』に興味深い記事がある。

洛陽の北山、之を邙山と謂う。其の上に大樹無し。大業、之を都城とす。北嶺上に古樗樹有り、其の來るを知らず。早晩婆娑すること、週圍四五畝、其の樹は伊闕正南に在り。時に楊越公等、将に之に都城せんとして曰く

「此の樹に據り以て南北の定准と爲さん」と。樗木の名の悪號なるを嫌い婆娑羅樹と曰う。

『京洛記』の成書年代は不明だが、唐代の文献と考えられる。文中の「伊闕正南」は「伊闕正北」の誤りであろうが、邙山上の樗樹を基準にしたという説話である。一方、愛宕元氏は、隋洛陽城の軸線上に北の延長に邙山の一ピーク翠雲峰があることに注目している〔愛宕　二〇〇〇〕。また、妹尾氏は北の延長上には「邙山を越える交通の要衝で現在の呂祖庵の場所に繋がる」ことを指摘する〔妹尾　一九九七〕。このように現時点では軸線の北の基準を何に求めたかは明らかにできないが、『元和郡県図志』の記述を参考にするならば、煬帝は邙山からの眺望を重視したはずであり、宮城の地を決めた後に、伊闕と結び軸線を定めたのではないだろうか。いずれにしろ、洛陽が南北軸を意識しつつも、大興城ほど正確な南北軸を有さなかったのは注目すべき点である。

③大興城が朱雀門街を挟んで左右対称に築かれたのに対し、洛陽では端門街は軸線ではあるものの、この道路を軸に郭城が対称となる構造ではない。この点について、本来は左右対称を意識していたが、施工段階で西側が低湿であるために計画を変更したという説がある〔岡崎敬　一九六三、愛宕元　二〇〇〇〕。しかし、先に指摘したように、西側、特に宮城の西側は周の王城の遺跡が残っており、地形的には安定した場所である。むしろ、大興城が大興苑に漢・北周の長安城をとりこみ、過去の王朝との連続性を象徴させたのと同じ意図をもって〔妹尾達彦　二〇〇八・二〇一二〕、この遺跡を意図的に会通苑に取り込んだ可能性がある。また、軸線の南の基準となった伊闕から仮に正南北の軸線を通せば、宮城はさらに東に設定されることになり、左右対称の都城の設計には有利となったはずである。そうしたことをせず、宮城を現在の場所に設定したのは、この場所が南方に視界が開けていたことと、おそらくは周の王城に隣接するという象徴性において重要だったからであろう。したがって、大興と洛陽の両京で平面プランが異なるのは地形の制約を受けた結果ではなく、当初からの計画によるものと考えるべきである。

④洛陽の宮城が邙山からゆるやかに南に下降する地形上に築かれ、南に伊闕を見通す眺望に優れた場所に築かれたのに対し、大興宮は都城全体が北に下降する地形上に築かれた中でその最北端に位置し、かつ、北に龍首原を控えているため、郭城や禁苑（大興苑）に比して低地に位置する。この宮城の選地理由については、都城防備の観点から旧長安城周辺を禁苑とする必要があったことに起因するという妹尾氏の説は説得的である〔妹尾 二〇一一〕。ただ、宮城にふさわしい高地を実際の地形に則して求めるのであれば、洛陽のように軸線の方位をずらせば、はるかに適地に設定できたはずだが、敢えてそうせず、正南北の軸線を重視したのが大興城の特長である。

⑤については紫微宮では中軸線上の主要殿舎である則天門—乾陽殿—大業殿のほかに、大業殿と同じ役割を有する武安殿、文成殿が乾陽殿の東西に配されている。この配置について、傅熹年氏は、両殿は院落を形成しているが、配置だけを見れば魏晋以来の宮城の太極東西堂の影響を受けたものとし、その原因を南朝に強い憧れを抱いていた煬帝が、建康を模した結果と考える〔傅 二〇〇一〕。傅氏も留意するように、武安、文成の二殿は院落を形成していることから、これを太極殿と緊密に配置されていた東西堂と同一視することは困難だが、煬帝の嗜好を反映した宮城設計という指摘は重要であると考える。

⑥については南北郊や円丘、方沢といった大祀に属する郊壇はいずれも大興城の南北に配されており、洛陽にはない。郊祀との関係で興味深いのは大興城外郭正南門の明徳門（太陽門ともいう）の構造である。この門址は発掘調査され、通常、三門道である外郭城の中で唯一、五門道を持つ宏壮な門であり、隋から唐まで基本形態を変えていないことが明らかとなっている〔中国科学院考古研究所西安工作隊 一九七四〕。門道が五つもある理由について、辛徳勇氏は、中央の三本は郊祀の際に使用されるもので、通常は両端の二本を使用するが、郊祀の際には中央を皇帝が、その左右の門道を随従する重臣が用いたとする〔辛 一九九一 c〕。一方で、唐洛陽の郭城正南門である定鼎門（隋の建国門）も

発掘されているが、それは三門道であり、唐代では長安、洛陽の外郭城の正門に規模の違いがあったことが明らかとなっている〔中国社会科学院考古研究所洛陽唐城隊・洛陽市文物工作隊 二〇〇四〕。ただし、洛陽定鼎門の発掘調査で判明したのは「盛唐期」のものであり、その下層に隋代の版築層が確認されているものの、現状で定鼎門の形状が隋代の建国門に遡るか否かは不明である。注目したいのは、都城の軸線である隋代～唐初期にかけての端門街の東西幅が一一六mであり〔中国社会科学院考古研究所洛陽唐城隊・洛陽市文物工作隊 二〇〇四〕、長安の朱雀門街の一五〇～一五五mという幅員〔中国科学院考古研究所西安唐城発掘隊 一九六三〕に比べるとかなり狭くなっていることであり、この道路幅から想定される門の規模は、やはり三門道のものであろう。洛陽では南郊・円丘の祭祀を行う必要がないため、門の構造も大興城の明徳門のようにする必要がなかったのである。

宗廟も洛陽にはなく、煬帝は新たに廟を洛陽に造ろうとしていた。『隋書』巻七・礼儀志二は、煬帝が七廟建設を議論させた記事の後に次のように記す。

既に洛邑を營建し、帝、京師に心無し、乃ち東都固本里の北に、天經宮を起こし、以て高祖の衣冠を游し、四時、祭を致す。三年、有司奏すらく「請うらくは前の議に準じ、東京に宗廟を建立せんことを」と。

高祖廟を別に建てるという意向は煬帝紀の大業三（六〇七）年条に見え、天経宮の造営は『大業雑記』には大業四（六〇八）年のこととして確認できる。このように煬帝は洛陽にも廟を築こうとしていたのである。

以上、宮城を中心に大興城と洛陽城の類似点と相違点を見てきた。類似点については、洛陽が実質的な「京」として築かれたことと関係がある。洛陽は「東京」であり、煬帝により「京師」大興に比肩する構造を求められたのである。一方で、相違点は洛陽が結局は「京師」ではないことの限界を示すものといえる。その点が平面図からも分かるのが相違点①であり、両京を比較した際に、やはり洛陽の規模は小さい。また、京師となりえないのは相違点の⑥とした礼制施設の問題が関係する。当然ながら、煬帝が高祖廟の洛陽造営を意図したように、檀廟自体を大興から洛陽へ移転することも可能であるが、そこまでには至らなかった。隋代、特に煬帝の郊祀については、金子修一氏により大業一〇（六一四）年の冬至の南郊のみであったことが明らかにされているが〔金子 一九九八〕、郊祀の少なさと洛陽が煬帝朝の実質的な都城であったこととは密接に関係しているように思われるのである。

相違点②③は一連のものである。大興城が文帝により新たな王朝の都城として正統性を示す様々な空間設計がなされた。その中でも重要なものが都を貫く軸線である。正確に南北に測量された軸線は、幅一五〇mの朱雀門街となる。この巨大な道は、妹尾達彦氏によれば、円丘・南郊での祭祀の際に皇帝の行幸路として機能する儀礼軸であり、都城・宮城の設計の基準軸であり、またこれが対称軸となって都城・宮城の平面も、さらには寺院・市場・掖庭や東宮といったものの配置までがすべて対になるように設計されていた〔妹尾 二〇〇一〕。一方、洛陽では軸線は存在するが、正方位をとるものではなく、また、都城そのものの都市設計の対称軸ともなっていない。その点で、洛陽は大興城に比べると象徴性が弱まっているのである。

相違点④⑤は、大興城が純粋に正統性を象徴する設計に基づいているのに比べると、洛陽ではそれが変形していることを表している。④の宮城の選地についても、関連する史料を分析する限り、宮城からの伊闕の眺望を重視した結果で、正方位の軸線設定よりも宮城に相応しい場所を優先して選んだと考えらえる。⑤については内宮の主殿的建物が増加していると評価でき、大興宮では完全に公的空間であった東西上閤門ライン以南にそのような殿舎が築かれたことになる。これは皇帝の私的な空間の増加と把握できるだろう。付言すれば注（28）に引用した『大業雑記』にあるように、宮城の正殿である乾陽殿に比べ、大業殿は規模こそやや小さいものの、建物の意匠では却って優れていたということも、私的空間の重視を示すものと言えるだろう。

煬帝の洛陽造営にあたっては、すでに文帝が造営した大興城が存在しているため、それを規範に東京として築かれた。煬帝朝では大興城はほとんど使用されず、洛陽が実質的な都城となる。そのことは煬帝自らが都城の選地にあたるなど、洛陽造営への並々ならぬ意欲を示していたことからも認めることができる。また、『大業雑記』に見えるように、紫微宮の宮殿は豪奢なものが多く、また宮門には二層の楼閣を備えたものが多い[35]。このような華美な紫微宮の姿について、傅熹年氏が煬帝の南朝都城への憧憬を反映したものと指摘していることに、筆者も従いたい〔傅 二〇〇一〕。煬帝朝に、洛陽端門街で正月に頻繁に行われた朝貢使を対象とした大規模なイベントも、煬帝が自らの都城を華やかに見せるために企画したものである[36]。そうした煬帝の心象を端的に表した史料が、先に引用した『隋書』礼儀志二の「既に洛邑を營建し、帝、京師に心無し」なのである。しかし、京師である大興城の役割を性急に全て洛陽に移そうとしたのではなく、ひとまずは両京の併存を図ったようである。その点は煬帝が十万人を動員して大興城で築城を行っていることや[37]、東京洛陽造営時に、京師から徙民を行うのではなく、まずは「豫州郭下居人」、そして「天下富商大賈数萬家」を徙民対象としていることから窺うことができる[38]。この施策は後に武則天が神都洛陽に、長安周辺から大規模な徙民を行ったこととは異なる意味を持つのである[39]。

煬帝の洛陽への強い思いがある一方、あくまで「京師」は大興城であり、洛陽は、大興ほどには正統性を完璧に表徴する責務を負う必要がなかったということが、洛陽の随所に煬帝の嗜好を取り入れることのできる原因となったのである。洛陽の中軸線のずれは、その最たるものであり、殿舎の豪奢さと、私的空間の拡大ということもそれが端的に表れた例といえる。

要するに両京の共通点はそれぞれが実質的な「京」として築かれた結果であり、相違点は結局、洛陽が正統な「京師」ではなかった故に生じたものなのである。煬帝紀には大業五（六〇九）年正月に洛陽の「東京」から「東都」へ

の改称記事が載せられているが、『太平御覧』巻一五六・州郡部二所引の『両京新記』には、

初め之を東京と謂う。闕に詣り事を言う者有り、稱すらく、一帝にして二京、事は稽古に非ず、と。乃ち改めて東都と爲す。

と、その改称の理由を記す。当時の人々には「京」は一つという意識があったのであろう。洛陽の大興との差異は「京」と「都」の間を揺れ動いた結果、生まれたものなのである。

以上、両宮城の相違点を中心に述べてきた。次節ではその出現を南北朝の都城の変遷とどのようにつなげることができるかを考えてみたい。

第四節　隋の両宮城の画期性

両宮城の様子を見ていくと宮城の規模そのものは南北朝期のそれと比べてはるかに拡大していることが容易に見て取れる。特に上閤門以北の内宮空間の大型化が目立ち、総じて皇帝占有空間が著しく巨大化している。また、主要な儀礼空間の規模について、復原が可能な紫微宮を見ると、儀礼や朝政の主要空間である乾陽殿殿庭の規模は、北朝の洛陽や鄴の太極殿殿庭と比べてもさほど大きな違いは見られない（**図三**）。一方で、大興宮広陽門、紫微宮則天門の門前の空間である横街の南北幅員は、大興が二二〇ｍ（中国科学院考古研究所西安唐城発掘隊 一九六三）、洛陽は一一八ｍである。(40)北朝の宮城南門前の空間に比べ大幅に拡張されたことにより、はるかに広大な儀礼空間が確保されている。(41)これはここで行われる大赦や改元あるいは凱旋の際の儀礼を大規模化させ、より多くの人員の参加を可能とするためと考えることができるだろう。これにより、大興宮を例にすれば広陽門・横街―大興殿・殿庭―中華殿・殿庭という

三つの儀礼・朝政空間が、南から北に順次、規模を縮小しながら南北に並ぶことになり、各空間の階層性が明確となったのである。

このように両宮とも軸線上に三つの儀礼・朝政空間を配し、それぞれに機能が分化し、面積も階層化している。この配置を見ると、三朝制を意識したものと考えることができる。先に筆者は、唐太極宮の三朝制について最も簡潔に書かれている『唐六典』の記述は、そもそも玄宗治下の唐を周になぞらえるためのものであり、宮城造営当初に三朝制が導入されたか否かは別に検証が必要だと述べた〔村元 二〇一四〕。本章で両宮の建設当初、もしくは唐初期の各殿舎の使用状況を改めて検討した結果、各殿舎には使用方法に明確な違いを認めることができ、設計当初に三朝制を一定程度意識したことを認めることができると思われる。一方で、前代の北朝の宮城の系譜を継承していることは動かない。その系譜は北魏洛陽から東魏北斉の鄴を経て、これらの両宮の強い影響下に築かれた北周宣帝期の洛陽宮を経由して、隋に継承されたと考えられるのである〔第二篇第六章〕[42]。北朝の諸宮と比べた際の最大の相違点は第一節で述べたように太極東西堂の消失とその機能の中華殿への集約であり、これにより、三つの主要殿舎が南北に並ぶことの意味が殿舎の機能面からもより明確にされたのである。大興宮で導入されたこの形状が規範となり、洛陽紫微宮では若干のアレンジはあるものの、ほぼそのまま継承されている。

まとめると、南北朝期の宮城と比べると、基本的な殿舎配置は継承しながらも、以下の二点の変化があった。①太極東西堂が無くなり、その機能は中華殿、大業殿に集約される。②宮城南正門前の空間が広大なものとなり最大の儀礼空間となる。これにより、中軸線上の三つの朝政・儀礼空間が、機能の違いだけでなく、空間の大小によっても明確に分かれることになったのである。そのため、宮城空間に「三朝制」が取り入れられていることが強調されるようになったのである。

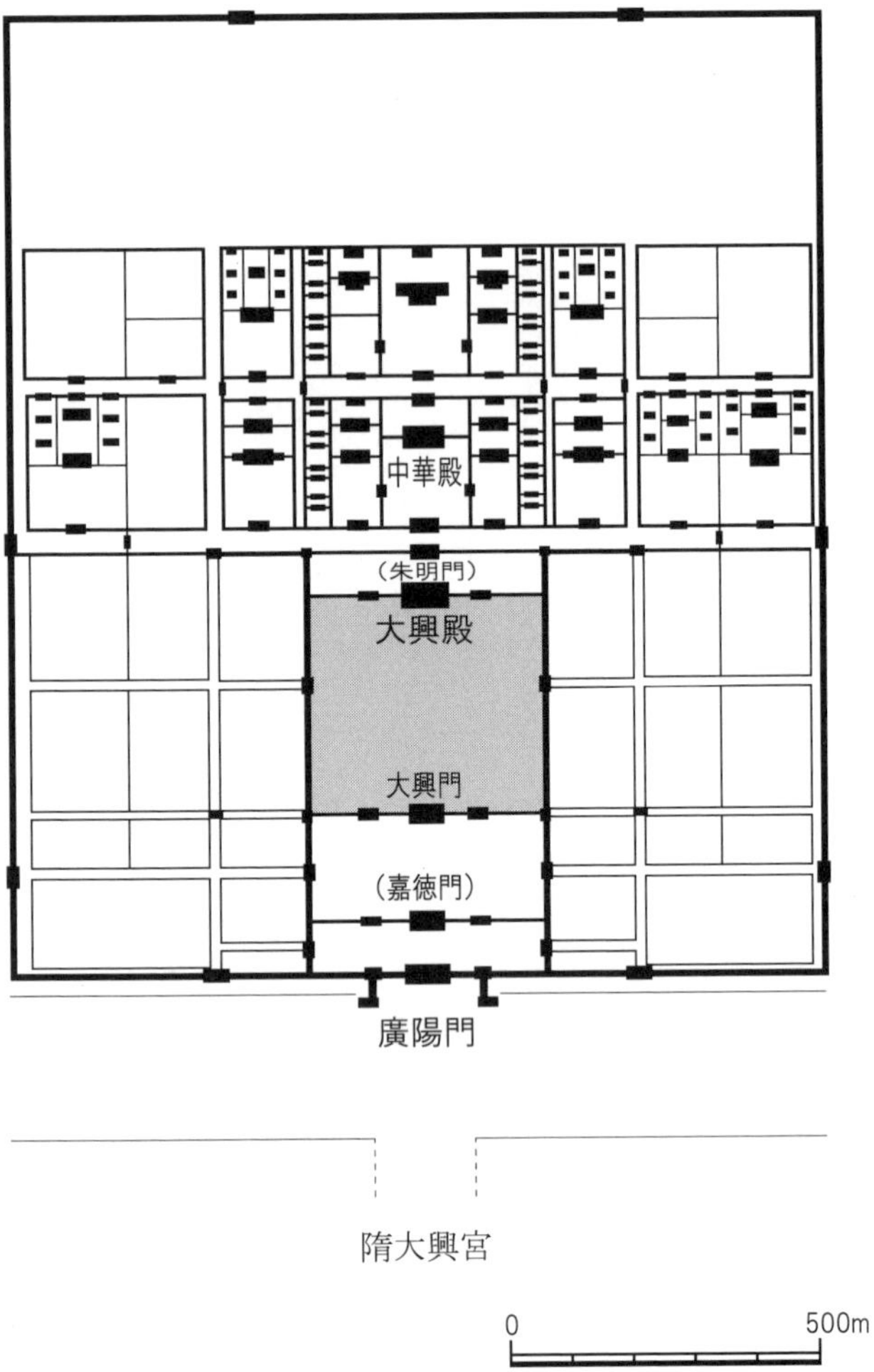

本章図一、二および第三篇第二章所掲図をもとに作成。
洛陽宮は銭国祥「魏晋洛陽都城対東晋南朝建康都城的影響」『考古学集刊』第18集、2010、「漢魏洛陽城の北魏宮城中枢南部の共同調査」奈良文化財研究所編『日中韓古代都城文化の潮流』クバプロ、2013をもとに作成
■は正殿の殿庭を表しているが、大興宮の庭の大きさには根拠はない。

図三　北朝と隋宮城

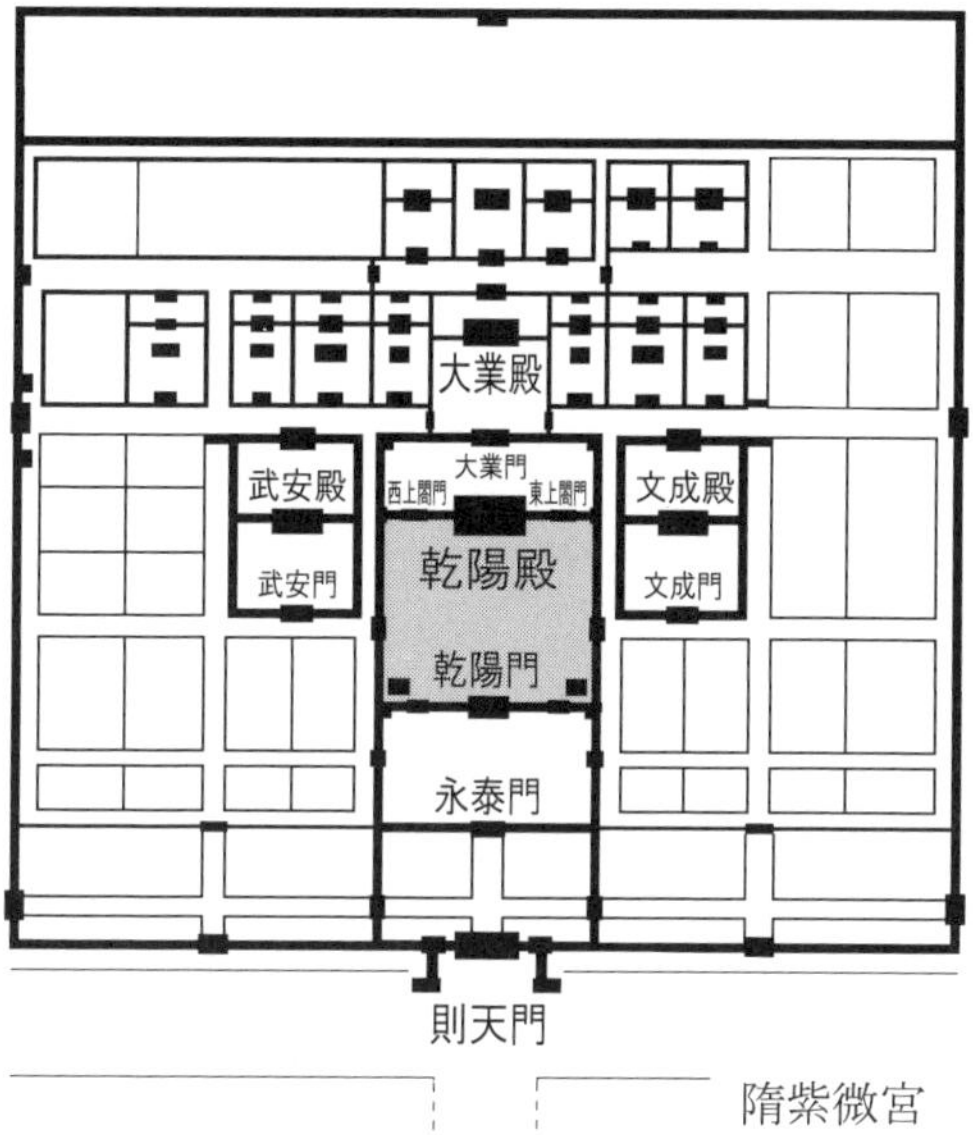
大業殿
大業門
西上閤門
東上閤門
武安殿
文成殿
乾陽殿
武安門
文成門
乾陽門
永泰門
則天門
隋紫微宮

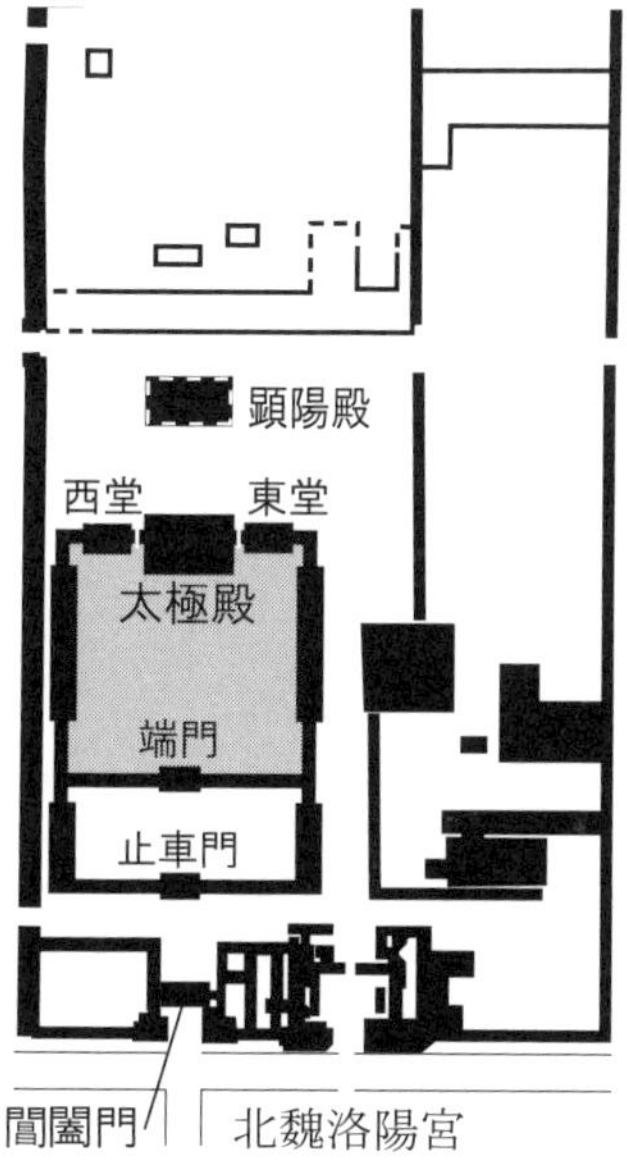
顕陽殿
西堂
東堂
太極殿
端門
止車門
閶闔門
北魏洛陽宮

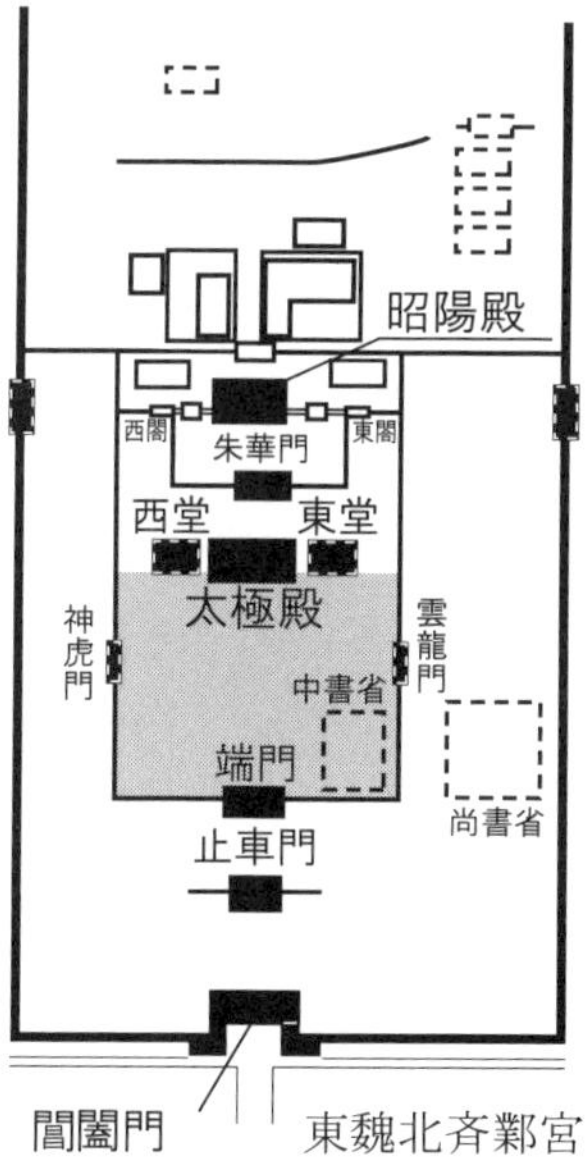
昭陽殿
西閤
東閤
朱華門
西堂
東堂
太極殿
神虎門
雲龍門
中書省
端門
尚書省
止車門
閶闔門
東魏北斉鄴宮

おわりに

以上、隋の大興宮と洛陽宮城を概観し、その類似点と相違点を比較検討しながらそれらが生み出された理由を考察し、最後に前代の宮城と比較し、歴史的な特徴を明らかにした。隋代に二人の皇帝により相次いで築かれた都城は、いずれも「京」として設計されたものであった。煬帝は東京洛陽を実質的には大興城に代わる都城と見なしていたと思われるが、「京師」は大興城であり、そこには正統性を示す様々な記号が埋め込まれた設計が周到に行われていたのである。一方の洛陽は基本的な設計は共有しつつも、「正統な京師」の姿からやや自由な設計も許され、そこに煬帝の嗜好が恣意的に入りこむ余地が生じ、その結果としてまれに見る豪奢な宮城が出来上がった。

正統性が集約して表現される宮城の基本構造は、南北朝の宮城の系譜を継承するものでありながら、太極東西堂の廃止により南北軸を際立たせ、さらに宮城の規模を巨大化することで皇帝権力をより威圧的に見せることに成功している。とりわけ巨大化した宮城正門とその前面の横街は、その効果をより高めることになったであろう。これにより宮城の三つの主要な朝政・儀礼空間の規模の階層性が明確となり、三朝制を意識した宮城配置が造り上げられたのである。

このように大興宮、紫微宮ともに前代の宮城の伝統を継承しつつ、その意図をより明確化、具象化することに成功したのである。同時に、空間規模の差異を巧みに利用した設計は、三朝制という儒教的な裏付けがなくても王宮の設計として普遍性を有するものであり、そのために、やがて周辺諸国でこれらを模した宮城が登場することになるのである。

本章を終えるにあたり、隋の両宮と唐の宮城の関係についても見通しを述べておきたい。大興宮が強く中華の正統性を示す宮城であることは、これまでも諸先学により指摘され、本章でも述べてきたとおりである。その名称の由来は高祖楊堅が大興郡公に封じられたことに因むもので、都城だけでなく、宮城、正殿、禁苑、寺院など実に様々な施設の名称に付され、新たな都城が他でもなく大興郡公だった楊堅のものであることを示している。一方で東京洛陽の紫微宮という名称は、まさに天帝の住まいを表すものであり、後の唐の太極宮の名称に通じるものがある。つまり、正統性を示すという点で大興城は洛陽城よりも様々な工夫が凝らされ、それに強く規制されていたが、皮肉にも宮城名称だけは洛陽のもののほうが、はるかに普遍的な象徴性を有していたのである。この名称が唐長安の太極宮に影響を与えたのではないだろうか。また、紫微宮の、南方に開けた宮城の立地や豪奢な建造物も皇帝の権威を示すためには有効なものである。この点は後の唐の大明宮の設計に影響を与えているのであろう。紫微宮、大明宮に認められるような、権威を可視的に示し、宮城に入るものがそれを容易に体感できる宮城の立地と立体的な空間設計は、正統性を表徴することを最優先した理念性の強い大興宮の設計を、柔軟に模倣することで実現したものだったのである。それは大興宮・太極宮ほどには、両宮に理念的な厳密さが要求されなかったことの裏返しでもあろう。

注

（1）唐長安の代表的な研究として〔佐藤武敏　一九七一〕および妹尾達彦氏による浩瀚な研究成果がある。妹尾氏の研究の一部は〔妹尾　二〇〇一〕にまとめられている。また洛陽についても〔妹尾　一九九七〕がある。各殿舎の役割を儀礼や朝政での使用から論じたものでは吉田歓氏の研究〔吉田　二〇〇二〕および松本保宣氏の研究〔松本　二〇〇六a、二〇〇六b〕が代表的なものである。

（2）隋の大興遷都については『隋書』李穆伝や庾季才伝にも記述があるが、ここでは著名な高祖紀上のいわゆる遷都詔を挙げておく。遷都理由について述べたのが傍線部である。

丙申、詔曰「朕祗奉上玄、君臨萬國、屬生人之敝、處前代之宮。常以爲作之者勞、居之者逸、改創之事、心未遑也。而王公大臣陳謀獻策、咸云羲、農以降、至于姫、劉、有當代而屢遷、無革命而不徙。曹、馬之後、時見因循、乃末代之宴安、非往聖之宏義。此城從漢、彫殘日久、屢爲戰場、舊經喪亂。今之宮室、事近權宜、又非謀筮從龜、瞻星揆日、不足建皇王之邑、合大衆所聚。論變通之數、具幽顯之情、同心固請、詞情深切。然則京師百官之府、四海歸向、非朕一人之所獨有。苟利於物、其可違乎。且殷之五遷、恐人盡死、是則以吉凶之土、制長短之命。謀新去故、如農望秋、雖暫劬勞、其究安宅。今區宇寧一、陰陽順序、安安以遷、勿懷胥怨。龍首山川原秀麗、卉物滋阜、卜食相土、宜建都邑、定鼎之基永固、無窮之業在斯。公私府宅、規模遠近、營構資費、隨事條奏」。仍詔左僕射高熲、將作大匠劉龍、鉅鹿郡公賀婁子幹、太府少卿高龍叉等創造新都。

(3)（十二月）丙子、名新都曰大興城。

(4)三年春正月庚子、將入新都、大赦天下。

(5)『兩京新記』隋文帝初封大興公、及登極、縣・門・園・池、多取其名。

(6)唐長安の宮城が太極宮とされる時期については二説ある。一つは神龍元（七〇五）年であり、『新唐書』巻三七・地理志一・関内道・上都の注の「宮城在北……龍朔後、皇帝常居大明宮、乃謂之西内、神龍元年曰太極宮」に依る。もう一説は睿宗の景雲元（七一〇）年で、『冊府元亀』巻一四・帝王部・郡邑第二に「睿宗景雲元年十月、以大内爲太極宮」とある。中宗神龍元年は武周から唐に復した年であり、可能性としてはこちらが高いが、不明とせざるを得ない。

(7)傅熹年氏の図は〔傅 二〇〇一〕第三章 隋唐五代建築 第二節 宮殿を参照。

(8)広陽門は後に顕陽門もしくは昭陽門と改名される。『隋書』巻二二・五行志上「大業十二（六一六）年、顯陽門災、舊名廣陽、則帝之姓名也」。一方、『長安志』には仁寿元（六〇一）年「改曰昭陽門」とある。本章では広陽門という表記で統一する。

(9)『太平御覧』巻一八三・門に引く韋述『両京新記』に「正南承天門、門外兩觀、肺石、登聞鼓」とある。

(10)『隋書』巻二・高祖紀下に、開皇九（五八九）年四月「乙巳、三軍凱入、獻俘於太廟。拜晉王廣爲太尉。庚戌、上御廣陽門、宴將士、頒賜各有差。辛亥、大赦天下」とあるのがその概要であり、巻八・礼儀志三に「及九年平陳、元帥晉王、以驛上露布。兵部奏、請依新禮宣行。承詔集百官、四方客使等、竝赴廣陽門外、服朝衣、各依其列。內史令稱有詔、在位者皆拜。宣訖、拜、蹈舞者三、又拜。郡縣亦同」とその詳細が記され、広陽門前が儀礼の主な舞台となったことが分かる。

(11)高祖紀下、仁寿四（六〇四）年「八月丁卯、梓宮至自仁壽宮。丙子、殯于大興前殿」。

(12)巻五・恭帝紀「義寧元（六一七）年十一月壬戌、上卽皇帝位於大興殿」とあるが、言うまでもなく恭帝は李淵の傀儡であり、正常な即位ではない。隋では文帝が大興築城以前に即位し、煬帝は文帝が崩御した仁寿宮で即位しているため、大興城での即位は恭帝のみである。傀儡とはいえ、隋の都城で即位していることから、隋の即位儀礼に則したものと考えることができるだろう。

(13)『隋書』巻八・礼儀志三に開皇四（五八四）年の後梁主の蕭巋の来朝時の詳細が記されている。「及奉見、高祖冠通天冠、服絳紗袍、御大興殿、如朝儀。巋服遠遊冠、朝服以入、君臣竝拜、禮畢而出」とある。

(14)『隋書』巻九・礼儀志四に「隋制、正旦及冬至、文物充庭、皇帝出西房、卽御座。皇太子鹵簿至顯陽門外、入賀。復詣皇后御殿、拜賀訖、還宮。皇太子朝訖、羣官客使入就位、再拜。上公一人、詣西階、解劍、升賀。降階、帶劍、復位而拜。有司奏諸州表。羣官在位者又拜而出。皇帝入東房、有司奏行事訖、乃出西房。坐定、羣官入就位、上壽訖、上下俱拜。皇帝舉酒、上下舞蹈、三稱萬歲。皇太子預會、則設坐於御東南、西向。羣臣上壽畢、入、解劍以升。會訖、先興」とある。皇帝出御の殿舎名は記されていないが、顕陽門、すなわち広陽門から入ることを考えると大興殿が舞台であろう。

(15)高祖紀上、開皇四年「丁未、宴突厥、高麗、吐谷渾使者於大興殿」。

(16)両儀殿の使用に関する史料としては唐の太宗朝のものとして『旧唐書』巻六五・長孫無忌伝の「其年、太子承乾得罪、太宗慾立晉王、而限以非次、迴惑不決。御兩儀殿、羣官盡出、獨留無忌及司空房玄齡、兵部尚書李勣……」があり、皇帝と「群官」との政務が行われ、その後、重臣のみが残ったことが分かる。

(17)『唐六典』尚書工部巻七に「南面三門。中曰承天……若元正、冬至大陳設、燕會、赦過宥罪、除舊布新、受萬國之朝貢、

四夷之賓客、則御承天門以聴政（注・蓋古之外朝也）。其北曰太極門、其内曰太極殿、朔望則坐而視朝焉（注・蓋古之中朝也）。又北曰両儀門、其内曰両儀殿、常日聴政而視事焉。（注・蓋古之内朝也）」とある。傍線部は承天門が舞台とされるが、通常、これらの儀礼は太極殿で行われる。

(18) 隋代の洛陽の宮城名については『隋書』に記載はなく、『河南志』隋城闕古蹟には「紫微城」とある。また、『両京新記』には「紫微宮城」として洛陽宮城の各門や殿舎の記述をしており、隋代には「紫微宮」と呼ばれ、唐代でも用いられることがあったようである。本章では紫微宮もしくは単に宮城と表記する。なお、「洛陽宮」への改称は唐の太宗の貞観六（六三二）年である。

(19) 十一月乙未、幸洛陽……癸丑、詔曰「……今可於伊、洛營建東京、便即設官分職、以爲民極也……」

(20) 三月丁未、詔尚書令楊素、納言楊達、將作大匠宇文愷營建東京、徙豫州郭下居人以實之。

(21) 三月……辛亥、發河南諸郡男女百餘萬、開通濟渠、自西苑引穀、洛水達于河、自板渚引河通于淮。

(22) 二年春正月辛酉、東京成、賜監督者各有差。

(23) ただし、外郭の整備は十分でなかった。『資治通鑑』巻一八五に「初隋煬帝作東都、無外城、僅有短垣而已」とあるとおりである。「短垣」について李永強氏は郭門の周辺に短い城壁を付しただけと解釈しており、従うべきと考える〔李　二〇一一〕。図二の洛陽城図は李氏のこの見解に基づく。

(24) 端門卽宮南正門、重樓、樓上重名太微觀、臨大街。直南二十里、正當龍門（伊闕のこと）。なお、『大業雜記』は本章では辛徳勇氏による輯校本を用いた〔辛　二〇〇六〕。

(25) 煬帝紀・下「甲子、幸江都宮、以越王侗、光祿大夫段達、太府卿元文都、檢校民部尙書韋津、右武衞將軍皇甫無逸、右司郎盧楚等總留後事。奉信郎崔民象以盜賊充斥、於建國門上表、諫不宜巡幸。上大怒、先解其頤、乃斬之」。

(26) これに対し、大興城の朱雀門街は円丘祭祀以外での使用はあまり顕著でない〔村元　二〇一五〕。

(27) 『大業雜記』に「大業元年、敕有司於洛陽故王城東營建東京」「東都大城周迴七十三里一百五十歩、西拒王城、東越瀍澗、南跨洛川、北踰谷水」とあり、周の王城に隣接することに選地の意味を見出していた可能性がある。

(28) 以下、本文中で洛陽宮の中枢部について『大業雜記』に基づき述べるが、予め該当箇所を記しておく。
①則天門兩重觀、上曰紫微觀。觀左右連闕、闕高百二十尺。門内四十步、有永泰門。門東二百步、至會昌門、永泰西二百步、至景運門。竝步廊連市、坐宿衞兵。永泰門内四十步、有乾陽門。竝重樓。乾陽門東西亦軒廊周市。
②門内一百二十步、有乾陽殿、殿基高九尺、從地至鴟尾高二百七十尺、又十三間二十九架。三陛重軒、文櫨鏤檻、欒櫨百重、楶拱千搆、雲楣繡柱、華榱璧璫、窮軒甍之壯麗。其柱大二十四圍、倚井垂蓮、仰之者眩曜。南軒垂以朱絲網絡、下不至地七尺、以防飛鳥。四面周以軒廊、坐宿衞兵。殿庭左右各有大井、井面濶二十尺。庭東南、西南各有重樓、一懸鐘、一懸鼓、刻漏即在樓下、隨刻漏則鳴鐘鼓。
③大殿北三十步、有大業門、門内四十步、有大業殿、規模小於乾陽殿、而雕綺過之。
④乾陽殿東有東上閤。閤東二十步、又南行六十步、有東華門。門東四十步、道北有文成門、門内有文成殿、周以軒廊。東華門南四十步、左延福門。出門東行一百步、至章善門街。
⑤乾陽殿西有西上閤、入内宮。閤西二十步、又南行六十步、有西華門。出門西三十步、道北有武安門、門内有武安殿、周以軒廊。西華門南四十步、有右延福門。出門西行一百步、至顯福門街。
⑥大業、文成、武安三殿、御坐見朝臣、則宿衞隨入、不坐、則有宮人。殿庭竝種枇杷、海棠、石榴、青梧桐及諸名藥奇卉。東有大井二、面濶十餘尺、深百餘尺。其三殿之内、内宮諸殿甚多、不能盡知。
(29) これまでの隋唐洛陽に関する調査報告は〔洛陽師範学院・河洛文化国際研究中心 二〇〇五〕〔中国社会科学院考古研究所 二〇一四〕にまとめられている。近年は洛陽宮中枢部の武則天の明堂（すなわち隋の乾陽殿故地）が全面調査され、遺跡公園として整備されているが、中心殿舎の報告は未刊である。洛陽の現状については塩沢裕仁氏が現地調査の成果も取り入れて詳細に紹介しており、参考となるところが多い〔塩沢 二〇一〇〕。
(30) 前掲注（28）②③参照。
(31) いずれも高宗朝から武周の時期である。『旧唐書』巻四・高宗紀上、顕慶五（六六〇）年「十一月戊戌朔、邢國公蘇定方獻百濟王扶餘義慈、太子隆等五十八人俘於則天門、責而宥之」とあり、皇帝が出御して俘虜の引見が行われている。同じく高宗紀下の弘道元（六八三）年「十二月己酉、詔改永淳二年爲弘道元年。將宣赦書、上欲親御則天門樓、氣逆不能上馬、遂召百姓於殿前宣之」とあることや『資治通鑑』巻二〇四・永昌元（六八九）年「太后御則天門、赦天下、改元」とあることから、改元にはこの門に出御することになっていたと考えられる。なお、唐の中宗が応天門と改称するまでは、隋を踏襲し、この門を則天門と呼んでいる。

(32)『初学記』巻一四に「隋煬帝冬至乾陽殿受朝詩」と応詩が掲載されており、乾陽殿で冬至に朝会が行われていたことが分かる。

(33) 前掲注（28）⑥参照。

(34) 前掲注（28）⑥参照。

(35) 前掲注（28）①参照。

(36) このイベントは『隋書』巻六七・裴矩伝に詳しい。大業五（六〇九）年「其冬、帝至東都、（裴）矩以蠻夷朝貢者多、諷帝令都下大戲。徵四方奇技異藝、陳於端門街、衣錦綺、珥金翠者、以十數萬。又勒百官及民士女列坐棚閣而縱觀焉。皆被服鮮麗、終月乃罷」。なお同様のイベントは毎年行われていたという。『隋書』巻一五・音楽志下「每歲正月、萬國來朝、留至十五日、於端門外、建國門内、綿亙八里、列爲戲場。百官起棚夾路、從昏達旦、以縱觀之。至晦而罷」。

(37) 煬帝紀下、大業九（六一三）年三月「丁丑、發丁男十萬城大興」。

(38) 煬帝紀上、大業元年「三月丁未、詔尙書令楊素、納言楊達、將作大匠宇文愷營建東京、徙豫州郭下居人以實之」、戊申「徙天下富商大賈數萬家於東京」。

(39)『旧唐書』巻六・則天皇后本紀、載初二（六九〇）年「秋七月、徙關内雍、同等七州戶數十萬以實洛陽。分京兆置鼎、稷、鴻、宜四州」。武則天期の洛陽への徙民については〔妹尾達彦　一九九七〕参照。

(40) 洛陽紫微宮則天門前の横街の幅は『大業雜記』の「則天門南八十步、過横街、道東有東朝堂、道西有西朝堂」という記述に拠った。

(41) 北魏洛陽は閶闔門前の東西道の南北幅は約四一m、南北の銅駝街で幅四〇〜四二mである〔中国科学院考古研究所洛陽工

作隊 一九七三）。北朝鄴の道路の遺存状況は良くない。閶闔門前の東西街の道路幅は僅かに五～八mであるが、さすがにこれは破壊を受けた結果であろう。軸線の閶闔門街の幅で三八・五mであり（中国社会科学院考古研究所・河北省文物研究所鄴城考古工作隊 一九九七）、北魏洛陽の道路幅員を参照すると、東西街の幅も本来は三八m程度だったと考えられる。

（42） 北周長安の宮城は短期間による改変が著しいことと、史料の制約があり実態は不明である。ただその歴史的な変遷から、宮城の形状は北魏洛陽を模倣したものであったと思われ、強い画期性を打ち出したものとは考えにくい。

【引用・参考文献】

岡崎敬　「隋・大興＝唐長安城と隋唐・洛陽城」『佛教藝術』五一（後、同氏『中国の考古学 隋唐篇』同朋舎 所収、一九八七）、一九六三

愛宕元　「隋唐長安城の都市計画上での中軸線に関する一試論」『唐代史研究』三、二〇〇〇

金子修一　「漢唐間における皇帝祭祀の推移」水林彪・金子修一・渡辺節夫編『王権のコスモロジー』弘文堂（後、「魏晋南北朝の皇帝祭祀の推移」と改題の上、同氏『古代中国と皇帝祭祀』汲古選書 所収、二〇〇一）、一九九八

佐藤武敏　『長安』近藤出版（後、講談社学術文庫、二〇〇四）、一九七一

塩沢裕仁　『千年帝都 洛陽 その遺跡と人文・自然環境』雄山閣、二〇一〇

辛徳勇　「大興外郭城築成時間辨誤」『隋唐両京叢考』三秦出版社、一九九一a

「太極宮東西上閤門位置」『隋唐両京叢考』三秦出版社、一九九一b

「長安城門交通制度」『隋唐両京叢考』三秦出版社、一九九一c

「隋大興城坊考稿」『燕京学報』二〇〇九年第二期、二〇〇九

辛徳勇輯校　『両京新記輯校　大業雑記輯校』三秦出版社、二〇〇六

妹尾達彦　「隋唐洛陽の官人居住地」『東洋文化研究所紀要』一三三、一九九七

『長安の都市計画』講談社選書メチエ、二〇〇一

「長安・洛陽の内部構造」秋山元秀ら編『アジアの歴史地理二 都市と農村景観』朝倉書店、二〇〇八

「隋唐長安城の皇室庭園」橋本義則編『東アジア都城の比較研究』京都大学学術出版会、二〇一一

中国科学院考古研究所西安唐城発掘隊「唐代長安城考古紀略」『考古』一九六三年一一期、一九六三

中国科学院考古研究所洛陽工作隊「漢魏洛陽城初歩勘査」『考古』一九七三年四期、一九七三

中国社会科学院考古研究所『隋唐洛陽城　一九五九～二〇〇一年考古発掘報告』文物出版社、二〇一四

中国社会科学院考古研究所・河北省文物研究所　鄴城考古工作隊「河北臨漳県鄴南城遺址勘探与発掘」『考古』一九九七年三期、一九九七

中国科学院考古研究所西安工作隊「唐代長安城明徳門遺址発掘簡報」『考古』一九七四年一期、一九七四

中国社会科学院考古研究所洛陽漢魏故城隊「河南洛陽市漢魏故城発現北魏宮城四号建築遺址」『考古』二〇一四年八期、二〇一四

中国社会科学院考古研究所洛陽唐城隊「洛陽隋唐東都城一九八二―一九八六年考古工作紀要」『考古』一九八九年三期（後、〔洛陽師範学院・河洛文化国際研究中心二〇〇五〕所収）、一九八九

中国社会科学院考古研究所洛陽唐城隊・洛陽市文物工作隊「定鼎門遺址発掘報告」『考古学報』二〇〇四年一期（後、〔洛陽師範学院　河洛文化国際研究中心二〇〇五〕所収）、二〇〇四

傅熹年主編『中国古代建築史　第二巻　三国、両晋、南北朝、隋唐、五代建築』中国建築工業出版社、二〇〇一

松本保宣「東都洛陽宮明福門付近について」『立命館文学』五一九（後、〔松本二〇〇六a〕所収）、一九九〇

「唐代常朝制度試論」『立命館東洋史学』二六（後、〔松本二〇〇六a〕所収）、二〇〇三

『唐王朝の宮城と御前会議――唐代聴政制度の展開――』晃洋書房、二〇〇六a

「唐代前半期の常朝――太極宮を中心として――」『東洋史研究』第六五巻第二号、二〇〇六b

村元健一「中国宮城の変遷と難波宮」中尾芳治・栄原永遠男編『難波宮と都城制』吉川弘文館、二〇一四

「前期難波宮の南方空間」『大阪歴史博物館研究紀要』第一三号、二〇一五

吉田歓「隋唐長安宮城中枢部の展開」『古代文化』第五〇巻第四号（後、〔吉田二〇〇二〕所収）、一九九八

『日中宮城の比較研究』吉川弘文館、二〇〇二

洛陽師範学院・河洛文化国際研究中心『洛陽考古集成 隋唐五代宋巻』北京図書館出版社、二〇〇五
李永強『隋唐大運河的中心――洛陽』中州古籍出版社、二〇一一

【図出典】

図一～三・著者作成

終　章

前漢から南北朝期にかけての都城と陵墓の変遷を通じてみると、時の王朝が経済基盤、軍、官僚制度の改変により皇帝権の強化を図ったのとは別に、宮城や陵墓を用いても同様の試みをしていたことが明らかとなる。ただし、手法は王朝により様々である。

漢は前漢と後漢とでは王朝の姿は大きく異なる。前漢は秦の統治制度を継承したこともあり、都城、皇帝陵ともに秦の始皇帝のものと同様に、非常に大きな規模のものとしている。前漢皇帝陵に対する近年の調査の進展により、広大な二重の陵園や地下の無数の陪葬坑の存在が明らかとなり、陵園の規模が従来の想定よりはるかに大規模なものであることが明らかとなっている。付近に設けた陵邑には王朝の中枢を担う官僚が移住し、政務を行う都城には巨大な宮城の宮殿群が聳えたつ。中央の官僚は皇帝権力の強大さを常に感じながら生活を送ることになる。また、彼らは皇帝陵に陪葬されることで、生前の君臣関係は死後にも継続する。巨大な帝室財政の裏付けを持つ前漢皇帝の宮城や皇帝陵といった建造物は、その富と権力を前面に押し出し、同時に君臣関係の強化を図るものであったのである。ところが後漢になると巨大建造物の造営は止揚される。儒教が統治理念となったことで、「節倹」が重視され、皇帝が権力の誇示のために壮大な建造物を造ることに歯止めがかけられたからである。しかし、一方で、王朝の正統性を前漢の復興に求めていたため、前漢の巨大建造物を一概に否定することはできず、宮城、建物とも折衷的なものとなった。その具体的な表れが雒陽の南北宮の併存であり、後漢皇帝陵の低平な墳丘なのである。

後漢の譲りをうけた曹魏にとっては、漢的な要素を否定することが、新たな王朝の創始に好都合であった。宮城、皇帝陵ともこれまでにないほど小型化したことは、漢に比べて王朝の経済力が大きく低下していたことも一因ではあるが、実態として漢の制度を目に見える形で否定し、新たな王朝の誕生を正当化する目的もあったのである。曹魏で始まった新たな宮城プランと陵制は、西晋へと継承されることで、統一王朝の制度となった。このことが以後の南北朝時代の宮城、陵墓の在り方を直接規定する。

江南に新たな王朝の地を求めた東晋は、地理的な正統性を失ったことから、都城の造営に際し、可能な限り西晋洛陽の模倣を試みる。起伏に富み、また河川の多い土地に華北のように広大な平坦面の確保が自明とされた矩形の平面プランを導入することは、都城全体では到底不可能だったが、宮城の構成や、諸宮殿・宮城門の名称は、西晋洛陽を継承し、それによって正統性を保持しようとした。

一方で北魏は、中華文明の中心であり、西晋の都城でもあった洛陽に都を置くことで、正統性を誇示し、そこに西晋洛陽の遺構と、南朝の宮城を研究した上で、新たな宮城を造り上げたのである。この都城、宮城は西晋からの中華王朝の正統性を強く示すとともに、都城近郊に直径約一〇〇mの墳丘を持つ後漢皇帝陵と同規模の陵墓を建設したことにより、都城周辺の景観は後漢と同様となり、改めて後漢以来の中華王朝の後継を主張したのである。この北魏の宮城、皇帝陵の在り方は、北魏の東西の分裂により、東魏・北斉王朝にそのまま継承され、新たに造営された鄴南城は、北魏洛陽の忠実な複製であり、皇帝陵も文明皇后馮氏の永固陵以降の北魏の制度をそのまま踏襲したものであった。

一方の西魏・北周では、宮城の造営は、『周礼』を意識したものとされるが、短期間での方針変更により、王朝として恒久的な独自の宮城空間の創設には失敗している。皇帝陵では、西魏は北魏皇帝陵の相似形のものを造営し、北魏の継承を示すが、その位置は都城からはるかに離れ、都城周辺の景観から皇帝陵は姿を消す。北周になり、皇帝陵は都城の北方に営まれるが、墳丘は築かれず、やはり都城周辺の景観から皇帝陵の姿は失われたままである。

隋は建国当初から都城の造営に意欲を見せるが、すでに南北の統一を前提にしたかのように、王朝の正統性をアピールすることを強く意識した宮城プランを造り上げる。それは直接的には北魏洛陽—東魏・北斉の鄴を継承するものであった。北周の流れをくむ隋がこうした宮城の系譜を取りえた理由は、北周が北斉の鄴を無傷で接収できていたこと、さらには北周宣帝が鄴に代わる関東支配の拠点として洛陽宮を再興していたことにより、北周の長安を否定しても、伝統的な宮城の建設が可能だったことによる。留意したいのは、殿舎配置は北朝の系譜に連なるが、宮城南門前の広大な儀礼空間の創出に代表されるように、宮城の規模ははるかに大型化し、かつ整然としたものとなっていることである。一方の皇帝陵は、隋の文帝泰陵は、都城大興からはるか西に離れており、到底、都城から視認できるものではない。このことは、西魏と共通する点であり、都城から視認できないという点では、北周とも共通する。ところが、その形状は北魏のような円形ではなく、截頭方錐形であり、大興城周辺に遺存する前漢の陵墓を意識したものであり、北魏以降の北朝の皇帝陵の姿とは異なるものである。だが、いくら雄大な墳丘を築いたとはいえ、都城から視認できない以上、皇帝の権力を可視的に示すという役割は、ほぼ失われていたのである。

隋を継承した唐は、宮城は隋のものをそのまま継承する。ただし宮城の殿舎の名称に関しては、隋の大興宮、大興殿という楊堅がかつて封ぜられた大興郡公に由来し、隋の楊氏の宮城であることを前面に出したものを改め、宮城の正殿を太極殿、宮城南門を承天門と改める。曹魏以来の歴史的な名称と、天帝の代理である皇帝が居することを強く意識させる名称となっており、隋の東京洛陽の紫微宮との類似性が認められる。こうして唐の長安は、隋の大興宮の有した南北朝以来の歴史性を有する殿舎配置とかつてない広大な面積と計画性を有する宮城を継承し、さらに普遍的な名称を付されることで、一気にその象徴性を高めたのである。
一方の皇帝陵は、唐初は隋の制度を継承するものであった。本論では述べなかったが、北朝陵墓との関わりで簡単に触れておきたい。高祖李淵の献陵は、後漢の光武帝陵に範をとっているが、その形状は隋文帝陵に近く、また、都城からその姿を見えないことも同じである。ただし太宗李世民が巨大な山体を陵としてからはやや様相が異なるようになる。『資治通鑑』巻一九四・唐紀十の貞観一〇年の条に、長孫皇后を亡くし、それを嘆き悲しむ太宗とそれを戒める魏徴との会話が次のように記される。

上、后を念いて已まず、苑中に層觀を作り以て昭陵を望む。嘗て魏徴を引き同に登り、之を視せしむ。徴、之を熟視して曰く「臣、昏眊にして、見ること能わず」と。上、之を指示す。徴曰く「臣、以爲らく陛下は獻陵を望むと。昭陵の若きは、則ち臣、固より之を見るなり」と。上、泣き、之が爲に觀を毀つ。

太宗を諌めるための魏徴の言いようは多分に皮肉を含んだものだが、この会話から、長安からは望楼に登れば雄大な九嵕山の山体を用いた昭陵を遠望でき、一方で墳丘を起こす高祖李淵の献陵は、長安との直線距離では昭陵よりも近いにも関わらず、視認できなかったことが分かる。このように唐の皇帝陵は都城から離れた場所に築かれるが、北山山系の諸山を陵とすることで、都城からの景観に再び皇帝陵が登場することになったのである。
このように漢以降の宮城と皇帝陵の変遷を追っていくと、大きな画期は前漢と後漢の間、そして後漢と曹魏の間ということになるだろう。両漢の間の画期は、言うまでもなく儒教の支配者層の浸透に起因するものである。皇帝の建造物は無制限な造営から「節倹」による規制がかけられることになり、いずれも前漢に比して縮小が認められる。ただし、後漢は前漢の継承者を任じ、その否定は限定的なものにならざるを得なかった。曹魏はそうした点では徹底することが可能であり、より小型の宮城を造るとともに、皇帝陵は単なる遺体の収納場所となり、政治性は持ち合わせないようになったのである。以後、宮城の基本的な形状は、この曹魏洛陽宮を規範として展開される。一方で皇帝陵は王朝により大きくその様態を変え、隋では、西魏・北周の流れに前漢的な要素が加わったものとなった。

こうした変遷から明らかなように、後漢以降実現した儒教的な宮城の登場は、その後の経典解釈の成果を取り入れ、さらには機能性、儀礼の舞台としての演出効果を改善しながら変化を続ける。隋唐宮城の淵源は北魏洛陽であるが、その基本的な要素は曹魏洛陽宮ですでに姿を現している。これを基本形にしつつ、南北両朝の正統性を対抗させながら、宮城プランは変化していくが、その基本的な要素は曹魏以降、劇的に変化することはない。

一方で、皇帝陵の様態は、宮城に比べると、王朝毎に非常に多様である。その歴史性は前代の王朝の陵制を模倣するのか、独自性を出すのかという点を軸に展開するが、生み出された形状は王朝により大きく異なる。これは儒教経典に葬送儀礼の規定は見られるものの、造墓の具体的な記述はなく、どのような陵墓を築くかは儒教的な制約からは比較的自由だったことによる。特に後漢以降、しばしば登場する謁陵儀礼は、本書第一篇第七章で取り上げた後漢末の蔡邕の言からも分かるように、儒教儀礼ではない。ただし、その儀礼挙行の動機が、亡き父母への思慕であり、儒教の重視する「孝」に通じるものであることから、無下に否定されるべきものではなかったのである。そのため謁陵儀礼とその舞台となる陵園の設計、造営は王朝により独自性が強い。陵墓とそれに関わる儀礼の独自性は、儒教に基づく儀礼、例えば郊祀や明堂、宗廟祭祀の王朝毎の相違が、儒教経典の記述とどのように整合的かつ正確に再現し、実行するかという解釈の違いに基づき現れてきたのとは根本的に異なるのであり、そこに陵墓研究の重要性を見出すことができよう。

本書で考察の対象とした時代を通観すると、陵墓造営を皇帝権の強化に用いた両漢や北魏の例もあれば、そうした手法を全く拒絶した曹魏や南朝の斉・梁があり、皇帝陵の変遷は非常に振れ幅の大きなものとなる。また、陵墓が都城周辺の景観として存在するか否かという点も、陵墓の政治性を考える上で重要である。その点で、陵墓が政治建造物であったのは前漢が一つの頂点であり、後漢では墳丘の階層性や謁陵儀礼の整備など新たな要素を取り込みつつその政治性を改変、維持したが、曹魏・西晋では地上施設を持たず、政治性を失う。南朝では、宋、陳にやや後漢の陵墓への回帰が認められるが、北朝では北魏永固陵以降顕著となり、そこで生まれた規範が洛陽遷都後の北魏、そして東魏・北斉の陵墓に継承される。一方で、西魏は北魏の要素を継承しつつも、都城の景観から姿を消し、その流れが北周、隋、そして唐の高祖献陵まで踏襲されるのである。北朝の西魏・北周では陵墓の政治性を消失させたために、宮城設計に王朝の正統性を示す役割が強く求められると思われるが、西魏・北周は新たな宮城モデルの創造に失敗し、隋の大興宮でようやく実現するのである。このように皇帝の生前と死後の住まいの在り方は、相互に深く関連しながら王朝の正統性を示す役割を果たしたのである。

本書で試みたのは資料が増えている都城、陵墓の遺構の考古調査の成果を通じて各王朝の王権の在り方、正統性の根拠の差異を明らかにしようとしたことである。中国における遺跡の調査は今後も大いに進展すると思われ、そうした点では、本書の結論も新たな成果を受けて常に検証され続けなければならず、あくまで現時点での素描となる。ただ、本書に収めた各論考では、発掘報告の記述と、現地踏査による観察の結果を組み合わせ、都城と陵墓という研究対象にどのように向き合えるのかを示すことを心掛けたつもりである。諸賢の批正を乞う次第である。

初出一覧

序　章（新稿）

第一篇　漢の都城と陵墓

第一章　前漢長安の変容（「前漢長安の変容と王莽の造都構想」『大阪歴史博物館研究紀要』第七号　二〇〇八年一〇月）
第二章　前漢皇帝陵の再検討――陵邑、陪葬の変遷を中心に――（『古代文化』第五九巻第二号　二〇〇七年九月）
第三章　前漢諸侯王墓の変遷と諸侯王（『大阪市文化財協会研究紀要』第三号　二〇〇〇年三月。近年の調査成果を取り入れ、大幅に改稿。）
第四章　前漢諸侯王墓と諸侯王の自殺（『大阪歴史博物館研究紀要』第四号　二〇〇五年一〇月）
第五章　後漢雒陽城の南宮と北宮の役割について（『大阪歴史博物館研究紀要』第八号　二〇一〇年三月）
第六章　後漢皇帝陵の造営（新稿）
第七章　後漢の謁陵儀礼（『大阪歴史博物館研究紀要』第一号　二〇〇二年九月）

第二篇　魏晋南北朝期の都城と陵墓

第一章　曹魏西晋の皇帝陵（新稿）
第二章　東晋南朝の皇帝陵の変遷（新稿）

第三章　北魏永固陵の造営（『古代文化』第五二巻第二号　二〇〇〇年二月。その後の調査成果を受け、一部改稿。）

第四章　北朝鄴城の復原研究（「東魏北斉鄴城の復元研究」『大阪歴史博物館研究紀要』第六号　二〇〇七年一〇月。本稿は、史料の解釈を改めたことなどにより、旧稿の復原図を変更するなど大幅に改稿。）

第五章　北斉の晋陽——鄴との比較を中心に——（『大阪上町台地の総合的研究——東アジア史における都市の誕生・成長・再生の一類型——』平成二一〜二五年度（独）日本学術振興会科学研究費補助金基盤研究（A）（課題番号二一二四二〇三一　研究代表者：脇田修）二〇一四年三月）

第六章　北朝長安の都城史上の位置づけについて（『大阪文化財研究所研究紀要』第一四号　二〇一三年二月）

第三篇　複都制と宮城の変遷

第一章　中国複都制における洛陽（『都城制研究』第四号　二〇一〇年三月）

第二章　魏晋南北朝時代の宮城の変遷——隋大興宮成立の歴史的背景——（「中国都城の変遷と難波宮への影響」『東アジアにおける難波宮と古代難波の国際的性格に関する総合研究』平成一八年〜二一年度科学研究費補助金（基盤研究B）研究成果報告書（課題番号一八三二〇一三一　研究代表者：積山洋）二〇一〇年三月。旧稿は難波宮を中心に古代日本宮都への影響を論じたが、中国宮城の変遷を中心に大幅に改稿。）

第三章　隋の大興、洛陽の二つの宮城（『郵政考古紀要』六二　積山洋先生退職記念論攷　二〇一五年三月）

終　章（新稿）

あとがき

本書は筆者がこれまでに書き溜めてきた中国の陵墓、都城関連の論考をまとめたものである。既に発表したものは初出一覧に記したとおりだが、近年の中国での発掘調査の進展は目覚ましいものがあり、またそれに伴う研究も盛んとなってきている。今回、書籍としてまとめるにあたり、発表以後の新たな発掘成果は極力反映させることにしたが、諸論考については、大幅な書き換えが必要となることもあり、十分に取り入れることはできなかった。ご寛恕を請いたい。

本書所収の諸論考が出た経緯について、研究履歴と合わせて記しておきたい。筆者は関西大学の博士前期課程まで故・大庭脩先生のもとで中国史を学んだ。学部生のとき、僅かな期間であったが、居延漢簡の研究会にも参加させていただいた。写真図版をもとに、釈文を一字ずつ検討しながら訓んでいく研究会には、実証研究を重んじた先生とその学風を慕う気鋭の研究者が集まり、学問の雰囲気を知るいい機会となった。先生は、漢代史研究の基礎ができていないうちに、木簡の研究だけにのめりこむことは慎むべきとよく言われていた。そのお言葉を忠実に守ったというわけではないが、遺構を用いた研究に関心があったこともあり、考古学研究室にも顔を出しつつ研究方法を模索していた。そうした中、中国考古学で活躍されていた来村多加史先生にお会いできたことで、ようやく研究の方向を定めることができた。先生には中国考古資料の手ほどき、中国語文献の読み方、果ては遺跡の現地踏査方法までお教えいただいた。思いおこせば、学生時代を過ごした一九九〇年代の関西大学の史学地理学科には実に魅力的な研究をされる先生方がいらした。中国史に限っても唐代の仏教史あるいは地理的な研究で大きな業績を上げられた藤善眞澄先生、明清代で精力的に実証研究を展開されていた松浦章先生がおられ、漢文の手ほどきから学問の厳しさまで、実に様々なことをお教えいただいた。また考古学研究室の米田文孝先生や東洋史研究室の諸先輩方にも何かと気にかけていただき、ご指導いただいた。幸せな学生時代だったと思う。

博士前期課程を修了した後、曲折を経て財団法人大阪市文化財協会（現 公益財団法人大阪市博物館協会 大阪文化財研究所）に勤務することになった。ここは大阪市内の埋蔵文化財発掘調査機関であり、考古学専門のみならず日本古代史、近世史、さらには地質、建築、保存科学といった諸分野の研究者が集まっていた。職員の強い個性も相まって、あたかも梁山泊のごとき観があった。この個性豊かな面々を率いていたのが高句麗考古学を専門とする永島暉臣愼氏だった。永島氏のもつ視野の広さ、東アジア的な交友関係の広がりに魅了されつつ、個性的な研究機関で改めて研究を継続することができた。協会をつくり発展させてこられた永島氏と諸先輩方には改めて感謝の意を表したい。この組織に属することができたことが筆者の支えである。

こうして発掘業務に従事する日々がはじまった。極めて優秀なスタッフのお陰で何とか業務をこなしつつ、新たに出会う遺構や遺物と向き合う日々となる。二〇〇四年以降は開館間もない大阪歴史博物館に異動となり、様々な分野で実績のある学芸員諸氏とともに、新たな環境で業務を行うことになった。新たな研究テーマや課題と向き合う中で、学生以来の研究に割ける時間は次第に減っていくことになった。こうした状況の中で、中国史の研究を続けることができたのは二つの会への参加であった。一つは、大庭脩先生を中心に『漢書』百官公卿表の輪読会が開かれており、幹事の吉村昌之氏から会への参加をお誘いいただいたことである。会の中核メンバーには同世代の研究者も多かったが、そこでの議論の闊達さは、自身の研究の浅さを思い知るのに十分なものだった。この会への定期的な参加により大いに刺激を得ることができ、研究意欲を維持することができた。もう一つは積山洋氏を代表とする科学研究費助成事業「東アジアにおける難波宮と古代難波の国際的性格に関する総合研究」への参加である。大阪市に所在する難波宮跡は古代史上にユニークな位置を占める宮都の遺跡であるが、大阪歴史博物館への異動後はこの宮都と関わることが多くなり、研究史を振り返る中で、日本都城研究が中国都城との比較を重視していることに改めて気付かされた。そのタイミングで研究チームに加えていただくことで、具体的な研究目標ができ、中国都城研究に取り組めるようになった。これらの研究会、研究チームがなければ筆者はとても中国史の研究は続けることが出来なかっただろう。

こうして思い返すと、お世話になった方々がいかに多いか改めて気づかされる。関西大学に提出した博士学位請求論文では、主査の藤田高夫先生、副査の森部豊先生、高橋誠一先生に一方ならぬお世話になった。就職してからは同期の採用となった川上惠三氏、小倉徹也氏、池田研氏、李陽浩氏、杉本厚典氏の存在が大きな心の支えになっていたと思う。また建築史の李氏とは日本古代史の古市晃氏とともに、中国での踏査を御一緒させていただくことが多く、専門が異なることから短期間の調査でも予期せぬ成果を収めることができた。当然ながらここに挙げた方々以外にもお世話になった方は多く、その御名前を全て挙げることはできないが、改めて感謝申し上げたい。

このように恵まれた環境に身を置きながら、筆者のこれまでの研究の進捗は実に遅々たるものであった。本来、何をおいても本書を献呈すべき大庭脩先生、藤善眞澄先生、さらには博士論文の試問で貴重なご指摘をいただいた高橋誠一先生も他界された。先生方からのご叱正を賜ることができないのは悔やんでも悔やみきれない。

中国史を学びはじめすでに四半世紀。最初に中国を訪れてからもほぼ同じ月日が流れ、研究対象である中国の様子は激変した。中国史を学ぶ意義も、研究手法も見直さざるを得なくなっている。新たな研究方法を模索し次の研究課題へ進むためにも、また、これまでの自らの研究姿勢を振り返るためにも遅まきながら本書をまとめた次第である。

この小著が中国史の研究者だけではなく、日本の古代宮都や古墳の調査、研究に関わられている方々に、少しでも参考にしていただける所があるならば、これに勝る喜びはない。

本書は期せずして図表が多くなってしまった。このような原稿の出版を引き受けて下された汲古書院の三井久人社長に対し深甚の謝意を表したい。図表を見やすくレイアウトし、細やかなチェックをしていただいたのは汲古書院の柴田聡子さんをはじめとする編集の方々のお力による。心より御礼申し上げたい。

なお、最後であるが筆者の文学部進学を認めてくれた両親、良昭、敏枝と、研究に理解を示してくれる妻の展代に改めて感謝し、本書を捧げたい。

二〇一六年三月

村元健一

索　引

都城関係事項……1
陵墓関係事項……4

索引は都城関係と陵墓関係の事項索引からなる。
論旨の関係で重要なものを項目立てたものであり、網羅的なものではない。
「長安」「洛陽」などの都城名や「陪葬」のように頻出する語句は省略した。

都城関係事項

あ行

阿房宮　3, 4, 14, 15, 18, 45, 198, 479, 496
雲台（漢・雒陽）　178, 182, 183, 185, 197, 201
雲龍門（北朝・鄴）　374, 376～378, 380, 381, 390, 398, 513
円丘　512, 513, 525, 528～530, 540
応門（北朝・長安）　444, 445, 455, 457

か行

嘉徳殿（漢・雒陽）　184, 185, 197
嘉福殿（曹魏・洛陽）　492, 502
嘉陽殿（北朝・晋陽）　421
開化寺　425, 432
却非殿（漢・雒陽）　181, 201
九廟　34～37, 40, 44, 48
九龍殿（魏晋・洛陽）　490, 492, 502, 510
九龍門（漢・雒陽）　184, 201
玉堂（漢・雒陽）　183～185, 197, 202
恵帝廟（前漢）　24, 29, 30, 32
桂宮（漢・長安）　27, 43, 47, 48, 441
建国門（隋・洛陽）　521, 522, 528, 529, 540, 542
建章宮（漢・長安）　26, 27, 35, 37, 40, 43, 44, 48, 198
乾安殿（北朝・長安）　444, 454
乾陽殿（隋・洛陽）　522, 524, 525, 528, 530, 532, 541, 542
顕陽殿（全般）　479, 484, 491, 495, 515
顕陽殿（魏晋・洛陽）　481, 489～492, 496, 499, 502, 510
顕陽殿（東晋南朝・建康）　334, 481, 491～494, 502, 503, 510, 511
顕陽殿（北朝全般）　493～496
顕陽殿（北魏・洛陽）　494, 495, 503, 511, 512
顕陽殿（北朝・鄴）　374, 388, 399, 423, 451, 489, 495, 499, 512, 513
元帝廟（漢）　37, 48, 49
広陽門（隋・大興）　489, 495, 497, 517, 518, 524, 532, 538, 539
郊祀　29～32, 34, 181, 182, 185, 192, 193, 196, 197, 199, 317, 395, 417, 528, 530, 551
高廟（漢・高祖廟）　24, 29, 30, 36, 37, 69, 191, 246, 250, 251, 257

さ行
三朝制　484〜486, 495〜498, 533, 536
止車門（北朝・鄴）　374〜376, 385, 386, 397
紫極殿（北朝・長安）　444, 446, 447, 450, 454, 455
紫微宮（隋・洛陽）　522, 524, 525, 528, 531〜533, 536, 537, 540, 542, 549
社稷　38, 191〜193, 198, 328, 422, 468
朱華門（北朝・鄴）　374〜376, 387〜389, 513
朱明門（北朝・鄴）　372, 375, 393, 438
承天門（唐・長安）　389, 399, 485, 488, 495, 497〜499, 538〜540, 549
昭陽殿（全般）　479, 484, 494, 495, 515
昭陽殿（魏晋・洛陽）　172, 173, 177, 180, 481, 489〜492, 494, 496, 499
昭陽殿（東晋南朝・建康）　481, 493, 494, 510, 511
昭陽殿（北魏・平城）　511
昭陽殿（北朝・鄴）　374〜378, 380, 384, 387〜390, 397〜399, 423, 424, 432, 489, 490, 494〜496, 499, 512〜514, 518, 520
章台門（漢・雒陽）　178, 201
章徳殿（漢・雒陽）　189, 190, 197
閶闔門（魏晋・洛陽）　173, 176, 481, 486〜489, 496, 498
閶闔門（北朝全般）　450, 495
閶闔門（北魏・洛陽）　173, 391, 488, 498, 499, 542
閶闔門（北朝・鄴）　374〜376, 380, 384〜386, 389, 390, 392, 397, 488, 489, 495, 496, 518, 543
神虎門（北朝・鄴）　374, 376, 378, 380, 398
朱雀闕（漢・雒陽）　173, 176, 186, 194, 198, 199, 480, 486, 487, 498
朱雀門（唐・長安）　527, 529, 530, 540
崇華殿（魏晋・洛陽）　492, 502
崇徳殿（漢・雒陽）　172, 173, 176〜180, 188, 190, 197, 200, 201
崇徳殿（北朝・晋陽）　420, 431
正武殿（北朝・長安）　442, 454〜457
成周　38, 39, 462, 465, 466, 472, 474
西堂（全般）　398, 450, 478, 479, 489, 491, 492, 495, 514, 528, 533, 536
西堂（魏晋・洛陽）　481, 494, 496
西堂（東晋南朝・建康）　492〜494, 502, 509
西堂（十六国）　509
西堂（北朝全般）　494〜496, 520
西堂（北魏・平城）　509
西堂（北魏・洛陽）　510
西堂（北朝・鄴）　384, 451, 494, 495, 510, 518, 520
千秋門（北朝・鄴）　376, 378, 379, 380, 381, 390
宣徳殿（北朝・晋陽）　399, 418, 421, 431
宣平門（漢・長安）　24, 35, 40, 42, 439
前殿（全般）　493
前殿（秦・阿房宮）　3, 4, 14, 45, 479, 496
前殿（漢・未央宮）　15, 16, 26, 35, 44〜46, 193, 211, 228, 479, 486
前殿（漢・建章宮）　26, 48
前殿（漢・雒陽・南宮）　181, 182, 185, 191, 193, 194, 197, 199, 201, 202, 480
宗廟　36, 38, 49, 191〜193, 198, 217, 244, 250, 251, 254〜257, 270, 468, 498,

525, 529, 551
則天門　522, 524, 528, 532, 541, 542

た行

太極宮（唐）　478, 484, 495, 497, 498, 517, 533, 537, 538
太極殿（全般）　450, 478, 479, 489, 492
太極殿（魏晋・洛陽）　172, 173, 176, 177, 180, 200, 201, 481, 489～491, 493, 494, 496, 504
太極殿（東晋南朝・建康）　493, 502, 509, 511
太極殿（北朝全般）　444, 479, 489, 494～496, 528
太極殿（北魏・洛陽）　172, 176, 385, 390, 444, 488, 498, 512, 532
太極殿（北周・洛陽）　172, 445, 470, 471
太極殿（北朝・鄴）　374～376, 384, 386, 387, 389, 390, 398, 399, 421, 444, 489, 490, 495, 503, 508, 514, 518, 532
太極殿（唐・長安）　389, 399, 485, 495, 497, 498, 517, 518, 540, 549
太上皇廟（漢）　24, 29, 30, 32
大基聖寺　421, 424, 431, 432
大業殿　524, 525, 528, 530, 533, 541
大興宮（隋・大興）　451, 478, 479, 489, 495, 496, 517, 518, 520, 521, 524, 525, 528, 530, 532, 533, 536, 537, 549, 552
大興聖寺　423, 424, 432
大興殿（隋・大興）　489, 495, 497, 517, 518, 524, 532, 539, 549
大荘厳寺　423, 432
大崇皇寺　424, 431, 432
大総持寺　423, 432
大明宮（北朝・晋陽）　420, 421, 431
大明宮（唐・長安）　537, 538
大明殿（北朝・晋陽）　418, 420, 423, 431, 432
端門（北朝・鄴）　374～376, 380, 381, 384～387, 397
端門（隋・洛陽）　521, 522, 527, 529, 531, 540, 542
中華殿（隋・大興）　489, 495, 497, 517, 518, 520, 524, 532, 533
長楽宮（漢・長安）　18, 20, 21, 24, 27, 35, 46, 441, 442
定鼎門　528, 529
東京（北周）　469～471, 475, 476
東京（隋）　461, 472, 476, 516, 520, 521, 525, 529, 531, 532, 536, 537, 540, 542, 549
東闕（漢・未央宮）　15, 16, 40, 46, 47, 479, 485
東都（新）　38, 467
東都（隋）　461, 472, 529, 531, 532, 540, 542
東堂（全般）　398, 450, 478, 479, 489, 491, 492, 495, 514, 528, 533, 536
東堂（魏晋・洛陽）　481, 492, 494, 496, 504
東堂（東晋南朝・建康）　492～494, 502, 504, 505
東堂（十六国）　505, 506
東堂（北朝全般）　494～496, 520
東堂（北魏・洛陽）　506～508
東堂（北朝・鄴）　384, 405, 451, 494～496, 508, 518, 520
童子寺　425, 432, 433
徳陽殿（漢・雒陽）　173, 176～179, 186～190, 194, 197～199, 202, 480, 486, 498
徳陽堂（北朝・晋陽）　387, 418, 421, 431, 503

な行
南宮（漢・洛陽）　170, 172, 173, 176～186, 190～194, 196～202, 204, 480, 486, 498, 547
南宮（魏晋・洛陽）　172, 180
南郊　30～32, 34, 44, 185, 191～194, 196～200, 306, 317, 318, 387, 398, 458, 467, 480, 528～530

は行
万歳門（北朝・鄴）　376
万春門（北朝・鄴）　377, 380, 381
未央宮（漢・長安）　15, 16, 18, 20～22, 26, 27, 31, 34, 35, 37, 40, 43～48, 190, 193, 198, 199, 211, 228, 437, 441, 443, 479, 485, 486
未央宮（十六国）　438, 451
武安殿（隋・洛陽）　524, 525, 528, 541
複都制　416, 417, 430, 461, 462, 467, 468, 472, 473
文成殿（隋・洛陽）　524, 525, 528, 541
平城　342, 349, 351～354, 359, 364, 406, 408, 409, 411, 413～415, 426, 427, 447, 481, 514
平城門（漢・雒陽）　170, 181, 182, 191～194, 199, 201, 202, 480, 486
辟雍　190, 192, 198, 203
北宮（漢・長安）　18, 20, 21, 27, 47
北宮（漢・雒陽）　170, 172, 173, 176～180, 182, 185～191, 193, 194, 196～202, 480, 486, 498, 547
北宮（魏晋・洛陽）　172, 180, 201
北闕（漢・未央宮）　15, 16, 22, 29, 46, 47, 73, 479, 485, 486
北郊　30～32, 34, 44, 192, 528

ま行
明堂　34, 44, 187, 192, 198, 200, 202, 203, 467, 541, 551
明徳門（唐・長安）　528, 529
明陽殿（魏晋・洛陽）　491, 492, 494, 496

ら行
両儀殿（唐・長安）　389, 399, 485, 495, 497, 518, 539, 540
両都制（両都構想）　38, 44, 181, 467, 471, 473, 475
臨光殿（北朝・長安）　445, 451, 458
霊台（後漢）　192, 198, 200, 203
路寝（北朝・長安）　444～447, 450, 451, 455～457
路門（北朝・長安）　438, 444, 445, 447, 450, 454～457
楼閣台遺跡　438

陵墓関係事項

あ行
安寧陵（梁・昭明太子陵）　323, 334
安陵（前漢・恵帝陵）　21, 23, 24, 31, 54～58, 83, 88～90, 211
渭陵（前漢・元帝陵）　72, 78, 79, 84, 86, 88, 89, 211, 223, 229
永固陵（北魏・文明皇后陵）　325, 335, 339, 340, 349～354, 356, 358～361, 363, 364, 447, 548, 552
永平陵（東晋・穆帝陵）　293, 295, 296, 298, 304, 310, 510
永陵（西魏・文帝陵）　448, 452

謁陵　226, 238～241, 245～250, 252, 253, 255～257, 275, 278, 283, 284, 287～289, 293, 300～302, 305, 311～314, 317～320, 323, 324, 326, 329, 331, 332, 353, 354, 356, 360, 551, 552
延陵（前漢・成帝陵）67, 72, 73, 77, 88, 89
園邑　69～71, 82, 167, 219, 220, 269, 271, 311, 344, 359, 360

か行

懐陵（後漢・沖帝陵）208, 224, 225, 233, 234, 243
罐子山南朝墓　293, 327, 329
危山漢墓　121, 138, 150, 154, 161, 166
亀山二号漢墓　97, 102, 103, 111, 121, 123, 125, 143
僖山漢墓　104, 107, 121, 141
熙寧陵（宋・武帝胡婕妤陵）　306, 312
麒麟鋪南朝墓　293, 306, 307
義陵（前漢・哀帝陵）73, 78, 79, 84, 88, 89, 162
恭陵（後漢・安帝陵）208, 212, 232, 242, 244, 256
金家村南朝墓　293, 315, 316, 334
金陵（北魏）349, 351, 353～356, 362, 363
京陵（宋）　312, 313, 334
建平陵（東晋・元帝陵）295, 296, 298, 300, 301, 304
建陵（梁・文帝陵）293, 311, 320～325, 329, 334
敬陵（後漢・章帝陵）208, 212, 228, 232
景安陵（南斉・武帝陵）293, 315, 318
景寧陵（宋・孝武帝陵）293, 305～309
景陵（北魏・宣武帝陵）356, 394
献陵（唐・高祖陵）550, 552
憲陵（後漢・順帝陵）208, 212, 224, 228, 233, 234, 244
顕節陵（後漢・明帝陵）208, 212, 217, 219, 221, 222, 232
顕寧陵（陳・宣帝陵）293, 326, 327, 329
原陵（後漢・光武帝陵）207, 208, 212, 216, 217, 219, 220, 226～228, 232, 238～240, 242～245, 248, 249, 252～256, 270, 271, 550
呉家村南朝墓　293, 315, 316, 334
孝陵（北周・武帝陵）448, 450
皇基寺（皇業寺）　323～326, 332, 335
高原陵（西晋・宣帝陵）278, 280, 284
高荘漢墓　108, 118, 137
高寧陵（宋・明帝陵）305, 306, 308, 309
高平陵（曹魏・明帝陵）272～274, 277, 278, 289
高陵（曹魏・武帝陵）265～269, 271, 272, 275, 276, 278, 288, 311
康陵（前漢・平帝陵）88, 214, 215, 218, 226
康陵（後漢・殤帝陵）224, 225, 228, 232, 233, 244
興安陵（南斉・明帝陵）293, 315, 320, 321
興寧陵（宋・孝帝陵）312, 334

さ行

三漢冢　207, 208, 210, 234
始皇帝陵（驪山）3, 4, 53, 66, 89, 218, 221, 228
柿園漢墓　105～107, 139
思遠仏図（思遠霊図）335, 339, 350, 351, 363, 364

獅子山漢墓　94, 96, 97, 101～103, 116, 121, 123, 142, 148～150, 154, 155, 166, 167
獅子衝南朝墓　293, 306, 307, 323
朱倉M707（後漢）　207, 208, 210, 212, 213, 224, 234, 242
朱倉M722（後漢）　207, 208, 210, 212, 213, 234, 242, 243, 274
首陽陵（曹魏・文帝陵）　272～278
脩陵（梁・武帝陵）　293, 320, 321, 323～325
峻平陵（西晋・景帝陵）　279, 280, 282, 284
峻陽陵（西晋・武帝陵）　279, 280, 282, 283, 285, 287
峻陽陵墓地　280, 282, 283, 289
初寧陵（宋・武帝陵）　293, 305～312
昌陵（前漢・成帝陵）　30, 48, 54, 56, 61, 64, 84, 85, 87
昭陵（唐・太宗陵）　550
章陵（後漢）　245～250, 257
上陵　212, 220, 226, 238～240, 243, 244, 248, 249, 252, 254, 256, 271
枕頭山墓地　280, 282, 283, 289, 300
寝殿（墓上建築）　108, 110, 166, 211～215, 217, 228, 232～234, 239～244, 249, 253, 256, 257, 264, 265, 267, 269, 271, 282, 283, 285～287, 297, 300, 302, 311, 313, 326, 332, 344, 361
慎陵（後漢・和帝陵）　208, 212, 232, 233
崇陽陵（西晋・文帝陵）　279, 280, 282, 284, 285, 300
静陵（後漢・質帝陵）　207, 224, 228, 233
石殿　212, 214, 232～234, 242, 243, 302, 361
石馬衝南朝墓　293, 328, 335, 336
仙塘湾南朝墓　293, 315, 316, 334
宣陵（後漢・桓帝陵）　208, 233
双乳山漢墓　138, 149, 150, 154, 155, 161, 166
荘陵（梁・簡文帝陵）　293, 320, 321
楚王山漢墓　96, 97, 100, 121, 125, 142

た行

太陽陵（西晋・恵帝陵）　279, 282, 510
泰安陵（南斉・高帝陵）　293, 314, 315, 317～319
大雲山漢墓　108, 112, 118, 121, 126, 144
大漢冢　207, 208, 210, 212, 213, 234, 242, 243, 274, 361
大武漢墓　96, 108, 111, 116, 117, 137
沖平陵（東晋・恭帝陵）　293, 295, 296, 298
長寧陵（宋・文帝陵）　293, 305～310, 312, 327
長陵（前漢・高帝陵）　18, 20, 23～25, 33, 53～57, 65, 68, 69, 83, 89, 90, 125, 210, 211, 245
長陵（北魏・孝文帝陵）　356, 394
天子冢　393, 394
杜陵（前漢・宣帝陵）　23, 27, 31, 54～62, 65, 67, 71, 72, 74～78, 81, 85, 88～90, 110, 211, 214, 249, 257
東洞山（石橋）漢墓　97, 102, 121, 123, 125, 143, 144

な行

二漢冢　207, 208, 210, 234

西高穴二号墓　265, 266, 274, 276, 283, 287～289

は行

簸箕山漢墓　151, 154, 155, 161
覇陵（前漢・文帝陵）　21, 23, 24, 52, 54, 55, 58, 67, 69, 89, 216, 217, 253, 270, 272
陪葬坑　96, 101, 108, 125, 137～140, 142, 144, 145, 150, 151, 153, 154, 161, 547
陪葬墓　42, 52, 65, 66, 77, 79～82, 84, 85, 87, 89, 90, 96, 101, 102～104, 107, 108, 121, 124, 125, 136, 138～140, 142, 144, 145, 148, 208, 210, 211, 216, 283, 285, 333, 425
白草坡北冢（後漢）　208, 210, 212, 213, 234, 242
幕府山東晋墓　293, 296～298, 304
万安陵（陳・武帝陵）　293, 326～329, 336
武寧陵（北朝・文宣帝陵）　394, 399
武平陵（東晋・明帝陵）　293, 295, 296, 505
富貴山東晋墓　293, 296, 298, 300
文陵（後漢・霊帝陵）　207, 208, 233, 234
平陵（前漢・昭帝陵）　23, 27, 31, 53, 55～60, 71, 72, 74～77, 80, 81, 84, 86, 88～90, 211
保安山漢墓　104, 106, 107, 109, 110, 117, 118, 121, 125, 139
奉邑　110, 111, 119, 125, 127, 165
北洞山漢墓　97, 101, 103, 121, 126, 143

ま行

満城漢墓　108, 109, 118, 121, 122, 136, 137
茂陵（前漢・武帝陵）　23, 27, 31, 34, 43, 48, 53, 55～59, 62, 65, 67, 68, 70, 71, 74, 76, 80～82, 84, 85, 88, 89, 211

や行

陽陵（前漢・景帝陵）　21, 23, 24, 54～56, 58, 62, 65, 68～70, 74, 79, 83, 84, 88, 89, 211

ら行

洛荘漢墓　96, 109, 111, 116, 117, 139
劉家井大冢　207, 208, 210, 234
劉秀墳　207, 227
陵邑　20, 21, 23, 24, 27, 30～33, 43, 44, 48, 52～56, 60～65, 74～77, 79～90, 127, 211, 216, 219, 220, 271, 547
陵口　319, 320

わ行

湾漳北朝墓　394

著者略歴

村元　健一（むらもと　けんいち）

1971年　大阪府生まれ。
1996年　関西大学博士前期課程修了。
2009年　関西大学より博士（文学）を取得。
現　在　大阪歴史博物館学芸員

共訳著に大庭脩監修『『漢書』百官公卿表訳注』朋友書店、2014年。
主な論考に、「中国　北朝都城の祭祀空間」（『都城制研究』第7号、2013年）、「中国宮城の変遷と難波宮」（中尾芳治・栄原永遠男編『難波宮と都城制』吉川弘文館、2014年）、「前期難波宮の南方空間」（『大阪歴史博物館研究紀要』第13号、2015年）など。

汲古叢書135

漢魏晋南北朝時代の都城と陵墓の研究

平成二十八年八月二十日　発行

著　者　村　元　健　一
発行者　三　井　久　人
整　版
印　刷　株式会社理想社

発行所　汲　古　書　院
〒102-0072　東京都千代田区飯田橋二―五―四
電　話〇三（三二六五）九七六四
ＦＡＸ〇三（三二二二）一八四五

ISBN978-4-7629-6034-5　C3322

100	隋唐長安城の都市社会誌	妹尾　達彦著	未　刊
101	宋代政治構造研究	平田　茂樹著	13000円
102	青春群像－辛亥革命から五四運動へ－	小野　信爾著	13000円
103	近代中国の宗教・結社と権力	孫　　江著	12000円
104	唐令の基礎的研究	中村　裕一著	15000円
105	清朝前期のチベット仏教政策	池尻　陽子著	8000円
106	金田から南京へ－太平天国初期史研究－	菊池　秀明著	10000円
107	六朝政治社會史研究	中村　圭爾著	12000円
108	秦帝國の形成と地域	鶴間　和幸著	13000円
109	唐宋変革期の国家と社会	栗原　益男著	12000円
110	西魏・北周政権史の研究	前島　佳孝著	12000円
111	中華民国期江南地主制研究	夏井　春喜著	16000円
112	「満洲国」博物館事業の研究	大出　尚子著	8000円
113	明代遼東と朝鮮	荷見　守義著	12000円
114	宋代中国の統治と文書	小林　隆道著	14000円
115	第一次世界大戦期の中国民族運動	笠原十九司著	18000円
116	明清史散論	安野　省三著	11000円
117	大唐六典の唐令研究	中村　裕一著	11000円
118	秦漢律と文帝の刑法改革の研究	若江　賢三著	12000円
119	南朝貴族制研究	川合　　安著	10000円
120	秦漢官文書の基礎的研究	鷹取　祐司著	16000円
121	春秋時代の軍事と外交	小林　伸二著	13000円
122	唐代勲官制度の研究	速水　　大著	12000円
123	周代史の研究	豊田　　久著	12000円
124	東アジア古代における諸民族と国家	川本　芳昭著	12000円
125	史記秦漢史の研究	藤田　勝久著	14000円
126	東晉南朝における傳統の創造	戸川　貴行著	6000円
127	中国古代の水利と地域開発	大川　裕子著	9000円
128	秦漢簡牘史料研究	髙村　武幸著	10000円
129	南宋地方官の主張	大澤　正昭著	7500円
130	近代中国における知識人・メディア・ナショナリズム	楊　　韜著	9000円
131	清代文書資料の研究	加藤　直人著	12000円
132	中国古代環境史の研究	村松　弘一著	12000円

67	宋代官僚社会史研究	衣川　強著	品　切
68	六朝江南地域史研究	中村　圭爾著	15000円
69	中国古代国家形成史論	太田　幸男著	11000円
70	宋代開封の研究	久保田和男著	10000円
71	四川省と近代中国	今井　駿著	17000円
72	近代中国の革命と秘密結社	孫　江著	15000円
73	近代中国と西洋国際社会	鈴木　智夫著	7000円
74	中国古代国家の形成と青銅兵器	下田　誠著	7500円
75	漢代の地方官吏と地域社会	髙村　武幸著	13000円
76	齊地の思想文化の展開と古代中國の形成	谷中　信一著	13500円
77	近代中国の中央と地方	金子　肇著	11000円
78	中国古代の律令と社会	池田　雄一著	15000円
79	中華世界の国家と民衆　上巻	小林　一美著	12000円
80	中華世界の国家と民衆　下巻	小林　一美著	12000円
81	近代満洲の開発と移民	荒武　達朗著	10000円
82	清代中国南部の社会変容と太平天国	菊池　秀明著	9000円
83	宋代中國科擧社會の研究	近藤　一成著	12000円
84	漢代国家統治の構造と展開	小嶋　茂稔著	10000円
85	中国古代国家と社会システム	藤田　勝久著	13000円
86	清朝支配と貨幣政策	上田　裕之著	11000円
87	清初対モンゴル政策史の研究	楠木　賢道著	8000円
88	秦漢律令研究	廣瀬　薫雄著	11000円
89	宋元郷村社会史論	伊藤　正彦著	10000円
90	清末のキリスト教と国際関係	佐藤　公彦著	12000円
91	中國古代の財政と國家	渡辺信一郎著	14000円
92	中国古代貨幣経済史研究	柿沼　陽平著	13000円
93	戦争と華僑	菊池　一隆著	12000円
94	宋代の水利政策と地域社会	小野　泰著	9000円
95	清代経済政策史の研究	黨　武彦著	11000円
96	春秋戦国時代青銅貨幣の生成と展開	江村　治樹著	15000円
97	孫文・辛亥革命と日本人	久保田文次著	20000円
98	明清食糧騒擾研究	堀地　明著	11000円
99	明清中国の経済構造	足立　啓二著	13000円

34	周代国制の研究	松井　嘉徳著	9000円
35	清代財政史研究	山　本　　進著	7000円
36	明代郷村の紛争と秩序	中島　楽章著	10000円
37	明清時代華南地域史研究	松田　吉郎著	15000円
38	明清官僚制の研究	和田　正広著	22000円
39	唐末五代変革期の政治と経済	堀　　敏　一著	12000円
40	唐史論攷－氏族制と均田制－	池　田　　温著	18000円
41	清末日中関係史の研究	菅　野　　正著	8000円
42	宋代中国の法制と社会	高橋　芳郎著	8000円
43	中華民国期農村土地行政史の研究	笹川　裕史著	8000円
44	五四運動在日本	小野　信爾著	8000円
45	清代徽州地域社会史研究	熊　　遠　報著	8500円
46	明治前期日中学術交流の研究	陳　　　　捷著	品　切
47	明代軍政史研究	奥山　憲夫著	8000円
48	隋唐王言の研究	中村　裕一著	10000円
49	建国大学の研究	山根　幸夫著	品　切
50	魏晋南北朝官僚制研究	窪添　慶文著	14000円
51	「対支文化事業」の研究	阿　部　　洋著	22000円
52	華中農村経済と近代化	弁納　才一著	9000円
53	元代知識人と地域社会	森田　憲司著	9000円
54	王権の確立と授受	大原　良通著	品　切
55	北京遷都の研究	新　宮　　学著	品　切
56	唐令逸文の研究	中村　裕一著	17000円
57	近代中国の地方自治と明治日本	黄　　東　蘭著	11000円
58	徽州商人の研究	臼井佐知子著	10000円
59	清代中日学術交流の研究	王　　宝　平著	11000円
60	漢代儒教の史的研究	福井　重雅著	品　切
61	大業雑記の研究	中村　裕一著	14000円
62	中国古代国家と郡県社会	藤田　勝久著	12000円
63	近代中国の農村経済と地主制	小島　淑男著	7000円
64	東アジア世界の形成－中国と周辺国家	堀　　敏　一著	7000円
65	蒙地奉上－「満州国」の土地政策－	広川　佐保著	8000円
66	西域出土文物の基礎的研究	張　　娜　麗著	10000円

汲 古 叢 書

1	秦漢財政収入の研究	山田　勝芳著	本体 16505円
2	宋代税政史研究	島居　一康著	12621円
3	中国近代製糸業史の研究	曾田　三郎著	12621円
4	明清華北定期市の研究	山根　幸夫著	7282円
5	明清史論集	中山　八郎著	12621円
6	明朝専制支配の史的構造	檀 上　寛著	13592円
7	唐代両税法研究	船越　泰次著	12621円
8	中国小説史研究－水滸伝を中心として－	中鉢　雅量著	品　切
9	唐宋変革期農業社会史研究	大澤　正昭著	8500円
10	中国古代の家と集落	堀　敏 一著	品　切
11	元代江南政治社会史研究	植 松　正著	13000円
12	明代建文朝史の研究	川越　泰博著	13000円
13	司馬遷の研究	佐藤　武敏著	12000円
14	唐の北方問題と国際秩序	石見　清裕著	品　切
15	宋代兵制史の研究	小岩井弘光著	10000円
16	魏晋南北朝時代の民族問題	川本　芳昭著	品　切
17	秦漢税役体系の研究	重近　啓樹著	8000円
18	清代農業商業化の研究	田 尻　利著	9000円
19	明代異国情報の研究	川越　泰博著	5000円
20	明清江南市鎮社会史研究	川 勝　守著	15000円
21	漢魏晋史の研究	多田　狷介著	品　切
22	春秋戦国秦漢時代出土文字資料の研究	江村　治樹著	品　切
23	明王朝中央統治機構の研究	阪倉　篤秀著	7000円
24	漢帝国の成立と劉邦集団	李　開 元著	9000円
25	宋元仏教文化史研究	竺沙　雅章著	品　切
26	アヘン貿易論争－イギリスと中国－	新村　容子著	品　切
27	明末の流賊反乱と地域社会	吉 尾　寛著	10000円
28	宋代の皇帝権力と士大夫政治	王　瑞 来著	12000円
29	明代北辺防衛体制の研究	松本　隆晴著	6500円
30	中国工業合作運動史の研究	菊池　一隆著	15000円
31	漢代都市機構の研究	佐原　康夫著	13000円
32	中国近代江南の地主制研究	夏井　春喜著	20000円
33	中国古代の聚落と地方行政	池田　雄一著	15000円